中国人口年鉴

(1997)

中国社会科学院人口研究所编

中国民航出版社

1997

图书在版编目(CIP)数据

中国人口年鉴　1997/中国社会科学院人口研究所. - 北京:中国民航出版社,1997.11
ISBN 7-80110-184-7

Ⅰ. 中… Ⅱ. 中… Ⅲ. 人口调查-资料-中国-年鉴-1997 Ⅳ. C924.25-54

中国版本图书馆CIP数据核字(97)第24221号

责任编辑:庞建京　何伟华

ISBN 7-80110-184-7

9 787801 101846 >

中国人口年鉴(1997)

中国社会科学院人口研究所　编

*

中国民航出版社出版发行

(北京市朝阳区光熙门北里甲31号楼)

邮政编吗　100028　电话　64290477

北京昌平百善印刷厂印装

开本:787×1092　1/16　印张:29　字数:1102千字

1997年11月第1版　1997年11月第1次印刷　印数:1-1000册

ISBN 7-80110-184-7/F·002　定价:106元

《中国人口年鉴》编辑委员会

地　　址：北京市建国门内大街 5 号
电　　话：(010) 65137744－5414
邮政编码：100732

编 辑 说 明

一、《中国人口年鉴》为人口专业资料工具书，记录上一年度中国人口发展的历程和重大的人口事件，以及人们对之进行研究的种种活动。《中国人口年鉴》自1985年创刊，迄今已出版12卷，内容具有连续性，形成了收录广泛、信息密集、内容权威、资料浓缩的特色。1997版《中国人口年鉴》为第13卷，包括以下15个部分：(1) 重要文献、(2) 概况、(3) 专论、(4) 专辑、(5) 人口普查、(6) 人口统计、(7) 计划生育、(8) 调查报告、(9) 中国人口与世界人口对比、(10) 人口机构、(11) 人物志、(12) 论著索引、(13) 人口报刊、(14) 大事记、(15) 附录。

二、"重要文献"包括"人口政策与计划生育"、"人口调查"、"社会保障"、"职业教育"。其中辑入了《国民经济和社会发展"九五"计划和2010年远景目标纲要》、《中华人民共和国统计法》、《中国的儿童状况》、《中国残疾人事业"九五"计划纲要》(1996～2000)、《中华人民共和国职业教育法》等重要法规和政策规定。

三、"概况"部分包括"综述"、"1996年各省、自治区、直辖市人口变动情况"和"1996年香港、澳门地区人口变动状况"。需要说明的是，陕西省1996年人口变动情况因未能及时取得稿件而暂缺。

四、"专论"包括"专文"、"文摘"和"学术研究综述"。"文摘"部分辑入的人口学专论是从1996年《中国人口科学》、《人口研究》、《人口与经济》中选出来的代表作，是由《中国人口年鉴》编辑部选汇的。

五、"专辑"选登的人口与发展系列论文中，《人口控制与社区发展》和《"城市邻里"与"当代农村社会"》是国家社会科学基金项目支持课题的部分研究成果。"人口与发展论文选"选登了"1997年中国促进就业报告"和"人口老龄化给社会经济发展带来的问题及其对策"两篇。

六、"人口普查"和"人口统计"部分辑入的"中华人民共和国国家统计局1995年全国1%人口抽样调查数据"，在本卷选登了有关就业方面的数据。有关社会保障方面的数据，如"农村社会保障服务网络、养老保险及扶贫情况"及"主要民政对象情况"等，为首次公布。

七、“人口机构”部分中有关人口科研和人口情报机构的选介，反映了1996年的新情况、新变动。

八、“人口报刊”继续介绍1996版未收入的人口报刊及1996版已收入的人口报刊的变动情况；并且选介了内部出版发行的人口报刊。

九、“附录”部分收录有“国际人口科学研究联盟及其第23届大会基本情况简介”，“‘九五’期间人口与计划生育研究课题指南”，“联合国召开的三届世界人口大会简介”和“评奖活动”。

十、各省、自治区、直辖市在本年鉴中按国务院规定顺序排列。中国台湾省和香港、澳门地区的有关数据收在“概况”中相应的文稿内；其他全国性的各类统计数据中，一般不包括台湾省和香港、澳门地区。

十一、为了便于读者检索，除在卷首设列“目录”外，在卷末编有“索引”。

十二、1997版《中国人口年鉴》编辑分工如下：第一部分“重要文献”由汪正鸣负责；第二部分“概况”由汪正鸣负责，宋黎明、周黎辉编辑；第三部分“专论”由高春燕负责；第四部分“专辑”由宋黎明负责；第五部分“人口普查”由宋黎明负责，中国社会科学院人口研究所人口统计与分析研究室和国家统计局人口与就业司刘长松供稿；第六部分“人口统计”由汪正鸣负责，王维志、司秀供稿；第七部分“计划生育”由周黎辉负责，国家计划生育委员会政策法规司石海龙供稿；第八部分“调查报告”由宋黎明负责；第九部分“中国人口与世界人口对比”由周黎辉负责，高春燕供稿；第十部分“人口机构”和第十一部分“人物志”由汪正鸣负责，周黎辉、宋黎明参与编辑；第十二部分“论著索引”由宋黎明负责，周黎辉供稿；第十三部分“人口报刊”由周黎辉负责；第十四部分“大事记”由周黎辉负责，宋黎明供稿；第十五部分“附录”由周黎辉负责；“索引”由高春燕编制；“英文目录”由高春燕译校；全书由高春燕统稿。版面设计、封面装潢由宋黎明负责。画页和广告部分由周黎辉、宋黎明、徐进负责。1997版年鉴由主编田雪原审定。

《中国人口年鉴》在编辑委员会全体顾问、编委的关心支持下，逐渐成长为饮誉国内外的著名大型专业年刊，编委会的工作和成就，将随着年鉴的延续载入史册，在此我们表示衷心的感谢。

《中国人口年鉴》编辑部

1997年10月16日

目　录

4 专 辑

5 人口普查

6 人口统计

7 计划生育

8 调查报告

9 中国人口与世界人口对比

10 人口机构

11 人物志

12 论著索引

13 人口报刊

14 大事记

15 附　录

重 要 文 献（选 载）

- 人口政策与计划生育
- 人口调查
- 社会保障
- 职业教育

人口政策与计划生育

在中央计划生育座谈会上的讲话

（1996年3月10日）

江泽民

这次会议是党中央、国务院召开的第六次计划生育工作座谈会。从1991年以来，每年“两会”期间中央都召开一次这样的会议，这对于动员全党和全国人民搞好计划生育工作，实现既定的人口控制目标，起了重要作用。刚才彭珮云同志的讲话以及四川、云南、甘肃、海南等省和农业部负责同志的发言都很好。下面我讲几点意见。

一、从可持续发展的战略高度认识人口问题的重要性

党的十四届五中全会提出，在我国现代化建设中，必须把实现可持续发展作为一个重大的战略方针。所谓可持续发展，就是既要考虑当前发展的需要，又要考虑未来发展的需要，不要以牺牲后代人的利益为代价来满足当代人的利益。可持续发展，是人类社会发展的必然要求，现在已经成为世界许多国家关注的一个重大问题。中国是世界上人口最多的发展中国家，这个问题更具有紧迫性。

人口问题是关系全局的重大问题。中国是一个有十几亿人口的大国，这是我们考虑社会经济发展问题的一个基本出发点。邓小平同志曾讲过，我们的人口政策是带有战略性的大政策。要实现可持续发展，首先必须合理控制人口规模。如果人口盲目地膨胀，与社会生产力的发展不相适应，不仅难以满足当代人的生活需要，而且势必破坏资源与环境，危及后代人的生存与发展。我们应当懂得，人口与经济建设的关系非常密切，控制好人口规模，就可以提高人均国民生产总值的水平，减轻人口过多对经济建设的压力；反之，经济建设成果的增长就会被盲目增长的人口抵消掉，我们就很难在日趋剧烈的国际竞争中取得主动。我们要居安思危，要考虑中华民族的长远利益。

我们国家人口多，人均资源相对不足，这是制约我国经济和社会发展的一个重要因素。中国人口占世界总人口的22%，耕地面积只占世界耕地总面积的7%，而且人口还在增加，耕地还在不断减少，“八五”的前4年平均每年减少耕地500万亩。现在全国人均占有的耕地只有1.19亩，已经有1/3的省人均耕地不到1亩。我国粮食的产量虽然稳步增长，但是人均占有量却有所减少。由于人口不断增加，加上人民生活的改善对粮食转化产品需求的增加，要保持现有的粮食消费水平，“九五”期间每年平均要增加100～140亿斤粮食，增产幅度要比前10年提高1倍左右。这是一个相当艰巨的任务。人口增长对环境的影响也不能低估。这些都要求我们把控制人口、节约资源、保护环境放到重要的位置，为子孙后代创造可持续发展的良好环境。

所谓良好的人口环境，是指适度的人口总量，优良的人口素质，合理的人口结构。良好的人口环境，将促进人口与经济、社会、环境、资源的协调发展和可持续发展。我们一方面要利用经济与社会发展、教育普及、科学技术进步等有利条件，抓好计划生育工作；另一方面，要通过抓好计划生育工作，促进经济发展与社会进步，促进教育普及和人口素质的提高。

在这里，我要强调一下优生问题。这是关系中华民族兴旺发达的大事。优生是全面提高人口素质的前提条件，是我国人口政策不可分割的重要内容。只有出生的孩子都是比较健康的、聪明的，我们的民族和国家未来的发展才有希望。计划生育部门、卫生部门以及其他有关部门要认真研究优生问题，广泛宣传优生科普知识，切实解决影响优生的各种实际问题，真正把优生工作抓起来。

二、充分认识计划生育工作的长期性和艰巨性，坚定不移地抓出更大的成效

“八五”期间，我国的计划生育工作取得显著成绩，人口过快增长的势头得到了有效控制。这是全党和全国人民包括计划生育战线的全体同志共同努力的结果。

在肯定成绩的同时，必须看到人口形势仍然不容乐观，计划生育仍是一项长期、艰巨的任务。我国人口基数太大，尽管我们实行严格控制人口增长的政策，但是“九五”期间平均每年净增人口仍将在1300万以上；由于传统观念的影响和现实的社会经济原因，农民的生育意愿与生育政策的要求还有一定距离；地区之间计划生育工作的发展也不平衡，中西部贫困、边远地区的计划生育工作难度更大；还有许多农村基层特别是村一级的计划生育工作比较薄弱，有的处于放任自流的状态；城市的计划生育工作也出现了不少新情况、新问题，流动人口的计划生育工作亟待加强。总之，目前较低的人口出生率还很不稳定，工作稍有放松，就可能回升。因此，各级领导必须充分认识计划生育工作的长期性和艰巨性，坚定不移地贯彻执行计划生育这一基本国策，认真落实以宣传教育为主、避孕为主、经常工作为主的工作方针，决不能因为计划生育工作成绩显著就盲目乐观，麻痹松懈。

到2000年，在我国人口将比1980年增长3亿左右的情况下，我们要实现人均国民生产总值比1980年翻两番的目标。这一目标能否实现，一方面取决于经济的发展，另一方面取决于人口的控制。这两个方面缺一不可。到2000年，全国人口总数要控制在13亿以内，2010年要控制在14亿以内。这是实现今后15年奋斗目标的一个重要条件。我们一定要本着对人民负责、对未来负责、对子孙后代负责的态度，继续抓好计划生育工作，确保实现人口控制的目标。对计划生育工作，各级党政一把手必须坚持亲自抓、负总责，这是从多年实践中总结出来的一条重要经验。各级领导干部要认真贯彻落实《中国计划生育工作纲要》，不断深化对人口问题的认识，正确处理人口问题同经济工作以及其他工作的关系，更加自觉地、扎实地、持久地抓好计划生育工作。各级党委、政府要组织协调有关部门和群众团体对人口控制方面存在的问题实行综合治理，逐步增加计划生育事业的经费投入，落实各项有关的政策、措施，稳定和加强各级计划生育机构。宣传部门要继续协调有关部门广泛深入地开展人口与计划生育宣传工作，加强正确的舆论导向。公安等有关部门要加强户籍管理和流动人口的计划生育管理。组织部门要把人口与计划生育工作的情况列为对领导干部的考核内容和考核标准，并建立相应的奖惩制度。农村基层计划生育工作要做到机构、人员、报酬三落实。

1991年，党中央、国务院作出了《关于加强计划生育工作严格控制人口增长的决定》，各省、自治区、直辖市要把5年来贯彻落实《决定》的情况，向中央作一书面报告。

三、坚持党的群众路线，搞好计划生育“三结合”，综合治理人口控制方面存在的问题

在我国广大农村，把计划生育与发展经济、帮助农民勤劳致富奔小康、建设文明幸福家庭相结合，是干部和群众在实践中的一个创造，是计划生育工作的一项重大改革，也是我们党的群众路线在计划生育工作中的体现。少生快富奔小康的口号，深受广大农民群众的拥护。通过推广“三结合”为妇女参与生产劳动、增加收入创造了条件，因而有利于提高妇女地位，对进一步实现男女平等、促进生育观的转变具有深远的意义。各级党政领导要充分认识“三结合”的意义，协调和组织有关部门推动“三结合”不断向前发展。

中国计划生育协会已经成立15年。现在遍布全国城乡的各级计划生育协会，已成为动员和组织广大群众参与计划生育工作的重要力量。各级党委、政府要重视发挥计划生育协会以及工会、妇联、共青团等群众团体在计划生育工作中的作用，支持他们发挥各自的优势，创造性地开展工作。

今年是“九五”计划的开局之年，也是完成“九五”人口计划的奠基之年。各级领导要带领和团结群众，坚定不移地贯彻执行计划生育这一基本国策，控制人口数量，提高人口素质，为到2000年将我国人口控制在13亿以内，为全面实现社会主义现代化建设的第二步战略目标而努力奋斗！

关于国民经济和社会发展“九五”计划和2010年远景目标纲要的报告(节选)*

(1996年3月5日)

李　鹏

优先发展教育，提高国民素质。这是我国现代化事业的百年大计。2000年全国要基本普及九年义务教育，基本扫除青壮年文盲，在经费和师资等方

* 此为李鹏总理在第八届全国人民代表大会第四次会议上所作报告。

面要予以保证，并加强对贫困地区的支持。高等教育发展规模要适度，着重提高教育质量和办学效益，重点建设好一批高等学校和学科。积极发展多形式、多层次的职业教育和成人教育。优化教育结构，使普通教育和职业教育的比例更加合理。加快教育体制改革，积极探索与我国改革和发展相适应的办学机制和办学模式。鼓励社会力量办学，逐步形成政府办学为主与社会参与办学的新体制。提倡多种形式的联合办学，优化配置教育资源。各级各类学校都要加强和改进思想政治教育，全面提高学生素质。重视师资队伍建设，全面提高教师素质，改善教师的工作、学习条件和住房等生活条件。教育要面向现代化，面向世界，面向未来，培养大批优秀人才。

坚持计划生育基本国策，严格控制人口增长。全国人口2000年要控制在13亿以内，2010年要控制在14亿以内，任务艰巨。各级政府要继续把计划生育工作摆到重要位置，坚持和完善目标管理责任制。稳定和认真执行现行的计划生育政策。提倡晚婚晚育，提倡一对夫妇生育一个孩子，做好优生优育工作。深入开展宣传教育，增强全民人口意识。要把计划生育工作的重点放在农村和流动人口，同发展农村经济、脱贫致富和建立文明幸福家庭结合起来。研究人口老龄化问题，并采取相应对策。

加强环境、生态保护，合理开发利用资源。这是功在当代，泽及子孙的大事。我国人均耕地、水、森林和不少矿产资源都低于世界人均水平，又处在迅速推进工业化的发展阶段，加上粗放的生产经营方式，资源浪费和环境污染相当严重。随着人口增加和经济发展，这个问题可能更加突出。要依法大力保护并合理开发利用土地、水、森林、草原、矿产和生物等自然资源，千方百计减少浪费。积极开发海洋资源。尽快完善自然资源有偿使用制度和价格体系，建立资源更新的经济补偿机制。坚持经济建设、城乡建设与环境建设同步规划、同步实施、同步发展，所有建设项目都要符合环境保护的要求。各级政府都要依法严格管理环境，特别要加强对工业污染的控制和治理，以及城市环境的整治。积极发展生态农业，加快水土流失地区的综合治理，加强草原建设和防沙治沙，控制农田污染和水污染，努力改善生态环境。到2000年，力争使环境污染和生态破坏加剧的趋势得到基本控制，部分城市和地区的环境质量有所改善。

要继续贯彻计划生育的基本国策

——在中央计划生育座谈会上的讲话

(1996年3月10日)

李　鹏

刚才江泽民同志就全党要坚持做好计划生育工作作了非常重要的讲话，我完全赞成和拥护。现在我再补充讲几点意见。

一、要认真总结“八五”时期我国人口与计划生育工作的成绩和经验，正确认识“九五”时期面临的形势和任务

“八五”时期，我国的计划生育工作取得了很大的成绩。特别是1995年成绩显著，人口自然增长率已经降到了10.5‰，净增1 271万人。即使考虑到其中还有一定的水分，人口自然增长率在11‰左右，净增1 300万人，也是很了不起的成绩。这说明党中央、国务院下这么大的决心，各省、自治区、直辖市党委、政府下这么大的决心，确实取得了成效，说明抓与不抓大不一样。

我认为，经过长期的实践和总结，我国已经形成了一套比较完整的计划生育政策。我国以世界上7%的耕地养活了占世界21.5%的人口，这是一个基本国情。从我国的国情出发，生育必须有计划，人口增长必须严格控制。不管西方进行什么攻击，我们都要努力把计划生育工作做好。真正做好计划生育工作，需要有一整套适合中国国情的政策。现在计划生育的方针、政策比较完备了，这就是三个“三”：第一个“三”是“三个不变”，就是现行计划生育政策不变，既定的人口控制目标不变，各级党政一把手对计划生育工作亲自抓、负总责不变。第二个“三”是“三为主”，即以宣传教育为主，因为现在看来，人口生育能否得到控制主要还是生育观念的问题，当然也有经济上的实际问题，但在很多地区主要还是生育观念的问题；以避孕为主，实际上就是预防为主；再就是以经常工作为主。第三个“三”是“三结合”，就是计划生育工作与发展经济相结合，与帮助农民勤劳致富奔小康相结合，与建设文明幸福家庭相结合。只要大家认真地按照这些从实践中总结出来的比较完整的计划生育政策去执行，工作就会得到进一步的巩固和发展。

我们虽然取得了很大的成绩，但是还要看到任务是艰巨的，而且是长期的。计划生育对我们来讲是一个至关重要的问题。我经常接触一些外宾，他们常常问我，中国最大的问题是什么？我同他们讲，中国最大的问题是人口问题。我们一年增加1 300万人，而有些小国家的人口只有几十万。最近，我会见了来访的卢森堡首相，这个国家的人口才40多万。欧洲一些中等国家也就是几百万到1 000万人，像瑞典、挪威、芬兰，就只有几百万人口嘛。我告诉他们，中国即使执行严格的计划生育政策，每年还要增加1 300万人口。他们听到这个数字以后，就感觉到中国不能不实行计划生育政策。当然，这和他们的“人权”、“自由”那些意识形态观念是有矛盾的。但是他们也觉得，中国这样做是有道理的。我们非常重视农业问题，在某种意义上讲，农业问题也就是人口问题。现在每年增加1 300万人口，按照人均750斤粮食计算，1 300万人就需要100亿斤粮食。就是说，每年要给新增加的人口提供100亿斤粮食。此外还要满足他们衣食住行各方面的要求，还要普及教育以提高他们的素质，还要给他们提供就业机会，等等。就业问题在今后相当长的时间内将十分突出。我们在重视农业问题的同时，不能不把它与人口问题联系起来。

看来到本世纪末，要实现我国人口控制目标，计划生育工作的任务仍很艰巨。我国的人口在下个世纪前10年还得增加1亿，估计要到下个世纪中叶，人口才能够稳定下来，那时将达到16亿。过去在人口出生的高峰时期，曾经5年增加1亿人口。从1980年到本世纪末这20年，大体上是每7年增加1亿人口。下个世纪初头10年增加1亿人口，再往后做到每15年增加1亿人口。计划生育工作是一项长期的任务。

各级领导同志对计划生育工作不能有丝毫的放松，要保持清醒的头脑，正确估计本地区人口与计划生育工作的形势，深刻理解计划生育工作的长期性和艰巨性。到本世纪末，我国人口总量要控制在13亿以内，年均人口自然增长率要控制在10.83‰左右，依然是一项十分艰巨的任务。要完成这个任务，“九五”期间必须继续坚持“三个不变”，决不能有丝毫动摇。各级领导要亲自抓本地区的薄弱环节和后进转化工作。困难较大、基础较差的省、自治区，要下更大的力气，采取切实有效措施改变局面。各地都要努力在“九五”期间把控制人口和计划生育工作提高到一个新的水平，为在本世纪末实现小康，乃至为下个世纪我国人口与经济、社会的持续协调发展创造一个良好的人口环境。

二、“三结合”是新形势下做好计划生育工作的一条新路子，是计划生育工作的一项重要改革和发展，应该肯定，值得推广

江泽民同志的讲话已经肯定了计划生育“三结合”是一个好经验。“三结合”的经验归结成一个口号，就是“少生快富奔小康”，这个口号把计划生育同农民的利益结合起来了。实行计划生育既有生育观念的问题，也有实际的经济问题。因为现在农村还是实行以家庭联产承包责任制为主的政策，如果一个家庭里没有男劳动力，在发展生产上确有一定的实际困难，这是很自然的事情。今天有的省在发言中讲到，对于那些实行计划生育的农户，要在经济上给一些优惠，帮助他们找到生产致富的路子，这样做确实有示范的作用。不然的话，他们执行计划生育政策而家庭生活却很困难，那就不能起到示范的作用。因此，各级党政领导要高度重视“三结合”的新经验，各相关部门都有责任有义务主动配合计划生育部门，共同做好这项工作，帮助农村中实行计划生育的农户尽快致富，让群众能切身感受到按计划少生孩子的好处。农业、扶贫等部门，要把“三结合”工作纳入本部门的工作计划之中，在政策、项目、资金、技术等方面，优先扶持实行计划生育的农户。特别是在贫困地区，计划生育工作的难度还很大，农民群众要求摆脱贫困的愿望十分强烈，这就更应该把计划生育与扶贫开发紧密结合在一起抓。搞好计划生育“三结合”，必须充分发动群众。中国计划生育协会是我国最大的群众组织之一，多年来的实践证明，计划生育协会是动员、组织广大群众参与计划生育工作的一种很好的组织形式。计划生育从根本上说还是一个转变生育观念的问题，由群众性组织来进行宣传教育，不仅效果好，而且在执行计划生育政策时，也易于接受群众的监督。各级政府要满腔热情地支持计划生育协会的工作，使他们成为推行计划生育“三结合”的重要力量。

三、要切实重视和加强流动人口的计划生育管理，进一步做好城市计划生育工作

流动人口的计划生育管理是当前计划生育工作中的一个难点，各级党委和政府应予以重视。流动人口的计划生育管理，单靠计划生育部门不行，必须纳入综合治理的轨道，由相关部门互相配合，齐抓共管。各省、自治区、直辖市要互相配合，公安、劳动，工商、民政、卫生等部门要与计划生育部门密切合作，共同做好流动人口的计划生育工作。

刚才泽民同志还讲到要加强户籍管理的问题，我非常赞成。我在去年的政府工作报告中，对公安部门提出了加强户籍管理的要求，特别是要求改进和加强对农村人口的户籍管理。我在这里强调一点，就是现在计划生育工作的重点仍然在农村，仍然在城市的流动人口。西方报纸曾经一度认为中国无法解决流动人口的问题，也不可能解决每年春节民工潮造成的交通秩序混乱的问题。但实践证明，从去年开始，全国上下一齐努力，交通部门和城市、农村共同努力，春运交通秩序有了很大的好转，今年还将进一步好转。这说明我们的党和政府是有力量的。尽管有很大的困难，但只要措施得当和有力，就能够得到群众的支持。既然我们能够做好流动人口管理这件事情，也就能够通过加强管理把流动人口的计划生育工作做好。不要使流动人口成为超生的避风港。这件事情确实要引起各级领导的重视。

随着改革开放的深入和社会主义市场经济体制的建立，城市、企业的计划生育工作出现了一些新情况、新问题。各地在城市和企业深化改革的过程中，决不能削弱计划生育工作。城市的街道办事处和居委会要配备必要的计划生育工作人员，积极协调各方面的力量搞好本区域内的计划生育管理工作。企业在建立现代企业制度中，要明确企业领导人应承担计划生育管理的责任。各单位都要做好自己的计划生育工作。

四、根据计划生育工作发展的实际需要，保证对计划生育事业的必要投入

计划生育工作要有投入，没有投入不行。我们需要有一批干部做这项工作，需要开展宣传教育，还要为群众提供方便的技术服务，这些都需要投入。到1995年末，全国各级财政支出的计划生育事业费已达到年人均2.64元。当然各地情况不一样。“九五”期间，计划生育工作任务仍然十分艰巨，需要继续增加投入，力争“九五”期间各级财政用于计划生育的事业费支出，由1995年的人均2.64元逐步增加到2000年的人均4元。这是经过国务院总理办公会议认真研究决定的。国家计生委原来提的要求还高一点，但考虑到要照顾各省的实际情况，特别是有一些地区的财政还比较困难，所以最后定为4元，逐年增加。各级政府与计划、财政部门务必重视保证“九五”期间必要的投入。

最后我再讲两个问题：

一是要禁止用B超鉴定胎儿性别。现在医学科学有了很大的发展。刚才有的同志谈到B超问题。珮云同志说这是一种简易的B超，主要用来看看是否怀孕了。如果用B超鉴定胎儿性别，然后决定要不要这个孩子，这就是个大问题了。各级政府和医药卫生部门应该对这个问题作出规定。因为人口发展的结果，如果出现男女比例失调，这也是个大问题呀，会产生男人找不着老婆、打光棍等社会问题。在正常情况下，中国出生婴儿的男女性别比例大体上是平衡的，如果比例严重失调，问题就大了。应该严格执行《母婴保健法》的有关规定。大家要统一思想，有法就要严格执法。否则对可持续发展，对我们的后代，对我们的民族，从长远看是非常有害的。

这次政府工作报告里提到提倡一对夫妇生育一个孩子，这和现行的计划生育政策没有矛盾。现在的计划生育政策是一个完整的政策，既提倡一对夫妇生育一个孩子，也规定了在什么情况下还允许生第二胎。我们为什么要写上提倡一对夫妇生育一个孩子呢？因为现在很多地方还没有达到现行政策的要求，所以要从严一点。口号既然已经提出，而且也比较深入人心了，如果稍微有一点变化就会引起工作上的松懈。现在提倡一对夫妇只生一个孩子，生第二胎是对他的照顾。如果改变了这个政策，他就认为有权利生两胎，生第三胎才是对他的照顾。现在我国处于生育旺盛期的妇女比例较大，还处在生育高峰期，所以我认为，在这一段时期内计划生育的政策还是应该从紧。提倡一对夫妇生育一个孩子的口号不变，并不等于说不要执行现行的一些照顾的政策，这样可以使计划生育政策更严格、更完善。

在中央计划生育工作座谈会上的发言(节选)

(1996年3月10日)

彭珮云

我国于1995年进行了全国1%人口抽样调查，这次调查的结果表明，1995年全国和各省、区、市均完成了该年度人口计划（表1）。

表1　1995年全国人口计划执行情况

指标	1995年计划	执行结果	执行结果与计划之差	1995年与1994年执行结果相比较
出生率(‰)	19.12	17.12	−2.00	−0.58
自增率(‰)	12.44	10.55	−1.89	−0.66
出生人数(万)	2 306	2 063	−243	−47
自增人数(万)	1 500	1 271	−229	−65
年末总人口(万)	121 350	121 121	−229	+1271

注：执行结果为国家统计局公报数。

“八五”时期，我国计划生育工作取得了显著成绩，我们不仅较好地完成了“八五”人口计划，在生育旺盛期（20～29岁）妇女人数处于高峰时有效地控制了人口过快增长的势头，而且在实践中积累了宝贵的经验，探索出一条具有中国特色的解决人口问题的道路。

“八五”计划期间，全国增加人口6 788万，增长5.94%，年平均增长11.60‰，与“七五”计划期间相比，年平均增长率下降了3.9个千分点（表2、表3）。全国30个省、区、市除甘肃省期末总人口超过国家下达的计划数7.95万人以外，均完成了国家下达的“八五”人口计划指标。

表 2 “八五”与“七五”人口计划执行情况比较

指标	“七五”			“八五”		
	计划数	实际数	相差	计划数	实际数	相差
期末总人口(万)	111 300	114 333	+3 033	122 700	121 121	−1 579
年均自增率(‰)	12.5	15.5	+3.0	14.23	11.60	−2.63
增加人口数(万)	6 700	8 482	+1 782	8 367	6 788	−1 579

表 3 “八五”计划期间婚育状况的变化

指 标	1990 年	1994 年
总和生育率	2.3	2
多孩率(%)	19.32	9.5
平均初婚年龄	22.12	22.73

“八五”计划期间，我国计划生育事业有了新的发展。各级领导、广大干部和人民群众对计划生育的认识更加深刻、更加全面，计划生育工作的思路也更加开阔。随着宣传教育的不断深入和人民生活水平的逐步改善，人们的婚育观念正在向晚婚晚育和少生优生转变。逐步建立、健全了各级计划生育的管理机构，形成了遍及城乡的宣传教育、技术服务、药具供应网络和以协会为主体的群众工作网络，初步建立了比较规范的管理和服务制度，基层的计划生育工作进一步加强。计划生育的科学研究和技术服务水平有了提高。在长效避孕节育技术、抗早孕技术以及其他新技术的研究和推广方面有新的突破，初步形成了方法多样、种类比较齐全的避孕节育技术系列。有 2 亿多育龄群众采取了避孕措施，全国已婚育龄夫妇综合避孕率已达到 80% 以上。高等院校、社会科学院和政府有关部门设立的人口研究机构，对人口学及其相关领域的研究取得了新的进展，并培养了一批专业人才。全国计划生育专职人员已达到 30 万人，通过工作实践和教育培训，这支队伍的素质不断提高。“八五”期末，各级财政用于计划生育事业的经费达到全国人均 2.64 元。

“八五”计划期间，计划生育工作积累的宝贵经验主要是：

——坚持人口与发展综合决策，把人口控制计划纳入国民经济和社会发展的总体规划，列入各级党委、政府的重要议事日程。

——一以贯之地强调计划生育工作的重要性、紧迫性、长期性和艰巨性，明确指出在社会主义市场经济条件下，计划生育工作仍属于各级政府的宏观调控职能；通过广泛深入的宣传教育，不断增强广大干部、群众的人口意识和人均观念。

——坚持各级党政一把手亲自抓、负总责，建立和健全人口与计划生育工作目标管理责任制。

——全面贯彻执行现行计划生育政策，保持政策的稳定性和连续性；对不同地区实行分类指导；逐步把计划生育工作纳入法制的轨道。

——把计划生育工作的重点放在农村，大力加强基层网络建设和基础工作；认真落实计划生育工作以宣传教育为主、避孕为主、经常性工作为主的“三为主”方针；依靠科技进步努力提高计划生育技术服务水平。

——坚持一切为了群众、一切依靠群众和群众路线，充分发挥计划生育协会、妇联和其他群众组织的作用，把广大群众动员和组织起来实行自我管理、自我教育、自我服务。

——本着既从严控制又经过最大努力能够实现的原则，制定既积极又可行的人口计划；不断加强和改进人口计划管理和人口统计工作；注重摸实情，讲实话，报实数。

——把计划生育与发展经济、帮助农民勤劳致富奔小康、建设文明幸福家庭结合起来，推动各有关部门齐抓共管，对人口问题实行综合治理。

——加强人口与计划生育领域的国际合作与交流。

——建设一支思想好、作风正、懂业务、会管理的计划生育工作队伍，并制定一套切实可行的规章制度，实现计划生育管理的经常化、科学化、制度化。

这些经验用最简炼的语言可以概括为：坚持“三不变”，即坚持各级党政一把手亲自抓负总责不变、现行计划生育政策不变和既定的人口控制目标不变；落实“三为主”，即计划生育工作要以宣传教育为主、避孕为主和经常性工作为主；实行“三结合”，即把计划生育工作与发展经济、帮助农民勤劳致富奔小康、建设文明幸福家庭结合起来。实践证明，这些经验符合我国的国情，凡是按这些经验认真去做的地方，计划生育工作都取得了良好的效果。

计划生育“三结合”是 90 年代以来逐渐形成的工作思路。农村计划生育工作难，难就难在一方面农民受传统观念的影响较深，另一方面，由于广大农村生产力发展水平较低，农民实行计划生育遇到的一些实际困难没有很好解决，许多人响应国家号召少生了孩子却未能快富，有后顾之忧。为了探寻一条综合解决人口与发展问题的最佳途径，引导农民少生快富奔小康，吉林、江苏、四川等省按照“三结合”的工作思路，总结了一套新的工作方法，通过各种形式把实行计划生育的农户组织起来，开展少生快富活动，并为他们提供生产、生活、生育等多方面的服务。一些地方动员和组织有关部门从政策、项目、资金、技术等方面向实行计划生育的农户倾斜，帮助他们制定少生快富的计划，扶持他们上一至两个比较稳定的致富项目，使他们的家庭收入高于当地的平均水平。由于改变了过去主要依靠制约手段推行计划生育的办法，把利益导向机制引入计划生育工作，着重帮助农民群众解决实际困难，使他们尽快富裕起来，从而使他们从切身利益中认识到计划生育不仅有利于国家，对于他们的家庭和个人也有好处。通过组织农村妇女发展经济，增加收入，学文化、学技术，不仅提高了妇女的经济、社会地位和自身素质，也促进了妇女生育观的转变。在“三结合”开展得好的地方，党群关系和干群关系得到改善，计划生育工作的形象有了改变。农民群众说：“党和政府真心诚意为我们好，我们没有理由也不好意思再超生了”。乡、村干部与计划生育工作人员感到，“这样做计划生育工作，群众欢迎，干部好做工作，戗茬变成了顺茬”。有关部门的同志反映，实行“三结合”既有利于农村人口的控制，也有助于把各部门的业务工作落实到基层。许多地方的党政领导认为，实行“三结合”把发展农村经济和搞好计划生育这两件大事统一起来抓，把农村各方面工作有机地结合起来，使各项政策互相配套，各部门的力量密切配合，采取综合措施，解决人口问题，确实是新形势下进一步抓紧抓好计划生育工作的必由之路，也是发展农村经济，加强农村社会主义精神文明建设，促进农民共同富裕的有效途径。

在全国计划生育科学技术大会上的讲话

（1996年3月17日）

彭珮云

同志们:

今年是“九五”计划的第一年，党中央、国务院十分重视计划生育工作，在人大、政协“两会”期间召开了第六次计划生育工作座谈会，江泽民总书记、李鹏总理在座谈会上作了重要讲话。中央要求，“九五”时期，各级领导要从可持续发展的战略高度认识人口问题的重要性，带领和团结群众坚定不移地贯彻执行计划生育基本国策，控制人口数量，提高人口素质，为2000年将我国人口控制在13亿以内，为全面实现社会主义现代化建设第二步战略目标而努力奋斗。紧接着这个座谈会，国家计生委召开全国计划生育科学技术大会，总结回顾“八五”期间取得的成绩和经验，表彰先进，研究部署“九五”期间的科技工作，动员各级领导、干部和科技工作者认真学习和贯彻落实中央计划生育工作座谈会的精神，进一步做好计划生育科技工作，意义十分重大。三天来，计划生育科技工作者和计划生育部门的领导同志、在基层第一线从事计划生育技术服务的同志以及各有关部门的同志欢聚一堂，共商计划生育科技事业的大计。同志们一致反映，这是计划生育科技工作的一次规模最大、规格最高的盛会，会议开得及时，开得好，总结交流了经验，明确了方向，提高了认识，开阔了思路，特别是听了先进集体和先进个人的发言，深受教育与鼓舞，大家一致表示要克服困难，进一步做好计划生育科技工作，为贯彻落实基本国策再立新功。我代表国务院热烈祝贺这次大会的圆满成功，向受到表彰的计划生育科技功臣、计划生育科技先进集体和先进工作者表示崇高的敬意，向所有为计划生育科技事业作出贡献的专家、学者和科技工作者表示衷心的感谢和诚挚的问候。

“八五”期间我国人口与计划生育工作取得了显著成绩。不仅较好地完成了“八五”人口计划，而且在实践中积累了丰富经验，探索了一条具有中国特色的解决人口问题的道路。依靠科技进步，就是一条重要的经验。经过多年的努力，我们建立了一支具有较高水平的计划生育科研队伍、热心为群众服务的计划生育技术服务队伍，取得了一批计划生育应用研究、基础研究和软科学研究成果，形成了一个种类比较齐全的避孕节育技术药具系列。回顾我国计划生育工作的历史，每前进一步，都与科学技术的进步密切相关，都凝聚着广大计划生育科技工作者的勤劳与智慧。广大计划生育科技工作者，包括计划生育、卫生、教育、科研等部门的计划生育科技工作者，在艰苦的条件下，辛勤劳动，默默奉献，以顽强的意志和拼搏精神攻克无数难关，开创了计划生育科技工作的崭新局面，换取了计划生育工作丰硕成果和千家万户的健康幸福。实践已经证明并且将继续证明，科学技术是推动计划生育事业前进的强大动力，是提高计划生育工作水平，实现人口与经济、社会协调发展与可持续发展的不可缺少的重要条件。

根据中共中央的建议，全国人大八届四次会议审查并即将批准《国民经济和社会发展“九五”计划和2010年远景目标纲要》。这个纲要把控制人口增长，提高人口质量，正确处理经济建设和人口、资源、环境的关系，实现经济与社会协调发展和可持续发展摆到了十分重要的战略位置，既提出了经济发展的人均奋斗目标，又提出了人口数量的控制目标，要求到2000年和2010年分别把全国人口总数控制在13亿以内和14亿以内，并强调这是实现今后15年我国经济和社会发展奋斗目标的一个重要条件。几天前召开的全国计划生育工作会议提出，“九五”时期，我国人口与计划生育工作要在已有成绩的基础上，再上一个新台阶，提高到新的水平，并且提出了上新台阶的六个标志。各级计划生育部门和广大的计划生育科技工作者要为实现这些目标和要求继续努力，再创佳绩。

当代科学技术的迅速发展及计划生育工作的不断深入，对计划生育科技工作提出了新的更高的要求。我们必须牢固树立“科学技术是第一生产力”的思想，认真贯彻中共中央、国务院《关于加速科技进步的决定》和国务院批转的《中国计划生育工作纲要（1995～2000年）》，促进计划生育科学技术快速发展。张维庆同志在这次大会上代表国家计生委作的报告，全面地阐述了今后一段时期计划生育科技工作的指导方针、目标和任务，我完全同意，下面我着重讲几个问题。

第一，要紧密结合计划生育工作的任务发展科学技术，加速科技成果的转化 “九五”时期我国计划生育工作的任务十分艰巨。不仅要继续有效地控制人口增长，还要努力提高人口质量，改善人口结构；不仅要运用科学的方法和手段加强管理，使计划生育工作逐步实现经常化、科学化、制度化，还要根据人民群众日益增长的需求，广泛开展避孕节育和生殖保健系列服务，提高服务质量。随着经济社会的发展和人民生活水平的提高，广大育龄群众不仅需要多种可供选择的避孕节育方法，保障他们的身心健康，还希望生育的后代健康、聪明。以先进技术和优质服务满足群众的需求，是我国计划生育科技工作的根本任务。“九五”期间，要切实加强应用研究，重点改进和完善现有的避孕节育技术、药具和方法，最大限度地降低不良反应，增强安全性和有效性。要重视男性避孕节育技术的研究。大力开发新的生育调节途径和方法，力争再研究、开发、推广几种新的避孕节育技术和药具，使需求不同的对象有较多的选择余地。为给应用研究提供科技动力，必须重视基础研究，争取在人类生殖生物学的应用基础研究方面有所突破。同时，要加强综合治理人口问题的软科学研究。

计划生育科学研究是事关国家整体利益和长远利益的社会公益性研究，需要政府给予政策扶持和经费支持。政府应通过宏观指导，适当集中人力、物力、财力，攻克一批重大科研课题。要有计划、有组织地加速计划生育科技成果的转化，把安全、高效、简便，群众易于接受的科研成果尽快推广应用。计划生育科研机构要根据自身特点，积极探索与市场经济相结合、与企业相结合的适当形式，促进计划生育科技成果的商品化、产业化，以增强科技事业自我发展的能力。

科学技术的发展，关键是人才。我们必须十分重视培养和造就一批德才兼备的计划生育科研人才。要充分发挥现有科技人员的重要作用。尽最大努力改善他们的工作和生活条件，解决好他们的职称、待遇等问题，力争稳定这支队伍。还要采取有力措施，培养年轻一代科学技术人才，建设一支跨世纪的科技队伍。

实现科技成果的转化有赖于科技知识的普及。我们必须把普及科技知识作为一项重要任务抓紧抓好。要通过广泛深入的宣传，把新的科技成果和新的观念交给广大群众。帮助他们消除各种思想顾虑和心理障碍，这是人民群众积极参与计划生育，自觉实行计划生育的基本条件之一。

第二，要切实加强基层计划生育服务网络的建设，提高服务水平 “八五”时期，计划生育基层服务网络的普遍建立和逐步完善，对于实现人口控制目标发挥了重大作用。“九五”时期要本着“布局合理，规模适当，人员精干”的原则，继续加强基层计划生育服务网络的建设，并着力提高其服务水平。基层计划生育服务网络要始终坚持为落实计划生育基本国策服务，为基层服务，为育龄人群服务的方向，坚持面向基层、深入乡村、服务上门、方便群众的方针，紧紧围绕普及计划生育、优生优育科学知识，落实避孕节育措施，保护育龄群众特别是妇女的生殖健康，提高出生人口的素质开展综合服务。要改进和完善现有的技术设施，增强服务功能，提高技术水平和服务质量。不仅要提高综合避孕率，还要注重提高其及时率、有效率，降低节育手术并发症发生率。在做好孕前服务和管理的基础上，降低人工流产率，下决心减少引产，尤其是大月份引产，以保护育龄妇女的身心健康。要普及优生优育的科学知识，开展力所能及的优生优育咨询和服务。

各地政府和部门要积极支持基层计划生育服务网络的建设，把这项工作纳入“九五”时期计划生育事业发展的总体规划，继续增加投入，加强指导，使基层服务网络的整体水平有一个大的提高。希望各省、区、市政府进一步明确县计划生育服务站是全民所有制的事业单位并实行全额预算，合理解决县、乡服务站、所的机构、编制和技术人员的职称、待遇等问题，以稳定基层计划生育技术服务队伍。乡镇服务所的建设应采取因地制宜的方针。在人口多、计划生育工作任务重的地方，建立小而精的服务所是必要的。一部分边远的少数民族地区可以不单独建所，计划生育技术服务由乡镇卫生院承担。在村一级，计划生育和妇幼保健工作可以依靠村卫生室结合在一起进行。

要同卫生等有关部门一起制定和完善有关的技术标准、技术规范，积极推行计划生育技术服务的规范化管理。要大力加强对基层计划生育技术服务人员的教育和培训，提高他们的技术水平和服务能力。

第三，要大力协同有关部门做好优生工作，提高出生人口的质量 控制人口增长，提高人口素质，是我国人口政策的两个主要方面。目前我国人口过快增长的势头已得到初步控制，但是，人口质量问题特别是出生人口的质量问题仍相当突出。据调查统计，我国现有残疾人口5000多万，其中智力残疾1000多万。全国每年出生的婴儿中有20多万有严重缺陷，近100万患有遗传性疾病，还有60万以上胎儿在母体内就受到一些病毒、细菌的感染。分娩时产伤、窒息造成的智力低下和脑瘫等也不容忽视。此外，近亲结婚影响出生人口的素质，环境污染和不良环境因素也危害胎儿的正常发育。对此，党中央、国务院十分关注，多次强调这是关系国家繁荣，民族昌盛的大问题。在最近召开的中央计划生育工作座谈会上，江泽民总书记说："我要强调一下优生问题。这是关系中华民族兴旺发达的大事。优生是全面提高人口素质的前提条件，是我国人口政策不可分割的重要内容。只有出生的孩子都是比较健康的、聪明的，我们的民族和国家未来的发展才有希望。计划生育部门、卫生部门以及其他有关部门要认真研究优生问题。广泛宣传优生科普知识，切实解决影响优生的各种实际问题，真正把优生工作抓起来"。我们一定要认真领会江总书记这一指示精神，采取切实有效的措施，做好优生工作。

儿童是人类的未来，儿童的生存、保护和发展对于提高人口素质至关重要，而儿童的先天素质又是人口素质的基础，因此，提高全民族的素质应当从出生人口抓起。我们应当把尽量减少新生儿的出生缺陷率，提高出生人口质量，作为人口与计划生育工作的一个重要目标。

优生工作是一项科学性很强的社会系统工程，涉及的领域和学科很广，难度很大，任务非常艰巨。做好这项工作，仅靠某一个部门是不行的，需要在各级政府的领导下，协调有关部门和有关方面的力量共同来抓。要制定规划，采取必要的政策和措施，明确各有关部门、有关机构和组织的职责、任务，群策群力，共同做好优生工作。

计划生育系统在提高出生人口质量方面负有重要责任。各级计划生育管理部门、计划生育科研机构与技术服务机构，都要把优生工作纳入自己的工作日程。要充分利用计划生育服务网络比较健全的优势，依托各级计划生育服务机构，培训技术骨干，大力开展宣传教育，普及有关的科学知识，开展力所能及的优生咨询服务，推广先进适用的技术和方法。要协同有关部门认真贯彻实施《母婴保健法》，做好婚前医学检查、孕前咨询指导、孕期保健、产前诊断、新生儿筛查等工作。各省（区、市）可以选择一些工作基础较好、有一定技术力量的县（市）计划生育服务站进行试点，摸索经验，有计划、有步骤地逐步推开。

第四、计划生育部门与卫生部门要加强团结协作，为计划生育科技事业共同努力　计划生育工作与妇幼卫生工作的关系十分密切。搞好计划生育科技工作需要各部门特别是卫生部门的合作与支持。世界上大多数国家都是把计划生育工作同妇幼保健、家庭福利、社区服务结合在一起进行的。在80年代以前，我国计划生育科学研究和节育技术服务都是由医疗、妇幼卫生机构承担的。进入80年代，由于我国控制人口增长的任务十分繁重，基层计划生育服务网络应运而生，承担了一部分节育手术任务，并且融宣传教育、技术服务、药具供应、人员培训为一体，采取巡回基层、上门服务的工作形式，形成了自已的鲜明特色。随着计划生育工作的深入发展和人民群众需求的不断增加，一些地方的计划生育服务机构还围绕母婴保健、生殖保健开展了宣传和力所能及的咨询和技术服务工作。从总体上看，我国广大农村缺医少药的现象还比较普遍，远远不能满足群众在避孕节育、优生优育、妇幼保健、生殖保健方面的需求。现在的问题是如何在各级党委、政府的统一领导下进一步协调好计划生育部门与卫生部门的关系，使它们很好地分工协作，共同承担起控制人口增长、提高人口质量的繁重任务，最大限度地满足群众在避孕节育、优生优育、妇幼保健和生殖保健方面的需求。多年来，卫生部门承担了大量的计划生育科研和技术服务任务，为控制人口增长、提高人口质量作出了重大贡献，今后仍然是落实计划生育基本国策不可缺少的一支重要力量。卫生部门要一如既往地重视与控制人口增长、提高人口质量有关的科研和技术服务工作，把做好这项工作作为自己义不容辞的责任。计划生育部门要积极支持卫生部门开展计划生育科研和技术服务工作，为他们提供便利条件，主动地、经常地向他们通报情况，认真听取他们的意见和建议。1995年国务院批准的卫生部和国家计生委的"三定"方案明确规定了两部委的职责分工。《母婴保健法》中对于相关部门的职责分工也有规定。我希望，各级卫生妇幼保健部门和计划生育部门为了共同的大目标真诚地携起手来，顾全大局，相互理解，相互尊重，相互支持，并建立制度定期沟通情况，及时研究和协调解决实际工作中发生的问题。我相信，只要大家都以党和人民的事业为重，发扬团结协作的精神，就能做到既有合理的分工，又有密切的配合，把各方面的积极性都调动起来，为群众多办实事、好事，这样我们就一定能够促进我国计划生育科技事业更好地向前发展。

第五、计划生育科学技术要有一个大的发展关键在于领导　《中共中央、国务院关于加速科学技术进步的决定》中明确要求："各级领导干部，特别是党、政主要领导干部，要带头学习现代科学技术知识，增强科技意识，善于用科学的态度、科学的思想和方法处理问题，提高驾驭现代经济建设和科技发展的能力。各级党委和政府要切实加强对科技工作的领导，把科技工作摆在重要的议事日程。"为了贯彻落实计划生育基本国策，计划生育科学技术需要有一个大的发展，其关键在于领导。希望各级党委和政府一定要切实加强领导，采取有效措施加速计划生育科技进步。各级计生委领导班子，尤其是一把手，要带头学习现代科学技术知识，增强科技意识，亲自抓科技工作。要从思想上到行动上真正重视科技工作，把科技工作摆到重要的议事日程上来，定期研究科技工作，加强对科技工作的指导和检查督促。要协调好各方面的关系，及时解决科技工作中的困难和问题。要选派懂业务、会管理的领导同志分管科技工作，建立和加强科技管理机构或岗位。

李鹏总理在全国科技大会上的讲话中指出："建立适应社会主义市场经济体制的科技投入机制，多层次、多渠道地增加科技投入，是发展科技事业的重要保证。""中央和地方财政对科技事业的投入，在一般情况下，要做到高于当年财政收入增长的速度。"各级政府要认真贯彻李鹏总理的指示，努力增加对计划生育科技工作的投入。各级计划生育部门要积极向政府和有关部门反映情况，通过多渠道，争取增加对科技的投入；在计划生育事业经费短缺的情况下也要尽量挤出一点钱用于科技工作。

同志们，今后15年是我国社会主义现代化建设承前启后、继往开来的重要时期，让我们在以江泽民同志为核心的党中央和国务院的正确领导下，认真贯彻落实科教兴国战略，以昂扬的斗志和求实的精神努力推进计划生育科技进步，为使我国计划生育工作再上一个新的台阶，为实现我国现代化建设的战略目标贡献我们的力量!

关于国民经济和社会发展"九五"计划和2010年远景目标纲要及关于《纲要》报告的决议（节选）

（1996年3月17日第八届全国人民代表大会第四次会议通过）

第八届全国人民代表大会第四次会议，讨论和审查了国务院提出的《国民经济和社会发展"九五"计划和2010年远景目标纲要（草案)》，审议了李鹏总理代表国务院所作的《关于国民经济和社会发展"九五"计划和2010年远景目标纲要的报告》。会议认为，《纲要（草案)》和报告提出的今后15年的奋斗目标和指导方针，国民经济和社会发展的主要任务和战略布局，深化经济体制改革和扩大对外开放的部署和措施，体现了邓小平建设有中国特色社会主义理论和党的基本路线的精神，反映了全国各族人民的根本利益和共同愿望，经过努力是能够实现的。会议决定批准《国民经济和社会发展"九五"计划和2010年远景目标纲要》，批准李鹏总理的报告。

会议要求，要认真实施科教兴国战略和可持续发展战略。要加快科技进步，优先发展教育，调动科教人员的积极性，促进科技、教育与经济紧密结合。各级政府要继续把计划生育工作摆到重要位置，坚持计划生育的基本国策，严格控制人口增长。要切实保护生态环境，合理开发利用资源，使经济建设与资源、环境相协调。

国民经济和社会发展"九五"计划和2010年远景目标纲要（节录）

（1996年3月17日第八届全国人民代表大会第四次会议批准）

一、"八五"计划完成情况

6.科技教育事业取得重大进步，社会事业全面发展。……制定了《中国21世纪议程》，确定了可持续发展战略，环境和生态保护得到重视。计划生育取得新成绩，人口过快增长的势头得到抑制，人口自然增长率由1990年的14.39‰降到1995年的10.55‰。

二、国民经济和社会发展的指导方针和奋斗目标

（三）"九五"国民经济和社会发展的奋斗目标

"九五"国民经济和社会发展的主要奋斗目标是：全面完成现代化建设的第二步战略部署，到2000年，人口控制在13亿以内，实现人均国民生产总值比1980年翻两番；基本消除贫困现象，人民生活达到小康水平；加快现代企业制度建设，初步建立社会主义市场经济体制。为下世纪初开始实施第三步战略部署奠定更好的物质技术基础和经济体制基础。

（四）2010年国民经济和社会发展的远景目标

2010年国民经济和社会发展的主要奋斗目标是：实现国民生产总值比2000年翻一番，人口控制在14亿以内，人民的小康生活更加宽裕，形成比较完善的社会主义市场经济体制。

三、宏观调控目标和政策

(七)人口和就业

“九五”期间,人口自然增长率控制在年均10.83‰。坚定不移地贯彻执行计划生育的基本国策,稳定和认真执行现行计划生育政策。重点做好农村和流动人口的计划生育工作。农村计划生育工作要和发展经济,帮助农民勤劳致富奔小康,建设文明幸福家庭,以及扶贫工作结合起来,深入持久地开展计划生育和优生优育的宣传教育,提倡晚婚晚育,做好优生优育工作。继续实行各级主要领导亲自抓、负总责的目标管理责任制。加强避孕节育、生育保健、优生优育的技术服务和基层服务网络建设。

五年新增城镇就业4000万人,向非农产业转移4000万农业劳动力。城镇失业率力争控制在4%左右。积极拓宽就业渠道,统筹规划,不断扩大城乡就业。引导和组织农业劳动力进行农业深度和广度开发,积极发展乡镇企业、第三产业,大力发展城乡集体经济,继续发展个体和私营经济,增加劳动积累型工程和城乡基础设施建设。建立规范化的劳动力市场,促进城乡劳动力合理有序流动。采取多种就业形式,建立与社会主义市场经济相适应的新型劳动制度。实行就业前和在岗培训制度。建立失业预警和调控体系,以及失业保险、救济、转化和促进再就业的新机制。

五、实施科教兴国战略

(一)加速科学技术进步

4.加强社会发展重点领域的科学研究与技术开发。在计划生育、重大疾病防治、新药创制等方面攻克一批关键技术。

学习和庄经验
推动协会工作上新水平

——在全国计划生育协会工作会议上的讲话

(1996年4月13日)

宋 平

同志们:

前不久,党中央、国务院在全国人代会期间召开了第六次计划生育工作座谈会。江泽民、李鹏同志作了重要讲话,充分肯定了“八五”时期我国计划生育工作取得的显著成绩,对今后5年的工作提出了新的要求。中央领导同志在讲话中还充分肯定计划生育协会已经成为动员和组织广大群众参与计划生育的重要力量,强调各级党委、政府要重视发挥计划生育协会等群众团体在计划生育工作中的作用,支持他们发挥各自的优势,创造性地开展工作。

为了贯彻中央计划生育工作座谈会精神,实现中国计生协“四代会”提出的今后5年协会工作的目标,做好1996年的工作,中国计生协召开了这次工作会议,两天多来,大家学习了中央座谈会精神,听取了和庄村协会等单位的经验介绍并进行了实地参观,交流了各地传达贯彻“四代会”精神的情况。大家认为,当前协会工作发展的形势很好,各级党政领导对协会工作越来越重视,协会组织不断发展壮大,生气勃勃。大家对实现今后5年的奋斗目标充满信心。

这次会议带有现场会的性质。全国的先进典型很多,我们这次选了和庄这个典型,把学习和推广和庄村协会的经验作为一个重要议题。我提前来了两天,到沂南县的和庄村和莒县、莒南县的一些地方看了看,很受感动。和庄村原来是个经济贫穷、人心涣散、生育长期处于无政府状态、各项工作都比较落后的“老大难”村。1987年底,镇党委调整加强了村党支部领导班子,随后建立了以“五老”和计划生育积极分子为中坚的计划生育协会,选了一个好会长,建立了一个有议事决策能力的理事会,发展了一支能够发挥作用的会员骨干队伍,形成了一套保证协会经常开展活动的群众网络和制度。在党支部的领导下,村协会协助村委会广泛动员团结全村群众参与本村计划生育和各项工作,7年时间,村里的面貌发生了巨大变化。1979年到1987年,全村659户,就有320户计划外生育,仅1987年就超生47人。而从1988年至今,全村再也没有一例计划外生育,经济有了很大发展,村里人均收入由1987年的210元增加到1995年的2450元;社会治安明显好转,精神文明建设也取得了很大的成绩。同志们都认为和庄村是坚持党的群众路线,充分发挥党支部的战斗堡垒作用和计生协会的桥梁纽带作用,把计划生育工作与促进农村两个文明建设结合起来,推进社会全面进步的先进典型。尽管和庄村目前还不算很富裕,但它的变化很大,经验是比较全面和有说服力的。

近几年,我几次提出要经过三五年的努力,使计划生育工作上一个新台阶。这个新台阶主要是指计划生育的管理方式和工作方法要有个根本的转变。最近,中央领导同志多次强调计划生育工作要坚持“三不变”,落实“三为主”,推行“三结合”,实现“两个转变”。就是要适应建立社会主义市场经济体制的要求，努力改变就计划生育抓计划生育的工作方式，将计划生育与经济社会发展紧密结合，社会制约与利益导向紧密结合，采取综合措施解决人口问题，促使计划生育工作再上一个新台阶。计划生育工作方式的这种重大转变，为计划生育协会提供了更好地发挥作用的广阔天地。在这方面，和庄村的经验给我们提供了有益的启示。

第一，搞好计划生育工作必须依靠群众，而群众的力量在于组织起来　计划生育是千百万人民群众自已的事业，没有广大群众的积极参与是搞不好的。群众中蕴藏着实行计划生育的巨大积极性。但是，如果不能把他们很好地组织起来，群众的积极性就不可能充分发挥出来。群众靠谁来组织呢？就靠党的基层组织。和庄村群众还是那些群众，“五老”还是那些“五老”，为什么1987年以前，积极性调动不起来，只能在那里蹲墙根，晒太阳，发牢骚呢？就是因为党支部软弱涣散，群众没有主心骨。当上级党委调整加强了这个村的领导班子，选配了一个好的支部书记，他们有困难找群众商量，有事情靠群众去办，群众的积极性和创造性就迸发出来了。和庄村的支部书记王金发同志懂得一个道理：一村之“长”不等于一村之“主”，真正的主人是人民群众，干部是人民的公仆。有了这样的认识，就可以摆正自己的位置。最近，江泽民同志多次强调，领导干部一定要讲政治，讲政治的一个重要问题，就是对人民群众的态度问题，同人民群众的关系问题。计划生育本来是符合群众根本利益的好事情，但是，如果我们的干部在这个问题上把自己放在同群众对立的位置上，群众就不能理解，更说不上积极支持和自觉参与，事情也就难以办好。

党组织动员和组织群众参与计划生育工作，需要一定的组织形式，计划生育协会就是群众在计划生育工作中自我教育、自我管理、自我服务的一种很好的组织形式。协会把村里的“五老”、育龄群众、生产骨干、致富能手组织起来，共同为计划生育工作出主意、想办法、做思想工作，可以为党组织起到很好的参谋和助手作用，可以解决很多单靠行政手段解决不了的问题。在和庄，我们看到很多邻里相帮、村民互助、父母公婆劝儿子儿媳晚婚晚育、计划生育的生动事例。这说明，协会的作用真正发挥好了，群众的积极性真正调动起来了，就可以形成“多数人做少数人工作”的局面。“天下第一难”的工作就不再那么难了。

第二，搞好计划生育工作，必须紧密结合发展农村经济这一中心工作来进行，突出“少生快富奔小康”的主题　这也是许多地方在工作实践中创造的一条共同经验。群众传统的生育观念是同落后的生产、生活方式联系在一起的。有的地方经济发展缓慢，群众生活困难，越穷越生，越生越穷，形成一种恶性循环。如果组织群众发展生产，增加收入，扩大就业，组织育龄妇女学文化、学技术，广泛参加社会生产劳动，就会使他们认识到计划生育不仅符合国家和民族的总体利益，也符合群众的切身利益。这比起单纯就计划生育抓计划生育来，往往会收到事半功倍的效果。

计划生育协会作为协助党和政府开展计划生育工作的群众团体，能不能在组织和帮助群众发展经济共同致富中有所作为呢？许多地方的实践都作了肯定的回答。如四川省德阳地区的“万名会员帮带群众致富活动”，江苏省盐城市的“少生快富文明工程”，山东等地的会员联系户制度和“一帮一，手拉手，共同富”活动等，都开展得有声有色，卓有成效。协会吸收了村里的“五老”参加，他们有经验、有威望、在群众中说话算数，可以献计献策；协会会员还包含了多方面的“致富能手”，他们懂技术、会管理、观念新、信息灵，在带领群众致富上可以发挥很大作用；协会通过兴办“三结合”项目，为群众少生快富提供科技、信息、供销、政策、法律服务，有力地配合了农村的中心工作，使协会大大拓宽了活动领域，增强了吸引力和凝聚力，深受群众欢迎。和庄村协会兴办的服装加工厂、工艺品厂、养鸡、养兔、养鸭、养鱼场，先后吸收独生子女和两女户母亲480多人参加，每人年收入3 000元以上。同时，拿出部分项目创收资金，扶持170多户独生子女户和计划生育困难户发展生产，群众真正感到协会是自己的贴心人。我们这次参观的莒南县高家安子村协会，不仅自己办起了绣花厂，而且辐射到十几个比较贫困的库区移民村，帮助致富无门的育龄妇女学习绣花技术，使从业人员达到600多人，人均月收入达到二三百元。形成了一户带多户，先富帮后富，少生优生，共同致富的好局面。

第三，搞好农村计划生育工作，必须大力改善群众实行计划生育的社区环境　最近，我看了山东省社科院人口所研究员王秀银同志赴和庄调查后写的文章，写得很好，文章认为，在人口控制过程中，社区处于特殊重要的地位。由于农民的主要社会和经济活动是在社区范围内进行的，社区内部各成员间联系密切，利益相关，相互影响，容易形成共同的生育规范。和庄的成功就在于，在群众广泛参与下搞好人口控制工作，促进了两个文明建设的同步发展；社会的综合发展又提供了有利于人们转变生育观念的社会环境，进而巩固和发展了人口控制成果。王秀银同志还认为，从群众广泛参与人口管理入手，促进社区综合发展，是实现中国农村人口与社会经济协调发展的一项基础工作，也是和庄等地走的一条成功之路。我认为这个看法是有道理的。

计划生育不是一项孤立的工作，它涉及经济基础、生产方式、社会保障、文化教育、思想观念、周围环境等各个方面。为什么农村开展计划生育工作比起城市要困难得多？除了人的文化素质、经济条件等差异外，社会环境的差异也是一个重要因素。我国传统的生育观念，是在长期农业社会自然经济的环境中形成的。农村一家一户的生产方式和相对薄弱的社会保障，强化了群众“养儿防老”、“重男轻女”的思想意识。要改变群众这种落后的传统生育观念，需要做艰苦细致的宣传教育和思想工作，但仅靠这些还不够，还应当大力发展经济，改革陈旧落后的生产、生活方式，并下功夫解决制约群众实行计划生育的实际问题，努力形成有利于计划生育工作开展的经济条件和社区环境。就发展经济来说，应当适当注意农村集体经济的发展。搞好计划生育工作，需要一定的物质基础。集体没有一点经济实力，花一块钱都找群众去要，很多服务工作就开展不起来，干群关系很难融洽，计划生育工作也难以开展。还有许多工作同计划生育也是密切相关的。譬如：发展养老保险，建立敬老院，让“五保”老人安度晚年；开展创建文明幸福家庭活动，破除传统宗族势力影响，消除恃强凌弱的恶习，建立平等互助的邻里关系，形成良好的社会风气和社会秩序；等等。这些工作做好了，就可以解决群众的后顾之忧，大大提高群众的实行计划生育的自觉性。

经过多年的努力，我国人口自然增长率已显著下降，这是非常可喜的现象。但是，目前的低生育率在很大程度上是靠行政手段和社会制约机制实现的，计划生育的成果还不够稳定、不够巩固。如果我们在发展农村经济，提高农民的科学文化素质，改善农村社区环境上进一步下功夫，群众生育观念的转变、计划生育工作成果的巩固和发展就有了坚实的基础，计划生育工作的总体水平就会有一个大的提高，保持人口与经济社会的协调发展就有了可靠的保证。

由于各地情况千差万别，协会工作开展水平也不一样，学习和庄经验要坚持从实际出发，鼓励群众在实践中创造自己的新鲜经验。听莒南县的同志介绍，这几年他们狠抓了村计生协会会长的培训，实行村计生协会会长持合格证上岗的制度，收到了好的效果。希望各地在学习和庄的过程中，注意发现、培养和推广当地的先进典型，巩固好的，提高中间的，整顿后进的，特别是要抓好协会会长和骨干队伍的培训，使他们增强责任感，掌握计划生育的基本知识和做群众工作的方法。要加强对基层协会工作的监督检查，提要求，教办法，解疑难。通过实实在在的工作，使和庄经验在全国基层协会开花结果，把协会的工作提高到一个新的水平。

国务院办公厅关于做好计划生育和母婴保健工作有关问题的通知

国办发〔1996〕44号

各省、自治区、直辖市人民政府，国务院各部委、各直属机构：

实行计划生育和加强母婴保健是实施我国人口政策和保障公民身体健康的两项重要工作。根据《中华人民共和国母婴保健法》(以下简称《母婴保健法》) 的有关规定以及国家计生委、卫生部两部委的职责分工，经国务院领导同意，现就计划生育和母婴保健工作有关问题通知如下：

一、《母婴保健法》及其实施办法，规范了医疗保健机构和个人在母婴保健工作中的行为，旨在提高母婴医疗保健服务质量。计划生育技术服务工作不属于《母婴保健法》及其实施办法的调整范围。

二、母婴保健和计划生育工作是既有区别又紧密联系的两项工作。计划生育部门应当从计划生育的角度配合卫生行政部门做好母婴保健工作。《母婴保健法》第四条第二款对此已经作了相应规定。国家计生委、卫生部联合下发的《关于配合做好计划生育母婴保健工作的通知》(国计生科字〔1995〕11号)，各地方应当认真贯彻执行。

三、根据我国国情和计划生育工作的实际需要，计划生育服务机构在力所能及的范围内适当扩展服务范围，围绕生育、节育、不育开展有关的妇幼保健工作，有利于保证我国人口政策的顺利实施。具体服务项目由县级以上地方人民政府征求卫生行政部门和计划生育行政部门的意见后确定。

四、按照国务院发布的《医疗机构管理条例》的规定，计划生育服务机构如果开展本通知第三条以外的医疗业务，应当按照《医疗机构管理条例》的有关规定，经县级以上人民政府卫生行政部门审查批准。

国务院办公厅

1996年10月4日

人 口 调 查

中华人民共和国主席令

第六十五号

《全国人民代表大会常务委员会关于修改〈中华人民共和国统计法〉的决定》已由中华人民共和国第八届全国人民代表大会常务委员会第十九次会议于1996年5月15日通过，现予公布，自公布之日起施行。

中华人民共和国主席　江泽民

1996年5月15日

全国人民代表大会常务委员会关于修改《中华人民共和国统计法》的决定

1996年5月15日第八届全国人民代表大会常务委员会第十九次会议通过

第八届全国人民代表大会常务委员会第十九次会议决定对《中华人民共和国统计法》作如下修改：

一、第二条修改为："统计的基本任务是对国民经济和社会发展情况进行统计调查、统计分析，提供统计资料和统计咨询意见，实行统计监督。"

二、第三条第一款修改为："国家机关、社会团体、企业事业组织和个体工商户等统计调查对象，必须依照本法和国家规定，如实提供统计资料，不得虚报、瞒报、拒报、迟报，不得伪造、篡改。"

三、第五条修改为二款："国家加强对统计指标体系的科学研究，不断改进统计调查方法，提高统计的科学性、真实性。"

"国家有计划地加强统计信息处理、传输技术和数据库体系的现代化建设。"

四、第六条增加一款，作为第二款："统计工作应当接受社会公众的监督。任何单位和个人有权揭发、检举统计中弄虚作假等违法行为，对揭发、检举有功的单位和个人给予奖励。"

五、第六条第二款改为第七条，作为第一款，并增加二款，作为第二款、第三款："各地方、各部门、各单位的领导人不得强令或者授意统计机构、统计人员篡改统计资料或者编造虚假数据。统计机构、统计人员对领导人强令或者授意篡改统计资料或者编造虚假数据的行为，应当拒绝、抵制，依照本法和统计制度如实报送统计资料，并对所报送的统计资料的真实性负责。"

"统计机构、统计人员依法履行职责受法律保护。任何地方、部门、单位的领导人不得对拒绝、抵制篡改统计资料或者对拒绝、抵制编造虚假数据行为的统计人员进行打击报复。"

六、第九条改为第十条，增加三款，作为第一款、第三款、第四款：

第一款："统计调查应当以周期性普查为基础，以经常性抽样调查为主体，以必要的统计报表、重点调查、综合分析等为补充，搜集、整理基本统计资料。"

第三款、第四款："进行经常性抽样调查，应当在调查前查明基本统计单位及其分布情况，按照经批准的抽样调查方案，建立科学的抽样框。"

"发往基层单位的全面定期统计报表，必须严格限制。凡通过抽样调查、重点调查、行政记录能取得统计数据的，不得制发全面定期统计报表。"

七、第十一条改为第十二条，修改为："对违反本法和国家规定编制发布的统计调查表，有关统计调查对象有权拒绝填报。"

增加一款，作为第二款："禁止利用统计调查窃取国家秘密、损害社会公共利益或者进行欺诈活动。"

八、第十三条改为第十四条，增加一款，作为第三款："国家统计数据以国家统计局公布的数据为准。"

九、第十四条改为第十五条，增加一款，作为第二款："统计机构、统计人员对在统计调查中知悉的统计调查对象的商业秘密，负有保密义务。"

十、第十八条改为第十九条，增加一款，作为第三款："企业事业组织应当设置原始统计记录、统计台帐，建立健全统计资料的审核、交接和档案等管理制度。"

十一、第十九条改为第二十条，第三项修改为：“对国民经济和社会发展情况进行统计分析，实行统计监督，依照国务院的规定组织国民经济核算”。

增加一款，作为第二款：“国家统计局管理国家的统计信息自动化系统和统计数据库体系。”

十二、第二十二条改为第二十三条，修改为：“统计机构、统计人员有权：

“(一) 要求有关单位和人员依照国家规定，如实提供统计资料；”

“(二) 检查统计资料的准确性，要求改正不确实的统计资料；”

“(三) 揭发和检举统计调查工作中的违法行为。”

增加一款，作为第二款：“统计人员依照前款规定执行职务，依法对统计调查对象进行统计调查时，应当出示县级以上人民政府统计机构颁发的工作证件。”

十三、第二十三条改为第二十四条，修改为：“统计人员应当坚持实事求是，恪守职业道德，具备执行统计任务所需要的专业知识。统计机构应当加强对统计人员的专业培训，组织专业学习。”

十四、第二十五条前增加一条，作为第二十六条：“地方、部门、单位的领导人自行修改统计资料、编造虚假数据或者强令、授意统计机构、统计人员篡改统计资料或者编造虚假数据的，依法给予行政处分，并由县级以上人民政府统计机构予以通报批评。”

“地方、部门、单位的领导人对拒绝、抵制篡改统计资料或者对拒绝、抵制编造虚假数据行为的统计人员进行打击报复的，依法给予行政处分；构成犯罪的，依法追究刑事责任。”

“统计人员参与篡改统计资料、编造虚假数据的，由县级以上人民政府统计机构予以通报批评，依法给予行政处分或者建议有关部门依法给予行政处分。”

十五、第二十五条改为第二十七条，修改为：“统计调查对象有下列违法行为之一的，由县级以上人民政府统计机构责令改正，予以通报批评；情节较重的，可以对负有直接责任的主管人员和其他直接责任人员依法给予行政处分：

“（一）虚报、瞒报统计资料的；

（二）伪造、篡改统计资料的；

（三）拒报或者屡次迟报统计资料的。”

“企业事业组织、个体工商户有前款违法行为之一的，由县级以上人民政府统计机构予以警告，并可以处以罚款。但对同一当事人的同一违法行为，已按照其他法律处以罚款的，不再处以罚款。”

十六、删去第二十六条，之后增加五条，作为第二十八条、第二十九条、第三十条、第三十一条、第三十二条：

1、“第二十八条　违反本法规定，篡改统计资料、编造虚假数据，骗取荣誉称号、物质奖励或者晋升职务的，由做出有关决定的机关或者其上级机关、监察机关取消其荣誉称号、追缴物质奖励和撤销晋升的职务。”

2、“第二十九条　利用统计调查窃取国家秘密或者违反本法有关保密规定的，依照有关法律规定处罚。”

“利用统计调查损害社会公共利益或者进行欺诈活动的，由县级以上人民政府统计机构责令改正，没收违法所得，可以处以罚款；构成犯罪的，依法追究刑事责任。”

3、“第三十条　统计机构、统计人员违反本法规定，泄露私人、家庭的单项调查资料或者统计调查对象的商业秘密，造成损害的，依法承担民事责任，并对负有直接责任的主管人员和其他直接责任人员依法给予行政处分。”

4、“第三十一条　国家机关违反本法规定，未报经审查或者备案，擅自制发统计调查表的，由县级以上人民政府统计机构责令改正，予以通报批评。”

5、“第三十二条　民间统计调查活动的管理办法，由国务院规定。”

“中华人民共和国境外的组织、个人在中华人民共和国境内进行统计调查活动，须事先依照规定报请审批。具体办法由国务院规定。”

十七、本决定自公布之日起施行。本决定施行前，依据《中华人民共和国统计法》制定的有关行政法规和地方性法规、规章，其内容与本决定相抵触的，以本决定为准。

此外，根据本决定对部分条文的文字作相应的调整和修改。

《中华人民共和国统计法》根据本决定作相应的修正，重新公布。

中华人民共和国统计法

1983年12月8日第六届全国人民代表大会常务委员会第三次会议通过根据1996年5月15日第八届全国人民代表大会常务委员会第十九次会议《关于修改〈中华人民共和国统计法〉的决定》修正

目　录

第四章　统计机构和统计人员
第五章　法律责任
第六章　附　则

第一章　总　则

第一条　为了有效地、科学地组织统计工作，保障统计资料的准确性和及时性，发挥统计在了解国情国力、指导国民经济和社会发展中的重要作用，促进社会主义现代化建设事业的顺利发展，特制定本法。

第二条　统计的基本任务是对国民经济和社会发展情况进行统计调查、统计分析，提供统计资料和统计咨询意见，实行统计监督。

第三条　国家机关、社会团体、企业事业组织和个体工商户等统计调查对象，必须依照本法和国家规定，如实提供统计资料，不得虚报、瞒报、拒报、迟报，不得伪造、篡改。

基层群众性自治组织和公民有义务如实提供国家统计调查所需要的情况。

第四条　国家建立集中统一的统计系统，实行统一领导、分级负责的统计管理体制。

国务院设立国家统计局，负责组织领导和协调全国统计工作。

各级人民政府、各部门和企业事业组织，根据统计任务的需要，设置统计机构、统计人员。

第五条　国家加强对统计指标体系的科学研究，不断改进统计调查方法，提高统计的科学性、真实性。

国家有计划地加强统计信息处理、传输技术和数据库体系的现代化建设。

第六条　各地方、各部门、各单位的领导人领导和监督统计机构、统计人员和其他有关人员执行本法和统计制度。

统计工作应当接受社会公众的监督。任何单位和个人有权揭发、检举统计中弄虚作假等违法行为，对揭发、检举有功的单位和个人给予奖励。

第七条　各地方、各部门、各单位的领导人对统计机构和统计人员依照本法和统计制度提供的统计资料，不得自行修改；如果发现数据计算或者来源有错误，应当提出，由统计机构、统计人员和有关人员核实订正。

各地方、各部门、各单位的领导人不得强令或者授意统计机构、统计人员篡改统计资料或者编造虚假数据。统计机构、统计人员对领导人强令或者授意篡改统计资料或者编造虚假数据的行为，应当拒绝、抵制，依照本法和统计制度如实报送统计资料，并对所报送的统计资料的真实性负责。

统计机构、统计人员依法履行职责受法律保护。任何地方、部门、单位的领导人不得对拒绝、抵制篡改统计资料或者对拒绝、抵制编造虚假数据行为的统计人员进行打击报复。

第八条　统计机构和统计人员实行工作责任制，依照本法和统计制度的规定，如实提供统计资料，准确及时完成统计工作任务，保守国家秘密。

统计机构和统计人员依照本法规定独立行使统计调查、统计报告、统计监督的职权，不受侵犯。

第二章　统计调查计划和统计制度

第九条　统计调查必须按照经过批准的计划进行。统计调查计划按照统计调查项目编制。

国家统计调查项目，由国家统计局拟订，或者由国家统计局和国务院有关部门共同拟订，报国务院审批。

部门统计调查项目，调查对象属于本部门管辖系统内的，由该部门拟订，报国家统计局或者同级地方人民政府统计机构备案；调查对象超出本部门管辖系统的，由该部门拟订，报国家统计局或者同级地方人民政府统计机构审批，其中重要的，报国务院或者同级地方人民政府审批。

地方统计调查项目，由县级以上地方各级人民政府统计机构拟订，或者由县级以上地方各级人民政府统计机构和有关部门共同拟订，报同级地方人民政府审批。

发生重大灾情或者其他不可预料的情况，县级以上地方各级人民政府可以决定在原定计划以外进行临时性调查。

制定统计调查项目计划，必须同时制定相应的统计调查表，报国家统计局或者同级地方人民政府统计机构审查或者备案。

国家统计调查、部门统计调查、地方统计调查必须明确分工，互相衔接，不得重复。

第十条　统计调查应当以周期性普查为基础，以经常性抽样调查为主体，以必要的统计报表、重点调查、综合分析等为补充，搜集、整理基本统计资料。

重大的国情国力普查，需要动员各方面力量进行的，由国务院和地方各级人民政府统一领导，组织统计机构和有关部门共同实施。

进行经常性抽样调查，应当在调查前查明基本统计单位及其分布情况，按照经批准的抽样调查方案，建立科学的抽样框。

发往基层单位的全面定期统计报表，必须严格限制。凡通过抽样调查、重点调查、行政记录能取得统计数据的，不得制发全面定期统计报表。

第十一条　国家制定统一的统计标准，以保障统计调查中采用的指标涵义、计算方法、分类目录、调查表式和统计编码等方面的标准化。

国家统计标准由国家统计局制定，或者由国家统计局和国务院标准化管理部门共同制定。

国务院各部门可以制定补充性的部门统计标

准。部门统计标准不得与国家统计标准相抵触。

第十二条 对违反本法和国家规定编制发布的统计调查表，有关统计调查对象有权拒绝填报。

禁止利用统计调查窃取国家秘密、损害社会公共利益或者进行欺诈活动。

第三章　统计资料的管理和公布

第十三条 国家统计调查和地方统计调查范围内的统计资料，分别由国家统计局、县级以上地方各级人民政府统计机构或者乡、镇统计员统一管理。

部门统计调查范围内的统计资料，由主管部门的统计机构或者统计负责人统一管理。

企业事业组织的统计资料，由企业事业组织的统计机构或者统计负责人统一管理。

第十四条 国家统计局和省、自治区、直辖市的人民政府统计机构依照国家规定，定期公布统计资料。

各地方、各部门、各单位公布统计资料，必须经本法第十三条规定的统计机构或者统计负责人核定，并依照国家规定的程序报请审批。

国家统计数据以国家统计局公布的数据为准。

第十五条 属于国家秘密的统计资料，必须保密。属于私人、家庭的单项调查资料，非经本人同意，不得泄露。

统计机构、统计人员对在统计调查中知悉的统计调查对象的商业秘密，负有保密义务。

第四章　统计机构和统计人员

第十六条 县级以上地方各级人民政府设立独立的统计机构，乡、镇人民政府设置专职或者兼职的统计员，负责组织领导和协调本行政区域内的统计工作。

第十七条 县级以上地方各级人民政府统计机构和乡、镇统计员的管理体制由国务院具体规定。

地方各级人民政府统计机构和人员编制由国家统一规定。

第十八条 国务院和地方各级人民政府的各部门，根据统计任务的需要设立统计机构，或者在有关机构中设置统计人员，并指定统计负责人。这些统计机构和统计负责人在统计业务上并受国家统计局或者同级地方人民政府统计机构的指导。

第十九条 企业事业组织根据统计任务的需要设立统计机构，或者在有关机构中设置统计人员，并指定统计负责人。

企业事业组织执行国家统计调查或者地方统计调查任务，接受地方人民政府统计机构的指导。

企业事业组织应当设置原始统计记录、统计台帐，建立健全统计资料的审核、交接和档案等管理制度。

第二十条 国家统计局和地方各级人民政府统计机构的主要职责是：

（一）制定统计调查计划，部署和检查全国或者本行政区域内的统计工作；

（二）组织国家统计调查、地方统计调查，搜集、整理、提供全国或者本行政区域内的统计资料；

（三）对国民经济和社会发展情况进行统计分析，实行统计监督，依照国务院的规定组织国民经济核算；

（四）管理和协调各部门制定的统计调查表和统计标准。

国家统计局管理国家的统计信息自动化系统和统计数据库体系。

乡、镇统计员会同有关人员负责农村基层统计工作，完成国家统计调查和地方统计调查任务。

第二十一条 国务院和地方各级人民政府的各部门的统计机构或者统计负责人的主要职责是：

（一）组织、协调本部门各职能机构的统计工作，完成国家统计调查和地方统计调查任务，制定和实施本部门的统计调查计划，搜集、整理、提供统计资料；

（二）对本部门和管辖系统内企业事业组织的计划执行情况，进行统计分析，实行统计监督；

（三）组织、协调本部门管辖系统内企业事业组织的统计工作，管理本部门的统计调查表。

第二十二条 企业事业组织的统计机构或者统计负责人的主要职责是：

（一）组织、协调本单位的统计工作，完成国家统计调查、部门统计调查和地方统计调查任务，搜集、整理、提供统计资料；

（二）对本单位的计划执行情况进行统计分析，实行统计监督；

（三）管理本单位的统计调查表，建立健全统计台帐制度，并会同有关机构或者人员建立健全原始记录制度。

第二十三条 统计机构、统计人员有权：

（一）要求有关单位和人员依照国家规定，如实提供统计资料；

（二）检查统计资料的准确性，要求改正不确实的统计资料；

（三）揭发和检举统计调查工作中的违法行为。

统计人员依照前款规定执行职务，依法对统计调查对象进行统计调查时，应当出示县级以上人民政府统计机构颁发的工作证件。

第二十四条 统计人员应当坚持实事求是，恪守职业道德，具备执行统计任务所需要的专业知识。统计机构应当加强对统计人员的专业培训，组织专业学习。

第二十五条　国务院和地方各级人民政府的统计机构、各部门和企业事业组织，应当依照国家规定，评定统计人员的技术职称，保障有技术职称的统计人员的稳定性。

第五章　法律责任

第二十六条　地方、部门、单位的领导人自行修改统计资料、编造虚假数据或者强令、授意统计机构、统计人员篡改统计资料或者编造虚假数据的，依法给予行政处分，并由县级以上人民政府统计机构予以通报批评。

地方、部门、单位的领导人对拒绝、抵制篡改统计资料或者对拒绝、抵制编造虚假数据行为的统计人员进行打击报复的，依法给予行政处分；构成犯罪的，依法追究刑事责任。

统计人员参与篡改统计资料、编造虚假数据的，由县级以上人民政府统计机构予以通报批评，依法给予行政处分或者建议有关部门依法给予行政处分。

第二十七条　统计调查对象有下列违法行为之一的，由县级以上人民政府统计机构责令改正，予以通报批评；情节较重的，可以对负有直接责任的主管人员和其他直接责任人员依法给予行政处分：

（一）虚报、瞒报统计资料的；

（二）伪造、篡改统计资料的；

（三）拒报或者屡次迟报统计资料的。

企业事业组织、个体工商户有前款违法行为之一的，由县级以上人民政府统计机构予以警告，并可以处以罚款。但对同一当事人的同一违法行为，已按照其他法律处以罚款的，不再处以罚款。

第二十八条　违反本法规定，篡改统计资料、编造虚假数据，骗取荣誉称号、物质奖励或者晋升职务的，由做出有关决定的机关或者其上级机关、监察机关取消其荣誉称号、追缴物质奖励和撤销晋升的职务。

第二十九条　利用统计调查窃取国家秘密或者违反本法有关保密规定的，依照有关法律规定处罚。

利用统计调查损害社会公共利益或者进行欺诈活动的，由县级以上人民政府统计机构责令改正，没收违法所得，可以处以罚款；构成犯罪的，依法追究刑事责任。

第三十条　统计机构、统计人员违反本法规定，泄露私人、家庭的单项调查资料或者统计调查对象的商业秘密，造成损害的，依法承担民事责任，并对负有直接责任的主管人员和其他直接责任人员依法给予行政处分。

第三十一条　国家机关违反本法规定，未报经审查或者备案，擅自制发统计调查表的，由县级以上人民政府统计机构责令改正，予以通报批评。

第六章　附　则

第三十二条　民间统计调查活动的管理办法，由国务院规定。

中华人民共和国境外的组织、个人在中华人民共和国境内进行统计调查活动，须事先依照规定报请审批。具体办法由国务院规定。

第三十三条　国家统计局根据本法制定实施细则，报国务院批准施行。

第三十四条　本法自 1984 年 1 月 1 日起施行。1963 年国务院发布的《统计工作试行条例》即行废止。

社　会　保　障

中国的儿童状况

中华人民共和国国务院新闻办公室

1996 年 4 月 · 北京

前　言

中国是一个发展中国家，有 12 亿多人口，其中 16 岁以下儿童有 3 亿多，约占世界儿童总数的五分之一。

如何看待中国儿童今天的状况呢？联合国《世界儿童状况 1996》曾公布过的一组数字，已反映了几个方面的具体情况：

——关于儿童的基本指标，1994 年 5 岁以下儿童的死亡率，发展中国家平均为 101‰，东亚和太平洋地区平均为 56‰，中国为 43‰。

——关于儿童的营养状况，1980 年到 1994 年，低体重（中重度）儿童的比例，发展中国家平均为 35%，东亚和太平洋地区平均为 23%，中国为 17%。

——关于儿童的卫生状况，1994 年 1 岁儿童卡介苗、百白破、小儿麻痹和麻疹的免疫所占的百分比，发展中国家平均分别为87%、80%、80%和78%,东亚和太平洋地区平均分别为94%、91%、92%和89%,中国分别为94%、93%、94%和89%。

——关于儿童的教育状况，1986年至1993年，发展中国家的小学净入学率男女平均分别为87%和80%,东亚和太平洋地区平均分别为99%和94%,中国分别为99%和94%。

为使世人更为全面地了解中国的儿童状况，了解中国政府和全社会保护儿童生存和发展的状况，以及中国作为发展中国家在儿童的发展方面还存在什么尚待解决的困难和问题，现将有关情况公之于世。

一、儿童权益的保障

儿童是人类的未来和希望，今天的儿童是21世纪的主人。儿童的生存、保护和发展是提高人口素质的基础，是人类发展的先决条件，直接关系到一个国家和民族的前途与命运。中华民族素有“携幼”、“爱幼”的传统美德，中国古语“幼吾幼以及人之幼”流传至今。中国政府一向以认真和负责的态度，高度关心和重视儿童的生存、保护和发展，把“提高全民族素质，从儿童抓起”作为社会主义现代化建设的根本大计，在全社会倡导树立“爱护儿童、教育儿童、为儿童做表率、为儿童办实事”的公民意识，并努力为儿童事业的发展创造良好的社会条件。中国实行改革开放政策以来，儿童工作进一步走上社会化、科学化、法制化的轨道，儿童工作成为国家建设和全社会义务的重要组成部分。

面向21世纪的儿童工作纲领

1992年2月16日，中国政府正式颁布了《九十年代中国儿童发展规划纲要》。《纲要》的制定，充分显示了中国政府重视和关怀儿童事业严肃、负责的态度。《纲要》根据中国国民经济和社会发展十年规划和第八个五年计划（1991－1995）提出的任务和总目标，依据世界儿童问题首脑会议通过的两个文件精神，结合中国儿童工作的实际情况，以面向世界、面向未来、面向现代化的姿态，提出了到2000年将1990年的婴儿死亡率和5岁以下儿童死亡率分别降低三分之一、使1990年5岁以下儿童中度和重度营养不良患病率降低一半等10项主要奋斗目标和实现这些目标的策略和措施。中国30个省、自治区、直辖市都依据《纲要》，结合本地区的实际制定了儿童发展规划，全国范围内实现《纲要》的措施和工作是扎实而有效的。

立法保护

中国多年来致力于通过立法来保护儿童的合法利益，进而使儿童权益的保护法制化、规范化。

中国从国情出发，参照世界各国立法，特别是有关保护儿童权益的法律和国际文件，制定了以《中华人民共和国宪法》为核心，包括《刑法》、《民法通则》、《婚姻法》、《教育法》、《义务教育法》、《残疾人保障法》、《未成年人保护法》、《妇女权益保障法》、《母婴保健法》、《传染病防治法》和《收养法》等在内的一系列有关儿童生存、保护和发展的法律，以及大量相应的法规和政策措施，形成了较为完备的保护儿童权益的法律体系。中国宪法明确规定：“国家培养青年、少年、儿童在品德、智力、体质等方面全面发展”，“儿童受国家的保护”，“禁止虐待儿童”。根据中国宪法，中国的有关法律对儿童的生命权、生存与发展、基本健康和保健、家庭环境和替代性照料、教育、休闲和文化活动以及残疾儿童的特殊保护等均有全面系统的规定，并规定对虐待、遗弃、故意杀害儿童以及偷盗、拐卖、绑架、出卖、收买儿童等犯罪行为，予以严厉惩处。在中国的宪法、法律和有关行政法规中，还对保护儿童权益的政府职能、社会参与、工作原则以及相应的法律责任有比较完整的规范，从中可以清楚地看出中国为保护儿童权益制定的法律框架和社会保障机制是行之有效的。

司法保护

中国在司法程序中十分重视保护未成年人的合法权益，许多重要的法律对此都有特殊规定。中国对违法犯罪的未年成人，实行教育、感化、挽救的方针，并坚持教育为主、惩罚为辅的原则。公安机关、人民检察院、人民法院在办理未成年人犯罪的案件时，充分考虑未成年人的身心特点，尊重违法犯罪的未成年人的人格尊严，保障他们的合法权益。中国的公安机关、人民检察院、人民法院和司法行政机关对审前羁押的未成年人，采取与羁押的成年人分别看管的办法，对经人民法院判决服刑的未成年人，也采取与服刑的成年人分别关押、管理的办法。中国法院对14周岁以上不满16周岁的未成年人犯罪案件，一律不公开审理。对16周岁以上不满18周岁的未成年人犯罪案件，一般也不公开审理。对未成年人犯罪案件，在判决前，新闻报道、影视节目、公开出版物不得披露该未成年人的姓名、住所、照片及可能推断出该未成年人的资料。

组织保障

为了切实保护儿童权益，中国的立法、司法、政府各有关部门以及社会团体都建立了相应的机制，以监督、实施和促进保护儿童事业的健康发展。

作为中国最高国家权力机关的全国人民代表大会，其内务司法委员会负责妇女儿童权益保障的立法和执法监督检查，委员会内设立了妇女、儿童专门小组，配有专职人员。中国人民政治协商会议设有社会与法制委员会，其职责之一是监督和促进国家有关妇女、青年、儿童等方面的法律、法规的实施，并就这方面的问题和情况向国家的立法、行政部门提出建议。

中国国务院成立了妇女儿童工作委员会，该委员会由有关的政府职能部门和社会团体的负责人组成。由政府一名国务委员担任主任。该委员会负责协调和推动政府有关部门实施《九十年代中国儿童发展规划纲要》；协调和推动政府有关部门为妇女儿童办实事。中央和地方政府的各有关部门，如教育、卫生、文化、公安、体育、民政等部门，也设立了负责儿童工作的职能机构。各省、自治区、直辖市组建了妇女儿童工作委员会或未成年人保护委员会，组织并指导当地的儿童权益保护工作的开展。一些群众性团体和组织也承担了大量的保障儿童事业发展的任务。

国际合作

为促进儿童保护领域的国际合作，中国政府和社会力量在扎实、有效地做好国内儿童生存、保护和发展工作的同时，还积极参与有关儿童生存、保护和发展的全球性和区域性国际合作与交流活动。多年来，中国与联合国儿童基金会、联合国教科文组织和世界卫生组织在有关儿童保护领域进行了卓有成效的合作，得到了有关国际组织和权威人士的好评。

中国政府总理李鹏代表中国政府签署了1990年世界儿童问题首脑会议通过的《儿童生存、保护和发展世界宣言》及《执行九十年代儿童生存、保护和发展世界宣言行动计划》两个文件，这既是对数亿中国儿童，也是对国际社会的庄严承诺。中国积极参与联合国制定《儿童权利公约》的工作，1989年第四十四届联合国大会审议并通过该公约时，中国是提出通过公约的决议草案的共同提案国之一。1990年12月29日，中国正式签署了该公约。翌年，中国全国人民代表大会批准该公约，公约于1992年4月1日正式对中国生效。公约是国际社会为保护儿童权利制定的一项普遍适用的标准，中国政府承担并认真履行公约规定的各项义务。

二、儿童的健康与保健

中国政府和社会各界高度重视儿童的健康和保健，为保护儿童的生命和健康做了大量艰苦细致的工作，成效明显。

出生与死亡

1995年，中国人口出生率为17.12‰，出生人口2 063万人，人口自然增长率为10.55‰。

5岁以下儿童死亡率是衡量一个国家儿童状况的一项重要指标。据1994年全国妇幼卫生监测报告，中国的婴儿死亡率由50年代初期的200‰下降到37.79‰，5岁以下儿童死亡率为46.75‰。1950年至1980年，中国婴儿死亡率的年平均下降速率在5%以上，此下降速率既快于同期发展中国家平均婴儿死亡率下降速率（2.5%），也快于发达国家年平均下降速率（4.6%）。90年代以来，中国的婴儿死亡率、5岁以下儿童死亡率的年平均下降速率分别为6.50%和5.85%。目前，没有一个人均年收入和中国相近的国家达到如此水平。

医疗保健

中国已建立了符合国情的妇幼卫生服务体系，为实现“2000年人人享有卫生保健”的全球战略目标，遍布于城乡的三级医疗预防保健网，向广大儿童提供卫生保健和计划免疫服务。

应用价格低廉的疫苗对儿童进行免疫是既经济又有效的预防传染病、降低儿童死亡率的手段。中国自50年代开始在全国普种痘苗，并在60年代初成功地消灭了天花这一严重危害儿童健康的传染病。60年代后，中国开始在大、中城市接种卡介苗、百日咳、白喉、破伤风、麻疹、脊髓灰质炎的疫苗的工作。70年代每年利用冬春季节开展免疫活动，并于1978年开始在全国范围内普及儿童计划免疫工作。这项工作的开展，有效地降低了相应传染病的发病率和死亡率。

80年代，中国积极响应世界卫生组织扩大免疫规划号召，统一了儿童免疫程序，实行预防接种证制度，成立了计划免疫专家委员会，加强对计划免疫工作的技术指导，并与联合国儿童基金会合作开展冷链建设，使计划免疫得到进一步发展。1985年，中国政府正式宣布，分两步实现普及儿童免疫目标，即1988年以省为单位、1990年以县为单位儿童免疫接种率分别达到85%。1989年和1991年，联合国儿童基金会、世界卫生组织和中国卫生部联合对中国的计划免疫工作进行了两次审评，结果表明，中国按期实现了儿童免疫接种率目标，其中以县为单位计划免疫各种疫苗接种率在90%以上。

为消灭脊髓灰质炎，中国在加强对儿童常规免疫工作和对脊髓灰质炎监测工作的基础上，自1993年12月至1996年1月每年的12月5日和1月5日，在全国范围内对4岁以下儿童进行了3次6轮强化免疫，每轮免疫儿童约8 000万。强化免疫活动的开展，有力地推动了消灭脊髓灰质炎的工作进程。

中国实施计划免疫工作以来取得了巨大成就，传染病大幅度下降。据全国常规疫情报告资料：1994年麻疹、白喉、百日咳、脊髓灰质炎发病数分别比1978年下降了96.4%、99.4%、99.3%、97.5%；死亡数分别下降97.4%、99.3%、96.5%、97.7%；1994年上述四种传染病发病总数较1978年减少了约351.7万例，死亡减少约1.3万例。1995年除云南省从外籍过境来滇就医的一名脊髓灰质炎患儿粪便中分离到一株野病毒外，全国尚未从急性弛缓性麻痹病例中分离到脊髓灰质炎野病毒。

中国计划免疫工作取得的成绩得到了国际社会

中国人口学会

中国人口学会促进人口研究并取得丰硕成果。

中国人口学会召开第六届中国人口学术讨论会暨理事会，国家计划生育委员会主任、中国人口学会会长彭珮云（左上角照片，后排右起第三人）出席会议。

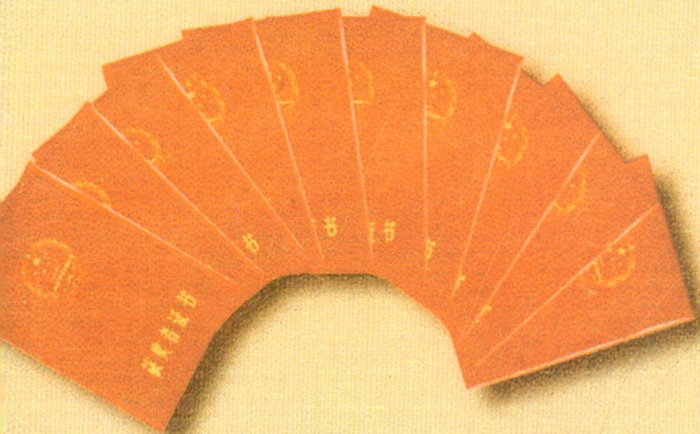

第一届中华人口奖颁发的部分中国人口研究优秀成果获奖证书。

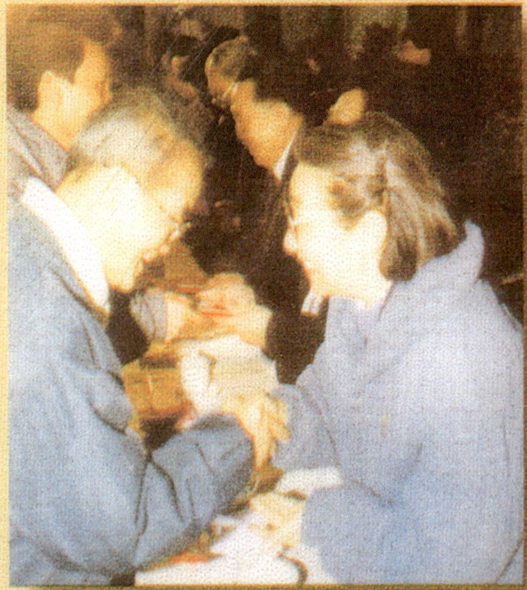

颁奖仪式。

学术活动

1993年10月，中国人口学家曾毅教授参加了“中国21世纪议程国际研讨会”的小组讨论。

1994年，中国人口学家邬沧萍和顾宝昌教授参加了在埃及开罗召开的“国际人口与发展的大会”。

90年代初辽宁大学人口所研究人员深入贫困地区进行人口生态问题调查。

1989年我国出版“生存与发展”一书，在国内较早传播了“可持续发展”的概念。

中国人口学界关于“人口与可持续发展”高规格的国际学术讨论会论文集。

1996年出版的“转变中的中国人口与发展”系列专著，全面深入地研究了中国人口与可持续发展问题。

研究活动

在中国农村引进新型避孕药具的研究课题(1991——1997),研究新型避孕药具的有效性和可行性。

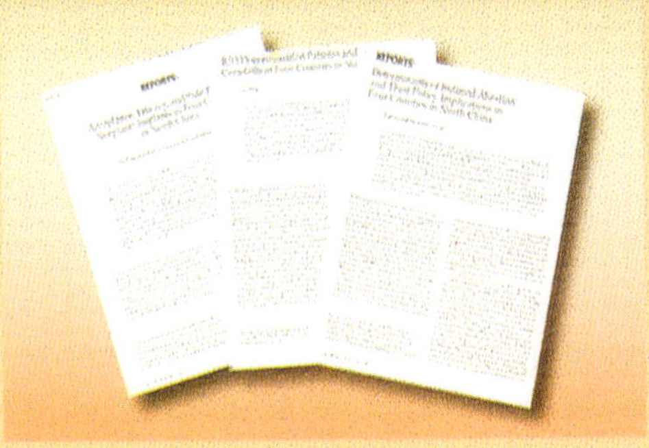

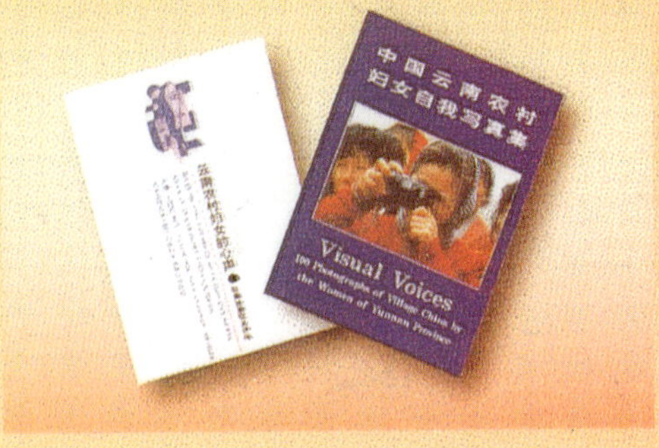

云南农村妇女生育健康及发展项目(1991——1994),调查生育健康需求、制订改善措施。

研讨会

妇女生育健康课题(1992——1994),对17个省的生育健康状况及需求进行了全面的研究。

1994年6月北京国际妇女生殖健康研讨会论文汇编。

1994年10月上海生殖健康社会科学研究国际学术讨论会文献。

93年5月昆明妇女生
道感染国际研讨会。

1995年5月北京生育调节国际研讨会。

争取更多的人口研究优秀成果

荣获第一、二次中华人口奖的四位中国人口学家。
中华人口奖是中国最高人口奖。

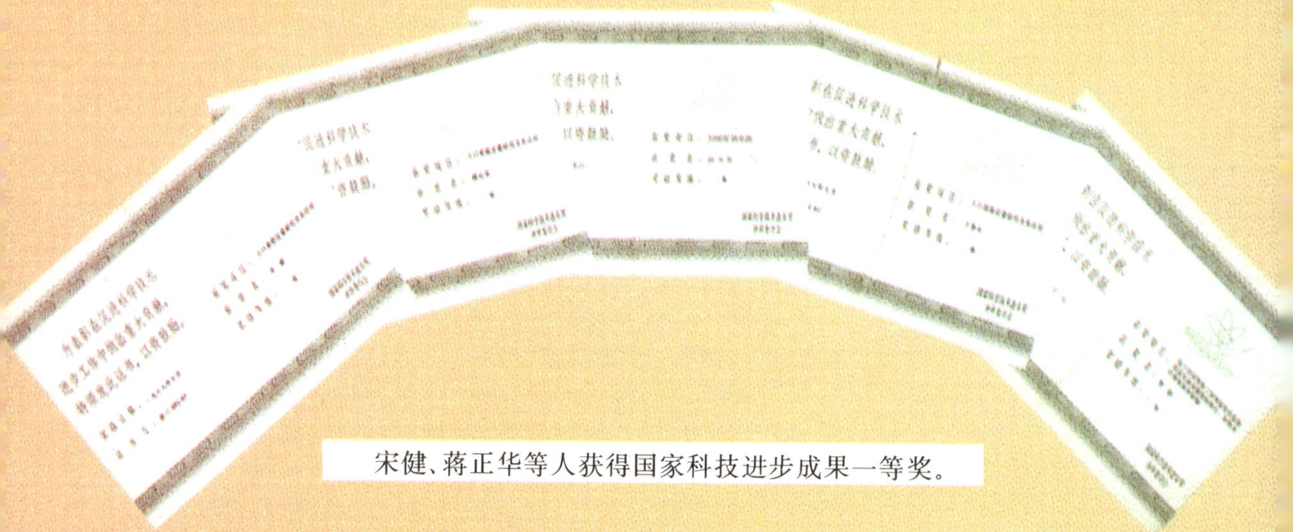

宋健、蒋正华等人获得国家科技进步成果一等奖。

宋健、刘铮、蒋正华、田雪原、于景元等人被载入“新中国科技精英谱”。

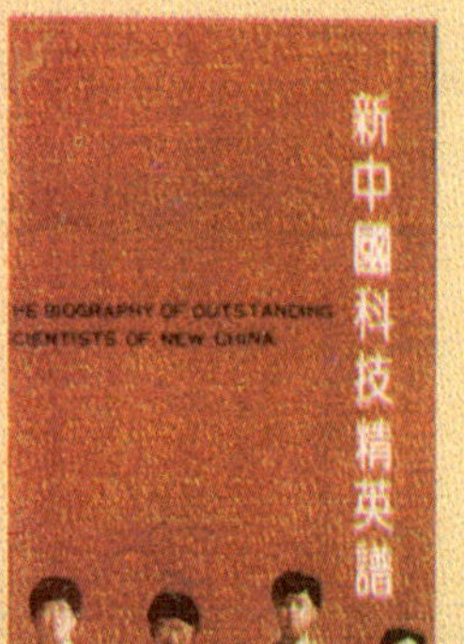

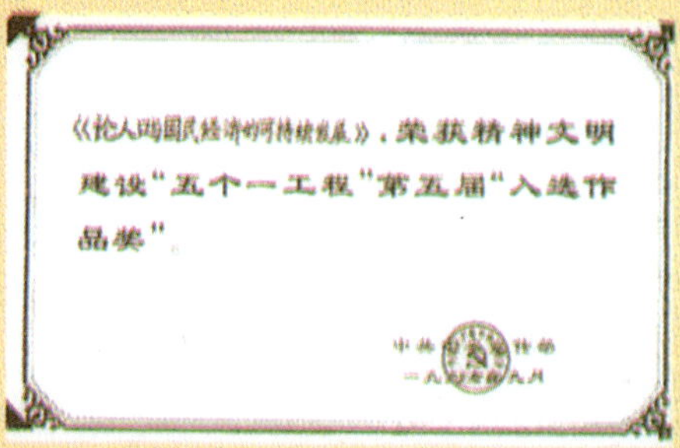

田雪原的论文“论
口与国民经济的可
续发展”荣获精神
明建设“五个一工
第五届“入选作品

1996年在湖南长沙召开第23届国际人口大会“中国人口论坛”筹备会，
“中国人口论坛”将向全世界展现中国人口学家的优秀研究成果。

政府行为

1994年10月，国家计生委主持的人口与经济、社会协调发展研讨会在四川广汉召开。

1994年7月，中国21世纪高级圆桌会议在京召开。

《中国21世纪议程》是中国制定国民经济和社会发展中长期计划的一个指导性文件。

《中华人民共和国人口与发展报告》曾提交开罗国际人口与发展大会。

1995年，中国地方实施《中国21世纪议程》实践与典型范例研讨会在上海召开。

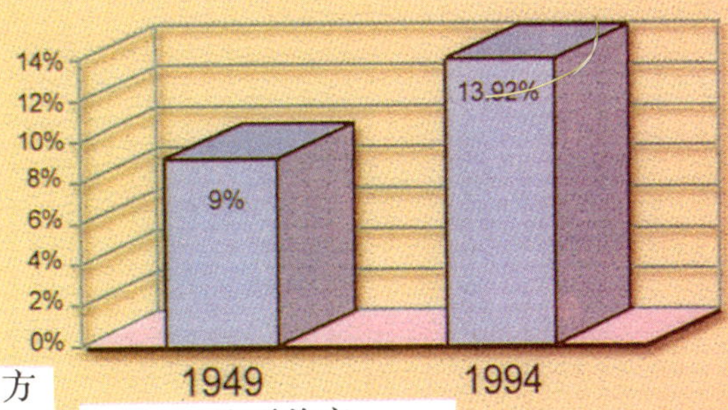

森林覆盖率。

三北防护林共677万公顷，在防风固沙、保护水土，涵养水源等方面发挥着积极作用。

载誉国际学术界的中国人口学者及研究成果

1980年5月中国第一个人口学家代表团在东西方中心参加人口分析学术讨论会。

中国人口学者获得的部分荣誉证书

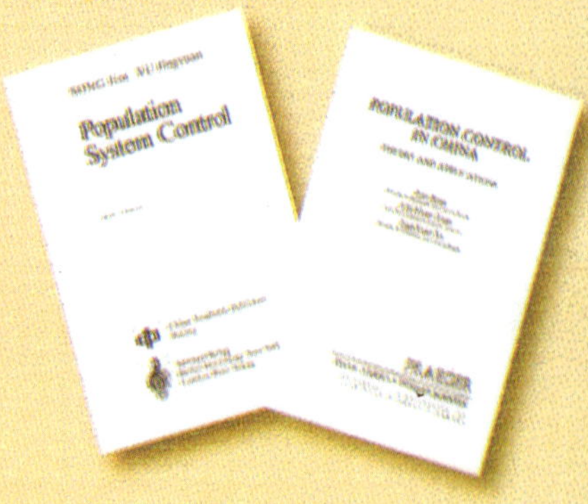

宋平、彭珮云和其他领导会见出席中国人口老龄化国际大会的代表。

老年学研究国际合作与交流

广泛进行国际合作与交流促进了老年学发展和各国间相互学习

中国代表出席第 47 届联大老龄问题特别会议。

中外专家讨论合作事宜。

国际研讨会。

过去十年里，我国与 100 多个国家的研究机构和组织就老龄化研究进行国际合作和交流，并在中国召开了 20 多次国际学术研讨会。

中国民族人口分布

中国民族人口分布　（单位：人）

族	Nationality	1990年年中人口	主要分布地区
吾尔族	Uygur	7207024	新疆
尔克孜族	Kirgiz	143537	新疆
萨克族	Kazak	1110758	新疆、甘肃
罗斯族	Russian	13500	新疆、黑龙江
塔尔族	Tatar	5064	新疆
吉克族	Tajik	33223	新疆
孜别克族	Uzbek	14763	新疆
伯族	Xibe	172932	新疆、辽宁
安族	Bonan	11683	甘肃
乡族	Dongxiang	373669	甘肃、新疆等地
固族	Yugur	12293	甘肃
族	Hui	8612001	宁夏、甘肃、河南等地
族	Tu	192568	青海、甘肃
拉族	Salar	87546	青海、甘肃
斡尔族	Daur	121463	内蒙古、黑龙江
古族	Mongol	4802407	内蒙古、辽宁、吉林等地
温克族	Ewenki	26379	内蒙古
伦春族	Oroqen	7004	黑龙江、内蒙古
哲族	Hezhen	4254	黑龙江
鲜族	Korean	1923361	吉林、黑龙江、辽宁等地
族	Manchu	9846776	辽宁、河北、黑龙江等地
族	She	634700	福建、浙江
山族	Gaoshan	(350806;2877)	台湾、福建（92年底台湾高山族人口350806人）
家族	Tujia	5725049	湖南、湖北等地
族	Li	1112498	海南、贵州
族	Zhuang	15555820	广西、云南、广东
族	Jing	18749	广西
佬族	Mulao	160648	广西
南族	Maonan	72370	广西
族	Yao	2137033	广西、湖南、云南等地
依族	Bouyei	2548294	贵州、云南等地
族	Shui	347116	贵州、广西等地
族	Miao	7383622	贵州、湖南等地
族	Dong	2508624	贵州、湖南、广西等地
佬族	Gelao	438192	贵州
尼族	Hani	1254800	云南
族	Bai	1598052	云南、贵州
族	Dai	1025402	云南
颇族	Jingpo	119276	云南
昌族	Achang	27718	云南
昂族	De'ang	15461	云南
祜族	Lahu	411545	云南
米族	Pumi	29721	云南
西族	Naxi	277750	云南
龙族	Derung	5825	云南
傈族	Lisu	574589	云南
族	Nu	27190	云南
族	Va	351980	云南
朗族	Blang	82398	云南
诺族	Jino	18022	云南
族	Tibetan	4593072	西藏、四川、青海等地
巴族	Lhoba	2322	西藏
巴族	Monba	7498	西藏
族	Qiang	198303	四川
族	Yi	6578524	四川、云南、贵州等地
族	Han	1039187548	全国

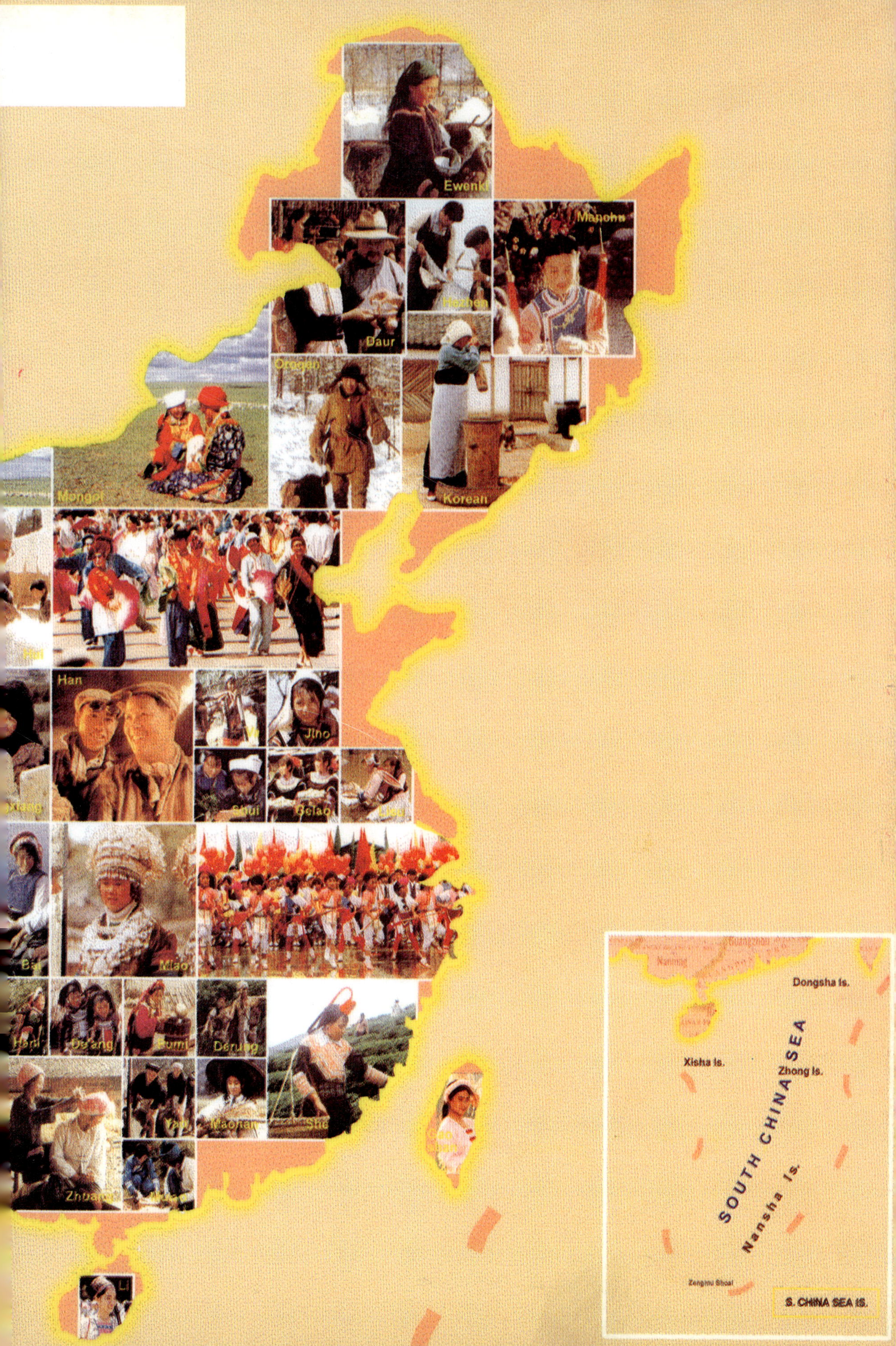
Ewenki
Manchu
Hezhen
Daur
Oroqen
Mongol
Korean
Han
Jino
Sui
Gelao
Bai
Miao
Hani
De'ang
Pumi
Derung
Yao
Maonan
She
Zhuang
Li
Dongsha Is.
Xisha Is.
Zhong Is.
SOUTH CHINA SEA
Nansha Is.
Zengmu Shoal
S. CHINA SEA IS.

中国人口抽样调查

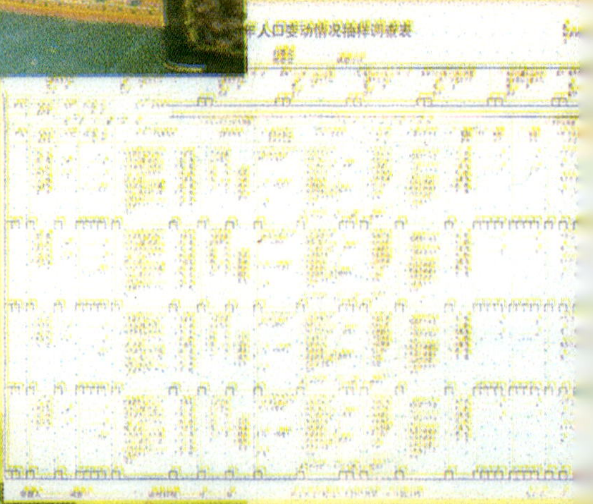

1995 年 10 月 3 日国家计划生育委员会主任彭珮云视察北京郊区人口普查登记站。

1996 年人口变动抽样诉问卷。

中国人口深入生育力抽样调查国际研讨会。

自 1982 年以来，年进行人口变动抽样查以便掌握全国及各的人口变动情况，为策者制定人口和社会济发展计划提供依据

我国于 1987 年和 1995 年进行了二次 1% 人口抽样调查。

国家统计局和国际统计研究所合作于 1985 年和 1987 年在我国 7 省 2 自治区进行了二次中国人口深入生育力抽样调查。

中国人口普查

中华人民共和国统计法及实施细则。

1949年新中国成立后于1953年、1964年、1982年和1990年进行了四次人口普查。

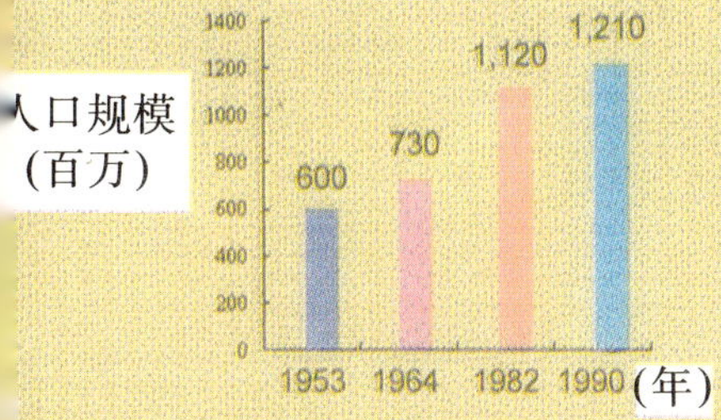

1990年7月1日江泽民总书记在人口普查登记站现场登记。

中华人民共和国统计法实施细则第8条同时规定："国家一般每十年进行一次重大国情国力(人口、工业、农业、建筑业、服务行业等)普查。在二次人口普查中间进行一次人口状况的简易普查。"

李鹏总理在第四次人口普查工作会上做动员。

国务院下属的人口普查领导小组和人口普查办公室是人口普查的中央机构。

中国朝鲜族家庭在做人口普查登记。

国家统计局计算中心在进行数据处理。

举办妇女大会和学术讨论会

第四次世界妇女大会

1995年北京非政府组织妇女论坛

中国妇女与发展国际学术讨论会

改善脆弱女性状况与持续发展研讨会

当代中国妇女地位国际学术讨论会

丰硕的研究成果

出版了有关妇女学，女性人口研究和妇女状况研究等一大批学术专著。

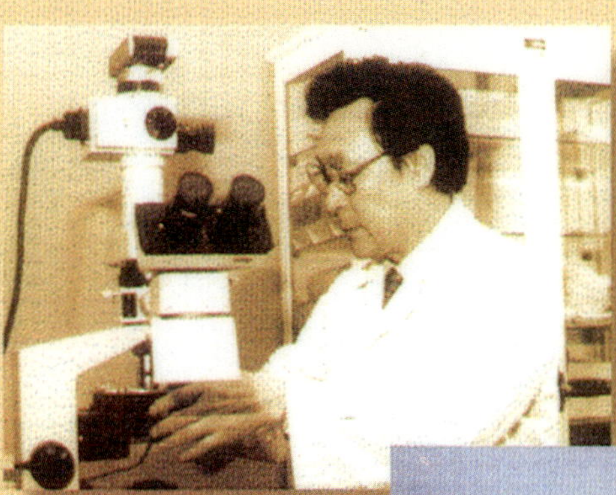

李顺强医生发明了钳穿法输管绝育术。

计划生育工作者向妇女介绍避孕药具。

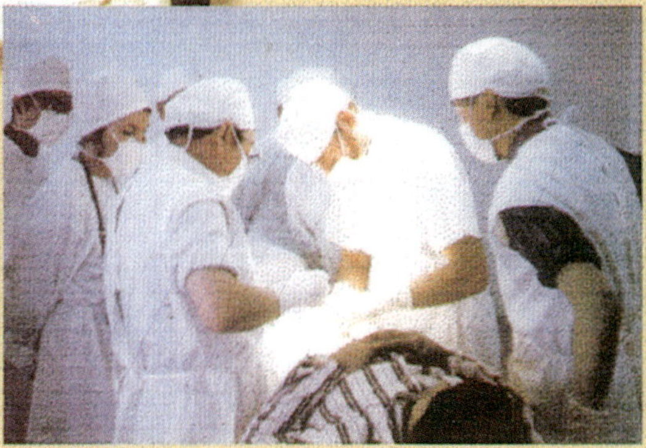

生殖健康

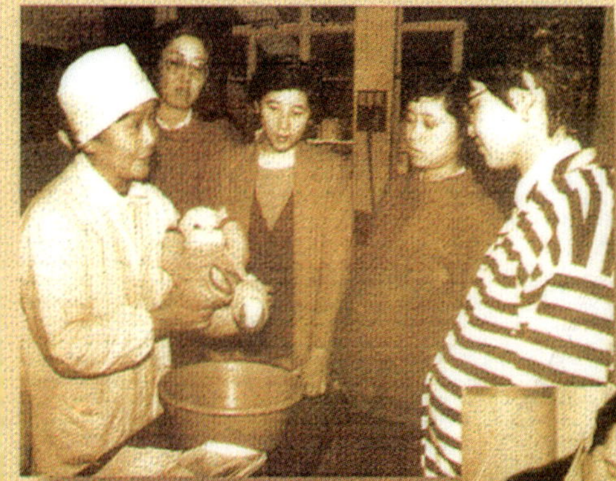

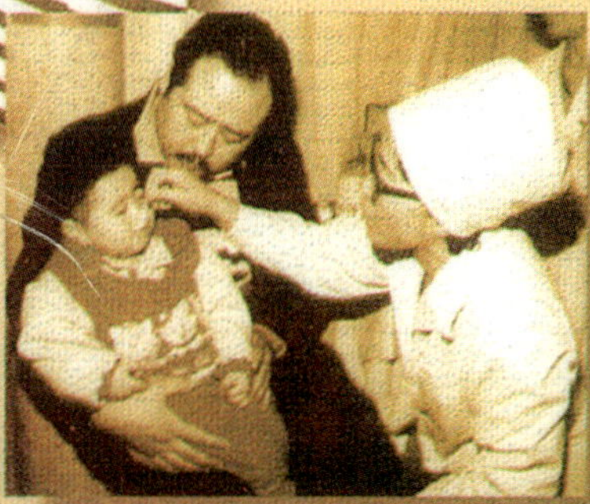

上图：妇幼保健工作者向孕妇传授婴儿保健技能。
下图：消灭脊髓灰质炎是我们国家的目标，妇幼保健工作者正在给幼儿喂糖丸。

对男性在妇女生殖道感染防治中的作用进行实施调查。

人口迁移

30 年代初，人口地理学家胡焕庸划出“爱晖——腾冲”人口分布线。这是他 1991 年作学术报告。

20 年来，进行了多次迁移调查，图为数据资料和调查活动情况。

中国社科院人口所承担联合国人口基金的迁移与城镇化课题。图为迁移讲座学习班和学术讨论会。

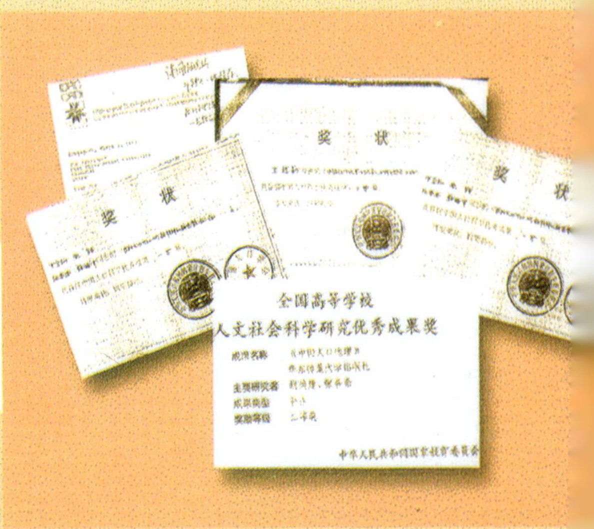

上海华东师范大学多年从事人口迁移研究，一些论著获奖。天津南开大学、上海复旦大学、山东社科院、武汉大学、杭州大学等单位积极开展人口相关学科的研究。

人口流动

人口流动及“民工潮”成为当代中国人口变动的重要现象。

各界人士热烈讨论人口流动及“民工潮”。

年北京流动人口调查，
调查宣传活动。

流动人口调查专家咨询，图为中国人民大学教授回答问题。

1990 年第四次人口普查，少数民族地区对外来商贩登记。

北京召开人口区域流动国际会议。

城市化

中国人口城乡分布图。

中国新兴城市——深圳

中国新兴城市——大连

20年来，中国人口学者发表了大量论著。

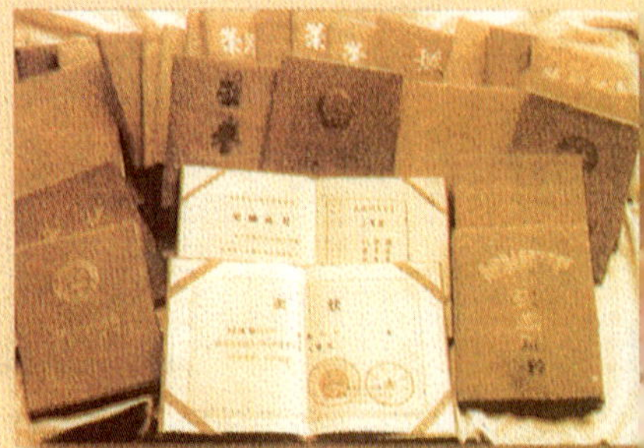

人口学者奖状。

中国多次举办人口迁移与城市化国际会议。图为中国社科院1989年国际会议全体与会者。

图为辽宁大学举办中日城市发展学术演讲会

的高度赞誉。1989年10月16日，当时的联合国儿童基金会执行主任詹姆斯·格兰特将一枚联合国儿童生存银质奖章授予中国卫生部卫生防疫司，以表彰中国在普及儿童免疫工作中所取得的巨大成绩。1994年11月24日和1995年8月8日，世界卫生组织总干事中岛宏博士和世界卫生组织西太区主任韩相泰博士先后致函中华人民共和国国务院总理李鹏和全国人大常委会委员长乔石，高度赞扬并肯定了中国取得的成绩，他们代表世界卫生组织对中国在消灭脊髓灰质炎方面所取得的进展表示非常满意，认为在世界卫生领域中国再次发挥了重要作用。

中国还将降低肺炎和腹泻的死亡率作为儿童医疗保健工作的重要而紧迫的任务。中国卫生部为此制定了《全国儿童呼吸道感染控制规划（1992～1995)》和《腹泻病控制规划（1990～1994)》，通过推广适宜技术、逐级培训、健康教育、管理监测指导系统等措施来降低婴幼儿尤其是农村婴幼儿的死亡率。急性呼吸道感染（AIR）标准病例管理项目已于1994年扩展到全国的24个省（自治区、直辖市）的53个县，腹泻病控制项目已覆盖17个省（自治区、直辖市），并将急性呼吸道感染标准病例管理和腹泻病防治内容培训推广到300个贫困县，36万多乡村医生接受了培训。

在中国，1949年以前，新生儿破伤风是新生儿死亡的主要原因。50年代和60年代在全国范围内建立了妇幼卫生保健机构，将新法接生作为控制产褥热和新生儿破伤风的主要措施，取得了很大成绩。1993年中国卫生部提出进一步降低新生儿破伤风死亡率，使之达到2000年时的国际消除标准。1995年中国卫生部颁发了《全国消除新生儿破伤风行动计划》，根据调查和监测资料，筛选新生儿破伤风高发地区，并在继续推广严格的新法接生提高住院分娩率的同时，迅速开展对育龄妇女的破伤风类毒素免疫工作。

营养状况

中国重视不断改善儿童的营养状况，采取了多种医疗保健措施：建国初期政府在部分地区发放婴儿食品；60年代、70年代推广科学膳食制度；80年代开发辅助食品；90年代促进母乳喂养、优化膳食模式。儿童营养状况逐步提高，由食物缺乏引起的严重营养不良和严重维生素A缺乏症在中国已很少见。

自80年代起，中国一些地区开始使用生长发育图，对儿童的生长趋势进行监测，并通过“社区营养监测”的方法，争取尽早发现问题并及时给予针对性的指导和干预。实践证明，这是一种较为适宜的儿童保健工作方法。

中国响应世界卫生组织和联合国儿童基金会的倡议，大力开展促进母乳喂养、创建爱婴医院的活动，将2000年实现以省为单位母乳喂养达到80%作为《九十年代中国儿童发展规划纲要》的一项主要目标，并承诺到1995年创建1000所爱婴医院。为此，中国卫生部于1992年5月向全国发出了《关于加强母乳喂养工作的通知》，并制定有关法规，加强对母乳代用品的销售管理，限制母乳代用品的销售活动。在各级政府的领导下，中国开展了大规模的以创建爱婴医院为主的爱婴行动。到1995年底的三年间，全国已创建2957所爱婴医院，居全球各国创建爱婴医院之首，为全球的爱婴行动作出了积极贡献。中国创建爱婴医院活动得到了联合国儿童基金会、世界卫生组织的高度评价。

中国还通过加强乡镇卫生院、县防疫站、县妇幼保健院的建设来提高农村儿童的医疗保健水平，改善其营养状况。1991年以来，中央财政投资3亿元，带动全国各级财政和集体经济、农民群众共同筹资86.5亿元。截止1994年底，全国36%的乡镇卫生院、29.8%县防疫站、27.7%县妇幼保健院的建设得到了不同程度的改善。

调查结果表明，中国儿童营养状况有了相当程度的改善。1995年与1990年相比，5岁以下儿童营养不良发生率下降了23.82%,提前实现了《九十年代中国儿童发展规划纲要》提出的中期目标。

三、儿童的教育

中国政府一直把儿童教育置于整个教育事业发展的优先地位。在政府和全社会的共同努力下，近年来，中国的儿童教育事业有了很大发展，许多指标优先于其他发展中国家，有的接近发达国家水平。

大力增加教育投入

近年来，中国确立了以财政拨款为主，其他多种渠道筹措教育经费为辅的教育经费筹措体制，并规定中央和地方政府的教育拨款的增长要高于财政经常性收入的增长，使按在校学生人数平均的教育费用逐年增长。

据统计，1994年中国用于小学教育经费达594亿元，每个学生平均事业性公用经费89.74元；用于普通中学教育经费已达435亿元，每个学生平均事业性公用经费239.89元。

中国政府十分关注边远、贫困和少数民族地区的教育事业。80年代以来，国家设立了普及小学教育补助费和发展职业教育、师范教育、民族教育补助费等。国家教委和财政部决定从1995年到2000年，利用中央普及义务教育专款和地方各级政府的配套资金，组织实施“国家贫困地区义务教育工程”。这项工程总投人预计100多亿元，重点用于改善贫困地区小学、初中学校的办学条件。

中国还努力通过多种渠道筹措教育经费。据不完全统计，1991～1994年间，中国多渠道筹措用于改善中小学办学条件的经费共338亿元，使全国绝大多数中小学的教学仪器、图书资料、文体器材和校园设施等有了不同程度的改善和充实。

发展学前教育

动员全社会的力量，采取多种形式，多渠道地发展幼儿教育，在当地政府举办幼儿园的同时，鼓励单位、团体及个人根据有关规定举办幼儿园，是中国发展学前教育的方针之一。近年来，由于各级政府和全社会的大力支持和积极参与，中国学前教育事业稳步发展，已形成了国家、集体和公民个人一起办幼儿园的局面。1995年中国有幼儿园18万所，在园儿童2 711.23万人，3－5周岁儿童入园率达42.2%。在城市，幼儿教育形式多为全日制幼儿园，辅之部分寄宿制和部分学前班。在农村，经济发展情况较好的地区已做到乡乡有中心幼儿园，村村有学前班。一些经济发展落后、人口居住分散、交通不便的农村、山区和牧区，除了努力创造条件举办学前班外，还有儿童活动站、游戏小组和巡回辅导组等非正规幼儿教育形式。

提高适龄儿童入学率

普及九年义务教育，是中国实施基础教育的一项主要目标。由于政府的努力和全社会的大力支持，到1995年，全国小学在校生13 195万人，小学适龄儿童入学率为98.5%；在校生辍学率为1.495%；小学毕业生升学率为90.8%。按中国现行测定普及小学义务教育的标准，占全国人口91%的地区基本普及了初等教育。根据联合国教科文组织的材料，中国的适龄儿童入学率明显高于其他同等发展水平的国家。

女童教育是发展中国家儿童教育面临的突出问题。新中国成立时，全国女童入学率只有15%。建国后，中国政府采取了许多措施，使女童教育有了很大发展，男女儿童入学率差距逐年缩小，较好地解决了许多发展中国家至今尚未解决的问题。据统计，1995年全国小学适龄女童入学率为98.2%，男女性别差仅为0.7个百分点，女在校生比例占47.3%。

救助失学儿童

在中国贫困地区，存在着因家庭贫困而失学的小学生。各级政府把帮助贫困家庭儿童就学纳入各类扶贫计划，采取各种措施帮助这些儿童重返校园。同时，在政府的关心和大力推动下，社会各界也纷纷伸出援助之手，使失学儿童获得受教育的基本权利。

1989年10月，中国青少年发展基金会在北京宣布实施“希望工程”。它通过设立助学金，长期资助贫困地区因家庭经济困难失学的孩子重返校园，并为一些贫困乡村新建、修缮校舍，购置教具、文具和书籍等；通过“百万爱心行动”、1(家)+1助学行动”等活动，广泛动员全社会的力量来帮助贫困地区的失学儿童重返校园。到1995年底，“希望工程”已筹集资金6.9亿元，资助125万失学儿童继续其小学学习，并资助建设了2 000多所希望小学。

从1989年开始，中国儿童少年基金会实施了“春蕾计划”，设立帮助女童入学的专项基金，对贫困地区的女童实施免费初等义务教育。“春蕾计划”1994年和1995年两年共资助10万名失学女童重返校园。

四、残疾儿童的保护

中国高度重视残疾儿童的保护，努力为残疾儿童的生存和发展创造良好条件。

权益保护

中国重视残疾儿童的权益保护。在中国0～14岁儿童中，有残疾儿童900余万人，占全国同龄儿童总数的2.66%。中国的宪法和有关法律对保护包括残疾儿童在内的残疾人的合法权益有明确的规定。《残疾人保障法》对保障残疾人合法权益作了全面、系统的规定，包括残疾人在政治、经济、文化、社会和家庭生活等方面享有同其他公民平等的权利；禁止歧视、侮辱、侵害残疾人；国家有计划地开展残疾预防工作；保障残疾人康复、教育、劳动、娱乐、福利等权益。这些规定都适用于残疾儿童。该法还对残疾儿童的特殊保护问题作了专门规定。

为保障残疾人权益，促进残疾人事业的发展，经中国政府批准成立了残疾人的代表、服务和残疾人事业的管理机构——中国残疾人联合会（简称中国残联），它的一项重要任务就是保护残疾儿童的合法权益。在地方，建立了省、自治区、直辖市)、地、县残联，对本地包括残疾儿童在内的残疾人事业实施服务和管理。

残疾预防与康复

中国政府实行预防为主的方针，采取一系列措施预防儿童的先天致残。

中国大力开展强化计划免疫，有计划、大规模地给儿童少年补碘，并进一步治理地方病，控制环境污染，对地甲病、克汀病、大骨节病流行地区，采取补碘、改土净水等措施。同时，各级政府和医疗保健机构严格执行《婚姻法》、《母婴保健法》及预防先天残疾的有关法规，控制有害遗传，加强婚育、孕产系统管理，搞好婚前检查、婚前教育、产前检查、遗传咨询、围产期保健、母婴保健、早期教育等服务工作。

中国政府为帮助残疾儿童恢复或者补偿功能，增强其参与社会生活的能力做了大量工作，效果良好。

开展“三项康复”（小儿麻痹后遗症矫治、聋儿听力语言训练以及白内障复明）工作。截止1995年底，共有36万小儿麻痹后遗症患者经矫治手术改善了功能，有效率达98%左右；完成6万多名聋儿康复任务，使他们都能开口说话，其中10%的康复聋儿进入普通幼儿园、小学学习；为3万名低视力儿童配用了助视器，提高了视力；使10万智残儿童增强了认知和自理能力。目前，中国已建立了全国聋儿康复研究中心和26座省级聋儿康复中心，以及1000多个残疾儿童康复站、寄托所、训练班。

建立社区康复服务体系。中国利用城乡三级医疗预防保健网开展社区康复，使城乡基层的大多数残疾儿童能够享有基本的康复服务。同时，在各级地方政府领导下，成立了由卫生、民政、残联等有关部门参加的社区康复领导小组，相互协调、分工合作，共同制定社区康复规划，并组织实施。

1982年，中国民政部与联合国儿童基金会开展了“残疾儿童社区康复”合作项目。到1994年为止，已在全国23个省的32个市、县建立了残疾儿童康复网络，对残疾儿童工作者及家长进行了系统的培训，有效地提高了残疾儿童康复工作的管理水平。

残疾儿童教育

中国的《教育法》、《义务教育法》、《残疾人保障法》、《残疾人教育条例》等法律法规中，对残疾儿童教育的职责、特点、发展方针、办学渠道、教育方式等作出了全面、系统的规定。根据有关法律法规，中国政府将残疾儿童教育纳入义务教育。

在中国，经过多年努力，以在普通学校附设特殊教育班和随班就读为主体、以特殊教育学校为骨干的残疾儿童义务教育格局已经形成。到1995年底，全国残疾人特殊教育学校已达1379所，比1980年增长4倍，普通学校附设特教班6510个，在校生总数（含随班就读学生）达29.6万人，比1980年增长8倍。全国盲、聋、弱智儿童的平均入学率已达60%，在经济发达地区达到80%。

社会环境

中国动员社会采取多种方式关心和帮助残疾儿童的成长，大力弘扬残疾儿童自强不息的精神，倡导团结、友爱、互助的社会风尚。大众传媒积极反映残疾儿童生活，报道残疾人事业发展情况。广播、电视普遍开办残疾儿童专题节目，并配制手语、字幕。逐步实行方便残疾人的城市道路和建筑物设计规范，采取无障碍设施等措施，为残疾儿童的生存和发展创造良好的社会环境。

中国政府规定，自1991年起，每年5月的第三个星期日，为全国助残日。少年儿童积极开展“红领巾助残”活动；青年积极开展“志愿者助残行动”。社会各界也通过各种方式广泛参加各种形式的助残活动。残疾儿童在全社会的关心下，得到了多方面的实际帮助和服务。

五、儿童福利院

中国的儿童福利院工作是中国儿童工作的特殊组成部分。儿童福利院和其他也监护养育部分儿童的社会福利院监护养育的儿童主要是因天灾和不可预测事故失去双亲的孤儿，同时也监护养育因身患难以完全康复的智残、肢残等重残或因严重疾病而被父母遗弃的儿童，目前，这类在院监护养育的儿童共有2万名左右，约占中国未成年人总数的十万分之五左右。

监护养育

在中国，由民政部门具体负责孤儿和被遗弃的病残儿童的监护养育和安置工作。

中国现阶段的孤儿的监护养育办法是：一部分由国家和集体举办社会福利事业单位集中监护养育，直至他们长大成人，对监护养育的痴呆和重残孤儿实行终身供养；另有一部分分散在社区群众家中寄养，福利院对其实行监护；还有一部分由国内公民根据法律规定收养，少部分被外国公民依法收养。

截止1995年底，由各地政府投资举办的儿童福利院73所，监护养育孤儿和被遗弃的病残儿童8900人，全国城市的1200多个社会福利院和部分农村敬老院，也监护养育部分孤儿和被遗弃的病残儿童，还有一些孤儿和被遗弃的病残儿童或分散在群众家中寄养，或由群众依法收养。此外，全国各地区还兴办了孤儿学校、康复中心、弱智儿童培训班、残疾儿童康复站、社区康复站等为社区孤儿、残疾人服务的组织近万个，社会个人或组织还兴办社会福利机构上百家。

除政府和社会建立福利院抚养孤儿和被遗弃的病残儿童外，中国还积极开展公民收养工作，使这些丧失家庭的儿童重新得到家庭的温暖，健康成长。为了保护合法的收养关系，维护当事人的合法权利，有利于被收养的未成年人的抚育、成长，中国全国人民代表大会常务委员会制定了《收养法》，根据该法，经国务院批准，司法部、民政部发布施行了《外国人在中华人民共和国收养子女实施办法》。中国的孤儿收养工作有法可依，也完全符合联合国《儿童权利公约》提出的原则。

实施收养的各种手续是严格依法进行的。不论是中国公民还是外国人，收养都必须符合法律规定的条件和程序。中国政府的各有关部门在为当事人办理收养手续的过程中，严格按法律规定收取各项费用。根据法律规定，收养人要向福利院支付被收养人抚育费，支付的数额主要通过协商确定，该项费用用于改善福利设施和院内孩子的生活。

经　费

中国儿童福利院的经费，以国家和地方财政拨款为主，集体集资、发行福利彩票和社会捐助为辅。其中财政拨款列入当年财政预算，实行全额拨款。1990～1994年，仅地方财政用于城市各类福利院儿童养育费用直接投入就达5.15亿元，其中40%左右直接用于儿童生活，年平均增长25.5%，保证了福利院儿童生活的基本需要。五年来，国家专门用于改善儿童福利院办院条件的资金7.4亿元，其中中央和地方投入福利彩票募集的福利资金2.4亿元，地方财政投入1.5亿元，社会捐赠3.5亿元。

由于各地经济发展水平不同，各儿童福利院获得的经费数额也有所不同。在经济发达地区，儿童福利院每个儿童每月平均费用400－500元，欠发达地区的儿童福利院每个儿童每月平均费用200－300元，在中国相对较低的物价水平的情况下，福利院儿童的生活费用一般都不低于当地居民生活的平均水平。

管理制度

中国的儿童福利院已形成一套较完善的系统的管理制度。如：规定入院的儿童需经观察期，在为时2～3个月的观察期里，由有关部门寻找其父母或进行身份认定，做体格检查，实行医护隔离，使儿童入院后身体健康，不带传染病；规定福利院必须有一定数量的专业技术人员，其中国家一级福利院专业技术人员需占职工总数的70%以上，二级福利院占65%以上。各个儿童福利院都制定了规章制度，各项工作规程有十分严格的要求，这些制度和规程涉及到福利院内部管理及儿童生活的各个方面，如养育、护理、医疗、康复、科研、培训、社区康复、后勤保障等。

为了监督这些管理办法的执行，民政部门经常进行检查，对执行好的单位予以表彰，对严重违反规定的单位与个人予以处罚。

“养、治、教”相结合的方针

中国的儿童福利院实行“养、治、教”相结合的办院方针，重养、重治、重教。

羸弱无助的孤儿和被遗弃的病残儿童在福利院得到精心照料和养育，他们中的许多人在这里长大成人后走上了社会。1976年的唐山大地震造成了4 200余名失去父母的孤儿，大的16岁，小的才几个月，在政府和社会各界的热忱关心和帮助下，他们中除由其亲属领养外，其余的都先后被安置在邢台市的儿童福利院和唐山市、石家庄市等地的孤儿学校，生活和学习费用大都由国家负担。1995年10月，由福利院监护养育的最后一位唐山大地震的孤儿王安也离开了福利院，到一家医院工作。位于长春的吉林省儿童福利院，建院38年来，已有2 478名孤儿于这里长大成人后走上了社会。

来到福利院的儿童，大部分入院时身患重病或有严重的先天性残疾。儿童福利院很重视对这些儿童的医疗和康复，使病残儿童最大程度地得到救治。对重度病残儿童，福利院将其送往所在地区的医院进行治疗。1995年经治疗脱残的儿童达200余人。儿童福利院均配有医生、康复师、营养师，设置医务室、康复室、抢救室、化验室和药房，对监护养育儿童所患疾病及时进行医治。许多儿童福利院在政府和社会各界的关心下，拥有了较先进的医疗设施，以满足儿童的基本医疗需求。目前，中国已有一支热爱孤残儿童福利事业的专业人员队伍，儿童福利院中医护人员占正式工作人员的32%。

从1995年起，民政部与卫生部在全国实施了残疾孤儿康复工程，大型医院对施行手术的孤儿免费住院，半费收取手术费和治疗费。福利院的残疾儿童，都不同程度地参加了形式多样的康复训练。一些经过康复训练的残疾儿童已恢复或基本恢复了身体功能。

在儿童福利院，智力健全的儿童，无论是否身体残疾，均与正常儿童一样全部接受义务教育。对盲、聋、弱智的儿童，由福利院负责把他们送到特殊教育学校学习。此外，国家还举办了30余所专门的孤儿学校，针对这些儿童的身心特点进行教育；有的实行义务教育和职业教育相结合的办校方针，使孤儿毕业后有一技之长。为方便重度残疾儿童接受教育，各儿童福利院均建立了特殊教育班，培养孩子们的生活自理能力。政府从1989年起设立了特殊教育专项资金，1995年这项资金为2 300万元人民币，其中用于儿童福利院特教班的经费为110万元。

群众性助孤活动

中国政府倡导助孤活动，要求全社会都来关心和帮助孤儿健康成长。近几年，中国群众性助孤活动日益深入。

——群众性献爱心活动广泛开展，涌现出一批志愿者队伍。在上海、北京等地开展的“好心人抱一抱孤儿”“为孤残儿童献爱心、送健康”、“援助孤儿大行动”、“爱心同盟”等活动，均得到社会各界的积极响应。在这些活动中，众多城市的许许多多家庭或在节假日或在平时纷纷将福利院的儿童接到自己家中，使他们能享受到家庭的温暖和爱抚。

——成立中华慈善总会，宣传慈善事业，广泛募集捐助。截止1995年底，中华慈善总会已在全国各地发展了44个地方组织作为团体会员，总会系统共募集社会捐助1亿多元，其中相当一部分用于资助孤儿就业培训和为孤儿实施脱残手术。

——社会各界关心儿童福利院，向儿童福利院捐款捐物，支持儿童福利院不断改善养育、救治和教育条件。山东省青岛市、新疆维吾尔自治区策勒县等一些地方建立了孤儿福利基金。上海市儿童福利院仅1994年和1995年就收到社会各界的捐款440万元。目前，全国已有8 000名孤儿得到入学资助。

——个人兴办福利院的积极性日见高涨，民间社会福利机构不断增多。广州市个人举办的社会福利机构的床位已占该市社会福利机构总床位的10%。

中国在儿童的生存、保护和发展方面作出了巨大的努力，取得的成就受到联合国儿童基金会、联合国教科文组织和世界卫生组织以及其他国际组织的有关人士的积极评价。同时，中国政府清醒地看到，由于中国是一个人口众多的发展中国家，经济基础较薄弱，人均收入在世界各国中仍处于比较落后的位置，城市与农村之间、地区之间发展水平还很不平衡，儿童工作还存在着许多困难，不少方面的情况还需要继续改善。比如：在儿童的医疗保健方面，中国农村儿童的疾病发生率还较高，某些贫困地区的儿童营养状况还低于正常标准；在儿童的教育方面，一些边远和贫困地区学校教学条件困难，中小学生的失学现象在一定程度上还存在；在残疾儿童的保护方面，国家在较短的时间内还难以筹集到更多的经费，充分满足保护残疾儿童的实际需要；由于各地经济发展水平不同，有些儿童福利院办得较好，有些则因经济困难条件较差。因此，随着国家经济和社会的发展，不断改善中国儿童的状况，促进儿童事业的发展，仍然是中国政府面临的一项重要任务。中国政府将一如既往地继续为之不懈努力，中国的儿童事业必将得到更大的发展。

国务院批转中国残疾人事业“九五”计划纲要的通知

国发〔1996〕15号

各省、自治区、直辖市人民政府，国务院各部委、各直属机构：

为使我国残疾人事业的发展与社会主义现代化建设第二步战略目标相适应，国务院残疾人工作协调委员会组织有关部门制定了《中国残疾人事业“九五”计划纲要（1996年～2000年）》。国务院同意这个纲要，现转发给你们，请贯彻执行。

中国残疾人事业“九五”计划纲要，在总结“八五”计划纲要执行情况的基础上，根据国家在本世纪内基本消除贫困现象、人民生活达到小康水平的要求和我国残疾人事业的实际，明确了“九五”期间的总目标和指导原则，规定了具体任务，提出了主要措施。各级人民政府和有关部门要结合当地和本部门的实际情况，采取切实措施，认真完成该纲要规定的任务。

国　务　院

1996年4月26日

中国残疾人事业“九五”计划纲要

(1996年～2000年)

本世纪最后5年，是承前启后、继往开来的重要时期。为使残疾人事业的发展与国家实现社会主义现代化建设的第二步战略目标相适应，依据《中华人民共和国国民经济和社会发展“九五”计划和2010年远景目标纲要》的精神，特制定实施《中国残疾人事业“九五”计划纲要（1996年～2000年)》。

一、“八五”计划纲要执行情况

《中国残疾人事业“八五”计划纲要（1991年～1995年)》实施5年来，在各级党委和政府的领导、关心下，经各方面共同努力，超额完成了各项任务指标，残疾人事业取得了历史性成就：

（一）为残疾人事业打下了良好的基础。各项业务全面拓展，确立了残疾人事业的基本格局；政府建立残疾人工作协调机构，有关部门各司其职，残疾人联合会集“代表”·服务·管理”三种职能于一体，形成了新型的事业管理体制；初步形成法律体系，奠定了残疾人事业的法律基础；党和国家把残疾人事业提到人权保障、人类解放的高度，为认识和解决残疾人问题提供了理论指南；多种形式的助残活动改善了社会环境；广泛开展自强活动，增强了残疾人的参与意识和奋斗精神。

（二）给残疾人带来了实实在在的利益。残疾人自身素质提高，参与机会增多，参与范围扩大，生活状况改善。

康　复　107万白内障患者重见光明、3.9万低视力残疾者提高了视力、近6万聋儿开口说话、36万儿麻后遗症患者经矫治手术改善了功能、10万智残儿童增强了认知和自理能力、45万重性精神病患者得到综合防治，共使208万人不同程度地康复；为钱疾人提供70多万件特殊用品和辅助用具，给4 290万新婚育龄妇女、孕妇、婴幼儿服用了碘油丸，使更多的人受益。

教　育　特教学校增加559所、达到1 379所，特教班增加3 859个、达到6 148个，大量残疾儿童少年在普通学校随班就读，视力、听力言语、智力残疾儿童少年入学率均由20%提高到近60%；残疾人职业培训机构达到445个，多渠道开办中短期培训班，使105万残疾人得到职业培训；报考大中专院校达到国家规定录取标准的残疾考生录取率由不足50%提高到92%；改革了现行盲文，统一规范了中国手语。

就　业　初步建立了残疾人就业服务网络，按比例安排残疾人就业迈出了开拓性的一步，28个省、自治区、直辖市规定了具体比例，141个市、533个县全面实施；国家延续对福利企业的优惠政策，稳定了93万残疾人在其中就业；近百万残疾人个体从业；为农村残疾人生产劳动提供了综合服务。残疾人就业率由60%提高到70%。

扶　贫　国家设立康复扶贫专项贷款，在505个县用于扶助残疾人参加生产劳动，这一新举措使200万残疾人脱贫；一些地区开始设立专项补助款，保障特困残疾人的基本生活需求。

文化生活　残疾人文化生活日趋活跃；举办了全国残疾人艺术汇演，残疾人艺术团成功地出访十几个国家和地区，展示了才华和能力，受到普遍赞扬；数十万残疾人参加了各种类型的运动会，残疾人运动员在奥运会和“远南”运动会上顽强拼搏，为祖国赢得了荣誉。

法制建设　《中华人民共和国残疾人保障法》（以下简称残疾人保障法）纳入全民“二五”普法规划，得到广泛宣传，维护残疾人权益的法律意识增强；国务院发布了《残疾人教育条例》；各省、自治区、直辖市制定了残疾人保障法实施办法，70%的县制定了扶助残疾人的规定；全国人大常委会连续3年检查地方执行残疾人保障法的情况；司法部门和法律服务机构主动为残疾人提供法律服务。

社会环境　公共传播媒介积极反映残疾人生活，报道残疾人事业；广播、电视普遍开办残疾人专题节目，配制手语、字幕；“远南”运动会的成功举办和残疾人运动员的100多场报告，在全社会激起强烈反响，增进了理解，唤起了爱心，形成了强劲的“远南冲击波”；“热爱祖国、自强不息”巡回报告演出团在20个省、自治区、直辖市报告演出上百场，高度的爱国主义热忱和自强不息的民族精神在亿万人心中产生强烈共鸣；中国残联和有关部门组织干部深入基层，走遍全国1975个县（市），残疾人事业更加深入人心；通过开展“全国助残日”、“建家做友”、“红领巾助残”、“青年志愿者行动”等活动，扶残助残蔚然成风；部分大中城市主要道路和重要公共建筑实施无障碍设计规范，为残疾人参与社会生活提供了方便；国家表彰助残先进和自强模范，残疾人更加自强不息，社会更加理解、关心残疾人。

二、“九五”计划纲要的总目标和指导原则

“九五”期间残疾人事业的发展，必须适应建立社会主义市场经济体制的需要和国家在本世纪内基本消除贫困现象、人民生活达到小康水平的要求，缩小残疾人在基本需求方面与经济、社会发展水平的差距，改善残疾人平等参与社会生活的物质条件与精神环境。

总目标：

——残疾人温饱问题基本解决；

——残疾人普遍开展康复训练，同时通过实施一批重点工程，使300万人得到不同程度的康复；

——残疾儿童少年义务教育入学率达到80%左右，可以就业的残疾人基本得到职业培训；

——残疾人就业率达到80%左右；

——残疾人广泛参与社会生活；

——为残疾人提供服务的条件改善、能力增强；

——系统开展残疾预防，努力减少残疾发生。

指导原则：

——实行“讲求实效、打好基础”的发展方针。优先解决残疾人迫切需要、又有可能满足的基本需求，重点实施受益面广、见效快、效益好的项目。同时，完善残疾人事业体系，加强基础设施建设，稳定增强服务能力。

——坚持“抓住重点、带动全盘、分类指导”的工作方法。残疾人事业领域宽广、内容众多，在各项业务中必须抓住能带动全局、整体效益好的重点。“九五”期间，康复以适应面广、简便易行、经济适用的社区、家庭训练为重点；就业以分散按比例安排为重点；教育以提高基础文化水平和就业能力的义务教育、职业培训为重点；社会保障以解困和扶贫为重点；环境条件以增进理解、友爱互助为重点；法制建设以执法和法律服务为重点。同时，针对不同情况和区域特点，实行分类指导，加强老、少、边、穷地区的残疾人工作。

——确立“融于一体、适应特性”的业务格局。将残疾人事业各项业务分别纳入国家相关事业领域，统筹安排，兼顾特性，同步实施：残疾人教育尽可能纳入普通教育体系，残疾人就业尽可能分散到普通单位，残疾人康复尽可能在自然的社区和家庭环境中进行，残疾人文化活动尽可能融于公共文化生活之中，同时针对残疾人特点和需求，辅以专门设施和特殊手段。

——建立“各司其职、协调动作”的工作机制。残疾人事业是一项涉及面很广的事业，要发挥政府残疾人工作协调机构的综合协调作用，有关部门和残疾人联合会各尽其责、密切配合、整体运行。

——采取社会化的工作方式。残疾人的特殊性、需求的多样性、参与社会生活的全面性，决定了残疾人事业具有很强的社会性。必须调动全社会的力量，鼓励和吸引社会各界广泛支持、参与。

——切实加强基层工作。残疾人生活在基层，残疾人事业的基础是基层，各项任务的落实靠基层。必须全面加强基层建设，充实力量，完善工作手段。

——发挥残疾人组织的作用。密切联系残疾人，反映呼声，维护权益，发挥效能，为残疾人服务。

——调动残疾人自身潜能。重视残疾人在残疾人事业发展中的作用，唤起残疾人的参与意识，激励自强精神，发挥残疾人的主观能动性。

三、“九五”计划纲要的任务指标和主要措施

（一）康　复

任务指标：

——完善社会化的康复服务体系，以社区和家庭为重点，广泛开展康复训练，使残疾人普遍得到康复服务。

——实施一批重点工程，使300万残疾人得到不同程度的康复，其中：白内障复明手术120万例、肢体残疾矫治手术5万例、装配假肢和矫形器30万例、低视力残疾者配用助视器4万名、聋儿听力语言训练6万名、智力残疾儿童系统训练6万名、肢体残疾者系统训练10万名、120万重性精神病患者得到综合防治。

——开发供应100种、240万件残疾人急需、简便、适用的特殊用品和辅助用具，以利于残疾人生活自理、行动辅助、信息传送、功能训练、教学认知、生产劳动、休闲娱乐等，帮助残疾人补偿功能、增强能力。

主要措施：

1.完善以残疾人家庭为基础、社区康复站为骨干、康复综合服务机构为指导的康复训练服务网络；建立基层康复训练员、家庭指导员队伍；编写各类康复训练大纲、评估标准、训练手册，制作简便、经济的训练器具；筛查康复对象，摸清康复需求，拟定训练方案，安排场所，传授方法，进行巡回指导；帮助残疾人树立健康的心理，增强自我康复意识，发挥残疾人的能动性和家庭的作用，因地制宜、因陋就简、实用有效地开展训练。

2.各地白内障复明中心和医院眼科对适合做手术的白内障患者施行复明手术，在所有市的城区做到有一例做一例；卫生部门和残联重点组织好县以下和广大农村的白内障手术复明工作。统一组织开发、生产、供应助视器，在所有市和有条件的县，以儿童少年中的低视力者为重点配用助视器并指导其进行视功能训练。

3、充实、完善聋儿听力语言训练体系；多层次培训技术人员，建立稳定的师资队伍；组织开发、生产、供应经济实用的助听、语训器具与测试设备，加强对家长的培训、函授和指导，广泛开展家庭训练；在城市普遍进行新生儿听力检测，逐步推广早期干预。

4.肢体残疾康复工作，应注重矫治手术、假肢和矫形器装配、功能训练三者之间的有机结合和系统服务。实施矫形手术的医疗机构在进行手术时，应考虑假肢或矫形器的装配以及功能训练，避免二次损伤，做好转介服务和指导；从事假肢、矫形器装配的机构和人员要掌握必要的医学工程知识，开发供应急需、面广、经济、实用的器具并提供装配、使用和维修服务。

5.市和有条件的县建立智残儿童康复站，特殊教育学校和儿童福利院开设智残儿童学前班，普通幼教机构根据生源情况设置智残儿童班并与家庭相结合，对智力残疾儿童进行生活自理和认知能力训练。

6.在有2亿人口、200余万精神病患者的200个市、县，开展社会化、开放式、综合性的精神病防治康复。建立社会化的精神病防治工作体系，防治康复机构、基层社区组织、单位与家庭看护组、家庭病床之间分工协作和有机配合；采取开放式管理和药物治疗、心理疏导、工疗、娱疗等综合康复措施，使精神病患者安定情绪、缓解症状、解除关锁、参加劳动、正常生活，达到显好率60%以上、肇事率0.5%以下、社会参与率50%以上。

7.建立、完善残疾人用品用具供应服务网络，严格质量管理，提供系统服务，本着“急需先行、经济实用、水平适宜、受益面广”的原则，开发生产标准化、系列化的产品并优惠提供给残疾人。

（二）教　育

任务指标：

——可以接受普通教育的残疾儿童少年入学率达到与当地其他儿童少年同等水平，视力、听力言语和智力残疾儿童少年义务教育入学率分别达到80%左右；残疾儿童学前教育有较大发展。

——可以就业的残疾人基本得到职业教育或培训。

——符合国家录取标准的残疾考生能够进入普通高级中等以上学校学习；试办高级中等和高等特殊教育。

——推广“汉语双拼盲文”；基本普及“中国手语”。

主要措施：

由普通教育机构对残疾人实施教育，既经济又利于融合，各级各类普通教育机构必须执行残疾人保障法和《残疾人教育条例》，招收具有接受普通教育能力的残疾人。

对残疾人特殊教育采取以下主要措施：

1.地方各级政府和教育行政部门要将残疾儿童少年特殊教育纳入当地普及义务教育规划，统筹安排，同步实施。

——各地制定或修订本地区普及九年义务教育计划时，要制定措施有力、易于操作、分解到县的残疾儿童少年义务教育“九五”实施方案。

——统计义务教育对象必须包括残疾儿童少年并将视力、听力言语和智力残疾儿童少年专项列出。

——地方各级政府进行义务教育评估验收时，必须考核残疾儿童少年入学率指标，未达标的不得宣布实现普及九年义务教育，1996年前已验收、但未达标的县，要限期补课、进行复查。

——普遍推行随班就读，乡（镇）设特教班，

30万以上人口、残疾儿童少年较多的县设立特殊教育中心学校，基本形成以随班就读和特教班为主体、特殊教育学校为骨干的残疾儿童少年义务教育格局。

——推行盲和低视力生、聋和重听生、轻度和中度弱智生的分类教学。

2. 以普通职业教育机构为主、残疾人职业教育机构为辅，城市与就业相结合、农村与生产和扶贫相结合，大力开展职业培训，积极发展初、中等职业教育，适当发展高等职业教育。

——各级残疾人就业服务机构要切实做好本地区残疾人职业培训的调查摸底、规划安排、组织协调、转介服务、设点开班和统计汇总工作，多渠道、多形式的开展培训。

——各种普通职业教育与培训机构都要积极招收残疾人并针对需要单独开班。

——加强特殊教育学校的职业教育，开设职业初中、职业高中、中专并将其纳入职业教育体系，落实经费，积极扶持。

——完善已有的30所残疾人职业技术教育学校；各地创造条件建立残疾人职业培训机构。

——农村依托社会化服务体系和各种技术培训活动，随班或单独设班，指导残疾人掌握实用技术和生产技能。

——创办天津聋人工学院，改善长春大学特殊教育学院的办学条件，扩大招生规模。

3. 普通幼儿教育机构和普通小学附设的学前班积极招收残疾儿童随班就读并根据需要开设残疾儿童班；特教学校、儿童福利院开设学前班，与家庭相结合，开展残疾儿童的早期教育、早期康复。

4. 在残疾人中开展扫盲，鼓励残疾人自学成才。

5. 编写“双拼盲文”识字课本，改印教材、读物，抓好分级培训。

（三）就　业

任务指标：

完善残疾人就业服务网络，全面实施按比例安排残疾人就业，稳定福利企业，扶助残疾人个体开业、从事农业生产劳动，使残疾人就业率达到80%左右。

主要措施：

1. 建立和健全省、市、县残疾人就业服务机构。各级残疾人就业服务机构为同级残联所属事业单位，在劳动部门指导下，综合管理本地区残疾人劳动就业服务工作，掌握残疾人劳动力资源状况和用人单位需求；开展职业培训；组织按比例就业，管理残疾人就业保障金；扶助个体、集体从业；为残疾人就业提供服务。

2. 全面实施按比例安排残疾人就业。

——各地依据本省、自治区、直辖市制定的残疾人保障法实施办法，制定本地区按比例就业具体规定，采取切实措施普遍实行按比例安排残疾人就业。

——广泛深入地做好宣传、解释、动员工作，使社会理解、支持，各单位主动安排残疾人就业。

——根据用人单位的需要，做好残疾人定向职业培训，建立试用制度，推荐适合的劳动者。

——机关、团体、企事业单位、城乡集体经济组织，要按规定的比例安排残疾人就业。暂时达不到比例的，要采取措施尽快达到规定比例。

——严格执行财政部《残疾人就业保障金管理暂行规定》，确保残疾人就业保障金专项用于残疾人就业工作。

3. 加强福利企业管理，清理假冒福利企业；坚持安排残疾人就业的宗旨和方向，改善残疾职工工作条件和生活状况；执行、完善优惠政策和措施，扶持福利企业稳定、健康发展。

4. 鼓励残疾人开办集体、私营企业及从事个体经营，在选择项目、核发执照、落实场地、筹集资金等方面给予照顾和扶持。

5. 残疾人就业服务机构与农村社会化服务体系有机结合，为农村残疾人提供产前、产中、产后综合配套服务，在技术培训、生产指导、农用物资供应、农副产品收购和信贷等方面给予优先安排和帮助。

（四）减缩贫困

目前全国尚有1 800万残疾人未解决温饱，其中有1 500万人有劳动能力但未能劳动就业，另300万人（城镇30万、农村270万）由于重度残疾处于特困状态。

任务指标：

——开展残疾人专项扶贫，扶持残疾人劳动就业，基本解决1 500万贫困残疾人温饱问题。

——采取专项补助办法，保障300万特困残疾人基本生活。

主要措施：

1. 地方各级政府和有关部门要根据国家在本世纪内基本解决贫困人口温饱的总体要求，将扶持残疾人脱贫和保障特困残疾人基本需求列人工作议程，加强领导，落实经费，针对残疾人特点采取切实措施减缩贫困。

2. 设立康复扶贫贷款，专项开展残疾人扶贫。

——贷款的设立：“八五”期间国家已设立的康复扶贫贴息贷款继续留用，“九五”期间进一步扩大贷款规模。

——贷款的投放：国家康复扶贫专项贷款的分配方案，由中国农业发展银行会同中国残联、国务院扶贫办制定，由中国农业发展银行下达各省、自治区、直辖市分行。

——贷款的使用：康复扶贫贷款主要用于扶持覆盖面广、投资少、周期短、见效快、直接解决或带动残疾人脱贫的项目。贷款项目由省农业发展银行会同省残联在地、县级残联申报的康复扶贫借款项目计划中择优确定。

——贷款的匹配：使用国家康复扶贫贷款的地区，要安排相应资金配套使用。

——贷款的管理：国家康复扶贫专项贷款，由中国农业发展银行及各省农业发展银行依据《康复扶贫贷款管理规定》进行管理。

3. 城镇实行专项补助，农村实行统筹扶助。

——已经实行城市最低生活保障制度的地方，要将特困残疾人生活保障纳入其中；暂未实行的地方，当地政府应视情况按月给特困残疾人一定补助。

——农村以“集体经济为主，政府补贴为辅”筹集资金和实物，定期发给特困残疾人。

4. 动员社会力量，组织单位和个人广泛开展“帮、包、带、扶”活动，使残疾人得到帮助。

（五）盲人按摩

按摩是中华民族特有的医疗、保健方法。盲人触觉灵敏、注意力集中，适宜从事按摩。我国现有1万多名盲人从事医疗按摩，占全国医疗按摩人员的一半左右。近年来，随着人民生活水平的提高，按摩尤其是保健按摩的社会需求迅速增加，为盲人服务于社会提供了新的发展机遇。

任务目标：

——培训盲人保健按摩人员1.8万名，培养盲人医疗按摩人员2000名，使盲人按摩人员达到3万名。

——建立按摩指导服务网络，实施行业管理，多渠道、多层次地为盲人按摩人员提供从业岗位，形成规范的、具有特色的按摩医疗保健业。

主要措施：

1. 实行规范化行业管理。制定盲人按摩机构管理办法，有关保健按摩人员及医疗按摩人员职业资格问题和专业技术职务聘任问题，按国家有关规定制定实施办法；建立、完善盲人按摩行业管理服务网络；中国盲人按摩中心和地方盲人按摩指导机构，要协助政府有关部门对按摩进行行业指导和服务。

2. 中短期培训和学历教育相结合，以实用性保健按摩为重点，多渠道、分层次地做好培训和培养工作。统一编写按摩教学大纲、教材、培训讲义和保健按摩手册，充分发挥高等院校盲人按摩专业和盲人按摩中等专业学校的作用，培养按摩师资和医疗按摩骨干人员；依托盲校、按摩机构、职业培训机构，大力培训保健按摩人员。

3. 鼓励各地建立盲人按摩院所，扶持盲人按摩人员集体开业、个体从业，相关服务行业和单位、医疗机构的按摩科室在同等技术水平条件下要优先安排盲人按摩人员就业。

（六）文化生活

任务目标：

——公共文化机构要努力满足残疾人的文化需求，公共文化场所应普遍对残疾人开放并提供特别服务，公共文化活动要广泛吸收残疾人参与。同时，为适应残疾人特点和特殊需要，要开辟专门活动场所，举办专项文化娱乐活动，出版特殊文化产品，发展残疾人特殊艺术。

——贯彻国家《全民健身计划纲要》和《奥运争光计划》，组织残疾人普遍开展体育健身活动并使4～6个竞技体育项目居于国际领先水平。

主要措施：

1. 公共文化机构主动为残疾人服务。

——大、中城市图书馆要提供盲文及盲人有声读物借阅，文化馆要提供特殊艺术辅导，各类文化场所都要为残疾人提供特别辅助和优惠。

——逐步增加配有字幕的影视作品。

——增加适合盲人、聋人、弱智人的读物。

——各类文化娱乐活动和比赛要积极吸收残疾人参加。

2. 开辟专门活动场所。在省残疾人综合服务设施内设立残疾人活动中心，有条件的地方及残疾人集中的单位因地制宜开辟残疾人活动站，基层残疾人组织可借用场所定期举办活动。

3. 活跃群众性文化活动。开展群众性摄影、集邮、书画、棋类比赛等，普及自娱性社区文艺活动，活跃特教学校校园文化，培养特殊艺术人才，举办第四届全国残疾人艺术汇演，发展业余建制、专业管理的残疾人艺术团（队），愉悦身心，展示才华，增进理解和交流。

4. 普及群众体育，提高竞技水平。

——完善地方各级、各类残疾人体育组织，加强管理，分类指导。

——基层残疾人组织和家庭应鼓励和帮助残疾人掌握方便、适用的健身方法，积极参与社区体育活动，经常参加体育锻炼。

——切实抓好特教学校的体育活动（课），定期对学生进行体能测试。

——各体育场（馆）应优惠或免费向残疾人开放。

——建立业余建制、相对稳定、适时更新的骨干运动员队伍，业余训练与强化集训相结合，集中力量、发挥优势、抓好重点项目，提高竞技水平。办好第四、第五届全国残疾人运动会，在第七届远南运动会和第十、第十一届残疾人奥运会上争取优异成绩。

（七）社会环境

任务目标：

弘扬爱国主义和人道主义，倡导理解、尊重、关心、帮助残疾人的社会风尚，创造文明进步的社会环境。

主要措施：

1. 宣传、教育、新闻、出版等单位要通过各种渠道和形式，反映残疾人生活，宣传残疾人事业，培育良好的舆论环境。

2.中等以上城市电视台普遍开办配有手语的专栏节目，县级以上广播电台普遍开播残疾人专题节目。

3.深入开展“全国助残日”活动，突出主题、形成规模，使之既深入人心、又给残疾人以切实帮助；继续组织好“红领巾助残”活动、“青年志愿者助残行动”，广泛开展多种形式的扶残助残活动；表彰助残先进集体和个人。

4.充分发挥各级残疾人事业新闻宣传促进会的作用；评选“奋发文明进步奖”和“中国残疾人事业好新闻奖。”

5.将执行《方便残疾人使用的城市道路和建筑物设计规范》纳入基本建设审批内容，制定相应规定；广泛宣传、逐步推广无障碍设施。

（八）法制建设

任务目标：

——形成比较完备的残疾人事业法律法规体系。

——增强全社会法律意识，加大执法力度。

——依托城乡法律服务网络，以委托或指定的律师事务所为骨干，为残疾人提供有效的法律服务。

主要措施：

1.制定《残疾人就业条例》；各省、自治区、直辖市制定《残疾人教育条例》、《残疾人劳动就业条例》的地方实施办法；各市、县、乡（镇）普遍制定扶助残疾人的规定；智力残疾高发区依据《母婴保健法》普遍制定具体实施办法。制定相关法规、政策时要与残疾人保障法相衔接，注意维护残疾人合法权益。

2.在法制宣传教育的第三个五年规划（1996年～2000年）中，继续加强残疾人保障法的宣传教育。各级政府和有关部门要认真贯彻残疾人保障法，依法发展残疾人事业；各单位和全体公民要维护残疾人合法权益，依法办事；残疾人要自觉遵纪守法，运用法律武器维护自身权益。各级政府和有关部门要积极配合人大进行残疾人保障法的执法检查。

3.城乡法律服务机构要积极为残疾人提供法律服务并给予特别辅助；各市、县要指定或委托一处律师事务所，集中为残疾人服务。法律援助机构要将残疾人列为重点援助对象。表彰对残疾人提供优先、优质、优惠法律服务的单位和个人。

4.建立残疾人法律援助组织，增进法律工作者对残疾人的了解和帮助。

（九）残疾人组织建设

任务目标：

——加强各级残疾人联合会的组织、思想、作风建设，履行好“代表·服务·管理”职责。

——团结、激励残疾人奋发进取，努力提高自身素质，为祖国建设贡献力量。

主要措施：

1.按照“进一步加强残疾人工作与残联建设”和《中国残疾人联合会机构改革方案》的精神，做好地方残联的机构改革工作，明确性质、职能，调整管理关系和规格，健全运行机制，充分发挥活力与效能。

2.各级残联要密切联系残疾人，听取意见、了解需求，当好残疾人共同利益的代表。广泛开展“建家做友”活动；发挥评议委员会的监督咨询作用和残疾人专门协会的代表作用；大力培养残疾人从事残疾人工作，选拔优秀残疾人进入残联领导岗位，逐步增加残疾人在残联工作人员和领导班子中的比重。

3.加强残联工作人员的培养教育和机关的勤政、廉政建设，在实践中造就一支热爱残疾人事业、恪守“人道、廉洁”职业道德、掌握社会化工作方法、具有“团结、实干、开拓、高效”工作作风、具备一专多能才干的残疾人工作者队伍。表彰优秀残疾人工作者。

4.准确掌握残疾人状况，统一核发《残疾人证》。

5.加强基础设施建设，增加服务能力。省和计划单列市的残疾人综合服务设施，要进一步完善服务功能，充分发挥效益。市、县因地制宜地建设适应残疾人康复训练、职业培训、就业指导和文化活动需要的服务设施。

6.广泛开展“自强”活动，表彰“自强模范”。引导和带领广大残疾人树立乐观进取的人生态度，热爱生活，热爱祖国，自尊、自信、自强、自立，积极投身改革开放和现代化建设。

（十）残疾预防

我国每年新增残疾人逾百万且呈上升趋势，主要是由遗传、疾病、中毒、意外伤害和有害环境所致。加强预防，有利于减少残疾、控制疾病、增进健康，是提高我国人口素质的一项紧迫而艰巨的战略任务。

残疾预防是多领域、跨部门的社会工程，必须综合研究、总体规划、分工协作、系统实施。

任务目标：

1.健全由政府统筹规划和协调的各有关部门和团体齐抓共管、各司其职、密切配合的预防工作体系，逐步形成信息准确、方法科学、管理完善、监控有效的预防机制。

2.针对危害面广、可预防的致残因素，根据工作基础和条件，实施一批重点预防工程，到2000年基本实现：

——控制遗传因素致残，加强孕产期保健，使先天性残疾发生率降低1/3.

——计划免疫覆盖率达90%，消灭脊髓灰质炎，明显降低营养不良性疾病和脑血管疾病致残。

——加强耳毒药物管理，使药物致聋发生率降低 1/3。

——控制环境缺碘危害，消除碘缺乏病及碘缺乏致残；大幅度减少区域性氟中毒致残和大骨节病发生率。

——减少工伤、交通事故等意外伤害致残。

主要措施：

1. 健全工作体系，加强综合协调。

各有关部门和团体认真履行职责，加强信息沟通和协作，充分发挥现有工作渠道、机构网络、专业力量的作用，动员社会广泛参与。国务院残疾人工作协调委员会将会同国务院妇女儿童工作委员会，做好综合协调工作。

2. 摸清情况，制定工作纲要。

组织力量调查研究，制定《全国残疾预防工作纲要》，确定工作原则、任务目标和主要措施，落实职责分工，认真组织实施。

3. 完善法规，认真执法。

优生优育、母婴保健、医疗卫生、药品管理、交通管理、安全生产、环境保护等已有的和正在制定的相关法规，要适时充实预防残疾的内容；对与预防残疾关系密切的重要法律法规，建议制定实施细则和地方实施办法，保证切实执行。

4. 普及预防知识，增强预防意识。

组织编制通俗易懂的预防科普读物、宣传画、音像制品等，广播、电视、报刊开设专栏和专题，广泛宣传，提高公众的预防意识。特别注意做好新婚夫妇、孕产期妇女、有害环境地区居民、交通和矿山行业职工、中小学生等重点人群的宣传教育工作。

5. 认真实施重点预防工程。

——减少遗传性残疾和先天性缺陷。认真执行《婚姻法》、《母婴保健法》，禁止近亲结婚，进行婚前卫生指导、咨询和医学检查，做好孕产期保健和新生儿缺陷筛查。

——控制传染病、严重营养不良及脑血管疾病致残。加强计划免疫，大量减少破伤风、麻疹、流脑、结核、白喉、乙肝等传染病，消灭脊髓灰质炎；加强脑血管疾病的预防、监测和治疗，开展偏瘫患者的早期康复训练。

——降低药物致聋发生率。加强对耳毒药物的审批和生产、使用的监督管理，完善控制药物不良反应的措施和不良反应的报告制度。

——减少缺碘和氟中毒致残发生率。全国所有食用盐加碘；缺碘地区新婚育龄妇女、孕妇、儿童补用碘油丸，补碘率达 95% 以上；氟中毒地区，普遍进行改水、改灶降氟，使 70% 村屯饮水达到规定标准，使 35% 村屯的燃煤灶符合要求。

——严格道路交通管理，加强安全生产和劳动保护，控制、减少意外事故致残。

对以上重点预防残疾工程，有关部门要逐一制定具体方案，认真组织实施。

此外，“九五”期间，要进一步完善残疾人事业的指标体系，加强信息、统计和科技工作；探索残疾人养老、失业、医疗保险制度和社会救济办法。要加强国际交流与合作，开展对外宣传，展示我国人权保障的成就。借鉴国外先进经验，引进资金和技术。

为保证本纲要的实施，国务院残疾人工作协调委员会将组织有关部门制定配套实施方案，有关部门要筹集资金、安排必要的专项经费。各地要依据本纲要制定当地残疾人事业“九五”计划及其实施方案，并且要提供条件予以保证。

残疾人事业是文明、进步、高尚的事业，是我国人权保障的重要内容。发展残疾人事业是社会主义制度的本质要求，是各级政府和全社会义不容辞的责任。地方各级政府要关心、支持残疾人事业，以高度负责的精神，采取切实有力的措施，完成本纲要规定的任务。

国务院残疾人工作协调委员会

1996 年 3 月 22 日

中华人民共和国主席令

第七十三号

《中华人民共和国老年人权益保障法》已由中华人民共和国第八届全国人民代表大会常务委员会第二十一次会议于 1996 年 8 月 29 日通过，现予公布，自 1996 年 10 月 1 日起施行。

中华人民共和国主席　江泽民

1996 年 8 月 29 日

中华人民共和国老年人权益保障法

1996 年 8 月 29 日第八届全国人民代表大会常务委员会第二十一次会议通过

第一章　总　则

第一条　为保障老年人合法权益，发展老年事业，弘扬中华民族敬老、养老的美德，根据宪法，制定本法。

第二条　本法所称老年人是指六十周岁以上的公民。

第三条　国家和社会应当采取措施，健全对老年人的社会保障制度，逐步改善保障老年人生活、健康以及参与社会发展的条件，实现老有所养、老有所医、老有所为、老有所学、老有所乐。

第四条　国家保护老年人依法享有的权益。

老年人有从国家和社会获得物质帮助的权利，有享受社会发展成果的权利。

禁止歧视、侮辱、虐待或者遗弃老年人。

第五条　各级人民政府应当将老年事业纳入国民经济和社会发展计划，逐步增加对老年事业的投入，并鼓励社会各方面投人，使老年事业与经济、社会协调发展。

国务院和省、自治区、直辖市人民政府采取组织措施，协调有关部门做好老年人权益保障工作，具体机构由国务院和省、自治区、直辖市人民政府规定。

第六条　保障老年人合法权益是全社会的共同责任。

国家机关、社会团体、企业事业组织应当按照各自职责，做好老年人权益保障工作。

居民委员会、村民委员会和依法设立的老年人组织应当反映老年人的要求，维护老年人合法权益，为老年人服务。

第七条　全社会应当广泛开展敬老、养老宣传教育活动，树立尊重、关心、帮助老年人的社会风尚。

青少年组织、学校和幼儿园应当对青少年和儿童进行敬老、养老的道德教育和维护老年人合法权益的法制教育。

提倡义务为老年人服务。

第八条　各级人民政府对维护老年人合法权益和敬老、养老成绩显著的组织、家庭或者个人给予表扬或者奖励。

第九条　老年人应当遵纪守法，履行法律规定的义务。

第二章　家庭赡养与扶养

第十条　老年人养老主要依靠家庭，家庭成员应当关心和照料老年人。

第十一条　赡养人应当履行对老年人经济上供养、生活上照料和精神上慰藉的义务，照顾老年人的特殊需要。

赡养人是指老年人的子女以及其他依法负有赡养义务的人。

赡养人的配偶应当协助赡养人履行赡养义务。

第十二条　赡养人对患病的老年人应当提供医疗费用和护理。

第十三条　赡养人应当妥善安排老年人的住房，不得强迫老年人迁居条件低劣的房屋。

老年人自有的或者承租的住房，子女或者其他亲属不得侵占，不得擅自改变产权关系或者租凭关系。

老年人自有的住房，赡养人有维修的义务。

第十四条　赡养人有义务耕种老年人承包的田地，照管老年人的林木和牲畜等，收益归老年人所有。

第十五条　赡养人不得以放弃继承权或者其他理由，拒绝履行赡养义务。

赡养人不履行赡养义务，老年人有要求赡养人付给赡养费的权利。

赡养人不得要求老年人承担力不能及的劳动。

第十六条　老年人与配偶有相互扶养的义务。

由兄、姊扶养的弟、妹成年后，有负担能力的，对年老无赡养人的兄、姊有扶养的义务。

第十七条　赡养人之间可以就履行赡养义务签订协议，并征得老年人同意。居民委员会、村民委员会或者赡养人所在组织监督协议的履行。

第十八条　老年人的婚姻自由受法律保护。子女或者其他亲属不得干涉老年人离婚、再婚及婚后的生活。

赡养人的赡养义务不因老年人的婚姻关系变化而消除。

第十九条　老年人有权依法处分个人的财产，子女或者其他亲属不得干涉，不得强行索取老年人的财物。

老年人有依法继承父母、配偶、子女或者其他亲属遗产的权利，有接受赠予的权利。

第三章　社会保障

第二十条　国家建立养老保险制度，保障老年人的基本生活。

第二十一条　老年人依法享有的养老金和其他待遇应当得到保障。有关组织必须按时足额支付养老金，不得无故拖欠，不得挪用。

国家根据经济发展、人民生活水平提高和职工工资增长的情况增加养老金。

第二十二条　农村除根据情况建立养老保险制度外，有条件的还可以将未承包的集体所有的部分土地、山林、水面、滩涂等作为养老基地，收益供老年人养老。

第二十三条　城市的老年人，无劳动能力、无生活来源、无赡养人和扶养人的，或者其赡养人和扶养人确无赡养能力或者扶养能力的，由当地人民政府给予救济。

农村的老年人，无劳动能力、无生活来源、无赡养人和扶养人的，或者其赡养人和扶养人确无赡养能力或者扶养能力的，由农村集体经济组织负担保吃、保穿、保住、保医、保葬的五保供养，乡、民族乡、镇人民政府负责组织实施。

第二十四条 鼓励公民或者组织与老年人签订扶养协议或者其他扶助协议。

第二十五条 国家建立多种形式的医疗保险制度，保障老年人的基本医疗需要。

有关部门制定医疗保险办法，应当对老年人给予照顾。

老年人依法享有的医疗待遇必须得到保障。

第二十六条 老年人患病，本人和赡养人确实无力支付医疗费用的，当地人民政府根据情况可以给予适当帮助，并可以提倡社会救助。

第二十七条 医疗机构应当为老年人就医提供方便，对七十周岁以上的老年人就医，予以优先。有条件的地方，可以为老年病人设立家庭病床，开展巡回医疗等服务。

提倡为老年人义诊。

第二十八条 国家采取措施，加强老年医学的研究和人才的培养，提高老年病的预防、治疗、科研水平。

开展各种形式的健康教育，普及老年保健知识，增强老年人自我保健意识。

第二十九条 老年人所在组织分配、调整或者出售住房，应当根据实际情况和有关标准照顾老年人的需要。

第三十条 新建或者改造城镇公共设施、居民区和住宅，应当考虑老年人的特殊需要，建设适合老年人生活和活动的配套设施。

第三十一条 老年人有继续受教育的权利。

国家发展老年教育，鼓励社会办好各类老年学校。

各级人民政府对老年教育应当加强领导，统一规划。

第三十二条 国家和社会采取措施，开展适合老年人的群众性文化、体育、娱乐活动，丰富老年人的精神文化生活。

第三十三条 国家鼓励、扶持社会组织或者个人兴办老年福利院、敬老院、老年公寓、老年医疗康复中心和老年文化体育活动场所等设施。

地方各级人民政府应当根据当地经济发展水平，逐步增加对老年福利事业的投入，兴办老年福利设施。

第三十四条 各级人民政府应当引导企业开发、生产、经营老年生活用品，适应老年人的需要。

第三十五条 发展社区服务，逐步建立适应老年人需要的生活服务、文化体育活动、疾病护理与康复等服务设施和网点。

发扬邻里互助的传统，提倡邻里间关心、帮助有困难的老年人。

鼓励和支持社会志愿者为老年人服务。

第三十六条 地方各级人民政府根据当地条件，可以在参观、游览、乘坐公共交通工具等方面，对老年人给予优待和照顾。

第三十七条 农村老年人不承担义务工和劳动积累工。

第三十八条 广播、电影、电视、报刊等应当反映老年人的生活，开展维护老年人合法权益的宣传，为老年人服务。

第三十九条 老年人因其合法权益受侵害提起诉讼交纳诉讼费确有困难的，可以缓交、减交或者免交；需要获得律师帮助，但无力支付律师费用的，可以获得法律援助。

第四章　参与社会发展

第四十条 国家和社会应当重视、珍惜老年人的知识、技能和革命、建设经验，尊重他们的优良品德，发挥老年人的专长和作用。

第四十一条 国家应当为老年人参与社会主义物质文明和精神文明建设创造条件。根据社会需要和可能，鼓励老年人在自愿和量力的情况下，从事下列活动：

（一）对青少年和儿童进行社会主义、爱国主义、集体主义教育和艰苦奋斗等优良传统教育；

（二）传授文化和科技知识；

（三）提供咨询服务；

（四）依法参与科技开发和应用；

（五）依法从事经营和生产活动；

（六）兴办社会公益事业；

（七）参与维护社会治安、协助调解民间纠纷；

（八）参加其他社会活动。

第四十二条 老年人参加劳动的合法收入受法律保护。

第五章　法律责任

第四十三条 老年人合法权益受到侵害的，被侵害人或者其代理人有权要求有关部门处理，或者依法向人民法院提起诉讼。

人民法院和有关部门，对侵犯老年人合法权益的申诉、控告和检举，应当依法及时受理，不得推诿、拖延。

第四十四条 不履行保护老年人合法权益职责的部门或者组织，其上级主管部门应当给予批评教育，责令改正。

国家工作人员违法失职，致使老年人合法权益受到损害的，由其所在组织或者上级机关责令改正，或者给予行政处分；构成犯罪的，依法追究刑事责任。

第四十五条 老年人与家庭成员因赡养、扶养或者住房、财产发生纠纷，可以要求家庭成员所在组织或者居民委员会、村民委员会调解，也可以直接向人民法院提起诉讼。

调解前款纠纷时，对有过错的家庭成员，应当给予批评教育，责令改正。

人民法院对老年人追索赡养费或者扶养费的申请，可以依法裁定先予执行。

第四十六条 以暴力或者其他方法公然侮辱老年人、捏造事实诽谤老年人或者虐待老年人，情节较轻的，依照治安管理处罚条例的有关规定处罚；构成犯罪的，依法追究刑事责任。

第四十七条 暴力干涉老年人婚姻自由或者对老年人负有赡养义务、扶养义务而拒绝赡养、扶养，情节严重构成犯罪的，依法追究刑事责任。

第四十八条 家庭成员有盗窃、诈骗、抢夺、勒索、故意毁坏老年人财物，情节较轻的，依照治安管理处罚条例的有关规定处罚；构成犯罪的，依法追究刑事责任。

第六章 附 则

第四十九条 民族自治地方的人民代表大会，可以根据本法的原则，结合当地民族风俗习惯的具体情况，依照法定程序制定变通的或者补充的规定。

第五十条 本法自1996年10月1日起施行。

职 业 教 育

中华人民共和国主席令

第六十九号

《中华人民共和国职业教育法》已由中华人民共和国第八届全国人民代表大会常务委员会第十九次会议于1996年5月15日通过，现予公布，自1996年9月1日起施行。

中华人民共和国主席　江泽民

1996年5月15日

中华人民共和国职业教育法

1996年5月15日第八届全国人民代表
大会常务委员会第十九次会议通过

目 录

第一章 总 则

第一条 为了实施科教兴国战略，发展职业教育，提高劳动者素质，促进社会主义现代化建设，根据教育法和劳动法，制定本法。

第二条 本法适用于各级各类职业学校教育和各种形式的职业培训。国家机关实施的对国家机关工作人员的专门培训由法律、行政法规另行规定。

第三条 职业教育是国家教育事业的重要组成部分，是促进经济、社会发展和劳动就业的重要途径。

国家发展职业教育，推进职业教育改革，提高职业教育质量，建立、健全适应社会主义市场经济和社会进步需要的职业教育制度。

第四条 实施职业教育必须贯彻国家教育方针，对受教育者进行思想政治教育和职业道德教育，传授职业知识，培养职业技能，进行职业指导，全面提高受教育者的素质。

第五条 公民有依法接受职业教育的权利。

第六条 各级人民政府应当将发展职业教育纳入国民经济和社会发展规划。

行业组织和企业、事业组织应当依法履行实施职业教育的义务。

第七条 国家采取措施，发展农村职业教育，扶持少数民族地区、边远贫困地区职业教育的发展。

国家采取措施，帮助妇女接受职业教育，组织失业人员接受各种形式的职业教育，扶持残疾人职业教育的发展。

第八条 实施职业教育应当根据实际需要，同国家制定的职业分类和职业等级标准相适应，实行学历证书、培训证书和职业资格证书制度。

国家实行劳动者在就业前或者上岗前接受必要的职业教育的制度。

第九条 国家鼓励并组织职业教育的科学研究。

第十条 国家对在职业教育中作出显著成绩的单位和个人给予奖励。

第十一条 国务院教育行政部门负责职业教育工作的统筹规划、综合协调、宏观管理。

国务院教育行政部门、劳动行政部门和其他有关部门在国务院规定的职责范围内，分别负责有关的职业教育工作。

县级以上地方各级人民政府应当加强对本行政区域内职业教育工作的领导、统筹协调和督导评估。

第二章 职业教育体系

第十二条 国家根据不同地区的经济发展水平和教育普及程度，实施以初中后为重点的不同阶段的教育分流，建立、健全职业学校教育与职业培训并举，并与其他教育相互沟通、协调发展的职业教育体系。

第十三条 职业学校教育分为初等、中等、高等职业学校教育。

初等、中等职业学校教育分别由初等、中等职业学校实施；高等职业学校教育根据需要和条件由高等职业学校实施，或者由普通高等学校实施。其他学校按照教育行政部门的统筹规划，可以实施同层次的职业学校教育。

第十四条 职业培训包括从业前培训、转业培训、学徒培训、在岗培训、转岗培训及其他职业性培训，可以根据实际情况分为初级、中级、高级职业培训。

职业培训分别由相应的职业培训机构、职业学校实施。

其他学校或者教育机构可以根据办学能力，开展面向社会的、多种形式的职业培训。

第十五条 残疾人职业教育除由残疾人教育机构实施外，各级各类职业学校和职业培训机构及其他教育机构应当按照国家有关规定接纳残疾学生。

第十六条 普通中学可以因地制宜地开展职业教育的课程，或者根据实际需要适当增加职业教育的教学内容。

第三章 职业教育的实施

第十七条 县级以上地方各级人民政府应当举办发挥骨干和示范作用的职业学校、职业培训机构，对农村、企业、事业组织、社会团体、其他社会组织及公民个人依法举办的职业学校和职业培训机构给予指导和扶持。

第十八条 县级人民政府应当适应农村经济、科学技术、教育统筹发展的需要，举办多种形式的职业教育，开展实用技术的培训，促进农村职业教育的发展。

第十九条 政府主管部门、行业组织应当举办或者联合举办职业学校、职业培训机构，组织、协调、指导本行业的企业、事业组织举办职业学校、职业培训机构。

国家鼓励运用现代化教学手段，发展职业教育。

第二十条 企业应当根据本单位的实际，有计划地对本单位的职工和准备录用的人员实施职业教育。

企业可以单独举办或者联合举办职业学校、职业培训机构，也可以委托学校、职业培训机构对本单位的职工和准备录用的人员实施职业教育。

从事技术工种的职工，上岗前必须经过培训；从事特种作业的职工必须经过培训，并取得特种作业资格。

第二十一条 国家鼓励事业组织、社会团体、其他社会组织及公民个人按照国家有关规定举办职业学校、职业培训机构。

境外的组织和个人在中国境内举办职业学校、职业培训机构的办法，由国务院规定。

第二十二条 联合举办职业学校、职业培训机构，举办者应当签订联合办学合同。

政府主管部门、行业组织、企业、事业组织委托学校、职业培训机构实施职业教育的，应当签订委托合同。

第二十三条 职业学校、职业培训机构实施职业教育应当实行产教结合，为本地区经济建设服务，与企业密切联系，培养实用人才和熟练劳动者。

职业学校、职业培训机构可以举办与职业教育有关的企业或者实习场所。

第二十四条 职业学校的设立，必须符合下列基本条件：

（一）有组织机构和章程；

（二）有合格的教师；

（三）有符合规定标准的教学场所、与职业教育相适应的设施、设备；

（四）有必备的办学资金和稳定的经费来源。

职业培训机构的设立，必须符合下列基本条件：

（一）有组织机构和管理制度；

（二）有与培训任务相适应的教师和管理人员；

（三）有与进行培训相适应的场所、设施、设备；

（四）有相应的经费。

职业学校和职业培训机构的设立、变更和终止，应当按照国家有关规定执行。

第二十五条 接受职业学校教育的学生，经学校考核合格，按照国家有关规定，发给学历证书。接受职业培训的学生，经培训的职业学校或者职业培训机构考核合格，按照国家有关规定，发给培训证书。

学历证书、培训证书按照国家有关规定，作为职业学校、职业培训机构的毕业生、结业生从业的凭证。

第四章 职业教育的保障条件

第二十六条 国家鼓励通过多种渠道依法筹集发展职业教育的资金。

第二十七条 省、自治区、直辖市人民政府应当制定本地区职业学校学生人数平均经费标准；国务院有关部门应当会同国务院财政部门制定本部门职业学校学生人数平均经费标准。职业学校举办者应当按照学生人数平均经费标准足额拨付职业教育经费。

各级人民政府、国务院有关部门用于举办职业学校和职业培训机构的财政性经费应当逐步增长。

任何组织和个人不得挪用、克扣职业教育的经费。

第二十八条 企业应当承担对本单位的职工和准备录用的人员进行职业教育的费用，具体办法由国务院有关部门会同国务院财政部门或者由省、自治区、直辖市人民政府依法规定。

第二十九条 企业未按本法第二十条的规定实施职业教育的，县级以上地方人民政府应当责令改正；拒不改正的，可以收取企业应当承担的职业教育经费，用于本地区的职业教育。

第三十条 省、自治区、直辖市人民政府按照教育法的有关规定决定开征的用于教育的地方附加费，可以专项或者安排一定比例用于职业教育。

第三十一条 各级人民政府可以将农村科学技术开发、技术推广的经费，适当用于农村职业培训。

第三十二条 职业学校、职业培训机构可以对接受中等、高等职业学校教育和职业培训的学生适当收取学费，对经济困难的学生和残疾学生应当酌情减免。收费办法由省、自治区、直辖市人民政府规定。

国家支持企业、事业组织、社会团体、其他社会组织及公民个人按照国家有关规定设立职业教育奖学金、贷学金，奖励学习成绩优秀的学生或者资助经济困难的学生。

第三十三条 职业学校、职业培训机构举办企业和从事社会服务的收入应当主要用于发展职业教育。

第三十四条 国家鼓励金融机构运用信贷手段，扶持发展职业教育。

第三十五条 国家鼓励企业、事业组织、社会团体、其他社会组织及公民个人对职业教育捐资助学，鼓励境外的组织和个人对职业教育提供资助和捐赠。提供的资助和捐赠，必须用于职业教育。

第三十六条 县级以上各级人民政府和有关部门应当将职业教育教师的培养和培训工作纳人教师队伍建设规划，保证职业教育教师队伍适应职业教育发展的需要。

职业学校和职业培训机构可以聘请专业技术人员、有特殊技能的人员和其他教育机构的教师担任兼职教师。有关部门和单位应当提供方便。

第三十七条 国务院有关部门、县级以上地方各级人民政府以及举办职业学校、职业培训机构的组织、公民个人，应当加强职业教育生产实习基地的建设。

企业、事业组织应当接纳职业学校和职业培训机构的学生和教师实习；对上岗实习的，应当给予适当的劳动报酬。

第三十八条 县级以上各级人民政府和有关部门应当建立、健全职业教育服务体系，加强职业教育教材的编辑、出版和发行工作。

第五章 附 则

第三十九条 在职业教育活动中违反教育法规定的，应当依照教育法的有关规定给予处罚。

第四十条 本法自1996年9月1日起施行。

概 况

- 综述
- 各省、自治区、直辖市人口变动情况
- 香港、澳门地区人口变动状况

综 述

1996年的中国人口

刘长松

1996年10月1日，国家统计局组织进行了人口变动抽样调查。在全国30个省、自治区、直辖市的879个县（市、区），3087个乡（镇、街道），抽取了125万人进行调查。调查的样本人数占全国人口总数的1.028‰。现根据抽样调查的结果，对中国1996年的人口状况作一简要分析。

一、1996年中国人口仍是低速增长，总数为122389万

据国家统计局1996年人口变动抽样调查推算，1996年底总人口数为122389万（未含台湾省和港澳地区），比1995年底的121121万增长了10.5‰，低于90年代以来世界人口平均每年增长13.5‰的水平。从这个增长比例可以看出，中国人口数量的增长已达到了一个较低的水平，这个成绩的取得来之不易，是中国政府长期实行计划生育政策的结果。尤其是到了90年代，计划生育工作愈加向广泛深入发展，力度不断加强，人口数量的增长被有效地控制住。70年代，中国平均每年净增加人口1542万，占年平均总人口的16.94‰；80年代，平均每年净增加人口1523万，占年平均总人口的14.44‰；现在，90年代已过去了6年，这期间中国平均每年净增加人口1384万，占年平均总人口的11.68‰。从80年代、90年代年净增人口同70年代相比较来看，不但占平均总人口的比重大幅度降低，而且净增人口的绝对数量也减少了许多，这是控制人口增长工作取得的伟大成绩。如果假设80年代、90年代年净增人口比重与70年代相同，即每年仍净增16.94‰，那么，1996年底的全国总人口就不是122389万了，而应该是129446万人。据此可以计算出，从80年代到90年代的现在，由于严格控制了人口的增长，16年里全国少增加了7057万人。

因为控制人口增长取得了显著成效，所以中国每增加1亿人口所用的时间，在人口基数不断增加的情况下，反而有所延长。1964～1969年中国人口从7亿增长为8亿，用了5年时间；1969～1974年人口从8亿增长为9亿，用了5年时间；1974～1981年人口从9亿增长为10亿，用了7年时间；1981～1989年人口从10亿增长为11亿，用了8年时间；1989～1995年人口从11亿增长为12亿，用了6年时间；据预计，从1995年的12亿人口增长为13亿，可能要用7年的时间，即在2002年中国人口达到13亿。从上面所述可以看出，建国后人口数量每增加1亿所用的时间在延长，60年代初到70年代初中国人口基数相对较小，但增长1亿人口却只用短短的5年，可见那时每年人口增长数量是很大的。而在以后的年代里，人口基数相对增大，但每增加1亿人口所用的时间却延长了，变为7年、8年和6年。这说明中国70年代以来在控制人口总量增长方面取得了很大成绩。1954～1964年中国人口从6亿增长为7亿曾经用了10年时间。为什么在人口生育基本无控制的时期增长1亿用了较长的时间主要有两个原因：一是那时人口基数小，每年增长的人口数量应该少一些；二是在自然灾害期间，全国人口减员较多，致使增长1亿人口所需时间拉长，这是一个主要原因。

1996年底中国人口为122389万，比国家人口计划数少增加181万，实际人口出生率比计划低1.07个千分点，较好地完成了国家人口控制计划。如果以后的几年里能够保持目前的出生率水平，预计到2000年中国人口可望控制在12.78亿，.完成国家制定的在2000年将全国人口控制在13亿以内的任务。

在人口形势比较乐观的情况下，应当看到，尽管中国人口的增长速度已控制在较低水平，但由于人口基数大，近几年，全国每年出生人口的绝对数都在2000多万，净增1300万左右，相当于每年增加一个北京市的人口。因此，为了有效地控制人口增长，为中国的经济腾飞和进一步提高人民的生活水平创造有利的条件，还要长期坚持不懈地抓好计划生育工作。

中国是一个人口众多的国家，占世界人口的22%，占亚洲人口的36%左右。中国人口形势的变化影响着世界人口和亚洲人口的变化。因此，中国人口的变化就不单单是中国自己本身的事情，也是关系到世界人口变化的事情。据国际有关机构统计，到1997年年中，世界人口已达58.4亿。由于世界人口不断增加，人类生存的空间越来越狭窄，生存环境有所恶化。为了改善生存环境，保证人类可持续性发展，控制人口增长成为许多国家的共识并采取必要的措施。中国为了自身的健康发展，也为了对人类做出较大贡献，长期以来采取了计划生育的政策，有效地控制了人口的增长，使人口增长占世界总人口增长的比重由80年代后期的19.3%左右，降低为现在的15.8%左右。

二、人口出生率和自然增长率继续下降

中国人口总量增长之所以被有效地控制住，归根结底，是实行人口计划生育的结果。“把人口数量降下来，把人口素质搞上去”已成为计划生育工作者和所有人口工作者努力的目标。使全国人口总数下降，这不是一件容易的事情，还需要进行几十年的努力。但首先应该降低人口出生率，实现人口低速增长，这个目标现在已经做到了。从80年代末开始，中国的人口出生率一直在持续下降，从1986年的22‰左右降到1996年的16.98‰，降低幅度达24%左右。同1995年的17.12‰相比，1996年人口出生率又下降了0.14个千分点。

1996年同1995年相比较，全国人口出生率下降，这是各省、自治区、直辖市出率率普遍下降的结果。在30个省、自治区、直辖市中，有25个人口出生率下降，下降最多的是甘肃、福建、江西、内蒙古4个省区，分别下降了2.22、1.98、1.41和1.14个千分点，即由1995年的20.65‰、15.20‰、18.94‰和17.23‰，降为1996年的18.43‰、13.22‰、17.53‰和16.09‰。

在人口出生率下降的时候，人口死亡率保持了相对的稳定。1995年为6.57‰，1996年为6.56‰，基本未变。正是由于死亡率的基本稳定，所以，随着出生率的下降，人口自然增长率也有所下降。人口自然增长率1995年为10.55‰，1996年为10.42‰，下降了0.13个千分点。

1996年全年共出生人口2067万，比上年多出生4万人。虽然1996年的出生率有所下降，但由于总人口增多，因此，全年出生人口仍比上年略有增加。1996年死亡799万人，出生人口减去死亡人口，1996年全年自然增长人口1268万。

人口出生率多年来持续下降的原因，一是各级党政领导高度重视计划生育工作，齐抓共管，使得这项工作得到坚决落实。二是国家在大力宣传和提倡普遍实行计划生育的同时，采取了许多切实可行的措施，一些地方还制定了生育方面的法律或条规，使得计划生育工作走上了规范化、法律化的轨道。另外，中国大力推行计划生育的工作已经进行了20多年，长期艰苦工作的结果，使得计划生育这一国策已深入人心，尤其在城镇地区，已基本被人们所接爱，成为人们的自觉行动。据统计，中国市镇人口出生率低于县（农村）人口出生率许多，1996年市镇人口出生率为14.47‰，县为18.02‰，市镇比县纸3.55个千分点。但是，在五六十年代却不是这样，市镇同县的人口出生率是基本相同的，都居于较高的水平，从70年代以后，城镇人口的生育水平不断下降，而且下降的速度大大快于农村，所以才出现市镇人口出生率低于县的现象。三是随着计划生育工作的深入，象“三为主”“三结合”等成功有效的经验被大力推广，使计划生育工作走上良性发展轨道，许多原来计划生育工作薄弱的地区，也在逐渐改变着落后局面，这些都对人口出生率的持续下降产生了积极的影响。

除了上述的政策和措施一些因素外，使近年来出生率下降还有一个自然因素，那就是中国生育旺盛期的妇女人数在减少。据调查资料反映，继1995年有23个省区的生育旺盛期妇女人数减少之后，1996年仍有22个省区继续减少，共减少了215.13万人。只有8个省区略有上升，其中有6个是少数民族聚居地区。这些地区仅增加了32.41万人，增减相抵，净减少了182.72万人。生育旺盛期妇女人数的减少，对于妇女生育水平的降低是非常有利的事情。1996年人口变动抽样调查显示，20－29岁的妇女生育率最高，达到128.71‰。其余年龄段妇女生育率则较低，如30－34岁为31.37‰，35～39岁仅为6.91‰，其他年龄段妇女的生育率就更低了。另外，调查数据还显示，在当年出生的孩子中，92.9%的孩子是20～29岁的妇女生的，由此可见，生育旺盛期妇女人数的减少，对于降低人口出生率的意义是非常大的。

三、人口年龄结构趋于老化

据人口变动抽样调查，1996年中国0～14岁人口占总人口比重为26.4%，15～64岁为67.2%，65岁以上为6.4%。同1990年相比，0～14岁比重下降了1.3个百分点，15～64岁比重上升了0.5个百分点，65岁以上比重上升了0.8个百分点。从上面数据可以看出，中国人口年龄结构目前还属于成年型，但在进一步向老年型发展中。从增长速度上看，老年人口的增长速度要快于总人口的增长速度。1996年底，全国有老年人口7845万，比1990年时的6299万增长了24.54%，平均每年增长3.73%。同时期，全国总人口由113051万增长为122389万（均未包括港澳地区和台湾省），增长了8.26%，平均每年增长1.33%，老年人口的年平均增长速度比总人口快出2.40个百分点。

在低出生率低死亡率的模式下，人口老化的发生是个必然的事情。从90年代以来看，中国人口年龄结构在逐步向老龄化发展。如将1991年以来人口变动抽样调查取得的中国人口年龄结构顺序排列，反映的正是这样一种状况。

从表中可以看出，中国0～14岁人口比重逐渐降低，65岁以上人口比重逐渐提高，这正是人口年龄结构趋向老化的表现。这种变化的产生，是由于出生水平下降的结果。出生水平下降，一方面表现为出生率下降，在一定的情况下也表现为出生人数的下降。中国80年代平均每年出生2278万

1991～1996年人口年龄结构　　(%)

年份	0～14岁	15～64岁	65岁+
1991	27.71	66.30	5.99
1992	27.60	66.24	6.16
1993	27.15	66.70	6.15
1994	27.00	66.64	6.36
1995	26.63	67.16	6.21
1996	26.39	67.20	6.41

注：本表为抽样调查数，各年数据略有高低不平。

人，90年代初到现在，平均每年出生2123万人，每年少出生155万人。正是由于出生人口数量的减少，才使得低年龄人口比重不断下降，老年人口比重有所上升。由于控制人口增长是我国一项长期战略，计划生育的力度将不断加强。随着70年代末强化计划生育工作以来出生的人口逐渐进入婚育期，出生率和出生人口数量将进一步降低，因此，低年龄人口所占比重也会继续有所下降，老年人口比重会继续有所上升，人口年龄结构也就会进一步老化。国际人口学界把65岁以上人口比重超过7%的国家称为老年型人口社会，据预测，中国将在21世纪的第一个十年内进入老年型人口社会。

人口类型的变化是一个渐进的过程，由量变到质变。虽然中国总人口要到下个世纪初才进入老年型，但是分地区来看，目前已有相当数量的省、自治区、直辖市老年人口比重已超过7%，如上海、浙江、江苏、天津、北京、广东、四川、山东、湖南、广西。在这10个省、自治区、直辖市中，上海最为突出，65岁以上老年人口比重90年代以来一直高居10%以上，1996年已达12.40%。

四、人口平均预期寿命继续提高

随着人类社会的进步，人口的平均寿命在逐渐提高。据1996年人口变动抽样调查计算，1996年中国人口平均预期寿命为70.80岁，其中男性为68.71岁，女性为73.04岁。同1990年的68.55岁相比，6年提高了2.25岁，其中男性提高了1.87岁，女性提高了2.57岁。而1990年同1981年相比，人口平均预期寿命9年仅提高了0.78岁，其中男性提高了0.56岁，女性提高了1.20岁，可见90年代人口平均预期寿命提高的幅度大于80年代。目前中国人口平均预期寿命比发达国家的平均水平低8岁左右，比发展中国家的平均水平高10岁左右。物别是中国妇女的平均预期寿命已达73岁，比联合国提出的到2000年世界妇女平均预期寿命为65岁的目标高出8岁。

1990年与1981年相比，中国男女平均预期寿命差距由2.99岁增大到了3.63岁。1996年男女平均预期寿命差距又由1990年的3.63岁增大到4.33岁。这一变化趋势与国际上女性平均预期寿命提高速度快于男性的特点是一致的。目前发达国家的男女平均预期寿命差距大约为6岁。

中国人口平均预期寿命之所以能够逐渐提高，是社会经济发展和科技进步的结果。国民经济的快速发展，使得人民生活水平提高，人民的身体素质得到加强，从而抵御疾病的能力加强。而科技的进步，尤其是医学科学的进步，医疗卫生和防疫工作的发展，使得各种传染病、地方病的发病率大幅度下降，一些烈性传染病基本被消灭，人民的健康水平得到极大提高。人民的健康水平得到极大提高的一个突出表现就是，人口死亡率明显下降。70年代中国人口死亡率在6.21‰～7.61‰之间；80年代在6.34‰～6.90‰之间；90年代在6.49‰～6.70‰之间。

对90年代死亡率下降起主要作用的是1～9岁儿童死亡率和60岁以上各年龄段死亡率的降低。中国1～4岁幼儿死亡率1996年为1.81‰，比1990年的2.44‰低0.63个千分点，下降幅度为25.8%。5～9岁儿童死亡率也由1990年的0.70‰下降到0.59‰，下降0.11个千分点，下降幅度为15.7%。在儿童死亡率下降的同时，60岁以上老年人口的死亡率也明显下降，而且随首年龄的增高，死亡率下降的幅度增大。1996年与1990年相比，60～64岁年龄别死亡率下降了2.79个千分点，65～69岁、70～74岁和75～79岁分别下降了4.61、8.59和10.11个千分点。80－84岁死亡率下降幅度最大，为25.12个千分点。

另外，中国婴儿死亡率的降低，对于提高人口的平均预期寿命是很重要的因素。因为婴儿未到一周岁，身体较脆弱，抗病能力低，较易死亡。一周岁以后，身体渐壮，抗病能力大大增强，死亡率也就大大降低了。中国婴儿死亡率70年代在40‰～50‰之间，80年代在37‰左右，90年代在33‰左右。

（作者工作单位：国家统计局人口与就业司）

中国人口的受教育状况

孟庆普

改革开放的实践证明，振兴科技和繁荣经济，必须坚持教育为本。大力发展教育事业，不断提高中华民族的文化素质，是党和国家的一贯方针。因此，了解全国人口的受教育状况及其变化，可以为国家和各级政府制订教育发展规划，制订培养人才、吸引人才的政策提供依据。

一、中国各种受教育程度的人口均有较快增长

根据1995年全国1%人口抽样调查提供的资料推算，全国总人口中（不含解放军的数据，下同）接受过各种文化教育的人口分别为：接受过大专以上文化教育的有2441万人，比1990年增加865万人；接受过高中文化教育的（包括相当于高中的中专、中技等）有9 956万人，比1990年增加967万人；接受过初中文化教育的有32 899万人，比1990年增加6 561万人；接受过小学文化教育的有46 291万人，比1990年增加4 270万人。为与历史资料对比，上述接受过各种文化教育的人口中，均包括了毕业生、在校生和肄业生。此外，全国还有2 149万人参加过扫盲班。(见表1)。

全国平均每10万人口中接受过各种文化教育的人口分别为：大专以上的2 026人；高中的8 265人；初中的27 311人；小学的38 429人。与1990年人口普查时的数据相比，全国平均每10万人口中接受过各种文化教育的人口分别增长：大专以上的增加632人；高中的增加314人；初中的增加4 014人；小学的增加1 259人。其中增加最快的是初中和大学教育。

各类学校的学习时间按如下口径：小学为6年，高中、初中分别为3年，大专以上为4年，各种在校、肄业者折半，然后累计。得到15岁及15岁以上人口的平均受教育年限为6.55年，比1990年5.45年增长1.1年。

以上数据充分说明我国教育事业以较快的速度发展，全民族的整体文化素质明显提高。

政府行为是全国人口受教育状况明显改善的重要动力。“八五”期间，国家实施科教兴国战略，采取了一系列科技、教育、经济结合发展的政策，对教育的投人有所增加。根据其它统计资料，国家财政性教育经费支出1995年为1193.84亿元，比1991年的532.39亿元增加661.45亿元，增长1.24倍，教育事业费占财政支出的比重1995年为17.50%，比1991年的15.72%增长1.78个百分点（资料来源见《中国统计年鉴—1996》）。

受教育人口的学业完成情况如表1所示。与1990年全国人口普查时相比，接受各种教育的毕业和在校人口都有较大幅度的增加，而肄业人口却相应减少。说明坚持接受各种文化教育，完成学业的人口的比重上升，而完不成学业的人口的比重下降。随着改革的深入和经济发展，群众中出现学科学，学文化的热潮，国家倡导的“希望工程”在“八五”期间也取得显著成绩。

二、受教育人口的性别、城乡和产业差异

1. 根据1995年全国1%人口抽样调查资料推算，全国接受各种文化教育人口的性别比分别为：大专以上的181.4;高中的143.2;初中的139.5;小学的102.9。说明我国人口受教育状况还存在着性别差异，接受初中以上文化教育的男性多与女性，而且随着教育程度的提高，性别差异越明显。

2. 从分城乡的情况看，城乡人口的受教育状况差异仍然较大。城市平均每10万人口中受过各种教育的人数分别为：大专以上的7 288人，高中的18 184人，初中的31 548人，小学的26 823人；上过扫盲班的1 302人。镇平均每10万人口中受过各种教育的人数分别为：大专以上的613人，高中的18 336人，初中的32 324人，小学的2 7811人，上过扫盲班的1 102人。乡村平均每10万人口中受过各种教育的人数分别为：大专以上的245人，高中的4 278人，初中的25 531人，小学的42 962人，上过扫盲班的2 008人。城镇高学历的比重明显高于乡村。另外，平均每10万人口中没有上过学的，城市为754人，镇为7 769人，乡村为14 759人，乡村远高于城镇。

表1　受教育人口的学业完成情况　(万人)

	毕业			在校			肄业		
	1995年	1990年	变化	1995年	1990年	变化	1995年	1990年	变化
合计	58 887	49 125	9 762	22 707	18 202	4 505	9 697	10 395	-698
大专以上	2 114	1 242	872	314	280	34	13	20	-7
高中	8 242	7 418	824	1 473	1 228	245	234	308	-74
初中	25 230	19 873	5 357	5 153	3 446	1 707	2 481	2 920	-439
小学	23 301	20 592	2 709	15 767	13 248	2 519	6 969	7 147	-178

3. 在业人口接受文化教育的状况同样存在着较大的差异。第一产业平均每10万人口中各种受教育人数为：大专以上的71人，高中的4 258人，初中的33 074人，小学的45 409人，上过扫盲班的2 895人；第二产业平均每10万人口中各种受教育人数为：大专以上的4 539人，高中的21 775人，初中的49 602人，小学的21 683人，上过扫盲班的684人；第三产业平均每万人口中各种受教育人数为：大专以上的14 181人，高中的31686人，初中的37 332人，小学的14 523人，上过扫盲班的519人。第三产业高学历的比重明显高于第一、二产业。另外，平均每10万人口中没有上过学的第一产业为14 319人，第二产业为1 717人，第三产业为1 759人。未上过学的人第一产业明显多于第二、三产业。

三、成人学历教育已形成较大规模

成人学历教育指：各普通高等院校、各部委或各部门机构经国家教育部门批准举办或授权举办，以提高人口原有文化程度为目的，经国家统一组织的入学考试录取，并按国家教育部门规定的教学大纲授课的，业余、函授、广播电视等形式的学历教育。成人学历教育又分为成人高等教育（大专以上）和成人中等教育（仅包括高中及中专）。根据

调查数据推算，全国接受成人学历教育的毕业生和在校生共有 1 744 万人，占全国同等学历人口的 14.40%，其中：成人高等学历教育的有 971 万人，占同学历人口的 40%；成人中等学历教育的有 773 万人，占同学历人口的 7.79%。根据有关部门的统计资料，1995 年我国成人高等学校有 1 156 所，其中包括：广播电视大学 46 所、职工、农民高等学院 698 所、管理干部学院 166 所、教育学院 242 所、独立函授学院 4 所，比普通高等学校多 102 所，(如果加上普通高校办的函授部或夜大学、干部专修科等，数量还要多)。

数据充分说明，全国成人学历教育已形成较大的规模，在整个教育体系中具有较重要的地位，对提高全民族整体的文化素质发挥了重要作用。现有大专以上文化程度的人口中，通过成人学历教育的途径取得学历和文凭的人已经占有相当大的比重。成人中等学历教育占同学历人口的比重相应要小一些，这说明普通中等教育发展得较快，相对比普通高等教育要普及，另外随着社会经济和科技发展速度加快，对劳动者素质要求不断提高，追求新知识成为广大群众的强烈愿望，有一部分受过成人中等教育的毕业生又参加了高等教育的学习，还有的人直接参加高等成人教育学习，这些也是造成成人中等教育比重较成人高等教育低的原因。

1. 32 岁至 54 岁高等学历人口中成人教育的比重超过 50%

若将接受大专以上文化教育人口中成人教育所占比重资料从高向低分几个年龄区间，可以概略地观察到各个不同时期我国成人高等教育发展的状况。

在 55 岁以上人口中接受成人高等教育的有 62 万人，所占比重为 19.08%。这个年龄区间内各年龄所占比重相对比较稳定，65 岁以上人口平均为 15.57%，64 岁以下人口平均为 20.26%，只相差 4.69 个百分点。这基本上反映了建国后 50 年代至 60 年代初成人高等教育的水平，也是在当时社会主义建设高潮中造就的中国第一代成人高等学历教育人口，这部分人现在已经超过或接近退休年龄。

在 32～54 岁年龄区间，接受成人高等学历教育的有 517 万人，所占比重为 50.92%，是参加成人高等教育人口最多，比重最高的年龄区间。在这段年龄区间的高段，随年龄下降其比重迅速地增加，从 55 岁的 21.03% 增加到 48 岁的 49.77%，比重增加了 28.74 个百分点。从 32 岁至 47 岁是比较稳定的高峰段，有 445 万人，平均比重为 55.41%，比重最高的是 37 岁和 38 岁，都超过了 60%。这个年龄区间基本上反映我国结束十年动乱以后，成人高等教育得到长足发展的状况。70 年代末、80 年代初，国家对教育战线进行了全面整顿，恢复了地区性大学和全日制高等院校举办的函授教育和夜大学，兴办了广播电视大学等一批成人高等学历教育学校，使得在文化大革命期间上过初高中的毕业生，获得了重新接受高等教育的机会，以适应现代化建设需要知识、需要人才的大环境。可以说，这个年龄段的过高比重是带有补偿性的。

在 31 岁以下年龄区间，成人高等学历教育人口有 392 万人，平均比重为 35.61%，且比重随年龄下降而减小，从 31 岁的 48.61% 减小到 20 岁的 23.61%。

资料还显示，目前成人高等教育的在校生占全部高等学校在校生人数的比重高达 46.88%，且学生的年龄出现下降趋势。成人高等学历教育在校生中 23 岁以下的有 112 万人，占 48.05%。说明现在成人高等教育已不仅限于超过学龄的人，有相当部分没有被普通高校录取的高中毕业生直接参加成人高等学历教育学习。在国家教育经费有限，普通高校招生数量难以大量增加的情况下，为广大追求接受高等教育的青年提供了又一途径，有利于缓解千军万马争过独木桥的现象，这完全符合高等教育要坚持两条腿走路的方针。

在中等学历教育的人口中，成人学历教育人口的比重 40～51 岁是高峰期，比重平均为 13.1%，其峰值在 44 岁，为 16.62%。52 岁以上的比重平均为 11.7%，只比高峰期低 1.4 个百分点；而 39 岁以下的比重平均为 6.90%，比高峰期低近一半，比高龄段还低 4.8 个百分点。

2. 成人学历教育人口主要集中在城镇

由于经济发展和文化基础的不同，成人学历教育的城乡差异较大。在全部成人学历教育人口中，城镇的有 1 382 万人，占 79.24%，其中：接受成人高等教育有 860 万人，占全部接受成人高等教育人口的 88.57%，成人中等教育有 521 万人，占全部接受成人中等教育人口的 67.40%。而乡村接受成人学历教育的比重则低的多。说明目前成人学历教育还主要偏重于城镇人口，全国城镇平均每千名 15 岁以上人口中参加成人学历教育的有 51 个人，而全国乡村平均每千名 15 岁以上人口中参加成人学历教育的只有 5.9 个人，而且学历越高，这种偏差越大。可见广大乡村具有大力发展成人学历教育的广阔沃土，随着农村经济的发展和农民对知识的渴求，农村成人教育会得到更快的发展。

3. 成人学历教育人口的职业分布存在差异

随着国家人事、劳动制度的改革，逐渐冲破单纯依靠国家计划分配的传统就业观念，特别是劳动力市场的启动与发展，使用人单位有了更多的自主权，企业对员工的需求标准普遍提高，因此，劳动者的素质状况成为雇佣和被雇佣的重要因素之一。全国参加成人学历教育的毕业生和在校生中，经济活动人口有 1546 万人（见表 2)，其中：失业人口有 42 万人，失业率为 2.29%；因企业停产等待安置的人员有 7 万人，占经济活动人口的 0.45%，比城镇全部经济活动人口的失业率和企业停产等待安置

表 2　成人教育人口的职业分布

职业	合计		成人高等教育		成人初中教育	
	人口数	比重	人口数	比重	人口数	比重
在业人口合计	1503.85	100	866.05	100	637.8	100
专业技术人员	624.12	41.50	389.1	44.93	235.02	36.85
国家机关党群组织企事业单位负责人	263.93	17.55	194.78	22.49	69.14	10.84
办事人员和有关人员	218.14	14.51	149.09	17.22	69.05	10.83
商业工作人员	80.55	5.36	37.31	4.31	43.24	6.78
服务性工作人员	27.95	1.86	9.51	1.1	18.45	2.89
农林牧渔劳动者	89.89	5.98	8.77	1.01	81.13	12.72
生产工人运输工人和有关人员	199.11	13.24	77.41	8.94	121.7	19.08
不便分类的其他劳动者	0.16	0.01	0.08	0.01	0.07	0.01

的人员所占比重分别低 2.20 和 0.55 个百分点。分教育程度看，参加成人高等教育的失业率为 1.81%，企业停产等待安置人员所占比重为 0.29%；参加成人中等教育的失业率为 2.94%，企业停产等待安置人员所占比重为 0.66%。这些数据表明，目前我国劳动者只要具备了一定的文化素质，在就业和择业的竞争中就有一定的优势，失业和下岗的风险就相对减少的多，而且文化素质越高，就业就越容易。这也是成人教育发展较快的动力之一。

在中国，各种职业的生产力水平、对劳动者所要求的技能标准都还存在较大的差异，因而各种职业对从业人员所具备的文化素质要求也不同。从成人教育人口的职业分布（见附表）可以看出：参加成人高等学历教育的在业人口中，各类专业技术人员人数最多，约占 44.93%，其次是国家机关、党群组织、企事业单位负责人和办事人员，分别占 22.49% 和 17.49%，其它职业的比重则较低，最低的是农林牧渔劳动者，只占 1.01%。参加成人中等学历教育的在业人口中，同样是各类专业技术人员人数最多，约占 36.85%，其次是生产工人、运输工人和农林牧渔劳动者，分别占 19.08% 和 12.72%。以上情况说明，成人教育事业的发展，首先为技能标准要求较高的职业培养了大批高文化素质的人才，加速了领导者和领导机关人员的知识化，同时也为其它职业培养了骨干力量。尤其是生产工人、运输工人中接受成人高等教育的比重排第四位，接受成人中等教育的比重排第二位，农林牧渔业劳动者中接受成人中等教育的比重中排第三位，这是非常可喜的现象。广大生产第一线人员素质的提高，无疑对新技术在生产领域的推广和普及起了重要促进作用。

四、“八五”期间中国人口文盲率大幅度下降

文盲人口的数量以及文盲率，是衡量一人国家人口整体文化素质高低的重要标志之一。1995 年全国 1% 人口抽样调查资料表明，“八五”期间中国文盲人口大幅度减少，扫盲工作成绩显著。

1.“八五”期间文盲率下降 5.73 个百分点

1995 年 10 月 1 日全国 30 个省、自治区、直辖市人口中，15 岁及 15 岁以上不识字或识字很少的人口（文盲、半文盲）有 14 543 万人，文盲、半文盲占 15 岁及 15 岁以上人口的比重（文盲率）为 16.48%。与 1990 年第四次全国人口普查时相比，五年零三个月中文盲、半文盲减少了 3 618 万人，平均每年减少 689 万；文盲率下降 5.73 个百分点，平均每年下降 1.09 个百分点。这说明，“八五”期间我国人口的文盲率继续呈快速下降的趋势。

“八五”期间减少的文盲、半文盲人口可以分解为：五年间原有文盲、半文盲（现 20 岁以上的）自然减少（死亡）2049 万人，经扫盲后脱盲再减少 1 820 万人，二者相加应减少 3 869 万人，但“八五”期间新生文盲（15～ 19 岁年龄组）有 251 万人，相抵后，“八五”期间实际净减少 3 618 万人。

2.“八五”时期扫除青壮年文盲成绩显著，但青壮年文盲仍有 3 755 万人

如果按年龄将文盲、半文盲人数分为三段：15～ 45 岁年龄区间有 3 755 万人，占文盲、半文盲总数的 25.82%，46～59 岁年龄区间有 3 655 万人，占 25.13%，60 岁以上的有 7 133 万人，占 49.05%。可见，我国文盲、半文盲人口 60 岁以上的约占 1/2，46～ 59 岁之间和 45 岁以下的又约各占 1/4。文盲、半文盲人口主要集中在高年龄段的现象说明，我国文盲主要是历史遗留的问题。高龄段的人口是昨天和今天的建设者，他们已经或接近退出劳动年龄，而青壮年则肩负着本世纪末、下个世纪初振兴中华，实现国民经济和社会发展宏伟蓝图的重任，青壮年是今天和明天建设的主力军，是民族的前途和希望。因此，提高青壮年的文化素质，是更迫切的任务。调查资料显示，“八五”末，15～ 45 岁青壮年的文盲率为 6.14%。1990 年第四次人口普查时青壮年文盲有 6 171 万人，青壮年的

文盲率为10.38%，与此相比，青壮年文盲减少了2 416万人，青壮年的文盲率下降4.24个百分点。“八五”期间，在我国青壮年人数略有增加（增加136万人）的情况下，如此突出的成绩是在党中央施行科技兴国，坚持教育为本的方针指引下取得的。

“八五”期间，国家大力开展普及教育，积极兴办扫盲事业，成绩斐然。调查资料表明，“七五”末全国10～14岁不识字且不在校的少年人口有2 343万人，由于国家开展普及九年义务教育，兴办“希望工程”，五年后只有251万人成为新的文盲，占10.71%。“八五”期间，各地在开展扫盲时都把扫除青壮年文盲作为重点。根据调查资料推算，全国现有青壮年中，由于扫盲而减少的文盲人数约有1 510万人。

3.“九五”期间基本扫除青壮年文盲的任务有望提前完成，但继续提高全民族整体文化素质的任务仍十分艰巨

中共中央、国务院《中国教育改革和发展纲要》规定：90年代扫盲工作的目标是全国基本扫除青壮年文盲，使青壮年的文盲率降到5%以下。“九五”计划期间，我国15－45岁的青壮年人口总量不会发生大的变化，仍将继续维持在6.4亿人的规模。要实现中国教育改革和发展纲要规定的目标，青壮年的文盲率要再下降1.14个百分点以上，青壮年文盲数量要再减少550多万人。由于青壮年人口的死亡率较低，所以现有青壮年文盲人口的减少主要通过扫盲工作来实现。根据“八五”时期扫盲工作的进展情况，只要继续抓紧不放松，这个目标有望提前实现。在“九五”计划期间进行扫除青壮年文盲工作中，有两个问题应引起有关部门的重视。一是要注意扫盲的实际效果，加强扫盲后的巩固，使他们学以致用，尽量减少复盲。调查资料表明，参加扫盲的青壮年中，复盲率为10.89%。另外，目前全国10～14岁人口中，未曾上过学和虽上过小学但已经辍学的还有380万人，也要抓紧解决好他们的上学和复学问题。如若解决得不好，2 000年以后，他们中的一部分人就可能进入新文盲的行列。

90年代使青壮年的文盲率降到5%以下，是党和国家规定的基本要求，到2000年，既使实现了这个目标，目前的青壮年文盲仍将有近3 000万人进入下个世纪，而且仍在劳动年龄之内。他们很难适应科技发展所带来的先进生产技术和竞争日益激烈的劳动力市场。若要全部扫除这3 755万青壮年文盲、半文盲，就必须实现平均每年扫除750万人的任务，还要基本保证已经脱盲的人口不再复盲。中国扫除文盲的标准是80年代制订的，标准规定，城镇居民和乡镇企业职工识字2 000个，农村居民识字1 500个。按照这个标准，脱盲人口的识字程度还没有达到小学毕业的水平。应当说，下个世纪对劳动者的文化素质和技能标准要比现在高得多。根据调查资料推算，全国6岁及6岁以上所有人口的平均受教育年龄为5.95年，25岁及25岁以上所有人口的平均受教育年限为6.38年，与现代化的要求极不相称，因此，继续提高全民族整体文化素质仍是十分艰巨的任务。

（作者工作单位：国家统计局人口与就业司）

中国人口性别比状况

郭汉英

人口性别比状况，特别是出生人口性别比是一个敏感的问题。它不但对于人口系统本身的运动、发展、变化有着直接的影响，而且对于社会经济系统的运动、发展、变化也有着深层次的不可忽视的影响和作用。所以，对于人口性别比的研究不只是具有人口学方面的意义，同时也具有重要的社会经济意义。本文试就中国人口性别比状况做一描述，并做简要的分析。文中所用的数据主要取自于中国1990年人口普查资料，中国1995年1%人口抽样调查资料、1995年《中国人口年鉴》以及其他有关资料。

一、中国人口性别比历年变动

中华人民共和国成立以前，中国人口性别比一直偏高。1949年以前，中国是一个有着上百年屈辱历史的半殖民地、半封建社会形态的国家。落后的生产力发展水平，半殖民地、半封建的生产关系，不但使这段时期内中国人口在数量方面增长缓慢，而且对于中国人口的性别构成也有决定性的影响。在这样的生产方式下，中国经济处于自然经济与半自然经济的经济状态，生产主要以体力劳动为主，妇女的社会地位低下，因而人们在生育意愿和生育行为上有着强烈的男性偏向，这就导致了在中国历史上人口性别比一直偏高。据清朝末年民政部门的统计资料，1910年全国22个行政省男性人口约为198 911 382人，女性约为163 415 760人，人口性别比为121.7。其中，山西省人口性别比为135.5，为当时全国各省人口性别比最高的省份。又据“国民党政府内务部”发布的统计资料，1938年全国人口性别比为119.4，1949年为110.[①]

中华人民共和国成立以后，人口性别比迅速下降，但自80年代又有回升趋势。新中国成立的1949年中国人口性别比下降为108.16，1950年再降为108.07。从1951年开始的50年代，人口性别比在大于107而小于108的区间里波动。1960年为107.39。从1961年开始的60年代进入了人口性别比

① 刘长茂主编、张纯元副主编：《人口结构学》，中国人口出版社1991年第1版，第24页。

的平衡区间:[96,106][①],这种状况一直延续到70年代的前半叶。1975年至1979年,人口性别比略有回升,且突破了人口性别比平衡区间的上限,但幅度很小,略高于106的上限值。在70年代和80年代之交的1980年又回到了平衡区间以内,为105.98。从1981年至1994年,人口性别比呈波动上升趋势,各年都超过了平衡区间的上界,但并未越过107的界限(见表1,图1)。

表1 中国人口性别比历年变动

年份	性别比	年份	性别比	年份	性别比	年份	性别比	年份	性别比
1949	108.16	1959	107.96	1969	104.84	1979	106.00	1989	106.94
1950	108.07	1960	107.39	1970	105.90	1980	105.98	1990	106.60
1951	107.99	1961	105.94	1971	105.82	1981	106.11	1991	106.81
1952	107.90	1962	105.31	1972	105.78	1982	106.25	1992	106.88
1953	107.55	1963	105.63	1973	105.86	1983	106.52	1993	106.93
1954	107.64	1964	105.20	1974	105.88	1984	106.73	1994	106.96
1955	107.26	1965	104.85	1975	106.04	1985	106.91	1995	104.19
1956	107.41	1966	105.05	1976	106.15	1986	106.83		
1957	107.33	1967	105.00	1977	106.17	1987	106.19		
1958	107.53	1968	105.01	1978	106.16	1988	106.87		

资料来源:1949~1994年由1995年《中国人口年鉴》有关资料计算;1995年为当年全国1%抽样调查数据。

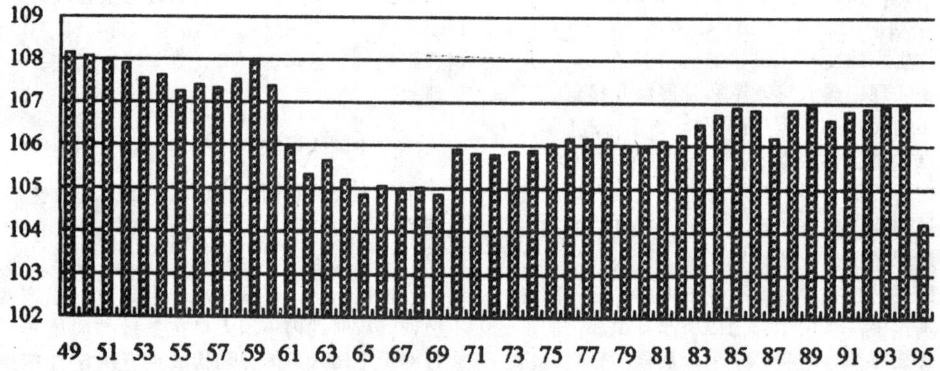

图1 中国人口性别比历年变动

从以上情况我们可以发现以下几点:

(一)中华人民共和国成立以后较之成立以前,中国人口性别比是显著下降,而不是升高。新中国成立以后,改变了旧的半殖民地、半封建的社会生产关系,伴随着社会进步和经济的发展,以及妇女地位的不断提高,中国人口性别比开始下降,到60年代中国人口性别比进入了平衡区间,处于正常状态。虽然80年代至90年代上半叶人口性别比有明显的上升的趋势,但是并没有超出107的界限,距解放前1947年的110相去甚远,且1995年又回到了平衡区间以内。

(二)中国人口性别比较之世界人口性别比偏高。根据联合国有关资料,本世纪50年代末,全世界总人口性别比为101.2,在70年代初为100.8,1980年为100.6。而在相应的年代中国人口性别比分别为107.96、105.8和106,分别高出6.76、5.0和5.4个百分点。再以1978年与世界各大洲相比,中国人口性别比也处于较高的水平。1978年,亚洲30个国家和地区,总人口约22.1亿人口性别比为105.5;大洋洲22个国家和地区,总人口约2200万,人口性别比为101.7;非洲38个国家和地区,总人口约1.85亿,人口性别比为99.5;南美洲12个国家和地区,总人口约2.20亿,人口性别比为99.0;北美洲31个国家和地区,总人口约3.52亿,人口性别比为96.4;欧洲37个国家和地区,总人口约7.23亿,人口性别比为91.8(欧洲人口性别比偏低,与当时的苏联人口性别比过低有关)。该年中国的人口性别比为106.16,除与包括中国在内的亚洲比较接近以外,均大大高于其他各洲。特别是欧洲。

(三)80年代初到90年代上半叶出现的中国人口性别比上升趋势,说明在现阶段中国的社会经济条件下,在现阶段中国生产力与生产关系、经济基础与上层建筑矛盾运动的作用下,特别是12亿多人口绝大多数仍在农村,人们在生育问题上仍有

① 有关研究把[96,106]作为总人口性别比的平衡区间,见① 第14页。

一定的性别偏好，应当引起人们的注意。

（四）中国人口性别比在历年的变动中，有过几次大的波动：1960年至1961年人口性别比由107.39下降到105.94,下降幅度为1.45个百分点；1969年至1970年人口性别比由104.84上升到105.90,上升幅度为1.06个百分点；1994年至1995年人口性别比由106.96下降到104.19,下降幅度竟为2.77个百分点。引起这样大的波动是一个值得探讨和研究的问题。

二、中国各省、自治区、直辖市人口性别比状况

中国是一个有国土面积960万平方公里、人口12亿多的发展中国家。整体人口的性别比较世界人口的性别比虽然偏高，但大体上还是处于人口性别比的平衡区间之内或是在平衡区间的附近。所以，自1949年以来的近半个世纪里，并未发生过由于总体人口性别比偏高而产生的社会问题，例如，人口的“婚姻市场”严重失衡等等。但是，正是由于中国地域广阔、人口规模很大，地区之间的人口分布、社会历史以及社会经济的发展又很不平衡，所以，各地区之间的人口性别比也存在着一定的差别。中国1995年1%人口抽样调查结果表明：全国除台湾省及港、澳地区的30个省、自治区、直辖市中，人口性别比在区间（98,100）的有3个：西藏自治区（98.40）、上海市（99.48）和江苏省（99.57）；人口性别比在区间[100,102)的有3个：北京市（100.50）、天津市（100.19）和山东省（101.32）；人口性别比在区间[102,104)的有7个：宁夏回族自治区（102.27）、四川省（102.40）、广东省（102.66）、浙江省（102.82）、辽宁省（102.88）、河北省（103.00）和吉林省（103.20）；人口性别比在区间[104,106)的有13个：福建省（104.00）、黑龙江省（104.00）、山西省（104.28）、新疆维吾尔自治区（104.45）、河南省（104.54）、青海省（104.91）、陕西省（105.12）、湖北省（105.21）、江西省（105.30）、云南省（105.39）、湖南省（105.40）、安徽省（105.43）、内蒙古自治区（105.76）；人口性别比在区间[106,108)的有2个；甘肃省（106.35）和贵州省（106.59）；人口性别比在区间[108,110)有2个：海南省（108.67）和广西壮族自治区（109.76）。

直观地观察各地区的人口性别比状况，参看图2。

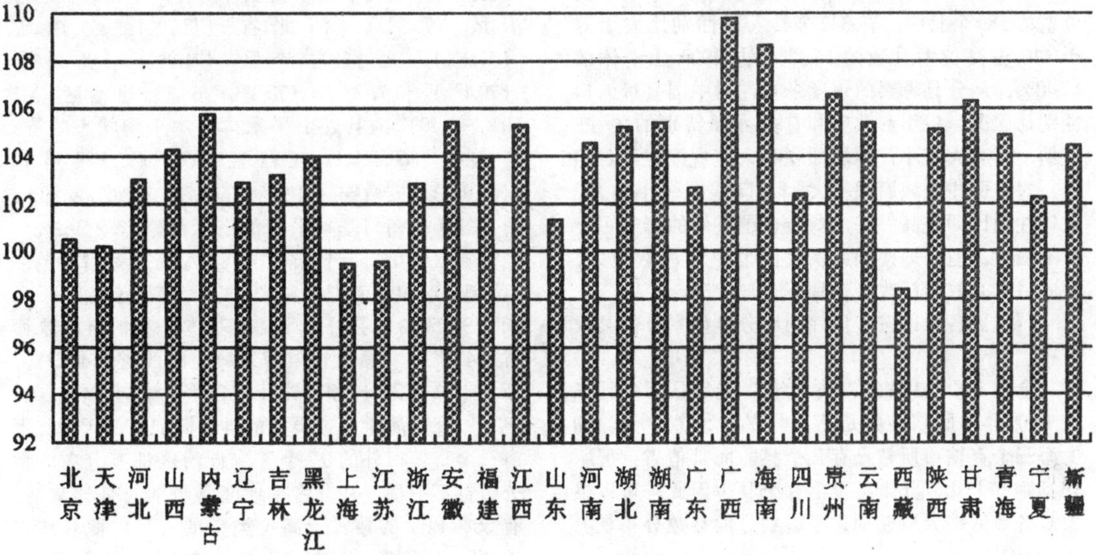

图2　中国1995年1%人口抽样调查各地区人口性别比

从以上情况可以看出，中国除台湾省及港、澳地区的30个省、自治区、直辖市中，人口性别比位于[96,106]的平衡区间之内，处于正常状态的省份有26个，占87%;人口性别比高于106,处于非正常状态的省份有4个，占13%。不过，由于甘肃、贵州两省人口性别比较为接近正常状态，实际人口性别比处于高位型，值得特别关注的只有广西和海南两省（自治区）。这两个省、区为什么人口性别比那么高？海南省可能与近几年人口的迁移流动有一定的关系，广西自治区为什么人口性别比居全国之首，情况要复杂一些，需要深入研究。

三、1 909个县人口性别比状况

考察全国以县划分的人口性别比的状况有一定难度。把数以千计的县的人口性别比数据搜集起来并不是一件容易的事。1994年，中国社会科学院人口研究所人口统计分析室以1991年分省、区（不包括台湾省及港、澳地区）统计年鉴为资料来源，建立了“中国2 336市、县人口与经济指标数据库”。该数据库蕴涵的信息量十分丰富，它包括有关人口方面的指标有：全国2 336个市、县的总人口、年龄别人口、每户平均人口、性别比、农业人

口与非农业人口、在业人口与不在业人口、出生人口与死亡人口、活产孩次别妇女人口、迁移人口、人口受教育程度、人口婚姻状况等等；还有有关经济社会方面的指标等。我们从中提取了1909县的人口性别比数据。

（一）中国以县划分的人口性别比概况

首先我们算得，人口性别比大于等于100的县有1 770个，占1 909县的93%；人口性别比小于100的县有139个，占所有县数的7%。其次，我们把人口性别比数据从低到高依次排序划分为四个区间：[0,96]、[96,106]、[106,108]、[108,∞]。相应地1909县分为四个类型：第一类型是人口性别比位于区间[0,96]的县，称作偏低型；第二类是人口性别比位于区间[96,106]的县，称作平衡型；第三类是人口性别比位于区间[106,108]的县，称作偏高型；第四类是人口性别比位于区间[108,∞]的县，称作高位型。属于偏低型的县有26个，占1.36%；属于平衡型的县有921个，占48.25%；属于偏高型的县有373个，占19.54%；属于高位型的县有589个，占30.85%(见图3)。这就是说，中国人口性别比位于平衡区间的县还不到一半，有一半多的县人口性别比处于非正常状态。值得特别指出的是，在属于高位型的589个县中，有332个县人口性别比大于等于110，占高位型县数的56.37%，占1909县整体的17.40%。从分县考察的角度来看，对中国县级人口性别比状况，应引起政府和有关方面特别的关注。当然，县有大有小，地域面积和人口规模也不尽相同，对于那些地域面积不大、人口规模较小的县，人口性别比即使高一些，对于全国整体的影响可能并不很大。但是即便如此，我们也不能漠然视之，而应采取有效措施改变这种不合理状况。

（二）各地区按人口性别比分类型划分的县数分布

全国1 909县除台湾省及港、澳地区，各地区在1 909县中所辖县数是不一样的。北京、天津和上海三个直辖市所辖只有几个县；而其他省、区所辖县则有十几、几十甚至上百个县。因此，可以想象，各地区按人口性别比类型划分的县数分布状况

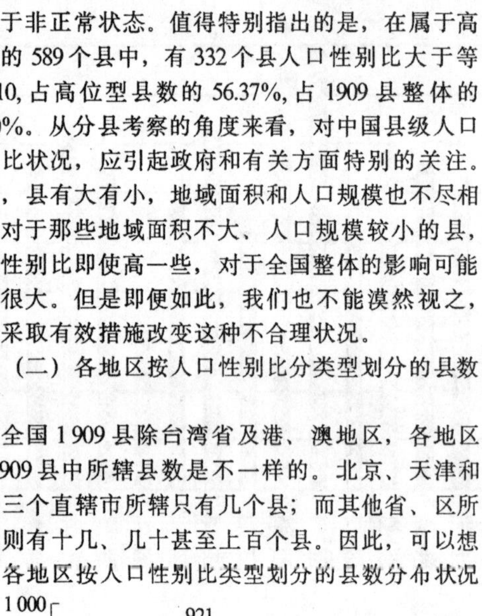

图3 按性别比类型县数分布

也会存在很大差异。为了节约篇幅起见，我们不按每一地区逐一赘述，而将各省（区）人口性别比类型的县数分布列表展示，详见表2。

从表2可以看出以下几种情况：

（一）属于偏低类型的县主要分布于西藏自治区。在总体1909县中，偏低类型的县共有26个，西藏自治区就有17个，占该类型县的65.38%，占西藏自治区县数的23.94%。其余9个偏低类型的县分布于广东省（3个）、福建省（2个）、上海市（1个）、山东省（1个）、云南省（1个）和青海省（1个），共占该类型县数的34.62%。

（二）处于平衡与基本平衡（偏高型）状态的县在30个省、自治区、直辖市都有分布，但从其占本地区县数的百分比来看，又存在着差异。有90%～100%的县处于平衡与基本平衡的有：北京市（100%）、天津市（100%）、辽宁省（97.4%）、山东省（94.9%）、江苏省（94.0%）等5省、直辖市；有80%～90%的县处于平衡与基本平衡状态的有：上海市（88.9%）、吉林省（88.5%）、黑龙江省（85.1%）、宁夏回族自治区（81.3%）和云南省（80.0%）等5省、自治区、直辖市；有70%～80%的县处于平衡与基本平衡状态的有：新疆维吾尔自治区（78.9%）、河北省（78.7%）、河南省（77.9%）、西藏自治区（71.8%）、贵州省（70.4%）和青海省（70.3%）6省、自治区；有60%～70%的县处于平衡与基本平衡状态的有：广东省（68.4%）、江西省（66.7%）、四川省（63.9%）、安徽省（61.9%）等4省；有50%～60%的县处于平衡与基本平衡的有：湖南省（59.2%）、湖南省（59.0%）、甘肃省（58.2%）、内蒙古自治区（51.3%）和海南省（50.1%）等5省、自治区；有40%～50%的县处于平衡与基本平衡的有：陕西省（47.7%）、福建省（47.2%）、山西省（46.2%）、浙江省（46.2%）和广西壮族自治区（44.2%）。

（三）属于高位类型的县在除北京、天津、上海三个直辖市外的27个省、自治区都有分布，但分布也不平衡。从其占本地区县数的百分比来看，有50%以上的县属于高位类型的有：广西壮族自治区（55.8%）、山西省（53.8%）、陕西省（52.3%）和海南省（50.0%）等5省、自治区；有40%～50%的县属于高位类型的有：福建省（49.1%）、内蒙古自治区（48.6%）、甘肃省（41.8%）、湖南省（41.0%）和湖北省（40.8%）等5省、自治区；有30%～40%的县属于高位型的有：四川省（36.1%），安徽省（38.1%）和江西省（33.3%）等3省；有20%～30%的县属于高位型的有：贵州省（29.6%）、广东省（27.6%）、青海省（27.0%）、河南省（22.1%）、河北省（21.3%）和新疆维吾尔自治区（21.1%）等6省、自治区；有10%～20%的县属于高位型的有：云南省（19.1%）、宁夏回族自治区（18.8%）、黑龙江省

表 2　各地区按人口性别比分类型划分的县数分布

地区	县数(合计)	偏低型		平衡型		偏高型		高位型	
		县数	%	县数	%	县数	%	县数	%
全国	1 909	26	1.36	921	48.25	373	19.54	589	30.85
北京	8	0	0.00	6	75.00	2	25.00	0	0.00
天津	5	0	0.00	5	100.00	0	0.00	0	0.00
河北	127	0	0.00	95	74.80	5	3.94	27	21.26
山西	93	0	0.00	24	25.81	19	20.43	50	53.76
内蒙古	72	0	0.00	23	31.94	14	19.44	35	48.61
辽宁	39	0	0.00	31	79.49	7	17.95	1	2.56
吉林	26	0	0.00	13	50.00	10	38.46	3	11.54
黑龙江	54	0	0.00	26	48.15	20	37.04	8	14.81
上海	9	1	11.11	8	88.89	0	0.00	0	0.00
江苏	50	0	0.00	45	90.00	2	4.00	3	6.00
浙江	52	0	0.00	13	25.00	11	21.15	28	53.85
安徽	63	0	0.00	26	41.27	13	20.63	24	38.10
福建	55	2	3.64	19	34.55	7	12.73	27	49.09
江西	75	0	0.00	29	38.67	21	28.00	25	33.33
山东	78	1	1.28	68	87.18	6	7.69	3	3.85
河南	104	0	0.00	73	70.19	8	7.70	23	22.12
湖北	49	0	0.00	19	38.78	10	20.41	20	40.82
湖南	78	0	0.00	19	24.36	27	34.62	32	41.03
广东	76	3	3.95	38	50.00	14	18.42	21	27.63
广西	77	0	0.00	20	25.97	14	18.18	43	55.84
海南	16	0	0.00	3	18.75	5	31.25	8	50.00
四川	169	0	0.00	61	36.09	47	27.81	61	36.09
贵州	71	0	0.00	24	33.80	26	36.62	21	29.58
云南	115	1	0.87	67	58.26	25	21.74	22	19.13
西藏	71	17	23.94	50	70.42	1	1.41	3	4.23
陕西	86	0	0.00	27	31.40	14	16.28	45	52.33
甘肃	67	0	0.00	23	34.33	16	23.88	28	41.79
青海	37	1	2.70	21	56.76	5	13.51	10	27.03
宁夏	16	0	0.00	11	68.75	2	12.50	3	18.75
新疆	71	0	0.00	34	47.89	22	30.99	15	21.13

和吉林省（11.5%）等4省、自治区；有10%以下的县属于高位型的有：江苏省（6.0%）、西藏自治区（4.2%）、山东省（3.8%）和辽宁省（2.6%）等4省、自治区。

四、人口性别比小于96和大于110的县

从表3、表4及其续表可以看到：(1) 中国人口性别比最低的县是广东省的宝安县（86.18），其次是福建省的莆田县（88.14）和山东省的恒台县（89.40）。中国人口性别比最低的县并没有在偏低类型县最多的西藏自治区。(2) 人口性别比最高的县是青海省的乌兰县（191.18），其次是青海省的都兰县（126.11），陕西省的佛坪县（125.44）和西藏自治区的林芝县（125.12），这些县都位于中国的西部地区。(3) 如果说把人口性别比大于120的县叫做“过高县”的话，那么“过高县”最多的省是陕西省，在全部19个“过高县”中，陕西省占了7个，青海省次之，占了3个，这些县也都位于中国的西部地区。(4) 在全国30个省、自治区、直辖市中，人口性别比大于110县数最多的省（区）是山西省（38个县）和陕西省（32个县）；其次是内蒙古自治区（27个县）、广西壮族自治区（27个县）和全国第一人口大省的四川省（27个县）；河北省（20个县）和东南沿海的福建省（20个县）、浙江省（17个县）也是人口性别比大于110县数较多的省份。

五、简要分析

人口性别比变动是一种重要的人口现象，过高或者过低，都不是人口系统的正常状态。本文不涉及对中国人口性别比复杂成因的详尽探讨，仅反映我国人口性别基本状况并就以下两点做简要分析。

表 3　　**人口性别比小于 96 的县**

省、县名称	性别比	省、县名称	性别比	省、县名称	性别比
上海市		云南省		桑日县	94.59
川沙县	94.60	通海县	95.34	琼结县	91.69
福建省		青海省		措美县	95.39
莆田县	88.14	治多县	94.92	洛扎县	95.40
惠安县	91.42	西藏自治区		错那县	94.16
山东省		林周县	94.91	亚东县	95.74
桓台县	89.40	尼木县	94.03	比如县	95.76
广东省		贡觉县	95.21	聂荣县	95.99
宝安县	86.18	察雅县	95.05	班嘎县	93.65
南海县	95.74	八宿县	95.94	普兰县	95.41
开平县	94.22	左贡县	95.82	札达县	94.25

表 4　　**人口性别比大于 110 的县**

省、县名称	性别比	省、县名称	性别比	省、县名称	性别比	省、县名称	性别比
河北省(20 个县)		怀仁县	116.36	卓资县	120.01	常山县	111.32
青龙满族自治区	111.13	原平县	114.61	化德县	112.19	开化县	110.92
宣化县	115.32	代县	114.81	商都县	111.14	龙游县	111.52
承德县	111.33	繁峙县	116.98	兴和县	111.69	云和县	114.75
涞源县	114.98	宁武县	121.82	丰镇县	115.31	龙泉县	111.99
张北县	110.60	静乐县	122.75	凉城县	119.19	遂昌县	114.15
康保县	111.33	神池县	117.75	察哈尔右翼前旗	113.64	松阳县	111.46
尚义县	110.50	五寨县	117.48	察哈尔左翼后旗	116.51	景宁畲族自治县	116.28
怀来县	110.38	岢岚县	119.01	察哈尔右翼后旗	111.19	安徽省(13 个县)	
涿鹿县	117.46	河曲县	113.66	达尔罕茂明安联合旗	114.98	凤台县	112.16
阳原县	112.30	偏关县	112.60	四子王旗	115.29	岳西县	111.07
崇礼县	112.79	孝义县	111.16	达拉特	112.40	六安县	112.30
宽城满族自治区	111.05	兴县	110.54	准格尔旗	117.01	寿县	112.01
兴隆县	110.08	岚县	114.50	鄂托克旗	113.89	霍邱县	111.00
滦平县	110.95	方山县	111.71	杭锦旗	112.75	金寨县	112.66
隆化县	111.24	中阳县	111.85	伊金霍洛旗	116.50	郎溪县	112.22
围场自治区	111.33	交口县	114.85	乌拉特前旗	110.22	广德县	110.92
沽源县	111.42	左权县	110.43	乌拉特中旗	114.06	宁国县	110.57
万全县	112.63	和顺县	112.20	吉林省(2 个县)		泾县	112.61
蔚　县	119.26	昔阳县	111.81	长白朝鲜族自治县	112.41	旌德县	110.38
赤城县	120.86	寿阳县	115.15	镇赉县	112.87	庐江县	111.44
山西省(38 个县)		古且	110.92	黑龙江省(3 个县)		石台县	112.77
阳曲县	111.38	蒲县	111.69	德都县	110.40	福建省(20 个县)	
娄烦县	114.88	河津县	110.68	呼玛县	111.94	罗源县	112.79
襄垣县	110.21	垣曲县	110.51	漠河县	114.78	闽清县	111.43
黎城县	113.73	内蒙古自治区(27 个县)		浙江省(17 个)		清流县	110.67
武乡县	112.84	土默特左旗	115.21	平阳县	111.48	大田县	110.03
沁　县	110.00	土默特右族	112.42	苍南县	113.47	尤溪县	112.65
沁源县	112.49	固阳县	115.95	文成县	114.70	沙县	111.15
山阴县	111.56	额尔古纳右旗	110.14	泰顺县	118.68	将洛县	111.38
广灵县	118.81	扎赉特旗	111.16	长兴县	111.54	建阳县	113.96
灵丘县	112.61	太仆寺旗	111.35	嵊县	112.25	浦城县	111.28
应　县	110.58	武川县	119.37	新昌县	110.22	光泽县	111.22
左云县	119.53	和林格尔县	113.07	金华县	110.67	松溪县	110.20
大同县	115.02	清河县	110.73	衢县	113.97	政和县	114.41

表 4　　　　续 1

省、县名称	性别比	省、县名称	性别比	省、县名称	性别比	省、县名称	性别比
福鼎县	11576	祈东县	110.23	防城各族自治区	116.07	云南省(5个县)	
霞浦县	117.89	平江县	111.51	灵北县	115.97	安宁县	119.69
古田县	113.75	安化县	111.85	浦北县	116.53	巧家县	112.25
屏南县	115.91	汝城县	110.63	海南省(7个县)		会泽县	112.04
寿宁县	115.15	道县	118.88	定安县	111.16	镇沅自治区	111.47
周宁县	116.46	宁远县	111.05	屯昌县	112.63	畹町县	111.63
柘荣县	120.13	江华瑶族自治区	112.53	澄迈县	117.78	西藏自治区(2个县)	
漳平县	110.82	双牌县	111.49	临高县	110.77	噶尔县	120.68
江西省(9个县)		新晃侗族自治区	115.42	白沙族自治县	112.26	林芝县	125.12
新建县	114.92	芷江侗族自治区	110.97	保亭黎族苗族自治县	110.58	陕西省(32个县)	
浮梁县	112.82	广东省(12个县)		琼中黎族苗族自治县	116.37	耀县	110.68
修水县	111.07	乐昌县	110.72	四川省(27个县)		宜君县	114.41
崇义县	114.76	斗门县	110.17	江津县	110.91	千阳县	110.12
靖安县	112.97	廉江县	112.35	北川县	112.09	麟游县	114.36
铜鼓县	113.94	遂溪县	110.54	平武县	111.49	凤县	114.08
玉山县	111.32	海康县	111.39	旺苍县	111.89	太白县	119.94
横峰县	110.31	电白县	111.28	沐川县	115.04	旬邑县	110.58
德兴县	113.05	化州县	110.76	峨边县	112.91	洋县	111.72
山东省(1个县)		郁南县	110.31	开县	110.27	西乡县	113.95
邹县	110.38	陆丰县	110.16	奉节县	111.66	略阳县	117.19
河南省(11个县)		阳西县	116.03	巫山县	111.78	镇巴县	116.79
鲁山县	110.16	阳春县	110.30	巫溪县	112.61	留坝县	121.05
卢氏县	110.56	连山壮族瑶族自治区	112.34	城口县	115.45	佛坪县	125.44
泌阳县	112.59	广西壮族自治区(27个县)		珙县	115.73	汉阴县	120.09
南召县	116.75	恺宁县	112.89	兴文县	110.50	石泉县	119.21
方城县	112.39	柳江县	110.67	开江县	113.30	宁陕县	122.04
西峡县	113.38	苍梧县	112.47	大竹县	111.02	紫阳县	122.34
镇平县	110.16	合浦县	113.35	石棉县	111.90	岚捱县	122.17
内乡县	111.22	鹿寨县	117.59	芦山县	113.99	平利县	119.27
桐柏县	111.58	武宜县	110.71	兴宝县	110.76	镇坪县	118.36
罗山县	110.83	融安县	110.75	汶川县	113.26	旬阳县	115.19
新　县	111.15	金秀瑶族自治县	110.57	松番县	110.57	白河县	119.01
湖北省(12个县)		全州县	116.99	南坪县	112.22	商南县	110.72
保康县	112.42	灌阳县	116.21	马尔康县	113.92	山阳县	112.65
罗田县	111.01	恭城瑶族自治县	111.64	康定县	111.25	镇安县	119.02
英山县	111.55	岑溪县	111.36	会东县	111.43	柞水县	117.44
大悟县	111.42	藤县	116.78	普格县	112.91	甘泉县	111.29
郧西县	114.03	昭平县	113.90	雷波县	114.42	富县	111.47
竹山县	118.55	蒙山县	111.53	酉阳县	110.79	黄龙县	116.59
竹溪县	115.94	钟山县	114.49	贵州省(9个县)		黄陵县	124.17
房县	113.67	贵平县	110.97	江口县	113.20	神木县	112.22
兴山县	110.05	平南县	116.85	玉屏侗族自治县	114.39	府谷县	111.11
长阳土家族自治区	110.13	容县	112.57	沿河土家族自治县	111.04	甘肃省(11个县)	
巴东县	110.22	北流县	113.79	松桃苗族自治县	110.59	肃北蒙古自治区	113.79
咸丰县	111.42	陆川县	111.79	息烽县	110.22	阿克塞哈萨克自治区	115.92
湖南省(13个县)		博白县	114.79	清镇县	110.20	安西县	110.32
衡阳县	110.14	广西壮族自治区		岑巩县	111.73	天祝藏族自治县	111.22
衡南县	110.95	德保县	111.54	雷山县	115.55	渭源县	110.09
常宁县	111.36	上思县	122.58	丹寨县	110.22	武都县	110.33

表 4

续完

省、县名称	性别比	省、县名称	性别比	省、县名称	性别比	省、县名称	性别比
康县	112.63	门源回族自治区	110.52	共和县	118.32	新疆维吾尔自治区	
两当县	116.01	祁连县	114.55	玛沁县	115.61	(4个县)	
灵台县	111.15	海晏县	123.44	玛多县	110.15	尉犁县	114.78
华亭县	113.54	刚察县	115.94	乌兰县	191.18	若羌县	124.73
庆阳县	110.57	尖扎县	117.31	都兰县	126.11	且末县	110.89
青海省(10个县)						巴楚县	112.71

(一) 社会生产方式是影响人口性别比变动的决定性原因

任何人口都是在一定的生产方式之下的具体的人口系统,它既为它所处的一定的生产方式所决定,又反转来以其能动的力量作用于所处的生产方式。因此,对于任何人口现象都应从特定的生产力与生产关系、经济基础与上层建筑的对立统一中揭示其发生的原因。

前面提到,旧中国长达百年落后的生产力发展水平,使得社会生产劳动主要依靠劳动者的体力进行。一个家庭如果没有男性劳动力的支撑,一家人的生活就会处于悲惨的境地。所以,在旧中国妇女的社会地位十分低下。在这样落后的经济基础之上建立起来的相应的上层建筑,反转来又为落后的经济基础服务。社会存在决定社会意识,在这样的条件下,形成了一整套禁锢人们思想、行为的旧的道德、文化和习俗。其中之一便是重男轻女的社会陋习。什么“不教有三,无后为大”等等传宗接代的生育观念,便是落后的生产力与生产关系相互作用的结果;而这种生育观又是重男轻女社会陋习的思想渊源。需要指出,重男轻女的观念形态不是凭空无缘无故地产生的,而是人们为适应于那种落后的生产力与生产关系、经济基础与上层建筑对立统一的必然的社会反映。由此,我们不难理解旧中国人口性别比处于高位的思想根源与社会根源。

新中国成立之后,社会生产关系发生了根本的变化,广大劳动者获得了生产活动赖以进行的生产资料,经济基础的根本改变,使得旧有的上层建筑土崩瓦解,新的上层建筑在新的经济基础上诞生,广大妇女的社会地位发生了根本的改变,妇女的经济地位和人民群众的思想觉悟不断提高,生育观念也发生了很大的变化。所以,新中国成立之后不久,1951～1960年人口性别比就比1947年的110下降1个多百份点;1961～1974年再度下降,使我国人口性别比进入了平衡区间,自此再没有回复到旧中国那样高的水平。生动地说明人口性别比变动与社会生产方式之间的内在联系。

(二) 出生性别比变动是影响总人口性别比变动最主要的直接原因

人口的出生性别比、死亡性别比和迁移人口性别比都是影响总人口性别比变动的直接原因。但就中国而言,影响总人口性别比变动的是主要直接原因是人口出生性别比。由于中国有国际迁移行为的人数相对于总人口的数量很小,而国内人口流迁只对区域人口性别比有程度不同的影响,而对总人口性别比不产生影响,所以机械变动对总人口性别比的影响可以略去。死亡人口性别比对总人口性别比会有一定的影响,但较之出生人口性别比来说影响要小,这里也不论及了。

出生人口性别比对总人口性别比的影响是比较明显的。以[103,107]作为出生人口性别比的正常区间,1960～1989年出生性别比较高的9个年份多分布于60年代初和80年代中期之后,这与总人口性别比的分布具有相似性。在大多数的年份我国人口出生性别比均高于总人口性别比,不少年份高出的幅度还很大。这就清楚地表明,总人口性别比偏高是与出生人口性别比偏高密切相关的。

值得指出的是,中国出生人口性别比偏高,并不完全是由于人们在生育问题上的性别偏好而采取选择性措施所引起的。有关研究表明,“出生统计上的瞒、漏、错报是形成中国目前统计数据中出生性别比严重失调的重要因素。”所以,也应考虑统计上的瞒、漏、错报等因素的影响。

(作者工作单位:中国社会科学院人口研究所)

1996年各省、自治区、直辖市人口变动状况

北京市

【户籍人口增长缓慢，增长幅度得到有效控制】 1996年底，根据户籍部门统计北京市总人口为1 184万人，其中户籍人口为1 077.7万人，暂住人口（已办理暂住登记的）为106.3万人，与1995年相比，总人口增加13.5万人。

户籍人口比1991年的1 039.5万人，增加38.2万人，其中：1992年比1991年增加5.4万人，增长幅度为0.5%，1993年比1992年增加6.3万人，增长幅度为0.6%，1994年比1993年增加10.6万人，增长幅度为1%，1995年比1994年增加8.5万人，增长幅度为0.8%，1996年比1995年增长7.4万人，增长幅度为0.7%，5年间，年均增加7.6万人，每年的增长幅度一直控制在1%以下。户籍人口的增长幅度得到有效控制，主要是由于户籍人口的自然增长和机械增长几年保持相对平稳，自然增长率基本维持在2‰左右，处于相对平稳状态，而机械增长，基本保持6万人的水平。

虽然，每年户籍人口都在缓慢增加，但四个城区和两个近郊区户籍人口基本保持243万人和99万人，处于平衡的状态，而4个近郊区和各县的户籍人口呈缓慢增长的趋势，人口的的长主要是集中在近郊区，5年共增加32.7万人，占北京市增加量的85.6%,8个县仅增加4.9万人；从户口性质来看，农业人口在不断减少，非农业人口在不断增加，1996年底农业人口为368万人，非农业人口为709.7万人，与1992年相比，农业人口减少20.6万人，年均减少5.1万人，4个近郊区农业人口就减少了16.7万人，非农业人口增加53.4万人，年均增加13.4万人，4个近郊区非农业人口增加了35.5万人。可见，随着社会经济的不断发展北京市城镇化的进程在不断加快。

【暂住人口增长幅度较大】 1996年底，北京市暂住人口为106.3万人，比1991年的76.2万人，增加30.1万人，5年间，增加的人数与户籍人口相当。其中1992年至1995年暂住人口分别为79.9万人，86.0万人，102.5万人和100.2万人，基本呈逐年递增的趋势。仅从1995年，1996年来看，户籍人口增加7.4万人，增长幅度0.7%,而暂住人口增加6.1万人，增长幅度为6.1%,是户籍人口的8.7倍。可见，北京市控制人口总量，关键是控制暂住人口的数量。

随着北京市社会经济的不断发展，来京务工经商的暂住人口呈逐年增加的趋势，1992年62万人，占全部暂住人口的77%,1993年为68万人，占79%,1994年85万人，占84%,1995年86万人，占85%,1996年为92万人，占86%,且绝大数人主要居住在城近郊区，其中城区占22%,近郊区占60%。

暂住人口一方面对本市经济社会发展起着积极作用，另一方面也带来的不可忽视的经济社会问题。如：加大城市基础设施的压力，加大了财政补贴和市场供应的难度，加大了城市管理的难度，社会治安问题突出，给计划生育管理和卫生防疫工作带来很大压力和困难等一系列问题。因此必须对北京市的暂住人口，特别是务工经商人员实行规模控制。控制暂住人口的数量可以采取以下方法：一是从源头控制，即掌握在京的外地人都来自哪个省，与该省进行联系，控制该省来京务工经商人员的数量；二是继续加强行政管理，即进一步完善北京市对外来人口管理措施；三是发展高新技术产业，提高职工的文化科技素质，使劳动密集型企业逐步发展成现代化企业。

【人口自然增长趋于平稳】 从1992年到1996年北京市人口出生呈现出逐年下降趋于平稳的趋势。根据人口变动抽样调查资料表明：此期间人口出生率分别为9.22‰、9.35‰、8.96‰、7.92‰和8.02‰，呈现出下降的趋势，到1995年，1996年基本趋于平稳，且人口出生的绝对量保持在10万左右；而人口的死亡率这一期间分别为6.11‰、6.16‰、5.76‰、5.12‰和5.35‰，在5‰～6‰之间波动变化；出生率和死亡率决定人口自然增长率，1992年至1996年全市人口的自然增长率分别为3.11‰、3.19‰、3.20‰、2.80‰和2.68‰，基本上呈逐年下降的趋势，在今后的几年内，北京市人口自然增长率仍将维持这种稳中有降的状态。

【计划生育工作健康发展，成效显著】 计划生育工作是控制人口增长的关键。近两年的全市人口变动抽样调查资料表明：育龄妇女总和生育率均在1.0以下，1995年为0.80，1996年为0.85；计划生育率分别为99.5%和99.3%,其中城市的计划生育率分别为99.8%、99.9%,农村的计划生育率分别为99.2%和98.6%,计划生育率始终保持较高的水平。实际采取节育措施人数和独生子领证率呈逐年上升

的趋势，到1996年底，实际采取节育措施人数已达202万人，其中城市和农村分别为119万人、83万人；独生子女领证率全市为63.4%，城市和农村分别为78.8%和40.2%。人口出生率基本保持在8‰左右，出生人口的控制取得明显成效。

北京市计划生育工作成效明显，主要原因是：市委，市政府始终把人口与计划生育工作摆在突出位置，坚持党政一把手亲自抓，将人口与计划生育纳入了城市总体规划和国民经济和社会发展计划，列入了各级党委和政府的重要议事日程。到1996年，全市共有街、乡、镇以上专职计划生育工作人员2000多人，各级兼职工作人员和基层计划生育宣传员近30万人，建立各级计划生育协会组织1.5万个，会员总数已占全市总人口的20%。共查处计划生育违法案件8300件，建立计划生育咨询服务单位近600个。各种措施的完善，确保了计划生育工作健康发展。在今后几年，仍需继续加强和完善计划生育措施，控制北京市人口数量。

【人口老龄化程度继续加深】 1996年底，总人口1184万人中，60岁及以上老年人口已达156万人，其中65岁及以上人口近100万人，全市总人口的平均年龄35.5岁，比1995年增加0.8岁。

据1996年人口变动抽样调查资料，全市0～14岁人口占17.8%，比1995年的19.6%下降了1.8个百分点，15～64岁劳动年龄人口占74.4%，比1995年的72.6%，上升了1.8个百分点，而65岁及以上老年人口所占比重与1995年持平，为7.8%，老少比（65岁及以上/0～14岁）为43.8，与1995年相比，上升了3.8个百分点，年龄中位数在1995年的33.1岁的基础上，增加到33.5岁，由以上指标可以看出北京市老龄化程度在不断加深。

目前，随着老年人口的不断增加，有关老年人口的服务设施应进一步加强，如老年人医院、老年人活动中心、俱乐部、养老院等，使他们真正做到老有所养，老有所学，老有所为，老有所乐。

【妇女经济、社会、教育地位明显提高】 据1996年人口变动抽样调查资料，北京市在业人口中女性人口所占比重为45.9%，比1990年的42.8%上升了3.1个百分点。女性在业人口中大专以上文化程度占18%，比1990年上升6.8个百分点。

随着妇女受教育程度的明显提高，妇女的经济、社会地位发生了显著变化。从产业构成来看，第三产业中妇女比例不断升高，由1990年的4.1%上升到1995年的50.1%，而第一、二产业中妇女的比例呈下降的趋势，分别从1990年的22.6%，36.3%下降到19.3%和30.6%；从职业构成来看，各类专业技术人员，国家机关党群组织企事业单位负责人和办事人员中妇女的比例都有不同程度的提高，其中：各类专业技术人员女性人口占59.5%，比1990年上升3.9个百分点，国家机关党群组织企事单位负责人中女性人口占26.2%，比1990年上升4.9个百分点；办事人员中女性人口占47.6%，比1990年上升11.3个百分点。

（北京市统计局人口与就业处　张铁军）

天津市

【人口总量增势趋缓】 据1996年人口变动情况抽样调查资料推算，至1996年底全市常住人口达948.19万人，与1995年的941.83万人相比，净增6.36万人，仅增长0.68%，比“八五”期间年均递增速度1.27%，下降0.59个百分点。1996年天津人口增长速度，低于全国平均增长1.05%的水平，但略高于北京和上海，分别高0.05和0.47个百分点，在全国30个省市中居第三位。

从户籍人口的变动趋势看，1996年底天津市有常住户口的人口为898.45万人，比1995年增加3.78万人，增长0.42%，比“八五”期间年均递增速度0.65%，下降了0.23个百分点。进入90年代以来，全市人口发展呈现出缓慢增长之势。

【人口出生率和自然增长率平稳下降】 据人口变动情况抽样调查统计结果，1996年天津市人口出生率为10.09‰，死亡率为6.53‰，与1995年相比，人口出生率下降了0.14个千分点，人口死亡率上升了0.30个千分点，致使人口自然增长率由1995年的4‰降至3.56‰，除1976年自然灾害年份外，是建国以来人口自然增长水平最低的一年。

观察90年代人口自然变动状况，1990～1996年间，天津市人口出生率除1992年受“羊年”补偿性生育反弹作用的影响略有回升外，其他年份均较为稳定。1990～1996年人口出生率从15.61‰下降至10.09‰，6年间下降了5.52个千分点，比80年代年均人口出生率15.54‰，下降5.45个千分点，平均每年下降近1个千分点。由于天津市人口年龄结构日趋老化，老年人口逐年增多，人口死亡率开始在波动中有所上升，1996年人口死亡率已达6.53‰，是近20年来人口死亡率水平较高的一年。从人口自然变动的发展趋势看，自1991年以来，随着人口出生率的下降和死亡率的回升，人口自然增长率呈现出逐年下降的态势。1996年人口自然增长率由1990年的9.81‰降至3.56‰，下降了6.25个千分点，平均每年下降1个多千分点。比全国同期平均水平10.42‰，低6.86个千分点，人口自然增长水平居全国30个省市的第三位。从人口的自然增长情况看，1996年为3.38万人，占全市净增人口的比重由1995年的57.56%降至53.14%，下降了4.42
妇女的比重逐年下降，1996年与1990年相比，
个百分点。其原因是：

（1）进入90年代以来，育龄妇女比重虽持续增长，但生育旺盛期妇女（20～29岁）占育龄

的比重逐年下降，1996年与1990年相比下降了6.68个百分点。在此期间，育龄妇女生育率和总和生育率亦呈逐年下降的态势，1996年比1990 年育龄妇女生育率下降了20.04个千分点，总和生育率下降了0.38。育龄妇女生育水平的持续下降，为“九五”期间人口控制工作奠定了良好的基础。

(2) 计划生育工作步入法制化、经常化、规范化管理，计划生育工作水平不断提高。1996年计划生育率为97.85%，一孩率为82.32%，分别比1995年提高了0.31和2.21个百分点。二孩及多孩率则由1995年的17.76%和2.13%，下降到16.90%和0.79%。计划生育工作成效显著。但地区间发展不平衡的问题仍比较突出，少数农村地区多孩生育现象仍时有发生，仍然需要以行政制约手段加以限制。因此，农村地区的计划生育和人口控制工作依然是今后的重点和难点。

【省际迁移相对稳定，流动人口数量有所增加】 改革开放和社会主义市场经济的快速发展，促进了人口的迁移与流动。天津是对外开放的沿海大城市，处于全国改革开放的前列，从而吸引了大批省外入津人口。据统计，1996年天津市净迁人人口2.98万人，占全市净增人口的46.86%。主要来源是：

(1) 户籍人口增加1.44万人。据公安部门统计，1996年由外省市迁入本市的人口有4.17万人，迁入率为4.66‰；由本市迁出的人口有2.73万人，迁出率为3.05‰。迁入与迁出相抵后，户籍人口净增1.44万人，占同期全市净增人口的22.64%。净迁入率由1995年的1.30‰增至1.60‰。但与“八五”期间年均净迁移率3.48‰相比，下降了一半还多。这说明，90年代以来，全市经济建设进入快速、健康发展时期，随着社会、经济的协调发展，人民安居乐业，户籍人口迁移变动趋于稳定。

(2) 流动人口增加1.54万人。据有关部门统计，1996年流动人口（指在津居住半年以上或离开其户口所在地半年以上的外来人口）约58万多人，比上年净增1.54万人，增长13.24%，占全市净增人口的24.21%。

【学龄人口呈逆向发展】 从学龄人口数量及构成变化上观察，小学适龄人口呈减少态势。据户籍人口统计，1996年天津市6～12岁小学适龄人口为98.18万人，比1995年减少1.76万人，下降幅度为1.76%，占总人口的比重由1995年的11.17%降到10.93%，下降了0.24个百分点。据分析，进入90年代以来，小学生源人数有逐年下降的趋势，1996年0～5岁学龄前儿童为45.9万人，比1995年又减少4.79万人，下降幅度为9.45%。与1990年相比减少32.31万人，下降41.31%。学龄前儿童占总人口的比重为5.11%，分别比1995年、1990年下降0.56和3.92个百分点。这说明，由于受80年代末90年代初妇女生育水平下降及年龄结构变化的影响，“九五”期间小学生源人数呈现出缩减态势。

与此相反，普及中学适龄人口（13～18岁）明显增长是天津市人口年龄结构变化的又一显著特征。1996年13～18岁人口由1995年的78.73万人增至82.62万人，增加3.89万人，增长4.94%，比“八五”时期该年龄段人口年均递增速度2.61%，上升2.33个百分点。其中，13～15岁应接受九年制义务教育的初中适龄人口（即劳动力后备组年龄人口）增幅最大，由1995年的42.22万人增至45.53万人，增长7.84%，相当于该时期普及中学适龄人口净增总量的85%。普及中学适龄人口占总人口的比重为9.20%，分别比1995年和1990年上升0.4和1.21个百分点。

综上所述，“九五”期间教育投资的重点和方向应随着人口年龄结构的变化做出相应调整，如增加普及中学教育投资，调整好中小学教育结构。在大力普及九年义务教育的同时，积极发展高等教育，尽快提高劳动力后备年龄人口的文化素质和技能，以适应经济发展和产业结构调整的需要。

【劳动年龄人口增势减慢】 据户籍人口统计，天津市劳动年龄人口（男16～59岁、女16～54岁）1996年为574.98万人，比1995年净增3.87万人，增长0.68%，比同期户籍人口的增长速度快0.26个百分点。占总人口的比重也由1995年的63.83%增至64%，上升了0.17个百分点。

观察“八五”时期，全市户籍人口由866.25万人，增加到894.67万人，增长3.28%，而同期劳动年龄人口则增长3.98%，比总人口快了0.7个百分点，五年间，总人口年均增加5.69万人，而劳动年龄人口平均则增加4.37万人。这说明，增加的总人口中，77%为劳动年龄人口。从年均增长速度看，总人口年均递增0.65%，而劳动年龄人口年均则递增0.78%，较总人口快了0.13个百分点。可见，进入“九五”时期，总人口和劳动年龄人口虽然还在不断的增加，但是1996年总人口和劳动年龄人口的增长速度与“八五”期间年均增长速度相比，下降幅度分别为35.38%和12.82%，即已呈现缓慢增长的态势。

【人口老龄化进程加快】 随着妇女生育水平和自然增长率的持续下降，人口老龄化进程不断加快。据户籍人口统计，1996年全市人口平均年龄由1995年的34.54岁上升到35岁，比1990年上升了3.2岁。人口年龄中位数由33.46岁增至34.18岁，比1990年上升了3.87岁。1996年人口平均年龄与年龄中位数只差0.82岁，比1990年第四次人口普查时相差1.44岁的差距进一步缩小。这表明低年龄人口的增长缓慢，人口年龄结构趋于老化。

在户籍人口中，0～14岁的少儿人口为175.45万人，比1995年又减少6.06万人，下降3.34%，比1990年减少18.41万人，下降9.5%。少儿人口占总人口的比重为19.53%，分别比1995年和1990年下降0.76和2.85个百分点。而65岁及以上的老年人口由1995

年的73.96万人增至76.08万人，净增2.12万人，增长了2.87%,比同期户籍人口的增长速度高5.8倍。与1990年相比，净增16.87万人，增长了28.49%。65岁及以上人口占总人口的比重为8.47%,分别比1995年和1990年上升0.2和1.63个百分点。由于少儿比重下降，老年人口比重上升，致使老少比（65岁及以上人口与14岁及以下人口之比）由1995年的40.75%上升为43.36%。由于老少比的升高，需要赡养的老年人口日益增多，导致负担老年人口系数也在升高，由1995年的11.57%上升到11.76%,提高了0.19个百分点。如此庞大的老年人口规模和比例，不仅加速了人口老化的进程，而且加重了劳动年龄人口和社会的经济负担，这一问题早在90年代初就已成为社会研究关注的热点问题，应尽快地健全和完善老年人口的养老保险、医疗保健、社会服务等各项公共福利设施，加快社会保障制度改革的进程。

【婚姻构成平稳】 据1996年人口变动情况抽样调查统计，婚姻构成发生一些变化:

未婚人口比重减少。全市未婚人口占15岁及以上人口的百分比，由1995年的16.09%,减少到15.13%。其中，男性未婚人口占15岁及以上男性人口的17.41%,女性未婚人口占15岁及以上女性人口的12.91%。与上年相比，分别下降1.05和0.85个百分点。

有配偶人口比重增大。全市有配偶人口占15岁及以上人口的78.41%,比上年增加0.98个百分点。在有配偶人口中，初婚有配偶占76.76%,再婚有配偶占1.65%,与1995年相比，分别增加0.88和0.1个百分点。男性、女性的有配偶比重分别是78.83%和78.48%,也分别增加1.07和0.88个百分点。

离婚和丧偶人口比重略有升降。离婚人口占15岁及以上人口的比重仅为0.75%,比1995年的0.73%略有上升。丧偶人口的比重为5.71%,比1995年仅降低了0.04个百分点。其中，男性离婚和丧偶人口比重分别为0.80%和3.46%,女性分别为0.70%和7.91%。

未婚人口比重下降，有配偶人口比重提高，主要是受人口年龄结构的影响，70年代出生的未婚人群均已进入法定婚龄，并逐渐形成初婚的峰值期。据民政部门统计，1996年结婚人数为6.47万对，比1995年又增加1 100对，由此，加大了有配偶人口的比重。

（天津市统计局人口与就业处　刘　玲）

河北省

【人口出生率、自然增长率降至建国以来最低水平】 据河北省统计局人口变动抽样调查，1996年河北省出生人口60.22万人，人口出生率比1995年下降0.05个千分点；死亡人口35.1万人，死亡率比1995年高0.23个千分点；人口自然增长率比1995年下降0.3个千分点，净增加人口47万人，比上年减少2万人。人口出生率和自然增长率比全国平均水平分别低3.13和3.12个千分点，表明河北省人口增长方式仍属于“低出生、低死亡、低增长”的类型（见表1）。

表1　1994～1996年河北省人口自然变动

（万人、‰）

年份	总人口	非农业人口	出生率	死亡率	自然增长率
1994	6388	1033	14.9	6.50	8.4
1995	6437	1099	13.9	6.32	7.6
1996	6484	1151	13.85	6.55	7.3

人口年龄结构变动正在由成年型缓慢向“老年型”过渡。1996年人口变动抽样调查结果与1995年相比，0～14岁少年儿童人口占总人口比重下降2.06个百分点，为26.37%;15～64岁人口占总人口比重上升2.30个百分点，为67.38%;65岁及以上人口占总人口的比重下降0.24个百分点，为6.25%。老少比为35.81%,下降3.91个百分点。

人口数量控制继续取得成效，主要是由于河北省各级党政领导认真贯彻了“既要抓紧又要抓好”的计划生育工作方针，紧紧围绕实现控制人口增长和密切党、群、干关系两大目标，坚持“三不变”原则，落实“三为主”方针，推广“三结合”经验。同时大力推广河北省平泉县计划生育“三结合”的经验，开展多种形式帮扶活动，全省范围被帮扶的适龄生育户达10万户。规划实现小康的县、计划生育工作都达到小康水平，促使各级人口控制目标得以实现。

【各种文化程度人口比重略有上升】 据人口变动抽样调查显示，1996年小学文化程度人口占总人口的41.45%,初中占35.28%,高中占8.49%,大专以上文化程度人口占总人口的1.28%。不识字或识字很少者占总人口的13.5%。与1995年相比，各种文化程度人口占总人口的比重都略有提高。这是由于河北省重视基础教育，扩大办学规模，使办学条件大大改善，已实现县县有一所综合性的职业教育中心的目标。高等教育合理布局，调整结构，对财经、医学、农林三类院校实行“并轨”改革，有利培养更多人才。成人教育、“希望工程”加快了推进力度，取得了显著成效。

【婚育观念发生明显变化】 1996年，河北省女性初婚晚婚率为53.80%,比1995年提高2.05个百分点；已婚育龄妇女生育率为41.78%,比1995年下降2.45个百分点；已婚育龄妇女生育率为41.78%,比1995年下降2.43个百分点；综合节育率为92.35%,比1955年提高0.25个百分点。以上指标反映出全省人民群众已经在自觉实行计划生育，坚持晚婚晚育。带有时代特征的晚婚少育新观念、新风尚已经普及。

河北省在人口控制取得成效的同时，计划生育工作目前面临着两大突出问题。一是人口形势依然严峻。由于人口基数大，即使严格控制人口增长，全省年净增人口也在50万左右，对经济、社会的全面发展仍将是巨大的压力；二是计划生育工作出现新情况、新问题，流动人口和城镇下岗待业人员增多，早婚、私婚生育问题仍然严重，对此缺乏行之有效的计划生育管理措施，亟待解决。

【劳动就业面临新挑战】 1.劳动力资源总数不断增加。1996年已达4 290.60万人，比1995年净增加28.14万人。从业人员3 300.16万人，占劳动力资源总数的76.92%，比1995年净增加48.15万人，高出0.63个百分点。城镇与乡村差异较大（见表2）。

表2　1996年河北省城乡劳动力资源、从业人员状况　（万人）

类别	城镇		乡村		合计
	人数	%	人数	%	人数
劳动力资源总数	762.02	17.76	3 528.58	82.24	4 290.60
从业人员	807.96	24.48	2 492.20	75.52	3 300.16

乡村具有十分丰富的潜在劳动力市场，如何充分合理地利用乡村庞大的劳动力资源，是一个重要课题。

2.从业者就业的新变化。城乡劳动力就业渠道已由原来的单一性转向目前的多样性。计划经济体制下的就业形式主要集中在城镇职工、农村从业人员和个体户三种，现在市场经济条件下从业人员的就业身份已不仅仅局限于这三种，而是出现更为多样化的趋势（见表3）。占比例较大的前五种依次为：农村从业人员（占49.38%）、城镇职工（占21.10%）、私营企业和个体从业人员（占11.86%）、乡镇企业从业人员（占9.74%）、个体户（占7.12%）。而城镇与乡村就业各有不同特点。差别主要缘于城镇与乡村经济活动的内容不同。城镇的经济活动主要是工业建设，乡村的经济活动则主要是农业建设。就业广泛多样化，显示出市场经济的开拓给人们带来择业的自主性、自由度，以及人们自我价值实现的多渠道、多途径。

表3　河北省从业人员的就业状况　（万人）

	城乡合计		城镇	乡村
	人数	%	（人数）	（人数）
城镇职工	696.16	21.1	696.16	
再就业的离退休人员	6.02	0.18	6.02	
私营业主	10.59	0.32	3.21	7.38
个体户	235.04	7.12	33.27	201.77
私营企业和个体从业人员	391.37	11.86	59.60	331.77
乡镇企业从业人员	321.58	9.74		321.58
农村从业人员	1 629.70	49.38		1 629.70
其它	9.70	0.3		
合计	3 300.16	100	807.96	2 492.20

3.从业人员的经济类型新变化。1996年，从业人员的经济类型最为集中的三种依次为：集体经济（占62.99%）、国有经济（占16.76%）、个体经济（占16.23%），其它6种经济成份作为补充。原来国有经济的主导地位已让位于集体经济，个体经济所占的比例与国有经济不相上下，从业人员的经济类型与计划经济体制时期相比，发生了新的明显变化。

表4　1996年河北省从业人员的经济类型　（万人）

	城乡合计		城镇	乡村
	人数	%		
国有经济	553.03	16.76	553.03	1951.28
集体经济	2 078.93	62.99	127.65	77.75
私营经济	101.41	3.08	23.66	463.17
个体经济	535.59	16.23	72.42	
联营经济	0.76	0.02	0.76	
股份制经济	13.65	0.41	13.65	
外商投资经济	7.99	0.24	7.99	
港、澳、台投资经济	8.52	0.26	8.52	
其它经济	0.28	0.01	0.28	
合计	3 300.16	100		

【人口迁移规模减小，人口非农化水平提高】 据国家公安部人口年报统计，1996年河北省人口迁移总量比1995年减少23.3万人，迁入人口比迁出人口多10.73万人，人口净迁移率为1.7‰。其中年内迁入人口91.74万人，迁入率为14.2‰，迁入人口和迁入率分别比1995年减少18.9万人和3.0个千分点；年内迁出人口81.01万人，迁出率为12.5‰，迁出人口和迁出率分别比1995年减少4.3万人和0.8个千分点。1996年人口迁移总量减少，主要是河北对省内外人口流动的严格管理、控制所致。从省际迁移情况看，年内从省外迁入人口为11.9万人，迁入率为1.8‰；迁往省外人口为9.2万人，迁出率为1.4‰；省际净迁入人口2.7万人，净迁入率为0.4‰。此外，省内未登录常住户口人员的规模在不断扩大，1996年为20.9万人，比1995年增加3.3万人。未登录常住户口人员属于临时性迁移人口，包括省内、省外两部分，它是市场经济条件下人口流动不断扩展的典型表现，伴随市场经济的发展，人口流动扩展的规模、范围还将日益拓宽。

1996年，全省非农业人口为1 151万人，比1995年增加52万人，年增长4.7%。非农业人口占总人口的比重为17.8%，比1995年提高0.7个百分点。其中市辖镇非农业人口为157万人，占市辖镇总人口的17.54%,县辖镇非农业人口为294万人，占县辖镇总人口的13.44%。全省范围非农业人口年内迁入42.5万人，年内迁出40.4万人，非农业人口净迁入2.1万人。反映出全省非农化进程正在加快。

(河北省社会科学院社会发展研究所　王　玫　李澍卿)

山 西 省

【出生率与上年持平，死亡率略有回升】　据1996年山西省人口变动抽样调查结果显示，1996年山西省人口出生率为16.59‰，比1995年1%人口抽样调查的16.6‰低0.1个千分点，与上年基本持平。进入90年代，山西人口出生率呈现逐年下降的态势，由1991年的21.56‰降至1996年的16.59‰，下降4.97个千分点。人口出生率的连年下降，主要在于：一是近几年来，山西省认真贯彻执行党中央国务院关于加强计划生育工作严格控制人口增长的决定，始终把计划生育工作摆在突出地位来抓，计划生育工作常抓不懈，力度不减；二是由于山西省育龄妇女规模和发展平稳，占总人口比例保持不变，更重要的是生育旺盛期育龄妇女比重下降所致。尤其是处于生育旺盛期妇女规模逐年减小，是直接影响出生率降低的重要因素。近几年，山西省育龄妇女规模占总人口比重1991～1995年分别为26.54%、26.88%、26.58%、26.60%和26.73%,1996年人口变动调查为26.74%,始终稳定在26%的水平上。现处于生育旺盛期（20～29岁）的妇女是1967～1976年间出生的人群，由于70年代初山西省加强了计划生育工作，使得近些年来生育旺盛期妇女占育龄妇女比重有所下降，1991～1995年分别为37.12%、37.52%、36.76%、36.39%和35.70%,1996年人口变动调查为33.81%。由于生育旺盛期育龄妇女累计生育率占到整个育龄妇女总和生育率的八成以上，在计划生育工作强度不变的情况下导致出生人口数量的减少和人口出生率的下降。

人口的死亡水平主要受社会、经济、文化状况以及医疗卫生保健水准、社会福利、地理环境、生活习性等因素的影响和作用，还与人口年龄构成的变化有很大关系。山西省社会稳定经济迅速发展，人民生活水平不断提高，人口的身体素质有很大提高，人口的死亡率已降至较低的水平，自1978年降到7‰后，长期以来在6.5‰左右波动。1996年人口变动抽样调查人口死亡率为6.25‰，推算死亡人口19.33万人，分别比1995年1%人口抽样调查的6.12‰和18.83万升高0.13个千分点和增加0.5万人。影响人口死亡率的因素可从两方面来观察，一是人口的真实死亡水平，二是人口的年龄构成。由于一年内年龄结构变化微弱，故相对突出了真实死亡水平的变化差异。1996年与1995年真实死亡差别有所变化，之差为+0.000787,反映了1996年山西人口总死亡率中真实死亡因素增长。1996年山西省遭受到百年不遇的洪涝灾害，部分地区人民生命财产受到较大损失，非正常性死亡增加。另外还有一些乡镇企业及不符合安全生产要求的小煤窑事故频频，这些都对山西人口真实死亡水平造成影响，可见1996年人口死亡率高于1995年是符合实际情况的。山西省人口的平均预期寿命在逐渐延长，人口的真实死亡水平将会降低，然而受人口老化过程中年龄构成变化的影响，今后人口的死亡率将会逐渐上升。

【人口自然增长率下降，人口净增长31.98万，总人口达到3 109.26万】　人口出生率保持在较低水平和人口死亡率略有回升，使得人口自然增长率下降。1996年山西省人口自然增长率为10.34‰，比1995年的10.48‰下降0.14个千分点。据此推算，山西人口由1995年末的3 077.28万人增加到1996年末的3 109.26万人，人口净增31.98万，比上年的32.07万人减少900人。

“九五”期间山西省育龄妇女规模稳定，处于生育旺盛期妇女比重趋减，人口死亡率因年龄结构变化将有所上升，据1995年1%人口抽样调查资料测算，“九五”期间山西省年均人口增长量将在26万人左右，到2000年，山西省总人口可望控制在3 200万以内。

【人口迁移变动规模增大】　1996年人口变动抽样调查没有分省内、外迁入或迁出，而是以时间为半年和空间为乡（镇、街道）的尺度区分流动人口，所以仅以人口迁移率与往年的人口迁移变化情况进行比较。

1996年山西人口变动抽样调查样本量42 478人，住调查小区半年以上户口在外地（乡、镇、街道）的为1 901人，住调查小区不满半年离开户口登记地半年以上的有62人，人口迁移率46.45‰，比1995年的41.0‰高5.45个千分点。据推算，1996年迁移人口（跨乡、镇、街道半年以上的人口）为143万人，比1995年的125万增加18万人，表明了山西省人口迁移规模呈扩大之势。

【人口年龄构成向成年型后期发展】　人口年龄结构变化是人口自然变动的基本要素。山西省人口年龄构成正向成年型后期发展。

人口年龄构成通常采用少儿系数、老年系数、老少比、年龄中位数四项指标衡量。1996年山西省少儿系数、老年系数、老少比和年龄中位数分别为18.57%、5.75%、20.13%和27.73岁，与1990年“四普”数据相比，各项指标均向人口成年型后期发展变化（见表1)。而与1995年1%人口抽样调查的数据比较，1996年各项指标数据值仅有很微小的变化，其中老年系数和老少比还发生逆向微变，

表 1　山西省人口年龄构成变化情况　(%)

衡量指标	国际标准			人口调查数据		
	年轻型	成年型	老年型	1990 年	1995 年	1996 年
少儿系数	40 以上	30～40	30 以下	28.27	28.39	28.57
老年系数	5 以下	5～7	7 以上	5.59	5.97	5.75
老少比	15 以下	15～30	30 以上	19.78	21.03	20.13
年龄中位数	20 以下	20～30	30 以上	25.54	27.86	27.73

这反映了 1996 年人口变动调查因样本量小（4 万人）而不如 1995 年 1% 人口抽样调查（35 万人）的代表性强。

【人口性别比趋于合理】　人口性别结构也是人口自然结构的基本要素，可反映一定时间和范围内人口总量中男女人数的比例关系，人口性别比不仅与人口再生产及婚姻、家庭等方面有密切关系，还对社会经济发展具有重要影响。

山西省人口性别比长期处在较高状态，两次普查（1982年的“三普”和 1990 年的“四普”）结果都高于全国平均水平。性别比偏高既有历史的原因，也与山西作为能源重化工基地有较大关系。然而，近几年山西人口性别比偏高的状况有了很大改变，1996 年为 104.17, 同 1994 年的 103.86 和 1995 年的 104.28 非常接近，说明山西人口性别比已由原来偏高状态趋于合理状况，反映山西广大农村地区，尤其是贫困偏远山区农民生育观念发生了可喜的变化。

【家庭结构稍有变化】　山西省家庭户结构仍以两代户家庭为主。1996 年山西省两代户家庭占全省家庭总户数的 66.4%, 与 1990 年“四普”的 69.07% 和 1995 年 1% 人口抽样调查的 67.87% 相比，分别下降了 2.67 和 1.44 个百分点。1996 年三代及以上户、一对夫妇户和单身户所占比重分别为 19.8%、8.75% 和 5.06%, 相对于 1990 年，三代及以上户所占比重增加 3.59 个百分点，一对夫妇户和单身户的比重分别上升 1.64 和下降 1.81 个百分点（见表 2）。三代及以上户比重上升反映了在人口老化进程中老年人口依赖子女生活的现象增加。

表 2　山西省家庭户类型构成变化情况　(%)

年份	一代户	单身户	一对夫妇户	二代户	三代及以上户
1990	14.73	6.87	7.11	69.07	16.20
1995	14.95	5.41	9.58	67.84	17.21
1996	13.81	5.06	8.75	66.40	19.79

【婚姻状况基本稳定】　1996 年山西省 15 岁及以上人口中，未婚人口比重占 19.3%, 其中男性为 23.16%, 女性为 15.36%, 与 1990 年的 24.24%、28.33% 和 19.82% 相比，分别下降了 4.94、5.17 和 4.46 个百分点，而与 1995 年相应数据对比变化很小。未婚人口比重的下降，说明了山西人口已婚率有所提高。1996 年 15 岁及以上人口有配偶率为 74.91%(1995 年为 75.05%) 比 1990 年的 69.15% 高 5.76 个百分点，其中男性有配偶率 72.53%, 女性有配偶率为 77.34%，高于男性，与 1990 年相比男、女性有配偶率分别高 5.84 和 5.52 个百分点。丧偶方面变化极小，1996 年和 1995 年的数据几乎一致，1996 年与 1990 年相比，丧偶率也只有很小的变化，由 1990 年的 5.83% 降到 1996 年的 5.01%, 其中男性由 3.74% 下降到 3.39%, 女性由 8.09% 下降到 6.94%。女性丧偶率高于男性，仍然反映了女性平均预期寿命高于男性而导致的女性丧偶率较高的结果。人口离婚率高低的变化，对社会生活产生一定的影响。随着社会经济发展步伐的加快，人们经济收入差距的拉大，在一些地方离婚现象增多。近些年来从总体上看，山西人口的离婚率是稳定的，1996 年与 1990 年相比几乎没有变化（1996 年为 0.775 ‰，1990 年为 0.776 ‰），然而分性别观察，男性由 1990 年的 1.25% 降到 1996 年的 1.19%, 女性由 1990 年的 0.27% 升到 0.35%, 表明近些年来男性离婚率仍高于女性，而女性人口离婚率有上升的迹象。

（山西省统计局人口与就业处　王富祥　史小平）

内蒙古自治区

【人口总量增长速度稳步下降】　据 1996 年人口变动情况抽样调查资料推算，内蒙古自治区 1996 年底总人口为 2 307 万人，比 1995 年增加 23 万人，增长了 1.01%, 低于全国同期增长水平。与自治区“八五”期间的总人口年平均增长速度相比，下降了 0.09 个百分点，与年平均增加人数相比，减少了 1 万多人。由于计划生育工作的不断深化，人口总量的增长得到了有效控制。人口增长量继续减少，人口增长率稳步下降，自治区人口总量保持稳定发展态势，为“九五”期间人口控制工作开了好头，打下了良好基础。

从影响人口总量变化的因素看，省际间人口迁移增长基本持平，说明人口机械增长对人口总量变化的影响不大，可忽略不计，影响人口总量增长的主要因素是人口自然增长。据人口变动情况抽样调查资料推算，1996 年全区出生人口为 36.93 万人，出生率为 16.09 ‰；死亡人口为 14.76 万人，死亡率为 6.43 ‰；自然增长人口为 22.17 万人，自增率为 9.66 ‰。与 1995 年相比，出生率下降了 1.14 个千分点，死亡率下降了 0.27 个千分点，自增率下降了 0.87 个千分点，自然增长率降到 90 年代以来的最低水平。但内蒙古经济发展较为落后，人口年龄结构轻，作为少数民族地区有较宽的生育政策，这种低生育水平还很不稳定，稍有放松，出生率就有可能回升，人口形势依然严峻。

【非农业人口和市镇人口增长依然呈上升态势，但增速减缓】　1996 年内蒙古总人口中，非农业人口有759.78万人，占总人口的32.9%。与1995年相比，非农业人口增加了16.7万人，增长了2.24%，低于1995年增长2.37%的增长速度。1996年全区市镇人口（第二口径）为887.2万人，市镇人口比重为38.5%，与1995年相比，市镇人口增加了14.1万人，增长了1.6%，增长速度较上年有所回落。内蒙古市镇人口的发展经历了80年代的快速发展时期，到1990年市镇人口水平已超过全国平均水平10个千分点。90年代以来，市镇人口的发展速度逐渐趋缓，市镇人口比例基本上都高于全国平均水平的10个千分点左右。内蒙古市镇人口的快速发展，主要是受行政区划和市镇建制变化的影响，按行政区划统计的市镇人口中非农人口所占比例较低，农村人口仍占很大比例。

【总人口性别构成稳定，婴儿性别比波动较大】 1996年内蒙古总人口中男性人口有1 183.05万人，占总人口的51.29%，女性人口有1 123.50万人，占总人口的48.71%，总人口性别比为105.30，与1995年相比，人口性别构成变化不大。

1996年内蒙古出生人口性别比为102.4，较1995年下降了7.53，是相邻两年性别比变化最大的一年。纵观90年代以来内蒙古出生人口性别构成，上下波动较大，没有一定规律，但基本都属正常范围。

【人口年龄构成仍属成年型】 据人口变动情况抽样调查资料，内蒙古1996年0～14岁人口占总人口的比重为24.47%，较1995年下降了1.88个百分点；15～64岁人口所占比重为70.35%，上升了1.4个百分点；65岁以上人口所占比重为5.18%，上升了0.48个百分点；老少比为21.17%，较1995年上升了3.33个百分点。总负担系数降至42.15%，下降了2.87个百分点，负担少儿系数降至34.79%，下降了3.45个百分点，负担老年系数升至7.36%，上升了0.54个百分点。内蒙古人口年龄构成仍属成年型，但少儿比重的大幅度下降与老年人口的比重上升，使全区的人口年龄构成以较快的速度由稳定型向缩减型发展，老年人口问题应开始引起社会的关注。

【少数民族人口增长速度较快】 据人口变动情况抽样调查资料推算，1996年内蒙古少数民族人口有465.16万人，占全区总人口的20.17%，其中蒙古族有377.90万人，占总人口的16.39%，其它少数民族人口有87.26万人，占总人口的3.78%。与1995年相比，少数民族人口增加9.53万人，增长了2.09%，其增长速度是总人口增长速度的2倍。

【育龄妇女总量增加，年龄结构发生变化，生育水平下降】 1996年内蒙古15～49岁育龄妇女人数达662.94万人，比1995年增加10万人，并且仍以此速度增加，但年龄结构却发生了明显变化，处于生育旺盛期的20～29岁育龄妇女人数开始下降，1996年为230.55万人，比1995年减少2万人。加之近几年来计划生育工作呈逐年加强态势，从而导致育龄妇女的生育水平下降。抽样调查资料表明，1996年全区育龄妇女的一般生育率为57.72‰，较1995年的60.35‰下降了2.63个千分点，总和生育率为1.66，较1995年1.75下降了0.09。1996年出生人口中，一胎率为72.87%，二胎率为23.32%。多胎率为3.81%，与1995年相比，一胎和二胎率进一步上升，多胎率逐步下降。

【婚姻关系稳定，初婚年龄提高】 1996年全区15岁及以上人口中，有配偶率达73.50%，未婚率为20.96%，离婚率为0.78%。与1995年相比，有配偶率有所上升，未婚率小幅度下降，离婚率基本持平，反映了绝大多数家庭婚姻关系较为稳定。

1996年内蒙古女性平均初婚年龄为22.7岁，男性平均初婚年龄为24.6岁，与1995年相比，分别推后了0.3岁和0.5岁。在未达到结婚年龄的15～19岁人口中，已婚的女性占同龄人口的比重比1995年下降了1个多百分点，早婚现象进一步得到遏制。

【家庭户规模进一步缩小，核心家庭居主导地位】 随着社会经济的发展，文化、心理、习俗都有了相应的变化，加之经济、住房条件的允许，越来越多的新婚夫妻愿与父母分居而立，使得核心家庭和一代户大量增加，从而导致家庭规模的缩小和世代减少。人口变动情况抽样调查资料表明，1996年内蒙古家庭户规模进一步缩小，由1995年的3.63人，下降到3.56人。家庭户的分布也继续向三人户和四人户集中，1996年全区家庭户中三人户和四人户的比重由1995年的59.98%提高到61.60%。从代际层次看，全区家庭户仍以三代户为主，占家庭总户数的69.61%，其次是三代户和一代户，分别占11.68%和11.06%。

（内蒙古自治区统计局调查处　包奇志）

辽 宁 省

【人口继续稳定发展，人口类型已完全转变为稳定型，并开始趋向减少型】 据省公安部门统计，1996年末辽宁人口总数为4 056.8万。与1995年同期相比，增加了22.8万人，增长幅度为0.57%，人口增长率有所下降，人口继续保持稳定发展趋势（见表1）。

表1　1996年与1995年辽宁人口增长情况比较

年份	年末总人口（万人）	年净增人口（万人）	人口增长率（%）
1996	4 056.8	22.8	0.57
1995	4 034.0	26.8	0.67

省统计局人口抽样调查数据同样反映了这一人口变动趋势（见表2）。

表2 1996年与1995年辽宁人口增长情况比较

年份	年末总人口（万人）	年净增人口（万人）	人口增长率（%）
1996	4116	24.0	0.59
1995	4092	25.0	0.61

根据公安、计划生育部门统计数据分析，1996年辽宁出生人口继续呈减少趋势。全省人口出生率与育龄妇女生育水平下降并保持稳定，人口死亡率逐年上升的变化趋势，预计将持续整个“九五”时期。统计局人口变动抽样调查数据显示，1996年全省出生人口数量较去年同期略有增加，这与人口年龄结构和婚姻、生育水平和生育指标落实等方面变化趋势有所矛盾，其原因尚待进一步分析。

据统计局人口变动抽样调查数据，1996年全省人口出生率为12.16‰，推算的出生人口为49.9万，较1995年增加了0.3万人；死亡率为6.22‰，较1995年上升了0.07个千分点；自然增长率为5.94‰，较1995年下降了0.08个千分点。而同期公安与计划生育部门的统计数据，与统计局调查数据有较大出入（见表3）。

表3 1996年省统计、公安与计划生育部门数据比较

单位	出生率‰	死亡率‰	自增率‰	出生数万人	死亡数万人	自增数万人
统计局	12.16	6.22	5.94	49.9	25.5	24.4
公安厅	9.48	5.76	3.72	38.3	23.3	15.0
计生委	9.43	5.62	3.81	38.3	22.8	15.5

注：统计局为人口变动抽样调查数据，公安和计划生育均为年终统计报表数据。

【受人口年龄结构、晚婚晚育及育龄妇女生育水平的影响，出生人口继续减少】 据计划生育部门统计，1996年全省共出生28.3万人，比去年同期减少1.8%。其中一孩出生30.64万人，比去年同期减少1%；二孩出生7.35万人，比去年同期减少6.8%；多孩出生0.36万人，比去年同期增加1.4倍。在出生人口中，一孩占79.9%，比去年同期上升0.5个百分点；二孩占19.2%，比去年同期下降1个百分点；多孩占0.9%，比去年同期上升0.5个百分点（见表4、表5）。

表4 1996年出生总数及分孩次出生人口变化情况

（万人，%）

指标	1996年	1995年	96比95增减%
出生总数	38.35	39.00	-1.7
其中：一孩	30.64	30.96	-1.0
二孩	7.35	7.89	-6.8
多孩	0.36	0.15	140.0

表5 1996年出生总数、分孩次出生人口及其构成变化情况

年份	出生总数（万人）	分孩次出生人口			孩次构成%		
		一孩	二孩	多孩	一孩	二孩	多孩
1996	38.35	30.64	7.35	0.36	79.9	19.2	0.9
1995	39.00	30.96	7.89	0.15	79.4	20.2	0.4

进一步分析1996年辽宁省出生人口减少的原因，可以从以下几方面来看：

（1）人口年龄结构继续发生变化，育龄人群增长速度下降。据计划生育部门统计，1996年末全省15～49岁育龄妇女为1134.1万人，比去年同期仅增长0.67%，而去年同期增长幅度为0.86%；已婚育龄妇女为910.4万人，比去年同期增长0.94%，也低于1995年1.32%的增长水平；对出生人口产生直接影响的生育旺盛期的20～29岁妇女为339.1万人，比去年同期减少2.8%。其中对1996年一孩出生人口产生直接影响的1995年23岁育龄妇女数为34.4万人，比去年同期减少4.2%；1996年度二孩应生对象的29岁已婚育龄妇女数为36.9万人，比去年同期减少了8.2%。生育人群的减少是影响1996年出生人口数量减少的直接原因。

（2）晚婚率、晚育率上升，晚婚晚育工作有所加强。据计划生育部门统计，1996年女性初婚人数为25.5万，其中达到晚婚年龄的16.3万人，晚婚率为63.7%，比去年同期上升了2.1个百分点。在1996年生育的育龄妇女中，达到晚育年龄的有27.5万人，晚育率为71.8%，比去年同期有所上升。晚婚、晚育率的上升，是造成全省出生人口减少的原因之一。

（3）育龄人群生育观念变化，育龄妇女生育水平继续下降。与去年同期相比，1996年辽宁累计自愿献出二胎生育指标与终身自愿只生育一个孩子的育龄夫妇数量继续保持增长趋势。据计划生育部门统计，1996年末，累计已领取独生子女光荣证的现有一孩育龄夫妇数为399.5万对，比去年同期增加了3.8%，占现有一孩有偶育龄夫妇总数的71.7%，比去年同期增加了0.3个百分点。与此同时，累计自愿献出二胎生育指标的育龄夫妇数已达到9.01万对，比去年同期增加了16.7%，显示出辽宁广大育龄夫妇婚育观念的可喜变化。

1996年育龄妇女生育率继续保持低水平，并有所下降。据计划生育部门数据分析，1996年育龄妇女总生育率为33.8‰，与去年同期相比下降0.8个千分点，下降幅度为2.3%。总和生育率为1.09，比去年同期下降了0.07，下降幅度为6%。峰值生育率为175.2‰，比去年同期下降1个千分点；分孩次峰值生育率，一孩为173.6‰，比去年同期下降1.35个千分点；二孩为43.09‰，比去年同期下降4.16个千分点；多孩为0.83%，比去年同期上升0.32

个千分点。与去年同期相比，峰值生育年龄除多孩明显上升外仍为24岁，其中一孩为24岁，二孩为29岁，多孩为35岁（1995年为30岁）。孩次别总和生育率，一孩为0.89，二孩为0.19，多孩为0.01，较去年同期均有不同程度的下降（见表6）。

表6 1996年与1995年育龄妇女生育水平比较

年份	孩次	总生育率‰	总和生育率	峰值生育水平	
				年龄(岁)	生育率‰
1996	全省	23.8	1.09	24	175.18
	一孩	27.0	0.89	24	173.60
	二孩	6.5	0.19	29	43.09
	多孩	0.3	0.01	35	0.83
1995	全省	34.6	1.12	24	176.23
	一孩	27.5	0.91	24	174.95
	二孩	7.0	0.20	29	47.25
	多孩	0.1	0.004	30	0.51

(4) 实际生育指标落实数量也对出生人口产生直接影响。据计划生育部门统计，1996年辽宁省落实的生育指标数为59.23万人，比去年同期减少3.8%。其中一胎生育指标为43.31万人，比去年同期减少3.3%；二胎生育指标为15.88万人，比去年同期减少5.3%；多胎生育指标0.03万人，比去年同期减少25%(见表7)。

表7 1996与1995年度生育指标落实情况比较

指　标	1996年	1995年	96比95减少%
生育指标数	59.23	61.58	3.8
其中：一孩	43.31	44.77	3.3
二孩	15.88	16.77	5.3
多孩	0.03	0.04	25.0

综上分析说明，1996年辽宁省人口的变动仍然受到出生人口变动的直接影响，出生人口的持续减少是造成全省人口增长速度下降的主导因素。

【死亡人口增长与净迁移人口减少，对全省人口增长产生一定影响】 由于辽宁省人口已经进入老龄化，老年人口在总人口中所占比重逐年上升，造成1996年死亡人口数量继续保持增长趋势。据省公安部门统计，1996年全省共死亡23.3万人，与去年同期相比增加了5%。这一趋势将变得越来越明显。

据省公安部门统计，1996年辽宁省省内外迁移人口总数为100.6万人，比去年同期减少5.1%。其中省内迁移80.7万，与去年同期相比减少5.8%；省际迁移19.8万，与去年同期相比减少了2.5%。在省际迁移人口中，省外迁人12.0万人，比去年同期减少0.8%；迁往省外7.8万人，比去年同期减少4.9%。尤其是对全省人口增长产生直接影响的省际净迁移人口数量出现较大幅度的减少，1996年全省省际净迁人人口为4.1万，比去年同期减少14.6%。迁人人口仍然大于迁出人口，迁移变动类型仍属于迁人型。

死亡人口的增多和净迁人人口数量的减少，成为1996年辽宁省人口增长速度下降的两个重要因素。

【城镇人口继续低速稳定增长，城镇化水平继续提高】 据省公安部门统计，1996年辽宁省非农业人口为1 820.2万，农业人口为2 236.6万，分别占人口总数的44.9%和55.1%。与去年同期相比，非农业人口增加了24.7万，在人口中所占比重上升了4个百分点。从非农业、农业人口总量变化情况看，非农业人口比去年同期增长了1.4%，农业人口减少了0.08%(见表9、表10)。农业人口呈逐年减少趋势，说明农村经过多年的计划生育工作，计划生育政策的相对稳定，农业人口的控制已经取得显著成果。

分析非农业人口增减变化的原因，主要是由于出生、死亡、非农业人口迁移、农转非以及蓝印户口影响的结果。从非农业人口增长原因构成情况看，非农业人口的增长，以迁人、出生、农转非及其它原因中蓝印户口增加为主要影响因素。在增加的非农业人口中，农转非原因占50.6%，比去年同期上升5.4个百分点；蓝印户口等原因占25.3%，比去年同期下降1.7个百分点；自然增长因素占15.4%，比去年同期下降2.5个百分点；非农业人口净迁人占8.7%，比去年同期下降1.2个百分点，农转非这一政策因素仍起着主导作用(见表8)。但是深入分析增加原因和减少原因的构成情况可以看出，近些年积极推行蓝印户口政策对全省非农业人

表8 1996年与1995年非农业人口增减原因构成比较 (%)

年度	净增原因构成				
	合计	自增	净迁人	农转非	蓝印户口等
1996年	24.1	3.7	2.1	12.2	6.1
构成%	100	15.4	8.7	50.6	25.3
1995年	25.2	4.5	2.5	11.4	6.8
构成%	100	17.9	9.9	45.2	27.0
年度	增加原因				
	合计	出生	迁人	农转非	蓝印户口等
1996年	78.7	12.9	21.7	12.2	31.9
构成%	100	16.4	27.5	15.5	40.5
1995年	88.7	13.3	23.9	11.4	40.1
构成%	100	15.0	26.9	12.9	45.2
年度	减少原因				
	合计	死亡	迁出		蓝印户口等
1996年	74.6	9.2	19.6		25.8
构成%	100	16.8	35.9		47.3
1995年	83.5	8.8	21.4		33.3
构成%	100	13.9	33.7		52.4

口增加和减少起到了主导作用。

值得注意的是在增加的蓝印户口人口中，大连、沈阳、抚顺这三个特大城市地区增加数为18.2万人，占全省增加总数的63.1%(见表9)，是这三个地区同期出生人口总数的1.6倍。显然，对这些城区城市人口数量的控制十分不利，它更加剧了这些地区由于城市人口多而带来的诸多社会问题。

表9　1996年非农业人口其它原因(蓝印户口等)增减人口地区构成

地区	人口总数(万人)	增加人口(万人)	地区构成%	减少人口(万人)	地欧构成%
沈阳	671.0	4.9	17.1	3.3	14.3
大连	537.4	9.5	32.9	8.7	37.1
鞍山	338.0	2.5	8.7	1.8	7.6
抚顺	226.8	3.8	13.1	3.9	16.7
本溪	155.6				
锦州	239.2	0.4	1.2		
丹东	302.5	0.4	1.3		
营口	220.7	0.1	0.3		
盘锦	114.4	0.6	2.1	0.4	1.6
阜新	190.1	2.5	8.6	2.2	9.5
辽阳	176.7	2.8	9.6	2.5	10.7
铁岭	291.8	0.4	1.5	0.2	0.8
朝阳	329.8	0.9	3.1	0.4	1.7
葫芦岛	262.7	0.2	0.7		

【受人口年龄结构、生育水平等因素影响，城镇乡人口老化趋势差异明显】　据省统计局人口变动抽样调查数据分析，由于历史上人口生育、死亡、迁移等因素的综合影响，1996年辽宁省城市、镇、农村人口年龄结构显示出明显的差别。其中0～14岁少年人口比重，城市、镇、农村分别为18.7%、19%和22.7%(见表10)。从历史的角度分析，这种差别也显示出由于城乡生育政策上的明显差别对各自育龄妇女生育水平的影响，而造成人口年龄结构的改变，尤其是近期对0～14岁人口数量及其比重的直接影响；15～64岁劳动年龄人口比重，城市、镇、农村分别为73.7%、74.4%和71%,显示出城乡充足的劳动力资源；65岁及以上老年人口比重，城市、镇、农村分别为7.6%、6.6%和6.3%,显示出城市已经明显的进入老龄化，由于辽宁省城市人口比重较大，城市的老龄化也带动了全省人口的老化。

随着中国国民经济与社会的迅速发展，计划生育工作的不断深入，人们婚育观念的巨大变化，辽宁省将会出现育龄妇女生育水平下降，出生人口数量减少的发展趋势，对全省人口年龄结构的变化将产生直接影响。届时，辽宁省人口年龄结构中的少年人口比重将继续降低，老年人口比重将持续上升，而劳动年龄人口所占比重将在上升到一定幅度后出现下降趋势。

表10　1996年城镇乡人口年龄结构情况比较

地区	0～14岁(少年人口)	15～64岁(劳动年龄人口)	65岁及以上(老年人口)
城市	18.7	73.7	7.6
镇	19.0	74.4	6.6
农村	22.7	71.0	6.3

(辽宁省计划生育委员会　曹景椿　罗纯志)

吉林省

【人口总量低水平增长】　据吉林省国民经济和社会发展的统计公报，吉林省1996年末常住人口为2610.0万人，比1995年的2592.0万人增加18.0万人，增长速度为0.69%,与1995年的增长速度基本持平，总人口依然保持着低水平的增长趋势（见表1)。

表1　1991～1996年人口总量增长情况

年份	年末总人口(万人)	比上年增加(万人)	增长速度(%)
1991	2 508.6	25.6	1.03
1992	2 531.7	23.1	0.92
1993	2 554.5	22.8	0.90
1994	2 574.4	19.9	0.78
1995	2 592.0	17.6	0.68
1996	2 610.0	18.0	0.69

1996年控制人口增长为“九五”开了个好头，与“八五”期间比较，年增加人口少3.8万人，年增长速度低0.17个百分点。表明吉林省广大群众的生育观念已发生了根本性转变，人们自觉遵守计划生育政策，少生、优育的观念不断深入人心。

【人口自然增长幅度下降】　据吉林省国民经济和社会发展的统计公报，吉林省1996年人口出生率为12.53‰，出生人口为32.6万人；人口死亡率为5.60‰，死亡人口为14.6万人；人口自然增长率为6.93‰，自然增加人口为18.0万人。与1995年相比，人口出生率下降了0.37个千分点，出生人口减少0.7万人；人口死亡率下降了0.49个千分点，死亡人口减少1.1万人。由于人口死亡率下降幅度大于人口出生率，使得人口自然增长率上升了0.12个千分点，自然增加人口多0.4万人。与全国同期水平比较，人口出生率低4.45个千分点，人口自然增长率低3.49个千分点。数据表明，吉林省人口出生率一直呈平稳下降趋势，妇女生育率已处于较低的水平（见表2)。

表 2　　1991～1996 年人口自然变动

年份	出生		死亡		自然增长	
	人数（万人）	‰	人数（万人）	‰	人数（万人）	‰
1991	47.7	17.09	17.1	6.84	25.6	10.25
1992	39.7	15.74	16.6	6.57	23.1	9.17
1993	38.9	15.28	16.1	6.31	22.8	8.97
1994	36.2	14.11	16.3	6.35	19.9	7.76
1995	33.3	12.90	15.7	6.09	17.6	6.81
1996	32.6	12.53	14.6	5.60	18.0	6.93

从表 2 中可看出，1996年吉林省人口出生率、自然增长率均是进入 90 年代最低的年份，人口出生率比“八五”时期平均数低 2.49 个千分点，出生人口比“八五”期间平均数少 6.6 万人。自然增加人数少 3.8 万人。

人口出生率的不断下降，反映了吉林省计划生育工作的不断强化和随着社会经济的发展，人们思想观念的不断变化。多年来，吉林省的计划生育工作一直被国家划定为一类省份，由于计划生育工作力度不断增强，计划外出生得到有效控制。尤其是计划生育“三结合”工作的深入开展，使人们在经济上得到实惠，思想观念迅速转变，认识到要想富，晚婚少育发家路。据计划生育部门统计，1996 年全省农村计划生育率达到 96.10%，比 1995年提高 0.12 个百分点。1996 年独生子女领证人数比 1995 年增加了 7 481 人，不生和缓生二胎人数达 8 千多人。因此，吉林省人口出生率一直呈下降趋势，使吉林省人口自然增长率降至 7‰ 以下。

育龄妇女的数量变化，也可说明吉林省出生人口的变化趋势。用 1990 年的人口普查资料，利用推移法推算，1991～1996 年吉林省育龄妇女人数变化见表 3:

表 3　　1991～1996 年育龄妇女人数

（万人）

年龄	1991	1922	1993	1994	1995	1996
15～19	116.03	108.56	102.29	103.69	106.00	103.42
20～29	274.58	282.78	277.96	271.51	264.50	256.86
30～49	339.16	347.96	369.67	398.65	405.73	416.03
合计	729.76	739.31	749.93	773.85	775.77	776.31

从表 3 中可看出，自 1991 年以来，育龄妇女人数虽呈增加趋势，但生育旺盛期（20～29 岁）育龄妇女的数量自 1993 年开始逐年减少，1993 年比 1992 年减少 4.82 万人，1994 年比 1993 年减少 6.45 万人，1995 年比 1994 年减少 7.46 万人，1996 年比 1995 年减少 7.19 万人，四年间减少了 25 万多人。生育旺盛期育龄人数的逐渐减少也是人口出生率呈逐年下降趋势的重要因素。

【人口性别构成稳定，年龄结构合理】 据 1996 年人口变动情况抽样调查资料，1996 年全省 2 610.0 万总人口中，男性为 1 326.45 万人，占总人口的比重为 50.82%，女性为 1 283.55 万人，占总人口的比重为 49.18%。性别比为 103.34，比 1995 年的 103.2 高 0.14，比 1990 年的 104.9 低 1.56。90 年代以来，吉林省总人口的性别比一直处于稳定状况。

人口年龄结构合理。据 1996 年人口变动抽样调查资料，1996 年吉林省少儿系数（0～14 岁占总人口的比重）为 21.13%，老年系数（65 岁及以上人口占总人口的比重）为 5.84%，老少比为 27.64%。与 1995 年比较，少儿系数下降 1.83 个百分点，老年系数上升 0.22 个百分点。

1996 年，人口总负担系数为 36.93%，其中少儿负担系数为 28.93%，老年负担系数为 8.00%。与 1995 年比较，人口总负担系数下降 3.09 个百分点，其中少儿系数下降 3.32 个百分点，老年系数上升 0.13 个百分点。以上数据表明，少儿负担系数下降较快，老年负担系数缓慢上升，表明目前人口年龄结构正处于黄金时期，极利于发展经济，提高人民生活水平。

【家庭规模缩小，老年人口家庭增加】 据 1996 年人口变动情况抽样调查资料，吉林省家庭户规模为 3.52 人，比 1990 年第四次人口普查时的 3.86 人减少 0.34 人。从家庭户类别看，一代户占 13.27%，二代户占 66.72%，三代及以上户占 20.01%，显然，只有两代人的核心家庭成为家庭户的主体。1996 年全省有 60 岁及以上的老人的家庭为 179.8 万户，比 1990 年第四次人口普查时增加 46.2 万户，占全省家庭户的比重为 24.25%，比 1990 年第四次人口普查时的 21.29% 提高 2.96 个百分点。有 65 岁及以上的老人的家庭占 16.12%，比 1990 年提高 1.79 个百分点。表明人口老龄化程度在加深。

（吉林省统计局　何　杰）

黑龙江省

【人口总量持续低增长】 根据黑龙江省国民经济和社会发展统计公报，1996 年黑龙江省人口为 3 728 万人，比 1995 年的 3706 万人增加 22 万人，总人口增长率为 0.59%，比 1995 年的 0.93% 低 0.34 个百分点，为 90 年代以来最低增长速度。

表 1 显示 1996 年黑龙江总人口增长下降幅度比较大，是 90 年代以来最低水平。从绝对量上来看，1996 年比 1995 年只增加了 22 万人，比 1995 年的 34 万人减少了 12 万人，比 1990～1995 年平均增长人数 32.7 万人减少 10.7 万人。从总人口增长率看，1996 年总人口增长率比 1995 年低 0.34 个百分点。1996 年黑龙江总人口增长下降幅度是历史上最

表 1　1990～1996 年总人口变动状况

年份	年末总人口（万人）	比上年净增人数（万人）	年增长率（%）
1990	3 543	33	0.94
1991	3 575	32	0.90
1992	3 608	33	0.92
1993	3 640	32	0.89
1994	3 672	32	0.88
1995	3 706	34	0.93
1996	3 728	22	0.59

低的年份。其主要原因有二：一是由于近年来加大了人口控制力度，计划生育工作抓的比较实，是全国计划生育工作先进省份，1996 年人口自然增长率为 7.35%。比 1995 年的 7.90%，下降了 0.55 个千分点；二是黑龙江省人口迁移类型从 80 年代初开始一直为净迁出型。1994 年发生逆转，由人口净迁出变为人口净迁入，但 1995 年又转变成净迁出类型，净迁出人口为 5 078 人，1996 年净出人口继续扩大，达 35 256 人，对总人口增长影响比较大。

【人口自然增长是 1985 年以来最低水平】 1996 年黑龙江省新出生人口为 46.2 万人，人口出生率为 12.4 ‰；死亡人口为 18.8 万人，人口死亡率为 5.05‰；自然增长人口为 27.4 万人，人口自然增长率为 7.35 ‰。与 1995 年相比，出生人口减少了 2.6 万人，人口出生率下降了 0.8 个千分点；死亡人口减少了 0.8 万人，人口死亡率下降 0.28 个千分点；自然增长人口减少了 1.8 万人，人口自然增长率下降了 0.55 个千分点。人口出生率和自然增长率是 1985 年以来最低水平，人口死亡率是 90 年代以来的最低水平。

与全国相比较，1996 年黑龙江人口出生率比全国的 16.98 ‰ 低 4.58 个千分点；人口死亡率比全国的 6.56 ‰ 低 1.51 个千分点；人口自然增长率比全国的 10.42 ‰ 低 3.05 个千分点（见表 2）。

人口再生产类型已进入低出生、低死亡、低自然增长的现代人口再生产类型。

【人口性别比稳定】 根据黑龙江省公安厅统计，1996 年黑龙江省总人口为 36 051 038 人，其中男性为 1 841 849 人，占总人口的 51.09%，女性为 17 632 542 人，占总人口的 48.91%，人口性别比为 104.5。90 年代以来，全省人口性别比比较稳定，且趋于合理（见表 3）。

1996 年新生婴儿性别比偏高现象有所改变，新生婴儿为 347 939 人，其中男婴为 211 765 人，女婴 200 691 人，婴儿性别比为 105.51，比 1995 年的 106.36 下降 0.85，属基本正常。说明人们重男轻女观念开始转变。

【非农业人口继续增长，但幅度不大】 据黑龙江省公安厅统计，1996 年农业人口为 19 878 500

表 2　黑龙江省人口自然变动状况

年份	出生人口（万人）	出生率（‰）	死亡人口（万人）	死亡率（‰）	自然增长人口（万人）	自然增长率（‰）
1985	49.8	15.04	15.8	4.76	34	10.28
1986	55.4	16.31	18.80	5.45	36.9	10.86
1987	65.06	19.00	17.42	5.00	47.94	14.00
1988	59.34	17.12	15.29	4.41	44.05	12.71
1989	66.13	18.84	19.20	5.47	46.39	13.37
1990	64.16	18.11	22.50	6.35	41.67	11.76
1991	56.81	15.89	20.38	7.70	36.43	10.19
1992	54.63	16.25	22.38	6.12	36.54	10.13
1993	54.30	15.90	20.09	5.52	37.78	10.38
1994	55.65	15.15	19.83	5.47	35.55	9.68
1995	48.80	13.20	19.60	5.35	29.20	7.90
1996	46.20	12.40	18.80	5.05	27.40	7.35

表 3　90 年代黑龙江省人口性别比变动

年份	性别比
1990	104.86
1991	104.59
1992	104.56
1993	104.60
1994	104.73
1995	104.00
1996	104.50

人，总人口的 55.14%，非农业非农业人口为 16 172 538 人，占总人口的 44.86%。非农业人口占总人口的比重比 1995 年的 44.74% 增长了 0.12 个百分点，

表 4　90 年代以来黑龙江省农业人口与非农业人口占总人口比重（%）

年份	农业人口	非农业人口
1990	57.57	42.43
1991	57.10	42.90
1992	56.80	43.20
1993	56.40	43.60
1994	55.65	44.35
1995	55.26	44.74
1996	55.14	44.86

增加了 170 913 人（见表 4），增长幅度不大。其主要原因是：(1) 随着社会主义市场经济的发展和社会生产力水平的提高，农业人口向非农业人口转移已成为一种明显的趋势；(2) 由于黑龙江省近年来经济发展滞缓，工业发展速度减慢，效益低下，乡镇企业发展也不快，造成非农业人口增长速度缓慢。

【家庭规模继续缩小】 1996 年全省总户数为 9 907 839 户，平均每户人数为 3.64 人，比 1995 年的 3.7 人减少 0.06 人，家庭规模继续呈现缩小的趋势（见表 5）。

表5　黑龙江省家庭规模变化

年份	平均家庭人口	比上一年减少人数
1990	3.91	0.10
1991	3.81	0.10
1992	3.78	0.03
1993	3.75	0.03
1994	3.7	0.05
1995	3.7	0
1996	3.64	0.06

【净迁出人口大量增加】　根据黑龙江省公安厅统计资料，1996年省际人口迁入人数为97 343人，省际迁出人口为132 599人，净迁出35 256人。与1995年相比，净迁出人口增加了30178人，增长了5.9倍。80年代以来黑龙江省人口迁移类型由净迁入转为净迁出，其间只有1994年，由于某种特殊原因曾出现逆转，1995年之后继续为净迁出型，1996年又出现大幅度增加状况。1996年只有佳木斯、七台河两个地区仍然是净迁入地区，其余12个地区都是净迁出地区。就是说净迁出人口地区集中在农业区和开放城市及国有大中企业集中、经济效益不佳的大城市（见表6）。

表6　1996年黑龙江省各地、市人口迁移状况

地区别	省外迁人人口	迁往省外人口	净迁入人口	净迁出人口
全　省	97 343	13 259		35 256
哈尔滨市	17 767	20 724		2 957
齐齐哈尔市	10 214	20 206		9 992
鸡　西	3 940	6 220		2 280
鹤　岗	2 662	3 588		926
双鸭山	2 509	4 852		2 343
大　庆	4 534	6 015		1 481
伊　春	2 325	6 087		3 762
佳木斯	14 253	8 563	5 690	
七台河	15 042	9 801	5 241	
牡丹江	4 506	11 051		6 545
黑河市	3 562	6 722		3 160
松花江行署	4 493	9 330		4 837
绥化行署	7 631	14 476		6 845
大兴安岭	3 905	4 964		1 059

造成人口迁出增加且地区分布集中的主要原因是：(1) 随着社会主义市场经济的发展，农村人口流动日趋活跃，迁移或流动到关内省份。(2) 前些年大量流人边境开放城市的人口，由于边境贸易出现波折而出现大量返迁现象。(3) 黑龙江省经济发展滞缓，企业经济效益差，企业职工不开支，下岗人员较多，为生存到外地谋生。

【计划生育形势严峻】　1996年计划生育率达到95.57%，计划外多胎率下降到0.39%以下。黑龙江省计划生育工作被国家列为一类省份，但仍然存在一些不容忽视的问题。一是部分党政领导和干部对严峻的人口形势和计划生育工作的艰巨性、长期性缺乏足够的认识。计划生育机构编制和待遇没有得到解决；二是对“两个转变”缺乏足够的认识，满足于完成人口计划，缺乏改革创新精神，落实“三为主”、推行“三结合”力度不够；三是计划生育发展不平衡，仍有10%的县的工作相对滞后，城市出现的新情况新问题没有得到很好解决，流动人口和企业下岗人员计划生育管理亟待加强；四是计划生育经费不能及时拨款到位。

目前仍面临严峻的人口形势，人口出生率随时有回升和反弹的可能。据抽样调查推算，黑龙江省已领取“生育证”二年以上未生育的已婚育龄夫妇有13万对，一年以上未生育的有24万对，这些人如果集中在某一年生育，当年人口出生率将回升3.5或6.5个千分点。全省有近200万短期频繁流动人口和大批下岗职工的计划生育疏于管理。面对如此严峻的形势，只有进一步加大工作力度，才能完成“九五”人口计划。

（中共黑龙江省委党校　宋　杰）

上 海 市

【人口总量低速增长】　据上海统计局资料，1996年末，以半年为统计口径（即包括常住本市半年以上、户口在外地）的上海市常住人口已达1419万人，与1995年相比，增长速度为0.28%。据公安统计资料，1996年末上海市户籍人口为1 304.4万人，与1995年相比，增长0.24%。

【人口自然变动继续负增长】　1996年，上海户籍人口全年出生6.79万人，人口出生率为5.21‰，是建国以来出生人口最少的一年，也是人口出生率最低的一年。全年死亡9.77万人，人口死亡率为7.50‰。全年出生少于死亡2.98万人，人口自然增长率为－2.29‰，是自1993年上海户籍人口自然变动负增长以来的连续第四年负增长，而且人口自然增长率逐年降低，1993～1995年依次为－0.78‰、－1.38‰、－2.06‰。这主要是上海社会经济发展和计划生育工作的双重作用下形成的低生育率以及人口老化带来的死亡率上升的必然结果，而且在相当一段时间里将继续这种负增长趋势。1996年上海常住人口的出生率为5.6‰，死亡率为7‰，自然增长率为－1.4‰，同样也是人口自然变动负增长状况。

【人口机械变动依然正增长】　1996年，上海户籍人口全年迁入19.87万人，迁出13.47万人，净迁入6.39万人。全年净迁入人数高于1995年，也是90年代以来净迁入人数较多的一年。虽然自建

国以来的40余年里，由于过去大量人口支内等原因，上海户籍人口净迁出累计为8万余人，但改革开放以来，上海户籍人口始终以净迁人为主。预计今后相当长时期内，人口迁移将依然是正增长趋势。正是由于上海人口机械变动为正增长，而且增长幅度相对较大，就在上海人口自然变动连续四年为负增长的状况下，在近20来年里，上海户籍总人口将依然在增加之中。

【城市化趋势继续加强，人口分布呈现集中和扩散兼而有之的态势】 上海的城市化趋势继续不断加强。1996年，上海户籍人口中的非农业人口继续增加，年末已达到932.14万人，占全市人口的71.46%,与1995年相比，增加了0.63个百分点。而且，全市呈现出市区人口增加、郊县人口减少的态势，年末市区户籍人口为961.02万人，与1995年相比，增加4.35万人；郊县户籍人口为343.41万人，与1995年相比，减少1.30万人。1996年市区户籍人口已占全市人口的73.67%。但是，从中心城的10个区来看，人口明显向外围扩散，市中心10个区的户籍人口从年初的636.59万人，下降到年末的633.93万人，减少2.66万人。尤其是市中心的黄浦、南市、卢湾、静安四个中心区，户籍人口从年初的156.72万人下降到年末的151.45万人，减少5.27万人。中心城区人口疏解扩散的主要去向是市郊结合部、边缘市区、浦东新区。虽然1996年上海的14个区人口自然变动皆为负增长，但是除去市中心的黄浦、南市、卢湾、静安四个区外的大部分区皆为总人口规模正增长。边缘市区的闵行、宝山两区及浦东新区的人口集中十分明显，全年净增7.14万人。而郊县人口则以转移集聚为特征。全年郊县户籍人口向市区净迁出1.75万人；在郊县内部，人口则向县城、县辖镇和众多集镇集聚。此外，市辖镇和县辖镇的个数从年初的182个增加到年末的206个，人数从年初的481万人增加到年末的542万人。

从另一角度看，上海20个区县中，依人口密度从高到低排列，前五位的区（位于市中心），全年人口密度下降；后七位的区县（包括全部6个县），人口密度也下降；而排在中间的八个区（为边缘市区、浦东新区等），人口密度皆上升。

所以，从上海总体看，人口的集中和扩散兼而有之，人口集中占主导地位，人口扩散占次要地位。当然，应该看到虽然市中心人口已出现郊迁扩散，但这种扩散并不是在经济发展水平达到足够高度下自动引发的，而是在经济转轨时期通过蕴含经济、社会、政策等诸多因素的空间置换而带来的，是在整个城市化发展尚处在集中城市化阶段的背景下出现的。

【离婚人口增加，但婚姻关系总体稳定】 据市民政局统计，1996年，上海准予登记结婚8.96万对。其中，女性初婚7.49万人，晚婚率为63.7%，比1995年高1.2个百分点，是90年代以来最高的一年。全年离婚人口达到2.47万对，比1995年增加近9%,是建国以来最高的一年。90年代以来，上海离婚人数逐年增加，这里即有追求婚姻质量的原因，也有草率成婚、喜新厌旧等因素。

虽然上海离婚人口在增加，但同时，再婚人口也在增加之中，1996年为2.31万人。此外，根据1995年10月1日上海市1%人口抽样调查资料，全市15岁以上人口中有配偶（含再婚）比例为76.13%,较1990年提高1.51个百分点；尤其是，全市初婚有配偶比例也高达74.34%。这表明，当前上海人口的婚姻关系总体上是稳定的。

【低生育率情况下的计划生育工作有新的含义】 由于上海有较高的经济社会发展水平，市民有较好的文化教育素质以及政府长期细致的计划生育工作，上海很长时间里一直处于低生育状况。据计划生育统计资料，1996年全市妇女总和生育率仅0.9595,比1995年还低。全年出生婴儿中，一孩率达96.33%,二孩率仅3.62%,计划生育符合率高达99.57%。当然，一方面应看到，上海的低生育率是在计划生育行政手段的工作方式下取得的，今后仍要坚持；另一方面更应看到，随着上海市民生活水平和科学文化素质的进一步提高，群众对计划生育工作的需求层次也在提高，他们从过去计划生育被动的管理对象，正在变成主动参与的主体，使各种形式的计划生育优质服务，包括生殖健康教育服务等得到重视。因此，上海的计划生育工作正发展到把工作重点放在为99%以上的育龄群众服务上，而不再把主要精力集中在极少数的计划外生育上。

90年代以来，上海妇女生育模式已经相对稳定。1996年上海妇女生育峰值年龄与前几年相同，仍为23岁。

【死亡人口呈现出老年化城市的特征】 据市卫生防疫统计资料，上海市1996年5岁以下的幼儿组死亡率为13.41‰，5～14岁的儿童组死亡率为0.26‰，15～64岁的青壮年组死亡率为2.40‰，65岁及以上的老年组死亡率为51.35‰。在全年的死亡人口中，65岁及以上的老年人口死亡占75.77%,呈现出明显的人口老化的特征。今后上海加强老年医学、老年护理学的任务十分繁重。

从死因分析看，全年上海循环系统病死亡占总死亡的1/3强，其中脑血管病、急性心肌梗塞和冠心病死亡占90%以上；恶性肿瘤死亡占总死亡的近1/4,市区以肺癌最高，郊县男性也以肺癌最高，郊县女性则以肝癌为最高。

【人口质量指标总体上处于较高水准】 常用的衡量人口素质指标在人口学方面的有预期寿命、婴儿死亡率、人口出生率等。1996年上海人口的预期寿命为76.11岁，男性为74.07岁，女性为78.21

岁，在世界上已达到很高水平。全年婴儿死亡率为9.53‰，新生儿死亡率为5.98‰，孕产妇死亡率为0.22‰，在世界上属相当低的。

当然，广义的人口质量不仅是个体素质的总和，而且包含个体素质的整合和互动，比如出生婴儿的性别平衡、全市人口年龄结构的整体合理性等。上海市1996年出生婴儿性别比为103属于正常。人口年龄结构则由于历史原因尚处于有的年龄段人口多、有的年龄段人口相当少的峰谷交替的不稳定状况，需要长期努力。

(上海市计划委员会研究所　周祖根)

江苏省

【人口总量略有增长】 1996年，全省年末总人口（常住人口）7 110.16万人，其中男性人口3 610.65万人，占50.78%，女性人口3 499.51万人，占49.22%，人口性别比为103.18。1996年总人口增长率为0.62%，比全国总人口增长率低0.45个百分点。全省人口占全国总人口的比重继续下降，1996 年为5.81%，比1995年下降0.03个百分点。随着总人口增长，全省人口密度继续上升，1996年末为693人/平方公里。

1996年全省净增人口为44.14万人，比1995年减少1.34万人，人口增长率比1995年下降0.02个百分点。净增人口继续减少，增长率持续下降，主要是人口增长的主体——人口自然增长减少所致。但省际间净迁入人口依然呈增加趋势，特别是外省户籍人口大量流入，逐步成为全省人口增长的重要因素。

各地区人口增长率升降有别。1996年虽然全省总人口增长率持续下降，但13个市中部分地区人口增长率略有上升。据人口年报统计，无锡、徐州、常州、南通、连云港、淮阴、镇江和泰州市1996年人口增长率分别为0.38%、0.97%、1.17%、0.13%、1.23%、0.88%、0.58%和0.27%，分别比1995年上升0.18、0.03、0.50、0.13、0.30、0.14、0.27和0.11个百分点，其中常州、连云港和淮阴市人口增长率连续两年上升。其原因是：一是部分地区人口出生率上升，二是部分地区补报了往年漏报的人口数。南京、苏州、盐城、扬州和宿迁市人口增长率下降，1996年人口增长率分别为0.71%、0.21%、0.33%、0.21%和0.85%，比1995年分别下降0.22、0.05、0.03、0.03和0.21个百分点。其中苏州和杨州人口增长率连续两年下降。

【人口自然增长已达到“九五”计划控制目标】 出生人口减少，出生率继续下降。据人口变动情况抽样调查推算，1996年全省出生人口为85.84万人，比1995年减少0.93万人，人口出生率为12.11‰，比1995年下降0.21个千分点，在全国处于低水平行列，比全国人口出生率16.98‰低4.87个千分点，仅高于北京、天津、上海、山东和浙江五省市的出生率水平。人口出生率持续下降的主要原因是：(1) 生育旺盛期的妇女人数继续大幅度减少，1996年20～29岁女性人口比1995年减少36万人，致使出生人口减少，必然促使人口出生率下降。(2) 计划生育工作稳定发展，促使二孩和多孩生育减少。全省出生人口中，一孩比重为87.31%，比1995年上升1.49个百分点；二孩比重为11.34%，比1995年下降1.06个百分点；多孩比重为1.35%，比1995年下降0.43个百分点。(3) 社会经济发展，生活水平、文化水平的稳步提高，促使人们生育观念逐步转变，促进生育行为发生变化，由多生多育逐步转向少生、优生，主动放弃符合政策的二孩生育事例屡见不鲜。

各地区人口出生率波动起伏。据人口年报统计，1996年全省13个市中，南京、连云港和镇江市人口出生率略有上升。其中，连云港市和南京市继1995年上升后，1996年又分别上升1.75和0.33个千分点，镇江市上升0.32个千分点。其余各市都有不同程度的下降，常州、南通、盐城、杨州和宿迁市人口出生率，是在1995年上升的基础上下降的，无锡、徐州、苏州和泰州市出生率则是持续下降。其中常州市、无锡市和南通市下降幅度较大，分别比1995年下降1.63、1.38和1.37个千分点，其余几个市下降幅度不足1个千分点。

死亡人口增加，死亡率上升。据人口变动情况抽样调查推算，1996年全省死亡人口46.64万人，比1995年增加0.44万人，人口死亡率为6.58‰，比1995年上升0.02个千分点。死亡人口增加、死亡率上升，是人口年龄结构老化的必然结果。

1996年全省自然增长人口39.20万人，比1995年减少1.37万人，人口自然增长率为5.53‰，比1995年下降0.23个千分点，已经达到“九五”计划的控制目标。

【人口文化素质不断提高】 识字率继续上升，据人口变动情况抽样调查资料，1996年全省6岁及以上人口识字率为84.09%，比1990年上升4.36个百分点。由于九年义务教育的全面普及以及“希望工程”的实施，学龄人口都能及时入学接受文化教育。1990 年以来，全省广泛地开展扫盲工作并取得明显成效，青壮年文盲大量减少，全省识字人口必然大量增加。高文化水平人口增加。1996年全省每万人拥有各种文化人口为7810人，比1990年增加672 人，其中初中及以上增加792人，而小学减少120 人，说明全省人口文化水平不断提高。

学龄人口在校率提高，全省6～14岁学龄人口在校率为95.27%，比1995年上升0.86个百分点。

同时，未入学和辍学儿童依然存在，1996年6～14岁儿童辍学率为0.48%。辍学儿童中，小学辍学的占75.00%，初中占25.00%。可见，辍学儿童未达到九年义务教育的要求。

【人口城镇化速度加快】 1996年全省行政区划变化较大，建立了泰州和宿迁两个省辖市。撤销原盐城市郊区，建立盐都县。新建1个县级市，即撤县建市。新增县辖建制镇10个，县级市建制镇49个，均撤乡建镇。全省年末共有13个省辖市，43个区，31个县级市，33个县。县辖建制镇284个，县级市辖建制镇621个。1996年末全省市镇人口为1942.46万人，比1995年增加13.44万人，增长0.70%，占总人口比重为27.32%，比1995年上升0.02个百分点。其中市人口为1 328.15万人，比1995年减少3.09万人，减少0.23%，占总人口比重为18.68%，比1995年下降0.16个百分点。市人口减少，主要是因为原盐城市郊区86.87万人，因建制改变不再作为市人口统计。镇人口为614.31万人，比1995年增加16.53万人，增长2.77%，占总人口比重为8.64%，比1995年上升0.18个百分点。如果按调整后的行政区划计算，1996年末全省市镇人口比1995年增长3.95%，占总人口比重上升0.87个百分点，其中市人口增长4.56%，市人口占总人口比重上升0.70个百分点，镇人口增长2.66%，镇人口占总人口比重上升0.17个百分点。

【农业人口向与非农业人口转出率上升】 非农业人口继续快速增长。1996年末全省非农业人口为1846.78万人，比1995年增加89.15万人，增长5.07%，比1995 年增长率高0.38个百分点，占总人口比重为25.97%，上升1.10个百分点。农业人口为5 263.38万人，比1995年减少45.01万人，减少0.85%，占总人口比重为74.03%，比1995年下降1.10个百分点。据人口年报统计，1996年净增非农业人口中，农转非人口占47.36%，说明农转非人口是非农业人口增长的主体，也是社会经济发展和城镇化过程的必然结果。自然增长和机械增长占14.50%，其他各种情况占38.14%。

农业人口向非农业人口转出率继续上升。据人口年报统计，1996年农业人口向非农业人口转出率为7.91‰，比1995年上升1.09个千分点。在农转非的各种人口中，只有招工农转非人口比1995年减少29.29%。招生、征用土地、随军家属、科技干部家属、职工居民家属、落实政策、矿煤井下工人家属、其他等农转非人口都比1995年增加，其中招生农转非增长16.45%，说明社会经济建设对各类人才大量需求，国家继续加大对教育的投人，高、中等教育继续快速发展。征用土地农转非增长25.89%，一方面是经济建设规模不断扩大，需要占用一定的土地，另一方面则是随着经济的迅速发展，城镇化速度加速，城镇规模不断扩大，城镇范围逐步向外扩展，必然要占用土地。煤矿井下工人家属农转非增长2.01倍，科技干部家属农转非增长94.64%，职工居民家庭农转非增长9.12%，落实政策农转非增长11.87%，随军家属农转非增长5.80%，其他农转非增长8.28%。农转非人口中，招生占29.65%，比1995年上升0.34个百分点，征用土地占31.98%，比1995年上升2.74个百分点，两者依然是农转非人口的主体。职工居民家属农转非占11.00%，招工占7.04%，其他各类农转非人口比重相对较小。

(江苏省人口普查办公室　丁贻声　徐国强)

浙 江 省

【人口总量增长速度进一步趋缓】 在各级党委和政府的重视下，全省进一步加大计划生育工作的力度，认真开展“新家庭”计划活动，人口增长势头得到有效控制。1996年末全省户籍人口为4413万人，比1995年增长0.55%，比人口计划控制总量少0.47%。从近几年人口计划执行情况看，浙江省已平稳地度过了第三次人口出生高峰期。

【人口出生率稳中有降，死亡率略有降低】 进入90年代以来，浙江人口出生率缓慢下降。1996年，全省出生人口53.21万人，比1995年减少2.2万人；人口出生率为12.09‰，比1995年下降0.57个千分点。死亡人口28.96万人，人口死亡率为6.58‰，与1995年相比，死亡人口减少0.58万人，死亡率下降0.17个千分点。全省自然增加24.25万人，人口自然增长率为5.51‰，分别比1995年减少1.62万人、下降0.4个千分点。

【人口的迁移和流动日趋频繁，城镇化和非农化水平继续提高】 据省公安厅人口年报资料，1996年浙江省迁移变动人口总数为113.03万人，占当年总人口的2.56%。与1995年相比，迁移人口总数增加8.04万人，增长7.66%。在迁移人口中，迁入57.91万人，占迁移量的51.23%，迁出55.12万人，占迁移量的48.77%，迁入迁出相差2.79万人。其中迁往省外6.78万人，比1995年增加0.44万人，增长6.94%。另据1995年1%人口抽样调查资料推算，浙江省外出本乡、镇、街道半年以上的人口和外来本乡、镇、街道居住半年以上的流动人口已达700万人。

1995年，全省居住在城镇地区的人口已达到1 405万人，占总人口的比重已由1990年的31.17%上升到32.58%，上升了1.41个百分点。此外，1996年全省非农业人口为829.92万人，比1995年增加27.43万人，增长3.42%，而农业人口仅增长0.09%，非农业人口的增长速度大大高于农业人口的增长速度。

【人口受教育程度显著提高，但仍低于全国平均水平，教育投入有待于进一步加大】 根据1%人口抽样调查数据推算，1995年浙江省每10万人口中接受各种教育的人数分别为：大专及以上1 477人，高中8 004人，初中28 643人，小学（包括扫盲班）41 177人，分别比1990年上升306人、983人、4 877人和1 517人。文盲、半文盲人口已由1990年的723.6万人下降到574万人，减少149.6万人，文盲、半文盲占总人口的比重也由17.61%下降到13.32%，下降4.29个百分点。与全国相比，大专及以上少588人，高中少278人，初中多1 360人，小学多2736人，文盲率高1.31个百分点。综合来看，浙江人口受教育程度低于全国平均水平，与浙江国民经济快速发展的状况不相协调，需要从多方面加以重视。

【人口年龄结构已进入老年型，人口老龄化速度加快，老年抚养系数上升】 1995年浙江省少年儿童（0～14岁）人口占总人口的比重由1990年的23.29%下降到21.74%，下降1.55个百分点；65岁及以上老年人口占总人口的比重由1990年的6.83%上升到8.65%，上升1.82个百分点；老年人口与少年儿童之比由1990年的29.32%上升到39.77%；人口年龄中位数由1990年的27.74岁提高到32岁。衡量人口年龄结构类型的四项指标均已达到老年型标准。此外，从1990年7月1日～1995年10月1日5年零3个月的时间内，总人口增长4.03%，年平均增长率为7.56‰，而老年人口增长31.97%，年平均增长率为5.43%，老年人口的增长速度大大快于总人口的增长速度，人口老龄化有加快的趋势。与此同时，少儿抚养比下降，老年抚养比上升。1990年少儿抚养比为33.32，老年抚养比为9.77，到1995年少儿抚养比下降到31.23，下降2.09，老年抚养比则上升到12.42，上升2.65。

【家庭户规模继续缩小，核心家庭占主导地位】 由于计划生育工作的不断深化和完善，人口出生率的下降，以及人们生育观念，家庭观念的转变和住房条件的改善等各方面的原因，使现代家庭的规模不断向小型化方向发展。1995年，全省家庭户平均规模为3.24人，比1990年缩小0.22人。其中一人户占9.20%，二人户占18.21%，三人户占40.65%，四个户占19.04%，五人及以上的户占12.90%。从家庭户结构来看，一对夫妇与未婚子女所组成的核心家庭占主导地位，占50.16%。

【计划生育工作取得较大成绩，圆满完成各项计划生育工作指标】 根据省计划生育委员会年报资料，1996年全省综合节育率为92.35%，略高于1995年，出生人流比为0.28，计划外怀孕率为1.69%，均低于1995年同期水平。计划生育率为95.51%，比1995年上升1.05个百分点。独生子女领证率为22.89%，比1995年下降0.44个百分点。

全省出生婴儿中，一孩率为74.12%，二孩率为25.08%，多孩率为0.80%。与1995年相比，一孩率略有上升，二孩率略有下降，多孩率降幅明显。其中一孩计划内出生占76.80%，二孩计划内出生占87.22%，多孩计划内出生占34.90%。

1996年，全省总和生育率为1.3左右，比1995年的1.4有所下降。90年代以来，浙江的总和生育率一直处于较低的水平，并继续缓慢下降。

1996年全省女性初婚人口共有35.39万人，比1995年增加6.13%。其中早婚1 879人，早婚率0.53%，上升0.13个百分点；晚婚25.93万人，晚婚率为73.28%，下降0.4个百分点。

（浙江省统计局　季　南）

安徽省

【人口自然增长速度平稳下降】 1996年末全省总人口为6070万，年净增57.4万人，比1995年少增加0.6万人，是1990年以来人口净增量最少的一年。人口自然增长率为9.5‰，比1995年下降了0.16千分点，低于全国平均水平0.92个千分点。1996年全省出生96.7万人，出生率为16.00‰，低于全国0.98个千分点，居全国第15位。比本省1995年下降了0.07个千分点，下降的幅度不大，却是自1990年后的几年来人口出生率持续下降、人口控制力度不断加强的结果。

【育龄妇女增量减少，女性早婚率上升，但初育年龄并未随之攀升】 安徽人口从“七五”期间进入第三次生育高峰，“八五”期间正处于高峰期，至1992年达到峰顶后增势趋缓。1996年15～49岁育龄妇女为1 620.5万，占总人口比重26.7%，比1994年增加18.5万，占总人口的比重仅下降0.2个百分点。但是，20～29岁生育旺盛期妇女只有615万，占育龄妇女比重37.9%，比1994年的40.4%，下降了2.5个百分点，生育旺盛期妇女绝对人数比1994年减少33万，这个年龄组人数的减少对减少出生人口具有举足轻重的意义。育龄妇女生育率由1994年的61.8‰降到59.7‰，降低了2.1个千分点。1996年不满22周岁男性早婚率为5.5%，比1994年降低1.3个百分点。而不满20周岁的女性早婚率却大幅度地上升到13.7%，比1994年高出12.5个百分点。不过，育龄妇女平均初育年龄并未因此而上升，1996年为24.3岁，比1994年的24.4岁稍有降低。1996年25岁及以上男性晚婚率为46.1%，低于1994年2个百分点。23岁及以上女性晚婚率为66.1%，低于1994年1.3个百分点。早婚率的上升和晚婚率的下降给婚姻管理和计划生育工作增添了难度。

【死亡率略有上升】 自1990年以来，安徽人口死亡率时升时降，但变化幅度不大，一直在

6.5‰左右波动。1996年全省死亡人口39.3万人，比1995年增加1.3万人。比1994年下降0.36个千分点，比1995年上升0.09个千分点，低于1996年全国平均水平0.06个千分点。

【外出流动人口继续增加，结构和流向均有新的变化】 安徽是全国流动人口的主要流出省份之一，1994年全省外出一个月以上的流动人口为320万，1995年外出半年以上流动人口为340万，1996年外出一个月以上的流动人口增加到383.7万，占全省总人口的6.32%,与同一口径的1994年比增加了64万，增加了19个百分点。1996年外出一年以内的流动人口为304.6万，占全部外出流动人口的79.38%,外出一年以上的为79.1万，占20.62%,与1994年比，外出一年以内流动人口增多，外出一年以上人口减少，它们之间相差3.6个百分点。从事经济活动的人口占流动人口的绝对多数，在外出一年以内流动人口中，务工的255.4万，经商的24.48万，二者合计279.8万，占91.8%,其它因学习培训、探亲访友、旅游、出差而外出流动的总共才24.8万，仅占8.2%。与1994年比，务工经商在流动人口的比重上升了20.3个百分点，表明经济动机是引发外出流动的主要因素，务工经商是流动人口的主流，而农村人口又是流动人口的主体。农村人口外出动因较为单一，比城镇人口更集中在经济需求上。流动人口在流出地的分布也比较集中，全省16个地市中，安庆、阜阳、六安、巢湖四个地市合计为249.0万，占全省外出流动人口的64.9%,1994年流出人口最多的也是这四个地市，合计占该年流出总量的63.7%,低于1996年1.2个百分点。它们各自的流量在两个年份的排序相同，流量最大的是阜阳市，其后依次是安庆市、巢湖地区、六安地区。外出流动距离明显拉长，以流向外省市为主。1996年外出一年流动人口中，在本县市流动的仅29.5万，占9.68%,比1994年下降4.5个百分点，流向本省其它县市的39.1万，占12.82%,在流向本省的人口减少的同时，流向外省市的人口却增加到了234.0万，占流动人口的77.5%,比1994年增加8万人，上升了6.5个百分点。其中流向江苏、上海、浙江三省市的就有148.0万，占流向外省市总数的62.7%。

【人口受教育状况明显改善，进一步提高文化素质的任务仍然艰巨】 自1992年以来，在全省经济快速增长的同时，教育事业受到重视，实行多种形式办学，各级各类学校蓬勃兴起，接受各种程度教育的人口不断扩大。1996年全省每10万人拥有各种教育程度的人口比1994年均有增长，接受大专以上教育的由893人增加到1 244人，增加了351人；接受高中教育包括职业高中和相当于普通高中的中专，由4 801人增加到5 662人，增加了861人；接受初中教育的由24 875人增加到27 339人，增加了3 064人；接受小学教育的由36 114人增加到36 641人，增加了527人。其中，接受初中教育人口增长幅度最大，而初中这个阶段在以往恰恰又是难以继续升学和容易中途辍学的，由此反映了普及九年制义务教育实施的力度和效果。1996年全省7～12岁小学学龄人口在校率为97.11%,13～15岁初中学龄人口在校率为82.93%,16～19岁高中学龄人口在校率为23.86%,三个年龄段的在校率依次递减，但是小学、初中都数倍于高中，一方面反映了普及九年制义务教育工作的成效，另一方面反映了各类高中阶段教育有待扩大。安徽省“九五”发展纲要提出到2000年小学适龄儿童入学率要达到99%,初中阶段适龄少年入学率要达到95%以上，要实现这个目标，任务是很艰巨的，尤其是初中阶段。1996年7～12岁人口为694.8万，平均每个年龄段115.8万，13～15岁人口为294.4万，平均每个年龄段98.1万，低于小学平均年龄人口17.7万，估计到本世纪末不会有多大的增加，有利于减轻“九五”期间普及初中教育的人口压力。1996年全省15岁以上文盲人口为895.63万，文盲率为20.11%,文盲率比1994年下降7.77个百分点，文盲人口绝对数减少了322.8万人。1996年全省15～39岁的青壮年文盲率4.03%,比1994年下降6.6个百分点。文盲人口中女性占多数，1996年女性青壮年文盲率6.5%,比1994年下降10.73个百分点，而同期男性下降了2.63个百分点，女性降幅五倍于男性。但要看到女性文盲人口在男女合计文盲人口中仍占有67.76%,全省还有83.3万青壮年女性人口，扫盲工作仍然任重道远。

【劳动年龄人口和就业人口总量明显增加，占总人口的比重前者略有下降后者略有上升】 1996年男16～59岁、女16～54岁劳动年龄人口合计为3 604万，占总人口比重59.4%。劳动年龄人口与1994年比总量增加21万，占总人口比重下降0.8个百分点。劳动年龄人口总量将继续增长，占总人口的比重由于外出一年以上人口的增加和年龄结构的变动如老年人口比重的增加而有所降低。1996年全省就业人口3 757.8万，占总人口的比重61.91%。比1994年就业人口增加177.6万，增加了1.79个百分点。可能与企业转换经营机制，一部分在业职工的失业下岗有关。二、三产业比重比1994年稍有下降，分别为0.43和0.11个百分点。第一、二、三产业的比重依次为78.69%、9.30%、12.01%,由90年代初的一、二、三传统顺序转变为一、三、二，产业结构趋向优化。

（安徽省统计局人口处　孙义伦　聂权法）

福建省

【人口增长速度明显趋缓】 1996年末福建省总人口为3 261万人（不包括金门、马祖等岛屿人口，下同），比1995年增加24万人，增长了0.94%。1996年人口出生率为13.22‰，死亡率为5.94‰，自然增长率为7.28‰。与1995年比较，人口出生率、自然增长率分别下降1.98和2.02个千分点，死亡率上升0.04个千分点。全年出生43万人，比1995年少生5.8万人。福建省深入开展争创全国先进活动经过三年时间计划生育工作水平不断提高，全省上下各级党政一把手亲自抓、负总责，齐抓共管局面已逐步形成。同时增加计划生育经费的投入，全省人均计划生育投入由1990年的1.63元提高到1995 年的4.06元。“八五”期间平均每年的人口自然增长率下降0.89个千分点，人口出生率和自然增长率已连续五年下降，“九五”开局之年人口控制又取得明显成效，总人口的增长速度已明显趋缓。

妇女总和生育率由1990年的2.5降至1995年的1.6,1996年又下降至1.4。分年龄的妇女生育率的变化趋势更为明显，为低年龄早育人数大大减少。15～19岁组的生育率1990年高达43.8‰，1995年降至8.4‰，1996年又降至2.5‰；20～24岁妇女的生育率稳中有降。1996年为137.4‰，比1995年下降52个千分点，降幅为27.5%;规定允许生育二孩的部分育龄妇女四年间隔期陆续期满，相应生育年龄的妇女生育率略有回升。25～29岁组妇女生育率由102.2 ‰上升至119.7‰，30～34岁组的妇女生育率由16.6‰，上升至19.5‰；35岁以上的妇女有生育的比重已极小，妇女结束生育的年龄不断前移。

育龄妇女的生育孩次结构继续呈一孩率上升、多孩率下降的趋势。1996年一孩率为70.4%,二孩率为26.3%,多孩率为3.3%,与1995年相比，一孩率上升5.7个百分点，二孩率、多孩率分别下降2.3和3.4个百分点。

【流动人口大量增加】 90年代以来，福建省公安部门人口统计，带户口迁移的人口数量为迁出大于迁人，但是在流动人口中，则是流入量大于流出量。根据公安部门人口统计年报，1996年户籍迁移人数为76.3万人，占总人口的2.3%。省内迁移人口中，迁入35.5万人，迁出27.0万人，省际迁移中，外省迁入5.9万人，迁至省外8.0万人，二者相抵，净迁出2.1万人。

1996年人口抽样调查，常住地与户籍管理所在地分离（跨乡、镇、街道的）人口占调查人数的7.1%,人数约230万人。

据1996年11月省计划生育委员会流动人口调查统计，流入人口中已在现居住地居住1个月以上且有长期居住趋势的人口有121.1万人，其中外省流入62.2万人，占51.4%;离开户籍登记地（常住地）1个月以上的有70.3万人，其中流到外省的28.8万人。省际间不迁移户口的流入流出人口相抵，净流入33.4万人。随着社会主义市场经济的发展，不迁移户口的异地务工经商现象日益增多，人口流动也愈趋频繁。当前人口的流向呈由内地山区向沿海开放地区，由经济落后地区向经济发达地区的发展态势。流动人口中育龄妇女的管理已成为计划生育工作的薄弱环节，其外出的原因除务工经商外，还有一定数量是以逃避计划生育为目的，计划外生育有相当部分产生于流动人口的管理失控。

【人口受教育程度提高】 1996年福建6岁及以上人口中，受过小学教育的人口占47.7%,初中的人口占25.1%,高中的占7.8%,受过大专以上教育的占1.5%。初等教育继续加强，受过小学以上教育人口所占比重比1995年上升1.3个百分点，人口的文化素质整体上有所提高。

1996年15岁及以上人口的文盲率为21.2%,其中男性文盲率为9.4%,女性文盲率为32.9%,15～44岁青壮年文盲率为9.7%。近几年普及九年义务制教育和农村大力开展扫盲工作，文盲率将进入迅速下降的时期。

【人口年龄结构趋于合理，劳动力资源丰富】 据1996年人口变动情况抽样调查，全省人口中男性占50.6%,女性占49.4%,性别比为102.5,基本属于正常范围。由于福建外出流动的人口中男性占2/3以上，流入人口中女性比重相对较大，因而抽样调查的人口性别比低于按常住户口统计的人口性别比。

传统大家庭分化是经济迅速发展的必然结果，福建省的家庭户规模呈逐渐缩小趋势。1996年家庭户户均人口为4.0人，比1990年减少0.4人。两代人家庭成为家庭户的主体，占家庭户总数的60.1%;三代及三代以上户占21.3%,呈逐步下降的趋势；单身户、一对夫妇户和其他户分别占6.3%、7.0%和4.5%,单身户和一对夫妇户的比重略有上升。

福建省婚姻关系稳定，1996年15岁及以上人口占总人口的比重为70.5%,其各种婚姻状况的构成如下：有配偶的人口71.0%,其中属于初婚有配偶的占97.8%,属于再婚有配偶的占2.2%;未婚人口21.4%,离婚0.7%,丧偶6.9%;丧偶与离婚比重都很小，大多数人口的家庭婚姻关系稳定。

1996年福建省的劳动适龄人口（男16～59岁、女16～54岁）为1 855万人，占总人口的比重为56.9%,今后的十年将是劳动力资源最为充沛的时期，平均每年将有60多万青年进入劳动年龄，而退出劳动年龄的老年人口不过20余万人，丰富的劳动力资源为福建的经济发展和产业结构调整提供了极好的机遇，同时也带来不小的就业安置压力。

1996年福建人口的年龄结构趋于合理：0～14岁人口占29.5%，15～64岁人口占63.7%，65岁以上人口占6.8%,与1995年相比，0～14岁人口比重下降0.5个百分点，65岁以上人口比重上升0.3个百分点。老年人口比重的上升和少儿比重的下降，使抚养系数发生新的变化。总抚养系数为

56.9%，少儿抚养系数为46.2%，分别比1995年下降0.6和1.1个百分点；老年抚养系数为10.7%，比1995年上升0.5个百分点。福建的人口年龄结构已形成十分有利于经济发展的黄金结构，丰富的劳动力资源和较低的社会负担系数，将会对社会发展和经济建设产生积极的推动作用。

据公安人口统计年报，1996年末福建非农业人口为615.3万人，比1995年增加24.9万人，增长4.2%，占总人口的19.2%；农业人口2 578.1万人，比1992年增加3.9万人，增长0.2%，非农业人口的增长速度高于农业人口。

（福建省统计局人口处　江　林）

江西省

【人口增长速度实现由高到低的转化】　1996年，江西省人口为4 105.46万人，比1995年增加42.92万人，增长1.06%，同期全国人口增长率为1.04%，江西省仅高于全国0.02个百分点。建国后，江西省人口总量经历了迅猛增长的时期，1949～1980年的31年间，总人口由1 314.04万人增加到3 270.20万人，年平均增长率达到2.98%，比全国的增长率高1.03个百分点；80年代后，江西省认真贯彻执行计划生育基本国策，采取了一系列行之有效的措施控制人口增长，取得显著成效，"八五"期间人口年平均增长速度由"七五"时期的1.66%下降为1.29%，比全国水平高0.13个百分点；1996年，在此基础上又进一步下降，表明江西省人口增长实现了平稳发展，增长速度稳步降低。

【人口出生率持续下降】　由于江西省人口控制工作起步较晚，90年代以前，人口出生率在全国一直处于较高水平。1949～1976年，大部分年份的人口出生率均在30‰以上。随着改革开放的深入发展，人口出生率得到有效控制，1979～1990年人口出生率年平均为21.83‰。进入90年代后，江西省建立了人口目标管理责任制，要求各级党政一把手亲自抓、负总责，实行计划生育"一票否决权"，人口出生率不断下降，1995年人口出生率为18.94‰，比1990下降5.65个千分点。1996年初，江西省委、省政府从可持续发展战略出发，进一步加大了人口控制力度，要求各地继续坚持"三不变"、"三为主"、"三结合"的原则，强化措施，加大力度，使计划生育工作再上新台阶。据江西省1996年人口变动情况抽样调查，1996年江西省人口出生率为17.53‰，人口死亡率为7.02‰，人口自然增长率为10.51‰，比1995年人口出生率下降了1.41个千分点，达到了预期目标。

【家庭规模进一步缩小】　1996年，江西省总户数为961.13万户，比1995年增加18.89万户；家庭户平均规模为4.27人，比1995年的4.31人减少0.04人；家庭户规模以3～4人户为最多，占总户数的55.30%，其次是五人户，占16.65%；家庭户类别以二代户为最多，占总户数的65.52%，三代户次之，占18.48%。和1995年相比，家庭户规模缩小，家庭户类别变化不大。家庭户规模缩小，是人口控制工作取得成效，家庭户拥有子女数量减少的结果，它有利于人们在市场经济条件下，适应生活节奏加快、竞争激烈和择业机会增多的需要。

【受教育的人口比例有所提高】　1996年，江西省受教育的人口占总人口的比例为78.53%，比1995年的74.08%上升了4.45个百分点；文盲、半文盲人口（15及15岁以上不识字或识字很少的人）占总人口的比例由1995年的12.75%下降为11.96%，下降幅度为0.79个百分点。江西省人口文化素质逐步提高，是江西省坚持实行"科教兴赣"的战略，认真执行九年制义务教育，办好各个层次、各种类型学校，狠抓"两基教育"取得的显著成果。

【婚、育观念向现代型转变】　随着经济和社会的发展，人们的价值观念在不断更新，传统的婚姻、生育观念也在发生变化，优生优育和晚婚晚育的思想正被越来越多的人们所接受。1996年江西省15～19岁早婚率为0.94%，比1995年的1.69%下降了0.75个百分点；15～24岁未婚率为78.50%，比1995年上升3.62个百分点。同时，江西省育龄妇女平均初育年龄进一步推迟，由1995年的24.36岁上升为24.83岁。分孩次生育状况也发生了较大变化，和"七五"期末相比较，一孩生育率上升4.11个千分点为44.53‰，二孩生育率下降12.48个千分点为17.37‰，三孩及三孩以上生育率仅有2.78‰，下降了19.92个千分点。

【人口抚养系数继续下降】　1996年，江西省0～14岁少年儿童占总人口的27.86%，65岁以上老年人口占6.92%；少年儿童抚养系数为42.29%，老年人口抚养系数为10.51%，总人口抚养系数为52.80%。90年代以来，由于出生人口数量下降较快，老年人口虽有所增加，但数量有限，江西省抚养系数呈持续下降的趋势。1990年，总人口抚养系数为58.38%，少年儿童抚养系数为50.33%，老年人口抚养系数为8.05%；1995年与1990年相比，总人口抚养系数下降1.04个百分点，其中少年儿童抚养系数下降2.99个百分点，老年人口抚养系数上升1.95个百分点；在1995年的基础上，1996年老年人口抚养系数虽上升0.51个百分点，但总人口抚养系数和少年儿童抚养系数分别下降4.54和5.05个百分点。抚养系数的下降，为经济的发展创造了有利的人口条件。

（江西省统计局　李　兵）

山东省

1996年，山东省总人口达8 738万人，较1995年增加33.5万人，总人口增长速度为0.38%，人口规模在全国仍居第3位。人口出生率为10.60‰，死亡率为6.76‰，自然增长率为3.84‰。与1995年相比，人口出生率、自然增长率分别回升了0.78和0.49个千分点，死亡率上升了0.29个千分点。据此推算，1996年全年出生92.4万人，较1995年的85.3万人增加了7.1万人，比年度人口出生计划少生了15.8万人，“九五”开局人口控制工作有了良好的开端。1996年全省人口增长继续呈现结构性回升，但人口出生率、自然增长率仍处于较低水平，并逐渐显示出人口老龄化进程加快、人口城镇化水平提高等人口发展特征。

【人口增长继续保持低速稳步态势】 1996年，山东人口控制工作在继续深入贯彻党中央、国务院关于计划生育工作的各项方针、政策的基础上，紧紧围绕省委、省政府《关于进一步加强计划生育工作的决定》精神和计划生育工作向高层次、新水平发展的要求，努力实现计划生育工作由行政管理为主向管理与服务相结合的工作方式转变；由社会制约为主向社会制约与利益导向相统一的工作体制转变。与此同时，坚持“三不变”，继续认真实行人口与计划生育目标责任制，继续加强基层基础工作，积极推进规范化、系列化管理，全面落实“三为主”，积极推进“三结合”。由于各级党委、政府坚持齐抓共管、综合治理，加快了计划生育工作方式和工作机制的转变，使山东人口控制的力度不减，保持了稳步提高的发展势头。

1.计划生育工作质量稳步提高。1994年以来，全省已基本实现了按政策怀孕、持证生育的良好风气，计划生育的工作水平和质量稳步提高。1996年20～29岁新婚未育妇女生第一孩的比例为13.39%(孩次递进比)，比1995年同期仅回升1.22个百分点；30～40岁已有一孩生育第二孩的妇女比例为4.84%，比1995年同期低了0.5个百分点，山东的人口控制能力保持了1995年的水平，与北京、上海的人口控制水平基本持平。

2.农村的早婚早育现象得到有效遏制。近几年，山东高度重视晚婚晚育工作，人口控制工作的力度不断加大，特别是占总人口80%的广大农村，早婚早育现象得到有效遏制，广大农村妇女的婚育年龄逐年提高。1995年农村育龄妇女的平均初婚年龄为24.57岁，比1990年的22.80岁提高了1.77岁，于1991年进入晚婚年龄。1996年，农村育龄妇女的平均初婚年龄为24.58岁，与去年基本持平。与此同时，农村育龄妇女的平均初育年龄也随之推迟，由1990年的24.09岁推迟至1993年的25.09岁，进入晚育年龄，1995年为26.21岁，1996年达到26.23岁，1996年较1995年略有提高。由此说明，山东农村控制早婚早育的能力有了明显提高。1993年起，全省广大农村育龄妇女的婚育年龄已进入晚婚晚育行列。

3.孩次构成相对稳定，多孩生育进一步下降。通过对近几年山东出生人口的孩次分布状况进行分析，发现山东人口的孩次分布相对稳定，多孩生育不断下降。1994年，山东育龄妇女的“生育空档”现象表现尤为突出，一孩率相对较高为75.27%，二孩率相对较低为22.32%;1995年，育龄妇女“生育空档”的影响已开始减弱，人口出生开始显现回升端倪，计划内二孩增加，二孩率回升至24.47%，一孩率相对降低为73.83%;1996年，育龄妇女“生育空档”的影响基本消失，计划内二孩继续增加，二孩率回升至25%，且随新婚育龄妇女的增加，一孩率也略有回升，为74.21%。另外，随着计划生育工作的深入开展，多孩生育一直呈下降趋势，由1994年的2.41%下降到1995年的1.7%，进而下降到1996年的0.79%。

【人口的结构性回升继续显现】 90年代以来，山东人口发展中出现的育龄妇女“生育空档”现象，对实现人口的低速稳步增长起了重要作用。1995年，育龄妇女“生育空档”对人口出生水平的影响开始减弱，人口出生初现回升端倪。1996年，育龄妇女“生育空档”的影响基本消失，人口的结构性回升继续显现。据人口调查，1995年10月1日零时，近5年新婚未育，按政策应在1996年调查年度安排一孩生育的育龄妇女比重为3.74%，比1994年上升了0.43个百分点；已有一个女孩且年龄在30～39岁，按政策可在1996年调查年度安排二孩生育的育龄妇女比重为4.17%，比1994年上升了0.44个百分点。可以看出，1996年调查年度内应安排一、二孩生育的妇女人数增长趋势十分明显，可按政策安排一、二孩生育的育龄妇女比重回升了0.87个百分点，使政策允许生育的育龄妇女人群增加21.3万人。说明在近几年山东人口发展过程中影响面广泛、程度深的育龄妇女“生育空档”现象已基本消除，在客观上形成了人口增长显现结构性回升的环境，导致1996年在人口控制力度不减的情况下，人口出生率有较大幅度的回升。

【人口老龄化问题日益趋突出】 始于1991年的人口低速稳步增长，使山东人口老龄化进程加快。1995年，山东人口年龄构成已进入“老年型”，全省65岁及以上老年人口约有646.7万人，占总人口的比重为7.43%。1996年，全省65岁及以上老年人口增至667.6万人，比1995年增加了20.9万人，占总人口的比重为7.64%，比1995年上升了0.21个百分点。由于受1996年人口结构性回升的影响，老年人口年均增长幅度较整个“八五”时期的年均水平略有回落，但人口年龄构成依然日趋老化，并且随着时间的推移和人口出生率的逐渐稳定，人口年龄构成老化将逐渐加速。据预测，全省65岁及以上老年人口占总人口的比重从7%上升到14%，大约需要22年左右的时间，全国平均大约需要30年左右的时间，这一人口老化速度不仅较全国平均水平快8年，而且也远远快于世界上一些经济发达国家，快于法国的115年，瑞典的85年，美国的75年，西德和英国的45年，并且也快于人口老化速度较快的日本（26年）。就山东而言，目前所要面对的不仅仅是人口老化速度的加快，社会经济发展对老年人口的负担加剧，更为严峻的课题是在经济实力尚不雄厚的前提下，如何迎接人口老龄化的挑战。老年人口的大量增加，使老年人的需求与社会供给发生了尖锐的矛盾，将给国家财政和社会经济的发展带来困难，影响社会经济的发展速度和规模，使以家庭养老为主的传统模式受到严峻挑战。人口快速老化将带来一系列社会、经济问题，政府领导应予足够重视，早做打算，各有关部门应拿出切实可行的办法，认真研究人口老龄化问题，努力做好这方面的工作，解决好人口老龄化给社会带来的诸多问题。

【人口城镇化进程明显加快】 1996年，山东省人口城镇化率为33.89%，较1995年的31.94%提高了1.95个百分点，高于“八五”时期的平均增幅。这说明山东省近几年人口城镇化进程逐渐加速，显示了农村劳动生产率的提高，对农民的“良性推力”进一步加大，使大量的农村剩余劳动力流向非农产业，流向城镇，加速了城镇化的发展。另外，拌随着社会经济环境的改善和第三产业的发展所形成的城镇“拉力”以及城镇规模的自我扩张，同样也诱发农民进城务工经商，进一步加速城镇化进程。

（山东统计局人口与就业处　李然青　费世宏）

河南省

【总人口低速增长、出生率稳中略降】 据1996年人口变动情况抽样调查结果推算，河南省1996年底总人口为9 172万人，比1995年的9 100万增加72万人，是1990年以来总人口增长最少的一年。1991年增加114万人，1992年增加98万人，1993年增加85万人，1994年增加81万人，1995年增加73万人，人口增长速度趋缓，河南省已进入人口低速增长阶段。

据推算，1996年出生人口130万人，出生率为14.28‰，比1995年的14.41‰下降了0.13个千分点，低于16.98‰的全国平均水平。

总人口低速增长，出生率稳中略降，主要原因：一是进一步加大了计划生育的工作力度。自1991年以来，根据党中央、国务院的决定，计划生育工作实行党政一把手亲自抓、总负责、层层建立目标责任制，各级党委对计划生育工作的领导力度普遍加大；二是婚育观的变化。随着经济的发展，尤其是计划生育工作逐步落实“三为主”、推广“三结合”，计划生育与群众的实际利益联系紧密，群众的婚育观念有所转变。使河南人口的婚育状况大为改变，妇女生育水平显著下降。具体表现在以下几个方面：

第一，育龄妇女生育水平降低。育龄妇女的一般生育率为46.91‰，比1990年的97.30‰下降了50.39个千分点。总和生育率下降幅度较快，由1990年的2.90下降到1996年的1.62。

第二，计划生育率明显提高，多胎生育得到有效控制。1996年，计划生育率达88.15%，比1995年同期提高3.15个百分点。与此同时，多胎生育得到有效控制，1996年人口抽样调查多孩率为2.58%，比1995年下降了1.35个百分点，比1990年下降了16.42个百分点。

【人口年龄结构老龄化，就业和养老两大问题突出】 从1996年人口抽样调查结果看，人口年龄结构发生很大变化。0～14岁少年儿童占总人口的比重已由1990年的29.29%降至1996年的27.75%，15～64岁人口和65岁以上人口占总人口比重分别为65.35%和6.90%，比1990年上升0.46和1.07个百分点。

人口年龄结构的变化呈现出一少两多的现状，即少年儿童人口比重减少，劳动年龄人口和老年人口比重逐年增多，这就带来了就业需求量的增大和就业岗位不足的矛盾，同时，老年人口增多而带来的一系列社会问题日益突出，而河南省人口老龄化是在其经济发展水平比较低，物质文化生活条件不高的情况下来临，它的发展变化也将对经济、社会发展产生重大的影响。这就需要有关部门统筹规划，合理安排劳动力资源，建立和完善老年人口的养老保险制度，缓解老年人口的后顾之忧，实现“老有所养、老有所为”。

【家庭户规模小型化，户均人口继续下降】 社会和经济的发展导致家庭规模向小型化发展。1996年人口变动抽样调查结果，三人户和四人户是家庭户的主体，占家庭户的52.68%，比1990年上升7.22个百分点，家庭户均人口为4.22人，比1990年减少0.35人。家庭规模缩小，户均人口继续下降，这是今后一段时期内家庭构成的特点。由于家庭规模缩小带来了城市住房、基础设施等城市建设的问题，如何规划投资建设功能齐全、布局合理、适合小家庭的居民住房，并应配备综合服务功能的设施，需要有关部门超前考虑。

【人口形势不容乐观】 1996年控制人口增长

取得较好成效。但人口形势仍很严峻。因为河南人口基数大，目前已成为全国第一人口大省，部分群众的传统观念仍未根本转变，流动人口增多，给计划生育管理带来一定难度，还存在着极大的不稳定因素。如果稍一放松，人口还将可能出现反弹，今后要稳定政策，保持政策的连续性，长抓不懈，做好群众的宣传教育工作，转变群众生育观念，继续加大计划生育工作力度。人口增长形势依然严峻，不能有丝毫放松。

(河南省统计局人口与就业处　张曼苹)

湖北省

【人口出生率稳中有降】　据在32个县(市、区)进行的人口变动情况抽样调查结果表明，湖北省1996年度人口出生率为16.08‰，死亡率为6.93‰，自然增长率为9.15‰。据推算，本年度全省共出生93.24万人，死亡40.18万人，净增人口53.06万人，年末总人口为5825.13万人。

90年代以来，湖北省人口出生率呈下降趋势。1990年为21.60‰，1993年20.04‰，1994年18.17‰，1995年进一步下降为16.18‰。1996年与1995年相比，人口出生率稳中有降。人口出生率的变化，首先是这一时期计划生育工作力度加大，特别是1994和1995年湖北省委、省政府相继决定实行计划生育“一票否决权”和对县市进行计划生育目标考核管理，明确将计划生育同干部选拔任用联系起来，大大强化了各级领导干部的责任感、紧迫感，从而较好地控制了人口过快增长。其次是这一时期虽处于第三次生育高峰期，但各年份生育旺龄妇女占育龄妇女的比重以1992年最高，随后逐渐降低。据人口普查资料测算，1992年21～29岁生育旺龄妇女占全部育龄妇女人数的36.13%,1993年降至35.08%,1994和1995年又分别降到34.29%和33.24%。1996年育龄妇女人数达到1 577.24万人，比上年度增加13.92万人；生育旺龄妇女人数为506.34万人，占育龄妇女人数的32.10%。再次，各年份女性初婚人数也逐年减少。据计划生育部门统计资料，湖北1992年初婚女性人口为43.62万人，1993年为38.85万人，1994年为36.71万人，1995年为33.31万人。生育旺龄妇女和初婚女性人口的变动是人口出生率变动的内在原因。

据人口普查资料，1989年湖北省育龄妇女总和生育率为2.51。至目前，1995年和1996年总和生育率均保持在1.70左右，低于总人口更替水平(2.10),处于低生育时期。

【人口年龄构成加速转向老年型】　随着人口总量的变化，人口年龄构成也发生了变动。据抽样调查结果，1996年调查的总人口中，0～14岁少年儿童占26.98%,比1990年人口普查时低1.47个百分点；15～64岁劳动年龄人口占66.54%,比1990年高0.49个百分点；65岁及以上老年人口占6.48%,比1990年高出0.98个百分点。

人口年龄结构变动的一个显著特点是老年人口增长迅速，人口老化速度加快。据调查资料推算，1996年调查时，湖北有65岁及以上老年人口376.89万人，同1990年的296.77万人相比，6年3个月间增长27.00%,平均每年增长3.90%,大大快于同期全省总人口1.15%左右的年均增长速度；老年人口在总人口中所占比重达6.48%,比1990年的5.50%提高近1个百分点，而1982～1990年的8年间，老年人口比重仅提高0.50个百分点。老年人口在总人口中的比重已接近国际通用7%的老年型人口标准，湖北省人口年龄结构正加速向老年型人口转化。

老年人口大量增加，加重了社会经济负担。据计算，1996年劳动年龄人口负担老年系数比1990年上升1.40个百分点，即每100名劳动年龄人口多负担1.4个65岁及以上老年人口。

【人口文化素质显著提高】　据人口抽样调查资料，1996年湖北省总人口中接爱过小学及以上文化教育的人口占77.84%,比“八五”期初的1990年提高8.40个百分点。其中小学文化人口由1990年的35.86%提高到37.80%,初中文化人口由23.16%提高到27.82%,高中文化人口由8.87%提高到10.13%,大专及以上文化人口由1.57%提高到2.09%。若将各种文化人口受教育年限分别规定为大专及以上15年，高中11年，初中8年，小学4年，即计算出1996年湖北省6岁及以上人口平均受教育年限为5.67年，比1990年的5.19年提高0.48年。

同1990年相比，女性人口文化素质提高的幅度大大高于男性人口。1996年湖北男性人口中受过小学以上教育的占83.09%,比1990年提高6.58个百分点，上升幅度为8.60%;女性人口中受过小学以上教育的占72.35%,比1990年提高10.42个百分点，上升幅度为16.83%。1996年全省男性6岁及以上人口平均受教育年限为6.34年，比1990年提高0.37年；女性6岁及以上人口平均受教育年限为4.98年，比1990年提高0.62年。

学龄人口在校率大幅度上升。1996年7～18岁学龄人口在校率为79.67%,其中7～15岁义务教育年龄段人口在校率达到90.94%,分别比1990年人口普查时的68.43%和86.01%提高11.24和4.93个百分点。

尽管义务教育工作取得显著成绩，但人口抽样调查结果同时显示出，湖北学龄人口辍学仍较多。1996年7～15岁义务教育学龄段因各种原因而中途停止学业的人口占1.45%,辍学近15万人。较多的失学少儿直接影响到普及义务教育的实现。“九五”期间，还要进一步加大工作力度，尽力帮助辍学的学龄少儿完成义务教育。

【人口初婚年龄提高】 湖北各级政府和有关部门共同努力，依法加强婚姻管理，严格婚姻登记制度，使晚婚人数不断增多，人口平均初婚年龄逐年提高。据调查直接得到的初婚年龄资料计算出各年份当年初次结婚人口的平均年龄：1990年为22.21岁，1991年为22.43岁，1992年为22.63岁，1993年为22.80岁，1994年为22.86岁，1995年为23.21岁，1996年为23.46岁。1996年当年初婚的全部人口结婚时间比1990年平均推迟1.25年。

在影响人口初婚年龄的诸因素中，人口受教育程度同初婚年龄存在直接联系，二者呈高度正相关关系，这种关系在女性中表现尤为突出。1996年，大专及以上人口平均初婚年龄为24.78岁，高中为23.70岁，初中为22.45岁，小学为21.63岁，文盲、半文盲人口为20.71岁，大专及以上人口结婚时间比文盲人口平均要晚4.07年。分性别来看，男性只在大专以上和高中文化明显高出其它文化层次，平均初婚年龄分别为25.26和24.20岁，其它文化程度的平均初婚年龄均在22.7岁左右，差别很小；而女性则随着文化程度的提高，初婚年龄呈梯次上升趋势，女性大专以上平均初婚年龄为23.65岁，高中为22.99岁，初中为21.73岁，小学和文盲人口分别为20.77和20.09岁。

1996年，当年初婚人口中，不足法定婚龄（男22岁、女20岁）的早婚人口占7.34%。其中男性占81.25%，女性占18.75%。造成这种状况的主要原因是少数地方片面认为人口控制只需加强对育龄妇女的管理，而忽视或放松了对男性人口的管理，致使男性人口早婚现象突出。因此，各地在计划生育和人口控制工作中，应加强对男女双方结婚年龄的控制和管理。

（湖北省统计局　赵玉梅　蔡受清）

湖南省

【总人口净增率连年下降】 1996年湖南省总人口为6 428.9万人，净增36.57万人，净增率为5.70%。

从90年代以来，湖南省人口净增率逐年下降。1996年净增率比1995年下降0.21个千分点，比1991年下降7.41个千分点，下降了56.52%。1996年城市和乡村人口净增率的变动出现较大的反差。城市大幅度上升，农村大幅度下降。以人口较多的长沙市为例，1996年净增率市内五区平均为157.33‰，比1995年的12.29‰上升145.04个千分点，上升11.8倍；比1991年上升111.8个千分点，上升11倍。农村人口为主的湘西自治洲1991～1996年净增率都连年下降。1996年为8.41‰，比1995年下降0.84个千分点，下降9.1%，比1991年下降8.82个千分点，下降51.2‰。城乡差距扩大，其主要原因是，在改革开放和社会主义市场经济的发展和完善过程中，大批农村人口进入城市经商、办企业业等，一部分城郊农业人口随着城市区域扩大而成为城市人口，城市机械增长人口大量增加所致。

【出生率比较稳定，二孩生育率正常回升】 1996年湖南省出生人口84.29万人，比1995年增加1.29万人，出生率为13.15‰，比1995年上升0.13个千分点。出生率稳定在接近政策生育率（12.5‰）的较低水平上。人口死亡率为7.18‰，自然增长率为5.97‰，比1995年下降0.07个千分点。全年出生人口中，一孩出生64.27万人，比1995年减少3.26万人，减少4.82%，一孩率为76.25%，比1995年下降5.11个百分点；二孩出生19.17万人，比1995年增加4.73万人，二孩率为22.74%，比1995年提高5.34个百分点；多孩率为1.01%，比1995年下降0.23个百分点。全省14个地、州、市，一孩率普遍下降，二孩率普遍上升。多孩率有5个地市略有上升，其他地、州、市均有不同幅度的下降。

二孩生育率普遍上升，主要是受人口年龄结构和生育政策的影响。1990年开始实施的《湖南省计划生育条例》规定，符合生育二孩政策的夫妇，第一个孩满4周岁，婴母满28周岁，才能生育第二个孩子。在此以前，较多的符合二孩生育政策的妇女，提前生下第二个孩子，实施条例后，育龄夫妇生育政策的观念增强，不到生育间隔年龄不生育第二个孩子，因而二孩生育率降到很低，有的地方甚至形成空档。从1996年开始，符合二孩生育政策和间隔的育龄夫妇增多，二孩生育率出现正常的回升。

【育龄妇女生育率下降，平均现有子女数减少】 1996年育龄妇女生育率与“八五”期初比较变动较大，总和生育率、二孩、多孩生育率下降，一孩生育率上升。1996年总和生育率为1.6583，一孩生育率为1.3475，二孩生育率为0.2961，多孩生育率为0.0147。与1991年比较，总和生育率下降18.8%，二孩生育率下降53.8%，多孩生育率下降94.5%，一孩生育率上升19.5%。1996年育龄妇女生育高峰年龄为21～26岁年龄段，其累计生率（1.189）占总和生育的71.69%，峰值年龄为22周岁，比1991年（23岁）下降1岁。生育峰值率为0.2618，比1991年（0.2539）略有提高。

已婚育龄妇女现有子女状况，1996年与“八五”初比较，现有一孩妇女的比例增大，三孩以上妇女比例减小。1996年有一个孩子的妇女45.38万人，占已婚育龄妇女总人数的34.08%，比1991年

(27.3%)上升6.78个百分点；有二个孩子的妇女51.85万人，占38.9%,比1991年(37.5%)上升1.4个百分点；有三个孩子的妇女22.21万人，占16.7%,比1991年(20.6%)下降3.9%百分点；有四个孩子以上的妇女64.29万人，占4.2%,比1991年(9.3%)下降5.1个百分点；无孩妇女72.93万人，占5.5%,比1991年(5.3%)略有上升。已婚率龄妇女现有子女数变动较大，主要是因为实行计划生育和晚婚晚育的人数增多和人口年龄结构的影响。

1996年已婚育龄妇女平均现有子女为1.83人。

【女性早婚率下降，晚婚率上升】 1996年湖南省女性初婚人数56.36万人，比1995年减少1.6万人，占已婚育龄妇女人数的4.23%,比1995年的4.55%下降0.32个百分点。女性早婚人数为5 012人，比1995年9 006人减少3 994人，下降44.3%。女性晚婚人数为22.73万人，比1995年22.47万人增加0.26万人，增加1.2%。早婚率1995村高于城市。大中城市从“八五”期间至现在早婚率持续多年为零。小城镇早婚率也很低，农村早婚率高于城市，但呈现下降态势。

1996年晚婚率为40.94%,比“八五”期初的1991年上升13.58个百分点，上升49.6%。城市人口的晚婚率远远高于农村。1996年全省城市人口晚婚率为86.67%,农村县、市、区人口晚婚率为35.92%。城市比农村高出50.75个百分点，高出58.6%。这与少数民族的婚姻习惯有关。

女性初婚年龄比较集中在20～24周岁。该年龄段女性初婚人数占当年女性初婚总人数的82.4%。女性初婚率峰值年龄为20周岁，峰值初婚率为34.01‰(见表)。

1996年全省女性初婚年龄分布

年龄(周岁)	18	19	20	21	22	23	24	25	26
初婚人数(万人)	0.20	0.56	10.04	9.63	10.06	10.46	6.25	3.87	5.29
占初婚总人数比(%)	0.36	1.00	17.81	17.09	17.85	18.56	11.09	6.86	9.38
年龄别初婚率(‰)	3.85	5.45	34.01	22.51	20.83	19.68	10.58	7.92	7.53

男性初婚高峰年龄为22～26周岁年龄段，比女性高两周岁；初婚率峰值年龄为26周岁，比女性高出两周岁；峰值初婚率26.44‰，比女性低8.68个千分点。男性结婚年龄跨度比女性长，女性26周岁的初婚率为7.53%,男性26周岁初婚率还高达17.44‰，31周岁还有11.47%,因而男性峰值初婚率比女性低。

(湖南省计划生育委员会　易友生)

广东省

【总人口保持平稳增长，地区间差异较大】

据1996年人口变动抽样调查资料推算，1996年末广东常住人口为6960.64万人，比1995年增加了92.87万人，占全国总人口的比重增到5.69%,在全国31个省(市、区)中居第五位，属全国人口大省之列。据公安部门统计，1996年末广东户籍人口为6896.77万人，比1995年增长1.59%,总人口增长率比全国高出0.45个百分点。农业人口4 788.97万人，比1995年增加35.60万人，占总人口的69.44%，非农业人口2 107.80万人，比1995年增加72.43万人，占总人口的30.56%。非农业人口比重比1995年提高了0.62个百分点。伴随着总人口的增长，广东人口密度逐年增大，从1990年的每平方公里351人增到1996年的每平方公里388人，1996年比1995年增加6人。

分地区来看，各地总人口都有不同程度的增增长，但地区间差异较大。总人口增长幅度超过2%的有深圳、珠海、揭阳、云浮、湛江等市；增长幅度超过全省平均水平的有惠州、佛山、河源、汕尾、茂名等5市；而韶关、清远、江门、潮州、阳江、梅州等市增长幅度较小。显然，总人口增长较快的主要是经济较为发达的珠江三角洲各市和部分新兴市，而粤北和两翼的山区市总人口增长较慢。目前，总人口超过400万人的大市依次有广州、湛江、茂名、揭阳、梅州、汕头等6市，其中汕头市由1990年的367.25万人增加到407.29万人。总人口最多的广州市与最少的珠海市人口总量差异悬殊，前者是后者的10倍。从县级单位看，潮阳市是全国人口最多的县级市，总人口达210.67万人，总人口在100万人以上的依次有普宁、电白、高州、廉江、雷州、化州、陆丰、潮安、五华、兴宁、信宜、揭东、南海、顺德、台山等15个市、县。从人口非农业化看，非农化水平最高的深圳、珠海、广州三市非农业人口比重分别为76.33%、68.24%和61.47%。非农化高于全省平均水平的还有汕头、韶关、惠州、江门、佛山、云浮等6市。非农化水平最低是清远、梅州、河源3市，非农业人口比重低于20%。

【人口出生率和自然增长率稳中有降】 1996年是广东继续坚持实行计划生育党政第一把手负总责和“一票否决权”制度的第六年，在各级政府的强化领导下，卓有成效地推动了人口控制工作，人口出生率持续稳步下降，为人口与经济、社会、资源、环境的协调发展奠定了基础。1996年人口出生率为18.05‰，与1995年相比，出生率基本持平略微降了 0.05 个千分点。全年共出生 124.80 万人，比 1995 年多出生 1.26 万人。虽然出生率略降，但由于人口总量和育龄妇女持续增长，使全年出生人口仍比 1995 年略有增加。与全国平均水平相比，1996 年广东人口出生率比全国高 1.07 个千分点，在全国各地区按出生率由低到高排序，广东居第 23 位，比 1995 年后退一位。

进入 90 年代，广东人口死亡率水平比较稳定，一直维持在 6‰左右。1996 年广东人口死亡率为 6.09‰，比 1995 年上升 0.39 个千分点；全年死亡人口 42.11 万人，比 1995 年增加 3.2 万人。与全国平均水平相比，广东人口死亡率低 0.47 个千分点。1996 年广东人口死亡率水平虽有所提高，但在全国仍处于较低水平。

1996 年广东人口自然增长率为 11.96‰，比 1995 年下降了 0.44 个千分点；自然增长人口 82.69 万人，比 1995 年减少 1.94 万人。与全国平均水平相比，广东人口自然增长率高出 1.54 个千分点，广东人口出生率和自然增长率都在全国人口控制计划范围内。

【人口迁移对人口总量的增长和人口地域分布的不均衡影响增大】 随着经济社会的发展，人口迁移日趋频繁，据公安部门统计，1996 年全省迁移人口总量达 202.35 万人，总迁移率为 29.57‰，比 1995 年上升 0.22 个千分点，其中迁入率为 16.58‰，迁出率为 12.99‰，净迁移率为 3.59‰。从省际间迁移来看，省外迁入人口 22.18 万人，迁往省外的 12.32 万人，净迁入人口 9.86 万人，净迁移率为 1.44‰。省外净迁入人口占全省当年净增人口的 9.13%，可见，外省人口迁入对广东总人口增长的影响较大。

省内人口迁移呈现出向珠江三角洲和新兴市集中的趋势。广州、深圳、珠海、惠州、中山、江门、佛山、东莞等市省内迁入人口占全省的 64.04%；云浮和揭阳等新兴市净迁入人口占全省的 25.25%。而韶关、清远、肇庆、潮州、阳江等市的省内净迁入人口呈现负增长。这种人口迁移状况，使人口的地域分布不均衡性进一步增加，向中部珠江三角洲地区集中的趋势更为明显，从而加大了中部的人口密度和资源承载力。珠江三角洲经济区以全省 1/4 的土地承载了全省 1/3 的人口，分布十分稠密。

【计划生育管理水平提高，妇女生育水平降低】 1996 年广东育龄妇女仍保持递增势头，户籍人口中育龄妇女多达 1 265.99 万人，比 1995 年增加 58.31 万人，增长 4.83%。其中处于生育旺盛期（20～29 岁）的育龄妇女占 36% 以上，尤其是 1995 年的 52.54 万初婚妇女有 80% 的要在 1996 年生育第一胎。这种状况使得广东仍然处于第三次人口出生高峰期。如果计划生育工作稍有松懈，育龄妇女生育水平就会出现反弹，人口增长就可能失控。面对庞大的育龄妇女群和潜在的巨大生育压力，广东加大了计划生育工作力度，采取强有力措施，使妇女婚育逐步走上晚婚晚育、少生优生的轨道。1996 年不足 20 周岁的早婚妇女 2.27 万人，早婚率 1.2%，比 1995 年减少 0.2 个百分点；23 周岁以上的晚婚妇女 36.74 万人，晚婚率 71.7%，比 1995 年提高 0.4 个百分点。广东全年户籍人口现有 1 105.08 万对已婚育龄夫妇落实了节育措施，节育率为 87.29%，比 1995 年上升了 1.3 个百分点。

在加大人口控制力度，提高计划生育管理水平的基础上，育龄妇女生育水平继续下降。全年计划生育率从 1995 年的 69.45% 提高到 1996 年的 72.19%，提高了 2.74 个百分点。1996 年育龄妇女一般生育率为 63.21‰，比 1995 年下降了 2.89 个千分点。总和生育率降到更替水平后，继续保持下降势头，从 1995 年的 1.90 降为 1.88。孩次结构更趋合理化，多孩率下降，从 1995 年的 13.19% 降到 12.09%。

【人口年龄结构属成年型晚期】 据推算，1996 年广东 0～4 岁少儿人口 2 217.08万人，占 31.85%；65 岁及以上老年人口 537.38 万人，占 7.72%，比 1995 年增加 48 万人。全省人口老少比为 24.28%，比 1995 年增加 1.24 个百分点；年龄中位数为 27.29 岁，比 1995 年增长 0.4 岁。按国际通常使用的人口类型划分标准衡量，广东人口年龄结构仍属成年型，但已处于成年型晚期。

这种年龄结构一方面劳动力资源丰富。1996 年全省劳动力资源总量达 4067 万人，占总人口的 58.43%，其中青壮年（16～45 岁）劳动力占劳动力总数的 79%，为经济的持续、快速发展提供了充裕的劳动力。另一方面，劳动力负担较重，尤其是负担老年人口问题日趋突出。1996 年全省劳动力总负担系数为 65.47%，比 1995 年升了 4.06 个百分点，其中负担 0～14 岁少儿人口系数为 52.7%，负担 65 岁及以上老年人口系数为 12.78%，广东 65 岁及以上老年人口比重已超过国际通用的老化线标准 7%，属人口超前老化。

【人口形势严峻】 1. 人口规模仍保持较强的逐年递增势头。近六年来，由于总人口规模庞大，人口年递增率一直高于全国平均水平，致使广东人口占全国的份额逐年有所增大，从 1990 年的 5.55% 增到 1995 年的 5.67%，1996 年再增到 5.69%。全国总人口翻一番用了 41 年，而广东仅用了 36 年。从 1990 年到 1996 年末，广东人口增加 615 万，相当于增加了一个湛江市的总人口，若按现在速度增长，广东将在“九五”期间超过江苏省而跃居全国第四位。广东人口密度远远大于全国平均水平，1996 年广东人口密度为每平方公里 388 人，相当于全国的三倍。人口“重负”已成为广东社会经济发展举足轻重的一个制约因素。

2. 人口出生率和自然增长率处于较高水平。在 1996 年全国各地人口出生率普遍降低，而且 14 个省（区、市）人口出生率低于15‰的情况下，广东人口出生率仍高达18.05‰，致使排位后退；若按目前全省每年人口自然增长和跨省净迁入人口共93万计算，到2000年全省总人口将达7332万人，把总人口控制在7305万人以内的目标就难以实现。

3.多孩生育水平居高不下。“八五”期间，全国多孩生育水平平均降幅13.24%，广东为11.42%，低于全国平均水平，广东的多孩率与全国平均水平和先进省份的差距拉大了。1996年广东多孩生育为12.09%，平均每8个新生儿中就有一个属多孩生育，广东的多孩率是全国的两倍。多孩生育是广东人口出生率和自然增长率较高的重要因素。如果1996年没有多孩生育，那么广东出生人口将减少15万人，出生率将下降2个多千分点。可见，采取强有力措施，减少甚至杜绝多孩生育是扭转广东计划生育工作被动落后局面的有效途径。

4.省内的人口迁移使人口分布集中更为明显。省内人口迁移呈现出向珠江三角洲和新兴市集中的迁移趋势，而韶关、清远、肇庆、潮州、阳江等市呈现负增长，这种人口迁移状况，使人口的地域分布不均衡性进一步增强，向中部珠江三角洲地区集中的趋势更为明显，从而加大了中部的人口密度和资源承裁力，就业、交通、粮食等压力也增大了。

5.人口老化问题日益突出。1996年广东65岁及以上的老年人口达537万人，占总人口的7.72%，超过了7%的老化线标准。一方面广东老年人口数量庞大，比重较高；另一方面，少儿人口比重也较高，无疑加大了劳动力负担。

（广东省统计局　马　建　吴喜光）

广西壮族自治区

【人口总量增长继续减少】　据广西统计局的人口变动抽样调查以及户口管理部门的统计年报统计，1996年广西人口总量有三个显著的变化：

一是人口总量增长继续减少，增长速度是1962年以来最低的年份。据广西统计局人口变动抽样调查推算，1996年末广西总人口为4 589万人，人口总量规模增加46万人，比1995年人口总量的增加又减少4万人。是90年代，也是自1962年以来人口总量增加最少的年份。同“八五”时期的1991年相比，少增加36万人，仅是1991年人口增长规模的一半。1996年的人口增加数量自1991年以来已连续6年低于国家下达的计划数，且低于幅度越来越大。1991年广西净增人口数比国家计划少16万人，低于国家计划数的20%;1992年比国家计划数少增加11万人，低16.4%;1993年少增加9万人，低13.4%;1994年少增加10万人，低15.4%;1995年少增加16万人，低24%;1996年少增加15万人，低25%。1991～1996年间，广西净增人口数低于国家计划数的幅度从20%增长为25%。可见，低于国家计划数的幅度是逐年增大趋势。

二是家庭户总户数增长率下降，户均人数继续减少。1996年广西总户数1 040万户，同1995年末的1 020万户相比，增加20万户，增长1.96%。同1995年总户数增加量23万户相比，少增加3万户，同1995年总户数增长率2.31%相比,减少0.35个百分点。

1996年广西户均人数为4.41人，同1995年户均4.45人相比，减少0.04人，进入90年代后，广西户均人数一直呈减少趋势。

三是非农业人口的增加量继续减少。据广西统计年鉴资料，1996年广西总人口中的非农业人口为775万人，比1995年增加30万人，增长4.3%，增加量是1992年以来最少的年份。比1995年增加量33万人少3万人，呈继续减少的趋势。

【人口自然增长已达到全国平均水平】　1996年广西人口自然变动有以下一些特点：

一是出生人数继续减少。1996年广西出生人口数为76.7万人，比当年国家下达的计划控制指标少生14.16万人，自1992年以来已连续五年低于国家下达的出生人数控制指标。同1995年相比，少出生2.3万人。

1996年广西人口出生率为16.8‰，低于国家下达的计划控制指标3.1个千分点，比1995年出生率下降0.74 个千分点，自1992年以来，已连续六年低于国家下达的出生率控制指标，是建国后的最低年份。与历年出生率最高的1963年（46.72‰）相比，则低29.92个千分点。作为一个多民族的、经济欠发达的边境省区人口出生率能达到如此低的水平，极不容易。

二是人口死亡率仍然较稳定。1996年广西人口死亡率为6.8‰，同1995上年相比，上升0.27个千分点，但仍然稳定在进入90年代的7‰以内。死亡人数为31.04万人，比1995年增加1.68万人。

三是人口自然增长率和自然增长量均降至1962年以来的最低水平。1996年广西人口自然增长率为10‰，比国家计划控制指标低3.3个千分点，比1995年低0.11个千分点。若同1962年以来自然增长率最高的1963年（36.59‰）相比，则低26.59个千分点，仅相当于这一年自然增长率的27%。

1996年自然增长人口46万人，比国家计划控制数少14.72万人，即少增加24.3%。这一年的人口自然增长量自1991年以来连续五年低于国家计划控制指标。也是自1962年以来最少的年份。

1996年广西人口自然变动状况同比全国相比较，出生率比全国（16.98‰）低0.18个千分点；自然增长率比全国（10.42‰）低0.42个千分点。

1991～1996年广西人口自然变动 (万人,‰)

年份	总人口数	实际完成				同国家计划比较		
		出生人口	出生率	自然增长人口	自然增长率	出生人口数	出生率	自然增长率
1991	4 324	93.96	21.89	63.00	14.65	+3.96	+0.99	-1.14
1992	4 380	87.27	20.19	56.00	12.91	-9.73	-2.06	-2.55
1993	4 438	86.4	19.58	58.00	13.23	-10.60	-2.35	-2.19
1994	4 493	84.10	18.84	55.00	12.24	-12.00	-2.62	-2.07
1995	4 543	79.25	17.54	50.00	11.01	-14.73	-3.23	-2.49
1996	4 589	76.70	16.80	46.00	10.00	-14.16	-3.10	-3.30

表明广西的人口生产水平已达到全国平均水平（见表）。

【人口机械变动迁出大于迁入】 据广西户籍统计年报资料，1996年广西迁移变动人口总数为118.92万人，占当年总人口数的2.59%。迁移人口总数比1995年增加6万人，增长5.31%；占总人口的比重增大0.11个百分点。

在迁移人口中，迁入人口63.66万人，占迁移人数的53.53%。同1995年相比，迁入人口增加0.9万人，增长1.43%。省（区）外迁入3.81万人，占迁入人口数的5.98%，同1995年相比，减少0.58万人，下降13%。

在迁移人口中，迁出人口55.26万人，占迁移人数的46.47%。同1995年相比，迁出人口增加5.1万人，增长10.4%，迁往外省（区）的5.77万人，占迁出人口数的10.44%，同1995年相比，增加0.36万人，增长6.67%。迁出略大于迁入。

【人口性别比下降】 据广西户籍管理统计年报资料，1996年广西人口中，男性2 397.29万人，占52.24%；女性2 191.71万人，占47.76%。性别比为109.42。比1995年低0.34。进入90年代后，广西总人口性别比呈现出下降趋势。

【人口婚姻状况稳定】 据广西统计局人口变动抽样调查，1996年广西15岁以上人口的婚姻状况如下：未婚的比重占27.88%(其中，男性占33.31%，女性占22.28%)；初婚有配偶占62.95%(其中，男性占50.27%，女性占65.72%)；再婚有配偶的占1.38%(其中，男性占1.29%，女性占1.46%)；离婚的占0.88%(其中，男性占1.18%，女性占0.58%)；丧偶的占6.90%(其中，男性占3.95%，女性占9.95%)，同1995年相比，未婚的比重高0.58个百分点，初婚有配偶的低0.68个百分点，再婚有配偶的低0.32个百分点，离婚的高0.21个百分点，丧偶的高0.21个百分点。

【家庭规模呈小型化】 据广西统计局人口变动抽样调查，1996年广西家庭户规模构成如下：一人户占6.73%，二人户占9.46%，三人户占17.28%，四人户占24.7%，五人户占18.99%，六人户占11.85%，七人户占5.7%，八人户占2.84%，九人户占1.33%，十人及以上户占1.15%。上述各种规模家庭户中，四人及以下较小规模的家庭户比重为58.17%，八人及以上特大规模的家庭户比重为5.32%。同1990年相比，四个及以下的家庭户的比重高7.4个百分点（其中，一人户高0.27个百分点，二人户低0.12个百分点，三人户高2.81个百分点，四个户高4.44个百分点）。进入90年代后，广西人口的家庭户规模是呈小型化发展趋势。

1996年广西家庭户类型的构成：单身户占6.73%，一对夫妇户占5.06%，二代户占59.59%，三代户占20.16%，四代户占0.62%；一代户与其他亲属与非亲属户占1.37%，二代户与其他亲属与非亲属户占3.08%，三代户与其他亲属与非亲属户占3.24%，四代户五其他亲属与非亲属户占0.14%。

【多孩生育略有下降】 1996年广西育龄妇女的年龄别生育率：15～19岁组为1.7‰，20～24岁为108.51‰，25～29岁为139.46‰，30～34岁为42.9‰，35～39岁为16.01‰，40～45岁为3.3‰，45～49岁为1.09‰。总和生育率为1.57，同1989年总和生育率2.74相比，下降1.17。

1996年出生的婴儿中，属第一孩的占63%，第二孩的占26.6%，三孩及以上的占10.4%。同1989年的三孩及以上的比重26.83%相比，下降16.43个百分点。

【失业率超过警戒线】 据广西统计年鉴（1997）资料，1996年广西劳动力资源2 936万人，占总人口的64%。其中从业人口2 417万人，劳动力资源利用率为82.3%。同1995年相比，劳动力资源总量增加29万人，增长0.99%，略低于人口增长率0.01个百分点。其中，从业人口增加34万人，增长1.43%。劳动力资源利用率比1995年增大0.3个百分点。

从业人口分布在国有和集体所有制单位的344万人，分布在城镇个体和私人企业的62.3万人，分布在乡村的劳动者1 965万人。在各产业的构成如下：第一产业1 599万人，占66.2%；第二产业283万人，占11.7%；第三产业535万人，占22.1%。第一产业和第二产业的比重下降，分别比1995年下降0.2个和0.1个百分点，第三产业比重上升，相应上升0.3个百分点。

1996年广西城镇吸收安排劳动就业15.16万人。但据广西城镇劳动力情况抽样调查推算，1996年广西城镇失业率为5%，失业人口为23万人，失业率已高于国家控制的警戒线。

【农村贫困人口绝对量大】 据广西统计局调查统计，1985年广西农村贫困人口为1434.2万，占当年农村人口的41.98%（贫困面或贫困发生率）。“七五”和“八五”期间，广西加大了脱贫力度，经过五年的艰苦努力，到“八五”期末的1995年，广西农村贫困人口减少到606.5万人，“八五”期间贫困人口减少了300万，贫困面降至15.6%。“九五”开局第一年，脱贫工作取得显著成效。1996年又有120万农村人口摆脱贫困，到年末，贫困人口为486.5万人，贫困面降至12.1%。1996年同1985年相比，贫困人口减少了947.7 万人，年均减少86.16万人。贫困面（贫困发生率）由41.9%降至12.1%，下降了29.8个百分点。但脱贫工作的任务仍然十分艰巨。一是贫困人口的绝对量仍然较大，比例也还较高。据统计，广西农村贫困人口绝对量还有606.5万人，占当年全国贫困人口的7.7%，而广西农村人口占全国农村人口的4.2%。贫困人口的比例大大高于其人口所占的比例。全国每12个贫困人口就有1人生活在广西。再者，全国农村贫困人口占农村总人口的6.5%，而广西农村贫困人口却占农村总人口的12.1%，贫困发生率（贫困面）比全国高出5.6个百分点；二是贫困人口分布地域集中分布在桂西大石山区、桂西北溶岩山区或红壤丘陵地区。这些地区多数自然条件、生态环境恶劣，有的甚至连基本的生产条件和生存条件都不具备。三是贫困人口中，少数民族人口占大部分。少数民族贫困人口发生率（贫困面）为18.27%，是汉族贫困人口发生率（6.5%）的3倍。少数民族贫困地区，普遍生产力水平低，基础设施差，土地产出率低，劳动力素质低，产业结构单一，脱贫工作难度很大。

（广西壮族自治区社会科学院　肖永孜）

海南省

【总人口稳定增长，人口自然增长率有所下降】 据人口变动抽样调查，1996年末，海南省总人口734万人，比1995年增加11万人，增长1.52%。自1988年海南建省以来，全省总人口以平均每年新增12万人左右的速度稳定增长。由1988年的637万人增加到1996年的734万人，增加97万人，平均每年增加12.13万人（见表1）。

表1　1988～1996年全省总人口变动情况

年份	总人口（万人）	比上年增加人数（万人）	增长%
1988	637		
1989	649	12	1.88
1990	662	13	2.0
1991	674	12	1.81
1992	686	12	1.78
1993	701	15	2.19
1994	711	10	1.43
1995	723	12	1.69
1996	734	11	1.52

根据全省人口变动情况抽样调查，1996年全省人口出生率和自然增长率比1995年略有下降，人口死亡率略有上升。人口出生率为20.08‰，比1995年下降0.04个千分点；人口自然增长率为14.20‰，比1995年下降0.31个千分点；人口死亡率为5.88‰，比1995年上升0.27个千分点。从动态来看，自1988年建省以来，全省人口出生率、死亡率和自然增长率均呈下降的态势，但人口死亡率稍微有所反复，时高时低（见表2）。主要原因是海南人口死亡率已经处在一个较低的水平，在目前的条件下很难再有大的下降。

表2　1988～1996海南省“三率”变化情况(‰)

年份	人口出生率	人口死亡率	人口自然增长率
1988	20.63	5.23	15.40
1989	23.48	5.55	17.92
1990	24.88	6.28	18.60
1991	23.03	5.99	17.04
1992	21.35	6.07	15.28
1993	21.01	5.26	15.75
1994	20.77	6.29	14.48
1995	20.12	5.61	14.51
1996	20.08	5.88	14.20

【人口构成发生新的变化】 1.人口性别构成。根据全省人口变动情况抽样调查，1996年全省人口性别比为110.31，比1995年上升1.72的百分点。自1988年以来，全省人口性别比呈逐年上升的态势（见表3）。

表3　1988～1996年全省人口性别比

年份	性别比	年份	性别比
1988	106.80	1993	106.26
1989	103.86	1994	108.41
1990	106.36	1995	108.59
1991	107.98	1996	110.31
1992	107.24		

2.人口年龄构成。根据全省人口变动情况抽样调查，1996年全省总负担系数为62.62%，比1995年上升1.06个百分点，负担少年儿童系数52.04%，比1995年上升0.72个百分点，负担老年系数10.58%，比1995年上升0.34个百分点。自1988年以来，全省总负担系数和负担少年儿童系数呈下降趋势，但负担老年系数呈上升趋势（见表4）。

表 4　1988～1996 年全省年龄构成指数　(%)

年份	总负担系数	负担少年儿童系数	负担老年系数
1988	64.67	55.63	9.04
1989	62.49	53.61	8.88
1990	64.90	55.77	9.13
1991	62.37	53.53	8.84
1992	64.87	55.17	9.70
1993	65.86	56.75	9.11
1994	63.47	53.07	10.40
1995	61.56	51.32	10.24
1996	62.62	52.04	10.58

3. 人口民族构成。根据公安户籍统计，1996 年全省汉族人口 589.99 万人，占全省总人口的 82.6%，少数民族人口 124.06 万人，占全省人口的 17.4%。在少数民族人口中，黎族人口占多数，达 114.0 万人，占 91.9%，苗族人口次之，人口 6.02 万人，占 4.9%，再次是壮族人口，人口 2.63 万人，占 2.1%，人口较多的还有回族人口，人口 0.71 万人，占 0.6%。海南的少数民族中，世居的有黎族、苗族和回族，至今仍保留着本民族特色的民族传统文化。其余少数民族人口多为建国后特别是海南建省后迁来的外省移民，主要是机关、厂矿、农场的干部职工及其家属，没有形成本民族聚居点，生活习惯基本上已经汉化。

【计划生育工作仍须抓紧】　根据全省人口变动情况抽样调查，1996 年全省育龄妇女一般生育率和总和生育率均较 1995 年有所上升。1996 年全省育龄妇女一般生育率为 77.40‰，比 1995 年上升 8.08 个千分点，总和生育率为 2.3，比 1995 年上升 2.27 。从动态来看，自 1988 年以来，全省育龄妇女一般生育率和总和生育率均呈下降趋势（见表 5）。

表 5　1988～1996 年全省育龄妇女生育情况

年份	一般生育率（‰）	总和生育率
1988	85.76	2.54
1989	93.97	2.67
1990	102.10	2.96
1991	92.94	2.62
1992	88.15	2.46
1993	83.51	2.35
1994	83.18	2.38
1995	69.32	2.03
1996	77.40	2.30

根据全省人口变动情况抽样调查，1996 年全省育龄妇女生育率为 78.33‰，比 1995 年增加 9.01 个百分点，从分年龄别生育率来看，除了 15～19 岁组妇女生育率下降 2.61 个千分点外，其余年龄别生育率均有程度不同的上升。其中 30～34 岁组生育率上升最高，上升 17.4 个千分点。自 1988 年以来，全省各年龄别生育率均有程度不同的下降（见表 6）。

表 6　1988～1996 年育龄妇女年龄别生育率　(‰)

年龄别	1988 年	1989 年	1990 年	1991 年	1992 年	1993 年	1994 年	1995 年	1996 年
总　计	85.76	93.97	102.10	92.94	88.15	83.51	83.18	69.32	78.33
15～19 岁	16.47	22.46	20.80	18.44	19.31	11.97	9.26	18.31	15.70
20～24 岁	161.58	189.13	195.97	176.30	179.95	141.45	143.87	154.45	165.28
25～29 岁	192.48	204.39	207.97	190.33	166.67	181.12	198.81	148.04	164.92
30～34 岁	82.10	75.66	99.97	91.65	92.96	72.67	83.63	58.20	75.60
35～39 岁	32.54	27.90	39.41	31.18	28.96	32.67	28.57	19.13	25.81
40～44 岁	15.09	7.57	19.45	11.11	11.49	15.43	13.49	5.94	9.41
45～49 岁	7.09	6.18	8.73	4.91	6.03	1.54	4.34	1.85	2.55

自 1988 年以来，全省出生人口的孩次构成趋势是：一孩率大体上呈上升趋势，二孩和三孩及三孩以上孩次率大体上呈下降趋势。但全省人口变动情况抽样调查反映出，1996 年全省出生人口的孩次构成中，一、二孩次率有所下降，三孩及以上孩次率有所上升。1996 年全省一孩率为 42.74%，比 1995 年下降 0.11 个百分点，二孩率 30.74%，比 1995 年下降 0.37 个百分点，三孩及三孩以上孩次率 26.52%，比 1995 年上升 0.48 个百分点（见表 7）。

【人口城镇化进程稳步发展】　据公安户籍统计，自 1988 年海南建省以来，全省人口城镇化进程在稳步发展，全省市镇人口由 1988 年的 106.61 万人增加到 1996 年的 154.76 万人，增长 45.2%，平均每年增加 6.02 万人，人口城镇化水平（市镇人口占总人口比重）由 1988 年的 16.99% 上升到 1996 年的 21.67%，提高 4.68 个百分点（见表 8）。

表 7　1988～1996 年全省孩次构成变化情况　(%)

年份	一孩率	二孩率	三孩及以上孩次率	年份	一孩率	二孩率	三孩及以上孩次率
1988	41.03	27.35	31.62	1993	38.59	34.79	26.62
1989	39.16	29.26	31.58	1994	36.59	32.58	30.83
1990	37.97	30.43	31.60	1995	42.85	31.11	26.04
1991	39.32	29.66	31.02	1996	42.74	30.74	26.52
1992	36.20	30.59	33.21				

【家庭户规模日趋缩小】 根据全省人口变动情况抽样调查，1996年全省家庭户规模构成是：一人户占7.1%，二人户占9.1%，三人户占15.1%，四人户占19.4%，五人户占19.4%，六人户占14.2%，七人户占8.2%，八人及以上户占7.5%。上述资料表明，全省家庭规模以四人和五人户为主，占38.8%。人口抽样调查结果还显示，1996年全省家庭户平均每户人口为4.55人，说明全省人口规模以4人和5人户为主。自1988年以来，全省户均人口呈下降的态势（见表9）。

表8 1988～1996年全省人口城镇化水平（%）

年份	人口城镇化水平	年份	人口城镇化水平
1988年	16.99	1993年	20.35
1989年	17.60	1994年	20.37
1990年	18.17	1995年	20.85
1991年	18.47	1996年	21.67
1992年	18.85		

表9 1988～1996年全省家庭户平均每户人口（人）

指标 \ 年份	1988年	1989年	1990年	1991年	1992年	1993年	1994年	1995年	1996年
家庭户平均每户人数	4.61	4.57	4.56	4.54	4.49	4.61	4.53	4.45	4.55

（海南省统计局综合处　陈运兴）

四川省

【出生率处于近年来平均水平，死亡率高于近年水平】 四川省1996年人口变动与城镇劳动力抽样调查共抽取33个县（市、区）、128个乡（镇、街道）、265个村（居）民小组，共登记14 677户、51 498人。调查结果显示，四川省1996年人口出生率为16.68‰，死亡率为7.35‰，自然增长率为9.33‰；1996年末常住人口总数为11 430万人。与近几年比较，1996年人口出生率比1993～1995年分别降低0.09、0.25和0.40个千分点，但较之1991和1992年高出0.86和0.41个千分点。1996年人口死亡率分别比1991～1995年高出0.06、0.32、0.15、0.36和0.14个千分点。人口出生率处于平均水平，而人口死亡率高于近五年的水平。1996年末常住人口总数比1995年增加105万人。

【育龄妇女人数逐步增长的趋势渐缓】 自1990年以来，四川育龄妇女人数逐年增加，到1996年底达到3 205.09万人，比1990年增加104.69万人，平均每年增加15万人。但从环比增长情况来看，其增长趋势自1993年以来逐步减缓，1996年仅比1995年增加3.38万人。

生育旺盛期妇女人数开始减少。从育龄妇女年龄结构可以看出，20～29岁生育旺盛期育龄妇女人数从1990年至1995年都是逐年增加，1990年至1995年间环比增长人数分别为110.02、81.46、24.30、10.95和9.23万人，增长趋势逐年减缓，1996年还比1995年减少15.59万人。

生育峰值年龄组妇女人数呈缓慢减少趋势。根据1990年人口普查和历年人口变动情况抽样调查结果，四川育龄妇女年龄别生育率较高的为21至23岁年龄段。如果将这个年龄段育龄妇女人数进行对比，可以看出自1992年以来该年龄段的育龄妇女人数在逐年减少。1996年分别比1992年至1995年减少5.59万人、7.7万人、8.77万人和15.83万人，且减少的绝对量逐年增大。

从上述分析可以看出，四川育龄妇女的年龄结构近几年不断发生变化，高龄育龄妇女所占比重逐年增加，低龄育龄妇女所占比重逐年减少。虽然育龄妇女总数仍呈增加趋势发展，但其增加的绝对量逐年减少，第二次生育高峰期出生的妇女正在或将要退出生殖期。而对人口出生率影响较大的生育旺盛期及生育峰值年龄组妇女人数，已呈逐年减少趋势。

【人口死亡率变化平稳，趋势正常】 从1990年人口普查资料看，四川人口的年龄结构不会有较大的变化。也就是说，1990年以来，人口年龄结构的变化对四川人口的死亡水平还没有构成较明显的影响。但从1995年1%人口抽样调查资料来看，四川人口年龄结构发生了一定的变化，中青年所占比重下降，老年人口所占比重上升，这就必然会使人口死亡率上升。从近几年人口死亡资料来看，公安年报和计划生育委员会统计的全省死亡率大致在6.5‰至7‰之间，1990年至1995年人口变动调查和1%人口抽样调查的人口死亡率基本上都在7‰以上，大致在7.2‰左右波动。对比上述资料，1996年人口变动情况抽样调查的人口死亡率7.35‰，虽然略高于近几年的平均水平，但近几年的外出人口增多，特别是流出省外的人口比重增大，据1995年1%人口抽样调查资料计算，四川省流出省外的人口高达800多万人。在流动人口中，青壮年所占比重大，这就必然要影响人口的年龄构成。所以1996年四川人口死亡率高于近几年平均水平，是符合四川人口变化的实际的。

【城镇劳动力调查失业率为 4.23%】 城镇劳动力调查结果，按人口普查第二口径计算，共调查 14 577 人，比国家下达的样本 12 900 人多近 2 000 人；市镇人口占调查总人口的 28.31%，比 1995 年 1% 人口抽样调查的市镇人口比重高 2.58 个百分点。

根据调查结果，按市镇人口第二口径计算，失业率为 4.23%，同 1995 年 1% 人口抽样调查的市镇人口失业率一致，比劳动部门登记的失业率高约一个千分点。

【人口的各种构成变化趋势正常】 1. 人口性别构成与家庭户规模同 1995 年 1% 人口抽样调查基本一致。1996 年人口变动情况抽样调查，根据抽中的总人口计算性别比为 102.60，比 1995 年 1% 人口抽样调查仅多 0.14，其中出生婴儿性别比为 110.54，比 1995 年 1% 人口抽查调查的 111.40 低 0.86，比 1990 年人口普查的 111.75 低 1.21。可见出生婴儿性别比偏高已在向趋缓方向变化。

1996 年人口变动情况抽样调查四川省家庭户平均人口为 3.50 人，比 1995 年 1% 人口抽样调查的家庭户平均人口增加 0.16 人，比 1990 年人口普查的家庭户平均人口少 0.17 人。家庭户规模的基本特征没有改变。

2.1996 年人口年龄构成同 1995 年的调查结果相比变化不大。1996 年 0～14 岁、15～64 岁及 65 岁以上人口占调查人口的比重分别为 23.66%、68.64% 和 7.70%。同 1995 年相比，0～14 岁和 15～64 岁人口下降了 0.10 和 0.28 个百分点，65 岁以上老年人口所占比重上升了 0.38 个百分点。总负担系数为 45.68%，比 1995 年 1% 人口抽样调查上升了 0.57 个百分点。其中，少儿系数为 34.46%，仅下降 0.02 个百分点，老年系数为 11.22%，上升了 0.59 个百分点。从上述对比分析可以看出，四川省人口的年龄构成变化甚微。由于四川近年来外出务工经商人员不断增加，而外出人口中绝大多数为中青年人，加之人口出生率下降，所以老年人口所占比重上升，这也是符合四川人口变动的实际的。

3. 文化构成变化不大。据 1996 年人口变动情况抽样调查，6 岁及以上具有小学以上文化程度人口占 6 岁及以上人口的 82.92%，比 1990 年人口普查时的 80.17% 增加 2.75 个百分点，15 岁及以上人口的文盲率比 1990 年下降 2.41 个百分点。各种受教育程度人口占 6 岁及以上识字人口的比重分别为：大专以上 1.67%，高中 7.54%，初中 27.78%，小学 45.93%。同 1990 年人口普查比，大专以上增加 0.71 个百分点，高中增加 2.17 个百分点，初中增加 6.13 个百分点，小学增加 2.05 个百分点。各种受教育程度人口所占比重增幅略低于 1995 年 1% 人口抽样调查的水平，但高于 1982 年至 1990 年间的平均水平。

4. 出生人口的季度分布比较合理。1996 年人口变动情况抽样调查，按季度计算的出生人口分布为：1995 年 10 月至 12 月出生人口占出生人口总数的 33.7%，1996 年 1 月至 3 月为 26.98%，4 月至 6 月为 19.05%，7 月至 9 月为 20.27%。各季出生人口所占比重同 1995 年 1% 人口抽样调查相比，上年第四季度和当年第一季度分别增加 1.02 和 3.66 个百分点，第二、三季度减少 1.43 和 3.24 个百分点。同前几年人口变动调查的季度出生人口分布大体相当，没有大的起伏变化。由此我们可以说，1996 年人口变动情况抽样调查出生人口的季度分布是合理的，在推算日历年度人口出生率时，可以按替代法将调查年度人口出生率作为日历年度人口出生率使用。

5. 孩次分布略有变化。1996 年人口变动情况抽样调查，一孩率所占比重为 69.84%，二孩率所占比重为 23.32%，三孩及以上所占比重为 7.75%。一孩率比 1995 年 1% 人口抽样调查下降 2.91 个百分点，二孩率、三孩及以上所占比重分别上升 0.44 和 3.38 个百分点。总和生育率则比 1995 年的 1.51 增加 0.06。这一变化不太符合四川近几年人口变动趋势。这主要是由于人口出生率较低的丘陵地区，人口外流较多，使调查结果比样本设计时的调查规模小，在一定程度上影响了各层抽样比，使盆周山区和川西高原区抽样比偏大。据计算，由于各层抽样比的变化，使人口出生率提高了 0.34 个千分点。

（四川省统计局人口与就业统计处　马本昌　江德芳）

贵州省

【人口总量增长速度下降】 1996 年人口抽样调查结果表明，贵州省年末总人口为 3 555.41 万人，比 1995 年末增长了 47.33 万人；增长率为 1.3%，比 1995 年下降 0.1 个百分点，人口绝对数也比 1995 年少增加 2.34 万人。无论在人口规模的扩大方面或增长速度上都呈缩小或下降的趋势。按公安年报统计，每个家庭的户均人口为 4.11 人，也比 1995 年少 0.01 人，继续保持 90 年代以来家庭人口规模逐年缩小的趋势。随着人口规模的扩大，1996 年贵州每平方公里土地上居住了 202 人，人口密度高于全国平均水平。

【受人口年龄结构变化影响，出生率、死亡率和自然增长率略有上升】 1996 年全省人口出生率 22.05‰，比 1995 年上升 0.19 个千分点；死亡率为 7.69‰，比 1995 年上升 0.9 个千分点；自然增长率 14.36‰，比 1995 年上升 0.10 个千分点。从数字上看，此“三大率”都比 1995 年略高。据贵州省统计局 1996 年人口抽样调查资料分析，1996 年人口出生率出现略有上升的反弹现象，主要是育龄妇女的年龄结构变化所引起的。如 20～ 29 岁峰值期年龄妇女人数，1996年就比1990年多了61.29万人，比1995年多3.13万人，处于育龄妇女生育年龄众数的23岁人口，1996年为36.6万人，也比1995年多1.5万人。因此，人口出生率，死亡率和自然增长率出现上升现象，不是计划生育抓不紧的原因，主要是受人口年龄结构变化的影响。进入90年代，计划生育工作力度每年都在加强，全省的计划生育率和综合节育率已从1990年不到60%的较低水平，逐年提高到目前的80%左右。如果不是计划生育力度的加强，处于生育高峰中的贵州人口出生率还会更高一些。在人口增长过程中，出生率的高低非常关键。控制人口工作，只要控制人口出生率，就基本上控制了人口的猛增。因此，研究人口出生率的变化就非常重要。

【总人口性别比略有上升，仍属正常范围；一些山区婴儿性别比偏高】 在1996年总人口中,男性人口占51.76%,女性人口占48.24%,性别比为107.31,比1995年高0.72,仍处在正常范围内。但婴儿性别比偏高的现象较为普遍，其原因值得研究和重视。

【农业人口向非农业人口的转化仍较困难】 据公安年报统计，1996年全省12个城市所辖区域的人口为1066.90万人；占总人口的30.84%,比1995年增长4.13个百分点；518个县镇辖人口1481.87万人。市镇人口共2548.77万人，占总人口的73.67%,比1995年下降了9.14个百分点。全省乡村人口为910.77万人，占总人口的26.33%,比1995年上升了9.14个百分点。

1996年全省农业人口为2979.85万人，仍占总人口的86.13%,比1995年下降了0.35百分点；非农业人口479.69万人，占总人口的13.87%,比1995年上升了0.35个百分点。

1996年市人口、镇人口和乡村人口在总人口中的比重及其升降程度和1995年比较，市镇人口的变化较大。主要原因是前几年行政区划调整工作仍在继续，1996年撤仁怀县建仁怀市，又有45万县人口变为市人口。这样无论是绝对数和相对数，市镇人口和乡村人口在总人口中的比重，每年都出现较大的波动，农业人口和非农业人口随着总人口的增长分别增加了22.43万人和17.47万人，但在总人口中所占的比重仍没有较大变化，占总人口的比重下降和上升的幅度都很小。说明1996年农业人口向非农业人口的转化仍然是较困难的，这种情况，若无工业和第三产业的较大发展，在短期内很难改变。

【省内和省外迁入人口都有所增长】 据公安报统计，1996年全省省内迁入人口45.28万人，比1995年增加4.56万人；省外迁入人口3.39万人，比1995年增加0.14万人。迁往省内人口37.63万人，比1995年减少0.96万人；迁往省外人口4.76万人，比1995年多0.2万人。

1996年省内和省外迁入人口都比1995年有所增长，总迁移人口规模为91.56万人，其中省际迁移为8.15万人，只占总迁移人数的8.9%,迁移状况在一般情况下是与经济发展和社会进步基本同步的。经济发展必然促进人的迁移流动，迁移流动人口对于经济发展与社会进步同样产生重要影响。

【计划生育工作与扶贫相结合取得成效】 1996年由于省委、省政府把计划生育工作列为全省要完成的10件大事之一来抓，在继续抓好已经实现或基本实现“三为主”32个县的达标工作的同时，又增加了24个县的“三为主”达标工作并加强了宣传工作力度。1996年底，全省乡镇人口学校为1251所，村人口学校15506所，工作中把人口基础教育和生产、生活、生育具体情况结合起来，把计划生育服务工作落实到实处，促进群众生育观念的改变。各地农村不同程度地出现了推迟婚姻、生育期，放弃生育二胎的计划等新人新事。

1996年一个非常突出的工作，是把扶贫与计划生育相结合放到了特别重要的位置。全省以开展扶贫为出发点建立了计划生育“三结合”领导小组，组织省、地（州)、县2480多个直属部门，825多个乡镇，7630多个村深入开展“三结合”的帮扶活动，投资3000多万元，帮扶了19万多农户脱贫，收到了较好的效果。此工作得到了国务院领导、国家计划生育委员会、国务院扶贫领导小组的肯定。1996年10月，在贵阳召开了扶贫开发与计划生育相结合经验交流会，进一步推动了全省扶贫与计划生育相结合工作的深入开展。

(贵州大学人口研究中心　吕　左)

云南省

【总人口的增长变化】 根据1996年人口变动情况抽样调查资料推算，1996年末，云南省总人口已突破4000万人，达到4041.5万人，比1995年末的3989.6万人增加了51.9万人，年增长率为1.30%,与1995年的增长率1.28%基本持平。本年度内增加的人口在全省人口基数逐年增大的情况下，仍保持了稳定低增长的良好势头。实现了“九五”计划第一年开好头、起好步，人口增长数和增长率均低于计划指标，人口控制工作取得了显著的成效，计划生育工作继续朝着持续、深入、稳定的方向发展。这将为整个“九五”时期人口计划和2010年人口远景目标的实现创造一个稳定的人口环境，并将对这一时期经济社会的可持续发展奠定良好的基础。

【人口的出生、死亡和自然增长】 1996年人口变动情况抽样调查资料表明，1996年云南省共出生83.8万人，出生率为20.87‰；共死亡31.9万人，死亡率为7.94‰；自然增长人口为51.9万人，自然增长率为12.93‰。与1995年相比，出生人数增加1.54万人，出生率上升0.12个千分点；死亡人数增加0.07万人，死亡率下降0.09个千分点；自然增长人数增加1.47万人，人口自然增长率上升0.21个千分点。

与全国和各省、市、自治区相比，云南省由于计划生育工作起步晚，工作基础差，条件困难等原因，加之农村人口和少数民族人口多，在全省总人口中比重高，生育政策相对于全国和大多数省区来说较为宽松等政策因素的影响，同时，由于云南地处山区、边疆，交通不便，经济和社会发展方面的差距与全国相比依然很大，由此而影响到医疗卫生条件的改善，使得全省人口的出生率和死亡率与全国平均水平相比依然存在着较大的差距，并具体表现为出生、死亡率高于大多数省区。1996年云南省人口出生率比全国平均水平16.98‰高出3.89个千分点，高出的相对幅度达22.9%，在全国30个省、市、自治区由高到低排列的顺序中居第四位，仅低于西藏、青海和贵州。从人口死亡率看，云南省1996年死亡率比全国平均水平6.56‰高出1.38个千分点，高出的相对幅度达21.0%，在30个省、市、自治区中仅低于西藏，居全国第二位。就全省总体情况看，高死亡率的特征依然明显，出生率也相对较高，人口年龄构成和人口再生产类型的转变明显滞后，生育高峰对人口增长的影响在一个较长时期内依然存在。进一步降低人口出生率和死亡率的任务仍十分艰巨。

【人口的城乡构成和农业、非农业人口】 1996年，云南省居住在城镇地区的人口为674.6万人，与1990年第四次人口普查时的544.4万人相比，五年来全省城镇人口增加了130.2万人，平均每年增加21.7万人，城镇人口占总人口的比重，由1990年的14.72%上升为16.69%，上升了近2个百分点。

1996年，云南省农业人口达到3 477.2万人，占全省总人口的86.04%，比1994年增加31.8万人，增长0.92%，非农业人口为564.3万人，占总人口的13.96%，比1994年增加20.1万人，增长3.69%，非农业人口的增长速度明显快于农业人口的增长速度，大致为农业人口年增长率的4倍，使得非农业人口在总人口中的比重逐年上升。预计在90年代后期至2010年，随着社会主义市场经济体制的不断完善，全省经济将保持持续、快速的良好发展趋势。随着产业结构的调整和市镇建设规模的继续扩大，非农业人口仍将会保持较快的增长速度，在全省总人口中的比重也还将不断上升。

【少数民族人口】 云南是一个多民族的边疆山区省份，少数民族不仅人数多，而且民族族别多。1996年全省少数民族人口达到1 341.5万人，占全省总人口的33.2%，汉族人口为2 700万人，占66.8%。全省4 000人以上，并有一定聚居区域的少数民族共有25个，其中人口超过百万的少数民族有5个，分别为彝族（423.6万人）、白族（141.5万人）、哈尼族（130.6万人）、壮族（106.4万人）和傣族（108.5万人）。另外，全省苗族人口已达到92.5万人，据预测在2000年或2001年，全省苗族人口也将突破100万人口，全省25个少数民族中，人口最少的是基诺族，人口为0.56万人。

【人口的迁移变动】 根据1995年1%人口抽样调查，从1990年到1995年五年间，全省跨县、市、区迁移的人口达到186.6万人，占全省总人口的4.61%。从迁入方面看，五年间共迁入91.3万人，其中省内迁入68.9万人，省外迁入22.4万人，而迁入人口中，四川、贵州和广西占总迁入人口的49%，即5年来迁入云南的外省人口，有一半来自西南其它省区，每年迁入云南的人口年均为4.5万人，其中2.2万人来自西南地区。

从1990～1995年间，云南总迁出人口达95.3万人，其中75.3%是本省其它县市迁出，有24.7%、约23.5万人迁往外省，在迁往外省的人口中，又有2/3的人口（(65.3%）是迁往西南除云南之外的其它省区。

从迁移状况反映出，云南总的是迁出人口多于迁入人口，呈净迁出状况，迁入和迁出云南的人口，来自西南诸省者居多，而云南迁往外省的人口，大多未能迁到较远省区，而大部分集中迁往西南地区。

【对云南人口问题与矛盾的认识】 云南地处祖国边疆，是一个拥有丰富资源和多民族聚居的高原边疆省份，但经济社会发展水平还不高，人口贫困面依然较大，全省贫困县目前还有73个，占县级行政单位数的57%，1996年贫困人口约有540万人，占全省总人口的13.4%，在"九五"期间，全省脱贫奔小康的任务仍十分艰巨。

从全省土地与人口的关系看，云南省土地面积为39.4万平方公里，居全国第8位，到1996年，全省人口密度已达每平方公里103人，比90年代初期的94人上升了9人，与全国平均水平128人的差距已不是太大，往日"地广人稀"的说法已不复存在，特别在云南东部的昭通、曲靖地区一带，新的人口密集区正在形成。更为突出的问题是，全省耕地在土地中的比重仅为7%左右，低于全国10%的平均水平，全省1996年耕地面积为4 334万亩，居全国第17位，人均耕地仅为1.07亩，以全国平均水平1.3亩低15%，人口与耕地的矛盾日益突出。由于人均耕地的不足，全省人均粮食的增长极为缓慢，从1978～1996年，全省粮食产量从864万吨增加到1 246万吨，增长了44.25%，平均每年增加1.95%，但人均粮食只从280公斤增加到308公斤，只增长了10%，平均每年每人增加粮食仅1.5

公斤，可以说近20年来由于人口的增长和人均耕地的相对减少，使得人均粮食的增长微忽其微，全省实现小康的进程任重而道远。

1996年3月23日，云南人口已突破4000万，这是云南人口发展中的一个重要阶段。在“九五”的发展中，云南应继续做好控制人口数量和提高人口素质两个方面的工作，同时加大产业结构调整的力度，尽快形成磷化工、旅游、生物资源开发等新的支柱产业，加快以交通、通讯为重点的基础设施建设，抓好科技、教育和人才培养，提高城乡居民的生活水平，促进人口与经济、社会的协调发展，实现2000年人均国民生产总值翻两番，人民生活达到小康水平的战略目标。

（云南省统计局　张建华）

西藏自治区

【人口总量持续增加】　据西藏自治区公安厅户籍人口统计年报资料，1996年年末西藏自治区总人口为239.30万，比1995年增加3.75万人；年人口增长率为1.56%，与1995年人口增长率1.52%相比虽然增幅不大，但仍呈现上升的趋势，人口总量持续增加。西藏全区家庭总户数为43.17万户，比1995年的42.29万户，增加0.88万户，增长2.08%。户均人数为5.54人，与1995年的5.57人和1994年的5.60人相比，均有减少，家庭规模有缩小的趋势。

【人口自然变动的地区差异较大】　1.总人口的自然变动。1996年年末西藏全区出生人口为4.56万人，死亡人口为1.66万，自然增长2.90万，均少于1996年。人口的出生率、死亡率和自然增长率分别为19.20‰、6.99‰和12.21‰。但必须在此指出，由于西藏农牧区统计中迟报，漏报出生、死亡人口的现象依然比较严重，实际的出生率和自然增长率还要高一些。

2.人口自然变动的地城差别。首先，人口自然增长的地区差异比较大（见表1）。在全区一市六地区中，拉萨市的人口出生率和自然增长率最低。山南和林芝地区也较低，自然增长率均低于全区平均水平。那曲地区的人口出生率和自然增长率最高；其次是阿里地区；同时这两地区的死亡率也高。由于那曲、阿里两地区是西藏高原主要的牧区，地城辽阔、自然环境恶劣、社会经济发展程度不高，交通、医疗条件都很差，因此人口增长反映出高出生、高死亡、高自然增长的传统生育模式特点。而作为以农业为主的拉萨市和山南地区生育模式则开始进入低出生、低死亡、低自然增长的现代阶段。日喀则属于半农半牧为主的地区，昌都和林芝则以农、林、牧兼有，所以这三个地区的出生率、死亡率和自然增长率水平介于农区与牧区之间，在全区平均水平左右。其次，从城乡差异来看，市镇与乡村的差异也很明显。全区两市（拉萨市、日喀则市）人口出生率12.41‰，死亡率6.55‰，自然增长率为5.86‰；全区31个县辖镇人口出生率为14.92‰，死亡率4.94‰，自然增长率9.98‰；市镇平均人口出生率为13.54‰，死亡率5.83‰，自然增长率是7.71‰。而乡村人口出生率则为20.17‰，死亡率7.16‰，自然增长率13.01‰。这说明西藏目前高出生、高死亡、高自然增长的情况主要表现在广大的农牧区乡村。另据西藏自治区计划生育委员会的年报统计资料，1996年西藏全区农牧民（主要都由藏族等少数民族组成）出生率为23.25‰，死亡率7.07‰，自然增长率16.18‰；藏族干部职工、城镇居民出生率为9.88‰，死亡率4.65‰，自然增长率5.23‰；而汉族干部职工出生率为11.02‰，死亡率2.79%，自然增长率8.23‰。可见要使西藏的经济迅速发展起来，使农牧民群众尽快脱贫致富，计划生育工作的重点和难点均在广大的农牧区，对象应是农牧民群众。另外，对藏族干部职工和城镇居民的低出生与低自然增长现象也应引起关注和重视。

表1　西藏各地市人口自然增长率情况（‰）

地区别	出生率	死亡率	自然增长率
全　　区	19.20	6.99	12.21
拉 萨 市	14.87	6.28	8.58
昌都地区	18.50	5.73	12.77
山南地区	16.49	6.89	9.60
日喀则地区	19.54	6.87	12.67
那曲地区	29.33	7.81	21.52
阿里地区	22.83	8.16	14.67
林芝地区	18.43	6.59	11.84

【暂住人口达15万】　据西藏自治区公安厅人口年报数据计算，全区1996年总迁人人口为2.34万人，迁人率9.84‰；总迁出人口为1.82万人，迁出率7.65‰；迁移人口总量为4.16万人，占总人口的1.74%,总迁移率为17.49‰，净迁移率2.19‰。总迁移人口中，区外迁人人口为0.52万人，迁人率2.16‰，比1995年的2.08‰略有上升；迁往区外人口为0.46万人，迁出率1.91‰，比1995年的2.53‰下降0.62个千分点；人口的区环间净迁移率为0.25‰，比1995年的−0.06‰上升0.31个千分点。

据区公安厅的统计，1996年西藏全区暂住人口为15.94万人。暂住人口中，大多数来自区外，多以参加经济活动为主，尤其是务工经商人员居多。暂住人口主要分布在城镇，如拉萨市、日喀则市、各地区行署所在地的镇，以及交通便利、经济较快发展的县等地。暂住人口的增加对西藏的经济发展起了一定的积极作用。

【各种人口构成的变化不大】 1.人口的性别构成。据1996年西藏自治区公安厅人口年报统计，全区总人口中有男性人口118.91万人，占总人口的49.46%；女性人口为120.39万人，占总人口的50.31%。性别比为98.78，比1995年的97.69上升1.09。

2.人口的民族构成。1996年全区藏族人口为230.52万人，占总人口的96.3%；汉族人口6.87万人，占总人口的2.9%；其他少数民族人口1.91万人，占总人口的0.8%。民族人口构成比重与往年基本相同。

3.城乡人口与农业非农业人口构成。1996年全区市人口为22.22万人，占总人口的9.29%；县辖镇的人口为18.18万人，占总人口的7.60%；市镇总人口为40.40万人，占总人口的比重为16.88%，比1995年的16.72%上升0.16个百分点继续呈增长趋势，但增幅依然不大。1996年全区非农业人口33.02万人，占总人口的13.80%，与1995年的13.79%基本持平。

【育龄妇女节育自觉性提高】 根据西藏自治区计划生育委员会统计报表来看，1996年全区已婚育龄妇女总数为49.88万人，采取各种节育措施人数为29.45万人，节育率为59.04%，比1995年增加6.71个百分点。在采取各种节育措施的人群中，农牧民群众节育率为54.61%；藏族干部职工、城镇居民为80.68%；汉族干部职工为93.60%。

西藏经过多年的计划生育宣传服务，广大干部群众提高了对计划生育的认识，人们的婚姻、生育、家庭观念均发生深刻的变化，晚婚晚育、少生优生已普遍被人们所接受，实行计划生育的自觉性显著提高，农牧民群众的优生优育愿望日益强烈。西藏自治区党委和政府加强计划生育工作的力度，下发了关于进一步做好计划生育工作的文件，各地市也积极行动，调整计划生育经费，加强农牧区的计划生育宣传，并且把计划生育与扶贫攻坚计划结合起来。1996年全区大约为18个贫困县育龄妇女做皮埋近7000例，上环5500多例，绝育1600例左右。同时为使全区计划生育干部队伍提高计划生育工作水平，由国家计划生育委员会委托四川生殖卫生学院为西藏开办计生管理和统计中专班。目前全区计划生育工作已进入了一个新的发展阶段。

（西藏大学人口研究所　陈　华）

甘肃省

【人口增长速度明显回落】 根据1996年甘肃省人口变动情况抽样调查数据推算，甘肃省年末总人口为2466.86万人，比1995年年末的2437.95万人净增28.91万人，增长了1.19%(见表1)。

表1　甘肃省近几年人口总量变动情况

	总人口(万人)	净增人口(万人)	比上年增长(%)
1991	2284.92	30.26	1.34
1992	2314.19	29.27	1.28
1993	2345.23	31.04	1.34
1994	2378.25	33.02	1.41
1995	2437.95	59.70	2.51
平均		36.66	1.58
1996	2466.86	28.91	1.59

“八五”期间净增人口稳定在35万人左右(1995年比1994年净增人口多是因为包含了前4年漏统人口约25万人的缘故)，人口发展处于稳定增长阶段。但这一增长态势在“九五”开始的头一年被打破，1996年只净增人口28.91万人，与“八五”时期年均净增人口36.66万人相比，增幅回落7.75万人；人口增长速度仅为1.1%，与“八五”时期年均增长1.58%相比，增速下降0.39个百分点。人口增长速度的大幅度下降，说明人口控制工作取得的成绩是明显的。

【人口出生率和自然增长率明显下降，已降至近年来的最低水平】 1996年人口出生率为18.43‰，出生人口45.20万人；死亡率为6.64‰，死亡人口16.29万人；自然增长率11.79‰，全年净增28.91万人（见表2）。

“八五”时期人口年均出生率为20.07‰，基本稳定在20‰左右，而1996年却大幅回落到18.43‰，与“八五”时期平均水平相比，下降1.64个千分点，与1995年相比，下降2.22个千分点。同时由于同期的死亡率基本稳定，保持在6.5‰左右，因而导致1996年人口自然增长率也相应的大幅回落，与“八五”时期平均水平相比，下降1.71个千分点，与1995年相比，下降2.37个千分点。

表2　甘肃省近几年人口自然变动情况　(‰)

	出生率	死亡率	自然增长率
1991	19.38	6.05	13.33
1992	19.37	6.64	12.37
1993	20.16	6.84	13.32
1994	20.82	6.84	13.98
1995	20.65	6.57	14.16
平均	20.07	6.57	13.50
1996	18.43	6.64	11.79

1996年人口出生率与自然增长率明显下降，主要原因：一是狠抓计划生育工作的影响。全省上下加大了计划生育工作的力度，造成人口出生率明显回落，据省计划生育委员会提供的大月引产和人流手术数据，折算出生率比1995年下降1.7个千分点左右；二是育龄妇女年龄结构转变的影响。根据育

龄妇女群体结构的特点，1996年是生育高峰年龄妇女规模下降和出生率回落的年份。据推测，出生率受此影响比1995 年下降0.5个千分点左右。

【人口性别比略有下降，但出生婴儿性别比偏高】 1996年年末，男性人口为1 259.25万人，占总人口的51.05%；女性人口为1 207.61万人，占48.95%。性别比104.28，比1982年“三普”、1990年“四普”和1995年1%人口抽样调查的107.18、107.56和106.35分别下降2.9、3.3和2.1，虽然略有下降，但还属于正常范围。

出生婴儿性别比为124.38，其中一孩性别比101.87，二孩性别比153.47，多孩性别比197.14。与婴儿正常性别比106左右相比，明显偏高，且孩次越高，性别比也越高。具体看，一孩性别比正常，主要原因：在城镇普遍实行一胎化，由于生育卡、出生证、报户口等方面的制约，能够如实申报；在农村由于实行二胎化，即使第一个小孩生为女孩，也还有生育第二个小孩的机会，也能如实申报。可见，一孩属于自然生育，因而性别比正常。二孩及以上性别比明显偏高，主要原因：一是女婴漏报所致。在农村如果二胎生育还为女孩，根据政策就将失去再次生育的机会，于是千方百计隐瞒不报，以便争取再次生育的机会（生一个男孩），致使女婴漏报现象严重。二是通过B超进行选择性人工流产。如果这两种情况继续发展下去，不仅会给全省人口管理与决策带来很大问题，而且男女性别比例失调，将会造成严重的社会问题。因此，必须采取措施，减少和杜绝漏报、瞒报，特别是出生女婴的漏报。要从严打击违法进行产前性别鉴定的人员。全面落实保护妇女儿童的法令法规。加强宣传教育工作，使人们“重男轻女”、“传宗接代”、“养儿防老”等旧观念得到根本转变。同时，随着社会经济的不断发展，广大农村地区应逐步建立社会养老保险制度。

【人口年龄结构属成年型类型，人口再生产处于稳定增长阶段】 人口年龄构成是由出生和死亡所决定的。它是出生和死亡过程在某一静态时点上的反映。研究年龄结构不仅可以观察人口的现实状况，还可在一定程度上综合地反映人口发展的历史过程。1996年0～14岁少年儿童占全省总人口的28.99%，65岁及以上老年人口占4.79%，老少比为16.51%，年龄中位数为27.15岁。与1990年人口普查相比，少儿系数上升1.02个百分点，老年人口系数上升0.73个百分点，老少比上升1.99个百分点，年龄中位数提高3.39 岁。按照国际通用的人口年龄类型划分标准，老少比达到成年型人口标准，年龄中位数接近老年型人口标准。老年人口系数接近成年型人口标准，少儿系数达到老年型人口标准。综合地看，甘肃人口年龄结构还属成年型人口类型。

从人口再生产类型看，1996年全省15～49岁人口占总人口的比重为54.33%，50岁及以上占16.68%，分别比1990年人口普查下降3.59和上升2.57个百分点。按照桑德巴氏人口类型划分标准，0～14岁人口/总人口、15～49岁人口/总人口和50岁以上人口/总人口这三个指标都比1990年更加接近稳定型人口类型标准，可见甘肃人口再生产还处于稳定增长阶段。说明在未来一段时间里，仍将呈现继续增长的趋势，因此对计划生育工作仍不能放松。

【人口的受教育程度显著提高，但与全国相比差距仍然不小】 人口的受教育程度是反映人口素质高低的重要指标，它不仅衡量一个国家或地区社会经济的发展程度，而且制约未来社会经济的发展潜力和希望，更是提高人口素质的基础和前提。1996年，甘肃省6岁及以上人口中，具有小学及以上受教育程度的人口占71.24%，比1990年人口普查的63.27%提高7.97个百分点。从增长速度看，1996年比1990年总人口增长了10.27%，而拥有各种受教育程度的人口却增长了27.79%，是总人口增幅的1.66倍。从综合均值（接受教育年限）看，1996年全省人口受教育程度综合均值为5.90，比1990年人口普查的4.55提高1.35，接近于小学毕业的程度。从每10万人拥有各种受教育程度的人口看，1996年全省小学为31 966人，初中为21 078人，高中为8 694人，大专及以上为1 841人，分别比1990年人口普查增加2 786人、4 219人、856人和736人，增幅分别为9.55%、25.03%、10.92%和66.61%。上述数据表明，90年代以来，甘肃的教育事业，特别是高等教育和初等教育事业发展很快，人口的受教育程度普遍提高。

与全国相比差距还不小。1996年全国每10万人拥有各种受教育程度的人口小学为37 793人，初中为28 796人，高中为8 616人，大专以上为2 040人，分别比甘肃多5 827人、7718人、－78人和199人，只有高中人数略多78人，其他差距还很大。从文盲、半文盲人口占总人口比重来看，1996年甘肃为23.18%，虽说比1990年人口普查的27.93%下降了4.75个百分点，但比全国1995年1%人口抽样调查的12.01%要高11.17个百分点，几乎是全国的一倍。因此甘肃要在加快发展各类教育事业的同时，加大扫盲工作的力度，从而全面提高全省人口的文化素质，促进社会经济的快速发展。

【未婚比重明显下降，核心家庭仍居主导地位】 婚姻是引起人口变动的重要因素，它与家庭、生育有着直接的关系。1996年全省15岁及以上人口中，未婚人口占19.74%，有配偶人口（包括初婚有配偶和再婚有配偶）占74.04%，丧偶人口占5.45%，离婚人口占0.77%。与1990年人口普查相比，未婚人口比重下降6.67个百分点，有配偶人口比重上升6.5个百分点，丧偶人口比重基本不变，离婚人口比重上升0.15个百分点。可见，甘肃人口婚姻构成的显著特点是：未婚比重明显下降，有配偶比重明显上升。这一方面是人口年龄结构变化所致，另一方面是受法定婚姻人口结婚率提高的影响。在15～19岁年龄组人口中，男性未婚人口占98.32%，比1990年上升1.49个百分点；女性未婚人口占96.19%，比1990年上升4.62个百分点。说明早婚比例比1990年有进一步的下降，早婚现象控制得力。

家庭是社会的基础，是人口再生产的基本单位。家庭规模的大小，除与大家庭向小家庭分化速度有关，更重要的取决于妇女的生育水平。自70年代推行计划生育以来，由于妇女生育水平的下降，家庭规模向小型化转变已成为全国家庭发展变化的共同趋势。全省家庭户规模1975年为5.47人，1982年为5.07人，1990年为4.56人，1996年为4.25人，明显呈逐步减少趋势。其中3人户占20.21%，4人户占30.15%，5人及以上户占37.64%。与1990年人口普查相比，3人户和4人户上升2.53和4.14个百分点，5人及以上户下降8.61个百分点，说明独生子女和两个孩子的家庭相对增多，多孩家庭相对减少，人们的生育观念正在逐步改变。在家庭户构成类型中以两代户的核心家庭比重最高，达60.3%，虽然比1990年人口普查的62.88%下降了2.58个百分点，但仍居主导地位，说明数代同堂的大家庭正在被两代共居的核心家庭所取代。

【人口形势依然不容乐观】 1996年，全省育龄妇女生育率为63.93%，其中一孩率35.21%、二孩率23.88%、多孩率4.84‰。与1990年人口普查相比，分别下降29.18、5.42、7.01和16.75个千分点；与1995年1%人口抽样调查相比，则分别下降5.22、2.59、－1.52和4.15个千分点。这表明育龄妇女生育率下降主要是由于多孩生育率的大幅下降所致，尤其是1995年到1996年，在一年时间里，多孩生育率就从8.99‰下降到4.84‰，这完全是加大计划生育工作力度的的缘故。

1996年，甘肃省人口控制工作虽然做出了一些成绩，为实现“九五”人口计划开了个好头，但后几年人口压力依然很大，人口形势不容乐观。一是育龄妇女基数庞大。据预测，“九五”期间育龄妇女群体规模将达675.52万人，比“八五”期间年均规模仍要增加30.16万人，人口出生率还存在潜在回升的势头；二是地区间计划生育工作发展不平衡。由于传统生育观念、社会经济条件、计划生育工作力度、少数民族政策等诸多因素，形成了地区间计划生育发展的不平衡。突出的是甘南、临夏两个少数民族自治州以及陇南、定西、平凉、庆阳地区和天水市等人口出生率一直很高。且人口占全省人口的比重高达64.43%，这就给计划生育工作带来一定的困难，只要稍有放松，人口出生率就有可能回升；三是流动人口计划生育工作难度大。随着国家政策对中西部地区的倾斜和扶持，社会经济将会迎来一个快速发展的时期，经济的发展必然使流动人口增多，这将对计划生育工作造成一定的难度。四是根据“九五”规划，甘肃省在本世纪末要将人口控制在2580万人以内。要达到这一目标，“九五”期间人口平均增长速度必须控制在15.67‰以内，虽然1996年人口出生率18.43‰比1995年下降了2.22个千分点，但由于人们的生育观念还没有完全转变，后几年要保持这种下降幅度是不现实的。因此，“九五”后四年人口形式依然相当严峻，人口控制工作还十分艰巨。全省各级党委、政府应当对计划生育工作给予高度重视，要持续不断地，坚持不懈地抓好人口控制工作，力争完成“九五”计划的控制目标，实现人口与社会经济的协调发展，保证全省人民生活水平按计划实现小康。

（甘肃省统计局人口处　梁珊泉　李树海）

青海省

【人口总量稳步增长】 1996年底青海总人口为488.3万人，比1995年的481.2万人，增加了7.1万人，年均增长速度由1995年的1.52%下降到1996年的1.48%。近年来，青海省人口基数逐年增大，而每年增加的人数却相对稳定，1994～1996年三年间，年增加人口稳定在7.1～7.3万之间，已步入稳定增长的阶段。这是由于青海省上下各级政府在控制人口工作中加大力度，共同努力取得的成效。1996年人口实际增长数比国家计划下达数少增加0.5万人，出生率和自然增长率，也分别比计划数低0.38和0.98个千分点。人口年度计划全面完成。为“九五”人口计划的实施，以及经济发展奠定了良好的基础。

【人口出生率逐年下降，出生人口则呈上升趋势】 1996年青海人口出生率为21.89‰，比1995年下降0.12个千分点，比1994年下降0.17个千分点。进入90年代以来，青海人口的出生率一直呈逐年下降趋势，已从1991年的23.37‰降至现在的21.89‰。但是，由于育龄妇女人群的不断增大，出生人口的数量却呈上升趋势。1992～1996年，年均出生人数由10.3万上升到10.6万人。与全国相比，出生率仍高出全国约4个千分点，在全国30个省、区、市排序仍居出生率较高之列。

【人口增加纯属自然增长，机械变化呈负增长】 根据公安厅户籍统计资料，1996年青海迁往省外人口为1.72万人，外省迁入青海的人口为1.22万人，迁出迁入相抵，净迁出人口0.5万人。这说明青海人口的增加纯属自然增长。

【多孩率下降明显】 1996年青海出生人口的孩次率分别为：一孩率52.82%，二孩率31.10%，多孩率16.08%。和近几年的调查数据相比，呈现出一孩率逐年上升，二孩率基本持平，多孩率下降较快的趋势。一孩、二孩率与1992年相比，分别上升7.46和1.8个百分点，多孩率下降9.26个百分点。多孩率明显下降，是计划生育取得成效的主要标志，说明青海人口再生产开始向良性循环转化。然而，近几年一孩率上升较快，也从另一方面说明，青海仍处于人口出生高峰期，导致一孩率上升的主要原因是育龄妇女人数增加和早婚早育。

【出生人口性别比偏高】 1996年青海出生人口性别比为113.53，略偏高。但是对比近几年的调查数据，从1991年到1995年，青海出生人口性别比分别在107.50、108.01、100.74、106.84和107.23，除1993年略低外，其它年份均属正常值范围之内。1996年呈现略高之势，其原因有待进一步观察和调查。

【人口发展中存在的问题】 1.育龄妇女队伍庞大，导致出生率下降缓慢。据1990年人口普查资料预测，到2000年，青海育龄妇女人数将增加到近140万人。由于育龄妇女人数呈不断增加之势，尤其是生育旺盛期妇女人数又处在高峰时期，尽管全省的计划生育工作力度不断加大，但全省出生率近几年下降较为缓慢，而且人口出生率还存在潜在回升的势头。

2.育龄妇女平均初婚、初育年龄提高缓慢。1996年青海育龄妇女的平均初婚年龄为21.26岁，比1990年的21.07岁，仅提高了0.19岁；平均初育年龄为22.86岁，比1990年的22.50岁，也仅提高了0.36岁。可见，六年间育龄妇女的平均初婚、初育年龄平均每年分别仅提高0.03岁和0.06岁，提高极为缓慢。这说明青海育龄妇女中，晚婚晚育不够普遍，相反早婚早育现象仍较普遍。

3.孩次率变化较全国平均水平差距较大。1996年青海孩次率的变化虽然出现了多孩下降较快的趋势，但和全国相比，仍存在较大差距。一孩比率比全国低14.18个百分点，二孩比率高5.64个百分点，多孩率高8.68个百分点。

（青海省统计局人口与就业统计处 王 燕）

宁夏回族自治区

【人口增长平稳，人口密度首次超过百人，人口压力增大】 据户籍管理机关统计，1996年末，全区总人口为5212099人，比1995年净增88254人，年净增量比1995年多3091人，基本处于平稳状态。人口年递增率为1.72%，比1995年高0.03个百分点。全区人口密度已达到100.6人/平方公里，首次超过百人，在西北五省区中居第二位。可以说，宁夏已不是历史上地广人稀的地区，人口压力日渐增大。

分山川看，宁南山区人口增长继续快于北部川区。1996年末，宁南山区8县总人口达到2322930人，比1995年增长1.97%，年净增44839人，占全区人口净增量的50.81%。北部川区12个市、县总人口为2889169人，比1995年增长1.53%，比宁南山区低0.44个百分点。由于宁南山区人口增长速度快于北部川区，使其占全区总人口的比重不断上升，由1994年及1995年的44.40%和44.46%上升到1996年的44.57%，比全区开展计划生育工作初期的1978年上升了2.55个百分点，已连续18年处于上升的势头。宁南山区经济发展水平十分落后，1996年人均创造国内生产总值只有1085元（不含泾源县），仅为北部川区11市县（不含中宁县）人均水平的19.32%。这种状况对宁夏本世纪末人均国内生产总值翻两番目标的实现有着很大的负面影响。

分地区看，在全区4个地市中，迁移增长水平较高的银川市和以自然增长为主的固原地区，其人口增长率较高，分别为1.87%和1.85%，列第一位和第二位，并高于全区平均增长水平，人口年净增量占全区总净增量的57%。石嘴山市和银南地区的增长水平分别为1.40%和1.64%，均在全区平均增长水平以下。

分市、县看，在全区20个市、县中，有6个市、县人口年增长率超过全区平均水平，依次为陶乐县（3.55%）、同心县（3.13%）、海原县（2.79%）、银川市（2.52%）、固原县（1.97%）和西吉县（1.97%）。这6个市、县中有4个在山区，其总人口虽然只占全区总人口的42%，但人口年净增量都占到全区总水平的近60%。上述6个市、县中，除银川市由于是省会，人口增长量中迁移增长占有较大份额外，其余市、县均为不发达地区，经济文化比较落后，自然增长水平高，属于人口流出型地区。全区另外14个市、县由于计划生育工作水平、城乡人口比重、经济发展水平的差异，以及城市拉动作用的影响，其人口增长水平高低不一，但均低于全区平均水平（见表）。

【全区人口出生率、死亡率有所下降；宁南山区仍是计划生育工作的落后地区】 1996年是宁夏进入第三次人口生育高峰期的第11年，育龄妇女人数达到143万人，比1995年增加近3万人，其中20～29岁生育旺盛期妇女人数超过54万人。面对如此严峻的人口形势，自治区各级党委、政府及有关部门继续深化计划生育目标管理责任制，对计划生育"工作温度不降，工作人员不少，工作力度不减，工作劲头不松"，进一步提高了全区计划生育工作水平。据计划生育部门统计，1996年全区已婚育龄妇女中，采取各种节育措施的有933088人，比1995年增加42854人，节育率为91.48%，比1995年增加1.22个百分点，其中长效节育率为74.45%，比1995年增加3.08个百分点，有11个市、县的长

宁夏回族自治区人口增长情况

地区	1996年总人口	总人口年净增(人) 1995年	1996年	总人口年增长速度(%) 1995年	1996年	地区	1996年总人口	总人口年净增(人) 1995年	1996年	总人口年增长速度(%) 1995年	1996年
全区总计	5212099	85163	88254	1.69	1.72	灵武市	245055	4713	3572	1.99	1.48
银川市	910475	15513	16684	1.77	1.87	中卫县	316954	4707	4220	1.53	1.35
市辖区	558596	13540	13745	2.55	2.52	中宁县	222231	1969	2435	0.90	1.11
永宁县	178890	1330	1758	0.76	0.99	盐池县	150058	1807	1437	1.23	0.97
贺兰县	172989	640	1181	0.37	0.69	同心县	324854	7162	9863	2.33	3.13
石嘴山市	669687	7008	9273	1.07	1.40	固原地区	184818	31754	33539	1.78	1.85
市辖区	318271	4671	4138	1.51	1.32	固原县	502728	7937	9735	1.64	1.97
平罗县	256375	1521	3166	0.60	1.25	海原县	353619	4047	9595	1.19	2.79
陶乐县	23864	193	818	0.84	3.55	西吉县	435418	10924	8427	2.63	1.97
惠农县	71177	623	1149	0.90	1.64	隆德县	208046	2718	3220	1.34	1.57
银南地区	1783919	30888	28760	1.79	1.64	泾源县	106033	2179	202	2.10	0.19
吴忠市	289921	4663	4785	1.66	1.68	彭阳县	242174	3949	2360	1.67	0.98
青铜峡市	234840	5867	2442	2.59	1.05						

效节育率已达到80%以上。全区领取独生子女证的人数为129738人，比1995年增长4.54%,领证率为12.72%,比1995年上升了0.14个百分点。

计划生育工作水平的提高，有力地缓解了人口生育高峰，使全区总人口得以平稳增长。据1996年人口变动情况抽样调查资料计算，全区人口出生率为19.03%,比1995年下降0.25个千分点；人口死亡率为5.25‰，下降了0.24个千分点；人口自然增长率为13.78‰，下降了0.01个千分点。

据推算，全区1996年共出生98347人，死亡27132人，自然增加71215。与1995年相比，死亡人口减少764人，出生人口增加380人，自然增长人数增加1144人。在全年出生的人口中，符合计划生育政策出生的占76.09%,比1995年上升了4.06个百分点；不符合计划生育政策出生的人口占23.91%,其中，早育占出生人口总数的0.38%,比1995年下降了0.44个百分点；不符合间隔生育的占15.03%,比1995年下降了3.22个百分点；超胎生育的占8.23%,比1995年下降了0.40个百分点。

从1996年全区人口出生情况看，宁南山区仍是计划生育工作的落后地区，在全区不符合计划生育政策出生的人口中，宁南山区占79.45%;全部超胎生育的人口中，宁南山区占85%。受此影响，1996年该地区人口出生率仍高达21.51‰，比川区高6.67个千分点，自然增长率为16.04‰，高5.88个千分点。因此，如何尽快改变宁南山区计划生育的落后局面，仍是宁夏今后工作的难点和重点。

【人口迁移规模变化不大】 1996年宁夏人口的迁移变动规模，同1995年相比变化不大。据推算，全年迁移增长人数大约为1.7万人。从迁移人口的流向看，原有的格局没有打破，经济发达或相对发达地区仍是人口迁移流入的热点。省会银川市辖区迁移增长人数占年净增人数的比例高达72%;煤城石嘴山市辖区也达到34%。地处引黄灌区、农业比较发达的银南地区为21%,全国贫困有名的“三西”地区之一的固原地区则为人口流出型地区。

【全区流动人口增幅较大】 据户籍管理机关统计，1996年全区流动人口为110723人，比1995年净增1482人，增长15.45%,是近几年增幅较大的一年。流动人口的基本状况及特点，主要表现在以下几个方面。

1.男性人口多。在流动人口中，男性为79284人，占71.60%;女性为31439人，占28.40%,性别比高达252。

2.从事经济活动的多。在流动人口中，从事经济活动的有93985人，占总数的84.88%。其中务工的有53236人，占48.08%;务农的有9944人，占8.98%;经商的有20193人，占18.24%;服务的有10612人，占9.58%。

3.居住时间在一年以内的多。在流动人口中，居住时间在一年以下的有69435人，占62.17%,其中，居住一个月以下的有6286人，居住一年以上的有41288人，占37.29%。

4.来自区内的多。在流动人口中，来自区内的有56485人，占51%,这也是近几年宁夏流动人口区内首次超过区外。

5.居住在租赁的房屋中及工地现场的多。在流动人口中，租凭房屋居住的以及住在施工工地的占总数的60.60%,其余大多居住在单位内部（16903）和居民家中（12253人）。

【少数民族人口增长速度快于汉族人口】 1996年全区汉族人口为3424762人，回族人口为1761876人，其他少数民族人口为25461人。由于宁夏少数民族在生育、招生等方面享受政府的优惠政策，故少数民族人口的增长速度继续快于汉族人口。与1995年相比，汉族人口增长1.48%,回族与其他少数民族人口分别增长了2.19%和2.32%。相应地，各民族人口的比重也发生了变化，回族人口的比重继续上升，由1995年的33.65%上升到33.80%，其他少数民族人口由于人数很少，比重变动幅度不大，与此相应的是汉族人口的比重下降了0.15个百分点。从民族人口的地理分布看，回族人口大多居住在宁南山区，占全区回族人口总数的64.81%，汉族与其他少数民族人口则主要分布在北部川区。

【城镇人口迅速增加，非农化水平较低】 1996年，国务院批准宁夏灵武县撤县建市，造成全区城镇人口迅速增加，达到2 698 118人，比1995年增长7.23%。其中，建制市由4个增加到5个，人口由1 376 518人增加到1 646 689人，增长19.63%。全区城镇人口占总人口的比重为51.76%，首次超过总人口的半数，比1995年上升了2.66个百分点，乡村人口的比重则由50.90%下降为48.24%。从城镇人口的分布看，大都集中在北部川区，宁南山区只占全区总数的20.19%。宁夏城镇人口虽然增长快，比重高，但其非农化比率较低，只有49.63%。

1996年，由于没有新的农转非政策出台，全区非农业人口增长比较平稳，全部非农业人口为1407842人，比1995年增长2.05%，是近几年来增幅较小的一年。占总人口的比重为27.01%，比1995年上升了0.09个百分点。农业人口为3 804 527人，比1995年增长1.60%，比重为72.99%，下降了0.09个百分点。

（宁夏回族自治区统计局人口处　李文海　袁　红）

新疆维吾尔自治区

1996年末新疆总人口数为1 689.29万人，和1995年末相比，总人口净增27.94万人，其中，人口自然增长21.53万人，迁移增长6.41万人，分别占当年净增人口数的77.06%和22.94%。新疆的平均人口密度增至10.17人/平方公里。

【出生率、死亡率和自然增长率】 1996年新出生人口为32.39万人，比1995年增加了1.36万人，人口出生率为19.45‰，比1995年增加了0.55个千分点。新出生人口中，少数民族为23.36万人，占71.68%；汉族为9.23万人，占28.32%。少数民族人口出生率高于汉族人口出生率，前者为22.50‰，后者为14.48‰。新出生的人口中，一孩率为56.14%，二孩率占27.38%，多孩率为16.17%，一孩率和二孩率分别比1995年上升了1.04和0.11个百分点，多孩率下降了1.16个百分点。1996年新疆育龄妇女比1995年增加了近7万人，而且是20～29岁生育高峰年龄组女性人口数量的次高峰年，这是出生率升高的主要原因。新出生人口的民族构成与总人口的民族构成相差颇大：新出生人口的少数民族比重远高于总人口的少数民族比重。其原因一方面是由于执行差别生育政策，新疆的少数民族一直实行较汉族宽松的人口政策，即城镇少数民族夫妇可生育2胎，农村、牧区和生产建设兵团的少数民族夫妇可生育3胎（符合规定条件的可以生育4胎），在客观上决定了少数民族人口的出生人数和出生率的较高水平。另一方面，新疆自1975年和1988年分别在汉族人口中和少数民族人口中开展计划生育，汉族人口和城镇少数民族人口的生育观念和生育行为均发生了较大的转变，如生产建设兵团绝大部分汉族群众主动放弃二胎生育指标，城市少数民族群众自愿只生一胎者也越来越多。反映在地区分布上，越是少数民族人口集中、农村人口比重大的地区，人口出生率越高，如喀什、和田、克孜勒苏柯尔克孜、阿克苏、伊犁等地（州）；反之，在乌鲁林齐、克拉玛依、石河子、哈密、昌吉等地（州、市），人口的出生率较低。

1996年共死亡人口11.06万人，死亡率为6.60‰，无论是死亡人数，还是死亡率都比1995年略有增加，前者增加了0.44万人，后者上升了0.25个千分点。其中，少数民族人口死亡8.32万人，死亡率为8.01‰；汉族人口死亡2.74万人，死亡率为4.30‰，少数民族与汉族相比，少数民族人口死亡状况两项指标的增长幅度均大于汉族。说明汉族的死亡水平已降到较低点，而少数民族的死亡水平还有待于进一步降低，这有赖于医疗卫生条件的改善（特别是广大农村、牧区），自我保健意识的加强和卫生习惯的改变。

和人口出生率与死亡率相对应的人口自然增长率比1995年也有升高，为12.85‰。其中，少数民族人口自然增长率为14.49‰，比1995年增长0.48个千分点；汉族人口自然增长率为10.18‰，比1995年提高0.28个千分点，少数民族和汉族的年自然增长人口数量分别为15.04万人和6.48万人。

【人口的迁移和流动】 频繁的人口迁移活动，一直是新疆人口变动的一大特点。进入90年代以来，新疆人口省际迁移表现为大进大出，自治区内迁移渐趋活跃的态势。1996年新疆迁入人口总量为38.13万人，迁出人口总量为27.59万人，净迁移量为10.54万人，人口总迁移率为39.22‰，净迁移率为6.29‰。迁移人口中，省际迁入11.20万人，省际迁出4.72万人，省际净迁移6.48万人，是1990年的19倍，自治区省内迁移是新疆人口迁移的主流，迁出人口和迁入人口分别为26.93万人和22.87万人。省际迁移人口规模的扩大主要是因为新疆确定了“一黑一白”的经济发展主导产业战略，一方面，主要产棉区，特别是生产建设兵团，吸引了大批迁移人口，如农一师所在地的阿克苏地区的省际迁入人口比1995年增加了46.72%，省际净迁移人口翻了近一番。另一方面，矿区、石油及煤炭产区和铁路沿线地区，以其资源和交通优势也吸引了大量迁移人口。社会主义市场经济的建立，改变着人们的思想观念，那些经济发展快，自然与人文条件好的地区，总是吸力较大，吸引人们迁入，使自治区内迁移愈来愈活跃，主要表现为人口在生产建设兵团与地方之间的迁移，城镇与农牧区之间的迁移，贫困区与富裕区之间的迁移。

流动人口规模不断扩大，频率加快，方向多样，动因更趋复杂。1996年新疆的流动人口总量为135.76万人，即每百人中就有8名流动人口。和1992年相比，流动人口增加了1.74倍。流动人口的58.83%来自内地省份，主要来源地为川、陕、甘、豫、浙、苏等省；39.39%为自治区内流动；还有1.78%来自国外以及港、澳、台地区。流动人口的性别比高达243.2，而且以青壮年劳动力人口为主。他们中有以旅游观光、购物，因工出差，探亲访友等为主要目的的短期流动人口；有以务工，务农，经商等谋求经济利益为目的的季节性流动人口；也不乏把新疆作为相对稳定的根据地以从事经济活动为主的长年流动人口。流动人口中的2/3以上，以务工、务农、经商、搞服务、当保姆等作为获取经济利益的手段在新疆流动生存。值得一提的是国际旅游购物流动人口是新疆改革开放以来的新生事物，人数正在悄然增加，1996年已达0.72万人，占当年入境外国人和港、澳、台同胞总数的47.23%，他们主要来自独联体，俄罗斯以及东欧各国。

无论迁移人口，还是流动人口，都是新疆社会经济建设不可缺少的重要力量，他们为新疆的社会经济发展已经并正在做出巨大的贡献。

【人口的民族构成】 民族多样，多民族聚集，人口增长快是新疆人口的最大特点。由于长期的人口较快增长，使新疆人口占全国总人口的比重逐步上升，1996年占全国人口的比重为1.38%，比1990年增加0.04个百分点。新疆共有46个民族，其中，维吾尔、汉、哈萨克、回、柯尔克孜、蒙古、锡伯、俄罗斯、塔吉克、乌孜别克、塔塔尔、满、达斡尔等13个民族为世居民族，中国维吾尔、哈萨克、柯尔克孜、俄罗斯、塔吉克、塔塔尔、乌孜别克等7个民族人口的绝大部分生活在新疆。1996年新疆人口的民族构成没有大的变化，超过百万人口的民族3个，依次为维吾尔族（791.60万人，占新疆总人口的46.85%），汉族（643.28万人，占38.08%），哈萨克族（125.70万人，占7.44%）；十万至百万人口的民族3个，回族（76.02万人，占4.50%），柯尔克孜族（16.05万人，占0.98%），蒙古族（15.54万人，占0.92%）；一万至十万人口的民族5个，锡伯族，塔吉克族，乌孜别克族，满族和东乡族；其他民族人口均不足万人。尽管少数民族人口自然增长较快，人口的年增长率为1.60%，但是汉族人口的迁移增长量大，汉族人口年增长率高于少数民族，为1.81%，所以总人口的少数民族与汉族比例变化不大，少数民族人口比重为61.92%，汉族人口占38.08%，少数民族人口增长仍占绝对多数。

【人口的年龄构成】 如图所示，1996年新疆人口年龄结构有以下特点：① 0～ 14岁少年儿童

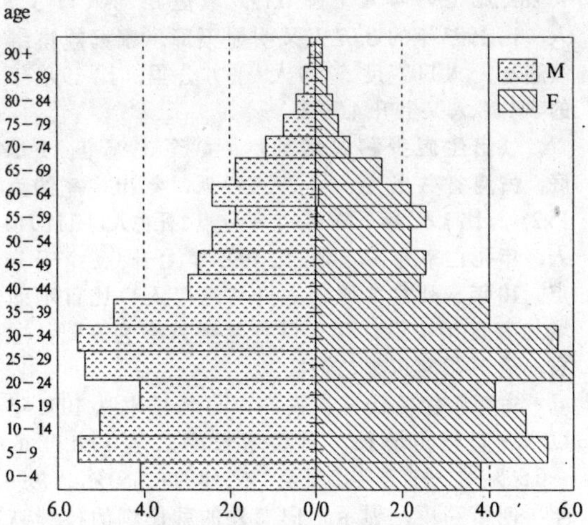

1996年新疆人口年龄金字塔

人口比重降到28.61%，≥65岁的老年人口比重升为4.79%，15～64岁的经济活动人口比重为66.60%，人口年龄结构已经完全进入了稳定型。② 年龄金字塔出现两个峰，一是5～ 14岁，一是20～ 34岁，前者主要是受第一次生育高峰（50年代至60年代初）出生人口生育下一代和80年代中期农村汉族可以生二胎政策的影响；后者是受第二次生育高峰（60年代中至70年代中）出生人数多和目前迁移人口多的双重影响。③ 年龄金字塔在10～ 19岁和0～ 4岁出现两个低谷，造成前一个低谷的原因是多方面的。首先，这批人是70年代中到80年代初出生的，当时是汉族人口生育控制最严的时期；其次，每年都有许多学生到内地大中专院校深造，他们的年龄正好在此年龄段；第三，有些大城市，如上海、南京，放宽了60～ 70年代支边青年的子女回城落户的规定，吸引了大批的支青子女返回内地。后一个低谷的形成，一是城镇建制的不断扩大，使实行少生政策的人群扩大，1996年新疆按城乡区分的市镇人口比重已达50.09%，二是多年的人口宣传教育与计划生育实践，已经改变了许多人的生育观念，人们的眼界放宽了，认识和接受了少生优生的好处；三是改善了计划生育服务。④ 40～ 49岁年龄段的女性人口多于男性，而60岁以上的老年人口中男性明显多于女性。

（新疆大学人口研究所　原　新）

台湾省

【人口增长率创50年最低水平】 截至1996

年八月底，台湾省户籍登记人口数为2145万人，比1995年的2130.4万人，增加14.6万人，年人口增长率不到8‰，为1947年以来最低水平。总人口中男性1102.8万人，女性1042.2万人，性别比为105.81，比1995年又下降0.19。家庭户均人口3.58人，比1995年的3.67人又明显下降，家庭规模继续趋小。人口密度595.8人/平方公里，比1995年的591.78人又上升4.06人。

【出生减少移民增加】 截至1996年11月底，台湾省共出生人口295349人，年出生率约为15.2‰，比1995年下降0.3个千分点；死亡人口111710人，年死亡率为5.7‰，比1995年上升0.1个千分点。10年来死亡率缓缓上升与老年人口比重不断增加有直接关系。年人口自然增长率为9.5‰左右，是1947年以来的最低。

台湾省包括迁移在内的人口增长率从1991年以来一直呈负增长，且负增长率已从1991年的－0.56‰，一直逐年上升至1995年的－1.50‰，1996年再创新高度，显示走向海外的移民潮的持续高涨。据“行政院主计处”的统计，1989～1990年走向海外的移民只有二、三万人，1991年之后每年则超过了4万人，1996年则达到空前的7.8万人，扣除从海外迁入的5.2万人，人口净移出为26653人。人口大量迁移海外有各种原因，分别涉及社会、政治、经济、环境的变化与发展。“主计处”的官员认为这些人移民是因为他们有钱。

【失业人口骤增】 1996年平均失业人口高达24.2万人，比1995年骤然增加7.7万人，失业率高达2.6%，成为10年来最高的一年，过去10年中最高的是1987年，为1.86%；最低的是1993年，为1.45%，一直相对平稳。增加的失业人口中，因工作企业、场所歇业或业务紧缩而招致失业的有3.9万人，对原有工作不满意而自行辞职失业的则增加1.3万人。

按受教育水准分析，大专以上程度失业率为3.13%，最为严重；高中程度的为3%，紧随其后。如按年龄观察，15～24岁的青少年失业率高达6.93%，比1995年高出了1.65个百分点，25～49岁的青壮年失业率为2.12%，也增加0.75个百分点。全年劳动参与率58.44%，为14年来最低。

失业人口骤增原因在于：台湾经济连年不景气，内销市场疲软，对外贸易额大幅下滑。经济的衰退必然导致失业率上升。

近年来由于台湾政界选举不断，造成政局动荡，加上社会黑道横行不法，岛内土地价格飞涨，环保争端激烈，公众权益得不到切实保障。尤其两岸关系一度紧张等因素的交互共同作用，造成民间投资意愿低落，导致新增就业机会不多。当局投资的公共工程进展迟缓，全年工程执行率仅为60%左右，这些公共工程又雇用了大量外来劳工，更造成失业加剧。

岛内产业结构的升级调整造成劳动人口的剩余，特别是资讯、电子产业高速发展，而传统的劳动密集型产业改造升级缓慢，不少企业则自生自灭。

【老年人口增加养老问题严重】 台湾65岁以上的老年人口1996年已占总人口的8%左右。比1995年的7.63%高出0.4个百分点。老年人口日益增加，养老问题更趋严重。台湾省内各社区的老人服务中心数量太少。以台北市为例，全市有22.5万名老人，已占全市总人口的8.3%，但台北市的12个行政区中只有8个区有老人服务中心，另有4个区尚属空白。当局从1993年开始对中低收人的老人发放生活津贴。由于各县市发放标准不一，因而造成一些问题。“行政院”于1997年1月通函各县市政府，告之发放该津贴新的标准，并要求在1997年的7月1日起执行。据“内政部”估计申领该津贴的老人原有33万人，在经过复查后减少至28万人，在依新标准发放后，至少还有五、六万人受影响而无法申领。

【老人受虐待问题日益严重】 台北市老人基金会1997年1月23日公布的统计资料显示，该会在1996年全年共接获1039起老人受虐待的有效个案。该基金会表示，台湾省内对于受虐主体由儿童、妇女延伸到老人的过程与国外相似。

在受虐待老人的类型分析中，可见以家庭型的受虐者最多，占82.9%。其中具体情况依序为：被家人遗弃、严重疏忽、身体虐待、精神虐待及经济虐待。另外社会型的受虐者占7.5%，自虐型的占9.6%。受虐老人70%以上的年龄在60～80岁之间。在受虐老人与施虐者的关系分析中可见施虐者60%为儿子。该会认为中国传统中“养儿防老”的观念正在被打破。

据“经建会”推估，在公元2036年台湾65岁以上的老人将多达558万人。在老龄化社会中首当其冲的难题便是老人经济生活的保障问题。

“经建会”规划在公元2000年开始实施“国民年金制度”。然而国民年金制度的规划方向，是以自行负担的公积金制，还是社会保险制，仍莫衷一是。

【滥用人工受孕术问题】 据台湾大学附属医院医师透露，1995年和1996两年，该医院每月平均接获三组早产多胞胎，产妇都是院外其他治疗不孕症医师的病人，足见台湾省医疗界滥用人工受孕生殖术的情况已十分严重。台湾岛内做不孕症治疗的医师为提高怀孕成功率，经常不考虑病人的具体情况及承受能力，就在输卵管内植入过多的胚胎，种下多胞胎多产的根源。导致早产的恶果。还有一对夫妻并没有不孕，也来要求人工授孕术怀上多胞胎，以便一次生完，省得再生。

【台北市人口负增长】 1996年10月台北市公布的一项市民调查显示，在2499名受访者中，认为台北市适合居住的仅有9.8%，而认为不太合适居住的和仅尚可居住的则高达31.4%和58.9%；被调查者普遍认为该市居住环境差、交通混乱居首位，其次为生活费用高与环境脏乱。该市人口从1990年起呈负增长，由该年的272万人直线逐年下降。截自1996年11月，该市人口已下降至260.7万人。各县市人口呈负增长的尚有云林县、澎湖县及台东县等县。

“内政部”有关单位在1996年进行3一项最新统计，1995年共出生328 904位新生儿，其中非婚生子女数为9 177人，占2.79%，较1994年上升了0.5个百分点。“内政部”认为，非婚生子女数显著上升，有必要针对非婚生子女的教育与人格发展问题进行专题研究。

【家庭暴力日趋严重】 1997年3月“家庭暴力防治法”草案公听会上，专家指出家庭暴力已成为台湾当今严重的社会问题。在妇女受暴的案件中，有35%为家庭暴力，有11.7%的妇女坦承遭受过家庭暴力。因此研拟“家庭暴力防治法”，防止及教导妇女在面临家庭暴力时的因应之道，以保障弱势妇女。该法的草拟人之一，台东县地方法院民庭庭长高凤仙指出，台湾目前并无关于家庭暴力的专门立法，现行的法令也未提供家庭暴力被害人的特别保护。在离婚诉讼方面，法官对于不堪同居人虐待法定离婚原因向来维持严格的认定标准，致使被害人不得不继续与加害人共同生活，或选择离家出走后反遭加害人以遗弃为由诉请离婚。基于现行法律未对加害人定罪，即使有，通常也只能以缴纳罚金的方式了事，对加害人无法达到吓阻的作用。草拟中的“家庭暴力防治法”使法院能依当事人的要求，审理被害人需要保护的程度，核发紧急保护令、暂时保护令或通常保护令，同时加重其刑事，明定“家庭暴力罪”的构成要件，并规定法官审理案情后，得加重量刑。新光医院精神科主任张尚文认为，过去处理家庭暴力，皆透过父母、邻居以息事宁人的方式处理之。但随着社会的变迁与发展，这一老方式已无法发挥其功能，故而有必要制定一套家庭暴力防治法，来保护受害妇女。

【爱滋病感染者突破千人】 台湾“卫生署”1996年7月8日又公布了42名新增加的爱滋病感染者，使全省爱滋病感染人数多达1018人。台湾是在1986年发现首例爱滋病感染者的，感染者人数的增加幅度已从10年前的每月2人，增加至1996年的每月20人。在已发现感染的1018人当中，有235人已经发病死亡。从性别来看，感染者的男女比例是12:1。在女性感染者中有33位是丈夫感染给妻子的。

【台胞赴大陆的人数大幅增长】 据台湾“行政院大陆委员会”的统计资料显示，1996年11月单月申请“台胞证”前往祖国大陆的民众有14万人次，较1995年同期大幅增加19.7%。从1988年1月至1996年11月全省共有1 075万余人次申请前往祖国大陆。

据台湾当局“行政院陆委会”称，配偶申请到台湾定居的人数名额是每年由“内政部”定出配额，再由“行政院”送“立法院”通过后公告：1992年为240人，1993年为300人，1994年和1995年各为600人，1996年增加至1 080人，5年共为2 820人。然而同期申请到台湾定居的祖国大陆配偶共有15 658人，时至1996年底，尚有13 000人左右在排队。

【沪台通婚的特点】 1987年至1995年海峡两岸同胞通婚已超过1.5万对，其中上海与台湾同胞通婚的对数已逾0.2万对，占近年两岸通婚总对象的14%，仅次于福建省，居第二位。海峡两岸通婚增多是两岸中国同胞接触交往不断发展、亲情相依、联系广泛的客观反映。从上海近年来直线上升的两岸通婚的实际情况来看，有以下几个特点：

1. 婚姻构成中大陆女性多，台湾男性多。

2. 配偶双方多数是通过两岸亲友牵线搭桥，进而相识成婚的。双方自己认识到结合通婚的也有约30%。

3. 从年龄结构分析，25～35岁占通婚总人数的77.4%，双方年龄相差10岁以上的占50.9%。

4. 沪方女性配偶学历与文化层次高于台方男性的比例较大。高中以上学历、职业较佳、相貌较为清秀的未婚少女占有较大比重。

5. 由于受到台湾当局的种种限制，两岸通婚不久的配偶往来或分居两岸的多，大陆女性赴台探望丈夫的多。通过在沪暂借、租赁、购房安置的小家庭占62%。

6. 两岸配偶恋爱时间在一年以上的占65%，也有少数人因急于求成，彼此缺乏了解，偏重于经济因素或双方年龄差距过大等导致婚姻悲剧。

1987年以来两岸交往开放初期，两岸婚姻多数是年过半百的老年人，大多为祖国大陆的去台人员回大陆寻找昔日恋人或单身在台无伴，回大陆择偶结合，其中不少已回大陆或赴台定居，晚年相伴。

90年代以来，两岸联姻的男女以中青年为主，台方配偶的结构较以往发生很大变化。籍贯上有相当一部分为台湾本省籍人，一般的员工、农民、公务员和经常来往于两岸的经商贸易人士占有较大比重。一些有生理缺陷的台胞在大陆找到了理想的配偶。有识之士认为，两岸通婚对数的不断增加是促进两岸关系发展的积极因素。

【海峡两岸通婚问卷调查】 1996年中台湾当局的“人口政策委员会”进行了一次海峡两岸通婚的问卷调查，被调查的对象是在1993年3月之前向台湾当局申请其配偶从大陆去台湾团聚的台湾一方的当事人。共发问卷836份，实际回收的有效问卷为424份。

从问卷结果分析，95.48%是大陆女性嫁给台湾男性，而与台湾女性通婚的内地男性不足5%，这一现象基本上显示两岸通婚是以台湾男性到大陆寻觅配偶的结果。

根据统计，台湾配偶年龄以30～39岁居多，其次为60岁以上，再则为40～49岁。大陆配偶的年龄以20～29岁居多，其次为30～39岁。从通婚双方年龄差来看，丈夫年龄大于妻子4岁以内的占30%,其次是相差5～9岁，占27%,而双方年龄差距在10岁以上的占43%(其中相差20岁以上的占18%,相差10～14岁的占16%,相差15～19岁的占9%)。此种婚配的年龄模式是否会影响未来婚姻的稳定性，是一个值得探讨的问题。两岸通婚中的台方配偶多数属于初婚。初婚年龄以30～39岁为最多，占44%,其次为40～49岁，占11%;另有10.53%的台方初婚者年龄在60岁以上，这些人是台湾省在1949年之后很长一段时间人口性别比严重失调留下的历史见证。至于60岁以上老人在离婚或丧偶后到大陆寻求配偶的也有84人，占被调查者的10%。

台湾配偶属于初婚的占78%,离婚的占15%,丧偶再婚的占6%。台湾配偶受过高等中等以上教育者占65%,其中受过专科、大学、研究生等高等教育程度的占25%。内地配偶受过高中以上教育的占60%,其中受过大专、大学高等教育程度的占23%。随着海峡两岸人民的联系与交流愈加频繁，两岸同胞通婚的现象与日俱增。

由于海峡两岸过去长期的隔绝，价值观上存在的差异，当内地配偶获准去与台湾的配偶团聚之后，在新的环境中都面临着不同程度的适应问题。

该会负责人认为，两岸人民都需要加强相互的了解和沟通。例如有不少大陆民众把台湾想象得很不现实，而台湾也有不少人对大陆缺乏了解，这就需要沟通。两岸的通婚夫妻要有良好的沟通，两岸的民众也需要更多的相互了解。

（厦门大学台湾研究所　郑启五）

1996年香港、澳门地区人口变动状况

香　港

【人口增长仍以移民迁入及外籍劳工输入为主】 据香港政府统计处进行的1996年中期人口统计结果，1996年底香港人口总数已达到6 421 300人，比1995年增加2.4%,人口增加的主要原因是总体出生人数比死亡人口多32 800人和净迁入移民增加约118500人。1986～1996年10年间，总人口增长15%,1986年香港人口为5 565 700人，人口年平均增长率为1.4%。表明香港人口模式也进入“低出生、低死亡、低自然增长”的巩固时期。人口增长主要是移民迁入和港外劳动力输入所致（见表1）；生育率由1986年的13‰下降至1996年的10‰；同期，死亡率降至5‰，人口自然增长率由8.3‰跌至5‰（见表2、3)；15岁以下的人口比重由23%滑落到19%,而老年（65岁及以上）人口由8%增至10%,0～14岁少儿人口和65岁以上老年人口占劳动年龄人口（15～64岁）的总负担系数从44.3%下降至40.7%,人口年龄中位数从28岁升至34岁。由此表明，香港人口渐渐趋向老龄化。

【人口性别比促成多元新社会现象】 香港人口性别比为100.2,男性占总人口的50.1%,女性占总人口的49.9%。这一比例一般见诸于劳动年龄人口，相反，在老年人口特别是高龄老年人口中则是女性多于男性（见表4)。男女人口按年龄序列分组比较，在数量和性比例上均有明显差异，又存在各自属于不同经济收入阶层所决定的生活方式和生活条件差距，因而促使社会经济生活方面出现多元的不同的社会现象和社会所需求。如低收入的男性较少同本地同龄女性结婚，而倾向与外籍或内地女性通婚；服务行业的女性化劳动市场的形成和为老年人服务的女性化的趋势等。

男女人口不平衡分布以及香港现代化富裕程度和居民经济收入不断增长，促使更多的人，尤其是女性更倾向“独身”，追求新的生活方式和潮流。更多的男女都选择不结婚或迟婚。据有关部门统计，在过去10年间，男女已到适婚年龄仍未结婚的人口比例有大幅度增加的趋势。(见表5)。女性尤为突出，其中仅25～29岁的未婚女性的比率就上升了35%。同时期，离婚比率也在增加，据1996年香港中期人口统计显示，离婚或分居的妇女人数，由1986年近2.2万人增至1996年的5.6万人，增加一倍多；与此同时，适龄人口结婚率也在降低之中。这与香港男女较崇尚“自由”、“独身”有关，即使已婚者也愈加倾向不求生育。最新资料显示，现今无孩家庭约有120万，占香港家庭总数的64%。香港家庭户平均人口已由1991年的3.5人下降到1996年的3.4人。独身女性的数量激增（见表6)，这一事实表明香港新女性受教育水平提高，经济独立，对社会生活要求有更多的参与，也建构了他们对传统女性角色类型的不满。10年间，25～29岁的未婚女性占同龄组女性的比例由1986年的38%上升至1996年52%;同期40～44岁未婚女性也由4%上升为9%。

表 1　　香港人口数量、生育率和死亡率（1986～1996）　　（人，‰）

年份		男	女	总数	总增长率	粗出生率	粗死亡率	自然增长率	婴儿死亡率
1986	年中	2 844 900	2 679 700	5 524 600	1.3	13.0	4.7	8.3	7.7
	年底	2 864 600	2 701 100	5 565 700					
1987	年中	2 870 900	2 709 600	5 580 500	1.0	12.6	4.8	7.7	7.4
	年底	2 884 100	2 731 200	5 615 300					
1988	年中	2 892 000	2 735 600	5 627 600	0.8	13.4	4.9	8.5	7.4
	年底	2 908 100	2 763 500	5 671 600					
1989	年中	2 916 100	2 770 100	5 686 200	1.0	12.3	5.1	7.2	7.4
	年底	2 930 800	2 795 700	5 726 500					
1990	年中	2 922 100	2 782 400	5 704 500	0.3	12.0	5.2	6.8	6.2
	年底	2 938 100	2 813 900	5 752 000					
1991	年中	2 942 400	2 812 400	5 754 800	0.9	12.0	5.0	7.0	6.4
	年底	2 968 300	2 854 200	5 822 500					
1992	年中	2 966 000	2 854 500	5 811 500	1.0	12.3	5.3	7.0	4.8
	年底	3 003 900	2 898 200	5 902 100					
1993	年中	3 015 800	2 903 200	5 919 000	1.8	12.0	5.1	6.8	4.7
	年底	3 058 300	2 961 600	6 019 000					
1994	年中	3 087 900	2 973 500	6 061 400	2.4	11.9	4.9	7.0	4.8
	年底	3 123 700	3 025 400	6 149 100					
1995	年中	3 084 300	3 071 800	6 156 100	2.0	11.2	5.1	6.1	4.6
	年底	3 140 100	3 129 900	6 270 000					
1996	年中	3 158 900	3 152 100	6 311 000	2.5	10	5	5	4.1
	年底	3 213 900	3 207 400	6 421 300					

注：香港 1996 年 3 月进行 1996 年 4 期人口统计，以此为基准，修订自 1991 年人口普查以来编制的人口数据；故有关数字有所调整。

表 2　出生率、死亡率、生育率、出生时的平均预期寿命

	1993	1994	1995	1996
人口增长率（%）	1.7	2.3	2.0	2.5
粗出生率（1）	12.0	11.9	11.2	10
粗死亡率（1）	5.2	5.0	5.1	5
自然增长率（1）	6.8	6.9	6.1	5
婴儿死亡率（2）	4.8	4.5	4.6	4.5
总和生育率（3）	1 233	1 226	1 154	1 200
出生时的平均预期寿命（岁）				
男	75.3	75.7	76.0	76
女	80.9	81.5	81.5	81.5

注：1996 年 3 月进行的 1996 年中期人口统计。以此为基准，用作修订自 1991 年人口普查以来编制的人口估计，上表数字，除婴儿死亡率外，以修订的人口估计重新编制。

(1) 按每千名人口计算。
(2) 按每千名出生婴儿计算。
(3) 按每千名 15～49 岁女性人口计算。

表 3　出生、死亡及婚姻登记人数

年	月	出生 男	出生 女	出生 总计	死亡 男	死亡 女	死亡 合计(1)	婚姻登记人数
1994		37 349	34 399	71 748	17 166	12 938	30 106	38 264
1995		35 291	33 084	68 375	17 414	13 478	30 894	38 786
1996		33 320	31 279	64 599	18 191	13 854	32 049	37 045
1996	1	3 427	3 199	6 626	1 662	1 236	2 898	3 574
	2	2 789	2 662	5 451	1 476	1 174	2 650	2 446
	3	2 701	2 660	5 361	1 865	1 367	3 232	3 142
	4	2 370	2 289	4 659	1 645	1 306	2 951	2 381
	5	2 650	2 372	5 022	1 889	1 372	3 261	3 094
	6	2 316	2 148	4 464	1 206	1 005	2 211	2 825
	7	2 719	2 543	5 262	1 479	1 181	2 660	2 446
	8	2 570	2 467	5 037	1 315	985	2 302	2 393
	9	2 727	2 552	5 279	1 221	1 021	2 243	3 146
	10	3 110	2 814	5 924	1 469	1 043	2 512	3 138
	11	2 905	2 685	5 590	1 409	1 028	2 438	4 104
	12	3 036	2 888	5 924	1 555	1 136	2 691	4 356

注：(1) 包括少数不知性别的死亡人数。

【人口密度增加，分布略有变动】　香港 1095 平方公里有限的土地面积约 640 多万人口的压力决定其拥有相当高的人口密度，1994 年为 5 790 人/平方公里，1996 年上升为 5 990 人/平方公里。其中，香港岛和九龙市区的人口密度为世界之冠，达到 26 460 人/平方公里，而在新界地区内的新市镇只有 3 070 人/平方公里，这种差距有历史原因，也与 20 多年来都市规划的形成有着不可分割的关系。近年来，港府实行新市区镇拓展的市区重建的政策。九龙地区的人口，1996 年降至总人口的 32.1%，新界

表 4　　按性别及年龄组别划分的人口

性别	年龄组别	1995年年中 人数	1995年年中 (%)	1996年年中 人数	1996年年中 (%)
男					
	0～4	196 500	3.2	195 800	3.1
	5～9	198 100	3.2	199 800	3.2
	10～14	222 500	3.6	221 700	3.5
	15～19	218 500	3.5	219 300	3.5
	20～24	224 500	3.6	229 700	3.6
	25～29	251 300	4.1	248 600	3.9
	30～34	312 200	5.1	309 600	4.9
	35～39	317 400	5.1	330 400	5.2
	40～44	258 300	4.2	272 100	4.3
	45～49	212 500	3.5	231 600	3.7
	50～54	133 300	2.2	143 600	2.3
	55～59	137 700	2.2	137 200	2.2
	60～64	132 200	2.1	135 100	2.1
	65～69	109 200	1.8	113 500	1.8
	70～74	76 200	1.3	80 700	1.3
	75+	83 900	1.4	90 200	1.5
	小计	3 084 300	50.1	3 158 900	50.1
女					
	0～4	181 100	2.9	180 700	2.9
	5～9	186 900	3.1	186 300	2.9
	10～14	210 000	3.4	208 600	3.3
	15～19	202 700	3.3	205 400	3.2
	20～24	226 100	3.7	232 000	3.7
	25～29	287 500	4.7	284 300	4.5
	30～34	342 400	5.6	344 600	5.5
	35～39	319 400	5.2	332 800	5.3
	40～44	248 200	4.0	264 700	4.2
	45～49	186 400	3.0	207 600	3.3
	50～54	107 500	1.7	117 200	1.8
	55～59	118 500	2.0	117 100	1.8
	60～64	122 600	2.0	123 500	2.0
	65～69	112 500	1.8	115 600	1.8
	70～74	88 900	1.4	92 800	1.5
	75+	131 100	2.1	138 900	2.2
	小计	3 071 800	49.9	3 152 100	49.9
合计					
	0～4	377 600	6.1	376 500	6.0
	5～9	385 000	6.3	386 100	6.1
	10～14	432 500	7.0	430 300	6.8
	15～19	421 200	6.8	424 700	6.7
	20～24	450 600	7.3	461 700	7.3
	25～29	538 800	8.8	532 900	8.4
	30～34	645 600	10.7	654 200	10.4
	35～39	636 800	10.3	663 200	10.5
	40～44	506 500	8.2	536 800	8.5
	45～49	398 900	6.5	439 200	7.0
	50～54	240 800	3.9	260 800	4.1
	55～59	256 200	4.2	254 300	4.0
	60～64	254 800	4.1	258 600	4.1
	65～69	221 700	3.6	229 100	3.6
	70～74	165 100	2.7	173 500	2.8
	75+	215 000	3.5	229 100	3.7
	总计	6 156 100	100.0	6 311 000	100.0

表 5　15岁及其以上人口分性别婚姻状况

标准化百分比 (%)	1991 男	1991 女	1995 男	1995 女	1996 男	1996 女
未婚	33.5	27.3	34.6	28.9	34.4	28.9
已婚	62.8	59.8	61.8	58.8	62.1	58.9
离婚/分居	1.1	1.2	1.0	1.4	1.1	1.6
丧偶	2.6	11.7	2.6	10.9	2.4	10.6
合计	100	100	100	100	100	100

注：标准化百分比依据1996年15岁及其以上人口的年龄－性别分布准算而得。

则上升至46.4%，有明显内部迁移迹象（见表7）。新界人口激增，由10年前只占全港人口的35%，上升到1996年的47%，九龙地区则由43%下降到至32%；居住在港岛的人口比例10年来大致相同，但东区和中西区则互有长消；新界地区的西贡、大埔、屯门、元朗、沙田和北区，人口明显增加；旧市区的深水埗及油尖旺人口在减少中。整体而言，港岛东区、观塘和沙田是香港人口最密集的地区，其人口数都在585000人以上。

【移民与外来人口激增】　自1994年香港外迁人口高峰期后，1995年和1996年却在回落，1996年外迁人口4.03万，回落到1988年以来的最低点（见表8）。一是因为国外移民政策收紧；二是因为

表 6　　1996年香港家庭（户）规模

百分比	1991	1996
家庭规模		
1人户	13.1	12.9
2人户	17.3	18.8
3人户	19.3	20.6
4人户	24.1	25.4
5人户	15.1	14.4
6人以上户	11.2	7.9
总计	100	100
平均家庭规模（人）	3.5	3.4

港岛经济发展优于主要移民国家，如加拿大、美国、澳大利亚和新西兰等国，因此减少了外迁，还吸引更多香港外迁人口回流。据有关统计估计，约有12%～20%的外迁人口返回香港。

香港的经济地位和劳动力市场的吸引力，促使进入香港的外籍人口高速增长，从已登记的统计数字显示，10年间外籍人口及所占香港人口比例均有增加（见表9），拥有外国籍的香港居民以菲律宾籍为最，其80%以上从事家庭佣工；其次是美国和加拿大籍人士。值得注意的是香港居民同时拥有外国护照的人数及增长率倍增，如同时拥有英国居住权的英籍香港居民达18万之多，10年来

表 7　各区人口占香港总人口的比重　(%)

地区	1992年	1993年	1994年	1995年	1996年
中西区	4.4	4.5	4.5	4.6	4.4
湾仔	3.2	3.2	3.2	3.1	2.9
东区	9.7	9.4	9.6	9.6	9.8
南区	4.4	4.3	4.2	4.2	4.3
香港岛	21.7	21.4	21.5	21.5	20.4
油尖	2.2	2.2	2.1	2.2	2.1
旺角	3.0	2.9	2.8	2.7	2.6
深水埗	6.3	6.3	6.0	5.8	5.7
九龙城	6.8	6.5	6.2	6.0	5.9
黄大仙	6.7	6.5	6.4	6.6	6.7
观塘	9.5	9.3	9.2	8.9	8.9
九龙及新九龙	34.5	33.7	32.6	32.0	32.1
葵青	7.7	7.6	7.4	7.5	7.6
荃湾	4.5	4.6	4.3	4.3	4.2
屯门	7.1	7.4	7.4	7.7	7.8
元朗	4.2	4.7	5.5	5.5	5.6
北区	3.1	3.2	3.4	3.4	3.3
大埔	4.3	4.6	4.5	4.6	4.7
沙田	8.8	8.9	9.0	9.0	9.1
西贡	2.8	2.8	3.2	3.2	3.2
离岛	0.8	0.8	0.8	0.9	0.9
新界	43.4	44.6	45.6	46.0	46.4
陆上	99.6	99.7	99.7	99.7	99.8
水上	0.4	0.3	0.3	0.3	0.2
全港	100.0	100.0	100.0	100.0	100.0

表 8　1980～1996年香港迁出人口数量　(人)

年份	迁出人数	年份	迁出人数	年份	迁出人数
1986	19 000	1990	62 000	1994	62 000
1987	30 000	1991	62 000	1995	43 100
1988	45 800	1992	66 000	1996	40 300
1989	42 000	1993	53 000		

增加1.5倍；加拿大籍也倍增，到1996年已超过3.2万人，美国籍人也增加了1万多。据保守的估计，居住在港的拥有外国国籍的人口占全港人口的15%。表明香港在经济发展过程中的国际化趋势。

另一方面，跨洋过海为攻读学业的外迁人口在持续减少，尤以去英国深造的人数为历年最低（见表10）。这与香港高等教育进一步拓展有关。到1996年，香港的大专院校已经吸纳在港适龄学生的18%；同时，也由于香港同内地开放的东南沿海经济进一步结合，人才市场需求增长，需要香港学有专长和有成功经验的人才，有更多的高中毕业生愿意在港进修学业。

表 9　外籍人士在香港已登记人数

	1996 12月	1996 2月	1995 6月	1994 12月	1993 12月	1992 12月	1991 12月
菲律宾	128 800	139 300	137 000	115 500	99 200	83 800	72 000
美国	34 700	96 000	32 100	29 900	26 100	23 500	21 000
印度尼西亚	31 600	25 900	22 800	19 700	14 700	11 000	–
加拿大	30 600	29 000	26 900	24 700	20 400	17 500	15 000
英国	25 500	34 500	24 800	23 700	20 300	18 400	16 000
泰国	24 800	25 100	25 700	23 800	21 500	19 500	17 000
印度	22 000	21 100	20 900	19 500	18 700	18 000	18 000
日本	21 800	24 200	22 100	17 600	14 000	12 300	11 000
澳大利亚	21 200	21 000	20 600	18 700	16 700	14 800	13 000
马来西亚	14 300	13 900	14 400	13 800	13 000	12 600	12 000

表 10　赴海外留学的香港学生人数　(人)

前往国家	1991年	1992年	1993年	1994年	1995年	1996年
英国	4 428	4 408	3 477	3 222	2 979	2 506
美国	5 866	5 410	5 025	4 555	4 187	4 782
加拿大	4 541	3 583	2 828	2 787	2 603	2 607
澳大利亚	3 590	2 866	3 153	3 109	3 579	4 200

1996年香港经济持续增长，外地劳动力及各类专业技术人员大量涌人仍是香港人口发展的一大特色，但大量专业技术人员和低廉工资的外籍劳工输入，虽然加速了香港工业的转型但是香港本地人就业不足、失业人口增加尤为突出，近两年有激增趋势（见表11）。香港劳工尤其妇女失业问题引起社会舆论关注，劳动职工福利保障成为社会热点。

【流动人口激增】　1996年来港人数增长近10%。全年共有9980万旅客进出香港，比1995年增加8.3%（见表15）；同期来港访客人数1170万，比1995年的1020万，增加14.7%，其中包括来自中国内地的231万和来自台湾的182万（见表12、13、14）。香港赴国外旅游，包括到中国内地旅游人数也在增加，表明香港人口越来越强的流动性。

表 11　劳动人口、失业及就业不足统计

期间	劳动人口（千人）			劳动人口参与率（%）			失业人数	失业率（经季节性调整）(%)	就业不足人数（千人）	就业不足率(%)
	男	女	总计	男	女	合计	（千人）			
1993	1 794.7	1 061.7	2 856.4	78.2	46.4	62.3	56.3	2.0	45.9	1.6
1994	1 818.8	1 110.2	2 929.0	77.2	46.9	62.0	56.2	1.9	41.4	1.4
1995	1 840.5	1 160.2	3 000.7	76.6	47.6	62.0	95.6	3.2	62.8	2.1
7/95 ～ 9/95	1 846.9	1 171.6	3 018.4	76.7	48.0	62.2	111.0	3,5	74.6	2.5
8/95 ～ 10/95	1 855.4	1 178.1	3 033.4	76.8	48.0	62.3	113.4	3.6	70.7	2.3
9/95 ～ 11/95	1 870.1	1 175.2	3 045.3	77.0	47.6	62.2	112.9	3.6	66.0	2.2
10/95 ～ 12/95	1 873.6	1 172.6	3 046.2	76.7	47.3	61.9	105.6	3.5	70.9	2.3
11/95 ～ 1/96	1 878.1	1 177.4	3 055.5	76.6	47.2	61.8	96.2	3.3	72.7	2.4
12/95 ～ 2/96	1 877.1	1 185.6	3 062.7	76.4	47.5	61.9	90.5	3.1	67.3	2.2

表 11 （续完）

期间	劳动人口（千人）			劳动人口参与率（%）			失业人数	失业率（经季节性调整）（%）	就业不足人数（千人）	就业不足率（%）
	男	女	总计	男	女	合计	（千人）			
1/96 ～ 3/96	1874.5	1190.9	3065.3	76.5	47.8	62.0	91.8	3.2	60.1	2.0
2/96 ～ 4/96	1873.3	1191.7	3065.1	76.4	47.8	62.0	94.3	3.3	56.3	1.8
3/96 ～ 5/96	1876.0	1195.9	3071.9	76.2	47.8	61.9	92.4	3.2	57.1	1.9
4/96 ～ 6/96	1883.1	1207.0	3090.1	76.2	48.0	62.0	90.5	3.1	55.1	1.8
5/96 ～ 7/96	1876.4	1205.6	3082.0	75.9	47.9	61.7	87.6	2.9	50.0	1.6
6/96 ～ 8/96	1873.4	1201.5	3074.8	75.6	47.7	61.5	85.6	2.8	44.0	1.4
7/96 ～ 9/96	1873.9	1201.6	3075.5	75.4	47.6	61.4	80.9	2.6	42.0	1.4
8/96 ～10/96	1886.2	1208.5	3094.7	75.5	47.6	61.5	79.9	2.5	45.2	1.5
9/96 ～11/96	1901.5	1220.5	3122.0	75.7	47.8	61.6	83.5	2.7	47.6	1.5

注：劳动人口、失业及就业不足统计数字，部分已根据在 1996 年 9 月公布的修订人口估计数字重新编制。
“经季节性调整”是指按首次求职人士占劳动人口比例的性差异作出的速应。季节性调整不适用于全年失业率。

表 12　按入境口岸划分的抵港旅客人数

年	月	机场入境		管制港口（远洋轮船）(1)	港澳码头入境			中国客运码头入境	
		中国	其他地方	所有地方	澳门 轮船	澳门 直升机	中国	中国	澳门
1994		1336948	8552619	189755	6534453	17047	54107	3372250	189861
1995		1279530	9351174	233864	6546530	18017	82363	3225362	225569
1996		1229233	10463171	330506	6521451	19285	148781	3302321	280440
1996	1	73629	777276	8178	504605	1371	9994	230684	18305
	2	111513	818588	20232	578213	1031	9305	303794	21861
	3	95797	865762	24696	527910	908	9995	253664	21929
	4	110640	850689	28472	581852	1359	11931	338577	22499
	5	101361	746909	26107	489500	1588	12829	234226	16857
	6	98303	842824	30904	543596	1692	11931	250518	20886
	7	96280	908447	43827	574000	1774	13366	268105	22989
	8	114905	1060497	48365	684117	1780	12971	333307	34901
	9	100039	814361	33077	489057	1713	10918	244669	24754
	10	120435	908391	13020	518808	2046	14418	288887	24888
	11	109170	855380	21836	494259	1986	16036	262594	23577
	12	97161	1014047	31792	535534	2037	15087	293296	26994

年	月	红磡车站	罗湖车站	落马洲管制站	文锦渡管制站	沙头角管制站	总计
1994		1223931	20421958	755519	389646	405866	43443960
1995		1010858	21929580	1251812	487479	470106	46112244
1996		875600	24218340	1536571	475680	511358	49912737
1996	1	68619	1915638	108482	37636	38444	3792861
	2	76759	1788053	115338	39378	39039	3923104
	3	75509	1931956	120118	40541	41129	4009914
	4	98625	2093750	145272	46204	51034	4380904
	5	69940	1881035	111640	34532	36579	3763103
	6	69126	1895406	119248	35625	39908	3959967
	7	72982	2079175	131259	40302	44687	4297193
	8	75498	2242180	146968	41987	46624	4844100
	9	62483	1981560	114860	35637	39758	3952886
	10	77860	2084104	143058	41482	44965	4282362
	11	63825	2052807	129939	37802	41395	4110606
	12	64374	2272676	150389	44554	47796	4595737

注：不包括被拒入境者、乘坐巡回邮船旅客、军人及司机。 (1) 包括公海赌船旅客。
(1) 包括公海赌船旅客。

表 13　　按出境口岸划分的抵港旅客人数

年	月	机场出境		管制港口出境(远洋轮船)(1)	港澳码头			中国客运码头	
		中国	其他地方	所有地方	澳门 轮船	澳门 直升机	中国	中国	澳门
1994		1 490 758	8 537 091	187 639	6 505 621	18 330	41 946	3 688 117	154 836
1995		1 520 473	9 218 781	233 787	6 574 877	19 027	59 397	3 468 819	215 443
1996		1 624 375	10 161 396	331 653	6 516 645	21 134	80 724	3 467 459	353 952
1996	1	110 028	763 725	8 356	494 819	1 398	5 147	239 566	18 627
	2	148 536	846 033	20 727	577 430	1 029	8 191	347 594	24 915
	3	126 414	794 752	25 256	531 008	944	6 440	266 141	24 376
	4	140 505	824 102	28 228	573 340	1 606	9 256	355 367	25 599
	5	130 313	740 049	26 869	498 053	1 674	6 280	243 995	20 888
	6	130 885	832 443	30 489	544 542	1 925	6 897	255 868	24 964
	7	139 002	923 987	45 061	579 590	1 923	6 868	289 851	31 298
	8	142 830	997 178	48 445	686 045	2 223	7 263	340 855	44 468
	9	132 494	800 853	30 613	480 862	1 769	4 195	255 052	29 266
	10	157 685	860 088	13 098	520 449	2 263	6 017	295 252	32 740
	11	135 515	822 160	23 029	501 784	2 166	6 937	276 577	35 721
	12	130 168	956 026	31 482	528 723	2 214	7 233	301 341	41 090

年	月	红磡车站	罗湖车站	落马洲管制站	文锦渡管制站	沙头角管制站	总计
1994		1 290 406	19 690 806	852 196	468 774	425 461	43 351 981
1995		1 109 047	21 370 205	1 257 328	517 049	449 373	46 013 606
1996		932 951	23 757 730	1 584 786	491 407	513 070	49 837 282
1996	1	74 499	1 812 063	106 434	36 431	37 855	3 708 948
	2	90 729	1 781 673	119 959	43 854	39 029	4 049 699
	3	80 640	1 869 770	122 042	41 974	42 499	3 932 256
	4	102 819	2 024 705	147 782	47 579	52 161	4 333 049
	5	72 591	1 848 466	116 348	34 335	38 530	3 778 391
	6	71 464	1 862 325	120 811	35 845	39 764	3 958 222
	7	82 835	2 097 232	142 645	42 150	45 138	4 427 580
	8	77 394	2 178 200	151 935	44 177	45 798	4 766 811
	9	64 144	1 915 134	117 813	36 026	38 413	3 906 634
	10	78 920	2 051 274	146 545	44 112	46 443	4 254 886
	11	65 001	2 076 308	137 102	39 321	41 443	4 163 064
	12	71 915	2 240 580	155 370	45 603	45 997	4 557 742

注：不包括被拒入境者、乘坐巡回邮船旅客、军人及司机。
　　(1) 包括公海赌船旅客。

表 14　　按居住国家/地区划分的来港旅客人数

年	月	中国(1)	台湾	日本	东南亚	欧洲	美国	澳大利亚及新西兰	加拿大	其他	总计
1994		1 943 678	1 665 330	1 440 632	1 198 258	1 140 069	776 039	316 338	185 290	665 522	9 331 156
1995		2 243 245	1 761 111	1 691 283	1 264 361	1 136 569	748 911	330 210	174 656	849 648	10 199 994
1996		2 311 184	1 821 279	2 382 890	1 446 243	1 181 640	751 275	368 635	165 887	1 273 702	11 702 735
1996	1	182 705	112 784	177 912	86 848	86 700	65 072	35 239	17 103	115 533	879 896
	2	162 450	129 585	160 480	106 569	93 081	51 328	22 077	12 534	95 927	834 031
	3	189 156	101 064	170 681	113 322	135 187	70 950	39 149	19 215	108 604	947 328
	4	184 945	123 780	164 616	129 642	119 480	64 250	30 800	14 616	107 364	939 493
	5	206 363	130 958	155 509	126 820	89 522	58 533	30 056	13 593	93 584	904 938
	6	195 601	122 064	191 420	126 125	79 821	56 318	33 749	11 459	102 536	919 093

表 14 （续完）

年	月	中国(1)	台湾	日本	东南亚	欧洲	美国	澳大利亚及新西兰	加拿大	其他	总计
1996	7	191 689	172 347	210 895	128 365	92 427	62 706	34 061	14 891	108 490	1 015 871
	8	230 781	204 817	204 030	132 141	84 277	54 777	26 959	11 725	133 676	1 083 183
	9	169 576	175 176	211 099	105 365	88 784	57 944	32 824	10 072	93 079	943 919
	10	197 336	196 845	196 813	121 444	126 839	82 200	32 210	14 841	105 348	1 073 876
	11	193 172	165 652	211 934	124 069	111 303	68 234	26 900	14 085	101 456	1 016 805
	12	207 410	186 207	327 501	145 533	74 219	58 963	24 611	11 753	108 105	1 144 302

注：(1) 包括过境旅客及海员。

表 15 按目的地划分的香港居民离港人数

年	月	中国 (1)	澳门	泰国	台湾	日本	新加坡	菲律宾
1994		24 798 140	4 991 075	351 854	352 172	296 769	254 175	229 273
1995		26 439 711	4 980 426	367 823	326 836	250 976	283 332	260 765
1996		28 792 061	4 902 417	445 162	359 774	337 002	303 855	298 294
1996	1	2 143 959	361 337	17 817	22 807	17 326	18 004	14 294
	2	2 315 641	450 166	46 905	37 457	34 393	32 765	32 223
	3	2 271 756	399 043	34 155	22 757	26 093	23 856	28 718
	4	2 590 762	447 739	38 278	28 974	28 106	26 048	24 250
	5	2 204 094	373 248	25 402	25 197	23 700	20 397	19 511
	6	2 238 692	409 166	38 639	30 081	33 925	28 474	22 883
	7	2 532 686	450 263	51 709	31 287	40 911	29 845	27 380
	8	2 638 699	530 077	61 570	37 423	38 659	32 284	29 350
	9	2 275 477	358 573	28 770	26 930	22 887	21 366	17 533
	10	2 472 228	388 855	30 701	33 878	23 207	22 756	21 733
	11	2 454 861	369 588	30 435	27 161	20 522	20 770	21 965
	12	2 653 206	364 362	40 781	35 822	27 273	27 290	38 454

年	月	美国	澳大利亚及新西兰	加拿大	英国	德国	其他	总计
1994		188 406	172 772	159 381	145 653	20 994	626 228	32 586 892
1995		234 221	196 256	176 178	163 508	25 458	737 188	34 442 678
1996		245 808	220 791	212 400	180 906	31 217	809 881	37 139 568
1996	1	17 653	21 810	14 002	13 641	2 423	37 110	2 702 183
	2	21 765	33 031	19 090	13 780	2 883	84 803	3 124 902
	3	17 398	17 095	14 808	11 322	2 069	58 939	2 928 009
	4	15 016	16 961	15 300	13 893	2 161	64 623	3 312 111
	5	17 578	11 993	16 736	11 965	2 150	56 539	2 808 510
	6	23 259	16 353	19 684	18 618	3 281	73 262	2 956 317
	7	32 533	22 182	22 774	20 275	4 025	87 851	3 353 721
	8	30 930	16 002	28 382	21 143	4 024	97 071	4 565 614
	9	20 633	12 175	18 260	19 509	2 899	61 254	2 886 266
	10	15 166	15 877	13 654	12 165	1 832	50 189	3 102 241
	11	14 440	15 774	11 805	10 264	1 555	57 770	3 056 910
	12	19 437	21 538	17 905	14 331	1 915	80 470	3 342 784

注：居民离港后，除所申报的目的地外，亦可能到其他的地方。
(1) 不包括司机。

1996年香港回归在即，内地公民以家庭团聚合法进入香港定居的人数激增，共61 179人，其中有24 780人妻子到港与丈夫团聚，31 774人为子女、1 649人为港妻的丈夫。据《香港特别行政区基本法》有关规定，约有10万多香港永久性居民在内地合法结婚所生子女在1997即有权来港定居，移居准备工作，香港已在有序筹划。

至今，非法进港的滞留者达6301人，已有1 345人已被界定为难民身份。

根据1996年中期人口统计结果预测，今后20

年，香港人口增长的主要因素将是内地移民（约占57%）和自然增长（约占25%）以及境外净出人流动人口（约占18%），进入21世纪香港人口将超过700万。

（香港大学城市规划及环境管理中心院士　新西兰意卡托大学政治及公共政策系　高级讲师　黎安国）

澳　门

【人口略有增长密度略有下降】　据澳门人口统计处发表1996年中期人口调查结果，1996年澳门总人口数为454 607人，与1991年总人口403 038人相比，5年间人口增长12.8%，平均每年增长2.4%。如将大约5万名非法居留者的人数包括在内，澳门总人口数已接近50万。人口增长的大部分为境外移民迁入，尤其以中国内地邻近省份移民涌入最多。在总人口中男性占49.7%，女性占50.3%，总人口性别比渐趋势平衡是由于澳门劳动力市场对外地劳工的性别需求转型和接收移民政策的改变。

面临人口不断增长的压力，澳门政府在90年代初开始实施新口岸大型填海造地工程和路环、氹仔两个离岛的房地产开发工程，促使1991～1996年5年来澳门土地面积增至21平方公里，土地面积增长率为15.5%，超过了人口增长率。土地拓展降低了人口密度。1996年人口密度为23 597人/平方公里（见表1）。

新口岸人工填海区和路环、氹仔两个离岛主要用来规划兴建高经济开发用途的商业性房地产建筑群和现代商娱性活动场所，对人口分布并未产生影响，虽然吸引不少高、中产阶层人士投资，但90%以上的人口仍集中居住在本岛（见表2）。

表1　1910～1996年澳门人口密度

年份	人口密度　（人/平方公里）
1910	5813
1920	6531
1927	12205
1939	19038
1950	14580
1970	19307
1981	17626
1991	23751
1992	24944
1993	26000
1994	26100
1995 ①	26000
1996 ②	23597

① 以1992/1993年总面积为基准。

② 以1995年人口普查为基准。

【人口结构、生育模式带有明显移民特点】　随着澳门与香港、珠江三角洲地域经济腾飞和进一步协调发展，各种人员流动频繁。1995～1996年间有更多的流动人口和移民人境，使人口年龄结构变动趋向年青化，老龄化减缓。在总人口中，15岁以下人口占20%，25～64岁人口占72%左右，65岁以上人口占6%；45岁以下人口占到80%。人口的年青化、新移民的生育模式以及当地的宗教习俗影响为开展节育推行家庭计划增添了不少不利因素，但晚婚、晚育从90年代初开始已成为大趋势（见表3、4）。1996年结婚人数为4 212人，比1995年减少80人；同期，出生人口数为2879人，减少164人，出生率下降6.94%，人数及死亡率与1995年相似（见表5），增加4.59%；结婚人数减少1.86%；被批准允许居留的外籍人士人数减少18.4%；进入澳门地区的外籍劳工减少55.9%；中国合法移民减少3.3%（见表6、7）。

表2　1992～1994年澳门土地面积与人口分布

（平方公里，%）

总人口（人）	澳门	市区：总面积	圣安多尼堂区	望德堂区	风顺堂区	大堂区	花法玛堂区	离岛：面积	氹仔	路环
	18.7	6.9	1.1	0.6	0.9	1.4	2.9	11.8	4.3	7.5
(1992) 424 064	人口分布	96.15	30.93	9.15	13.06	8.01	36.01	2.85	1.95	0.9
(1993) 442 529	人口分布	94	29.50	8.50	12	8	36	6	3.5	2.5
(1994) 465 396	人口分布	93.0	29	8.5	12	8	36	7	4	2.6
(1995) 489 798	人口分布	92	29	8.5	12	8.1	35.9	8.1	5.3	2.8
⊛(1996) 494 607	人口分布	94.4	29	8.4	12.1	8	36	6.3	4.3	2

⊛包括约5万名非法居留人员；

澳门总面积因填海工程开拓，1996年已增到20.96平方公里

1996年，澳门的外籍人士和外地劳工的来源地与往年大致相似，仍以亚洲地区为主，尤其以菲律宾、香港和中国大陆占大多数（见表7、8）分别占人境外籍人士和外地劳工人数的60%和90%以上。来自内地福建、广东两省的移民占到中国移

表 3　　按年龄划分的结婚人数

年龄		12月 1996	12月 1995	1～12月 1996	1～12月 1995	11月 1996	10月 1996	9月 1996	8月 1996	7月 1996
结婚对数		184	198	2 106	2 146	217	245	211	183	183
结婚人数		368	396	4 212	4 292	434	490	422	366	366
20岁以下	男女	4	10	71	79	10	6	2	7	9
	男	2	2	12	15	1	0	0	1	1
20～24	男女	60	80	702	804	55	51	56	61	73
	男	18	26	224	244	14	15	19	21	23
25～29	男女	117	152	1 333	1 528	135	142	116	116	126
	男	51	78	590	692	64	58	54	55	57
30～34	男女	94	82	1 118	1 035	128	136	135	97	91
	男	54	44	622	618	69	69	64	48	58
35～39	男女	49	38	603	491	70	91	75	52	41
	男	24	24	373	332	43	54	43	33	26
40岁及以上	男女	44	34	395	355	36	64	38	33	23
	男	35	24	285	245	26	49	31	25	18

表 4　　按性别及母亲年龄划分的生育活婴数

年龄及性别		12月 1996	12月 1995	1～12月 1996	1～12月 1995	11月 1996	10月 1996	9月 1996	8月 1996	7月 1996
合计	男女	452	474	5 468	5 876	529	508	476	512	471
	男	234	253	2 879	3 043	279	275	234	278	260
15岁以下	男女	0	0	0	2	0	0	0	0	0
	男	0	0	0	2	0	0	0	0	0
15～19岁	男女	7	11	78	95	7	5	5	6	7
	男	4	2	46	43	4	2	3	3	5
20～24	男女	72	69	802	884	79	65	70	82	64
	男	36	38	418	489	40	39	35	40	38
25～29	男女	149	189	2 032	2 165	202	197	182	202	174
	男	82	100	1 081	1 065	105	105	95	107	103
30～34	男女	153	155	1 764	1 929	179	164	159	152	157
	男	76	81	915	1 016	99	82	67	93	79
35～39	男女	57	42	670	690	51	61	51	58	61
	男	30	26	347	368	25	40	31	29	30
40～44	男女	13	8	127	108	11	16	9	12	6
	男	6	6	70	57	6	7	3	6	4
45～49	男女	1	0	5	3	0	0	0	0	2
	男	0	0	2	3	0	0	0	0	1
50岁以上	男女	0	0	0	0	0	0	0	0	0
	男	0	0	0	0	0	0	0	0	0
不详	男女	0	0	0	0	0	0	0	0	0
	男	0	0	0	0	0	0	0	0	0

表 5　　按性别统计的死亡人数

年龄及性别	12月 1996	12月 1995	1～12月 1996	1～12月 1995	11月 1996	10月 1996	9月 1996	8月 1996	7月 1996
男	123	134	1 413	1 351	118	107	88	103	103
女	64	81	740	757	74	59	48	43	52

表 6　　人口及社会统计

年/月		活婴 男女	活婴 男	死胎	死亡人数 男女	死亡人数 男	结婚人数	准许居留外籍人士	入境外地劳工	中国合法移民	犯案人数
1995	1	460	218	4	122	68	202	187	2 528	250	580
	2	432	225	3	144	82	209	175	1 884	83	444
	3	466	250	1	119	64	179	140	2 078	242	557
	4	423	228	3	109	72	128	161	2 087	179	604
	5	484	243	0	122	71	199	152	1 265	243	684
	6	500	259	1	94	49	182	166	1 258	126	658
	7	470	249	3	117	57	138	181	554	105	537
	8	531	269	3	100	63	179	139	1 351	195	640
	9	524	281	5	108	52	195	116	857	149	623
	10	585	282	5	99	58	203	108	827	142	634
	11	527	286	3	83	40	134	133	836	105	625
	12	474	253	0	134	81	198	139	638	102	595
1996	1	482	224	2	128	69	198	36	720	145	617
	2	404	214	0	139	68	140	246	412	118	529
	3	425	237	1	129	67	143	74	685	294	673
	4	415	215	1	150	76	128	116	358	211	648
	5	409	219	0	108	65	159	128	650	183	818
	6	385	210	0	117	55	115	114	465	134	827
	7	471	260	1	103	52	183	168	577	145	810
	8	512	278	5	103	43	183	150	558	132	836
	9	476	234	2	88	48	211	115	583	150	679
	10	508	275	2	107	59	245	111	886	123	779
	11	529	279	0	118	74	217	86	669	119	681
	12	452	234	1	123	61	184	91	561	103	649
	1～12	5 468	2 879	15	1 413	740	2106	1 465	7 124	1 857	8 576
1996/1995 年变动率（%）											
	12	−4.64	−7.51	∞	−8.21	−20.99	−7.07	−34.53	−12.07	10.98	+9.08
	1～12	−6.94	−5.39	−51.61	14.59	−2.25	−1.86	−18.48	−55.92	−3.33	+19.43

表 7　　按国籍划分准许进入本地区居留外国籍人数

国家	12月 1996	12月 1995	1～12月 1996	1～12月 1995	11月 1996	10月 1996	9月 1996	8月 1996	7月 1996
总数合计	91	139	1 465	1 797	86	141	115	150	168
非洲	6	1	37	44	11	4	2	1	0
美洲	18	12	195	204	3	13	13	27	24
美国	9	5	96	79	0	4	6	15	10
其他	9	7	99	125	3	9	7	12	14
亚洲	45	95	880	1 205	55	78	61	88	109
菲律宾	8	28	149	162	14	9	8	11	20
香港	17	53	462	746	21	41	36	45	51
泰国	0	1	54	55	3	3	2	4	12
其他	20	13	217	242	17	25	15	28	26
欧洲	21	27	297	309	14	35	35	27	30
英国	15	25	242	260	14	27	34	20	29
其他	6	2	55	49	0	8	1	7	1
大洋洲	1	4	35	32	0	5	2	6	2
无国籍	0	0	3	3	0	0	0	1	2
其他	0	0	16	0	3	9	2	0	1

表 8　　按国家或地区划分进入本地区外地劳工人数

国家	12月		1～12月		11月	10月	9月	8月	7月
	1996	1995	1996	1995			1996		
总数	561	638	7 124	16 163	669	886	583	558	557
非洲	0	1	8	13	0	0	1	0	2
美洲	10	15	131	124	12	9	7	12	15
亚洲	546	587	6 896	15 843	651	875	566	538	547
菲律宾	91	88	1 113	1 722	76	81	105	83	102
香港	11	0	145	195	12	10	13	10	18
马来西亚	2	6	49	110	2	3	7	5	2
中国	362	406	4 411	12 415	456	675	337	339	300
泰国	32	55	615	961	49	37	58	65	72
其他	48	32	563	440	56	69	46	36	53
欧洲	3	34	65	167	6	1	5	6	11
大洋洲	2	1	24	16	0	1	4	2	2
无国籍	0	0	0	0	0	0	0	0	0

民人数的 87%(见表 9、10)。男女性别比例为 1:2，大部分在 40 岁以下，人数最多的年龄组别为 0～9 岁和 30～39 岁组，分别占到总数的 25.8% 和 23.3%。

外来移民，尤其是祖国大陆移民增多，给澳门地区的经济发展注入活力，提供了劳动力，也给社会服务构成一定压力，但是他们为澳门的社会经济发展所起的作用不可低估。随着他们与当地居民的进一步融合，对当地的人口增长，人口结构变动都有深刻影响；人口的地缘和种族观念都更加趋向中国化、国际化和多元化。从 1996 年澳门人口出生地区国籍分布也可见人口的移民特点（见表 11、12）。

表 9　　按原居地划分合法进入澳门的祖国大陆移民

地区	12月		1～12月		11月	10月	9月	8月	7月
	1996	1995	1996	1995			1996		
总数	103	102	1 857	1 921	119	123	150	132	145
福建	5	2	412	390	24	6	34	16	12
广东	77	86	1 189	1 239	85	101	92	93	115
北京	2	2	9	19	0	0	0	0	0
上海	0	2	40	38	2	7	5	8	3
其他	19	10	207	235	8	9	19	15	15

表 10　　按年龄及性别划分的合法进澳门的祖国大陆移民

年龄及性别		12月		1～12月		11月	10月	9月	8月	7月
		1996	1995	1996	1995			1996		
合计	男女	103	102	1 857	1 921	119	123	150	132	145
	男	30	32	610	668	41	32	52	37	54
0～9	男女	33	29	479	481	34	28	32	33	45
	男	18	15	252	254	23	8	15	14	24
10　19	男女	7	14	268	294	15	15	22	16	16
	男	4	8	144	180	11	4	13	9	10
20　29	男女	22	13	378	398	22	23	31	26	26
	男	2	1	82	76	1	5	10	7	7
30　39	男女	26	23	434	418	26	32	43	29	35
	男	3	4	69	93	2	8	10	3	4
40 岁以上	男女	15	23	298	330	22	25	22	28	23
	男	3	4	63	95	4	7	4	4	9

表 11　1992～1996 年澳门人口出生地的分布（%）

出生地	1992	1993	1994	1995	1996
中国大陆	50.43	51	51.4	48	47
澳门	40.15	39	39	42	44.1
其他	8.46	9.2	10	9	8
葡萄牙	0.96	0.8	0.6	0.8	0.8

表 12　1992～1996 年澳门人口国籍分布（%）

国家	1992	1993	1994	1995	1996
中国	68.2	69.0	69.6	70	68.7
葡萄牙	27.8	27.0	26.8	26	27.2
其他	3.9	4.0	4.6	4	4.1

【流动人口中旅游者最多】　澳门经济活动和收入以旅游业为主要支住，尤其以“博彩”活动吸引海外众多游客，旅游观光者成为主要流动人口。人境旅游人数比 1995 年增加 60 万，达到 8 151 055 人，高出澳门境内本地人口 16.2 倍，其中大部分来自东南亚，尤其香港最多占到 64%;其次为台湾省、中国内地及日本，与 1995 年比较分别增长 300%、10%、25%, 且以团体旅游方式入境（见表 13、14)。

表 13　按国家或地区划分入境旅客数

国家或地区	12 月		1～12 月	
	1996	1995	1996	1995
合计	673 542	710 232	8 151 055	7 752 495
东亚国家	580 087	624 618	7 208 083	6 944 579
韩国	10 419	9 476	122 323	86 514
中国台湾省	78 410	40 325	758 763	280 083
香港	377 934	478 800	5 205 617	5 617 492
日本	53 189	43 180	516 002	416 168
中国	59 925	52 719	604 227	543 240
其他	210	118	1 151	1 082
南亚国家	1 981	1 762	18 430	14 576
印度	1 152	1 317	11 350	10 411
其他	829	445	7 080	4 165
东南亚国家	30 419	25 797	234 341	195 338
非律宾	3 598	3 883	42 737	43 760
印度尼西亚	1 463	1 332	14 104	12 485
马来西亚	8 634	4 479	50 982	35 722
新加坡	6 876	6 240	47 803	30 256
泰国	9 537	9 564	74 836	70 061
其他	311	299	3 879	3 054
美洲	13 237	13 534	149 342	134 528
加拿大	2 983	3 074	31 783	28 701
美国	9 498	9 541	104 741	93 987
其他	756	919	12 818	11 840
欧洲	26 889	22 851	289 400	239 063
德国	4 713	3 864	53 517	43 994
法国	1 995	1 625	21 030	17 649
意大利	552	528	6 840	6 096
葡萄牙	4 243	3 504	35 489	22 399
英国	11 005	10 099	121 985	109 548
其他	4 381	3 231	50 539	39 377
大洋洲	4 329	4 259	50 835	48 226
澳洲	3 520	3 358	39 959	38 025
新西兰	604	728	8 950	8 265
其他	205	173	1 926	1 936
其他地区	16 600	17 411	200 621	176 185
非洲	630	676	6 762	5 989
中东	198	253	2 562	2 129
其他	15 764	16 482	191 300	168 067

表 14　按国家或地区划分离境旅客数

国家或地区	12 月		1～12 月	
	1996	1995	1996	1995
合计	698 241	691 743	8 316 898	7 638 359
东亚国家	605 132	607 701	7 374 557	6 847 323
韩国	9 931	9 362	122 018	86 447
中国台湾省	76 769	38 538	7 504 182	279 241
香港	408 670	473 627	5 442 754	5 625 389
日本	52 314	42 543	516 476	415 831
中国	57 301	43 525	541 913	439 449
其他	147	106	914	966
南亚国家	2 023	1 686	18 406	14 597
印度	1 152	1 254	14 417	10 363
其他	871	432	6 989	4 234
东南亚国家	29 857	25 993	231 689	194 908
非律宾	3 744	4 017	41 765	43 357
印度尼西亚	1 406	1 303	13 725	12 436
马来西亚	8 435	4 535	49 970	35 884
新加坡	6 831	6 376	47 602	30 334
泰国	9 121	9 490	74 890	70 146
其他	320	272	3 737	2 751
美洲	13 079	12 820	147 014	132 769
加拿大	2 911	2 904	31 367	28 250
美国	9 392	9 034	102 951	92 688
其他	776	882	12 696	11 831
欧洲	25 398	22 580	277 776	235 648
德国	4 662	3 919	53 012	44 015
法国	1 969	1 566	21 007	17 589
意大利	554	547	6 808	6 106
葡萄牙	4 253	3 111	30 473	17 864
英国	9 569	10 085	116 674	110 744
其他	4 391	3 352	49 802	39 330
大洋洲	4 146	4 077	50 716	48 261
澳洲	3 347	3 215	39 892	38 112
新西兰	600	685	8 914	8 215
其他	199	177	1 910	1 934
其他地区	18 606	16 886	216 740	164 853
非洲	651	672	7 105	5 926
中东	215	244	2 515	2 152
其他	17 710	15 970	207 090	156 775

（香港大学城市规划及环境管理中心　新西兰意卡托大学政治及公共政策系高级讲师　黎安国）

专　论

- 专文
- 文摘
- 学术研究综述

专文

国际人口迁移与国家政策

李宏规

人口迁移是指一个人或一群人为了定居的目的越过一定地界的现象。如果越过的地界为国界，这种迁移就成为国际人口迁移了。或者说，国际迁移是指居住在某个国家的人，为了定居的目的（不包括旅游、参加国际会议等），迁移到另一个国家的现象。在统计上，一般把在其他国家出生的而居住在本国的人算作进入该国的移民。

人口迁移是一种人口现象，更是一种社会现象。当今的国际人口迁移同各国的社会经济发展状况与国家间的关系有着十分密切而又错综复杂的联系。

一、历史上的人口迁移

大约在4万年以前，早期的人类居住在非洲和欧洲。1～2万年以前，人类的一部分迁移到大洋洲；亚洲人类的一部分经白令海峡到达北美洲，继而到达南美洲，成为最早的印第安人。

古代末期到中世纪初期，在欧洲，日耳曼人逐渐扩散、分居到中欧、西欧和北欧；斯拉夫人逐渐扩散、分居到东欧。在亚洲，阿拉伯人从阿拉伯半岛逐渐扩散、分居到西亚和北非；突厥人逐渐扩散、分居到中亚和小亚细亚。在非洲，班图人从尼罗河流域逐渐扩散、分居到非洲南部。

中世纪后，随着“地理大发现”，人类迁移出现了一次新的高潮。从15世纪开始，西班牙人、葡萄牙人从欧洲到达南美洲；18世纪后，荷兰人从欧洲到达南部非洲；19世纪后，英国人和其他欧洲人到达北美洲、大洋洲和亚洲。至此，整个地球的各大洲（除南极洲外），凡人类可能生存的地方都有了居民。

从中世纪开始，殖民者将大批非洲黑人贩运出去，形成了规模巨大的人口迁移。从16世纪到19世纪的三四百年中，约有1 500万黑人被贩运出非洲，加上贩运中途死亡者，从非洲移出的人口在1亿以上。

20世纪中叶以后，随着第二次世界大战结束，又出现了一次新的国际人口迁移的高潮。主要是欧洲人口向北美、南美和大洋洲迁移；发展中国家人口向发达国家迁移；非洲内陆国家人口向西非海岸国家迁移；亚洲、欧洲一些国家的人口向中东石油生产国迁移；日本、德国、意大利等第二次世界大战失败国的人口返回本国；等等。

据统计，在美国这块土地上，1770年有印第安人80万，境外迁入人口10万，共90万居民。1790年第一次人口普查时，居民增加到390万人。1840～1930年的近一百年间，从欧洲迁出的5 200万人中约有60%即3 000万人迁到美国。20世纪50年代美国接受移民298万人，60年代接受393万人，70年代前5年接受140.6万人，25年中从国外迁入移民总数达831.6万人。同一时期，加拿大接受国外移民219.1万人，澳大利亚接受国外移民194.8万人，新西兰接受国外移民21万人。这4个主要移民接受国在1950～1974年的25年间，总共接受了国际移民1 266.8万人。

二、当今国际人口迁移状况

全球国际移民（按在外国出生的人口统计）的总人口数，1965年为7 500万人，1990年增加到12 000万人，年平均增长率为1.9%。近30年来，国际迁移人口的年增长率呈现升高的趋势，如1965～1974年间的年均增长率为1.2%，1975～1984年间的年均增长率升高至2.2%，1985～1990年间的年均增长率继续升高至2.6%。

全球1990年统计的12 000万国际移民中，发达地区为5 400万，占45.3%；发展中地区为6 600万，占54.7%。非洲有1 563万，占13.1%；亚洲有4 301

万，占 35.9%；拉丁美洲与加勒比地区有 747 万，占 6.2%；北美洲有 2 389 万，占 20.0%；欧洲及前苏联有 2 506 万，占 20.9%；大洋洲有 467 万，占 3.9%。

国际移民的绝对数虽然很大，但在居民总数中的比例却不大。这个比例，全世界为 2.3%，非洲为 2.5%，亚洲为 1.4%，拉丁美洲和加勒比地区为 1.7%，欧洲及前苏联为 3.2%，北美较高为 8.6%，大洋洲最高为 17.8%(见表 1)。

表 1　1990 年按区域划分的国际迁移情况

	估计外国出生的人口(万)	占总人口的百分数(%)	按区域划分的分布比率(%)
世界总数	11 976.1	2.3	100.0
发达国家	5 423.1	4.5	45.3
发展中国家	6 553.0	1.6	54.7
非洲	1 563.1	2.5	13.1
亚洲	4 301.8	1.4	35.9
中国	34.6	0.0	0.3
拉丁美洲和加勒比地区	747.5	1.7	6.2
北美洲	2 389.5	8.6	20.0
欧洲和前苏联	2 506.8	3.2	20.9
大洋洲	467.5	17.8	3.9

国际移民通常由四部分人组成，即：持证迁移者，无证迁移者，难民、流离失所者及寻求保护者，国际劳工。

非洲的 1 563 万国际移民中，难民为 460 万，占移民总数的 29.4%。1990 年以来，非洲的一些长期冲突逐步解决，使得为数庞大的难民能够遣返。到 1994 年底，有 310 万难民返回原籍国。但是 1990 年以来，新出现了利比里亚的战争、索马里的宗教冲突、卢旺达的族裔冲突，又导致新的难民外流。因此，到 1995 年初，非洲的难民人数增加到 680 万。后来由于图西人自愿返回卢旺达，到 1996 年初，非洲难民人数才稍稍下降到 570 万，但仍高于 1990 年的 460 万人。

亚洲的国际移民主要集中在中南亚（2 100 万）和西亚（1 400 万）。在中南亚，伊朗和巴基斯坦 1990 年接受了来自阿富汗的 570 万难民，1993 年这些难民开始陆续返回阿富汗，但是持续的冲突延缓了这批难民的返回。在西亚，海湾合作委员会的六个成员国（阿拉伯联合酋长国、阿曼、巴林、卡塔尔、科威特和沙特阿拉伯）自 70 年代以来一直接受国际劳工，1975 年为 190 万人，1990 年达到 800 万人，海湾战争曾一度使外籍工人有所减少，但战争结束后又重新回升了。

拉丁美洲和加勒比国家接受的 750 万国际移民中，来自因内乱和国内冲突的中美洲国家的移民占了相当大的部分。这个数字在 1975 年只有 42 700 人，1990 年猛增至 204.7 万人，其中难民为 120 万人。随着国内冲突的解决，至 1996 年初中美洲难民人数又减少至 75 000 人。

在北美洲，1990 年以来，接受国际迁移的人数有所增长。1990 ～ 1994 年五年接受人数同 1985～ 1989 年五年接受人数相比较，加拿大由 69 万增加到 117 万，美国由 302.8 万增加到 384.9 万。1990 年以来北美洲接受的国际移民主要来自亚洲（在加拿大为 55%，在美国为 42%），其次是来自拉丁美洲和加勒比国家（在加拿大为 17%，在美国为 37%），第三是来自欧洲（在加拿大为 20%，在美国为 18%）。

在大洋洲，澳大利亚的国际迁移人数 1985 ～ 1989 年五年共 615 800 人，1990 ～ 1994 年五年下降为 462 600 人。新西兰入境至少一年的人数 1985 ～ 1989 年五年共 221 200 人，1990 ～ 1994 年五年增加到 274 700 人；离境至少一年的人数 1985 ～ 1989 年五年为 307 000 人，1990～ 1994 年五年下降为 220 800 人。迁入人数与迁出人数相抵，1985 ～ 1989 年净迁出 85 800 人，1990～ 1994 年净迁入 53 800 人。

欧洲与前苏联 1990 年估计有 2 500 万移民。由于苏联解体、南斯拉夫分裂，移民人数大量增加。据苏联 1989 年的普查，俄罗斯境内居民中至少有 1 000 万人是在前苏联的其他地区出生的；同时又有 2 500 万俄罗斯人居住在其他共和国内。两项合计，独联体国家的国际移民共有 3 500 万人。而最近的估计则超过此数达到 5400 万～6 500 万人。南斯拉夫的分裂及其后来的冲突，形成了自 1945 年以来人数最多的难民，1990 年初为 80 万，1996 年初增加到 210 万。此外，东欧居民到欧洲其他国家申请庇护的人数 1982 年为 67 000 人，到 1992 年猛增至 694 000 人，1994 年又减少至 320 000 人。

三、国际迁移的原因和影响

国际人口迁移的情况多种多样。有谋生求职的，也有为了娱乐休养投亲靠友的；有主动的自愿的，也有被迫的甚至是强制的；有长期的永久的，也有临时的季节性、周期性的；有有组织、有计划的，也有无组织的、自发的；等等。

国际迁移的原因和影响因素有：

1. 国家间的贫富差别和经济发展不平衡。生活在贫穷地区或经济增长缓慢地区的居民就有迁移到富裕地区或经济增长快的地区去的倾向。

2. 日益增加的失业和就业不足。失业者就可能离开本国到可能提供就业机会的国家去。而人口增长过快，劳动力急剧增加是造成许多发展中国家失业人数增加的一个重要原因。

3. 环境退化。环境退化使得生存条件恶化，生活在那里的人们就可能迁移到生存条件好的国家去。

4. 战争与内乱。人们为了安全和生存，有可能离开发生战争和内乱的国家。如第二次世界大战时期的大批国际移民，近几年阿富汗、索马里、卢旺达因国内战争或内乱出现的大批难民。

5.由于政治、宗教和道德原因而加剧的国内和国际冲突。如中东地区发生的国际迁移许多人就属于这种情况。

6.全球化和一体化。这种趋势引导各国之间的人口迁移，也使国际人口迁移变得容易和方便。

7.劳动力市场的需求。如中东石油生产国需要大量劳动力；许多发达国家从发展中国家吸收从事初级或粗放职业的劳动者。

8.大规模的国际贸易与投资。这种情况使得一些人随着贸易与投资的进行而移居他国。

9.联盟国家解体或分裂。如巴基斯坦与印度的分治，孟加拉与巴基斯坦的分治，苏联的解体，南斯拉夫的分裂都立即出现了相互间的人口迁移。

10.国际通讯现代化和交通运输业的发达为国际人口迁移提供了便利的条件，这也是影响国际迁移的一个因素。

国际迁移对国家的经济发展和社会生活的影响是多方面和错综复杂的。无论是对国际迁移的原籍国（始发国、发源国、离境国），还是对国际迁移的接受国（目的地国、收容国、抵达国），既有积极的有利的作用，也有消极的负面的影响。

对原籍国来说，国际迁移人员可以寄回汇款，成为原籍国一项重要的外汇来源。1989年全世界汇款总额达610亿美元。从宏观来看原籍国可利用这些汇款进口货物，进行投资，提高生产能力，因而促进经济的发展。从微观来看，汇款能扩大家庭的收入和储蓄，提高家庭成员的生活水平。国际迁移对原籍国的负面影响，主要是造成人力资源的流失。因为能够外流者，一般素质较高，能力较强，其中不少是具有较高的专业技术知识和技能的人。人才流失特别是高素质人才流失可能影响原籍国的经济发展。

对接受国来说，国际迁移的积极作用是增加人力资源，弥补本国劳动力的不足，或者充实到本国人不愿干的劳动岗位。许多迁入者具有较高的生产知识和技能，既解决了相应专业（行业）人员短缺的困难，又节省了培养该类专业人员的投资，因而起到促进接受国经济社会发展的作用。对接受国的负面影响主要是造成对社会的压力，出现政治、经济和社会方面的紧张。尤其是当迁移进来的人数过多，或者迁入者的专业结构不适合时，特别是无证迁移者的大量涌入，这种负面的消极的影响就会更加明显。

国际迁移中的难民、流离失所者、寻求保护者，他们的迁移主要是政治问题，对始发国和收容国都带来不同程度的甚至是很大的消极作用。

国际迁移在人口增长上往往也起着重要的作用。根据联合国人口司的估计和观测，1990～1995年间在较发达地区的全部人口增长中，有45%是由于国际迁入人口形成的；在加拿大、美国、澳大利亚和新西兰四国，人口增长的1/3缘自国际迁移人口；在欧洲国家，人口增长的88%来自国际人口迁移。与此同时，1990～1995年间，国际迁移使较不发达地区的人口增长率下降了3%，使拉丁美洲和加勒比地区的人口增长率下降了7%。

四、各国对国际迁移的态度与政策

20年以前，各国对国际移民问题关心甚少，到1976年只有少数几个国家制订了干预迁移水平的政策：13%的国家制订了接受移民的政策，17%的国家制定了向外移民的政策。20年后的今天，情况发生了较大的变化：40%的国家制定了接受移民的政策，24%的国家制定了向外移民的政策。

认为接受移民太多的国家数，1976年只占全球国家总数的6%，1980年增加到占13%，1983年又增加到占19%。

认为向外移民太多的国家数，1976年只占全球国家总数的13%，1983年增加到占20%。

制定政策控制接受移民人数的国家，1976年只占全球国家总数的6%，1986年增加到占13%，1989年跃增到占32%，1993年达到占35%，1995年稍下降，仍占33%。

制定政策控制向外移民人数的国家，1976年占全球国家总数的13%，1989年增加到占25%，1993年又下降为占20%。

当前，各国都有限制接受移民和向外移民的倾向，但发达国家更为明显。认为接受移民太多的国家数1976年在发达地区中占8%，发展中地区中占3%。到1995年，认为接受移民太多的国家数在发达地区和发展中地区都有增长，前者增加到29%，后者增加到18%。

对移民进入采取不干预的政策的国家数，1976年在发达地区占59%，在发展中地区占80%。到1995年，采取不干预政策的国家数在发达地区和发展中地区都明显下降，前者下降到占18%，后者下降到占42%。

对移民进入采取控制政策的国家数，1976年在发达地区占26%，在发展中地区占3%。到1995年，采取控制政策的国家数在发达地区和发展中地区都明显增加，前者增加到占43%，后者增加到占25%。

对向外移民采取不干预的国家数，1976年在发达地区占79%，在发展中地区占61%。到1995年在发达地区减少到占48%，在发展中地区减少到占55%。

五、中国的国际人口迁移

中国人移居国外的历史可追溯到二千年前。古代向国外的移民可分为三种情况：一是逃避战争和灾荒迁入邻国，二是佛教僧侣出国求经或传教，三是派遣使者和经商贸易的商人，他们中的一部分留居国外不归成为移民。

最早的移民有秦朝的徐福，率众东渡日本，西汉初年卫满率领一千余人入朝鲜；汉朝张骞两次出使西域，开辟“丝绸之路”；中国同日本、朝鲜、中亚、西亚、印巴次大陆、斯里兰卡等邻近地区建立了联系。魏晋南北朝时，中国佛教迅速发展起来，许多中国僧徒前往中亚、印巴次大陆和朝鲜、日本。其中著名的有东晋的法显、南北朝的司马达和后来唐朝的玄奘、义净和鉴真和尚。元朝的扫马到了欧洲，到过巴黎、罗马、日内瓦等地。唐末黄巢起义期间，沿海居民为逃避战乱和对当时的苛政不满而移居海外，宋、元、明、清各朝更迭，沿海居民移居东南亚的不少。明代郑和下南洋，促进中国向东南亚的称民。沿着丝绸之路，中国同中亚、西亚、南亚之间的交往频繁，移民增多。明末清初郑成功抗清失败后，同东南沿海一带的一些居民纷纷逃往海外。中国同国外交往虽然渊远流长，但总的来说在古代中国人真正移居国外的人数并不很多。据文献记载，在南朝鲜的孔子后裔有5.8万余人。

近代中国人移民海外的一部分是华工出国，一部分是自由移民。19世纪中叶以后，中国沦为半封建半殖民地，清政府的腐败，农村经济的破产，人口的繁衍，为了生存，许多人不得不流往海外。当时正值世界资本主义发展时期，西方资本主义国家掠夺殖民地和领地，急需劳动力去开矿山、修铁路、建种植园。1860年前后，用招募“契约华工”名义，大肆贩运中国劳动人民到美国西部、拉丁美洲和东南亚等地做苦力。据有关资料估计，自1800～1925年的120多年中，出国契约华工达300万人。

中国迁出的自由移民主要出自广东、福建、江苏、浙江、山东省沿海地区。据有关资料，到1922年时，住在国外的移民总数，估计有8 179 582人。1954年第一次全国人口普查估计的国外华侨及留学生等有11 743 320人。1986年香港《华人》月刊登载的资料估计，全世界109个国家和地区有华侨、华人2 218万人，其中亚洲有1 984.4万人，占89.4%；北美、中美、南美洲有170多万人，占7.67%；欧洲（包括苏联）有38万人，占1.71%；大洋洲和南太平洋诸岛国有17.5万人，占0.78%；非洲有7.7万人，占0.35%。20世纪70年代末，中国实行对外开放的政策，同国外的交往明显增多，移居海外的人数增加，近些年，办理合法手续出国的每年约有10万人。

迁移到中国的外国人很少。据联合国人口司1990年的估计，外国出生居住在中国的总共只有34.6万人，仅占当时国际迁移总人数的0.3%，在中国11亿多人口中是微不足道的。

为了维护中国的主权、安全和社会秩序，为了保障中国公民的正当权益，促进国际交往，1985年全国人大常委会颁布了《中华人民共和国外国人入境出境管理法》、《中华人民共和国公民出境入境管理法》，1986年国务院颁布了两个法律的《实施细则》。根据1994年国际人口发展大会的行动纲领和有关国际文书关于解决国际迁移问题的原则，中国进一步完善了有关国际迁移的法规和措施，简化了出入境手续，方便了人们出国和回国学习、工作和旅游。此外，中国近年来还通过咨询机构和大众媒介向有移民意向的人们提供目的地国的经济和社会信息，帮助他们了解有关国际迁移的法规，包括东道国对入境、停留和就业的法律要求。在鼓励留学生学成归来报效祖国的同时，也进一步完善了“来去自由”的政策。这些政策规定，既尊重了个人的意愿，又把个人的行为纳入国际法的轨道，使国际迁移能有序地进行。

主要参考文献：

1. 国际人口与发展会议行动纲领（1994年9月）
2. 关于1997年世界人口监测的简要报告：国际移徙与发展（联合国经社理事会人口与发展委员会第三十届会议文件，1997年2月）
3. 世界人口趋势（联合国经社理事会人口与发展委员会第三十届会文件，1997年2月）
4. 沈益民、童乘珠：中国人口迁移（中国统计出版社，1992年8月）
5. 陈树姜、张映秋：中国人口的国际迁移（《中国人口年鉴》(1987) 第115～124页）

中国流动人口与城市化研究

杨子慧

中国的人口迁移和流动是一个非常复杂的社会变动过程。它不仅对中国的社会经济发展产生过重大影响，而且对中国的城市化进程同样具有重要的推进作用。本文着重研究中国流动人口与人口城市化的关系及有关问题。

（一）流动人口的阶段性

中国流动人口的动态发展，大体可以划分为两大阶段。第一阶段是改革开放以前（1949～1977）

的28年。这个时期，在社会主义制度下，城乡对立状态在理论上是消失了，但实际上，二元经济结构体制形成的城乡隔绝却依然存在，甚至有所强化。这种无形的障碍主要有严格的、城乡截然不同的户籍身份制度，职业行业的计划调配制度，生活必需品的供应制度。它们就象有形的城墙、壕堑一样，阻碍着乡村人口自由流入或迁入城镇。

从经济结构上看，由于推行了计划经济制度和优先发展重工业的发展战略，客观上造就了严格对峙的二元经济结构。城市经济基本上是全民所有制，农村经济则主要是集体所有制。政府在城市全力推行计划性产品经济生产，在农村则无例外地实行计划性的农产品生产，并允许农村保留小份额的自给自足的自然经济。在分配和消费领域里，城市实行了生活必需品的定量配给制度和低工资、多就业、低消费政策，而农村则是实行集体分配制度和自产自消政策。由是，从经济制度到分配和消费环节，无形地将城市人口和乡村人口隔绝开来，分属于两个互不相容的社会经济范畴。市民（非农业人口）永远是市民，农民（农业人口）便永远是农民。

从理论上说，那时认为计划经济是社会主义制度特有的经济规律和运行模式，从生产、资源（包括劳动力资源）配置到分配、交换、消费各个环节，必须由计划进行调节，这是社会主义经济制度的优越性所在。与此同时，则把商品经济和市场调节机制看作是资本主义经济的表现，从而将计划经济和商品经济两种不同经济模式之间的差别，扩大成社会主义政治、经济制度与资本主义政治、经济制度之间的阶级对立。由此派生出全民所有制经济、集体所有制经济与个人所有制经济之间的对峙状态。

从政策上说，新中国成立以后的50年代，经过长期战乱的城市百废待兴，为此，城镇基本上是开放的，人口可以自由地流动和迁移。为满足社会主义经济建设的需要，国家有计划地从农村招收了大批农业劳动力进入城镇厂矿就业，同时还将为数不少的自由流入城镇的农民安置在各种非农企业就业。但是时间不长，城镇就呈现出就业岗位和生活空间承受不了大量农村人口涌入的局面。所以，政府不得不从50年代末开始实行严格控制城镇人口规模的政策，明确规定乡村人口不经有关部门批准不得迁入城镇定居，乡村劳动力也不得随意流入城镇务工经商。不仅如此，在三年自然灾害期间，甚至还动员了数百万干部职工返回乡村务农。对于那些外出逃荒的农村流动人口（当时称之为“盲流”），也都由所在地方政府遣返回乡，并由此制定了制止农村人口外流的政策和规定。

无形的障碍和理论上的扭曲，不仅造成了城乡的隔绝，而且为人口的迁移和流动设置了重重障碍。乡村人口要想摆脱农业人口的户籍和身份，转变为城市人口获得非农业人口的户籍和身份，可供选择的道路只有以下几种：(1) 由国家计划指导下的企业招工，获准招工的农民即可取得非农业人口的户籍和身份；(2) 参军是农民“跳龙门”的又一通道，一经入伍，便可脱离农业人口的户籍和身份，将来退伍或转业即可成为永久性的城市非农业劳动者；(3) 升学，主要指考取中等专业技术学校和高等院校的农民子弟，他们毕业后由国家统一分配到全民所有制企业或政府机关工作，便可一举改变其农业户籍、身份和职业；(4) 少数农村劳动者在各级党政机关中谋得职务，取得国家正式干部编制，从而改变户籍和身份。从四条通道跳出“龙门”的农民是极其有限的，在一定程度上阻滞了人口城市化进程。

上述多因素制约的结果，是人口的迁移和流动处于“死水微澜”的状态，人口城市化进展缓慢（见表1）。

表1　中国1949～1977年城市化水平

年份	总人口（万人）	城镇人口 人口数(万人)	%	乡村人口 人口数(万人)	%
1949	54 167	5 765	10.6	48 402	89.4
1950	55 198	6 169	11.2	49 027	88.8
1951	56 300	6 632	11.8	49 668	88.2
1952	57 482	7 163	12.5	50 319	87.5
1953	58 796	7 826	13.3	50 970	86.7
1954	60 266	8 249	13.7	52 017	86.3
1955	61 465	8 285	13.5	53 180	86.5
1956	62 828	9 185	14.6	53 643	85.4
1957	64 653	9 949	15.4	54 704	84.6
1958	65 994	10 721	16.2	55 273	83.8
1959	67 207	12 371	18.4	54 836	81.6
1960	66 207	13 073	19.7	53 134	80.3
1961	65 859	12 707	19.3	53 152	80.7
1962	67 295	11 659	17.3	55 636	82.7
1963	69 172	11 649	16.8	57 526	83.2
1964	70 499	12 950	18.4	57 549	81.6
1965	72 538	13 045	18.0	59 493	82.0
1966	74 542	13 313	17.9	61 229	82.1
1967	76 368	13 548	17.7	62 820	82.3
1968	78 534	13 838	17.6	64 896	82.4
1969	80 671	14 117	17.5	66 554	82.5
1970	82 992	14 424	17.4	68 568	82.6
1971	85 229	14 711	17.3	70 518	82.7
1972	87 177	14 935	17.1	72 242	82.9
1973	89 211	15 345	17.2	73 866	82.8
1974	90 859	15 595	17.2	75 264	82.8
1975	92 420	16 030	17.3	76 390	82.7
1976	93 717	16 341	17.4	77 376	82.6
1977	94 974	16 669	17.6	78 305	82.4

注：中国社会科学院人口研究中心编《中国人口年鉴》，1995年（811），中国社会科学出版社，1986年。

第二阶段是改革开放以来的17年（1978～1995）。1978年发轫于中国农村的改革开放潮流，开创了中国社会经济发展的新纪元。中国的经济体制摆脱了高度集中的、以行政管理为主的、排斥市场经济的计划经济模式及其运行机制，实行了在公有制基础上的计划商品经济，并进而在全国实行了社会主义市场经济。这一具有历史意义的改革，使全民所有制经济从传统的产品生产和内部调拨的框架中解脱出来，也使农村集体所有制经济摆脱了计划指导下的农产品生产和自给自足经济的束缚，冲破城乡障碍和二元经济结构分割的封锁，逐步向三元经济结构过渡，有力地促进了生产劳动的社会化，也拓宽了劳动者自身活动的地域范围。商品生产的活跃和市场经济体制的建立，为人口的迁移和流动奠定了经济基础，提供了良好的社会环境。

当然，人口迁移和流动滞后于社会经济体制变革的特性决定了人口的迁移和流动不可能在一夜之间发生，因而形成了人口迁移和流动的阶段性。从1978年到现在的17年间，中国的流动人口又经历了四个子阶段。

第一个子阶段是1978～1983年。改革开放刚开始，尚处于商品经济的启蒙状态。对于长期习惯于社会主义计划经济的中国民众来说，改革开放、商品经济等等新思潮还很陌生，一时还摸不准脉博。流动人口处于观望、徘徊的缓慢增长阶段。

第二个子阶段是1984～1988年。经过一段时间的观望和适应以后，流动人口进入了快速增长阶段。农村推行的联产承包责任制得到了农民的拥护和欢迎，生产积极性和发家致富的热情十分高涨，大量剩余劳动力从农业种植业中释放出来。乡村贫穷落后的“推力”和城市建设突飞猛进的“拉力”，使大批农村的剩余劳动力迅速卷人人口流动的洪流。流动人口纷纷进城务工经商，形成了前所未有的“民工潮”。

第三个子阶段是1989～1990年。面对短时间内形成的经济过热、市场疲软，以及1989年夏季发生的政治动乱，政府采取了一系列产业调整政策，开始了经济环境的全面治理整顿，特别是紧缩银根、削减基本建设项目，全国有许多建设项目或停产或下马。受影响最大的是建筑业。大规模的治理整顿，使迅猛增长的流动人口得到遏制。据有关部门统计，1989年从城市返回乡村的流动人口即有170万。其中20%进入乡镇建筑业，50%进入其他乡镇企业（张庆五，1993）。尤其是北京、天津、广州、成都等特大城市的流动人口，锐减的势头更为明显。治理整顿阶段，城市经济建设投资压缩，就业机会减少，对农村剩余劳动力的“拉力”也有所减弱。同时，乡村剩余劳动力进城务工经商也没有刚开始时那么容易了，城市可租赁的住房越来越少，流动成本相对增值，客观上增加了流动人口进城的难度。

第四个子阶段是1991年至今。经过两年的治理整顿，经济建设继续保持高速增长势头，特别是邓小平同志南巡讲话以后，全国开始实行社会主义市场经济，改革开放的力度进一步加大。流动人口又进入了高速增长的新阶段。据国家计划生育委员会1992年9月至10月在30个省、自治区、直辖市进行的“计划生育管理信息系统首次调查”（即中国38万人抽样调查），将流动人口定义为按个人离开户籍所在地外出居住、而不论其外出的时间长短和距离远近。依据调查样本规模推断，中国流动人口总数已达到9 360万，占全国总人口的8%，占1992年全国城镇人口的28.9%。1986年中国社会科学院人口研究所曾经进行了74城镇迁移人口的抽样调查，调查也取得了流动人口的数据。据这次调查，进入74城镇的流动人口占74城镇合计人口的3.6%。上述两项调查虽然不能直接用来作比较，但可作为参照系分析。1992年流动人口平均占全国城镇人口的百分比，与1986年74城镇流动人口平均占74城镇人口的百分比对照，显然1992年比1986年上升了许多。北京市1994年11月进行的流动人口抽样调查结果是，进入北京市的流动人口已上升到329万。占全市户籍人口的百分比上升到29.6%。

为了进一步说明流动人口的变动趋势，笔者又结合不同的调查作了推算。首先，依据1987年中国10%人口抽样调查资料进行了推算：跨市、镇、县外出流动并居住一年以上的流动人口，1982～1983年年平均为364万人；1985～1986年年平均为790万人。其次1990年第四次人口普查资料表明，跨市、镇、县外出流动并居住一年以上的流动人口，1985～1990年年平均上升到1 053万人。而根据1992年的“计划生育管理信息系统首次调查”推算，流动人口年平均增长量已达到1 500万人以上。不难看出，改革开放的17年来，流动人口呈现出加速的超指数增长态势。

中国改革开放以来出现的流动人口大潮，与发达国家工业化初期出现的大批农村人口流入城市的情景十分相似。所不同者，发达国家伴随着工业化过程出现的十分活跃的人口流动，是一次性完成居住地和职业两种转变的，人口城市化进程显著加快。工业化推动了人口城市化，而人口城市化又促进了工业化的进程。虽然发达国家城市化进程中，由于大量农村人口拥入城市，城市的畸形发展带来了许多难以克服的“城市病”，但客观上也促进了城市的现代化建设。中国的流动人口受多种因素的制约，进入城市的流动人口不论其居住多长时间，也不管其职业发生了如何巨大的变化，只是因为他们还没有取得合法的城市户口，因而在形式上还不能算作合法的城镇人口。但这丝毫不能掩盖流动人口对中国人口城市化进程所作出的贡献。

总之，改革开放的17年中，流动人口的超指数增长使流动人口的规模迅速扩大，成为世界上规模最大的流动人口群，中国人口城市化进程也因此而显著加快（见表2）。

表2　中国1979～1995年城市化水平

年份	总人口（万人）	城镇人口人口数（万人）	%	乡村人口人口数（万人）	%
1978	96 259	17 245	17.9	79 014	82.1
1979	97 542	18 495	19.0	79 047	81.0
1980	98 705	19 140	19.4	79 565	80.6
1981	100 072	20 171	20.2	79 901	79.8
1982	101 541	21 154	20.8	80 387	79.2
1983	103 008	22 274	21.6	80 735	78.4
1984	104 357	24 017	23.0	80 340	77.0
1985	105 851	25 094	23.7	80 757	76.3
1986	107 507	26 366	24.5	81 141	75.5
1987	109 300	27 674	25.3	81 626	74.7
1988	111 026	28 661	25.8	82 365	74.2
1989	112 704	29 540	26.2	83 164	73.8
1990	114 333	30 191	26.4	84 142	73.6
1991	115 823	30 543	26.4	85 280	73.6
1992	117 171	32 372	27.6	84 799	72.4
1993	118 517	33 351	28.1	85 166	71.9
1994	119 850	34 301	28.6	85 549	71.4
1995	121 121	–	29.6	–	70.4

注：(1) 1979～1982年数据见中国社会科学院人口研究中心编《中国人口年鉴》1985年（811），中国社会科学出版社，1986年。

(2) 1983～1994年数见国家统计局编《中国统计年鉴》1995年（59），中国统计出版社，1995年。

(3) 1995年为国家统计局公布数据。

（二）流动人口的特征

中国流动人口的特征是依据1992年“计划生育管理信息系统首次调查”的数据研究的，但受调查项目的限制，有些特征研究还要借助其它有关的调查。

1. 流动人口的性别结构．受“男主外，女主内”传统观念的影响，中国流动人口的性别结构从一开始就表现出男多于女的特征。近年来随着改革开放的深化和市场经济体制的实行，性别差异有所改变，但仍是男多于女。据1992年的调查，9 360万流动人口中，男性占54.4%，女性占45.6%。女性流动人口比5年前1987年的调查，提高了10%。但从流动的距离看，短距离流动人口中女性占优势，男女比为3∶5；在较长距离的流动人口中，仍然是男性占优势，男女比为4∶1。1990年第四次人口普查，在城镇居住一年以上的流动人口中，男性占55%，女性占45%；浙江省第四次人口普查，全省外出（流往外省）的流动人口中，男性占59.3%，女性占40.7%；1994年北京市的抽样调查表明，进人北京市的流动人口男性占63.5%，女性占36.5%。

2. 流动人口的年龄结构，一般表现出“两头小，中间大”的特征，即14岁以下少年人口和60岁以上老年人口占的百分比小，15～59岁的经济活动人口占的百分比大。据1992年调查，中国流动人口总数中，老年人口占2.8%，14岁以下的少年人口占15.5%，15～59岁的经济活动人口占81.7%；经济活动人口中，15～29岁的是主体，占流动人口的57.6%。流动人口年龄结构的这一特征，在其它地方的调查中也能得到证实。浙江省外出流动人口中，少年人口和老年人口合计占19%；北京市郊区流动人口中老少合计占17.1%、上海占12.9%、大连占10.5%、武汉占10.2%；与此相应，经济活动人口均在80%以上。

3. 流动人口的文化结构，表现出具有相对较高文化程度的特征。据1992年的调查，大学专科和大学以上文化程度者占流动人口的2.8%，高中和中等专业文化程度者占17.6%，初中文化程度者占38.7%，小学文化程度的占31.9%，文盲和半文盲只占9.1%。与1990年第四次人口普查的各种文化程度人口相比，流动人口中大学专科和大学以上文化程度者比全国总人口中同等文化程度者高出1.4个百分点，高中和中等专业以上者高出9.6个百分点，初中文化程度者高出15.4个百分点，小学文化程度者低了5.2个百分点，而文盲、半文盲则低了6.8个百分点。另据沈阳、北京、大连、成都、上海5城市近年来的抽样调查，5城市流动人口中具有大学和大学专科以上文化程度者比全国总人口中同等学历者高出1.6个百分点，高中和中等专业者高出4.9个百分点，初中文化程度者高出4.9个百分点，也呈现出流动人口文化程度相对较高的特征。这符合人口迁移和流动的选择理论。

4. 流动人口的职业结构，以经济活动者居多为特征。据大连、成都、广州、厦门4市调查，流动人口中从事经济活动的占81.5%。其中从事工业、建筑业的分别为34%和26.2%，从事商业饮食服务业和商贸经营的分别为21.7%和15.6%。相应的，进行民间社会往来活动的却大大减少，由过去的60%以上下降为调查时的20%以下。四市调查的结果表明，民间社会往来活动的流动人口只占18.5%；其中投亲寄养者占40.8%，参观旅游者占31.5%、治病疗养者占6.8%。从事经济活动的流动人口在流入城镇之前大都在家乡务农，流入城镇以后多数转向第二、三次产业。据大连、北京、沈阳3市调查，流入市镇以后在郊区继续务农的仅占4%；从事工业、建筑业等第二次产业的，由原来的8.4%上升为16.7%，翻了一番。

5. 流动人口具有双重身份，这是中国流动人口独有的特征。进入城镇的农民，他们原来都承包了土地。进城以后，承包的土地一般由留在农村的家属耕种，或者由流动人口兼顾，农忙时回乡抢种抢收，农闲时进城经营。有的因为经营规模较大，本户本人已无力耕种，一般是将承包土地转包给他人耕种，也有的便撂荒了。总之，不论哪种类型的进城农民，都不愿意放弃手里的土地使用权。这就使流动人口不可能割断与土地、农村社区经济和社会的一切联系，保持了农民和非农民的双重身份。这一方面是因为流动人口本身和家属的口粮仍要由承包的土地来提供，即使在取消了粮票和供给制度、粮食市场开放以后，流动人口的家属也不愿意从市场高价购买商品粮和生活必需品，另一方面，进城务工经商的农民仍然担心政策多变和经营不善，总要给自己留条退路，一旦发生变故便可返回农村安身立命。流动人口的双重身份（有的学者称为“两栖人口”）使他们成为城镇和农村之间带有过渡性的特殊人口群体（有的学者称其为非农化或隐性城市人口）。

6. 流动人口家庭化是最近一二年形成的一个新特征。此前，流动人口多表现为单身流动（即跑单帮），近一两年出现了举家流动的新动向。据武汉市1995年的1%人口抽样调查，在武汉市居住半年以上的家庭式流动人口占居住半年以上流动人口的69.2%，约有50万人。家庭式流动人口中，女性占55%；在劳动年龄人口中，女性占60.4%；女性人口不在业率高达33.5%。家庭式流动人口中，14岁以下的少年人口占30.6%；因而导致在业流动人口的抚养系数高达0.91，比户籍人口的抚养系数高0.16。流动人口家庭化蕴含着自发式移民倾向。这种倾向转化为事实移民的潜在可能性是显而易见的。它将对中国的城市建设、城市管理带来新的冲击。如不早定方略，采取超前性对策，很可能酿就一个新的问题。

7. 流量大、流动范围广，是中国流动人口的又一特征。流动人口数量大，表现在目前的增长态势仍方兴未艾。这里着重讨论流量动态变化。1992年的调查，全国流动人口已达9 360万，目前的估计数大约已接近1个亿，有的部门估计已达1.2亿，占全国总人口的10%。流动人口的迅速增长，是改革开放形势下城乡社会经济高速发展、人口迁移和流动管理政策相应放宽的结果，客观上也是适应了商品经济发展的需要。然而，中国人口迁移和流动的潜在能量仍然很大。一方面来源于市场经济体制的建立和运转，为人口的迁移和流动提供了广阔的社会环境和条件；另一方面，来源于规模庞大的农村人口，由于农业科学技术的推广应用和耕地面积的不断缩小，农村剩余劳动力还在不断增长。这两个条件决定了流动人口的数量将是有增无已。他们对中国社会经济的发展将继续产生不可估量的影响。

至于流动人口的流动范围，目前已涉及到30个省、自治区和直辖市，并出现了国际间的流动（部分流动人口开展了与中东、东欧、东南亚、美洲、大洋洲等地区的国际商贸活动），可以说，中国流动人口的足迹已遍布五大洲。从流向上看，已从改革开放初期的流往大城市和东南沿海地区（当时称之为孔雀东南飞），转变为城市、乡村之间的双向流动和内陆、沿海地区之间的双向流动。

此外，中国流动人口增长的速度非常快。改革开放的17年间，由几百万迅速增长到1亿多，速度之快是历史上从未有过的。它标志着中国农村人口已完全冲破城乡之间的无形障碍，改变了二元经济结构的格局，由封闭型转变为开放型，中国人口城市化开始进入一个新的发展阶段。

（三）流动人口对人口城市化的影响和作用

中国的城镇人口来源于四个渠道：(1) 城镇原有人口自然增长的新增人口；(2) 原有城镇区划扩大后增加的人口；(3) 国家批准新建制城镇增加的人口；(4) 由农村迁入城镇的人口及其生育的人口（间接迁移人口）。但是，这四条渠道无论哪一条，都与当时社会经济的发展紧密相关，特别是受到政策的严格制约。

前面曾经提到，50年代人口的迁移和流动是比较自由的；50年代末，国家实行了严格控制城镇人口规模的政策，而且对人口的流动作了许多相应的规定。直到1980年全国城市规划工作会议上，才明确提出“严格控制大城市，适当发展中等城市，积极发展小城镇”的城市发展政策。

1980年以前，在严格控制城镇人口政策和计划经济的制约下，1949～1980年的31年间，中国曾经有过三种大规模的人口迁移：一种是先后有上千万的农村人口或自发或由政府组织，从内地和沿海省区迁往边疆，成立农垦团，屯垦戍边；一种是大兴水利建设，全国各地兴修大小水库8.6万多座，库区内大约也有千余万农民因土地、村庄被淹没而迁往他乡，易地重建家园；另一种就是十年动乱期间，1 700万知识青年上山下乡和大批干部下放农村劳动。三种类型的迁移人口约有三四千万之多，但对城市化特别是城市人口规模非但没有产生积极影响，相反倒产生了消极作用。

不管三种类型的迁移人口数量有多大，都不能与改革开放以来的人口流动大潮相比拟，而且前后两个时期的人口迁移和流动，在性质上有显著的不同。尤其是后者，上亿的流动人口中绝大多数是进入城镇的乡村人口，不仅数量庞大，而且具有双重身份，他们的产业结构也已发生了巨大变化。流动人口的出现和迅速发展，对城乡经济建设和社会发展发挥了重大推动作用，对人口城市化也作出了重大贡献。这从前后两个时期人口城市化演变的轨迹也可以看出来（见图1）。

从图1的变动轨迹可以看出，中国人口城市化进程明显地分为三个阶段。1949～1965年是第一阶段，城市化进展较快，特别是1949～1958年，基本上属于平缓上升趋势，但是1959～1965年却

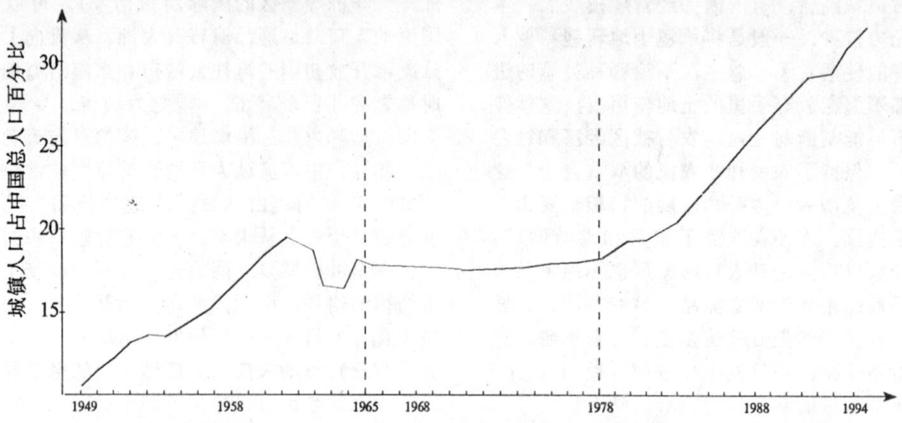

图1　1949～1995年中国人口城市化发展趋势

出现了一个大起大落的波动。显然，这与连续3年的自然灾害、经济建设严重受挫，以及严格控制城镇人口规模政策的实施和大批干部职工退职返乡务农有密切关系。第二阶段是1965～1978年，正是文化大革命动乱期间，人口城市化先是平缓下降且下降幅度很小，接着后期又平缓回升且回升幅度很小，从而形成一个平缓的抛物曲线，充分反映出动乱年代经济萧条，政治上高气压、人口迁移和流动呆滞的特征。从1978年开始，基本上处于小有微澜的直线上升态势，城市化水平明显高出前两个阶段。三个阶段就人口学而言，最大的不同点就在于1978年以后出现了前两个阶段没有也不可能出现的流动人口大潮，而且人口迁移和流动的规模、流向及时空范围也都是前所未有的。仅此而言，流动人口对人口城市化所产生的影响和作用也是显而易见的，主要有以下几方面。

1. 流动人口成为城镇人口增长的最重要的直接来源。工业化初期的人口城市化过程，还保留着城市化的原始特征，城市人口增长主要依靠城市原有人口的自然增长。随着工业化的发展和城市人口出生率的下降，人口的迁移和流动在城镇人口增长中的作用越来越突出。许多发达国家城市化过程的历史证明了这一点。

中国大陆人口城市化的进程也正在呈现出上述特点。从人口的自然变动看，1963年以前，城镇人口的出生率、自然增长率都明显高于农村，1964年以后，城市人口的出生率、自然增长率持续下降，70～80年代以后大大低于农村。特别是城镇人口的总和生育率，已下降到农村总和生育的一半甚至更低。在这种情况下，中国人口的城市化进程除了其它因素外，人口的迁移和流动就成为最重要原因。

例如，饮誉海内外的深圳市，1979年建市时全市仅有31.4万人，1992年达到260.9万人，平均每年增长17.7%。1980～1992年，深圳市的社会劳动者从5.7万增加到149万，年递增31.3%，基本上是外省市流入的人口。又如厦门经济特区，1992年底即达到40.32万人，比1982年增长了35.0%。如此快的增长速度并非人口自然增长所致，而是人口迁移和流动带来的机械增长造成的。1982年的净机械增长率为5.2‰，1992年上升到14.8‰（庄求辉，1994年）。

严格地说，流动人口的出现和不断发展，是中国特殊户籍制度和现行土地使用政策下，农村人口向城市的不稳定迁移过程，是中国城市化进程中特殊的人口转移现象。目前，进入城镇的流动人口中有相当一部分已经成为事实城市人口，许多进入城市的农民经营商业、服务业或其它第三产业。由于经营有方，收入可观，在城市中已经有了自己的店铺、房产和产业。他们长期生活在城市、工作在城市，在城市站住了脚，有固定的收入和住所，成为没有城市户口的城市居民。有相当数量的进入小城镇的农民，自理口粮在小城镇落户定居。还有一些因婚姻关系流入城市的人口，长期居住在姻亲家中，不少人已经谋得相对稳定的职业，虽然没有城市户口，但已成为事实城市居民。据呼和浩特市1989年6月统计，全市4万多暂住人口中，因为姻亲关系投靠夫妻一方的有9600人，占暂住人口的20.7%。

流动人口对城镇人口增长影响的另一形式是滞留城镇的时间。流动人口在城镇滞留3年以上的数量已相当可观，有些流动人口在城镇滞留的时间甚至超过5年、10年或更长。按照文化适应理论，他们不仅在职业和事实身份上完成了城市化转移，而且从生活习惯、价值观念等多方面成为标准化的城镇人口，他们对城市化的影响是不可低估的。为了进一步探讨流动人口对城市化产生的影响和作用，本文又选用了国家公安部近四年所作的城镇暂住人口统计资料。进入城镇的暂住人口1994年为4438万，比1993年增加了463万；1993年比1992年增加了也是460多万。1994年的暂住人口中，暂住1个月～1年和1年以上的3240万，占暂住人口的

73.0%；来自省内省外农村的农民占67.4%。1993年暂住人口中，暂住1个月～1年和1年以上的2942万，占暂住人口的74.0%；与1994年基本持平；来自省内省外农村的农民占71.2%。

从以上几方面的情况和资料可以清楚地看出，流动人口只是因为没有取得城市户口而影响了他们的身份转移。如果剔除户籍因素，流动人口对城市化的贡献值至少有2～3个百分点。

2.流动人口为人口城市化做了前期准备。中国的人口城市化进程还有一个特殊的现象，这就是非农化现象。改革开放以来，乡镇企业异军突起，发展非常快。乡镇企业吸纳了大批农村剩余劳动力，使他们从农业种植业转移到非农产业，完成了农业人口向非农业人口的转移和地域转移。但是，由于受户口管理制度的限制，这些农村的非农业人口并未向城镇集聚，致使非农化并未与城市化同步进行。除乡镇企业造就的非农化现象以外，政府还允许农民“离土不离乡”，自筹资金、自理口粮进入小城镇经商、务工或从事饮食服务业。这些个体经营者虽然不像在乡镇企业就业的农业劳动者那样具有相对的稳定性，但他们同样完成了向非农化的转移，所缺的同样是户口性质的变更和实质上的城镇定居。此外，还有一些“亦工亦农”、“亦商亦农”等等半非农化转移的人口。

这种非农化现象，随着城乡经济建设的持续高速发展，已经成为不可逆转的大趋势，是农村工业发展和城市化进程的必然结果。中国有些学者把非农化现象称之为“隐性城镇人口”和“隐性城市化”。“隐性城镇人口”在职业、生活方式和居民点形态上，已经具备了相当程度的城镇特征，只是户口性质、人口统计和居住地域上仍归属于农村人口，一时还不能跨入城镇人口的门槛。然而一旦政策允许，他们终将叩开城镇的大门，成为城镇人口大家庭的真正成员。由此可以看出，大量经济型流动人口从农业种植业转移出来，不论其进入大城市成为暂住人口，也不论其进入乡镇企业或从事个体经营成为隐性城镇人口，他们已经具备了城市人口的许多特性，可以看作是准城市人口。一旦时机成熟，条件具备，他们就能迅即转化为名实相符的城镇人口。从流动人口带来的这一客观效应而言，流动人口为中国人口城市化的发展做了前期准备。

3.流动人口对人口城市化还具有不可忽视的间接影响。庞大的流动人口活跃在中国大地上，不仅冲破了城乡隔绝的封闭局面，使中国人口分布转向了开放型，而且在城乡之间架设了更为便捷的传播通道。流动人口成了城乡经济、文化、技术、信息交流的中介。他们随时随地把城市文明、城市经济信息和城市人口的思想意识、生活习俗等等传播到农村，使广大的农村人口了解了城市文明，有利于改变乡村的封闭意识，间接地起到了促进农村人口城市化的进展。

4.流动人口为实现农村城市化创造了新鲜经验。中国的改革开放为市镇建设开辟了广阔的前景，市镇建设发展很快。中国的城市由1978年的191座，增加到1994年的622座，增长了225.7%；镇由1978年的2850个增加到1994年的16433个，增长了467.6%。在如此快的增长速度中，流动人口的参与是一个不容忽视的因素。不少新建制的镇，就是依靠进镇农民自筹资金或集资兴建起来的。例如浙江省苍南县的龙港镇，1983年还是一个荒凉的小渔村，只有6000多人。1983年底，苍南县政府鼓励农民进镇投资建设，鼓励农民自理口粮进镇办厂、经商，进入龙港的流动人口大增。到1990年底，已吸引农村剩余劳动力7500人，迁入人口1.2万人，于是一座不占耕地（在滩涂上建镇）、没有国家投资、完全由流动人口（农民）自行集资建设的小城镇便拔地而起，被誉为中国第一座“农民城”。1992年底，全镇人口已达12.4万，比1983年增长了近20倍，其中92%是迁入人口。仅仅9年时间，依靠农民自已的力量和流动人口的参与，一座高楼林立、街道纵横、工贸商发达的新兴小镇就建成了。类似的如河北省的白沟镇、天津市的大邱庄，以及著名的花溪镇等等，都是同类型模式。应当说，这同样离不开流动人口的贡献。

从以上几个方面不难看出，流动人口对人口的城市化已经并将继续产生重大的影响和作用。对此，不应有怀疑。

5.流动人口对中国人口城市化做出积极贡献的同时，也给城市建设带来一些问题。西方国家城市化早期出现的所谓“城市病”在中国的城市中也相继发生。

城市社会秩序和社会治安矛盾加剧。据全国城市的大量调查，由于大规模流动人口的涌人，城市交通拥挤，住房短缺，用水、用电紧张，环境污染严重，给城市管理带来许多困难。

城市犯罪率不断上升。据调查，北京市外来人口犯罪率由1990年的25.5%上升到1994年的50%，公共场所和繁华地区抓获的违法犯罪分子中，流动人口占70%以上；1980年广东省抓获的流窜犯占全部刑事犯罪分子的6.6%,1988年上升到27.9%；深圳市1989年抓获的外来犯罪分子占案犯总数的82.5%；上海市和山西省1989年的这一比例分别为22.8%和20%,都比过去有大幅度的上升；太原市南郊则占到50%以上，而且许多特大案件多系流窜犯罪分子所为。

“棚户区”已开始在大城市出现。“棚户区”是发达国家大都市的附属品，是城市畸型发展的产物。中国的城市设施落后，容纳量和承载能力有限，过量的流动人口涌人，住房更加困难。一部分流动人口在城乡结合部和市区、郊区结合部，用破旧的建筑材料搭起窝棚茅舍，逐渐形成“棚户区”。这里不仅设备差，卫生环境脏乱，而且污染严重，赌博、卖淫、嫖娼、吸毒、犯罪等劣迹环生，甚至成为黑社会势力的滋生地。

流动人口对城市的计划生育工作也构成很大的冲击。从发展上看，人口迁移流动对降低生育率有积极影响，但他们的超生加剧了城市人口控制的难度。

显然，发达国家城市化过程中大城市畸型发展的种种弊病，在中国的城市化过程中也已重现。这些已引起了中国政府的高度重视，开始采取措施加强治理。开展的严厉打击刑事犯罪活动，就是政府治理社会秩序的一个重大举措。

（四）中国城市化道路的选择

中国人口众多，农村人口占了70%；而中国的城镇数量少、规模小、设备落后，承载能力有限。面对这样的客观现实，中国的城市化既不能重踏发达国家的覆辙，即不能靠农民进城这一条路来完成农村人口的职业和地域转变；也不能像过去那样走城乡隔绝的老路，依靠城市的自然增长。而应当走开放的、农村城市化的道路，即把积极发展小城镇放在第一位，使农民就地完成两个转移；同时加快中小城市的发展，增强中小城市的吸纳能力。有鉴于此，目前流动人口也不能完全放任自流，像有些人士主张的“打开城门，欢迎农民进城”，而应当是转向有序地流动。只有这样，才能保证城市化顺利发展。

为推进农村城市化进程，对现有户籍制度、户籍管理办法进行改革，已是势在必行。改革的路子是先从基层改起，将农村一村一个的大户口本改为一家一户的户籍本，实现城乡一体化；对县城和县级市以下的小城镇户籍放开，以减轻对大城市的压力。凡进入县级市和城镇的农民，只要他们有固定的职业、收入和固定住所（包括已经有了产业者），就应当承认他们是合格的城市人口，允许他们取得城镇常住人口的户籍；中等城市可以先试点，取得经验后逐步放开；大城市和特大城市仍需严格控制，暂不改变，一些具备了城镇特征的农村经审核后，够条件的即可改为城镇人口。

参考文献：

1. 中国社会科院人口研究中心编：《中国人口年鉴》，中国社会科学出版社 1985 年（811）。
2. 国家统计局编：《中国统计年鉴》，中国统计出版社 1995 年（59）。
3. 张庆五：当前我国流动人口状况和对策研究，《人口与计划生育》1993 年（4,47）。
4. 徐天琪、叶振东：中国农村人口城市化的新模式，中国人口科学 1994 年（3,49）。
5. 庞求辉：厦门特区外来人口管理问题，《中国人口科学》1994(2,31)。
6. 杨子慧：警惕城市“棚户区”的蔓延，《人口与市场分析》1995 年（2）。
7. 杨子慧：论流动人口的生育行为，《人口与经济》1992 年（2）。

（作者工作单位：中国社会科学院人口研究所）

中国老年人口的就业环境、条件、现状与趋势

王树新

中国是世界上总人口和老年人口最多的国家。1990年第四次人口普查时，老年人口达9 696.96万人（60岁及以上人口），占全国总人口的8.58%。据1995年全国1%人口抽样调查资料推算，老年人口达1.25亿多，占全国总人口的10.17%。比预期2000年进入老年型社会提前了5年，根据多种预测方案，在未来半个多世纪中，中国老龄化将经历以下三个阶段：①缓慢老龄化阶段（1990～2003年）。这一时期老年人口将以年平均1.32%速度递增，中国人口年龄结构由成年型向老年型过渡。②典型老年人口阶段（2003～2020年）。这一阶段中国人口老龄化速度加快，2020年老年人口比重将达到15.6%，年平均增长速率为2.53%，是中国人口老龄化速度最快的历史时期，并成为典型的老年型国家。③高度老龄化阶段（2020～2050年）。在这一阶段，中国人口老龄化继续向前迈进，但老化速度略有下降。中国人口年龄结构完成向老年型过渡，大约需经历半个世纪的历程，比许多发达国家需要100多年的时间要短的多。根据世界各发达国家的统计数据，人口老龄化程度与社会经济发展程度呈模糊的一致关系，这种关系是自然形成的。在中国，由于国情不同，没有时间等待社会经济发展对人口和生育实现自发的控制，只能在社会经济发展的同时，强化计划生育的国家意志，从而使妇女生育水平的下降极大地超前于社会经济发展，其表现之一是当人口年龄结构已跨入老年型社会时，社会经济发展还只相当于中下等发展中国家的水平。这种超前性给社会带来了很大的负担，给改善和提高老年人口生活质量增加了一定的难度。尤其是中国人的寿命继续延长，如果不改变目前的退休年龄和社会养老制度，社会劳动者对老年退休人口的负担越来越重，负担时间越来越长。在许多发达

国家已面临这种处境，他们采取削减退休人员的生活福利费或提高退休年龄，或让退休老人再就业等方式。对中国来说，前者不可取，提高退休年龄也需慎重考虑，而鼓励老年人再就业积极参与社会经济发展，“老有所为”则是目前条件下的一种可供选择的良策。

一、老年人口就业的政策环境与条件

1. 国家为老年人再就业提供的政策环境

为了有利于老年人参与社会经济发展，1982年中央和国务院文件明确规定对离退休职工参与社会经济发展的积极性和热情“要保护、支持，要安排他们做力所能及的工作，继续发挥作用”。

1983年，在有关规定中指出“要广开门路，分别安排力所能及的工作”。

1984年，有关规定又提出要帮助退下来的职工，开阔一些新路子，使他们更好地安度晚年，发挥余热。

中办发（1986）32号文件批发了由中共中央组织部、宣传部、统战部、国家科委、劳动人事部、解放军政治部和中国科学技术协会等七个单位提出的《关于发挥退离休专业技术人员作用的暂行规定》的报告，文件明确指出了要发挥退离休科技人员从事原专业的作用。国家还根据实际情况对有关退休政策作了新的补充规定。如对一些短缺人才，做了延长退休年龄的规定。对于高级专业技术人才、中小学教师，只要他们身体条件允许，本人自愿，可延长5～10年。党和国家领导人在多次讲话中都具体阐述了“发挥老干部作用应当成为我党和国家坚定不移的政策原则”。

中共中央江泽民总书记在1990年2月4日为中国退休科技工作者团体联合会题词为“团结广大退离休工作者为科技进步经济繁荣社会发展和民族振兴再做贡献”。

老一辈革命家原中国老龄名誉主任陈丕显曾在全国“老有所为”研讨会上强调，亿万老年人是国家稳定和社会发展的重要力量，积极地把这支力量挖掘和发挥出来是发展“老有所为”的根本意义所在。他还强调开展老有所为，首先要把着眼点放在发挥老年人特有的政治优势，引导老年人为促进国家和社会稳定多作贡献，有所作为。同时要重视具有智力优势的老知识分子，使他们真正成为中国社会经济发展的“智力宝库”。原中国老龄问题委员会主任王兆华也曾在此会上作了重要讲话，他指出：“目前我国有一支几千万人的老年队伍。他们正在两个文明建设中发挥着巨大的作用”，“既要看到人口老龄化给我们社会经济带来的压力、负担，又要看到老年群体具有的潜力尚待挖掘”。

1991年1月25～30日，中国老龄问题全国委员会在上海召开了“全国老有所为研讨会”。出席这次会议的有各省、自治区、直辖市老龄委，中央、国家机关有关部委和解放军总政治部代表，以及研究老龄问题的专家，着重探讨了开展“老有所为”发挥老年人作用的必要性、可行性及渠道、方式、政策和法规。为各地区、各行业、系统、单位和各种老年群体开发利用老年人力资源奠定了思想基础，为老年人参与社会经济牵线搭桥创造了良好的舆论环境，从方针、政策、活动范围与形式上为老年人再就业提供了方便条件，使陆续从工作岗位上退下来且身体尚好而要求继续工作的老人得到妥善安排。

2. 老年人再就业所具备的自身条件

(1) 老年人的预期健康期较长

老年人口平均预期健康期，系指某一年龄存活的老年人口在其余寿期间处于身体健康状况的时间。各年龄别老年人口健康生活的年限占各该年龄余寿年限的比重越高，平均预期健康期也越长，从而拥有较高的健康生活质量。中国城市60岁的老年人平均预期寿命16.3岁，平均预期健康期为6年，占余寿期的36.5%；农村的老年人平均预期寿命为15.8岁，平均预期健康期为6.7年，占余寿期的42.7%。如果将50岁退休的女工人和55岁退休的军人、女干部计算在内，那么健康期将更长，占余寿比更大。从老年人余寿健康质量来看，说明老年人中轻龄老年人身体素质较高，70岁以下的老年人中，大多数仍具有参与社会再就业的身体条件。

(2) 老年人力资源的潜力

伴随着中国老龄化程度的提高，老年劳动力资源占社会人力资源总量的比例越来越大。尤其是城市，作为地区的政治、经济、文化中心，退休的老干部、专业技术人员和职工较多，是老年人才集中的地方，具有参与再就业的多种机会和条件。《维也纳老龄问题国际行动计划》要点中曾指出：“老年只是每个人的生命期、事业和经验的自然延续，而他们的知识能力和潜力在整个生命期都一直存在”。人到老年，阅世渐深，长期积累起来的文化知识、专业技术、业务能力、实践经验不但不会随日月的推移而消失，反而随年龄的增长逐渐凝聚而提高。他们是一批经验丰富的宝贵劳动力资源，具有政策性水平高、情况熟悉、专业知识功底深、退下来后地位超脱、时间充裕等长处，可以说他们退休后的岁月是摘取智慧果实的黄金季节。老年人可以利用其娴熟的技术、广博的知识、丰富的经验为社会创造更多的财富。

(3) 老年人继续为社会做贡献的强烈愿望

随着改革开放、市场经济的深入发展，老年人的思想观念也在变化，很多老年人不再满足于下棋、看报、闲聊，不再把安心颐养天年看作是自己晚年最好的归宿，而是通过再就业得到精神寄托，把工作看成是生活中的主要精神支柱，从就业中获得莫大愉快。还有一些有专业特长的老人，愿用一技之长为社会再做贡献，以适应社会对各方面人才的需要。中国培养一个研究生需要18年，大学生16年，高中生12年，就学投资费用相当可观，而他们的服务年限由于现行退休制度中的退休年龄制约，比起其它类低学历的人都短，形成劳动者的文化程度与劳动服务年限之间的负相关关系，即受教育年限越长的劳动者为国家服务年限越短。具有高等学历的退休老人仍有一定阶段的较高劳动能量的释放期即男60～65岁，女55～65岁，目前迫切要求解决老有所为、老有所用即再就业问题，主要指这部分轻龄老年人口。他们不想过早地使自己的专长荒废，想在有生之年用自己之长为社会做些有益工作，不甘心充当社会进步的旁观者，渴望社会为他们提供发挥作用的再就业机会。从北京离退休人才开发中心获悉，该中心人才库已累积储存了从事机械、建筑、化工、电气、医药、财会、教育、编辑、翻译、法律、管理、商贸等门类齐全的各类专业人才3万多名，其中有中、高级职称的占80%以上。北京离退休人才开发中心从1988年开始，不定期地举办专场老年人才洽谈会，1994年又建立了固定的老年人才市场，每月定期举办一次离退休人才洽谈会，10年来，参会人员达13万人次。天津市统计局最新的一项调查表明，目前，天津达到法定退休年龄及法定退休年龄以上的老年人口近140万人，其中有近120万老人仍具有一定劳动能力并渴望再就业。

3. 经济体制改革为老年人再就业拓宽了门路

随着经济体制改革的深入和市场经济的发展，多种经济成份并存，拓宽了“老有所为”的渠道。城区和乡镇工业、企业的迅速发展需要大批退下的管理干部、退休技术干部、退休技术工人、科学技术人员和财务会计人员。他们接受乡镇企业的聘请进行科学技术和财务的咨询和指导。第三产业的不断扩大，一些老人凭借着退休前的老关系，熟人多、路子广，被聘为公司顾问、业务员、或进行个体经营，从事经商或餐饮服务业等组织起以便民、利民为目的的“三产”企业和服务网点。退休人员和在职人员组成各种实体、科技工作者协会、退休工程师协会从事科技服务、工程设计；建立会计事务所、审计事务所、律师事务所等，接受国营、集体、私营企事业单位委托承担任务。维持交通、治安秩序、维护市容、卫生和市场管理等城市的基层管理工作更需要广大老年人积极参与，尤其是居委会这一联系千家万户的群众性自治组织中，90%的干部是退休职工。社区服务领域的广泛性和方法的灵活性，时间的可塑性也很适应老年工作特征，老年人可根据自己的身体状况、能力大小、闲暇多少，因人制宜，量力而行，选择适合个人的服务项目、内容和方式，为老年人参与社会提供了就业机会。

二、老年人就业状况

老年人就业是“老有所为”的重要方式之一。随着老年人口的增加，离退休职工的就业问题引起了人们的关注。本文涉及的在业老年人口包括超过国家规定的劳动年龄但在调查时仍然继续工作并且还没有办理离退休手续的老年劳动者，和离退休后又再从事某项工作并获有某种劳动聘任或与有关工作单位达成协约的老年劳动者这样两部份在业老年人口。

（一）就业率

根据1995年全国1%人口抽样调查资料推算，全国在业的老年人口有4410多万，占老年人口总数的35.29%，其中男性就业人口为2345.21万，女性2066.48万，分别占两性老年人口总数的38.91%和23.20%。全国总在业人口为6900万多，其中老年就业人口占6.32%。由此看出在我国老年人口在业率相当高，原因有三个：①实行经济体制改革后，搞活了有关经济和劳动用人制度，从而给离退休老人提供了新的就业机会；②我国目前处于社会主义初级阶段，生产力水平不高，相当多数的农村老年人仍需参加相应的各种劳动；③老年人口年龄构成轻，这是老年人口就业率较高的人口学原因。

（二）在业老年人口的经济结构

经济结构指一定社会的生产关系和国民经济各部门、社会再生产各方面的组合状况。此处研究的老年人口经济结构只是就业老人在各行业、职业之间分布的数量比例，它可用老年人口在各行业、职业人数与全部就业老年人口总的比例来反映，也可用各行业、职业的老年人数占本行业、职业总就业人数的比例来反映。前者说明了就业老年人口在经济结构中分布的数量关系，后者则说明了老年就业人口在经济结构中的地位和作用以及老年人口就业与经济结构发展的关系。经济结构是社会生产力发展水平的反映，同时又反作用于生产力的发展。老年人口就业主要受以下几方面因素的影响：①社会变革（如经济体制改革）、对外开放、经济改革中的生产资料所有制、经营方式的变化等；②各行业、职业的劳动方式（即智力型、密集型、体力型）；③各行业、职业劳动的供求关系。人口老化本身是社会发展的结果，同时又对社会发展以不同的影响，包括对经济结构的影响。当人口趋向老化时，应在实际工作中对经济结构进行适时的调整，老年人口的经济结构可以从多方面作研究，在此主要从在业老年人口的行业结构和职业结构上作分析。

1. 在业老年人口的行业分布

各行业就业老年人口占全部就业老年人口的比例与当前经济体制改革、生产方式和劳动强度有关。根据1995年1%人口抽样调查资料分析，在三大产业就业的老年人口比重，第一产业居首位，占全部在业老年人口的86.43%，第三产业次之，占

8.14%，最低的是第二产业，只占5.43%。从就业老年人口的行业比例关系看，农业劳动者最多，比例最高，这一状况不仅符合我国国情，同时也反映了就业老年人口分布特点：①第一产业中，老年人口就业比例远高于全部在业人口占全国在业人口总数的比例（全国为69.64%），主要有以下两个方面的原因。第一，随着我国农村商品经济的发展，农业结构和农村劳动力结构也发生了较大变化，农村剩余劳动力的转移已逐渐摆脱在第一产业内部流动的传统模式，使农业劳动力从种植业向多种经营行业转移，从第一产业向第二、三产业转移，从农村向中、小城市和小城镇转移，这样第一产业劳动力的比重便逐步缩小。向其他产业转移与向外流动的大多是中青年农业劳动者，从而使农业中劳动力年龄结构发生变化，即中青年劳动力相对减少，老年劳动力比例相应增大。第二，我国农业基本上实行的是家庭承包责任制，家庭是独立的经济实体。农民年老以后不存在离退休问题，也无须寻找就业岗位，也不用签署劳动合同和经有关部门审批，完全可以说，老年农民的劳动，只要他本人身体许可，且愿意，不受任何方面的约束。何况农村活计轻重简繁俱全，几乎每个老年农民都可以根据体力情况找到适合他们自身条件的工作，参加力所能及的劳动。第二，老年人口在第二产业就业率低于第三产业。因为第二产业属于体力型劳动方式，劳动强度较大，现代化程度高，集体协作性操作较多，技术更新换代快，显然，中青年更适于到第二产业里就业。比较之下，第三产业机械化程度低，所需的简单劳动力较多，劳动强度小，分散劳动、个体经营较多，更适合老年人口就业。大力发展第三产业，不仅可以促进整个国民经济的发展，满足人们日益增长的丰富多彩的消费需要，改善和方便人民群众生活，而且还可以为新生劳动力和老年人口就业或再就业提供更多的劳动岗位。

2.在业老年人口的职业分布

职业是各行业在业人口的具体工作岗位，职业结构是指在业劳动者在各职业岗位的分布。我国的职业大致分为以下八大类：①各类专业、技术人员；②国家机关、党群组织、企事业负责人；③办事人员和有关人员；④商业工作人员；⑤服务性工作人员；⑥农林牧渔劳动者；⑦生产工人、运输工人和有关人员；⑧不便分类的其他劳动者。

根据1995年全国1%人口抽样调查资料所示，以农林牧渔为职业的老年劳动者所占比例最高，为83.99%。其次是生产工人、运输工人和有关人员。商业、服务性工作人员和各类专业技术人员分别为2.93%、2.78%和2.08%。在国家机关、党群组织、企事业谋职的老年人只占1.6%。

3.各文化程度的就业老人行业、职业分布

(1) 不同文化程度就业老人的行业分布

具有大专以上文化程度的就业老人中，71.06%的人从事第三产业，在这之中，从事教育、文化艺术及广播电影电视业的老人占31.12% 从事卫生、体育和社会福利业的占21.36%；科学研究和综合技术服务业的占13.22%；在国家机关、政党机关和社会团体工作的占14.89%。从事第二产业的老年人口占26.08%，从事第一产业的仅占2.86%。

具有高中文化程度的就业老人中，虽然第三产业从业者仍居首位，占47.57%，但由于文化层次的下降，所以从事科研和综合技术服务、教育、文化艺术及广播电影电视、卫生体育和社会福利等这三种高智力型行业的老年人明显减少，与具有大专以上文化程度的就业老人相比，下降了22.14个百分点。从事简单体力型的农林牧渔第一产业升幅很大，大专以上学历的老人在该产业就业者只占2.86%，具有高中文化学历的老人在此种行业就业的占21.93%。在第二产业就业的老人占29.35%，其中主要是从事制造业的轻龄老人占据相当大的比例。

具有初中文化程度的就业老人中，75.88%的人就业于第一产业和第二产业，24.08%的人就业于第三产业中的批发零售、餐饮业和社会服务业及国家机关、政党机关和社会团体。

具有小学及以下文化程度的老人中，从事第一产业的老人比例高达90.44%，第二产业为4.01%，第三产业为5.5%。

(2) 不同文化程度就业老人的职业分布

具有大专以上文化程度的老人中，各类专业技术人员和国家机关、党群组织、企事业负责人居多，分别为64.98%和17.30%。具有高中文化程度的就业老年人中，各类专业技术人员、农林牧渔劳动者和国家机关、党群组织、企事业负责人分别为32.83%、24.30%和11.38%。具有初中文化程度的就业老年人中，农林牧渔业劳动者和生产工人、运输和有关人员居多，分别为60.49%和9.91%。商业、服务性工作人员占13.47%，各类专业技术人员只占8.42%。小学以下文化程度的就业老人中，90.47%的老人从事农林牧渔业劳动；5.34%的老人从事商业和服务性工作。

从以上老年人口的就业行业和职业分析可以看出：

①老年人大有作为，是宝贵的劳动力资源，他们几乎遍及社会的各个行业，在各职业岗位上发挥着重要的作用。

②老年人口就业以农林牧渔业“生产型”为主，占全部在业老年人口的86.43%，第二产业占5.43%。从事第一产业的老人基本上是农村人口，且农村老年人就业率高于城镇，其原因一是农村没有严格的退休年龄限制，只要身体好，均可继续从业；二是农村老年社会保障制度尚不完善，相当部分老人生活还要自立；三是经济体制改革、对外开放使青壮年劳动力大量流往外地务工经商，日常的

农业劳动由老年人来承担。工作在第一产业和第二产业的老人就业动机，多数把经济需要放在第一位。

③ 在第一产业就业的老年人口文化素质非常低，小学文化程度及以下的老人占该产业就业老人总数的 95.63%,其中未上过学的老人比例高达 55.90%。这种状况不利于现代化农业的发展，因为人口文化技术素质对劳动生产率的提高起着非常突出的作用，农业技术的改革和单位面积产量的提高都将与从业的农林牧渔业劳动者的文化素质水平紧密相联，要以各种基础科学以及专业科学知识为指导，单凭这些低文化素质老人在劳动中积累的经验来进行生产，势必影响第一产业劳动生产率的提高。

三、老年人就业的发展趋势

由于中国对人口增长实行了严格的控制，使人口由高出生、低死亡阶段急剧转向低出生、低死亡阶段，出现了老年人口在总人口中的比重迅速上升的态势。1964 年 60 岁及以上老年人口的比重为 6.08%，1982 年为 7.63%，1990 年为 8.58%，1995 年达 10.17%。今后中国人口老龄化速度还将加快，预计今后 40 年期间将以年平均 3% 的速度递增，大大超过总人口的年平均增长速度（1.68%）。这种现实一方面显示了中国执行计划生育政策控制人口增长所取得的成果和人口健康水平、寿命质量的提高，同时也面临人口快速老龄化的挑战，积极开发利用老年人力资源则是应战的有利措施之一。

由于中国劳动年龄人口也迅速增加，从 90 年代到 21 世纪 30 年代，劳动年龄人口占总人口比例一直保持在 60% 以上，虽然老年人口增长速度较快，在相当长的时间内劳动力短缺现象不会发生，劳动力供大于求的基本格局仍将延续存在。因此今后既要处理好劳动年龄人口的就业问题，也要妥善地解决离退休老年人口的再就业问题。我国老年人口从总体就业趋势而言是好的。

1. 我国老年人口就业呈上升趋势

根据 1982 年全国人口普查资料，全国老年就业人口有 2 430 万，占老年人口总数的 26.12%。1987 年全国 1% 人口抽样调查资料显示，全国老年就业人口有 3 099 万，占老年人口总数的 28.25%。据 1995 年全国 1% 人口抽样调查资料，就业老年人口升至 4 341 万，占老年人口总数的 35.29%。1995 年老年人口的就业比例分别比 1982 年和 1987 年增加 9.17 和 7.04 个百分点。老年人口就业率的提高一方面体现出党和国家及有关老年工作的部门综合治理人口老龄化对策的社会经济效益；另一方面是中国社会经济体制改革，多种经济体制并存，拓宽了“老有所为”的道路，更是社会经济发展的客观需要。

2. 男性老年人口就业率明显高于女性，女性老年人口就业率呈上升趋势

就业老年人口的性别分布，一般情况下男性均高于女性，形成这一分布特征主要是男性老年人的退休余年健康期比女性老人要长，受教育年限比女性老人长，文化素质较高，社会活动能力较女性强，就业机会要比女性多。总之男性老年人口的就业条件优于女性。由于传统习惯势力的影响，社会对女性就业条件任意拔高或采取歧视态度，就更加大了女性老年人口的就业难度。妇女对社会经济发展的参与程度，是衡量社会进步状况和妇女地位高低的标尺。在社会主义市场经济体制构建、发育和完善、成熟过程中，给妇女提供了发挥自己能力的社会活动舞台，女性老年人口也不例外，因此使女性老年人口就业比率逐年增加，1995 年比 1997 年相比增加了 3.8 个百分点。1995 年女性老年就业人口占女性老年人口总数的 23.20%，占就业老年人口总数的 46.84%，这一比例是相当高的。

3. 具有高中以上学历的老年人就业主要趋向于高层次的智力型行业和国家机关干部、企事业负责人等职业

这与经济发展需要高质量的专业技术人员和管理才能的专业人员有关。在产业结构的转变中，在新兴产业兴起的同时，一些传统的产业也需用新技术来改造，在这种情况下，人口质量应与产业结构变化相适应，这就需要越来越多的具有高文化程度的专业技术人员和管理人才。中国知识分子在劳动中所占比例较低，因此要充分利用老年专业技术人员和管理人员，发挥其作用，以解决当前社会经济发展高智力人才的需要。

4. 城市再就业老人的职业流向变化大

以往的多次老年人口调查资料提示，城市离退休老人再就业的职业流向与原职业密切相关。再就业的各类人员中重操旧业的比重均占首位，而今除具有大专以上文化程度的老人仍从事原职业比例较高以外，其他文化层次的老人再就业流向商业和服务业的最多，一般趋向是从高体力型向低体力型职业流动，从低工资职业向较高工资的职位移动。从“生产型”职业向“服务型”职业转移。

5. 办事人员和有关人员职业中的老年人口就业比例大幅度下降

随着国家机关、党群组织、企事业负责人学历的提高，在这些部门及各种社会团体的办事人员及有关人员的文化素质、行政职业能力要求也相应提高。尤其是最近几年实行公务员制度以来，加强了这一职业的人员录用管理，进入国家机关必须通过公务员考试，达到公务员所具备的素质和能力，才能人适其职，职得其人。因此具有初中以上文化程度的老人在办事人员及有关人员中就业比例降幅较大，1995 年与 1987 年相比较，大专以上、高中、初中三种文化程度的比例分别下降 4.4、14.33 和 14.19 个百分点，在八大职业的顺位中比例位次由 1987 年的第四位降至最后一位。今后退休老人将很难在

该职业中就职。

6.强烈追求丰厚经济收入而就业的老人日趋增加

在市场经济体制下,个人经济收入的高低对物质、精神、教育和健康生活质量的决定性作用力尤为显著。城市和农村,工业和农业二元经济结构虽然受到改革开放和市场经济的强烈冲击,但要实现向一体化的过渡还要走漫长的路。特别是老年人口在僵化的计划经济体制下度过或生活过一段时间,在那个年代城镇职工忍受过工资的长期冻结,失去多年工资晋升的机会,加上前几年持续不断的通货膨胀,物价指数急剧上升,虽然国家和企事业单位在竭尽可能对老年人口给予必要的补贴,但也是杯水车薪,难以解决根本问题。

在农村,社会保障体系尚不完善,大部分农民被排斥在社会保障网之外,也不存在退休制度,只要老人尚有部分劳动能力时,就坚持参加劳动,力争在经济上独立。

鉴于上述情况,老年人为了增加收入使生活宽余些而就业是很自然的。以该动机为由就业的老人中,多数属原来从事生产性工作和农林牧渔业的劳动者。

7.在业老年人口的平均年龄将日趋年轻

中国的退休年龄规定为男60岁,女干部、男军人55岁,女工人50岁,退休年龄偏轻。50年代进入城市的大量青壮年已陆续进入退休年龄。随时间的向后推移,进入老年人口的数量逐年增加,轻龄老年人口比例也随之逐年上升形成了老年人口年龄构成轻的特点,这部分老年群体将成为老年人口中就业参与社会经济发展的主力军。

8.老年人口就业逐步趋于合理化

老年人退休后再就业的职业往往是青年人不能承担的高智力或高技术职业,或是青年人不愿意做的责任心较强的轻体力劳动岗位。就业宗旨逐步转向根据老年人特点,发挥其特长优势,为企业事业单位拾遗补缺,为社会服务。再就业岗位与原职业发生了倾向性转移。

目前,全国随着退休人员的增加,老年人口的年龄构成、文化水平、身体素质正在发生变化。轻龄的健康老人日益增多,他们的文化水平逐年提高,有技术专长的老人比重上升。近年来这些老人正根据自已的能力、特长和志趣,积极寻求各种就业途径,服务于社会,并日益发挥积极的社会和经济效益。

(作者工作单位:首都经济贸易大学人口经济研究所)

文　摘

【人口与资源的可持续发展】　本文认为,在人口与可持续发展诸因素中,人口与资源的可持续发展是条件,是制约可持续发展的终极因素。人口、环境、经济、社会的发展归根结蒂都是资源的物质变换。作者认为“资源”这一概念可表述为“自然界和人类社会一切有价值的物质”,并由此将资源划分为自然资源和社会资源两大类。本文所论及的资源的稀缺性系指自然资源而言。从中国自然资源的实际情况出发,建立人口与资源可持续发展战略,需树立资源的稀缺意识,包括资源总量和按人均占有量的绝对数量短缺以及三种形式的结构性短缺,即总体资源结构性短缺、同类资源结构性短缺和开发利用条件结构性短缺。人口对于资源的压力来自随着人口数量的增加人均资源占有量下降的趋势。中国居民收入水平的提高、人口城市化的推进和居民消费结构的改变造成了消费的增长。面对来自这三个方面形成的合力而产生的人口增长“分母加权效应”,需要重新审视传统消费模式,寻求同短缺资源与过剩人口矛盾加剧相适应的适度消费的可持续发展道路。

(作者:中国社会科学院人口研究所田雪原,原载《中国人口科学》1996年第1期)

【向市场经济转轨时期的农业粮食保障和乡村可持续发展】　本文首先论述研究农业粮食保障和乡村可持续发展的意义、分析的理论框架;接着指出人口压力对农业粮食保障与乡村可持续发展的影响的主要表现;最后提出市场经济下影响农业粮食和乡村可持续发展的新问题。本文认为农业粮食保障和乡村可持续发展的核心是农民,他们是乡村社会经济活动的主体,中国控制人口增长和提高人口素质的工作重点也在乡村和农民;可持续的农业粮食保障必须有可持续的资源和环境的支持;要实现可持续的农业粮食保障与发展,还必须避免采用非可持续的生产(技术)、消费模式,防止滥用资源、破坏生态环境和未来生产力,并要从根本上解决贫困问题;并要结合社会发展和地区建设来实现可持续的农业粮食保障。

(作者:南开大学人口与发展研究所李竞能、徐斌,原载《人口与经济》1996年第2期)

【对不同地区人口分布与经济和资源环境关系的总体评价】　中国是世界上自然地理、人口资源、经济社会差异最大的国家之一。改革开放以来,在全国各地区经济突飞猛进发展的同时,也伴随着极其明显的不平衡性。东部地区资金、人才相对集中，但人口与资源缺乏的矛盾越来越突出，而中西部地区有相对丰富的自然资源，人口也相对稀疏，但缺乏资金和技术，开发缓慢。本文借助于统计数据，从农业资源及经济发展水平的角度，对现阶段我国不同地区人口分布与资源和经济发展水平的关系进行了评价，并分别对由以经济和资源问题为主而引起的人口超载的地区，提出了人口与经济、资源协调发展、有利于缓解不同类型地区差距的对策建议。

（作者：国有统计局统计科学研究所社会经济研究室程希，原载《人口与经济》1996年第6期）

【可持续发展与中国农村生育政策】 本文从可持续发展的理论出发，从不同的侧面探讨了可持续发展与我国农村生育政策的关系。从我国的基本国情出发，生育政策对人口的调控是完全必要的。然而，在运用生育政策手段时，必须尽可能地达到可持续发展要求的“时空维”上的统一，即生育数量、生育时间和生育性别的统一。因此，既要强调当今人口数量规模的控制，又不偏废未来人口年龄性别结构的调整；既要强调国家的全局长远利益，又重视农民的局部眼前利益。只有这样，农村生育政策才能在我国人口、环境、社会经济的协调发展中发挥更积极有效的作用。

（作者：北京大学社会学人类学研究所李建新，原载《人口与经济》1996年第4期）

【人口、资源与环境：中国可持续发展的经济分析】 本文从理论和历史的角度，对可持续发展观进行了经济学的诠释。认为人类达成共识的可持续发展观，其实质在于依靠人力资本的增进和技术的创新，实现经济和社会的发展。在批驳利用可持续发展观鼓吹中国的发展可能成为世界的包袱或威胁的观点方面，本文指出：第一，对于某些人或某些国家来说，可持续发展含有让别人讲可持续性，以节省出资源供自已继续发展的潜台词或潜在心理；第二，“以不损害下一代人的发展”的可持续发展定义，无法在量度上给予把握；第三，有不少热衷于倡导可持续发展观，并尖锐批判以资源换取物质享受的传统发展观的人，实际上自身并未摆脱传统发展观的藩篱。另一方面剖析了中国现实中存在的人口、资源、环境之间关系上的政策扭曲现象，并提出相应的政策建设。作者对于人力资本、人口数量与可持续发展的讨论，对于市场经济条件下的计划生育和发展的资源与环境代价的探讨是具有启发性的。

（作者：中国社会科学院蔡昉，原载《中国人口科学》1996年第6期）

【中国的人口控制与人口增长】 本文在回顾已有的中国计划生育政策效果评估研究的基础上，试图从人口转变的角度来进一步说明计划生育带来的快速生育率下降对中国人口规模增长的影响。本文引进人口乘数（population multiplier）的概念，即人口转变带来的人口规模增加倍数，来说明中国计划生育引导下的快速人口转变使得中国人口乘数达到发展中国家中的最低水平，对中国的发展将作出历史性的贡献。本文最后探讨了中国人口控制给发展带来的机遇和同时存在的一些严峻挑战。这些挑战主要表现在：① 我国巨大的人口存量，即使生育率低于更替水平后，仍以庞大的增量在增长，据预测中国人口在实现零增长前将至少再增加3.5亿人口；② 剩余劳动力问题；③ 人力资本匮乏；④ 人口的迅速老龄化。

（作者：中国人民大学人口研究所陈卫，原载《人口研究》1996年第1期）

【中国的人口趋势与中长期经济发展】 从现在起到2010年的15年，将是中国实现社会经济发展战略设想的关键时期，同时也是中国人口发展的重要转折时期。研究这一时期的人口趋势对经济发展的影响，对顺利实现这些战略设想和制定正确的人口政策都有着十分积极的作用。本文从中长期的角度讨论了人口总量增长的态势、年龄结构的变化等因素对经济增长率、通货膨胀、就业等宏观经济景气变量以及对经济体制政策的影响。认为这一时期趋缓但持续的人口增长对维持较高的经济增长率是有利的，但由于资源约束的加剧，潜在的通货膨胀压力会逐渐加大，对经济的持续增长将构成威胁。人口的继续增长也对就业问题的解决产生不利的影响。对初始改革有利的若干人口因素的正面作用已经逐渐丧失，而一些不利因素开始发挥作用，综合地看，促进人口早日实现静止应是主要的政策目标。

（作者：国家计划委员会经济研究所孙学工，原载《人口研究》1996年第2期）

【再论中国生育率转变的特征】 本文认为，中国妇女的生育模式已发生根本变化，生育水平正处于进一步下降过程中，1981年和1989年生育率高于发达国家是由于高孩次生育还占有较大比例（第三孩及以上分别占27.03%和19.28%）。80年代总和生育率（TFR）回升主要是由于70年代末妇女结婚生育推迟到80年代进行；其次，在较小程度上由于1981年新《婚姻法》的实施；第三，高孩次生育的增加只起很小的作用。分析中国生育率的变化，不能简单根据TFR的升降，在中国条件下，更不能把TFR的升降与终身生育率（LFR）的变化混为一谈。不同年龄各批妇女在各个年龄时的累计生育率有逐渐减少的趋势。从而意味着其终身生育率在逐渐降低，并预示年轻各代妇女的终身生育率将进一步降低。

（作者：中国人民大学人口研究所查瑞传，原载《中国人口科学》1996年第2期）

【市场经济条件下中国城镇失业人口问题】 随着市场经济在中国的逐步建立和完善，中国城镇早已存在的严重隐性失业逐步显性化、公开化。本文探讨了目前中国城镇地区失业人口存在的三种形式：登记的失业人口、竞争的失业人口、流动的失业人口；概括了中国城镇地区失业人口的四点基本成因：体制成因、经济成因、社会心理成因和技术成因；重点阐述了失业人口的消极社会经济后果；最后对失业人口的基本治理对策进行了探索。

（作者：安徽大学人口研究所郭庆松，原载《人口与经济》1996年第5期）

【试论我国城镇暂住人口的管理】 70年代末特别是改革开放以来，中国城镇暂住人口迅猛增多。本文在分析了城镇暂住人口的现状及特点，研究了城镇人口大量增多的利弊和新形势下管理工作中存在的问题的基础上，提出了改革和加强城镇暂住人口管理的对策。暂住人口管理的目标应当是逐渐减少以至最终消除暂住人口群体。当前，应在加强和改进居民身份证管理的基础上，实现由属地户籍管理向管区人口管理的转变，切实加强法制建设，完善管理机构体系，建立健全工作规范，保证宏观协调控制，实行综合管理。

（作者：吉林省公安厅治安处王立英，原载《人口与经济》1996年第4期）

【民国时期我国人口学界有关人口问题观点的概述】 辛亥革命后至中华人民共和国成立前30多年时间里，中国严重的人口问题同各种严重的社会问题交织在一起，促使社会各阶层都对人口问题发表各自的看法和主张，出现大量有关人口问题的专著、论文和调查报告。人口学界的讨论集中在对中国人口问题的看法与解决人口问题的途径两个方面。对于中国人口问题的看法，一种观点是乐观的，认为中国地大物博，生养中国的人口绰绰有余。只要发展生产、改善社会制度，就不存在什么人口问题。持这类观点者大都反对马尔萨斯人口论在中国的传播。代表人物有：杨效春、蔡步青、张履鸾、文公直、陈天表等；另一种观点却很不乐观，认为中国存在严重的人口过剩现象，人口过多是造成社会的贫困和动乱的重要原因。认为解决中国人口问题的途径主要是节制生育等。代表人物有陈长蘅、许仕廉、陈达、董时进、吴景超、李景汉、马寅初等。

（作者：上海交通大学社会科学及工程系经济学研究室傅学良，原载《人口研究》1996年第4期）

【中国大陆、中国台湾省和韩国出生婴儿性别比失调的比较分析】 本文以现有的统计资料和研究成果为基础，对中国出生性别比失调问题作一个总体归纳，以考察出生性别比失调的现象 (1) 在什么时候发生，(2) 在什么地方发生，(3) 在什么人群中发生，(4) 怎样发生，(5) 为什么会发生，以及 (6) 应怎么来解决。本文重点讨论中国大陆的情况，也涉及中国台湾省和韩国的有关情况，因为在这两个人口中也出现了出生性别比失调的类似情况。在讨论出生性别比失调如何解决的问题中，本文认为更重要的是，为了控制人口增长和实现平衡的出生性别比，要再次提出“超越计划生育 (Beyond Family Planning)”的战略。计划生育的实施必须与其他的社会经济状况的改善密切结合起来，包括提高妇女地位和加强妇幼保健。

（作者：中国人口信息研究中心顾宝昌；美国人口理事会罗伊〈Krishna Roy〉，原载《人口研究》1996年第5期）

【中国咸阳部分农村孩子成本与效益研究】 西方微观人口经济学的孩子成本——效益理论，为世界范围内的生育下降提供了一种解释，这种背景强烈的理论在中国这块拥有浓厚传统文化的土地上有多大的解释力是本文关注的问题。通过在陕西咸阳部分农村的调查，给出了咸阳部分农村孩子的成本和孩子效益的现状，并结合历史资料对被调查地区的孩子历史成本变化作了分析。结论是：生育决策中人们对男孩的需求是强烈的；年青父母对孩子的成本观有考虑，但十分模糊；孩子的效益观在人们的生育观念中占有鲜明而重要的地位，是影响人们生育决策的重要因素。本次调查的结果告诉我们，在咸阳部分农村孩子成本效益观并未明确的形成，低生育率的基础仍不十分稳固。

（作者：西安交通大学人口与经济研究所朱楚珠、张友干，原载《人口与经济》1996年第5期）

【关于扶贫与计划生育相结合的思考】 改革开放以来，是中国社会经济发展最快的一个历史时期，也是贫困人口减少最快的历史时期，全国没有解决温饱的贫困人口从1978年的2.5亿人减少到1993年的8 000万人。“国际‘八七’扶贫攻坚计划”(1994年3月正式公布并开始实施) 明确要求用7年左右时间基本解决8 000万贫困人口的温饱问题 (1995年末贫困人口为6 500万人)。本文从人口学角度论述了贫困与人口的相互关系，贫困地区人口问题突出，而人口过剩又阻碍了贫困人口的脱贫和贫困地区的综合发展，形成一个贫困——人口——贫困的怪圈。由此得出结论：消除贫困必须一手抓经济发展，一手抓人口控制，把消除贫困的措施与计划生育结合起来，进行综合治理；本文还提出了一组二者相结合的具体对策和措施。

（作者：国家计划生育委员会杨魁孚，原载《中国人口科学》1996年第5期）

【关于中国人口年龄结构若干问题的探讨】 本文运用人口普查数据分析了近40年来中国人口年龄结构的若干变动及其原因，并借助于年龄金字塔概括出1990年中国人口年龄结构的特征以及形成这些特征的原因和对社会经济的影响，同时指出了中国人口年龄结构转变的三个特点。最后作者就年龄结构研究中的几个重要问题阐述了自己的观点，强调指出：中国人口年龄结构起伏变动很大，不符合运用西方人口学中检验年龄堆积现象指数的前提条件；用三大年龄组的划分来研究年龄结构可能出现组内变化与组间变化方向相反的情况，使用5岁组数据将掩盖1岁组年龄结构中表现出的某些特点等。

（作者：中国人民大学人口学系查瑞传，原载《人口与经济》1996年第2期）

【人口死亡的Logit模型和双对数模型的比较研究】 本文利用生命表数据对人口死亡的Logit模型和双对数模型的精度做了比较。Logit模型在人口分析中已得到了广泛的应用，但双对数模型在人口分析中的作用尚未被认识。双对数模型在人口死亡的表现形式上，在模型精度的稳定性上都要优于Logit模型。在平均期望寿命较低的情况下，Logit模型的精度要小于双对数模型，但在平均期望较高的场合，双对数模型精度却要高于Logit模型。随着世界各国死亡率的迅猛下降，双对数模型较Logit模型的优越之处将日益显露。在婴幼儿期，Logit模型的误差小于双对数模型，而在老年期，双对数模型的误差小于Lagit模型。从实际人口（日本人口）的生命表数据来看，双对数模型的稳定性要大大好于Logit模型。

（作者：首都经济贸易大学人口经济研究所黄荣清，原载《人口与经济》1996年第4期）

【中国出生性别比和女婴生存状况分析】 本文发现中国的高出生性别比和偏高的女婴死亡水平同时在80年代中期开始出现，它们同时存在于大多数省区和一些民族。分析表明，高出生性别比和偏高的女婴死亡水平根本上是由强烈的男孩偏好所造成的，它同时又被快速的生育率转变所加剧。80年代中期开始的广泛利用B超鉴定胎儿性别和同期农村合作医疗体制的弱化及解体，是导致高出生性别比和偏高的女婴死亡水平的直接原因。偏高的出生性别比和女婴死亡水平给社会带来了很多严重的人口问题和社会问题，这些问题需要引起各级政府的重视，并采取有力的措施，解决由于重男轻女和性别不平等等社会文化因素所导致的高出生性别比和偏高的女婴死亡率。

（作者：西安交通大学人口与经济研究所李树茁、朱楚珠，原载《人口与经济》1996年第1期）

【中国婴幼儿死亡率的性别差异、水平、趋势与变化】 本文在对中国婴幼儿死亡率评价的基础上，描述了婴幼儿死亡率性别差异的历史、区域和民族间的变化，以及婴幼儿死亡率性别差异与一些社会、经济、人口和文化因素之间的关系。本文分析表明，中国偏高的女性婴幼儿死亡率很可能是由对男孩强烈的偏好和性别不平等所导致的对女孩各种形式的歧视所造成的，它同时又被快速的生育率转变所加剧，而被社会经济发展所减缓。偏高的女性婴幼儿死亡率给社会带来了很多严重的人口问题，包括未来婚姻市场中的过多男性，推迟的交叉年龄，以及总人口和儿童中的高性别比。同时表明存在严重的社会问题，如可能的溺婴现象、对女孩的歧视、社会冲突和文化变迁以及妇女较低的家庭和社会地位，更重要的是偏高的女性婴幼儿死亡率是总人口性别比的主要决定因素，而且促使偏高的儿童性别比继续高升。因此，除了执行计划生育政策以降低生育率，各级政府同时应采取有力措施，解决由于重男轻女和性别不平等等文化因素所导致的偏高的女性婴幼儿死亡率和高出生性别比。

（作者：西安交通大学人口与经济研究所李树茁；斯坦福大学莫里森人口与资源研究所M.W.费尔德曼〈M.W.Feldman〉，原载《中国人口科学》1996年第1期）

【对子女数在老年人家庭供养中作用的再检验——兼评老年经济供给“填补”理论】 文章采用中国老龄科学研究中心主持的“中国老年人供养体系调查”的数据重新检验了以往有关文献中关于子女数对老年人的家庭经济供养影响的研究结果，分析了这些研究设计中所存在的主要缺点以及由此可能导致的误解，并在新的研究框架中加入了老年人年龄以及其他变量。文章证明，老年人受子女供养的比例受到老年人年龄的影响。与以往有关研究结果不同，多元回归分析表明，在控制老年人年龄及其他自变量以后，子女数对于老年人家庭供养存在显著作用，证明子女供养老人在中国当前条件下仍然占据着十分重要的地位。回归分析还检验了其他有关自变量对于子女净供养的作用。同时，文章还讨论了老年经济供给“填补”理论应用于中国实际情况的局限性，并进而讨论了在子女供养研究方面的有关理论和方法问题。

（作者：中国人民大学人口研究所郭志刚；中国老龄科学研究中心对策室张恺悌，原载《人口研究》1996年第2期）

【中国老年妇女户居类型选择的影响因素】 根据1990年人口普查资料中有关老年妇女数据的交互分析和回归分析，证明老年妇女的户居方式受到子女可得性这一人口条件和社会规范要求的影响。当前在中国占主要地位的是主干家庭模式，核心家庭模式仍居于次要地位。有无存活子女以及存活子女数量对于老年人口的户居安排起着重要影响作用，一些无子女老年人通过过继、领养等方式取得子女，得以生活在传统家庭养老环境中。同时，存活子女的性别也对于老年人口的户居类型起着重要影响，将儿子留在身边是更为普遍的情况。此外，多元分析表明，老年人口的户居安排不仅要受到其存活子女的数量和性别的影响，也受到婚姻状况、年龄、城乡地区、文化水平等其他因素的影响。

（作者：中国人民大学人口研究所郭志刚，原载《人口研究》1996年第5期）

【养老保健的理论与模式——人口与经济制约因素分析】 本文从养老保险的基本概念出发，详细论述了养老保险在社会保险和老年保险中的作用与地位。同时期分析与队列分析方法对养老保险基金模式类型进行了重新划分，构造出分析人口与养老保险相互制约关系的有效手段。对时期平衡与队列平衡中的再分配特性进行了定量分析，在此引出著名的 Aaran, 结合稳定人口理论对其再证明，并应用于中国数据检验。提出中国城镇职工养老保险成熟期的概念，及其政策含义。在人口、劳动力市场和社会保障相互关系基础上，全面分析了生育率，平均预期寿命、退休年龄，人口迁移与流动对养老保险的影响。研究了城镇职工养老保险的水平与结构，剖析了现行农村养老保障的优劣及相应的改进措施。最后，归纳出本文的主要研究结论及今后研究设想。

（作者：北京大学人口研究所刘贵平，原载《人口研究》1996年第4期）

【中国城市化与城市人口老龄化的趋势与对策】 本文从历史角度分析了中国城市化与人口年龄结构变化之间的关系，描述了城市化与城市人口老龄化的发展趋势和特点，并重点讨论了以京津沪为代表的城市人口年龄结构未来变化对城市经济发展的影响。在应付城市人口老龄化的战略选择方面，本文认为8 000～9 000万流动人口为有效地缓解甚至解决城市人口老龄化问题提供了潜在的资源和现实的可能性，提出了可以把城乡发展做为一个整体来考虑，形成城乡一体化发展，削峰填谷，以空间换时间，全国共同迎接人口老龄化挑战的新战略思路。这个战略思路的基本原则是充分利用全国各个地区之间、城乡之间人口老龄化程度在空间分布上的不平衡、在进入老年型人口时间上的先后差异，从城乡一体化发展的高度，制定相应政策，通过大规模有序的人口迁移和人口流动，在率先老龄化和滞后老龄化的城乡之间，削峰填谷，延缓城市人口老龄化过程。

（作者：中国人民大学人口所翟振武，原载《中国人口科学》1996年第5期）

【城乡一体化发展，削峰填谷，共同迎接人口老龄化挑战】 中国在实现现代化战略过程中，不可避免地同时面临一场城市化与城市人口老龄化迅猛发展的挑战。本文讨论了应付城市人口老龄化危机战略选择方案的几种可能性及利弊得失，论证了“城乡一体化发展，削峰填谷，以空间换时间，全国共同迎接人口老龄化挑战”战略思路的必要性和可能性。同时对于中国流动人口管理、户籍制度、城市劳动力市场等方面提出了对策性建议，即进一步积极开放城门，支持流动人口进城，放宽政策限制；逐步平等对待流动人口在城市的就业和居住，允许流动人口在城市各行业之间的流动；改革户籍制度，引入市场机制。

（作者：中国人民大学人口研究所翟振武，原载《人口研究》1996年第5期）

【中国人口老化与储蓄】 国外有关人口年龄结构与储蓄之间的关系研究较多，争议也较大，本文介绍和评述了国外关于人口老化与储蓄之间关系的一些观点，探讨了中国人口老化对储蓄可能产生的影响，最后提出若干政策性的思考和对策。文章认为，与西方发达国家的情况不同，中国人口老化和老年人口的增多不但将降低总的储蓄水平，而且会抑制储蓄增长率的提高。这势必要影响资本的积累和投资，从而对经济的发展产生不利的影响。为减缓这一不利的影响，中国可以充分利用国际流动资本作为国内资本投资的重要补充；积累和投资政策要多元化；同时，要强化个人储蓄养老制度，筹措养老基金。

（作者：中国人口信息研究中心于学军，原载《人口与经济》1996年第3期）

【中国老年人口经济与居住生活质量】 本文从中国老年人口的经济收入水平、消费结构层次与消费水平、住房状况等几个方面，揭示当代中国城乡老年人口经济生活质量及其差异和老年人口经济生活质量中最急需解决的问题。这些问题是如何使城市离退休老人的原已较低的经济收入不致因较高通货膨胀率而贬值，不致与在职人员相差过份悬殊，其中高龄退休老人面临的困境更为突出。农村老人普遍缺乏社会保障，尽快建立可行的农村社会保障体系，势在必行。无论城乡，处于勉强度日或一般贫困线水平及以下的老年人口，占有相当大的比例，在举国上下奔小康的努力中，应把老年人口进入小康生活质量问题作为专题加以研究解决。老年人口的居住条件总体上较非老年人口好一些，这与公房分配体制有关。农村老年人口虽然居住面积较宽敞，但住房设施极差，离小康标准相去甚远。

（作者：北京首都经济贸易大学人口经济研究所王树新，原载《人口与经济》1996年第2期）

【居住环境与家庭养老】 老有所养，追求高质量的老年生活是人口老龄化诸多问题中的核心问题之一。本文从中国国情出发，指出家庭养老是中国养老的主要形式之一，探讨了老年人居住环境和家庭养老之间的密切关系。借鉴其他国家的成功经验，提出从老年人居住环境“质”的提高来适应未来家庭养老的需求。本文在家庭养老涉及的几个问题，如老年家庭的住宅不足问题、“一碗汤”的距离、关于邻里交往、老龄化对社区服务设施的新需要，其论述颇有新意。

（作者：清华大学建筑学院王小工，原载《人口研究》1996年第6期）

【生育率的下降与亲属关系】 本文认为，生育率的下降对一个人口的亲属关系、相应的称谓结构以及社会结构都正在或可能产生影响。亲属关系的变化对中国社会的影响可能比上述变化或可预见的变化更为深刻和久远。由于亲属关系的简单化，在中国当代市场经济发展前提下，这一变化将导致中国社会结构的转型和中国社会中宗法文化的淡化，从而形成一种更为个人化、契约化的社会结构、社会关系和与之相适应的社会文化。而亲属称谓制度的变更决非仅仅是一个纯学术的问题，而可能是具有实质性意义的社会大变革。至于生育率下降对社会关系变化的影响，将更为直接地影响人们的观念。例如，女婿社会地位的提高就可能对农民在生育性别偏好上产生直接的影响。所有这些变化及其久远的后果都将花费时间，但无疑这些变化将是深刻的。

（作者：北京大学人口研究所周云，原载《中国人口科学》1996年第1期）

【低生育率、市场经济和中国的人口控制】 本文结合新的历史条件——低生育率和市场经济，重新审视了中国人口控制的必要性。针对当前不同认识，从中国为什么要全面、大力地推行计划生育，生育率已达更替水平为什么仍要严格控制人口增长及市场经济的发展对中国人口控制的机遇和挑战三个方面阐述作者观点，提出生育率高低本身并不能全面真实地反映出人口问题的严重程度和范围大小；中国人口控制的理论依据可归纳为“协调发展理论”或“可持续发展理论”；在市场经济条件下，人口控制仍然必要，不能对市场经济带来人口控制的正面效应抱过分乐观的态度。本文认为以下观点亟需澄清：其一认为计划生育是昔日计划经济的产物，在市场经济条件下，人口可由市场来调节，而不必像过去那样严格控制；其二认为“人多好处多”，只要经济发展快人口增加也无关宏旨；其三认为在市场经济条件下抓产值、抓利润是主要的，而计划生育是无关紧要的，即“经济中心论”。

（作者：中国人民大学人口学系邬沧萍、穆光宗，原载《中国人口科学》1996年第3期）

【中国生育率下降经济后果的形成机制及制约因素分析】 生育率下降的经济后果并非都可以简单地自动生成，生育率下降所创造的经济机会能否实现、实现的程度如何，还要取决于诸多的经济和社会因素。本文从人的生命周期角度分析生育率下降经济后果的形成机制，并从个人经济行为与国家宏观经济环境的相互关系方面探讨中国生育率下降的经济后果。本文认为，要正确认识中国生育率下降的经济后果，还必需深入研究这些经济后果的形成机制及其制约因素。生育率下降经济后果形成机制的基础是人的生命周期的经济行为，即通过个人资源配置方式、投资模式、劳动力供给及收入能力的变化形成一系列积极的经济后果。中国生育率的下降也创造了这样的经济机会。但是，这些经济机会的实现还有赖于宏观经济条件的发展和国家政策的进一步调整。

（作者：南开大学人口与发展研究所李建民，原载《中国人口科学》1996年第3期）

【计划生育与妇女生命历程变化探讨】 本文通过分析中国三个地区城乡的妇女生命周期变化，说明中国计划生育工作促进了妇女生育期的缩短，为妇女参与发展提供了条件。具体表现在：(1) 计划生育使女性进入婚姻期的起始时间推迟，为女性延长受教育的期限和寻求参与发展提供了时间。(2) 女性随着婚龄的滞后，初育年轻相应推迟，而把更多时间用于经济参与和提高自身的竞争能力，对自己和子女的健康更加关心。(3) 女性结束生育的年龄大大提前，生育期缩短，直接影响了女性生命历程的转变，为她们创造丰富多彩的人生提供了条件。(4) 计划生育使生育数量减少，从而减轻了女性的负担，为改善妇女的生育健康状况和儿童抚养状况创造了必要的条件，使女性从生育的载体变成生育的主人。同时计划生育将对妇女老年阶段产生新的影响，未来妇女的养老问题须靠完善社会保障和增加自我生存能力才能缓解。

（作者：西安交通大学人口与经济研究所胡平、朱楚珠，原载《中国人口科学》1996年第4期）

【“三结合”的依据、成效及条件分析】 “三结合”要深入发展，亟需在理论上有所总结和提炼。“三结合”的理论问题主要有两个：一是为什么应该结合，二是为什么能够结合。“三结合”的实质是“双面结合”，即计划生育工作要与帮助群众脱贫致富和建设文明幸福家庭相结合。计划生育多元化的终极目标告诉我们，少生不是一切。作者提出了“利益补偿”和“利益分享”的观点，并且强调：在“三结合”的初创阶段，对其具体成效不要期望过高，不要急于判定，“三结合”的实施和成效是有条件的。总之，在积极推广“三结合”时，应该防止经验主义、形式主义和教条主义的做法。

（作者：中国人民大学人口学系穆光宗，原载《人口与经济》1996年第1期）

【论“三结合”与“三为主”的关系】 针对在落实计划生育工作“三为主”推广“三结合”中的不同认识，论述了“三结合”与“三为主”的关系，提出“三结合”是对“三为主”的继承、丰富和发展的命题。此命题的意义在于揭示了“三结合”与“三为主”的相统一性，揭示了“三结合”是一个完全彻底的比之“三为主”更深化了的计划生育工作口号。同时，对建立落实“三为主”推行“三结合”相统一的综合运作机制（简称“双三合一运作机制”）的几个问题作了阐述。“双三合一运作机制”的要点是：坚持政府领导行为相统一，坚持各相关部门动作相统一，坚持管理与服务相统一，坚持协调内功能与外功能相统一，同时强调加大人财物的投入是确保该机制有效运转的必要条件。

（作者：山东社会科学院人口研究所路遇，原载《人口与经济》1996年第1期）

【社会转型时期城镇贫困人口特征、成因及测度】 消除贫困是困扰人类社会发展的一个历史性难题。贫困人口不仅在农村地区存在，在城镇中也存在。随着我国改革开放和社会经济的发展，贫困的内容和贫困人口的特征及成因都在发生着变化。本文从我国处于社会转型时期为背景，从我国消除贫困的重点一直放在农村地区，而对城镇贫困人口研究重视较少，但其数量却日益增长的事实出发，详细地分析了当前我国城镇贫困人口的一些基本特征，具体探讨了导致城镇贫困人口日渐增长的主要原因，并对城镇贫困人口的划分判断提出了具体的测度方法，并根据这一方法，利用1985～1993年按收入水平分组的城镇居民家庭收支资料，得到按消费支出占生活费收入比重测度的城镇家庭贫困程度表。

（作者：华东师范大学人口所张茂林，华东师范大学西欧北美研究所程玉申，原载《人口研究》1996年第3期）

【中国人口流动与城镇化的理论思考和政策选择】 本文认为中国农村80年代人口流动主要采取就地职业转换的方式，而90年代则表现为异地转移，产生了农村包围城市态势的“民工潮”，形成了对传统计划体制的巨大冲击波。中国国情决定了中国农村经济发展只能走使农村工业化与城镇化，特别是农村城镇化同步发展的道路。农村的现代化要求把农村剩余劳动力转移出去，而90年代的劳动力转移就是进城。政府须加强宏观调控，保证劳动力转移的有序性。中国应走一条城市化和农村城镇化并重、“据点发展式”城镇化和“网络发展式”城镇化同步的二元城镇化道路。在广大中西部地区，中国农村剩余劳动力转移的希望之光在县城，这些地区应把“一县建一市”作为世纪之交的战略目标。在城镇化发展中应按照发展极思想和非平衡发展观，把少数基础设施搞好，具有经济吸引力的城镇作为城镇化的“龙头”。

（作者：武汉大学人口研究所辜胜阻、刘传江，原载《人口研究》1996年第3期）

【1370～1900年江南地区人口变动与社会变迁】 本文以《澄江范氏家谱》（范惟一撰，后乐堂藏本，修于清光绪三十一年，即1905年）为基本研究资料，结合其他史料，对明清时期600年间江南范氏家族的出生、死亡、增长波动等人口现象，以及影响它们的社会、政治、经济因素进行了时间序列的分析，初步总结出了范氏家庭的人口发展规律。研究表明，中国明清时期自然生育率状态下江南地区家庭生育子女数在5～6个之间；除少数特殊年份，人口出生率和死亡率在长时期内保持稳定；人口变动主要受外部社会政治、经济环境的影响，尤其以清初与太平天国战争影响为巨。《澄江范氏家谱》中的人口资料对于进行历史人口分析来说是可信的，并且质量相对较高。范氏家庭经600余年繁衍达数十支族，人员众多，且分布地域较广，不局限于一村、一县，在社会阶层的属性上基本上为普通农民，因此对他们的分析具有普遍的代表性，至少在一定程度上代表明清时期江南地区人口变动某些趋势性的状况。

（作者：复旦大学人口研究所彭希哲、侯杨方，原载《中国人口科学》1996年第3期）

【1946～1949年中国大陆人口向台湾及海外迁移估计】 本文利用1953年的人口普查资料及1988年全国2‰生育、节育抽样调查资料和一些现有的研究成果，结合现有的台湾的历史资料，应用逆预测人口分析技术，对1946年初～1949年末大陆人口向海外及台湾的迁移人口进行了分析、估计和验证。通过对现有台湾历史人口资料的研究以及对本文的估计结果进行分析和检验，可以认为1946年初～1949年末大陆向海外及台湾的迁移人口为220万人的估计数是可信的，为海峡两岸人口迁移的进一步研究提供了良好的基础，为促进海峡两岸人民对1946年初～1949年末大陆人口向海外及台湾的迁移这一段历史过程的进一步的了解和认识给出了定量的依据。

（作者：国家计划生育委员会蒋正华；西安交通大学人口所米红、张友千，原载《中国人口科学》1996年第4期）

【香港人口变化的历史作用】 本文认为，在香港经济繁荣和社会有序发展的背后，有一个为人们忽略的因素，即香港人口群体的自身的规律性变化及其人口现代化的管理方式。香港从传统人口再生产类型转变为与现代工业相适应的现代人口再生产类型的成功，成为香港社会发展的里程碑；它的每个阶段，或每个不同时期的人口增长的现实，都成为香港政府调解经济，制定政策的依据；它的现代化人口管理手段，及与此相适应的公用部门管理模式，为香港1997年平稳回到祖国的怀抱，创造了先决条件。目前香港人口模式并非最佳模式，况且任何最优人口模式也都是相对本国本地区而言。香港人口问题尚有一些需要在发展中解决，如家庭变故、人口老化、青少年吸毒犯罪、移民及高级人才离港等问题，但从发展趋势看，香港的人口变化对香港历史的发展，起到了重要促进作用。

（作者：深圳大学人口研究所杨中新，原载《中国人口科学》1996年第1期）

【西藏人口发展与计划生育考察报告】 本文认为，西藏计划生育已在部分汉藏干部、职工和城镇居民中开展，而广大农牧区基本上是空白；部分地区除在城镇人口中开展计划生育外，也开始向农牧区提供计划生育服务，但是，是在占用卫生部门，特别是在占用妇幼保健的人力、物力、财力情况下开展计划生育的；西藏自治区现实计划生育走的是计划生育服务与妇幼保健相结合的道路，但仍处在探索阶段，存在许多困难与问题；广大农牧区妇女对女幼保健和计划生育有着强烈的需求；西藏的宗教人士对人口控制和计划生育抱着理解的态度；国内外对西藏地区的援助极大地增强了自治区各地市县妇幼保健和计生服务的能力；在西藏地区开展计划生育既是国家利益的考虑，也是民族利益的考虑。应该从社会的稳定、经济的发展、民族的团结、宗教的影响等多角度来考虑西藏的计划生育。

（作者：中国人口信息研究中心赴西藏考察组，考察报告由解振明执笔，原载《人口研究》1996年第1期）

【对当前我国流动人口的认识和思考】 流动人口是处于一定方向下持续移动的人口。在当前的社会生活中，人们往往把离开常住地出外谋生就业的人口视为流动人口。从人口学方面分析，流动人口分布较广，年龄构成轻，文化程度较低，在外停留时间长。人口流动中存在着影响农村农业发展、增加城市管理难度、侵犯合法权益等问题。作者就流动人口问题提出三点建议：①要把流动人口与流窜犯罪严格区分开；②要把加强管理和“收费发证”相区别；③要把大城市和中小城市相区别。解决问题的关键在于各级政府部门要提高对这一战略问题的认识，加强调控和疏导，达到有序、有度，使流动人口为国家做出更大的贡献。

（作者：中共中央办公厅李荣时，原载《人口研究》1996年第1期）

【基层农村计划生育执行情况的调查与分析】 90年代中国计划生育形势发生了巨大的变化，计划生育的内容和工作方式也在发生转变。但是现行的政策在基层执行的情况如何呢？通过对10省12个村部分群众和计划生育干部的调查，本文认为：生育率近些年确实下降较快，但是地区差异还很大，计划生育工作中的老问题仍然存在，而且又出现了许多新情况、新问题，对计划生育的形势仍不能过于乐观。难能可贵的是，本文如实列举了群众和基层计划生育干部的想法、反映了对于中国计划生育政策和实施方面的意见和建议凡11条，未加包装和修饰而尽可能保持原始状态，留给读者去思考和判断。

（作者：中国计划生育执行效果研究课题组。负责人郐沧萍；执笔人乔晓春，原载《人口研究》1996年第1期）

【中国农民生育需求的层次结构】 本文探讨了中国农民生育决策背后的需求动机问题。作为一种社会人口学的分析，作者尝试着提出了一个有关生育需求层次结构的理论假说，认为在中国农民实际的生育行为背后隐伏着一个复杂的生育需求体系或者说结构。生育需求的层次结构包含着二个层面的内容：第一层面是生育的动机问题，即为什么“生”；第二层面则是具体的生育偏好问题，即“生”什么，如何“生”以及“生”多少这三个相关的问题。作者强调指出：在家本位文化背景下的生育决策中，生育是一种不可完全由经济学的成本－效用理论来解释的强烈冲动，在经济上似乎并不合算的“生育”在传统文化层面上找到了合理的解释。特别是，在三种生育偏好中存在着一种由文化自觉编排好的内在逻辑，即性别偏好是最重要的，其次是时间偏好，最后才是数量偏好。

（作者：中国人民大学人口研究所穆光宗；北京大学社会学系陈俊杰，原载《人口研究》1996年第2期）

【农村劳动力供需矛盾及其转移形式研究】 本文以山东省为例，利用第一手调查资料，分析了农村劳动力供需的五大矛盾，即自然资源相对稀缺、环境压力加大与庞大农村劳动力大军之间的矛盾，少数发达地区农业劳动力短缺与大多数中等发达、欠发达地区劳动力大量剩余的矛盾，就业结构置换滞后于产业结构变动的矛盾，农村劳动力农闲季节大量剩余与农忙季节需求较大的矛盾，农业现代化建设与农村劳动者文化素质偏低的矛盾。进而探讨了农村剩余劳动力转移的基本形式：转移地域以就地转移为主，异地转移为辅；转移形式以自发转移为主，有组织转移为辅；转移类型欠发达地区以输出为主，发达地区以输入为主；转移时间以季节性转移为主，常年性转移为辅；转移方式以兼业转移为主，专业转移为辅。最后提出了加速农村剩余劳动力转移的对策：加速宏观调控力度，制定中长期农村剩余劳动力转移规划；因地制宜，选择切实可行的转移途径；推广适度规模经营，搞好农业深度开发，实现农村剩余劳动力的就地、就近转移；营造有利于农村剩余劳动力转移的政策环境。

（作者：山东省师范大学地理系吴玉林、李玉江，原载《中国人口科学》1996年第5期）

【中国人口就业预测分析】 本文利用人口预测模型和劳动力需求经济增长弹性法，对中国2040年以前劳动力总供求变化趋势、在业人数变化趋势、劳动力城乡结构变动趋势和农村剩余劳动力转移速度进行了预测分析。结果表明，中国劳动力供给量将先于总人口达到峰值。中国总人口将于2030年后不久达到峰值15.6亿，劳动力供给量则将提前于2015年左右达到峰值7.45亿。劳动力供过于求的状况将会持续到2030年以后，在今后15年内，中国劳动力过剩率都将保持在接近30%的水平上。中国城镇失业率已有上升之势，但由于政府对社会稳定的优先考虑，今后会控制在5%以内。如此大量供过于求的劳动力只好隐性失业，尤其是以农业隐性失业的形式存在。中国目前大约有1.2亿农业剩余劳动力，在“九五”期间将上升到1.3亿，2005年时最多达1.45亿，其后开始缓慢下降，最终于2030年左右彻底消除隐性失业。但每年转移的劳动力数量须保持在800～1 000万人，否则不能如期完成农村剩余劳动力的转移。

（作者：中国科学院国家计划委员会地理研究所贾绍凤；中国人民大学人口研究所孟向京，原载《中国人口科学》1996年第6期）

【国内旅游者人口学特征研究】 本文根据对上海、西安、黄山和华山等地国内旅游者6 000多份问卷抽样资料，分析了国内旅游者人口学特征。现代人类出游行为是人口运动中一个特殊的现象，人口学的研究视角对旅游现象的研究具有相当重要的意义，人口学家应加强这一方面的研究，尤其侧重其社会性的研究。人口的出游力受多因素影响，而人口社会经济特征则是其中最为基本的要素。性别、年龄、职业、收入、受教育水平和家庭结构等都对出游力具有重要作用。人口地理上的差异造成游客流动规律的不同。城市居民和农村居民之间、沿海地区和内陆地区之间、大城市和中小城市之间，人口的出游行为是不同的。出游人口在时间上的波动和周期规律、在空间上的距离衰减规律、在心理上的态度和动机规律，仍需进一步研究。

（作者：华东师范大学国际商学院旅游系吴必虎；华东师范大学人口研究所刘小玲；西北大学地理系赵荣，原载《中国人口科学》1996年第4期）

【两个婚育变动异向的五年对人口控制的启示】 作者认为在第三次人口出生高峰之前的十年，即1976～1980年和1981～1985年的两个五年是大不相同的。前五年是早婚比例继续缩减，晚婚比例不断提高，生育水平持续下降，人口增长控制能力日益增强的五年；后五年基本上是早婚比例回升，晚婚比例连续下降，生育水平大起大落，人口增长控制出现滑坡与抑制滑坡的五年，表现在指标数值上的变动则是起伏波动。本文分析了形成这种异向变动的政策成因，要求领导者实事求是地认识过去的成功与教训，旨在提高今后的计划生育工作的战略领导水平。

（作者：中国人口信息研究中心马瀛通，原载《人口与经济》1996年第5期）

【我国农村育龄夫妇避孕使用及模式的影响因素分析】 本文根据1992年国家计生委在全国进行的“计划生育管理系统首次调查”的数据，运用带Huber方差校正和多项分类的Logit模型，对中国农村育龄妇女避孕使用水平及模式的影响因素进行了分析。结果表明，育龄妇女的避孕使用水平随年龄、婚后年数、教育程度和现有子女数的增加而升高，社区的社会经济水平和计划生育工作水平越高，避孕使用水平也越高；最小子女为女孩、少数民族地区的育龄妇女的避孕使用水平显著较低。在避孕模式的选择上，相对于无措施而言，经济较发达的地区，绝育措施的使用显著较低，现有子女数、计划生育服务和工作力度可使绝育使用增加，但发现育龄妇女的文化程度对绝育无影响，居住在平原或丘陵地区的育龄妇女的各种措施使用水平较高；在控制了其它措施的使用后，男、女绝育水平对比分析可见，经济较发达的地区和社区经济状况较好的社区中，男性绝育的使用低于女性绝育，并发现距计划生育服务越近男性绝育水平越高。此外，育龄妇女的个体特征对男性绝育的影响不大。

（作者：北京大学人口研究所张凤雨；国家计划生育委员会统计司王海东，原载《人口研究》1996年第3期）

【1991～1993年中国婴儿、5岁以下儿童死亡水平及趋势分析】 1991～1993年中国5岁以下儿童死亡监测显示，三年来儿童死亡率的变化趋势和特点是（1）农村下降幅度快于城市，城市儿童死亡率三年来变化不大；（2）边远地区降幅快于内地及沿海；（3）1～4岁儿童死亡率降幅快于婴儿，婴儿快于新生儿；（4）感染性疾病死亡率的降

幅快于非感染性疾病。存在的问题是 (1) 我国5岁以下儿童死亡率的分布极不平衡，广大农村、边远地区儿童死亡仍处于较高水平。(2) 近年来农村基层保健还有所削弱，有些农村卫生机构忽视预防保健；有些村级卫生所成为私人诊所，不承担预防保健；许多农村基础卫生人员离岗。(3) 降低5岁以下儿童死亡率的关键是减少婴儿死亡，尤其是减少新生儿死亡，目前我国保健和临床的分离，儿童和产科的分离，儿童保健和妇女保健的分离不利于儿童死亡率的下降。(4) 新生儿病为我国5岁以下儿童死亡的第一位分类原因，占5岁以下儿童死亡的1/3。意外死亡是1～4岁儿童的第一位死因。必须把减少新生儿病及儿童意外死亡作为新阶段的重要任务。(5) 全国妇幼卫生的人力、物力、财力的不足与其所承担的重任的艰巨性形成明显反差。妇幼卫生目前是卫生工作的薄弱环节。

(作者：林良明、刘玉琳、冯土雍、刘佳健、米杰、刘全保、曹兰华，原载《人口研究》1996年第4期)

【健康预期寿命指标计算方法的研究】 为探讨一种适合中国实际的健康预期寿命指标的计算方法，我们利用居民死亡资料和1993年国家卫生服务总调查家庭健康询问调查的部分资料，借鉴沙利文 (Sullivan) 提出的计算健康预期寿命方法的基本原理，对中国部分城市居民的健康预期寿命进行了分析。结果显示：随着年龄的增加，健康预期寿命占期望寿命的比重呈下降趋势；女性居民的健康预期寿命高于男性；大城市居民的健康预期寿命低于中小城市。本文利用时点的病伤残率与寿命表生存人年相乘来计算健康预期寿命，其计算比较简便，所需资料从居民卫生服务的调查中即可获得。

(作者：北京医科大学钟军；卫生部卫生统计信息中心陈育德、饶克勤，原载《中国人口科学》1996年第6期)

【对联合国文件中有关计划生育概念的分析与评价】 文章主要对1974年布加勒斯特会议以来的联合国人口会议文件中的计划生育概念进行了分析，指出计划生育对夫妇和个人生育权利的肯定是历史的进步，也促进了许多发展中国家的生育率下降；同时，作为一项基本人权，它也存在着不可弥补的缺陷，其中一个重要缺陷就是不利于一些国家解决给本国带来严重社会经济、环境困境的人口过快增长问题。这一概念也过多地强调了个人权利，相对忽视了个人权利与集体权利之间的关系。文章还分析了中国的计划生育，指出中国在充分尊重个人权利的基础上，考虑个人权利和国家利益之间的关系，制定了符合国情的计划生育政策。

(作者：全国人大教育科学文化卫生委员会人口卫生体育室杨胜万、陶意传，原载《人口研究》1996年第2期)

【人口发展与健康问题——人口研究的新视角】 人口学研究的内容是人口变量，以及影响这些变量的原因和变量的决定后果。但是长期以来人口学界忽视人口变量与健康关系的研究，从而在人口科学领域有关健康的研究一直是一项空白。人口变量与健康的关系是十分密切的，人类的健康往往直接影响死亡率或平均寿命的变化，而生育率的下降同样与健康发生联系。本文通过讨论死亡率、生育率与健康的关系，旨在从人口发展的角度更全面地认识人口问题。从人口学角度研究健康问题，或与公共卫生或医学研究相结合，可以发挥各学科的优势，弥补各自的不足，填补学术研究的空白。国际上，社会科学、人口学界近年来极为关注健康问题的研究，在人口学领域健康问题的研究正方兴未艾。

(作者：中国人民大学人口学系乔晓春，原载《人口研究》1996年第6期)

【中医脉诊与产前性别选择】 鉴于在中国尚未出现并普及现代医学诊断胎儿性别技术的80年代以前，中国部分人群中已出现了人为干预出生性别的现象，加之80年代早期，当时的B超普及程度远不能完全解释出生性别比的异常水平，我们提出了一个假设，即中国传统医学所采用的各种胎辨方法对选择性人口流产也有一定的影响。从这一假设出发，本文对传统医学胎辨方法的准确性进行了实证研究，研究表明中医脉诊对辨别胎儿性别确有较重要的价值，中医脉诊及其它诊断方法在辨别胎儿性别上的应用对选择性人工流产的影响是值得注意的一个方面。

(作者：复旦大学人口研究所彭希哲、黄娟、戴星翼、梁鸿；安徽省蚌埠市中医院妇科陶佩君，原载《人口与经济》1996年第6期)

学术研究综述

妇女问题的人口学研究

李新建　赵瑞美

在中国的社会经济改革进程中，妇女问题成为新的研究热点，并逐步与人口研究结合起来。特别是在现代人口转变和生育率下降等新的人口发展背景下，人口变动趋势中的女性特征问题逐步成为中国人口研究的主旋律。中国的人口研究和计划生育的实践也强有力地证明：女性人口问题的切入是人口研究的重要转折；女性主体地位的确立将成为人口发展乃至整个社会经济发展的强大推动力量。而这一切，需要从女性研究和人口科学研究相互融合的角度，给予理论的论证和实践的总结。

一、问题的提出

妇女研究和人口研究有着天然的联系，跨学科性是当代妇女研究和人口研究的一个重要特征。这不仅是因为两者在研究对象和研究内容上，有明显的交叉性和包容性，还因为人口问题与妇女问题本身就是密不可分的。目前可以认为，在中国，任何人口问题都可以表现为妇女问题；人口问题的解决也是一切妇女问题解决的先决条件。这样的例子是举不枚举的。从人口构成上看，女性人口占总人口的一半；女子在人口再生产中承担的职能，迄今仍是客观的、不可改变的自然基础；妇女在生育和抚育后代的基本单位——家庭中占有着重要的地位；随着现代生育行为的转变和计划生育的开展，妇女又责无旁贷地成为转变的主体。但是在转变的潮流中，由于妇女在人口运动中的特殊地位和特殊职能，也不可避免地承受发展的代价和转变的冲击，这就是当代妇女问题与人口问题交织和融合的关键所在，也是妇女研究和人口研究联结的主要纽带。

妇女作为一个特殊的人口群体，不单与男子有生理上的差别，最主要的是社会性别（Gender）差异问题。妇女研究从最初起，就把努力改变女子不平等的经济状况，享有与男子同等的社会地位作为自己的理论定位和奋斗目标。但是在传统的人口研究中，特别是狭义的人口学中，把人看作一个没有社会差异的群体，如果有，也认定它们只有量的变动上和统计分类上的意义。例如，在人口学中，有分性别的人口增长和构成变动的测量、有单独的女性生育模式和死亡模式的分析，以及各种比较男女生命历程差异的技术等等。然而，在这些分析中，人口学家看中的是各个变动要素之间及其与人口总体之间的关系，而不管他（她）们是在什么社会、经济背景下生活和具有何种社会行为特征的男人和女人。换言之，在狭义人口学中，关注的是人口的数量增减和自然构成的变动，对这些数和量的后面所代表的社会内涵缺乏足够的重视。

妇女问题和人口问题都具有全球的性质。在当今社会，发展是主旋律，可持续发展是新的发展观，人的全面发展是核心，平等的参与发展和公平地享受发展的利益是共同的准则。人们对这个问题的认识是逐步的，具有代价的，其中妇女付出的代价更大。可以说，当我们开始把人口问题研究纳入了发展的轨道之后，就不可避免地与妇女研究结合起来。因为发展问题说到底是一个选择和权衡问题，发展的目标、途径、方式和发展的主体需要选择，在发展中，各方的利益也需要权衡。从长期看，发展是一种战略；短期看，它又是一种政策和方式。发展与妇女问题与人口问题密不可分的关系体现在，它既为解决问题创造着条件，但在发展过程中，又不可避免地会产生各种妇女和人口问题。

例如，在许多发展中国家，实施发展战略的初期阶段，一般都选择尽快实现经济增长的目标，为了实现这些目标，一方面积极制定和实施以政府为主导的发展计划，包括以控制人口为主要目的的计划生育项目；另一方面依靠市场经济和竞争机制来达到资源的配置优化，以取得最大的经济效益。这一选择，从增强本国实力和巩固政权的角度看，是必要的。但是许多国家在实施以经济增长为主的战略选择中，或多或少地忽视了对个体利益和妇女利益的兼顾。一些缺乏保护自己利益的能力，又不具备竞争实力的社会群体，往往不能平等地享受发展的成果，甚至以自身利益的牺牲为某些发展目标的实现付出了代价。

当妇女研究呼吁树立社会性别意识，结束妇女在社会发展中被排除于主流的现象，尊重妇女对社会发展所做出的贡献。在妇女要求以主体的身分参与发展的同时，人口研究也开始进行这样的反思：人口发展与社会经济发展之间的关系是什么，仅靠控制人口的数量能否最终解决人口问题，不考虑人的全面发展的人口目标是否违背可持续发展的原则等等。由此，妇女问题与人口研究脱节的现象被人们所重视，树立人口问题和人口研究的性别意识，消除性别歧视成为人们的一种共识。进入20世纪90年代以后，妇女研究和人口研究在新发展观下，实现了结合和统一。

二、研究进程的回顾

中国的妇女研究和人口研究结合的基础，是两大领域各自的发展与繁荣，应该说，她们同是社会大变革的产物。中国的妇女研究是在80年代初兴起的，人口研究早于妇女研究，复兴于70年代中期。两大研究领域发展的背景基本相同，但却有不同的发展特征。

打破长期禁锢的思想领域和研究禁区，是妇女研究和人口研究复兴的基本条件，改革开放为她们提供了共同的发展契机。在旧体制下，占统治地位的思想认识是，新中国已经基本解决了旧中国遗留的妇女问题和人口问题；社会主义制度本身不会产生这两大社会问题，即使产生了，也会自行解决。因此，长期以来，妇女研究和人口研究同是“理论误区”和“理论禁区”。中国的妇女研究和人口研究得不到应有的发展。

随着改革的深入，计划经济体制下隐含的人口问题和妇女问题逐渐暴露，并引起社会的普遍关注。相对而言，中国的人口问题比妇女问题暴露的更早，影响面更大，政府的关注也更多。这可能与中国人口问题主要表现为经济问题，和更具有宏观性质有关。妇女问题的研究主要是从保护妇女的合法权益和利益引发的，虽然也有普遍性，但在改革开放初期，对其重要性的认识，似乎没有象人口问题那样广泛。但是一个重要的特征是，中国当代妇女研究的复兴，是以改革开放为推动力的，而且具有自下而上的性质。她的研究背景是社会变革的大潮，研究对象却主要是微观的个体行为。也许正是这些特征，促成了妇女研究与中国人口研究的结合。

在改革开放后短短的十几年中，中国的人口学和妇女学就完成了从彼此独立、隔绝，互不联系，到相互的沟通、结合、深化的发展历程。两大领域结合的关键，是把妇女问题纳入了人口学研究，在捕捉、分析问题时，具备社会性别意识。换言之，确立人口研究中的妇女地位。而这种研究观念和研究角度的转换，也经历了一个艰难的发展过程：

第一阶段（70年代后期至80年代初期）：该阶段人口研究的视角主要集中在两个方面：其一是从理论上拨乱反正，建立人口学科的研究体系和研究队伍；其二是为经济增长而控制人口的总量寻找理论根据和实施对策。虽然由于妇女在人口运行中独特的地位和作用，不可能不以女性为研究对象，但是在中国早期的人口研究中，存在着忽视妇女问题研究的倾向。当时对女性人口进行的一些研究，例如，妇女生育率、性别比、人口老化、人口控制、人口流动等问题，关注点基本上是从生理性别差异的角度，没有从社会性别差异的角度研究人口问题，也很少有人关注妇女人口问题。这与当时人口研究刚刚复兴，人们的注意力还停留在如何以最小的人口规模赢得最大的经济效益，即所谓“分母效应”的理论氛围中有关，加之中国的妇女研究还未形成气候。因此，在80年代初期，妇女问题基本没有进入人口研究的视野。

第二阶段（80年代中后期）：这一阶段人口研究在重心上开始有如下转移：一是由较为空洞的宏观理论研究逐步转向个体的生育行为、家庭生育决策以及婚姻、教育等因素与人口发展关系研究，开始注重微观分析；二是实证研究增多，注意对影响人口变化的因素进行分析。其中妇女地位、妇女教育水平、妇女就业以及妇女生育意愿等问题都作为与生育率变动和人口控制有关的变量被考虑进来。但是此时人口学界对妇女问题的关心，还主要是论证计划生育对妇女地位提高的积极作用，鼓励妇女为国家人口控制目标的实现作贡献。这种研究，开始强调妇女和发展之间的关系，但并没有从性别平等的角度，正视妇女在发展进程中所付出的代价，也没有把性别歧视问题提到维护妇女权益的高度来重视。尽管当时在一些地区已经出现由于性别歧视所导致的出生性别比不平衡、妇女因采取计划生育措施受到家庭成员虐待，以及其他损害妇女利益的行为，然而理论研究却相对滞后。

第三阶段（90年代以后）：随着政府控制人口力度的加大，一些新的人口问题出现，很多表现为在生育问题上，国家宏观利益与家庭、个人微观利益上的冲突。这些冲突并通过妇女问题表现出来，促使理论界开始反思妇女在计划生育中的地位和作用问题。一系列的以女性人口和妇女问题为独立对象的研究成果不断涌现。例如女性人口问题的特点及其在中国当前的表现，计划生育与妇女地位的关系，人口控制中的妇女主体地位、作用和权益问题，妇女教育、就业与生育率变化，以及生育健康、婚姻家庭变化与妇女问题等都成为人口学关注的热点。

90年代初期，中国的妇女研究也进入了一个新的阶段。80年代中期以前，妇女研究主要集中在寻求保证法律上规定的妇女权利实现的途径，例如，提高妇女的教育水平、增加女性从政比例和就业机会等。从80年代后期，开始把视角转向社会性别差异的存在原因，以及消除性别歧视的努力上来。性别意识的强化，打破了传统人口研究忽视性别平等问题的局面，促使人们开始从新的角度审视当代中国人口问题。

1994年开罗国际人口与发展大会和1995年北京第四界世界妇女大会的召开，对中国妇女问题的人口学研究，有直接的促进作用。在本世纪最后十年，联合国召开了一系列全球性会议，唤起了人类的环境意识、人权意识、人口与持续发展意识以及性别意识。事实上，上述意识的树立对全球的发展都有重要的意义，它们之间都是相互关联，互为条件的。妇女是实现人口可持续发展的主体力量；提高妇女地位是保证人口问题最终解决的一个重要条件；女性人口问题的实质是妇女问题。这些现代意识促使人们从一个全新的视角去探讨妇女、人口与发展问题。

三、当前主要的研究热点

对当代中国而言，妇女问题在人口研究中的热点问题主要有：

1. 人口研究中社会性别意识的树立和性别差异问题

人口研究中的社会性别意识，也有称社会性别观念，是指在人口研究中，以社会性别差异为出发点，用性别分析的视角和方法来研究和探讨一些人口问题。目前这一观点逐渐在中国人口学研究中得到加强，被称为女性人口或女性人口问题研究。

当前中国女性人口的主要研究领域是妇女、人口与发展三者之间的关系问题。具体包括：对女性的基本人口特征的研究，例如，女性人口的自然结构、文化教育、就业、婚姻、生育、死亡等基本特征及发展变化的分析。对人口问题中的性别差异，特别是社会性别差异的分析。例如性别比问题、死亡率的性别差异、男女人口的受教育水平和素质差异、计划生育中的性别歧视等问题研究，以及对特殊人口群体的研究，例如，流动人口中的妇女就业问题、流动人口的计划生育管理问题、贫困妇女问题等等。

人口研究中社会性别意识的树立，从根本上讲，是一个方法论和研究视角的转变，对促进中国人口研究的深化，起到了重要的作用。

2. 计划生育与妇女地位的关系

目前中国对计划生育与妇女地位的关系研究，已由以往单纯考虑提高妇女地位对促进计划生育的作用，转变为如何使计划生育更有效地提高妇女地位。因为当代中国人口问题，还主要是发展进程中的人口数量控制问题，计划生育项目的实施，从总体上和长期上看，对妇女地位的提高有促进作用。对此，国内不少单位进行了这方面的实证研究。研究内容包括计划生育与妇女教育、劳动就业、经济收入、婚姻家庭、生育和妇幼保健以及避孕节育等方面的关系。从一般的研究结果看，中国计划生育的实施对妇女地位，特别是农村妇女地位的提高起了不可估量的推动作用，对此，应该给予肯定。但是，许多研究也指出，并不是在所有的情况下，都表现为人口控制效果越好，家庭规模越小，越有利于提高妇女地位。妇女地位是一个内涵丰富的概念，妇女地位的提高也需要多种内部和外部条件。对中国目前来讲，一是要保证计划生育项目与其他社会经济发展项目的有机结合；二是应该重视妇女在计划生育中的主体作用和参与精神，从根本上扭转传统的男女地位不平等的现象及其在人口控制中的各种表现。

3. 妇女权益与生育权利

自1974年的布加勒斯特人口会议以后，生殖权问题就被纳入人权的范围，1994年的开罗会议通过的“国际人口与发展会议行动纲领”中明确的指出，“所有夫妇和个人都享有负责地自由决定其子女人数和生育间隔以及为达此目的而获得资料，教育与方法的基本权利”。围绕这一国际准则，计划生育中的权利与责任引起中国人口学界的热烈讨论。

目前在中国，对妇女权益与生殖权利的关系研究是比较广泛的，不仅包括法律意义上的权利，也包括伦理学意义上的伦理或道德权利；不仅包括权利，也包括利益；不仅包括普遍的个人权利，也包括个别的妇女权利。而且特别关注了在生殖问题上所体现的个人的权利与义务；生育自由与负责任地生育及其与中国现阶段人口政策之间的有机联系。

早期的人口理论中，比较强调个人生育对社会的责任和家庭生育的夫妇共同决策问题，对妇女的生殖权益问题有所忽视。开罗国际人口与发展大会以后，对妇女的生殖决策权利和决策能力的研究给予了足够的重视，妇女在国家人口目标实现中权益受损和补偿问题也提到了议事日程。最近一些关于反对家庭性暴力、反对计划生育中的性别歧视、维护妇女生殖权利和普及和完善生育保险制度的理论和现实研究成果相继问世，表明开罗大会的基本原则已经在中国得到了贯彻。

4. 计划生育与生育健康问题

生殖健康是与社会性别密切相关的概念之一。中国近两年来也就生殖健康及其与计划生育、与妇女权益以及与提高妇女生活质量等相关的问题进行了热列的讨论。这一概念的引进对开拓中国人口研究的视野，密切妇女研究与人口研究的结合起了积极的推动作用，也有利于解决中国体制转轨时期政府在人口控制和计划生育项目中的职能和行为转变。

与西方的某些观点和主张不同的是，中国的大部分学者不同意以生殖健康项目来取代计划生育项目，特别是目前中国的人口增长问题还比较严重的情况下。而把研究主要集中如何使生殖健康与计划生育有效结合，把生育健康的原则和内容融进人口项目中去，以保证在不违背妇女生殖权利的基础上实现人口目标。

随着对妇女生育健康的重视，生育健康的社会服务问题越来越受到重视，研究较多的有：计划生育措施的知情选择原则及其贯彻、基础卫生保健系统与计划生育服务系统的结合、计划生育与夫妇生活质量的宣传和服务、未婚育龄妇女的生殖保健，以及国际比较关注的如何从社会研究的角度探讨计划生育与妇女艾滋病预防等一系列课题。

5. 妇女教育与女性人口质量问题

男女教育机会的平等和妇女文化水平的提高，一直被作为提高妇女地位的重要标志之一。在人口研究中对妇女教育问题的重视，一方面是把它作为降低生育率的条件；另一方面是因为人口质量问题也是人口发展的主要内容，而且随着生育率的下降，质量问题会更加引起人们的重视。

早期的人口质量研究，也关注女性人口的素质问题，但重点是考察形成这种状况的经济和历史原因，以及它对人口数量控制的不利影响，很少从现有社会结构和社会制度的角度考虑。事实上，在中国的现实社会中，仍然存在诸多的影响男女受教育机会平等和女性人口质量提高的因素。近年来，这一领域的研究有较大的发展，原因与对中国人口质量问题的重视有关，也是妇女研究深入的一个表现。

女性教育问题是一个全球瞩目的问题，人口研究范围已经从育龄妇女扩展到各年龄群体，从义务教育、正规教育到职业教育。从文化教育到素质教育等广泛的领域。尤其对贫困地区的妇女教育、女童教育予以关注。许多研究表明，妇女教育水平的提高是妇女问题解决的基础，实现男女受教育机会平等，是提高妇女地位的前提，也是解决人口发展问题的基础和前提。

6. 社区发展与妇女人口问题

改革开放以后，原有的以政府的宏观控制为主的人口管理模式正在发生变化，并逐步向以家庭为主的间接控制模式转移，尽管转移的过程要相对长一些，模式要多样化一些，但是这是一种必然趋势。因此，中国的人口转变是以多元的社会变革为背景的。这种转变，使社区对人口变化和妇妇问题的影响作用加强，特别是在居住相对集中，文化背景和价值观念比较趋同的农村社区。国家对人口控制和生育调节职能的转变，机能相对弱化，社区的作用不断加强。因此，对新时期社区与人口发展，包括妇女发展的关系问题，也成为研究的热点。

对社区与人口、妇女发展的关系，中国学者早就开始关注，而且许多研究与实际结合密切。例如在西北贫困地区，通过社区的经济开发，扶持贫困妇女就业、脱贫和转变生育观念，产生了很好的经济效益和社会效益，促进了妇女地位的提高。其思路和作法是超前的和带有示范效应的。

传统的中国农村社区，由于居住相对集中，职业和生活习俗等方面同质性较强，城市的人口管理主要依靠国有企业和单位，所以在以往的以计划为主的人口管理模式容易发挥效力，但是也有两个突出的弱点：一是容易导致官僚主义和强迫命令；二是由于工作方法不当，容易对家庭和妇女的个体利益造成伤害。转向市场经济以后，计划管理模式的弊端开始暴露出来，从本质上讲是忽视人的全面发展，制约了管理人员和广大群众两个积极性。因此，如何调动管理人员的责任心，关键是工作重心的转变，把单纯以政府行政管理为中心，转为以社区服务为中心，以转变育龄妇女的生育观念为中心。政府工作重心的转变，极大地促进了妇女问题在人口学研究中的地位。

对一些有特点的社区，主要是对特点比较突出的少数民族社区，进行文化与人口方面的研究，也是当前一个新的研究走向。其目的是比较在中国现阶段影响人口发展的因素的多样性，寻找促使人口转变的途径。这些研究多是以妇女生育率和婚育观念为主的，并且突破了单一的传统人口学以总体分析和量化分析为主的方法，结合了人类学、社会学和民俗学、妇女学等学科的方法。一些成果引人瞩目。

四、有待深入和开拓的研究

从现状与未来的展望看，妇女问题的人口学研究是一个有着宽广前景的研究领域，应该开拓思想，从多种视角观察问题，开展深入研究。目前可望做如下努力：

1. 强化人口学基础学科的建设和社会性别意识，为女性人口的研究奠定理论和分析基础

目前性别意识还未深入到狭义人口学研究和规范的人口理论研究中去，作为人口学基础学科的这种研究特征显然制约着对女性人口研究的深入。这种制约性表现在这样几个方面：

第一，许多统计分析指标和分析模型的设立没有考虑性别上的差异，特别是女性人口变量与社会、经济变量之间的关系。例如，有些指标是分性别设置的，但因为时间、地点和条件的不同，往往是不可比的，当然也反映不出男女之间的差异。有一些指标在设立时更多的考虑的是男女之间生理学意义上的差别，没有考虑社会意义上的区别。象一些反映家庭内部两性不平等与生育率差异的指标，女性地位与死亡率差异的指标，婚姻类别与生育模式的差异，以及夫妇之间在文化程度、收入水平和职业上的差异与生育率的关系等等都没有进行科学的设置

第二，在许多人口分析的理论模型中，女性要素的变化被忽视。例如，常见的人口转变和人口发展的理论，对市场因素如何影响家庭模式的变化和夫妇生育观念的转变给予了较高的重视，并视为引起人们微观生育行为变化和宏观人口增长模式转变的重要因素。但对其中妇女在劳动力市场中的作用，在家庭中地位的转变却注意的不够，因为她们被融进家庭之中了，成为家庭中与丈夫和其他家人没有任何差异的一个成员。妇女在社会、在家庭、在各种事物中主体地位的提高和参与率的上升，是现代人口转变的一个主要的和直接的原因，但在许多研究中，对它的重视程度不够。

第三，许多人口预测也没有把女性指标的变化作为一个重要的参数。我们正处于一个变革的社会中，一些能引起女性地位变化的社会、经济和文化因素的变化在引发人口变化中的作用更是我们始料不及的。例如女性在劳动力市场中的变化对生育、婚姻模式的影响，社会制度的变迁在消除性别歧视中的作用，婚姻、家庭关系的变化与妇女生育决策权的加强等等，尽管许多因素具有很大的不确定性，但是在对未来人口发展趋势，特别是生育模式变动的预测时，还是应该考虑在内的。

2. 把妇女问题研究作为当前人口研究的一个重要内容

现代人口研究，已经把单纯对人口内在过程的分析，扩展到了人口过程与它的外部环境之间的关系，并且把人的行为研究作为一个核心的领域，即研究人的生育行为、婚姻行为、迁移行为等，也研究人的其他社会、经济行为对人口行为的影响。但是，许多与妇女有关的人口研究，特别是妇女生育行为特征的研究，还是被排斥在外，这不能不被认为是人口研究中的一种性别歧视现象。所以，把研究视角转向与妇女有关的人口问题，是一个根本的转变，其中，对妇女生育行为及其变化的研究，对妇女在家庭生育行为中的地位研究，对妇女在计划生育中的权利与责任问题的研究都有待进一步深入。

3. 把妇女地位研究纳人人口可持续发展的原则之中

在1984年“关于人口与发展的墨西哥城宣言”中，已经把人口发展问题作为整个发展目标的一个重要组成部分；1985年的“关于妇女发展的内罗毕宣言”，也把妇女进入发展过程作为一个重要的行动目标。十年之后，当人们检验发展的成效和国际组织、各国政府对发展的承诺时，发现发展并不象最初人们所认为的主要是一个物质增长问题，而是一个全面、综合的过程，既包括社会、经济、人口和环境协调发展，又要保证在不损害后代人利益的前提下，提高全体人的生活质量，即做到可持续的发展。促进发展进程的首要问题是通过人的全面发展，处理好人与人之间的关系，协调好人与其赖以生存的自然环境的关系。换言之，人、社会环境、自然环境的共同和持续的发展，才是发展的全部。因此，在1994年的世界人发大会和1995年的世界妇女大会，都把可持续发展问题作为共同的行动纲领。

如何把妇女和人口发展融合进可持续发展之中，这是当前妇女研究和人口研究中的一个热门话题，但是仍缺乏深入的，与中国现实结合密切的理论探讨。特别是如何确立妇女在人口可持续发展中的主体地位，使妇女真正进入发展计划、发展模式和发展道路需要进一步研究。

4. 提倡运用多学科先进的理论和方法对妇女人口问题进行科学的研究

人口问题从来就不是一个孤立的问题，而是多种社会、经济、文化问题的集中反映。以往以描述现象，说明问题为主的传统的人口研究，已逐渐被多学科融合的深层研究所取代。尤其针对当前中国人口问题的复杂性、过渡性和人为干扰性较强等特征，更应该在研究视角上有新的突破。

中国正在经历的社会、经济和文化制度的变革，给人口发展和妇女发展带来了新的契机。中国的许多与妇女问题有关的人口问题很有特色，有着广阔的研究领域。然而找到妇女研究与人口研究的最佳结合点，并非一件易事。因为许多与妇女问题有关的人口问题不是简单、表面和直接地联系在一起的，而是又与许多其他的问题纠缠在一起。要理清它们之间的关系，需要深层的理论探讨和实证分析，特别是能够针对中国的现实作出一些有价值的，经得起历史检验的研究成果，没有创新精神和严谨的科学态度是不可能的。这就需要人口学、妇女学和其他有志于女性和人口研究的同行，携起手来，相互学习，通力合作，为这一大有前景的领域，作出新的贡献。

主要参考文献：

1.《国际人口与发展大会行动纲领》，1994.9.5. 开罗 .
2.《第四次世界妇女问题世界会议的报告》，1995.9.4－15.，北京 .
3.〈美〉“人口增长与经济发展”课题组等:《人口增长与经济发展——对若干政策问题的思考》,商务印书馆,1995.
4. 顾宝昌编：《社会人口学的视野——西方人口社会学要论选译》，商务印书馆，1992.
5. 左学金：“社会主义市场经济和计划生育政策：几点理论思考”，《人口科学》，1994.1.
6. 天津师范大学妇女研究中心编：《妇女与发展——西方的视角》，1993.
7. 谭琳、李新建主编：《妇女与持续发展》，天津科学技术出版社，1995.
8. 朱楚珠主编：《女性参与的行程》，高等教育出版社，1995.
9. 朱楚珠：《中国女性人口》，河南人民出版社，1991.
10. 朱楚珠主编：《女性参与的起点》，西安交大出版社，1994.
11. “计划生育·伦理学和人的价值”专家研讨会论文集，1995年4月，北京 .
12. 张志良、韦惠兰：《走向明天》，兰州大学出版社，1995.
13. “世妇会《北京宣言》和《行动纲领》简析”，第四届世界妇女大会非政府组织论坛文件，1995.9. 北京 .
14. 国家计生委政策法规司P07项目课题组：“中国计划生育与妇女地位研究”，《人口研究》，1995.11.
15. 陈胜利：“人口与发展是全球关注的焦点”，《人口研究》1994.11.
16. 胡平、朱楚珠：“计算生育与中国妇女生命历程变化探讨”，《中国人口科学》1996.4.
17. 李新建：“生育的载体与计划生育的主体”，《理论与现代化》，1996.1.

18. 刘伯红："规模空前的全球妇女聚会"，第四界世界妇女大会非政府组织论坛文件，1995.9. 北京．
19. 杨琰："贫困地区妇女地位与人口控制关系研究"，《西北人口》，1995.1.
20. 乔晓春主编："中国生育率下降过程中的新人口问题及其对策研究"，《人口研究》增刊，1995.
21. 吴瑞君："新中国职业女性人口就业环境和就业特点分析"，《中国人口科学》，1996.3.
22. 沙吉才：《当代中国妇女家庭地位研究》，天津人民出版社，1996.
23. 谭琳："试论女性人口教育状态对婚育状态的影响"，《人口与经济》，1992.5.
24. 谭琳："女性人力资源．女性消费和投资人口是实用人口学研究的重要内容"《市场与人口分析》，1995.2.
25. 郑桂珍："流动人口中的妇女问题"，《人口》，1995.2.
26. 王树新："北京市女性流动人口"，《人口》，1995.2.
27. 谭琳、彭希哲："我国女性人口与发展的障碍"，《南方人口》，1995.3.
28. 张天路、陈秀英："中国少数民族妇女文化素质分析"，《人口研究》，1995.4.
29. 高尔生、杨娟："中国少数民族妇女生殖健康状况分析"，《人口研究》，1995.4.
30. 温军："中国少数民族社会发展与妇女就业"，《人口与经济》，1995.6.
31. 叶晗："唯生育功能的女性观及其对人口控制的影响"，《人口学刊》，1995.6.
32. 安琳、王绍贤："影响女性绝育的因素分析"，《人口研究》，1996.1.
33. 李伯华、郝林娜："中国计划生育与妇女地位研究"，《人口研究》，1995.6.
34. 刘丹华："经济改革和调整时期中国的妇女就业问题"，《市场与人口分析》，1995.3.
35. 石人炳、严梅福："中国低年龄在业女性人口与早婚早育"，《人口与经济》，1995.5.
36. 周炎生："保护妇女权利和推行计划生育"，《人口与计划生育》，1995.4.
37. 温友祥："甘肃贫困人口中的妇女问题研究"，《人口研究》，1995.5.
38. 严梅福："婚嫁模式影响妇女生育性别偏好的实验研究"，《中国人口科学》1995.5.
39. 李云龙："计划生育与生殖权利"，《人口与计划生育》，1995.4.
40. 徐勤："老年妇女——女性人口中需要社会关注的一个脆弱群体"，《人口学刊》，1995.5.
41. 张开宁："人口、发展与生育健康——从妇女 RTLs 研究看一个全球化趋势"，《人口研究》，1995.5.
42. 鹿立："社区文化、女性文化与女性人口发展"，《人口学刊》，1995.4.
43. 陈剑："略论人权和生殖权利"，《人口与经济》，1996.3.
44. 贾国平、陶鹰："中国城镇老年妇女的经济状况及经济保障"，《人口与经济》，1995.5.
45. 曾毅："上海、陕西、河北三省市女性再婚研究"，《中国人口科学》，1995.5
46. 谭琳、李新建、陈卫民："农村妇女生育观念转变的社区环境"，载《社区发展与人口》，西安交大出版社，1994.
47. 李新建、谭琳："中国生育率下降过程中的妇女问题"，《人口研究》，1995 增刊．
48. 谭琳．李新建："我国人口与妇女发展问题及对策论点综述"，《妇女研究论丛》，1994.2.
49. 谭琳："婚姻家庭变革中妇女问题的国际比较研究"，《中国人口科学》，1994.6.
50. 谭琳："中国妇女的生活质量与计划生育"，《人口研究》，1994.5.
51. 谭琳："计划生育与妇女健康——国际比较研究"，《人口研究》，1994.6.
52. 谭琳、彭希哲："我国妇女研究状况与发展的障碍"，《南方人口》，1995.3.
53. 编辑部："中国人口发展过程中的妇女问题"，《人口研究》，1995.2.
54. 曾毅、王德明："上海．陕西．河北三省市女性再婚研究"，《人口与经济》，1995.5.
55. 胡平："计划生育对女性多因素影响的差异"，《人口与经济》，1996.4.
56. 蒋萍、李婷："女性人口受教育机会均等性研究"，《人口研究》，1995.3.
57. 张天路、陈秀英："中国少数民族妇女文化素质分析"，《人口研究》，1995.7
58. 沈淑珍："云南少数民族传统文化对妇女社会地位的影响"，《人口学刊》，1995.5.

（作者工作单位：南开大学人口发展研究所）

中国生殖健康在行动

高尔生　杨　娟　袁　伟

1953年中国政府开始提倡节制生育，这是中国计划生育工作的起步。1957年国家主席毛泽东在最高国务院上提出计划生育，正式把节制生育称为计划生育。1973年全国计划生育办公室成立，人口计划首次列入全国国民经济发展计划之中。避孕药具经费实行减免，节育手术免费。1978年计划生育被正式写入宪法。1982年修改的宪法中将"推行计划生育"定为基本国策。从1953年到现在，经40多年的努力，尤其是70年代以来20多年的奋斗，中国的计划生育工作取得了很大成绩。人们的婚育观念明显转变，妇女的生育水平显著下降，人口的身体文化素质不断提高。人口自然增长率从70年代的19.17‰下降到1995年的11‰。上海及一些发达地区已出现人口负增长。1970年全国总和生育率为5.8,1995年时仅为1.9,标志着中国进入低生育率国家的行列。尽管中国的生育率已接近更替水平,但由于育龄人口基数庞大,人口总数仍在不断增加。控制人口数量、提高人口质量仍将是今后计划生育工作的严峻任务。

1994年9月在开罗召开的“人口与发展”大会接受了世界卫生组织全球政策委员会全新的生殖健康定义。新生殖健康定义的要素包括计划生育、母亲健康、婴儿健康和性健康,中国已将其写入《中国计划生育纲要工作(1995～2000年)》中。

继开罗人口发展大会以来,在新生殖健康定义的指导下,结合中国的实际情况,中国的生殖健康在行动,正走出自己的特点。

一、学术研讨会

近年来,中国生殖健康领域的学术研讨会更趋活跃,具代表性的科学研讨会主要有:

(1) 1994年10月由国家计划生育委员会、联合国人口基金会和世界卫生组织联合主办,上海计划生育科研所承办的“生殖健康社会科学研讨会”在上海召开。大会共收到来自国内外论文200余篇。会议围绕生殖健康这个中心论题,中外科学家就生殖健康社会科学的各个重要领域进行了学术报告交流和充分讨论。主要的议论专题是:生殖健康概念、计划生育评估、计划生育服务、避孕与绝育、男性参与计划生育、人工流产、性行为与性病、其他生殖健康问题以及其他亚洲国家的生殖健康研究等。这些专题有一定的代表性,较为充分地反映了近年来该领域的新进展和所取得的成绩,对于推动这一领域研究的不断深入,提高公众对生殖健康问题的认识,制订合适的生殖健康政策与方案,改进生殖健康服务质量与水平起到了非常积极的作用。

(2) 在福特基金会的资助下,由云南生育健康研究会等四家单位合办,于1995年3月在昆明医学院举办了中国妇女生殖道感染国际研讨会。来自国内外的几十名医学专家、妇女活动家以及其他各界人士出席了会议,对中国及亚洲地区生殖道感染现状及防治计划进行了研讨,研讨会的主要内容是有关生殖道感染的研究、与生殖道感染有关的日常服务及与生殖道感染有关的宣传教育。

(3) 1995年5月国家计划生育委员会主办了第二次北京生育调节国际学术研讨会。20多个国家的约250名科学家参加了这次学术盛会。共收到论文180余篇。研讨会介绍了近十年来特别是“八五”期间中国计划生育科研工作取得的成就,并就21世纪中国在控制人口、促进生殖健康方面所面临的挑战和机遇展开了热烈的讨论。与会专家就发展新型避孕方法,特别是适合男性长期避孕的新方法及计划生育工作中社会与心理因素的作用交换了意见。研讨会还对胚胎着床,生殖免疫等基础理论进行深入探讨,对促进中国计划生育科研的长期发展具有一定意义。此次研讨会对提高中国现行计划生育方法的有效性和安全性、发展新型的避孕方法有很大的促进作用。

4.1996年10月由上海市性教育协会、上海生殖健康研究与发展中心和上海市计划生育协会共同举办了“96上海性学研讨会”。共有来自全国各地及美国、欧盟、香港的性教育专家250余人出席了会议。大会共收到国内外论文150余篇,内容包括学校和家庭性教育,性病艾滋病防治、性教育与计划生育相结合、性社会学、性矫治与性教育以及其他性教育相关的课题。这些专题有一定的代表性,较为充分地反映了近年来该领域的新进展、新热点和所取得的成绩,对于推动性健康教育研究与实践的不断深入,提高公众对性健康教育重要性和必要性的认识,为探讨具有中国特色性教育模式起到了非常积极的作用。

二、计划生育

生殖健康的提出进一步拓宽了计划生育工作的思路,也为计划生育工作提出了更高的标准。计划生育工作的新思路主要表现在以下几个方面:

1.开展避孕方法的知情选择

改革开放与经济发展的形势对计划生育工作提出了更高的要求,为满足广大育龄群众的迫切需要,为更进一步提高避孕方法的续用性和有效性,避孕方法的知情选择在全国一些地区的计划生育系统得到开展。开展知情选择避孕方法是改进工作方法、提高工作水平的一个重要举措,可使已婚育龄群众在避孕方法的选择上处于主动地位,避免育龄群众只能使用单一的避孕方法。开展知情选择避孕方法的目的是在向群众普及多种避孕方法的基础上,指导群众自主、自愿地选择避孕方法,科学、安全地度过育龄期。“知情选择”进一步体现了广大育龄群众在计划生育工作中的主人地位,能够充分发挥育龄群众自身的主动作用,体现了计划生育部门全心全意为育龄群众服务的宗旨,对于促进计划生育工作整体水平的提高有着重要作用。世界人口大会通过的生殖健康定义中提到“男女都有权知道并能获得他们所选择的安全、有效、价格合适、可接受的计划生育方法以及其它不违反法律的生育调节方法,并能使用这些方法”,“知情选择”正是这一精神的体现。上海市从1993年起开展自愿选择避孕方法工作的试点,三年来通过不懈努力,取得了一定成效。1996年起,在总结阶段试验的基础上,开始在全市全面推广知情选择避孕方法工作,将知情选择避孕方法工作纳入对各区、县的计划生育目标管理考核范围。力争通过五年时间,使上海市计划生育知情选择避孕方法工作逐步实现制度化、规范化和科学化。

2. 实行生殖健康优质服务

1989年，美国人口理事会专家Dr. Bruce研究了一百个发展中国家提供避孕方法的情况后，提出计划生育优质服务的六个要素：提供足够选择的避孕方法，介绍避孕方法的知识，胜任的技术能力，良好的人际关系，周密的随访服务，多功能的生殖保健服务。优质服务是计划生育工作的发展趋势所在。为更好地满足人们的需求，更好地开展计划生育、生殖健康工作，取得更佳的工作效果，必需开展优质服务的工作。只有提高服务质量，才能提高育龄人群对避孕方法的满意度，从而进一步推动计划生育工作。生殖健康的优质服务意味着计划生育、妇幼保健及性保健的高水平综合服务，因为这样能充分利用资源，同时方便服务对象。1995年初，国家计划生育委员会根据计划生育工作的发展和开罗人口发展大会的精神，决定在辽宁省辽阳县、吉林省农安县、上海市卢湾区、江苏省盐都县、浙江省德清县和山东省即墨市六个计划生育工作较为积极、社会经济较为发达的地区开展“计划生育优质服务试点县”工作。在先进地区开展试点工作是计划生育先进地区工作再上新水平的需要，是使我国计划生育工作与社会经济发展相适应、与提高人民群众的生活水平相结合的需要，同时也是我国执行开罗人口发展大会《行动纲领》的一项后续行动。优质服务首先要搞好避孕节育全程服务，逐步做到避孕节育措施的“知情选择”，积极开展生殖健康服务。1995年2月起吉林省开展的“生殖健康服务示范县”的活动，已取得了初步的成果，打开了新的局面，现已进入推广阶段，在全省所有县开展生殖健康服务工作。

3. 提高男性对计划生育的责任感

根据《行动纲领》中生殖健康的定义，男性在计划生育、生殖健康工作中应分享同等的权利和义务。长期以来，节育、生育似乎只是女性的责任。男性作为个人、父亲应该在节育、生育方面承担更多的责任。在节育方面，可以推广男性避孕措施，如避孕套。避孕套除避孕的功能外，其在预防性传播性疾病的功能正逐渐受到人们的重视。男性的绝育是一项十分安全、有效而简易的手术。男性的避孕措施相对较少，有关的技术尚等进一步的研究。在生育方面，男性可协助妇女做好孕产期的保健，尊重女性在生殖健康方面的权利，并为减少性传播性疾病的蔓延做出应有的贡献。国际社会正越来越关注男性对生殖健康的参与。上海市南汇县自1993年起，全面开展男性计划生育自我保健教育，取得了很好的成绩。通过男性教育，丈夫支持妻子自觉实行计划生育的多了，男性主动落实避孕措施的多了，因男性不注意性卫生而导致女性患妇科疾病的少了。

4. 加强流动人口的计划生育工作

随着改革开放和经济建设的发展，流动人口的数目越来越大。流动人口因其自身的特点，计划生育工作较难落实，是当前计划生育工作中的一个难点。李鹏总理在中央计划生育工作座谈会上指出：流动人口的计划生育管理，单靠计划生育一个部门不行，必须纳入综合治理的轨道，由相关部门互相配合、齐抓共管。上海1984年的流动人口数是102万，1986年为183万，1988时为209万，1993年已达331万。其中247万是不具有上海市的常住户口但在上海工作、生活的人。这其中约有69万（28%）15～49周岁的育龄妇女。1994年11月上海市制定了《上海市流动人口计划生育管理暂行规定》，将计生工作纳入综合管理的范围，融计生宣传、管理和服务于一体，取得了很好的成绩。

三、母婴健康

中国的母婴健康工作在大踏步行动，主要表现在：

1. 母婴保健法的颁布实施

保障母亲和婴儿的健康一直是生殖健康的重要组成部分。《中华人民共和国母婴保健法》自1995年6月1日起开始正式施行。此后卫生部相继制定下发了《中华人民共和国母婴保健法实施办法》、《母婴保健监督行政处罚程序》、《母婴保健监督员管理办法》、《母婴保健医学技术鉴定管理办法》、《母婴保健专项技术服务许可及人员资格管理办法》、《母婴保健专项技术服务基本标准》六个配套法规以保证母婴保健法的顺利实施。为贯彻母婴保健法，各省、市结合实际制定了地方配套法规，并举办培训班学习母婴保健法。《母婴保健法》是中国第一部保护妇女和儿童健康的法律。《母婴保健法》的施行标志着我国妇女儿童保健立法取得了极大成果，体现了党和人民对妇幼卫生工作的高度重视，妇幼工作由原来的行政管理进入法制化管理的新时期；《母婴保健法》的颁布实施，表明我国对妇女儿童健康的关心，促进了妇幼卫生工作的发展。《母婴保健法》与《中华人民共和国婚姻法》及《中华人民共和国妇女权益保障法》共同成为中国维护、保障妇女合法权益的三大法律支柱。

2. 促进母乳喂养，创建爱婴医院

儿童代表人类的未来，儿童健康成长关系到民族的素质及人类文明的进步。近年来，国际组织将“儿童优先，母亲安全”作为面向未来的事业，将促进母乳喂养作为妇幼保健的重要内容。保护促进和支持母乳喂养，创建爱婴医院是中国政府向国际社会承诺的关于儿童生存、保护和发展的主要目标之一。到1995年创建1 000所爱婴医院是我国政府承诺的中期目标。为实现这一目标，全国各省、市竞相开展了创建爱婴医院的工作。爱婴医院在推广母乳喂养和实行母婴同室两方面发挥了很大的作用。创建爱婴医院是保护、促进和支持母乳喂养、优化儿童生存环境、提高儿童生命质量的重要措施，是改革医院传统服务模式、深化妇幼卫生改革的有益尝试，同时也是临床与保健相结合的范例。据1996年初的统计，全国已有爱婴医院近3000家。部分省、市在大规模创建爱婴医院的基础上，将爱婴行动推向社区，进入家庭，争创爱婴省、市。截至1995年全国已有50多个爱婴区、县。

3.强化机制、扩大计划免疫

儿童是21世纪现代化建设的主力军，其健康是国家兴旺发达的保障，是人类文明和社会进步的标志。中国政府历来关心儿童的健康成长，计划免疫是儿童的基本权利，也是联合国大会通过的《儿童生存、保护和发展世界宣言》的重要内容。儿童的计划免疫接种在中国已开展了多年。1994年全国的儿童计划免疫覆盖率已实现以省、县为单位的两个85%。中国向世界卫生组织承诺——1995年消灭脊髓灰质炎。由于部分地区发现脊髓灰质炎野病毒、局部地区存在隐患以及周边国家有脊髓灰质炎，目前中国进入消灭脊髓灰质炎的后期阶段。九五期间中国计划免疫工作的目标是：乡镇为单位的儿童计划免疫90%；通过消灭脊髓灰质炎的验证；乙肝接种纳入计划免疫的内容，新生儿免疫接种率城市>90%，农村>60%；逐步推广风疹、腮腺炎等的预防接种；降低5岁以下儿童的麻疹发病率，争取在“八五”的基础上再降50%，以期最终消灭麻疹；新生儿破伤风高危地区育龄妇女三针破伤风毒素免疫接种率达90%；新生儿破伤风发病率以县为单位降低到1/1000以下。为使边远贫困地区的儿童能及时充分的享受到免疫接种服务，卫生部和国务院扶贫开发领导小组倡导开展“博爱工程”以支持贫困地区计划免疫接种工作。

4.减少人工流产

生殖健康的定义指出人们能够有“满意而且安全的性生活”，这意味着不必担心意外妊娠，一旦发生意外妊娠有安全的人工流产来终止妊娠。“自主地决定生育时间、数目”意指人们能够获得安全的人工流产，因为节育措施的有效性不可能是百分之百。人工流产作为计划生育的补救措施，必不可少。“安全地度过妊娠期及分娩期”要求人工流产的合法化及安全性，因为在整个妊娠期难免会遇到意外。为了保证母亲的健康和生育一个正常的婴儿，人工流产可能是一个补充措施。青少年怀孕及未婚怀孕，出于对母亲健康及将来孩子成长发育的考虑，需要提供安全的人流。上海市的人工流产率高于中国的其它地区。近年来，上海市人工流产率正逐步表现为下降的趋势，但未婚人流正逐渐表现出上升的趋势。如何在未婚人群中开展生殖健康服务已成为倍受关注的话题。

四、性健康

性健康是一个人在性道德、性心理、性生理、性观念和性社会适应能力等方面综合的健康。性健康是生殖健康的内容之一。

1.性病防治与计划生育结合

随着性病包括艾滋病在全球的蔓延，80年代初，曾经一度基本消灭的性病在中国又重新出现，并逐年上升。根据1994年的报告，性病病人50034例，发病率达140/10万。中国的HIV感染者增长也十分快，1985年出现第一例艾滋病，1996年8月底累计报告艾滋病病毒感染者达4305例，病人131例。加强性病防治已是刻不容缓。1995年11月由卫生部疾病控制中心和中国性病艾滋病防治协会在北京联合召开了中国非政府组织共同参与预防控制艾滋病工作联席会议，会议通过了“中国非政府组织开展预防艾滋病活动行动纲领”。我国政府对艾滋病的防治工作十分重视：通过立法将其纳入管理轨道；财政设经费加强防治研究工作；卫生系统形成以防疫站为中心的防治队伍；全国各省市的卫生部门设监测点，对重点人群进行血清学检测；举办大量的宣传教育活动，提高群众的思想意识，全国有26个省、市、自治区建立了热线电话；开展国际间的合作与交流，吸取其他国家的经验。我国完善的计划生育网络在性病艾滋病的防治工作中发挥了巨大的作用。计划生育网络与性病防治工作的结合，以生殖健康门诊取代“性病门诊”有效地控制了性病的蔓延。

2.积极开展性教育

中国的性教育事业得到了政府的关心和支持，并把它作为加强青少年素质教育、倡导健康文明生活方式的社会主义精神文明的组成部分来认识。自1983年出版吴阶平主编的《性医学》一书以来，迄今为止已出版了500多本有关性教育的科普读物。1988年国家教委和国家计生委联合下达了《关于在中学开展青春期教育的通知》，正式将性教育纳入中学教育的轨道。1994年10月，上海召开了“上海市中小学青春期性教育研讨会”。现在上海已全面开展中学生青春期教育课程。如何及怎样开展小学性教育正逐渐受到研究者们的重视。为进一步作好性教育工作，1989年以来全国已有20多家广播电台开设了性教育节目，部分城市如上海、北京、广州、成都等城市在电视台、电话和报刊设有专门的性教育咨询专栏，社会反应良好。上海、北京等地先后举办过多次计划生育科普知识展览会，社会反响强烈。上海是全国最早开展性教育的城市，1986年率先成立了以开展性健康教育和进行性学研究为主要内容的性教育群众学术团体——上海性教育协会。现在全国有10余个地区先后成立了性教育和性学学术团体。在我国，性教育是计划生育工作的一部分。国家计生委将性教育纳入“人口与计划生育基础知识教育”之中。计划生育基层单位广泛开展五期教育——新婚期、孕妊期、哺乳期、经期和更年期，进行性卫生知识、性保健知识和避孕知识的宣传教育。与计划生育相结合开展性教育是中国性教育发展的支柱之一。

参考文献:

1. 李宏规：科学技术与计划生育中国计划生育学杂志。3(6)：321,1995
2. 联合国：《国际人口与发展大会行动纲领》，联合国国际人口与发展大会通过，开罗，1994年9月
3. Axel Mundigo：生殖健康研究及其政策意义《生殖健康社会科学研究进展》，中国人口出版社，北京，1996
4. 国家计划生育委员会外事司：人口与发展国际文献汇编，中国人口出版社，北京，1995
5. 李宏规等主编：生殖健康社会科学研究进展第1－11页，中国人口出版社，北京，1996
6. 云南生育健康研究会等主编：妇女生殖道感染国际研讨会论文集，昆明，1995年3月
7. 沈龙英：本市全面推行知情选择避孕方法。宣传员之友，(4)：5,1996
8. Judith Bruce：Fundamental Elements of the Quality of Care: A Simple Framework.Studies in Family Planning, 21(2)：61，1990
9. 冯 斌：优质服务在卢湾问答录。宣传员之友，(4)：9,1995
10. 冯 斌：南汇县开展男性自我保健教育的访谈。宣传员之友，(4)：8,1994
11. 王凤兰：中国妇女生殖健康状况的综述。中国妇幼保健，(9)：2,1994
12. 桂世勋：上海已婚妇女人工流产原因的初步分析。生殖健康社会科学研讨会论文，上海，1994年10月
13. 张达成：《母婴保健法》中的若干问题。中国妇幼保健，(3)：135,1995
14. 王凤兰：解放思想，实事求是，把我国妇幼卫生工作提高到新的水平。中国妇幼保健，(3)：2,1996
15. 彭 丹：行动在艾滋病蔓延以前。保健时报，10月25日第一版，1996
16. 王 彧："九五"儿童免疫接种率将达百分之九十。保健时报9月20日第一版，1996
17. 赵鹏飞，钱汉竹，蒋蕴芬：性健康教育在中国。性学，5(2):5,1996

专　辑

- 人口与社区综合发展研究
- 人口与发展论文选

国家社会科学基金项目——人口与社区综合发展研究

论文选登

人口控制与社区发展

田雪原

在中国目前情况下，人口与社区综合发展研究对于完善人口控制组织系统，实现人口控制由以行政调节为主向以利益调节与行政调节相结合机制转变，完成2000年人口规划和2010年长远目标，有着实际的意义和理论的价值。该项研究阐述的重点和取得的新的突破，主要在于：

在认识上，在分析社区基本特征基础上，定义社区概念并指出其内涵与外延，提出走出对“社区”概念理解的“误区”，有必要将社区与行政区划区别开来。澄清这一概念的实际意义，在于明确社区发展的内在机制在社区本身，政府行为只能是一种外在的推动力，不能“政社合一”。

在实践上，认为计划生育“三结合”是人口控制与社区发展的一大创造，意义深远。社区的综合发展是社会进步的需要，也为“三结合”的深入指出方向。

在理论上，再次论证了作为宏观与微观人口控制“对接”的社区“中观”层次的重要性，是完善计划生育组织系统需要大力加强的领域。结合中国实际，分析了由传统农业型社区向现代工业型社区转变的过渡型社区特点，孩子成本—效益变动规律。

在战略上，提出并论述了人口与可持续发展是社区建设应遵循的原则，结合实际，提出并论证了社区人口自身的可持续发展，人口与资源、环境、经济、社会可持续发展的基本方面，谋求改革的思路。

一　一个有待澄清的认识“误区”

近年来，随着人口、经济、文化、民政等项事业的发展，包括介绍国外有关研究成果在内的有关研究的开展，“社区”一词在人们的头脑中已不再陌生。另一方面，由于研究的深入不够，宣传和普及程度更差一些，认真说来许多人对社区尚不甚了了。他们或循于习惯，或由于自我意识，将社区理解为大一些的为城市或市辖区，乡村为县或较大的乡；小一些的城镇为街道、镇甚至居民委员会，乡村为较小的乡、自然村甚至分散居住的村民小组，将社区同行政区划等同起来，这样的认识有可以理解的理由：在中国这块有较严密社会组织的国土上，凡事同政府行为相关联渊远流长，而政府行为总是同行政区划、行政建制联系在一起，社区也就同大大小小的社会行政区划联系起来。而且对于一个社区建设长期未得到应有重视，社区发展水平不高的国家说来，偶有闪光的成功的典型，大都离不开政府行为的塑造，社区也颇具“官本位”特色。但若据此将大小不等的行政区划视为规模不同的社区，便走进了社区认识上的“误区”，忽视了社区与行政区划不同的本质特征。

就地域范围讲，社区与行政区划之间的关系是有的A=B，有的B=A，不是所有A=所有B的关系。要说明这种关系和走出认识上的“误区”，推敲一下“社区”一词的涵义和概念的界定，显然是必要的。汉语中原本无“社区”一词，它是由英语Community，德语Gemeinschaft翻译过来的。据考证，德国社会学家滕尼斯（Ferdinand Tonnies, 1855～1936）在1887年出版的《社区与社会》（德文Gemeinschaft und Gesellschaft，英文Community and Society）最先提出并解释了“社区”概念。其后芝加哥大学社会学系主任罗伯特·帕克（Robert E. Park），社会学家罗伯特·林德夫妇（Robert and Helen Lynd）等在美国掀起“社区研究热”，并成为美国二三十年代社会学研究的中心，对“社区”作出多种定义。中国最早将社区研究引入进来的是留美归来的社会学家吴文藻，本世纪30年代即竭力倡导，涌现出包括吴景超、陈达、李景汉、费孝通等一批专家，开展了颇有成效的社区调查。50和60年代世界社区研究走向衰落，70年代有所复兴；中国亦同样，50和60年代社区研究几近中断，70年代特别是改革开放以来才得以恢复和发展，相比之下，仍较落后。迄今为止，关于“社区”的定义在100种以上，人们从人口学、经济学、社会学、地理学、人类学、民族学、历史学等赋予社区以不同涵义。尽管各种定义在表述上有所不同，甚至有很大不同；但各种定义在实质上仍旧有着相当大的共同性。在总结各学派不同观点并且结合笔者观察的国内外不同类型社区，其共同性似可归纳为：

一定的地域性质。社区必须有“社”的一定的“区”的空间，但这个空间大小没有一定界限，可以与不同层次的行政区划相一致，也可以有所不同，以“社”的实质为转移。

一定的人口规模。这是社区的主体，包括人口的数量，人口的质量，以及人口性别、年龄结构，婚姻、家庭等特征。

一定的生存活动方式。特定社区内的人们生活和活动方式，从而表现在对时间和空间的利用上有着明显的不同，甚至出现依据职业性质、收入水平等“专门化”的社区。

一定社会结构形成的联系。社区内有政党、群众团体、生产组织、服务系统、行政管理部门、邻里、家庭等各种组织。这些组织在社区内部形成彼此关联的活动网络，在社区以外还有垂直的关系系统，构成社区固有的关系结构。

一定的文化和心理特征。社区在长期形成过程中，在作为观念意义的文化上常常表现出自己的某些特点，而作为狭义的基础自然科学和人文科学的文化程度，也有一定差别。社区经济、文化发展水平决定着人们的心态和思维方式，表现出某种不同的心理特征。

基于上述认识，联系实际主要是中国实际，笔者曾在1992年将社区界定为“在共同经济利益基础上，并在政治、文化、社会生活方面有着某些相同属性的特定地理区域”。①经过几年实践检验，认为这一阐述表达了社区概念的基本内涵：社区以其成员的共同利益，首先是经济利益为基础，因而有着内在的向心力，以及由这种向心力凝聚形成的活动方式和行为规范。社区内成员之间在经济利益方面也存在一定的矛盾，但对社区以外而言，则存在着某些共同的利益。这是支配社区人们行为和活动的基础。这一阐述也表达了社区概念的外延：由共同利益和向心力强度决定的特定地理区域，区域内成员在政治、文化、社会生活诸方面具有的共同属性的程度。如此，它同行政区划和行政组织有着明显的区别：

一是在地域上，社区可以同行政区划相一致，也可以不一致。相一致的随处可见，不相一致的亦很多；诸如国外的富人区，贫民区，“好莱坞”城，“唐人街”；国内的某些城市居民小区，乡村跨行政管界的林区、牧区、渔区，还有象广西巴马长寿带，改革开放以来大量涌现的经济开发区，专业化生产或销售地带等。这样的社区小到占据城镇街道一隅，大到跨省、市、自治区交界地带，打破了行政区划限制。

二是在实质上，社区与政府组织有着不同的机制和管理方式。一般情况下，社区不具有硬性规定的执行职能，而是通过舆论宣传、利益导向，提供服务等方式发挥作用。这种作用的发挥有时有赖于政府组织的支持，包括物质的和精神的支持，但是活动的主体是社区组织自身，表现为非政府行为。如将社区等同于行政区划，政府组织容易直接走上前台，社区民间的群众性组织就会名存实亡，甚至名实两亡，社区亦不复存在。

三是在建设上，社区需要走出一条自身发展的路子。虽然政府扶植有时必不可少，但那仅是特殊情况下一时的外在支持，非社区建设长远发展之计。从根本上说来，社区的建设和发展主要靠社区成员之间维系的力量，即带有自发的、民间的、融推动与服务于一体的社区组织的力量。如将社区与行政区划混同于一体，这种维系力量及其组织就不便生成和发展，本原意义上的社区建设也会受到影响。

可见，认识和发展社区，发挥社区在人口控制中的应有作用，首先必须明确社区概念的涵义，明确其内涵与外延，将其同行政区划区别开来。这种区别不仅是地域形式上的，更重要的是功能实质上的。只有充分认识社区是由内在根本利益决定的，由成员相近文化和凝聚力维系的，并由居民自己组织管理的基本特点，走出将社区等同于行政区划中政府的某一级组织认识的“误区”，才能使社区建设走上健康发展轨道，发挥其在人口控制以及物质文明和精神文明建设中的作用。

二　“中观”人口控制的基本领域

基于上述定义，社区实为社会组织结构的一个相当大的层面，也是实施人口控制和解决其他人口问题的不容忽视的领域。事实上，许多国家和地区的计划生育或始于社区，或社区起了关键的作用。最成功的例子是泰国。70年代初泰国成立了人口与社区发展协会（PDA），致力于人口知识、避孕节育宣传，进而发展到向社区提供避孕药具服务，避孕节育技术服务，以及其他卫生保健服务，建立社区医疗和避孕节育站，深受群众欢迎。通过这些社区服务活动，逐步将育龄妇女组织到“家庭计划”中去，开创了融计划生育与社区发展于一体，相互促进的成功先例。在此基础上，PDA又推出

① 参见《田雪原文集》（二），第71页，中国经济出版社，1995。

以社区为基本阵地的“一体化农村发展计划”，一个企业帮助一个乡村的“商业扶农计划”，充分展示了社区在计划生育和社会发展中的作用。现在，PDA不仅在泰国经济和社会生活中扮演重要角色，而且在国际上也享有很高威望，每年举办几期家庭计划与社区发展国际训练班，来自亚太等国家和地区近百名专业人员前往受训，收到良好效果。其他诸如菲律宾、新加坡、香港等国家和地区的社区发展，对推动“家庭计划”的实施也都起到莫大的作用。目前，由于发达国家人口年龄结构均已过渡到老龄化比较严重阶段，社区对人口生产的作用主要体现在社会养老保障服务方面；但在过去的生育率下降过程中，也曾发挥过其他社会因素无法取代的作用。

中国由于国情比较特殊，改革开放前基本不具备民间组织操作人口控制和计划生育的土壤，形成若末政府不抓或抓而不紧，生育率长期居高不下；若末政府狠抓，生育率下降比较迅速，但工作的路径有别于社区。自1973年中国政府大力加强计划生育以来，取得举世公认的显著成绩，而成绩的取得主要是国家制订了比较明确的生育政策，进而使计划生育成为一项基本国策，实施宏观人口控制目标管理的结果。改革开放以来情况发生变化，作为人口再生产基本单位的家庭恢复了多种功能，相当多数恢复了一定的生产职能，家庭微观人口控制提上议程。社区这一层面怎样呢？可以说90年代以前极少问津，甚至连学术研究也难觅踪迹。笔者1992年将社区作为“中观”人口控制的基本领域提出来，对以前的状况作了重宏观、轻微观、缺“中观”的概括，力陈大力加强社区“中观”人口控制的观点。① 具体的理论依据是：

其一，由社区经济发展水平决定的社区成员之间大致相近的收入水平，从根本上制约着人们的生育。众所周知，影响人们生育率和生育子女数量多少有经济的、政治的、文化的、民族的、宗教的等多种社会因素，但归根结蒂是由经济因素决定的，人口问题说到底是经济发展问题。由于从总水平上说同一社区内社区成员之间人均收入水平比较相近，使该边际孩子的成本——效益大体上处在同一水平，从而制约着家庭生育子女的数量。同时社区经济发展水平也影响到提供避孕节育技术手段的水平，在颇大程度上左右着计划生育率实现的情况，一般是计划生育率同社区经济发展水平成正比。

其二，由于社区由具有共同经济利益的社区成员所组成，每个成员的生育状况怎样不仅关系到自身利益而且牵动着其他成员的切身利益。作为特定地域社区内的土地、淡水、森林、金属或非金属矿藏等的自然资源是相对有限的，人口增长意味着人均资源占有量的减少，计划外生育侵害到其他社区成员的利益，不仅为国家的政策所不允许，也同维护社区成员的共同利益相悖。这就为政府制定一定的控制人口增长，维护社区人口与环境的协调发展政策提供依据，如同对独生子女奖励和对计划外生育征收超生子女费那样，有着必然的群众基础。

其三，由于社区在社会组织中具有天然“细胞组织”作用，使之成为国家宏观人口控制与家庭生育子女数量微观选择之间“对接”的纽带。社区有同国家行政区划相一致，也有不相一致大小不等的规模。相一致的可同政府推行计划生育工作的基层单位，象城市街道和乡村乡政府一般都配备有专门负责计划生育的工作人员结合起来；不相一致的社区，一般也与基层政权组织相沟通，自然成为连接基层政权组织与家庭户的“细胞”，国家控制人口增长的政策和所颁布的各项措施，就可通过这种或大或小的“细胞”贯彻落实到千家成户，加强计划生育服务，完成宏观控制与微观选择的衔接。

其四，由于社区具有某种传统特征，在包括生育文化在内的特定文化圈形成过程中，铸造了人们的生育观念。社区是在经济、文化、社会发展的历史中自然形成的，尽管不同社区之间有着中华民族共同的传统文化，并构成社区文化的基调；但由于在发展中经济的、文化上的差别，维系传统文化链条的强度则有一定差别，在改革开放和经济发展相差较大的社区，甚至出现天壤之别。在改革开放不大，经济和文化比较落后的社区，相当多的人们仍旧固守“多子多福”、“传宗接代”的信条；而在改革开放走在前面，经济和文化迅速发展起来的社区，很多人的生育观已转入少生优生，生男生女一样，个别人甚至不愿生育步入西方社会某些人主张的“非生育文化圈”。

要理解社区何以成为“中观”人口控制的基本领域，需要结合现实，对不同类型社区作出具体分析。当前中国的人口社区，大致可分成三类：

一类为传统农业型。社区处于封闭或半封闭状态，社区成员以从事第一次产业为主，生产工具落后，基本处于手工劳动或少量机械化劳动，劳动生产率低，人均收入水平低，处于较低温饱或由饥饿向温饱过渡状态。在这种经济状况下，生产边际孩子成本低廉，孩子的劳动－经济效益、养老－保险效益等主要效益发挥较早，见效显著，相对边际孩子一定成本说来效益呈升高趋势，难以实现由投入孩子数量成本向质量成本的转移。因而在人口生产上表现出出生率较高，人口自然增长率较高，人口身体和文化素质较低等基本特征。社区内的人口控制与经济发展相互影响，表现为“低劳动生产率－高生育率－低劳动生产率”的不良循环。随着改革开放浪潮的波及，这样的人口社区许多已有不同程度的改变；但在内地特别在边远山区，这类社区仍有相当的数量，人口与社区发展处在传统农业型生育较高的落后状态。

二类为现代产业结构型。这类社区处在改革开放前列，如果从事农、林、牧、渔业，则已基本上

① 参见《田雪原文集》(二)。

走向专业化商品生产道路，取向市场经济；多数为摆脱单一的农业经营，乡镇企业发展壮大，并广泛走向国内外市场，工副业生产居社区经济优势地位，初步建立起第一、二、三次产业化较合理的结构。生产工具比较先进，有些则现代化程度较高，劳动生产率和人均收入均达到较高水平，已跨人小康甚至达到富裕。10多年改革开放实践已经造就一批这样的社区，尤其在珠江三角洲、长江三角洲、闽江三角洲、山东半岛、辽东半岛以及整个沿海和沿江河开放区。这类社区的共同特征，都毫无例外的依靠科技致富，对人口生产的直接影响，是刺激孩子质量成本特别是用在教育上面的成本急剧上升。而孩子对家庭提供的劳动－经济效益，主要取决于孩子质量而不是数量；同时由于包括老年保障在内的社区保障福利事业的发展，个人储蓄的增加，孩子养老－保险效益等则有不同程度的减弱。这种利益导向，促使社区家庭由投人孩子的数量成本转向质量成本，人们的选择偏好由追求孩子的数量转向追求孩子的质量，遂使生育率下降。因此在现代产业结构型社区，社区内的人口控制与社区发展同传统农业型相反，呈“高劳动生产率－低生育率－高劳动生产率”循环模式，开始步人人口与社区发展良性循环轨道。

三类为过渡产业结构型，即介于以上两种类型之间的类型。这一类型社区改革开放之门已经打开，逐步由单一的农业经营向多种经营过渡，生产手段也由以手工劳动和半机械化向机械化、自动化过渡，劳动生产率日益提高，人均收入水平不断增长，正在由温饱型转向小康型。在这种情况下，边际孩子的数量成本和质量成本均有所增加，其劳动－经济效益、养老－保险效益等经历一个由升到降的过程，人口与社区发展呈现比较复杂的情况。从总体上观察，这种过渡产业结构型人口与社区发展的总趋势是：由“低劳动生产率－高生育率－低劳动生产率”向“高劳动生产率－低生育率－高劳动生产率”循环过渡。不过处于这一过渡阶段的不同人口社区可能差别很大，有的刚刚脱离传统农业型，有的已接近现代产业型。

三 “三结合”开创新的范例

如果说在70和80年代，社区作为“中观”人口控制基本领域在现实生活中难以找寻，因而未被重视是情有可原的话，那么到80年代后期特别是进入90年代以来，情况发生很大变化。人口科学研究相继提出并论证人口控制机制的转变，受到有关领导的重视。笔者为论证将独生子女奖励与其父母养老保险结合起来的人口控制利益调节的改革思路，四川省委领导作出批示，准备推广。1990年3月赴成都前请示彭珮云同志，她当即予以支持，并让打电话到四川省计生委，让同有关部门一道进行试验。后将这一实践总结成书，彭珮云同志在序言中进一步强调“将人们的生育行为和生育子女数量同经济利益联系起来，通过利益调节鼓励和引导人们自愿少生优生，思路是正确的，方向是对的，需要认真加以总结。”[①]党的十四大以后，彭珮云同志更加强调适应社会主义市场经济改革的社会制约与利益导向相结合的计划生育工作新机制。在实践上，依笔者所了解到的情况，辽宁计划生育“中心户”，江苏射阳县“少生快富合作社”，吉林家政教育与妇女“双学双比”相结合，四川一些地区“万名计生协会会员奔小康”活动等的开展，都带有一定的社区色彩。1993年5月国家计生委办公厅批转吉林省计划生育与“双学双比”相结合经验，首次出现“把计划生育工作同发展农村商品经济、农民勤劳致富奔小康、建设文明幸福家庭紧密结合起来”提法，9月国家计生委批转吉林省农村计划生育“三结合”报告，标志着对“三结合”的肯定。从此一发不可收拾，各地和各部门依据实际情况提出不同内容的计划生育“三结合”。如黑龙江提出宣传引导、借助利用等5种类型的“三结合”；辽宁针对国有大中型企业多和下岗工人多特点，使“三结合”与“再就业工程”联系起来；山西高平市的“三结合”，将计划生育与经济、科技、教育“三联姻”联系在一起；陕西洛川充分发挥妇女作用并开发本地资源，塑造出“三结合”农村新社区；云南通过政府扶持成立省计划生育基金，重点使“三结合”同扶贫有机结合在一起；部队的“三结合”特别强调同军队的全面建设、干部战士成长进步联系起来；一些企业的“三结合”，尤其注重同建立现代企业制度和提高经济效益，而吉林、四川、江苏盐城等“三结合”开展较早地区，在总结经验基础上，“三结合”又向前跨进一步。“三结合”的发展很快得到中央领导同志的肯定，1994年全国计划生育会议号召积极推广“三结合”，到1995年10月以国务院名义在四川召开全国计划生育工作“三结合”经验交流会，使“三结合”很快在全国铺展开来。这里所要说明的问题，不是对计划生育“三结合”的产生、意义等的阐发，而是从社区角度看，“三结合”进行着基本的社区行为规范或原则。主要体现在：

其一，自愿原则。无论何种类型的“三结合”，均坚持家庭和个人自愿参加的原则。政府的宣传、组织、引导是必要的，但是落实到家庭和个人，完全由自己作主。这一原则非常重要。历史上曾经有过违背这一原则而付出过巨大代价的教训。如农业合作化今天看起来，也不见得不好，问题是高级社、人民公社化一阵风刮过来，一下子化遍全国，农民的自愿原则没有了，处于一种被支配的地位，不宜发挥他们勤劳、主动精神，破坏了生产力。计划生育“三结合”比较好的坚持了自愿原

① 参见田雪原主编，钟戢、许改玲副主编：《独生子女与父母养老保险的理论和实践》，四川大学出版社，1992。

则，在国务院召开的全国经验交流会上，国务院副总理姜春云和国务委员彭珮云同志的讲话，都强调了积极稳妥，防止形式主义，防止强迫命令，坚持群众路线，让群众组织起来，实行自我教育、自我管理的原则。

其二，利益原则。计划生育“三结合”之所以能够较快的开展起来，在于参加者有着共同的经济利益。如吉林省松原市各种“三结合”联益组，打破地域限制，按专业确定致富项目，联益组的共同目标是少生快富奔小康。联益组经济活动实行严格管理，同市场经济接轨，有着明确的利益导向。

其三，服务原则。对于计划生育部门来说，实行“三结合”就是要从根本上转变过去那种主要依靠行政手段、补救措施、突击活动的做法，逐步变到以提供全面的优质服务为主。实践中，有的地方总结出“三结合”服务的“三送”：向计划生育宣传“三结合”送温暖、送致富信息、送有关科技知识；“三投”：向计划生育户投以一定的资金、物资、智力；“三办”：帮助办“三结合”经济实体、联系经营保险、举办养老保险事业，免除后顾之忧。

其四，互助原则。“三结合”经济实体按经济办法管理，在实体内部又有着良好的互相帮助、共同致富的和谐关系。实体带头人同其他人是平等的关系，有较明确的职责，努力做到以身作责。吉林省前郭县毛都站镇少生快富文明联益组制订的“组长职责”是：

(1) 模范遵守计划生育政策法规，自觉实行计划生育，协助村里做好组员婚育计划的落实。

(2) 指导组员落实致富计划，经常组织技术、信息、经验交流活动。

(3) 积极带领组员参加家政知识学习，提高生产、生活、生育知识水平。

(4) 以身作则，带动组员做到组内和睦相处，邻里和睦相处，乡亲和睦相处，提高文明程度。

(5) 积极发展新组员，做好活动记录。

组长履行这样的职责，组内团结互助蔚然成风，助人为乐事例很多，甚至出现象欧阳海式的舍己救人英雄。上述毛都站镇三马架村蔬菜大棚少生快富文明联益组组长佟喜春就是这样的典型。一次他见到一辆由受惊马拉着的马车向村里奔来，而路上几名玩耍的儿童却完全没有觉察。在马车即将闯向孩子的千钧一发之际，佟喜春猛的扑向受惊马，并拼命拉向路的一旁，而他自已因此摔倒在地，受惊马踩着他的身体冲下大路。孩子得救了，他却几根肋骨骨折，住进了医院。“三结合”实体内营造了市场经济条件下新型的人们之间的新的互助关系，那就是“一人富不算富，大家富才是富”。推而演之，发展到全村富，全镇富，涌现出一大批计划生育“三结合”少生快富文明村镇。

上述分析说明，计划生育“三结合”是政府行为，它的诞生和发展是从中央到地方各级政府重视，纳入各级政府规划和议事日程，有关部门密切合作、齐抓共管，广大计划生育干部和其他有关干部精心组织、勤奋工作的结果。当前和今后相当长时间“三结合”的继续发展，仍然离不开这种政府行为，这是必须肯定的。但是同时存在某些“非政府行为”因素，上述几项原则就是例证。加入“三结合”计划生育户的共同的利益原则，自愿原则，服务原则，互助原则不依政府行为为转移。相反“政府行为”只有以这些原则去“行”和“为”，才能行得动和为得好。而在“三结合”发展过程中的这些原则，本质上不属于“政府行为”，而属于社区行为，体现着社区行为规范准则。它集中反映出居住在一定地域内的计划生育人口群体，基于共同利益形成的向心力，大致相近的生存活动方式，相似的文化和心理状态，即特定社区的基本特征。如此说来，计划生育“三结合”之所以能够迅速发展起来，根源于社区本身，由具体社区的人口、经济、文化诸条件所决定。“政府行为”则使这诸多条件得以实施和运作起来，变成现实，形成现实的“三结合”实体，产生积极效果。这样的认识符合唯物论的反映论，同时蕴含着“三结合”的发展方向：向着以计划生育为主导的社区全面发展，建设有一定规模经济和文化，能够获得较快发展的“三结合”社区。

四　人口与可持续发展战略目标

由于在相当长的时间内社区几乎成为被遗忘的角落，社区建设理论更显得比较缺乏。现今“三结合”一类社区生长较快，但在总体上还处在发育初期，也需要明确今后的发展方向。我们以为，这个发展方向，在战略上就是人口与可持续发展，根据不同社区具体实际，确立相应的发展目标。

可持续发展最早由1972年在斯德哥尔摩召开的国际环境会议提出，1987年世界环境与发展委员会在《我们共同的未来》报告中，作出带有定义性解释：可持续发展为“既满足其当代人需求，又不对后代人满足其需求的能力构成危害的发展。”1992年在巴西里约热内卢召开的国际环境与发展大会通过的《里约宣言》和《21世纪议程》具有划时代意义，各国相约履行会议承诺。1994年在开罗举行的国际人口与发展会议通过的《行动纲领》，提出“可持续发展问题的中心是人”的观点，将人口因素放到重要位置。1995年在哥本哈根举行的国际社会与发展首脑会议，强调国际社会要为可持续发展作出进一步的努力。在20世纪即将结束和21世纪行将来临之际，可持续发展越来越成为人们的共识和合乎理智的选择。

中国政府于1994年颁布《中国21世纪议程——中国21世纪人口、环境与发展白皮书》，成为率先履行《里约宣言》的国家。中国共产党十四届五中全会通过的“九五”计划和2010年远景目标的《建议》，江泽民同志在会上关于若干重大关系的讲话，八届人大四次会议批准的关于“九五”计划和2010年远景目标《纲要》，1996年中央计划生育工作座谈会江泽民、李鹏等中央领导的讲话，都强调人口问题的重要性，要从可持续发展战略高度认识和解决人口问题。如果说近年来以计划生育“三结合”为主要形式的社区发展取得显著成效，产生某种质的飞跃；那末今后能否健康发展和不断引向深入，首要的问题是要树立人口与可持续发展意识，确立相应的可持续发展战略目标。

目前，国内外各界对可持续发展解释不一，但是随着研究的深入和交流的扩大，取得越来越多的共识。基本内容可概括为：消除贫困和适度的经济增长，发展经济是消除贫困的主要手段；控制人口增长和开发人力资源，对发展中国家说来是实现可持续发展的关键；合理开发和利用自然资源，有效延长资源使用年限；保护环境和维护生态平衡，是可持续发展的基本要求；满足就业和生活资料的基本要求，建立公平分配原则；推进技术进步和危险的有效控制，主要靠技术进步推动发展并提供消除新危险的手段。不难看出，可持续发展的这些内容涉及人口、资源、环境、经济、社会发展等主要领域，人口则处于关键和支配的地位，中国更是如此。故包括社区在内的可持续发展战略目标的选择，重点是人口以及人口与其他因素之间发展关系的战略选择。

首先，社区人口与可持续发展战略目标的选择，需要依据社区具体情况，确定人口发展战略。就总体上说来，应同全国相协调，即控制人口数量、提高人口质量、调节人口结构，实行“控制、提高、调节”相结合的战略。一般情况下，人口的数量控制是重点，这不仅由于多数社区表现为相对人口过剩，甚至绝对人口过剩；而且因为人口数量控制有利于人口质量的提高，并且是人口年龄、性别结构调节的唯一办法。人口质量提高有助于人口的数量控制，这已是为实践所证实的普遍规律，社区发展应将大力提高人口的身体素质、文化素质列入重要内容，而且应当注意发挥社区固有“文化圈”的影响，加强精神文明建设。人口年龄、职业、婚姻、家庭等结构的调节也不是消极的，调节得好有利于人口的数量控制和质量的提高。社区人口发展战略目标的选定，既要突出以数量控制为重点，抓住计划生育中心环节；又要兼顾人口质量的提高和结构的调节，使控制、提高、调节互相促进，协调人口问题的全面解决，创造社区可持续发展人口方面的有利条件。

其次，社区人口与可持续发展战略目标的选择，需要依据人口与资源、环境、经济、社会发展的具体情况，在注意发挥自己优势的同时，协调彼此之间的关系，树立长期和稳定发展观念。

人口与资源的可持续发展，是实现可持续发展战略目标的基本条件，终极的制约因素。资源可分成自然资源和社会资源两大类。自然资源又可分成非更生性、可更生性和恒定资源，社会资源又可分成人力、经济、技术、管理、信息等资源。如将人类发展作为一个历史过程考察，则人口、经济、社会的发展都离不开资源，特别是自然资源，一切发展都是资源的物质变换。就实际情况而论，社区发展同资源关系密切，各地都有一些发达程度较高的资源型社区；不过，也存在某些资源贫乏但却比较发达的社区。如何解释？一方面要承认资源对社区发展的直接作用，另一方面也要承认资源丰富≠发展快、资源贫乏≠发展慢的现实；然而从终极和总体意义上观察，发展直接或间接受制于资源的供给，资源与发展不同步的社区是通过市场进行资源重新配置的结果。就总体而论，社区人口与可持续发展存在的主要矛盾，是人口过程与资源稀缺的矛盾。随着“九五”计划和2010年远景规划目标的实施，生活水平提高背后人均资源消耗的增长，这一矛盾会更突出，需要寻求一条与社区人口增长和人均资源消耗上升相适应的适度消费方式。树立资源稀缺意识，社区建设应立足于资源集约型基础上。

人口与环境的可持续发展，是实现可持续发展战略目标的基本前提。环境同社区紧紧相联系，许多较大的闻名社区具有明显的环境特色。如广西桂林、阳溯为“甲天下”的山水社区，黄河中下游某些地段为易受水患的“黄泛”社区，陕北的黄土高原型社区，黑龙江“北大荒”地广人稀的社区，等等。当前，越来越多的有识之士认识到，环境的破坏主要来自人口自身的增长。由于人口数量的累进增长，人类“征服”自然手段的无比增强，追求高生活质量带来的巨大资源消耗，废水、废气、固体废物的排放量急剧膨胀，噪音越来越甚，环境遭到破坏。中国作为加速走向现代化的发展中国家，在理论和原则上摒弃了先建设、后治理，以牺牲环境质量为代价的发展模式，确立了先治理、后建设的方针，也出现一批这样的“绿色社区”典型；但是由于资金和技术的限制，环境意识淡薄，实践中许多社区不能做到，颇大程度上是边建设、边治理，不小程度上是先建设、后治理，极少数是只建设、不治理。关于这方面，江泽民同志在中国共产党十四届五中全会“正确处理社会主义现代化建设中的若干重大关系”的讲话中，尖锐指出：“必须切实保护资源和环境，不仅要安排好当前的发展，还要为子孙后代着想，决不能吃祖宗饭，断子孙路，走浪费资源和先污染、后治理的路子”。社区人口与环境的可持续发展是社区全面发展的前提，社区发展不仅要注重经济效益，还要着眼于环境和社会效益，牺牲环境和社会效益的发展不足取。

人口与经济的可持续发展，是实现可持续发展战略目标的基础。因为生产力发展水平标志着一定的技术装备能力和对自然资源开发利用的程度，对环境保护和治理的能力与程度，因而成为决定包括社区发展在内的社会文明和人口与可持续发展的尺度。结合我国实际，谋求社区人口与经济的可持续发展，一是要寻求社区总体人口与生活资料的可持续发展，在大力控制人口数量增长的同时，因地制宜地发展社区生活资料的生产。二是要寻求社区人口质量与经济技术进步的可持续发展，社区要在优生、优育、优教上开辟新路，有效提高人口质量，以科教的发展振兴社区。三是要寻求社区人口结构与经济结构的可持续发展，特别是社区生产年龄人口变动与就业结构的可持续发展，依据不同类型社区调整第一、二、三次产业就业结构；人口老龄化与养老保障的可持续发展，发挥社区发展老年保险事业得天独厚的条件，运用社区传统敬老、养老文化氛围的影响，积极举办多种养老保险事业；人口分布与生产力布局结构的可持续发展，依据不同社区自然条件、人口密度、生产力发展水平等条件，在社区经济发展劳动密集、资金密集、技术密集结构中作出合理选择。

人口与社会的可持续发展，是实现可持续发展战略目标的根本目的。结合当前社区发展实际，尤应注意：一是消除贫困与公平分配。通过计划生育与发展经济，改变社区与社区之间、社区内部不同成员之间某些“越穷越生——越生越穷”的不良循环，实现公平分配，最终走向共同富裕；二是教育与文化的发展。既是大力提高人口文化素质的“科技兴社”的需要，也是控制人口增长的一项根本大计，社区要充分发挥社会学中的“区位”作用，致力于教育和文化的发展；三是人口与改革的协调发展。中国的社会可持续发展出路在于改革，从根本上说来，改革特别是旨在建立社会主义市场经济体制的改革，在根本上将对于人口的可持续发展产生良好作用和影响。然而在一定时期尤其是改革初期，某些改革措施的出台则可能产生一些负面影响。如农村联产承包责任制的改革，从根本上来说由于解放了生产力和促进了农业生产的发展，为人口控制和生育率的下降奠定良好基础；但它在客观上刺激了对劳动力，主要是男性劳动力的需求，使孩子劳动-经济效益升值，又增强了一些人生育男孩子的愿望。改革和商品经济的发展给婚姻、家庭、价值观念带来某些冲击，这种冲击既有它的历史进步性，也有新的不稳定的影响。如何兴利却弊，是谋求社区人口与可持续发展需要认真考虑和不断解决的问题。

参考文献

1.《邓小平文选》1-3卷，人民出版社，1993、1994.
2.《中国21世纪议程——中国21世纪人口、环境与发展白皮书》，中国环境科学出版社，1994.
3. 江泽民：《正确处理社会主义现代化建设中的若干重大关系》，人民出版社，1995.
4. 中共中央关于制定国民经济和社会发展“九五”计划和2010年远景目标的建议，人民出版社，1995.
5. 八届人大四次会议：《中华人民共和国国民经济和社会发展“九五”计划和2010年远景目标纲要》，《人民日报》1996.3.20.
6. 彭珮云：“积极稳妥地推行计划生育‘三结合’，走人口与经济社会协调发展的道路”——在全国计划生育工作“三结合”经验交流会上的讲话，1995.10.20.
7. 吴文藻：《吴文藻自传》，《晋阳学刊》，1982.6.
8. 何肇发主编，黎熙元副主编：《社区概念》，中山大学出版社，1991.
9.《田雪原文集》，中国经济出版社，1991;《田雪原文集》(二)，中国经济出版社，1995.
10. 田雪原、廖逊主编：《人口与社区综合发展研究》，兵器工业出版社，1993.
11.《21世纪议程》，联合国1992年里约热内卢环境与发展会议，(中国)国家环境保护局译，中国环境科学出版社，1993.
12. United Nations: Programme of Action adopted at the International Conference on Population and Development, Cairo, 5-13 September 1994, 《Population and Development》, Volumel, 1995.
13. Harvey Leibenstein: A Theory of Economic Demographic Development, Priceton University Press, 1954, U. S. A.
14. Gary S. Beeker: An Economic Analysis of Fertility, In Demographic and Economic Change In Developed Countries, Princeton University Press, 1960, U. S. A.
15. Lester R. Brown and Others: State of the World 1995, A World Watch Institute Report on Progress Toward Sustainable Society, U. S. A.
16. United Nations: Population, Environment and Development, New York, 1994.

(作者工作单位：中国社会科学院人口所)

“城市邻里”与“当代农村社会”

——人口与社区综合发展的国际比较研究之一

高春燕

研究人口与社区的发展可以经由不同的路径切入。兼容各种思维取径和多元透视，使之互衬和融通，无疑有利于开阔视野，获取裨益。在国外不计其数的社区理论典籍中，我们被一部并非处于社会学思想前沿但却独辟蹊径的著作所吸引，那就是英国两位学者约翰·凯特（John Cater）①和特雷弗·琼斯（Trevor Jones）②共同撰写的《社会地理学：当代问题入门》③。

这里，首先要谈及社会地理学。社会地理学是20世纪60年代地理学思想变革的产物，它作为一个新的分支学科是当代地理学家在研究议程上，在观点的分歧和思想的论战中必然产生的成果：探索空间和社会秩序理论与主流社会学及"现实世界"的关系。社会地理学不是重复地理学的整个领域，并且为了加重分量而拼凑大量社会学、人口学和历史学内容的一种令人耳目一新的混合物，而是不再因袭普通的人类地理学传统，致力于把握社会学思想主流，结合当代世界的现实问题的新的分支学科。诚然，作为一门独立的学科，应该在知识、研究方法和概念系统上构成一个完整的体系，并且在研究对象上同其它学科的相关研究有明显的区别，在这个意义上说，萌生于60年代的社会地理学，在其后30年的发育生长中尚未更接近于一种成熟的一致性。但尽管如此，《社会地理学：当代问题入门》一书仍不失为一部富有成果，具有理念的深度、科学的严谨和历史的敏感的著作。尤其吸引我们的是书中最后两章关于城市邻里和当代农村社会的论述，可以从中发现致力于社区理论探讨的丰富多样的层面和向度。

毫无疑问，当代社会学家和其他社会科学家把社区研究看作一个重要课题，是因为社区研究具有其客观的价值。有人认为影响人类生活的最大团体是家庭与社区（Murdock,1949）。为了探讨不同社区间的异同，研究者常利用分类的方法来建构社区，以便利用类型中的共同标准加以检定。社区类型因研究者所采取的观点和标准不同而各异。最常见的是以境界为标准，把社区分类为农村、城市和国家三种。社会科学家多半集中于农村和城市这两类社区的研究。《社会地理学：当代问题入门》的作者也是将社区研究定位于农村和城市这两个类型。尽管这类问题的探讨在大量社会学专著中几乎成为老生常谈，但这部书的引人入胜之处在于它的崭新的社会地理学理论体系；在于社会地理学与其他社会科学的联系，并且它关系到公众关心的和政治上广为探讨的当代问题——不平等、贫困、社会骚乱、种族和少数民族等——以及影响这些问题的空间形式的作用；更在于它试图反映资源分配上的政治和意识形态的不同这一社会地理学的中心议题；它对于城市邻里和农村社会的探讨亦构筑在社会地理学的社会和空间环境框架中。在分析过程中，这本书涉及到西方社会学的三种主要理论，即功能主义理论、冲突理论和相互作用理论，并阐释了它们在一些重大问题上的不同观点。然而，作者在许多问题上主要采用了冲突的观点和方法。这一点在他们对社会不平等、资本积累和资源分配等问题的分析中都明确体现出来。

一、城市邻里社区

两位作者对于城市社区的研究是从一项个例研究开始的。英国默西河畔（Merseyside）的芬奇豪斯（Finch House）在地理上构成了一个名副其实的"城市邻里"。这是一个小的居住区，大约有600幢住宅，周边是道路、开阔地或其他生态间隔地。整体上显示出相当明显的内部单一性——住宅类型相同，且居住者绝大多数为体力劳动者。称其为"社区"或许会引起争议，如果按照传统的定义把社区视为人们相互影响和协作的联盟的话，那末这一居住区似乎算不上是"社区"。这里人口流动频仍，房屋空闲率高，设施因无人居住而被毁弃；对住宅不满的抱怨，小规模的犯罪，广泛存在的破坏行为，住宅区孤独的老人甚至黑天以后不敢外出。这些社会解体的症候，与社区精神明显是对立的。这导致居民与社区的疏远以及居民间彼此的隔阂。究其原因，显然当地的社会行为是在当地特定的社会环境中生发和调整的，其社会背景即日益严重的失业，靠救济金度日的高比率，低住房质量，地方上反复出现的对维修工程支持的匮乏以及普遍存在的一种无能为力的观点。但是值得注意的是，尽管这一居民区生活质量低下，居民对于邻居的评论和邻里的观点却表现出惊人的肯定，把令人震惊的现实状况归咎于邻居的谴责十分罕见。许多长期住户表示愿意为这一居住区和邻里们承担义务，甚至宣称，他们自愿通过参与有组织的集体行为来改进现状。

两位作者对于城市社区的论述就是从这一个例研究开始的。显然，作者意欲描绘一个与所要阐释的观点有关的具体实例，以便建立一种场景。城市邻里是社会地理学的一个基本元素。邻里，作为一个限定的小的空间，内部均质且独具特色，它是城市这镶嵌图案中的一片瓦砾，它常常是形成或被认为是形成社区发展的基础。那末，将空间与社区联系起来的是什么呢？芬奇豪斯是洞察这一关系的贴切的例子。这一居住区表面上的问题显示，社区并不像一些人所描述的那样显现出邻里接近的特征，那种传统遗风和囿于地方的风俗人情已时过境迁，在现代社会中喧嚣、拥挤、快节奏的城市生活中消散了。但是在社区中显示的社区凝聚力即便在"世风日下"的逆境中也是异常坚韧执着。这样一个社

① John Cater，英国 Edge Hill of Higher Education Ormskirk（奥姆斯柯克 Edge Hill 高等教育学院）的地理学高级讲师；

② Trevor Jones，英国 Liverpool Polytechnic（利物浦工艺学院）的地理学高级讲师。

③《Social Geography: A Introduction to Contemporary Issues》，Edward Annold, A division of Hodder & Stoughton, London, New Yorle, Melbourne, Auckland.

区中显而易见存在着局部利益的冲突——年青的/年老的，有收入的/无收入的，长期居民/新来乍到的，守法的/不守法的，传统家庭/单亲家庭，他们大多依靠不充足的资源艰难度日。然而，即使面对着很大障碍，不健全的社区精神仍然十分普遍。当微小的进步希望提出时（在这方面调查者的允诺纯粹是假设的），居住区的人们表示积极支持。这正是社区精神的体现，这种精神给予那些视社区邻里为改变现状的力量的人们以信心。

（一）"社区邻里"、"非社区邻里"与"不邻近社区"

在学术性和普及性的论著中，邻里和社区通常作为同义的术语出现，在表述中交替轮换使用，使人感到地域空间和社会网络是如此缠绕在一起以至很难区分它们的实际意义。在研究了希勒里（Hillery, 1955）收集的"社区"的94种定义后，贝尔（Bell）和纽比（Newby, 1971）发现，其中不少于70种把"地域"作为社区的准则之一。由此，一个直接的问题是，尽管许多学者把主要涵义归结为邻里因素，但是，在它的确切意义是什么或它应该如何在空间上被确定等问题上并未取得一致意见。邻里通常用来表示在个人寓所和整个城市之间的几乎每一范围的空间。因而，许多研究建立了某种类型的原则来指定社区界限。目前，人们充分注意到邻里以及邻里（地方空间的界限是由自我界定或按居民的实际情况而界定的）与社区（相互影响的网络和建立在共同利益上的团结）之间的联系的普遍认可的重要性。其相互关系通常被强烈地认为是一个等式：即邻里就是社区，反之亦然。

这一原则如果被接受，它为研究空间构成对社区形成的影响提供了一个出色的起点。距离被看作人际间相互影响的限制，而距离上的接近则被认为是促进社会交往的一个积极原因。如果没有其他情形，我们可以认为人们的社会领域集中在直接的邻近地区，且随着距离加大而逐渐减弱，是一种无须作出努力而随距离加大渐进衰减的形式，这已被婚姻形式和其他社会关系形式的许多研究所证实。传统的面对面的社会网络仅局限于建立在大城市里的小规模的局部空间中。

以上论证得到了空间行为文献，特别是那些认为人类在本性上是地方性的论著的进一步支持。谢勒（Scherer,1972）写道，人就像树木，需要树根。如同树木根植于大地，一群人与特定地点建立了共同的社会联系。虽然离不开自然环境，但这种"空间感"（"Sense of place"）与城市居民息息相关，正是经由当地环境的营造，他们获取舒适和安全，并且体现出某种程度的一致性。然而比环境联系更为重要的是那些共享环境的人们之间形成的契约。正是在这个意义上，邻里社区表现出它的全部涵义：包括着朋友、社会关系，提供一些基本需求，实际上作为一个微观社会系统而运行的地域空间（Dennis, 1968）。这一概念中至少包括四个要素：一是具有境界的地域空间；二是包括有朋友和社会关系的人口群体；三是拥有提供基本需求的活动和服务场所；四是具有社会系统的功能与特征。这就是社区邻里的定义。

然而令人遗憾的是，对于那些喜欢雕琢模型的研究者来说，必须承认，空间共享和生活共享的这种关系决非是普遍起作用的，它不过是发展人类契约的许多可能的先决条件之一。邻里为社区提供了一种潜在的地域基础，然而对于保证共同的目标，共同的行动和共同的特性而言，它既不是充分的，也不是必要的条件。在现代都市中，人口流动的频仍和传播的便捷跨越了距离，使人际间能够形成超越邻近地区而遍及不同城市、国家乃至全球范围的广泛联系。这正是我们谈到遍布不同国家的黑人社区、犹太人社区时的那种感觉。这只是无数个无公共地点而由共同的利益凝聚而成的社区；即所谓"不邻近社区"（Community without propingnity）（Webber, 1963）中的两个例子。

另一方面，非社区的地理邻近也是一个现实存在的状况。在现代都市中，聚居在同一条街道上生活的人们，彼此间却往往视而不见，很少相互的理解，相通的情感和共同的行为。可见，人们相互联系的某些基础实际上超越了共同居住这--条件。其实，现代都市的一个显著特征正是"非社区邻里"的普遍存在或出现。完备的城市邻里社区仅仅继续存在于极少的特殊环境中。在那些非社区邻里的界定空间中，社区凝聚力并没有因为邻里的存在而如影随形，邻里—社区等式在这里几乎荡然无存。

总之，"不邻近社区"显示了在宏观水平上无公共地点而由共同利益凝聚而成的社区，而"非社区邻里"则显示人们相互联系的某些基础已经不再局限于共同居住这一地域或邻里的条件。并由此类推，现代都市的一个显著特征是"非社区邻里"的普遍出现与存在，而"邻里社区"仅仅存在于极少的特殊环境中。传统的"邻里社区"以其团结一致，即社会凝聚力而著称，但是随着工业化和城市化的进程，这种传统社区的兴衰或变迁如何，学术界观点纷繁，争论已久。

（二）"邻里社区的衰落"与"邻里社区的现实存在"

社区衰落的观点包括两种倾向：一种视传统社区为消失了的伊甸园，而另一种倾向则认为传统社区的衰落是进步和现代化的征兆。其实这两种倾向都是基于从传统社会向现代社会的转变。这一转变是伴随着工业化而来的巨大的社会变迁，在变迁过程中，文化和社会结构的各个方面都发生了深刻的变化。对于这些令人眼花缭乱的变化，社会学的一个主要任务就是辨明它们的性质。德国社会学家滕尼斯（Tonnies 1887）的社区（Gemeinschaft）/社会（Gesellschaft）二分法正是试图区分这种变化。

他的理论无疑是非常著名的，几乎所有涉及社区理论的论著都把它奉为经典而引证。滕尼斯认为社区是由自然意愿（natural will）结合而成，人们之间有着亲密的、面对面的接触，能够强烈感到社会的团结并受传统的约束。“这种结合可以说是以血缘（亲属）、地域（邻里）、心理（友谊）三者为基础而形成的一致关系”（白秀雄 1985）。社会则是由理性意愿（rational will）结合而成，人们之间是非个人的接触，强调个人利益而不是对群体的忠诚，传统的联系和价值的标准被削弱。“故社会是通过协商、立法、公众舆论三者而形成”（白秀雄 1985）。随着工业化和城市化的发展，社会经历着从社区（community）朝向大众社会（mass society）的转变，按照滕尼斯的观点，社区的消亡是可悲的。除去滕尼斯之外，许多社会学家也曾尝试描述这一社会变迁的区分，法国的德尔凯姆（Durkheim 1893）认为是从机械团结为基础的社会转变为有机团结为基础的社会；美国人类学家雷德菲尔德（Redfield 1941）则区分为民俗型社区和都市型社会。所有这些区分实质上所描述的是同一现象，即在社会学著作中通常所说的从“传统社会”到“现代社会”之间的区别，也有的学者称其为“前工业社会”和“工业社会”。

实际上，滕尼斯所指出的社区中那种出于自愿结合的人际关系和大众社会中出于理性意愿的人际关系只是两种极端形态，不过从大体上而言，无论是滕尼斯，还是德尔凯姆、雷德菲尔德，他们的区分都有一定道理，从不同角度说明了社会变迁过程中社会关系性质的改变，而其中滕尼斯的二分法更倾向于社区与大众社会的区别。近期的许多论著进一步阐释了现代化与社区衰落的关系。沃思（Wirth, 1939），本世纪最有影响的城市社会学家，认为城市化是最具决定性的力量，城市是“自主的扩展领域”（enlarge sphere of indepen dence）和庞大的经济组织与大规模的人口流动的优势的体现，现代城市只有通过扩大其规模，包括人口数量和空间范围的扩大才能达到这种优势。城市化的浪潮引发的经济效益，冲破了传统的束缚，在这一系统中失却了小的传统社区的位置，取而代之的是“非社区邻里”，即“分散的非邻里的社会网络取代了邻里网络”。传统社区的衰落乃至消亡还通常与环境污染、资源不足及人口问题一起被看作是工业化过程引发的社会痼疾。

但是有大量理论的、经验的和争议性的文献坚持认为在现代城市中邻里社区依然存在。伴随着工业化的发展而出现的城市的快速发展和蔓延，是一个城市化的过程。庞大的现代城市必须有工业化的基础。它的存在依靠机械化农业的高生产率，依靠发达的通讯传播、交通运输和贮藏设备网络，依靠工业化创造的多种多样专业化的非农业就业机会。这里我们应注意到发达国家现代城市与正在走向工业化的发展中国家的现代城市的区别。显然，《社会地理学》主要论及的现代城市是属于工业化社会的。即使在工业化社会的英国，霍加特（Hoggart 1957）所描述的利兹（leeds）的一个工人聚住区从它的地域特点、社区内部的均质人口和团结一致的凝聚力等均可以找到传统的邻里社区的特征，或者说接近于理论构想的社区——邻里类型。地区性、阶级意识和连续性三者的结合使这种邻里社区成为现代都市中传统社区继续存在的例证。其实，许多研究均证实了邻里社区的现实存在。帕乔恩（Pacione, 1984）在格拉斯哥（Glasgow）进行的考察，亦证实了城市邻里是现实存在的理论假设。在其他工业化国家所进行的同一类型研究也得出了同样的结论。美国的社会学家甘斯（Gans 1962、1968）甚至在中心城市内部也发现了兴旺的邻里社区，这些社区中居住的主要是属于同一民族（种族）的人，亲属结仍然十分明显，忠诚的社区感和共同的价值标准使社区精神得以整合与凝聚。萨特利斯（Suttles 1970）在芝加哥所作的考察表明贫民区的居民尽管不拘于同一种族或民族，但其居民仍强烈地感受到一种社区的团结，他们确切地知道社区的界限，并且与同居一个空间的邻里彼此认同。以上考察多偏重于工业社会较低社会地位的城市居民如体力劳动者、低收入者或种族、民族的聚居地。实际上，较之这些社区的典型研究，居住在城市郊区的中产阶级邻里社区不仅现实存在，而且不断扩展。

邻里社区的继续存在似乎是一个无须再争论的问题。我们应该更加关注的是在现代城市中社区性质的改变。毫无疑问，城市化从根本上改变着传统的社会生活模式和人类社区的性质。社区是居住在同一地区，并且有共同利益和“归属”感的社会群体。一个仅有数千人的社区与一个拥有数百万人口的社区之间的差别如此之大，以至于有些社会学家对于能否把一个大城市描绘为“社区”表示怀疑。即使是在大城市中现存的邻里社区其性质也在发生无法规避的改变。且不说城市复兴、市郊化和大众文化的冲击，仅就个人期望提高和人口流动的增多而言，人们很难局限于特定地域的生活方式。在帕乔恩描述的格拉斯哥的邻里社区里，平均每个居民在社区地域范围内找到的自己的朋友仅占1/3而已，他们较之传统社区有着更为广泛得多的社会空间。帕乔恩用以衡量社区内凝聚力的标准是家庭间友谊的联系、社区活动参与情况和利用社区设施的情况。用这三个标准衡量邻里结合的紧密或松散，无论从数量上，还是从质量上都显然不够充分。现代城市居民日益增长的流动性和选择性确定了他们对于社区邻里寄托更多的是对于生活在其中的地方和人情的眷恋。

（三）社区和邻里理论

社区的存在不仅在经验上被证实，而且在理论上也得到支持，这基于下述见解：即社区（地理上邻近或不邻近）在功能上对社会是必要的。社区和社会的存在一样是天经地义。无庸置疑的。正像谢勒（Scherer 1972）所说："社区仍然存在。如果它们不存在，人们自己就不能存在了。"实际上社区和社会反映了人类个性的同样重要的两个方面——感情上的和理性上的。既然人们永远地注定要感觉也要思考，那末他们注定生活在某种形式的社区中。所以，从理论上讲，社区是可以永存不朽的。

滕尼斯社区与大众社会的理论对于社区理论有着重要的影响。前文提及的芝加哥学派著名城市社会学家沃思借鉴了滕尼斯的研究，他强调城市的规模、人口密度和社会复杂性，并认为这些因素导致城市的无个性特征、异质性和相对性，并且从而形成了一种远比小社区中的生活方式更无特征的大众社会的生活方式。在沃思看来，家庭尚且在都市中丧失了重要性，又遑论邻里在现代城市中的意义呢？对于沃思来说，现代化是从社区到社会必然发生的历史的进步，似乎是一场一方得益而引起另一方相应损失的"和为零"的游戏，社区完全被大众社会所根除和取代。这种改变意味着一种形式的人类联系迅速消失，而取代它的是理性的联系，所谓理性联系是建立在法律制度、市场关系、政治团体和诸如此类的基础之上的。幸存下来的孤立的小块社区只不过是废墟的瓦砾，等待着托付到城市规划者的垃圾箱中。

古斯菲尔德（Gusfield 1975）在批评沃恩的理论的基础上构建了现代都市社会的"多元化"模式。认为社区与空间共存，居民仍是非正式的面对面的社会网络的成员，只是地域的限制和社会联系的局限较之以往少得多。他说："在现代世界的多元化社会中，同一个人可以同时是一个天主教徒，一个研究人员，一个律师，一个女人"，这些标签在某些情况下也许相互冲突，然而却同时贴在同一个人身上。换言之，在多元化的现代社会中，现代人拥有多种角色，正像有位学者对此提供了一个具有绝妙写照的称谓——"角色丛"（Ian Robertson 1981）。这一论证在卡萨德和雅诺威茨（Kasard 和 Janowitz 1974）的研究中被进一步证实。他们采用城市社会"系统"模型把社区看作大众社会的一般结构，即一种功能上的必要部分。

尽管许多著作家支持社区存在的观点，但这并不意味着它是没有局限性的。戈登（Gordon 1964、1978）在研究种族或民族社区邻里中，提出"结构同化作用"的概念。他认为少数群体通过被优势群体的同化整合过程，最终融合到大众社会的各种正式结社中，但是仍保持着以种族或民族社区为主要社会关系的基础。伊莱亚斯（Elias 1974）认为，社会正在致命地蚕食着社区，同化了每个人生活的越来越多的方面，把社区挤压到私人领域中。"多元化"和"结构的同化作用"的理论支持社区依然存在，但却没有一致的认为社区仅局限于邻里。多元化社会的明显特征是广泛的选择性，个人参与到可供选择的广泛的社会范围中，而邻里社区不过是可供选择的一种类型。"不邻近社区"、"非社区邻里"的出现和存在说明公共联系不再依赖于邻近，公共联系持续存在于流动性结构中。多元化社会的另一个明显特征则是流动性，社会联系跨越了地域的界限和距离的间隔，人口的迁移流动使偌大的世界仿佛变得越来越小，成为了在这种特定意义上的"地球村"。这种观点被托夫勒（Toffler 1970）引向极端，他把现代人称为"新游民"（new nomads）。实际上，即使是发达国家的现代城市，人们的选择性和流动性也是有局限的，那些贫困人口，包括少数民族和种族以及其他类型的穷人，他们中一部分人只能维持社会上的一般生活水平，而另一部分人则缺少基本的生活必需品，在不平等的现代社会中，这些贫困人口享有的选择和流动机会显然少得很。

（四）邻里和社区思想

1. 社区复兴。在《社会地理学：当代问题入门》一书的城市邻里章节中，有关邻里和社区思想的评析可以说是最有启发意义的部分。社区复兴思想是基于这样一种社会现象而出现的，即在工业化、城市化的现代都市中，高耸的建筑物、城市高速公路、超级市场和高科技消费的其他大量人工制品，所有这些连同官方高效和有计划地利用空间的狂热，造就了一个所谓不带任何个人色彩的、无不良成分的、精确完备的形式主义的环境格局，即整个现代社会。这样的一个世界只适合于机器人，而不适合于一个有血有肉的人。在城市浮华的躯壳之下，到处可见坍塌的公共住房，失修的学校，高犯罪率和吸毒率，种族冲突，过多的被救济者和越来越恶劣的公共服务。更为严峻的是，社区的萎缩其本质在于人际间的疏远和隔离，个人之间的强有力的纽带被由个人组成的社会所取代，人们之间的大多数关系都是暂时的和非个人的关系。人际关系的那种亲密、和谐和互相认同被冷漠、孤独和无助所取代。面临这种现状，一些社区生活的拥护者鼓吹和传播了社区复兴的思想。

而"社区复兴"成为西方一些国家政府借助的口号却是有自己的目的。显然，城市空间的重新建构是导致社区解体的一个极其重要的因素。城市居民试图再度坚持对于空间的某种控制，城市运动正是这种再度坚持的体现。政府对于来自民间的反抗采取的相应举措是借用社区复兴的口号，把它纳入自己的轨道，结合在政治结构中。英国、美国和几个欧洲国家都将社区发展规划纳人针对"都市社会问题"的解决方案中，把社区复兴作为一剂药方治疗社会痼疾。社区发展作为政府的一项政策可能产生深远的影响，易于为公众所接受，而且更重要的是它可能介乎于敌对政党的政治壁垒之外，超越阶级利益和政治权力。因此，社区复兴实际上成为政府蓄意借用的口号。

2.资本与社区。似乎相隔了很长时间以后，资本/社区的对立又重新引起当代学者的关注，这是自1968年以来一些资本主义国家的城市抗议运动所引起的。不管是住房、交通还是环境问题，可以观察到社区以有组织的形式坚持自己的权力从而与资本主义势力分庭抗礼。使学者颇感兴趣的是，这种反抗采取了以邻里为基础的共同行动，一个地区的居民联合起来抗议可能危及本地生活质量的某些外部威胁。威胁经常打着“重新构建”的幌子，试图将居住空间让与办公室、商店、道路和停车场。即使当地居民幸免于房屋折毁和搬迁，他们却不能回避“伴随而来的交通形式、邻里关系和对孩子安全的冲击。”(Cox和Mc Carthy 1982)。

重新构建城区的症结在于形成了资本对于社区的某种威胁——居住区转换为商业用地，或是从低价住房到高价住宅的改变——其目的是从中攫取更大的收益。正像哈维（Harvey 1978）指出的，许多西方城市的扩张和空间变化的历史可以从资本的积累中找到解释。重构城市空间总体上是为了产生较高的资本回报。

明确了这点即可了解资本与社区之间的基本对立。社区的顽强经久的持续存在成为资本增长的直接障碍。因而有人指出，正如马克思和恩格斯的阶级斗争观点所蕴含的，资本积累的过程总是包含着社区的毁灭，因为传统的社区模式阻碍着积累的成长（Mollenkops 1981)。当然，这种情况的表达经常被冠之以“经济增长的代价”的口号。在城市背景下，经济增长（积累）要求空间的改变。因而导致侵占人们的公共空间和必然引发政治的反抗。这似乎成为一个规律，在新的资本积累出现之前，社区和邻里必须重构，有时甚至被消除殆尽。

在资本与社区对立的思想中，考克斯（Cox，1981）提出了建立在阶级冲突论基础上的资本家和劳动者完全对立的空间观。对于劳工而言，空间是一系列资源——商店、学校、服务点、自然环境、朋友、人际联系，对于自己的生存，在物质上和精神上都是不可或缺的。但是对于产权主、开发商、财政机构、建筑公司和最终的商业土地用户来说，空间是利润的潜在来源。换言之，资本家视空间为某种商品，而劳工把空间看作家庭和社区生活的基础。在指出空间作为商品和空间和作为家庭和社区生活基础的两者之间的对立时，考克斯重申了马克思经典的使用价值/交换价值的两分法。在这种背景下，使用价值是非货币价值，劳动者从占有空间中获得；而交换价值是货币价值，资本主义市场置该价值于同一空间。因而重建是空间从劳动者的使用价值到资本家的交换价值的转换。这一转换的过程对于劳动者通常有负面的影响，他们被迫承受资本积累的代价。为了积累和发展资本必须扫清公共生活空间；尽管这种生活空间包含劳动者生活所必需的住房和无数其他外部条件，并且这些正是劳动者再生产的手段。更何况劳动者的再生产实际上是持续的资本积累的绝对必要条件。邻里和社区的消失有利于一部分人获得短期效益，即从土地的交换价值中获得利润。这在紧邻中心商业区的内城地区和其他潜在的商业用地尤其明显。

阶级冲突学派认为，原则上社区和邻里对资本积累在每一种可能的水平上均构成了严重的障碍。在物质水平上资本积累可能受到各种阻碍，如公共生活空间的不合理和不适宜的形式封闭了有价值的土地开发；由于邻里的持久团结互助、不正规的非市场交换直接反对现金经济的价值和实施。哈维和考克斯都提出市郊化的重要意义，即它作为一种手段把人们从“邻里”转化为完全与大众消费生活方式融为一体的分散的个人。社区的解体为消费品的制造商和销售商的资本积累开辟了新的机会。

而且在政治上，邻里社区可能并且经常地具有作为一个居住群体的功能抵制资本的积累与侵入。阶级冲突论认为，在劳动者共享同一生活空间的社区，可能会产生一种完整的反抗文化。西博普克（Seebrook, 1984）说，“传统的工业社区”像是一个政治温床，“劳工运动中寻求改变的巨大潜能正是从这一温床中滋生和增长……”。但是，所有的事物都有相反的一面。在资本主义国家，社区的传统作用提供了对于资本的潜在的补偿作用。由于在互相支持的基础上提供了像现在的福利国家通常提供的所有形式上的服务，工人阶级家庭和邻里实际上承担了再生劳动力成本的一部分。在最贫穷的地区，公共救助的存在有效地减少了付给维持最低工资所需的资本。同时，在某种情况下，作为统治阶级政治利益的需要，社区和邻里形式不仅得以保留，而且还要扩展与复兴。这是因为，劳动力的再生产不仅需要物质消费，而且还需要满足感情的需要——可称其为“精神消费”。家庭、邻里和社区凝聚力几乎如同食物和住所一样必不可缺。要消除它们便会破坏维系感情的手段。由此产生的疏远隔离乃至社会解体无疑是一种灾难。社区倡导者如尼斯比特（Nisbet 1970）把复兴社区意识视为矫正这个时代的犯罪、精神痼习和其他许多社会弊端的极其重要的一付解毒剂。但仅就这一逻辑，尼斯比特断言，在资本主义国家，社区最终的受益者其实是资产阶级而不是广大的民众。能繁衍劳动力的任何有效制度在维护资本主义统治中明显地起着重要的作用。当国家为“社区发展”承担责任时，其选择经常致力于使地方团体脱离阶级结构，使“社区精神”和“社区文化”成为大众性的。甚至计划在必要的地方建造人工社区，像现代乡村、花园城市和体制划一的邻里单元等。

3.社区与国家。在资本积累过程中，一些资本主义国家的城市重新构建和内城区的清理，建立在反对邻里社区的观念上，并因此导致社区的衰落甚至瓦解；而在60年代以来，一些国家推行社区发展和复兴的规划。值得注意的是，国家的社区规划主要针对贫困人口，尤其是那些被剥夺者。这里涉及到社会不平等问题。而社会不平等被构筑于社会结构之中，因而造成了社会分层。虽然平等常常作为资本主义社会中最主要的价值标准，但实际上资本主义国家却是一个非常不平等的社会。它是按照社会阶级划分社会层次的，财富和收入分配的不平等，导致贫困人口产生。贫困的定义在西方往往以两种方法判断：或是从绝对剥夺方面，即缺少基本必需品；或是从相对剥夺方面，即不能维持社会上一般的生活水平。国家的社区发展规划实际上是把"社区"定位于具有很少资源或很少选择性的地区，即被剥夺人口。这些国家的社区发展规划的指导原则，是把社区弊端的根源说成社区的内部因素，即所谓"贫困文化"，认为这种代代相传的文化价值标准使他们难以进入主流经济，似乎贫困的万恶之源不在于国家，不在于社会制度。因此，许多研究者得出这样的结论，社区复兴的潮流对于经济衰退和社会不平等起到了粉饰太平的作用。当然，社区的复兴与发展，终归有利于贫困人口的生活改善，有利于社会秩序稳定，因而社区发展在一定意义上可以看作社会进步的动因。

（五）研究启示

英国城市邻里社区从衰落到复兴的历程及其所折射的纷繁多样的社区理论和社区思想，对我们的启示是丰富的，至少在以下问题应引起研究者的关注：

1.中国社区研究的沿革及其有社会主义特色的社区理论的建设；社区发展指标体系的构建等。

2.在工业化、城市化迅速成长的现代中国城市社区发展的现状调查与分析，包括：

(1)对于城市传统邻里社区演变的考察与分析；

(2)对于城市邻里社区的现实存在、"非社区邻里"、"不邻近社区"的出现及其"外来人口"聚居区、棚户区、城乡结合部问题的调查与分析。

3.社区发展，特别是社区可持续发展的理论探讨和社区持续发展规划构建的探讨。其中包括社区建设的经济、社会、文化等诸方面，诸如环境、人口、卫生保健、教育娱乐、交通、传播、卫生、公共设施及犯罪与吸毒问题的治理等。

4.城市化与社区建设问题的研究。城市化不仅是城市人口增加及人口迁移和由此引发的城市问题，这只是研究的一个方面；城市化还包括城市的扩展、社区重建及市郊化等问题，这是研究的另一方面，而且已经成为目前面对的问题，譬如市中心居民区改建为金融商贸区或工业经济区的走势、房地产行业的兴起及城市建设重点向远郊区的转移及市郊，特别是远郊区的所谓"高尚住宅区"的开发以及由此引起人们的生活方式，甚至娱乐休闲消费方式的改变等。

5.社区建设的国家的宏观指导、社区的中观管理和社区成员的微观参与三者结合的问题。加强国家、政府与社区的联系，强化社区基础管理的功能，充分发挥社区成员的积极性，利用社区自身力量提高社区经济、社区发展水平，改善社区居民生活，解决社区存在的社会问题。开展"睦邻活动"，加强邻里联系，从而提高社区凝聚力，促进社会的团结和稳定。

二、当代农村社会

农村社区在世界各地数量之多与分布之广远甚于都市社区，然而在城市化水平很高的工业化国家，都市所占的份量越来越重要，不少社会学家致力于城市研究，而相对忽略了当代农村社会的研究，以至于西方一些近期的社会学专著中农村相对于城市的研究所占分量和篇幅都少得多。究其原因，大概与城市的支配地位及农村对于城市的依赖不无关系。《社会地理学》一书对于当代农村社会的研究是相当有价值的，它提供了在工业化国家中农村社区的演变以及当代农村社会存在的与城市问题有联系然而又具有特殊性的问题。

（一）对于传统农村社区的认识

长期以来，西方大量著作充斥着带有城市偏见的农村定义。在这些观点中，英国古老的农村被描述成田园牧歌式的"世外桃源"；即使对于现代农村的描述也把古老的传统作为英国农村特色，并且往往把农村和城市归结为两种简单的类型相互对比印证，然后把长处归在一个身上，而把短处转嫁给另一个。似乎农村和城市是两个对立的形象。更有一些人把现代社会的许多"病态"归咎于农村社区及其与之紧密结合的社会凝聚力的减少。

纽比（Newby, 1977、1979）在评论以上观点后提出了现实主义农村的观点，认为农村的阶级不平等继续存在，之所以未被真正的觉察，是由于田园诗般的迷雾掩蔽了现实。许多农村社会学家逐渐远离（还不是全部抛弃）囿于城市观点的成见，这一转变的标志是把农村贫困问题提到了议程上，终于认识到贫困、社会地位低下、受排斥和关于社会资源的实际冲突并非仅仅局限于城市地区。城市的社会问题是明显的，因为它们是空间上集中的，相形之下，农村社区的贫困被人口的分散和如画的风景所隐蔽。深入到表象之下，大量新近的研究揭示了农村不利条件的程度不同的严重性。这些不利条件可能表现为低收入、不充足的和不正常的就业机会、住房紧张、运输和易获得性的问题，或者简单地说，一种不能令人满意的生活质量。

这里，"生活质量"方法被许多研究者采用。这一变量具有明显的敏感性，"贫困"的客观标准具有相当大的弹性，凭籍作者的观察或依据被调查者的回答都不易确定。由于淡泊、隐忍和缺乏有组织的有声反抗几乎是农村贫困人口的共同特征，许多根据实际调查方式得出的结论可能并不可靠。

尽管关于农村贫困的争论是80年代以后的事情，但是农村的贫困却是由来已久，如同社区本身一样古老。按照地理学的术语，工业化之前的欧洲农村的主要特点是"空间上的隔离"，一种与城市的地理上的高度分离，完全处于一种低技术、低流动性的社会环境中。从经济上看，农村社区显示出相当的自给自足，主要依靠自己的资源和通过集镇网络的中介承担有限数量的地域性的农产品交易。在这种受局限的地理环境中逐渐形成的人类关系为几代社会学研究者，特别是人类学家提供了大量可咨研究的素材。在这一背景下，许多早期研究涉及一些偏僻的社区，在那里传统的生活方式相对地未受损失地幸存下来，并且作为一个有序的和谐的有机体几乎不曾反对传统社区的理想化观念。这种社会和谐被认为源自两个因素：一是较小的人口规模，在这类社区里因为亲戚的关系而相互了解，团结一致；二是社会均质，其大多数成员从事相同的工作——农业和有关服务，并且共同参与文化和社会活动。互相依存、共同的价值观、面对面的交往、连续、稳定和安宁是这类社区的基调，冲突大都局限于个人间的怨恨。

但是，阶级冲突论的观点认为，把英国工业化前乡村生活描述成封闭的、自治的和不受外界影响的"世外桃源"，这实际上是一种夸张，并且以社会和谐的表征掩饰了隐蔽形式的阶级冲突。更激进的观点在一些史学家的著作中有所反映。他们认为英国传统的农村秩序的显著特征是森严的社会分层，农民的剩余产品被世袭的土地所有者所剥夺。这种社会制度维持得如此久远，是由于农村中家长式的统治和从属于统治者的穷苦大众的顺从。历史难得被如此巧妙地包装，以致旧秩序的一些制度在封建主义消亡之后，甚至在工业化开始之后依然存在。直到进入19世纪一些农村自然是一个明显的阶级压迫的社会。实际上，在阶级压迫方面的地区差异（如英国的低地与高地地区的不同）只是表现在形式上，而不是反映在实质上。那些把工业化前的乡村说成是民众服从而恭敬的、有秩序的和静态的描写并未全面反映实际情况。一些研究表明，工业化前英国农村的动乱和公开冲突与和谐安宁一样成为传统乡村社区的典型特征。

（二）农村社区的转变：城市化、逆城市化和城乡连续统一体

1. 城市化。工业化使若干世纪以来一直比较稳定的社会动荡起来。它改变了农村生活的经济基础，尤其是削弱了作为就业和自我就业的源泉的农业基础。这在每一种先进的经济形式来说都有着共同的基本趋势，尽管在速度和时间上受到地区间和国际间变化的支配，但在英国不可避免地首先感受到它的影响。在工业化引导的经济发展中，城市人口的增长导致对于农业劳动生产发展的要求。而农业的发展不是通过增加农业劳动力，而是通过运用资本和技术来提供。小农场主和农业工人不断被机械化的农业所取代。数量不断增加的过剩农业劳动力转移到不断扩大的城市工业部门，农村地区失去了其本土劳动力，并且转化为作为城市发展而蓄积的大量廉价劳动力。农村人口迁移伴随着城市化的进展迅速扩大，以至于到19世纪最后1/4年代，英国从事农业的绝对人数连同农村总人口数量开始下降。这种下降起初只是相对于城市地区而言的相对减少，但后来却是绝对地减少。农业就业下降的趋势是农村向城市迁移的主要原因。在一个广阔的空间水平上，农村人口减少是工业资本主义成长过程中必然产生的结果：国民经济部门地理上的集中；农村对于城市及其市场、技术、资源和决策来源的不断增长的依赖；城市和农村之间越来越增多的迁移和伴随而来的相互的依赖。

农村人口的减少和由此产生的农村社区的萎缩除去与农业和辅助就业的问题相关，看来与社会和文化的沦丧也是一致的。在一个期望不断升值和社会意识更为纷呈的战后社会，年轻的农业劳动者不再简单地拘泥在不断缩小的劳动力市场中，他们朝向城市的迁移逐渐汇成潮流。人口减少的几十年使得英国农村出现了令人震惊的人口变化：工业化前农村与城市的人口比例已经完全颠倒过来了。农业劳动力储备实际上已经耗尽，以致于农村向城市的迁移已经在国内空间经济中不再起到重要作用了。英国农村人口数量在20世纪30年代达到了最低点。

2. 逆城市化（Counter－urbanization）。但是，社会科学家不能不注意到，对于农村社区转变来说另一个重要的论题——逆城市化。一个逐渐的，然而由来已久的与日益城市化的总趋势背道而驰的从城市到农村地区的迁移导致"逆城市化"这一术语的产生。逆城市化被视为后工业社会的重要组成部分。可以说是对城市人口增长的反作用和人口与经济的分散化。无论逆城市化这一命题的价值如何，毫无疑问的是分散化正在发生，学者们难以确定的是，它是由价值观、社会关系和社会制度决定的呢，还是由经济影响所决定的？有的把这种人口重新迁入称之为是对传统农村社区的进一步侵蚀。不同的观点则认为这是农村社区复兴的征兆。显然，重新迁入的人口其构成并不相同，譬如远程的退休人口和短程的通勤人口，其各自所占的比例亦随地区不同而各异。在一些地区城市向农村的流迁趋势是通勤者多于退休者（Pahl, 1956）。这些通勤者的大量出现并非近期的事，在本世纪随着铁路网络的延伸，它已经引起人们的注意；在30年代发展速度加快，而在50年代由于汽车私人拥有的增多而所占比例越来越大（Newby, 1979）。城市人

口为了躲避城市太多的人、太多的噪音和太多的污染，为了躲避贫困、种族冲突、吸毒和犯罪，近期越来越多地逃离内城“陷阱”，寻求更适于生活的乐土，这些逆城市化的现代人经常被称为“避难者”。不管人口重新迁入的原因何在，把这一过程视为远离城市化的形式，似乎比看作农村社区的复兴更为普遍。逆城市化的迁移和流动的增加，促使城市郊区拓展，并逐渐脱离母体城市，有时甚至到达远距离的农村外围地区。在这种情况下它侵入了以前那些以土地为基础的经济活动所占据的空间（Todd，1983），或者说它侵占了农村的空间资源。但是发展资金和工业的导入及其旅游业的增长则使人感到较少的侵入，其显而易见的影响是为本土人提供了就业机会，在这个意义上促进了农村社区的复兴与发展。

3. 城乡连续统一体（rural－urban continuum）。这里产生了一个区分的难题。如果我们在严格的功能基础上把农村人口定义为仅仅包括那些从事农业和农业服务的人（即Stamp划分的“主要的”和“次要的”农业类型，1949），那么工业化或其他非农业的发展形式应被视为城市化的形式。因而应该在农业加工和服务与其他制造业之间、在大规模与小规模的商行之间、在当地的与外部所属的商业之间加以区别。对于农村界限或起止点的问题以及对于农村社区的区分问题的研究，有的学者提出以“人口密度”、“农业就业人口的百分比”、“通勤人数的百分比”等来确定，有的研究则提出更多的变量，试图构建和描绘一个“农村指标”体系，以表现农村空间的多维概念，然而其科学性和缜密的程度都有很大距离。城乡连续统一体（或称“城乡连续统”）的模式摒弃了城乡对立的旧框架，取而代之以强调城乡这两个极端之间的城市化和农村特征的不同程度。这一观点首先由奎因和卡彭特（Queen和Carpenter，1953）提出。在绵延几个世纪以来城市不再筑有城墙，并且在城市对农村的蚕食已使农村－城市的分界模糊了的社会中，城乡两种类型的简单划分正在失去原有意义。实事求是地讲，城乡连续统一体模型是对于居住在城乡之间灰色区域的人数不断增长的社会和市郊化的如实描述。对于空间分析学者来说，这一模型特别具有吸引力，它有着随距离减弱的效果，即随着城市外围距离的增大而城市的影响逐渐减弱。克洛克（Cloke 1977）的研究发现与奎因和卡彭特的研究成果有着假设上的广泛的一致性，然而它们都是以相当不完善的形式出现的。

但是到60年代末，连续统一体思想受到来自新一代社区社会学者的批评，譬如帕尔（Pahl，1965、1968、1975）。在这些批评中，连续统一体被认为是不切实际的，因为它包括着许多虚拟的成分。例如，以城乡连续统一体很难解释一些情况，那些农村矿区的小城镇，其中包括了大量密集人口并且完全与城市经济一体化；它还显示了社区的全部特点——共同的工作联系，以亲属为中心的社会网络，主要的面对面的人际交往等不一而足。又例如那些通勤者聚居的乡村、那些在大城市里繁荣兴旺的移民邻里社区，那些“处于农村而不是农村”或“置身城市而并非城市”，或称“农村中的城市”或“城市中的农村”的地方。对于城乡连续统一体的批评者来说，在现代社会中，没有特定的城市或农村生活方式，这两者之间的区别已经越来越模糊，反映在城乡间和反映在两个城市间的生活方式的不同程度可以说是均等的。因此，个人的社会行为的决定因素是阶级、年龄和种族，而不是住宅区的规模，因而“把社会关系的特有模式与特定的地理环境相联系的任何试图都不过是一种无效的尝试”（Pahl, 1968; Neuby, 1980）。

有一种观点比帕尔等人更进一步，它指出在现代化的发达社会中全部人口在共享一种共同文化的意义上已经全部城市化了，并且把这种共享一种共同文化的生活方式的社会称之为大众社会。商业文化、大众传媒、广告、国民教育和其他的相当普遍的大众文化的影响形成了单一的遍及全国的“生活方式”，由最主要的城市中心传播开去。在成熟的工业社会中幸存的“民间文化”不过是历史的遗迹，是一种象征性的文化，正如邓利维（Denleavy，1982）所阐释的，工业化过程打破了古老的城市－农村藩篱，“城乡二分法作为前工业社会的分析框架是适当的……但是当工业化在发展而社会步人一个先进阶段时，与农业生产相结合的独特的生活模式即被打破，并像社会的其他部分一样重新形成”（Dunleavy, 1982）。

许多学者认为，抛弃城市和农村标志的空间参照即意味着对于地点和空间在社会形式和发展中的作用的可能性产生了怀疑。依据农业就业的萎缩而推断农村的消失是过分简单化了。一些地理学家坚持认为一个不可否认的和十分简单的事实是，在城市和农村范围内仍存在着基本的差别。他们坚持社会与空间的积极的相互作用的观点。认为旧的农村秩序固然被城市侵入和大众文化所渗透，但是现代化进程必须适应继承下来的空间系统，空间分布和地理上的差异必然影响这些进程的方式和结果。

（三）易接近性问题对于农村社区发展的影响

不易接近性（inaccessibility）是指远离必要的生活设施、服务和工作机会及克服这些障碍所需花费的钱和时间等的代价，它构成了影响现代农村居民的极大的社会问题。许多研究显示，商业设施、保健服务和教育机构不稳定的、下降的和不充足的提供水平是农村社区面临的社会问题。这种不易接近的状况作为普遍的农村特征，有些学者提出了“物质的不易接近”和“社会的不易接近”的概念上的区分。社会的不易接近性指的是收入、阶级、年龄、性别、受教育水平和获得资源的社会约束因素，而实际上这些因素的影响并未受到实际的或概念的城乡界限的约束。不同的是，农村地区这些不利条件可能起因于运输条件的落后。也就是说，虽然无论是城市抑或农村都包括一些处于不利条件的贫困人口，但是在农村，一个特殊的问题是一些人由于空间因素的限制而使他们的生活处于不利条件，研究证明，服务提供的不足不仅被农村空间的性质所支配，而且被空间的利用方式所支配。在资本主义社会，空间开发首先是为了获得利润，但是农村中小市场与远距离的致命结合，使农村空间相对于服务提供是不经济的，因而在这样的社会条件下，农村空间成为资本积累的一种障碍。

除去农村空间为生产者所支配的形式外，还有一个消费者利用农村空间的方式问题。易接近性还依赖于掌握运输工具的能力，这在农村尤其明显。拥有汽车是现代农村社区消费类型划分的主要变量，因为汽车可以把个人的流动性同地方的约束中分离出来，克服不易接近而获得更广泛的就业、服务和其他社会资源的选择。

一些学者认为在交通运输和机动性方面也存在着城市迁入者和农村本土人之间的潜在利益冲突，似乎拥有汽车的迁入者改变了社会构成而导致公共运输的萎缩。其实并非所有的迁入者均拥有汽车，而且过分强调迁入者的影响可能掩盖不易接近的真正原因，即不易接近是由于服务和运输的供不应求。更深层的探讨应关注农村运输政策和对教育和服务提供不足的国家公共政策。

（四）现代农村社区中的冲突与农村空间的政治经济特征

有的研究者认为从城市迁入农村的非农人口与本土农业工人之间的利益冲突是农村生活的占优势的基调。这一判断所基于的二元化模型在技术上明显过于简单，因为不管迁入者还是本土人都不是严格的社会学意义上构成的群体。英国现代农村社会是一个分层的社会，长期存在着阶级的对立和冲突：一方面是大地主和农民，而另一方面是无地的农业工人和土地承租者。土地的权力通过国家和政府的渠道行使，正如纽比（Newby, 1979）所阐释的，政府支持的农业政策有利于大的土地资本所有者（包括由城市金融机构拥有或投资的农业综合企业），而排斥小农场主（他们是没有竞争力的），赶走了农业工人（他们被机器所取代）。政府的农业政策导致在农村地区实际收入的重大倒退的再分配。农村政策的设计长期以来首先考虑城市人口的需求，而不是基于保护农村居民的生活标准。然而，这样的农业政策之所以能够在社会系统中稳定地进行是因为它与农村中占统治地位的上层阶级的利益是一致的，而与下层农村阶层的利益则完全背道而驰。而城市迁入者不过是作为某种成分和不同的群体并存在一个分层的本土社区中。至于迁入者和本土人之间的对立，首先在于他们是为了不同原因而生活在农村，并且为了不同目的而共享农村空间资源。尽管他们赋予农村生活以不同意义，他们还是很可能和谐地相互依存，各自从对方的存在中获得利益。不过，迁入者和本土人这一机能上互相依存的理想化的见解与现有的农村状况并不一致。他们是对于某些社会资源的直接竞争者，而对于其他资源的间接竞争者；在他们之间有一道很深的鸿沟表现在收入和购买力方面。外来人口与本土人口的对抗是富人和穷人之间的对立，他们对于贫乏的资源的竞争不可避免的是一种不平等的竞争。

在英国的整个现代化进程中，农村空间对于城市空间本身的再生产是十分重要的，它缓解了由城市化所引起的积累与再生产之间的矛盾。但是，农村向城市的劳动力迁移在战后逐渐减少，并且逐渐被来自海外的移民所代替；与此同时，以城市为基础的工业在农村空间依然延伸，并且逐渐延伸到海外地区。即使如此，农村地区依然作为劳动力的储蓄而有效。农村劳动力的长期过剩形成了一个劳动力的买方市场，这些劳动力的吸引力在于廉价，缺乏组织力和斗争性。在农村社区中分散的、隔离的以农业为主要生活来源的劳动力中，非斗争性、依从性和缺乏流动性形成了农村社会的社会关系和政治文化形式，低水平生产力以城市为基础的工业的扩展正是瞄准了这一点，在农村从事生产和装配工作的半熟练工人不仅是可以获得的，而且工资很低，并且没有资本主义生产关系的以往的体验。因此，以城市为基础的生产扩散到农村，这是60年代以后英国经济的空间重构和劳动力的新的空间分配的一个主要因素。

此外，随着工业延伸到农村和城市人口的迁入，城市的文化和价值标准通过经济的、政治的和传播媒介的网络进入到乡村，随之而来的城市病态如犯罪、吸毒、种族歧视等也进入乡村，农村的人口、环境、资源等面临着挑战。农村社区生活并非尽是美酒和玫瑰花，田园牧歌式的生活似乎离开现实越来越远。

（五）研究启示

英国农村社区的变迁及其现代农村社区的特征和存在的问题使我们看到，在许多国家的社会经济发展过程中，乡村社区的发展均相对落后，农村的不利因素包括：(1) 农村主要以农业生产为主，而农业生产的效率难以与工商业竞争；(2) 在城市化过程中乡村有潜在发展能力的人大量迁出；(3) 国家政策方面对农村政策方面的广度与深度的限制；(4) 农村社区分布扩散，每人分担的单位成本较大；等等。由于这些不利条件乡村居民较之城市居民收入、生活标准和教育水平较低，贫困人口所占的比例较大，享有的社会福利和服务不充足，社区发展的必要性往往远较城市社区更为迫切。

在农村社区发展的程序上，许多国家把农业经济发展的重点放在三个方面：一是振兴农业生产，往往通过减低农业生产成本和提高农业报酬及推广科学技术来发展农业；二是剩余劳动力的安置与转移，把自发的人口迁移转变为有序的、有计划的、目标明确的迁移与安置，以确保农村人口构成，特别是农业劳动人口构成的合理性；三是小型工业及经济方面的基础建设，发展乡村工业、旅游业等，增加就业机会，增加公共积累和个人收入。除去这些经济取向的目标，更多的则集中在社会服务取向方面，包括：

1. 加强公共设施，整建住宅环境。特别是交通设施和安全饮用水的设施；住宅环境的改善应注意到减少污染和过度消耗资源，并且应设立住宅标准体系管理。

2. 改善医疗卫生设施与服务。这里包括建立健全初级保健网络，提供满足需求的医疗保健服务，特别是计划生育和生殖健康服务。

3. 提高教育水平和文化程度。这里包括提高学龄儿童入学率和在校学生就学率，提高教师素质和教育质量；提高农村居民整体文化水准，扫除文盲，普及科学知识和法律知识，特别是计划生育和生殖健康知识及人口与环境意识。

4. 建立健全农村社会保障体系，扶助贫困人口，兴办老人福利事业。作为人口控制和人口迁移的结果，由于人口预期寿命的延长和青壮年人口的外流，农村社区老年人口比例上升，老人照料问题日趋迫切，医疗、娱乐和养老需求的程度逐渐提高，发展社会保障体制，特别是老年福利事业是农村社区发展工作的重要课题。社会保障体系的功能还表现在扶助贫困人口上，重点解决贫困人口的生活、就业和教育等问题，把政府救济、社区互助和个人自助三者结合起来。

5. 发展农村社区组织力量和提高社区领导者的素质。社区的基础组织和社区领导人直接关系到社区的发展。缺少领导和推动，社区的凝聚力很难形成，基于自助和互助的社区行动很难奏效。农村基础组织的弱化和社区领导人素质的下降会影响到社区发展，而发展的迟缓或停滞则会导致更多的不利条件和社会问题。

参考文献

1. John Cater, Trevor Jones: 《Social Geography: A Introduction to Contemporary Issues》, A division of Hodder and Stonghton, London, New York, Melbourne, Auckland.
2. John R. Weeks: 《Population: An Introduction to Concepts and Issues》, Wadsworth Publishing Company, A Division of Wadsworth, Inc.
3. Iran Robertson: 《Sociology》, New York, Worth Publishers, Inc.
4. 《World Development Report 1996: From Plan to Market》, Published for the World Bank Oxford University Press.
5. 《International Conference on Population and Development》, UN, 1994.
6. 《Community Development and National Development》, UN, 1963.
7. 《Community Development in Urban Area》, UN Department of Economic and Social Affairs, 1961.
8. [英]艾伦·斯温杰伍德：《社会学思想简史》，陈玮、冯克利译，社会科学文献出版社，1988年.
9. 于海：《西方社会思想史》，复旦大学出版社，1993年.
10. 龙冠海：《社会学》，三民书局，1984年.
11. 白秀雄、李建兴、黄维宪、吴森源：《现代社会学》，王南图书出版公司，1984年.
12. 田雪原、廖逊主编：《人口与社区综合发展研究》，兵器工业出版社，1993年.

（作者工作单位：中国社会科学院人口研究所）

人口与发展论文选

1997年中国促进就业报告

胡伟略

1996年，政府和各界对劳动工作普遍重视，继续加快建立和健全社会主义市场经济条件下的劳动法律，《促进就业法》等法律草案已经拟出，等待通过实施。最近时期，劳动就业和人力资源配置仍然存在一些突出的问题，下岗职工再就业越来越成为社会的热点，必须加大"促进就业"的力度。这几年，如果把这个问题解决得比较妥善，会达到促进整个劳动就业的目的。

一　1996年劳动就业形势

1996年，各级政府和有关方面对劳动就业工作十分重视，想了许多办法，创造了不少经验，劳动就业取得了很大进展。据国家统计局统计，到1996

年6月底，全国职工人数达14 690万人，比上年同期增加32万人。其中：国有经济职工10 841万人，比上年同期增加81万人；其他各种类型经济职工853万人，比上年同期增加99万人；城镇集体经济职工2 996万人，比上年同期减少149万人。

全国职工人数是和劳动就业状况相联系的。到1996年6月底，全国城镇共安置失业人员就业164万人。城镇尚有登记失业人员525万人，比上年同期增长9.4%。全国城镇的登记失业率为2.9%，比上年同期增长0.1个百分点。实际上，1995年底已达2.9%。在1996年上半年登记的失业人员中，就业转失业人员占31%，为55.9万人，比上年同期略有增长。

劳动用人制度改革继续深入。在实施范围上，已向全国适用《劳动法》的所有用工用人单位扩展。到1996年5月底，全国实行劳动合同制的企业职工占全国企业职工总数的88.7%。加强了劳动关系方面的争议处理工作，结案率上升；但与1995年同期相比，劳动关系方面的立案受理的劳动争议案件数上升速度比结案率上升更快。

1996年，还积极探索和寻求职业技能培训和劳动就业相结合的路子。职业教育立法取得了突破性进展，《职业教育法》经全国人民代表大会常务委员会讨论通过，于5月15日正式颁布，从此职业技术教育有法可依，构建由学校式的职业教育和岗位式的职业教育相结合的职业教育体系工作开始进入了一个新的发展阶段。劳动部门还开始进行职业培训综合基地建设和职业技能开发的联合体、集团化的试点。职业技能鉴定工作正在全国逐步展开。

企业停产半停产情况虽然略有好转，但仍然比较严重。据劳动部门不完全统计，到1996年6月底，全国破产、停产半停产企业数为4.2万户，比上年底减少0.4万户；涉及企业职工人数有651万人，比上年底减少103万人，下降13.7%。其中减发、停发工资的人员为421万人，比上年底减少48万人，下降10.2%；减发离退休费的离退休人员约76万人，比上年底减少18万人。这就造成在深化改革尤其是企业转变经营机制过程中失业、半失业人员增加，企业富余职工急待分流安置。

隐性失业及其转型后的显性失业所引起的就业问题，是当前和今后一段时期中国经济和社会发展的巨大困难。有的经济学学者提出：劳动力供给量减去名义就业量为名义或公开的失业量，而名义就业量减去有效就业量为隐性的失业量；并计量出中国当前隐性失业率为27%(即农村31%和城市19%)(王诚，1996年5月)。还有的劳动学学者提出，目前中国城乡大约存在着1.6亿左右的隐性失业或处于不充分就业的劳动力，约占就业总量的26%(夏积智等，1996年1月)。目前隐性失业向公开失业转化的速度正在加快。选择什么样的就业方针？如何促进就业？乃是当前十分重要的议题。

二　城镇下岗人员增加趋势

城镇隐性失业人员主要集中在国有单位和集体企业。随着市场经济体制的建立，企业深化改革，尤其是在劳动用工制度改革过程中，企业富余职工将会逐渐转化为公开的下岗失业人员。造成城镇职工失业和富余职工下岗的原因很多，有近期的，也有长远的。从企业来讲，在计划经济向市场经济转轨过程中，由于产业结构和产品结构调整步伐加快，对市场竞争不适应，就会出现一些濒临破产、破产和效率低下企业，这些企业的职工就会成为失业职工或即将失业的富余职工。从企业用人制度变化来看，以往高度集中统一的计划经济体制时期，企业用人实行统包统配的“一次分配定终身”制度，造成了企业普遍人浮于事。实行市场经济原则以后，企业用人要改变“铁饭碗”制度，实行劳动合同制，此项改革进展较快；与此同时，企业必须按照市场原则进行劳动力优化组合与合理配置，实行效率优先原则和竞争择优上岗，裁减多余人员，造成一些素质和能力比较差、在竞争上处于劣势的职工下岗。

从长远来看，随着经济增长方式的转变、技术进步和生产效率提高，对有的产业升级和产品技术含量增加的企业，劳动者素质亟待提高，劳动岗位的转换更加频繁，劳动力不适应生产发展要求的现象会经常发生。所以说，在市场经济条件下，职工下岗失业将经常可能出现。

以纺织工业为例。目前，中国已成为世界上最大的纺织品服装出口国。世界纺织品服装出口贸易额中，中国已占13%以上。在全国的出口创汇中，纺织占1/4以上。纺织工业已成为中国第一大净创汇行业。但当前纺织工业仍然有一些明显的特点：一是最终产品直接进入市场，面向消费者，产业的竞争性强；二是行业的主体为中小企业，全行业有6万多家企业，大型企业仅700家左右，除化纤外，生产集中程度较低；三是非国有企业发展迅速，从现价产值来看，国有纺织企业产值占全行业产值的比重1985年为60.5%，1994年下降为32.3%，集体企业产值比重上升为42.3%，三资企业产值比重上升为17.7%，在服装业中乡镇集体企业所占比重更高。这些企业在市场竞争上显示出积极的活力；四是出口比例高，近1/3以上的纺织品生产用于出口；五是装备的专业性强，企业现代化程度又不太高，因此用人多，产业退出障碍较大。

近几年来，纺织工业已遇到了严重困难。主要表现在初级纺织加工能力过剩，中低纺织产品竞争激烈；原料价格大幅度上涨并高于国际市场；出口纺织品时时受到挑战；国有企业包袱沉重，经营机制转换滞后等。纺织工业格局的演变、自身的特点和当前的困境决定了它必须深化改革，加大结构调整力度，实现产业升级和两个根本性转变。具体表现为：控制总量要坚决，对沿海地区和中心城市的初级加工能力和一般低水平产品要压缩淘汰，应向高附加值、精加工方向下功夫，这是纺织工业结构调整、产业升级的迫切要求。其中，最主要的是棉纺锭的压缩问题。据悉，全国现有棉纺锭 4 200多万锭，“九五”期间计划压缩 1 000万锭。对于毛纺、丝绸、针织、印染、服装、化纤等的初级加工能力也要大力压缩。纺织业结构调整是一项长期艰巨的任务，不能按常规办法进行，要整体推进和全盘运作，通过资产重组，以优势企业为依托，组建大的企业集团。产业升级和结构调整过程中，将会产生人员分流出来的问题。预计“九五”期间仅纺织业就会有100万职工面临下岗再就业问题。

中国现在有大小不同、情况各异的30多个行业，未来几年都将面临转轨升级，若大体按照纺织业的人员富余和分流下岗情况来预计，“九五”期间，全国城镇将会有 2 000多万人员下岗和再就业。

三　农村剩余劳动力转移压力继续加大

中国1995年底全国总人口已达121 121万人，农村总人口为85 947万人，占全国总人口的71%。农村全部从业劳动力为45 042万人。现在，一般认为中国农村剩余劳动力有1.2亿人左右，约占农村劳动力总数的1/4。前述有的学者认为，农村隐性失业率为31%，若按1995年农村全部从业劳动力计算为1.4亿人。但是，农村剩余劳动力还会继续大量增加，基本的原因是：

第一，农村人均占有资源首先是农业资源数量严重不足，农村劳动力总量无法与资源（农业资源）全部结合。“不论生产的社会形式如何，劳动者和生产资料始终是生产的因素。但是，二者在彼此分离的情况下只在可能性上是生产因素。凡要进行生产，就必须使它们结合起来”（《马克思恩格斯全集》第24卷，第44页）。今后几年，农村劳动力每年还将增加600万人左右。目前，全国人均占有耕地只有1.2亩。随着农村人口的继续增加，人多地少的矛盾还会越来越突出。到本世纪末，预计农村剩余劳动力将超过2亿人。

第二，农村劳动生产率提高，农业现代化的发展，使越来越多的农业劳动力成为多余。新中国建立以来，随着现代工业的发展，科学技术的进步，逐步推行农业机械化，近年来又全面推行农业现代化。1979年改革开放以来，在农村实行了家庭联产承包责任制，农民重新获得了土地使用权、生产经营自主权、劳动资金等的配置权和收益增长索取权，充分调动了农民生产积极性，使农业劳动生产率大大提高。原先10个人干的活，现在4个人就能干好。但是，一些经济高度发达国家从事农业的人口仅占总人口的5%左右，中国农业人口仍然很多，占总人口的比重（71%）仍然很大。农业生产率进一步提高是必然的，农业人口会继续减少，农村剩余人口会继续增加。

第三，农村传统产业结构正在急剧转变，产业结构调整与转变过程中，将会出现不适应这种转变的农村剩余劳动力。原来，农村第二、三产业发展很落后，这些产业的就业机会很少。1979年改革开放以来，乡镇企业异军突起，吸纳了农村1.28亿多的剩余劳动力。近年来，乡镇企业吸纳农村劳动力的能力减弱，农村第二、三产业发展速度不快，农村产业化进程并不顺畅。其原因主要是农村发展资金不足，农民文化科技素质不高，农村二、三产业容易一哄而起，不能形成规模经济，消耗资源过多，造成环境问题等。由此，农村剩余劳动力的转移难以和产业结构调整同步，农村剩余劳动力就会以流动人口形式出现于城镇，并保持相当大的规模。即使是政府力图把全国流动人口控制在4 000万左右，也难以把另外4 000万左右的农村流动人口让农村第二、三产业消化吸收。即使农村产业结构调整能够加快进行，也难以全部吸收农村剩余劳动力。

第四，人口城市化速度赶不上农村剩余劳动力转移的需要。50年代以来，中国多年实行城乡户口管理制度，严格控制农村人口进城，结果使不断增加的农村人口、劳动力都被限制在农村。这种户籍制度和就业制度虽然可以减轻城镇负担，但却使城市化水平相当低。改革开放以后，城乡户籍制度逐渐松动，80年代中后期允许农民自理口粮进城务工经商，后来又取消粮食定量供应制度，城市化水平迅速提高到接近30%的水平，但比发达国家城市化水平还相差许多。我们虽然提出了各种可能实施的城市化方针。可是，当前遇到的困难在于：大城市容纳不了太多的农村流动人口进城，中小城市和小城镇的发展又面临资金不足、技术力量薄弱，从而增长速度不快，对农村人口的吸引力有限。这样，农村剩余劳动力将会大量流动在各种城镇，有时在春节前后聚成“民工潮”，形成就业压力。

除了基本的原因以外，还有像传统农业转变过程中，种粮比较利益低，吸引不住大批主要的种粮农民留在农村，造成农村流动人口周期地集中涌动，形成大规模的“民工潮”，使农村剩余劳动力或流动人口难以比较有序地向城镇和非农产业转移。

农业剩余劳动力盲目转移，农村流动人口无序流动，散之四方，到处撞荡，有的人找得到就业岗位，有的人找不到工作，收入低下甚至暂时没有收入，当他们从农村出来时积攒的钱财用尽化光时，就会爆发事端，发生偷盗抢窃。触犯刑律，当然要以法行事，但这对个人或对社会都要付出代价。再深层就是农业及粮食生产没有充足的劳动力，而城镇交通、住房、环境及整个国民经济发展都要受到影响。

四　新成长的劳动力就业问题不能忽视

近年来，人们更多地注意城镇下岗人员和农业剩余劳动力的就业问题，对新成长起来的劳动力的就业有所忽视。虽然在下岗人员和流动人口中有一些新成长的劳动力，但新成长的劳动力毕竟是独立的范畴。这些劳动者同年长一些的劳动者相比，在文化科学素质方面一般来说是比较高的，尤其是城镇新成长的劳动者。他们的观念更符合时代要求。而且从劳动就业对象来看，这些劳动者更属于正统的范围。

国内有的学者（陈东琪，1995）预计，若以15年为出生人口——劳动力成长周期，1980～1995年间的出生人口，将成为1995～2010年的新增劳动力。同前30年相比，人口自然增长率已由2.2%降到1.4%以下，降低0.8个百分点。这必然使今后15年新成长的劳动力平均增长出现下降趋势，但由于人口基数太大，劳动力资源绝对量还将继续增加，年平均数量由90年代头5年的1 250万人增到1 450万人。

显然，劳动力供给的基数即劳动适龄人口不可忽视。据第四次人口普查资料可见：

表1　　1990年0～14岁人口数　　（万人）

年龄	人口数		
	合计	男性	女性
0	2 327.36	1 227.90	1 099.46
1	2 338.85	1 233.98	1 104.87
2	2 418.88	1 267.74	1 151.13
3	2 433.45	1 270.68	1 162.78
4	2 143.79	1 114.85	1 028.93
5	2 000.19	1 040.56	959.63
6	1 907.44	944.82	912.62
7	2 020.51	1 052.59	967.92
8	2 204.51	1 143.20	1 060.98
9	1 811.67	923.62	874.05
10	1 925.71	997.83	927.88
11	1 937.13	1 001.10	936.03
12	1 891.52	975.65	915.87
13	1 940.80	1 000.89	939.91
14	2 050.37	1 057.77	992.60

资料来源：《中国1990年人口普查10%抽样资料》第93～94页。

由表可见，1990年中国0～ 14岁15个年龄组的人口总数为31 351.8万人。若假定在此以后分年龄和性别的死亡率为零，那么，从1991年开始的以后15年里，每年平均有2 090万人进入劳动年龄。1996年进入劳动年龄的人口（16岁）有近1 811.67万人，1997年进入劳动年龄人口有近2 204.18万人。

又根据国家劳动部劳动科学研究所的预测：

表2　　1996～2005年劳动力供给状况　　（万人）

年份	劳动力供给量	年净增量
1996	62 497	562
1997	63 909	836
1998	64 887	978
1999	65 666	779
2000	66 398	733
2001	67 213	815
2002	68 191	979
2003	69 229	1 038
2004	70 093	864
2005	70 910	817

资料来源：国家劳动部劳动科学研究所：《就业发展战略研究》。

从上表可以算出，“九五”期间劳动力供给净增量为3 905万人，年净增量为781万人；“十五”期间劳动力供给净增量为4 515万人，年平均为903万人。1996～2005年劳动力供给净增量总计为8 420万人。

再加上前面讲的几项：城镇登记失业人员500万左右，企业富余人员2 000万，农村剩余劳动力按2亿计算，和8 420万净增量相加，总计为30 920万。这就是未来10年劳动力就业的总供给量。

那么，劳动力就业的总需求量是多少呢？若“九五”期间按国民生产总值年增长率12%，充分就业增长弹性系数0.1707计算，劳动力的需求增长率应为2.0484，年所需增加的劳动力为1 259万，5年共需6 295万；“十五”期间按国民生产总值年增长率10%，劳动力年需求率1.707计算，年所需增加的劳动力为1 049万，5年共需5 246万。未来10年共需要劳动力11 541万（刘庆塘）。总供给30 920万减去总需求11 541万，等于19 379万。这就是说，如果不认真解决企业富余人员就业，不加快农村剩余劳动力转移，再加上新成长的劳动力就业问题，那么，10年以后，中国还将会有近2亿劳动力处于就业不充分状态。

五　认清困境与兼顾方针

战后半个世纪以来，西方经济发达国家没有再重演30年初那样的世界性经济大危机，政府调节对市场经济体制发挥了一定作用。但是，却又得了“滞胀”新症，不断地被周期性的衰退所困扰，充分就业和稳定通货难以兼得，效率与公平不能两全。1996年上半年全世界人口总数已达58亿。尽管人口增长率有所下降，但由于全球人口基数太大，现在平均每年新增人口都在8 600万以上，估计这种增长将一直持续到2015年。目前全世界城市人口为26亿，其中17亿在发展中国家。预计今后10年之内，即21世纪最初几年，全球一半以上人口将居住在城市。除了自然增长以外，农村移民将占很大比重。据国际劳工组织1996年3月发表的全球失业率统计报告表明，除南亚、东南亚少数国家和地区以外，全球总体失业率仍保持在较高水平。报告说，1994～1995年度，欧洲大陆各国平均的失业率为10%以上。日本的失业率从1994年2.7%增长到1995年的的3.2%，仍然是工业化国家中失业率最低的。美国的失业率从1994年5.1%增长到1995年的5.3%，1996年1月达5.8%。印度的失业人口1995年增加了100万。在南美洲，巴西和哥伦比亚的失业率有所增长，分别从1994年的4.5%和7.6%，增长到1995年第三季度的5.1%和8.7%。非洲大陆的失业率呈上升势头，就业不足和失业是非洲各国普遍现象。但是，香港和新加坡的失业率一直较低，最近略有上升。

中国目前同样面临解决就业和稳定货币、效率与公平的难题。过去，中国实行传统的计划经济体制，失业和通货膨胀不是不存在，只不过是以隐蔽形式潜藏着的，隐性失业遍及城乡；市场物价虽然许多年不让变动，但物价补贴不断增加，财政负担越来越重，各种定量配给票证越发越多。可见，传统的计划经济体制是无法消除失业和通货膨胀的，平均主义的公平大大丧失了效率。改革以来，隐性失业和隐蔽的、变相的通货膨胀势必逐渐显现出来。在深化改革和经济增长方式转变过程中，又将面临控制通货膨胀和减少失业、提高效率和维护公平的两难困境。1988年和1994年的高通货膨胀和高失业率同时并存就是困境的突出表现。

中国当前所面临的两类抉择困境，从现象上看似乎与西方国家相似，但从深层和长远来看却有区别。因为，中国是一个发展中的社会主义人口大国，改革又必须经历较长的转轨时期，效率与公平都是社会和公众所必然追求的目标。所以，中国当前仍然要采取“兼顾方针”。既承认失业和通货膨胀的不可避免性；又有可能把失业率和通货膨胀率降低到社会所能稳定承受的范围之内。既承认效率和公平有矛盾，又有可能把效率和公平恰当地结合起来。这就是说，既要坚持以发展为硬道理的经济政策，又要坚持以稳定和进步为目标的社会政策，实行经济与社会相兼顾的方针。

失业和就业不足，的确是从隐性失业到公开失业的过渡时期不可避免地会产生的现象。但不能像学术界的有一种倾向那样认为，好像要采取失业和就业不足的方针，才能使隐性失业公开化，以为这样就能控制通货膨胀，就能解决经济过热现象。其实，通货膨胀和经济过热并不是完全由工资等消费基金支出所造成的，大头是投资过度尤其是非生产性投资过度，以及高消费支出。彰吹失业和就业不足，造成大批失业常备军，不仅增加家庭和社会负担，而且最终影响经济持续增长。

是否现在或很快就能完全采取效率型就业方针？这要从新中国成立以来的历史和当前实际出发考虑这个问题。建国多年来强调公平，虽然有平均主义色彩，但毕竟维系了多年来的社会稳定；同时影响了经济增长。当前中国经济仍然不发达，地区差别很大，经济总量并不算很大，经济结构很不均衡，中国人口、劳动力太多，若不利用是很可惜的消费。强调效率是重要的，要尽快实现现代化，必须提高经济效率，但也要兼顾公平。要在坚持以效率为中心的前提下兼顾效率和公平。不仅要强调微观效率，还要强调宏观效率，并重视总量增加。中国还有许多方面、许多地区十分落后，多余的劳动力应当转移到这些方面和地区，发展经济，开拓就业地区和门路，提高经济效率，实施兼顾方针是为上策。

就业困境不是象60年代初的困难，从而引起劳动力、人口由城镇向农村大返回。但当前的就业困难又不是三、两年期的短期困境，而是要跨世纪的中期困境。解决的方针就不是单打一所能奏效的，必须把抑制通货膨胀与充分就业协调起来，把提高效率与社会公平兼顾起来。

六　有计划地发展劳动力市场就业

中共十四届三中全会通过了《关于建立社会主义市场经济体制若干问题的决定》，这是从计划经济体制向市场经济体制转轨的标志。较之1984年的《关于经济体制改革的决定》是一次重大的飞跃。1984年《决定》虽然提出社会主义经济是在公有制基础上有计划的商品经济，但仍然认定我们实行的是计划经济。该决定有时代的局限性，譬如说：“在我国社会主义条件下，劳动力不是商品，土地、矿山、银行、铁路等一切国有企业和资源也都不是商品。”可是，1993年《决定》明确提出要建立社会主义市场经济体制，要求以市场为基础进行资源配置，并提出必须培育和完善市场体系，不限于消费品和服务业市场，还要建立包括劳动力在内的要素市场。这样，才可满足以市场为基础进行资源配置的要求。《决定》还提出要建立现代企业制度，国有企业必须转换经营机制，参与市场竞争。同时强调，为了使市场经济健康发展，还要求建立由中央政府掌握宏观决策和宏观调控权的宏观调控体系。这几方面结合，形成为社会系统。这就使中国经济走上了新的发展阶段，也有利于改革开放的全面推行，有利于国内市场与国际市场的接轨。

劳动就业体制当然也不能例外，必须转轨逐步建立劳动力的市场就业体制。现在，劳动力、人才的市场化就业已成为热门观点，好像就此别无他途。那么，建立劳动力市场就业体制，是否还要劳动就业计划？是否还要各级政府的劳动就业管理？这是一个需要深入探讨和明确回答的问题。

1993年市场经济体制《决定》并没有否定计划的作用和功能，相反，还强调宏观调控的政府职能，确定由计划、财政、金融等构成宏观调控体系。"计划和市场都是经济手段"（邓小平）。关于计划的功能，《决定》提出要"合理确定国民经济和社会发展的战略，宏观调控目标和产业政策，搞好经济预测，规划重大经济结构、生产力布局、国土整治和重点建设。"由此，劳动就业战略，劳动就业的宏观调控目标，劳动力供求及平衡关系的预测，劳动力的就业结构，劳动力分布，劳动力素质提高规划，劳动力社会保障，以及劳动力就业规模的市场现实，等等。都应当有计划，由政府宏观指导和管理。当然，在社会主义市场经济体制下，劳动力就业也应当是市场体制，国家劳动及就业计划是以中长期计划为主，以指导性计划为主，并主要运用经济的、法律的手段以及中介组织等来加以调节。

劳动就业的市场与计划如何结合？劳动就业市场机制是通过劳动力在市场中的供求变化，以及劳动力价格高低来发挥其对劳动力数量、质量再生产的刺激和调节作用，从而使全社会、地区的劳动力再生产保持一定的比例。因此，劳动就业市场机制在客观上被视为指示劳动力供给和需求是否相适应的晴雨表。劳动力再生产必须适应市场变化的情势。

劳动就业计划机制是政府、企业、组织等在劳动力交换活动之前要作出预测和安排。矫正市场活动中的不规范现象和行为。计划机制要求按客观需要和实际可能对未来的劳动力资源进行有效配置，最终达到社会劳动力总供给与社会有接受能力的总需求相适应。劳动就业计划是由千千万万的微观经济单位来执行的，难免有些自发性和无序性。可见，劳动就业的市场与计划相结合，只能是在自发性与计划性、无序性和有序性的矛盾斗争中辩证地发展与结合。

七 1997年促进就业对策

1997年已成为中国促进就业的一个重要年份。具体建议有：

（一）实施社会再就业工程。在搞好调查研究的基础上，把过去以企业消化为主的做法转变为由社会消化、企业消化与个人自谋出路并举的社会化工程。明确和界定政府、企业、社会有关组织、下岗人员在再就业中的责任和应做的工作。加强转岗职业培训和推行职业资格证书制度。政府和企业都要提供资金帮助，政府还应对安置富余人员的经济组织提供优惠，使能在劳动服务企业和生产自救基地中创造更多适合富余人员的再就业岗位。应在对富余人员情况进行调查摸底的基础上，制定企业富余人员"九五"期间的分流计划，争取尽早地解决国有企业富余人员问题。

（二）实施城乡协作解决农村劳动力有序利用工程。此前的提法是"有序流动"，然而"流动"不是目的，关键是开发利用和就业，故应改为"有序利用"。鉴于农村剩余劳动力数量庞大，不可能在短期内全部向现有城市转移来解决其就业问题，应尽量在农村就地开发利用。同时，在农村建立大批小城镇，和发展农村二、三产业继续推动乡镇企业的发展和提高，开发中西部地区和民族边远地区，逐步缩小城乡就业差别。当前，城市对进城的农村劳动力采取临时工管理办法，当作一群可以招之既来、挥之即去的流动人口，这是农村劳动力流动无序化的原因之一。必须把农村剩途劳动力当作城乡统一的劳动力市场资源的有机组成部分来管理。依我历来的主张，按照小城市、中城市、大城市、特大城市的顺序，对流动人口的"存量"和"增量"都要逐步解决其在城市的就业与经济的、社会的、生活的多方面需要和权益。同时，加强城市设施建设，逐步使进城市的劳动力的就业、居住、生活、子女培养等方面都能够稳定下来，从根本上实现有序流动和利用。

（三）实施新成长的劳动力、人才有计划地市场就业工程。城乡新成长的劳动力，尤其是城乡各级中等以上学校毕业生，是宝贵的人力资源和人才。目前，在市场就业和计划分配都不健全不规范的条件下，甚至出现大专毕业生、女硕士毕业生等"就业难"的问题。这是很大的浪费。1994年中国大学专科在校学生已达300万人，几乎是160万大学本科生的两倍。还有各类中等学校（包括中专、技校、中师、普通中学、职业中学）在校学生1995年已达6191.5万。这些人力资源有相当多的人要直接进入社会就业。市场化就业是主要形式和发展方向；但对这些人力资源，政府尤其要加强宏观计划指导，分期分批地通过市场形式双向选择就业。从根本上解决"读书无用"和提高劳动力素质问题。

（四）实施解决就业难的扶持工程。1995年城镇登记失业率超过3%的有：内蒙古（3.8）、浙江（3.2）、安徽（3.1）、山东（3.2）、湖北（3.1）、湖南（3.8）、广西（3.6）、四川（3.7）、贵州（5.8）、陕西（3.5）、甘肃（5.5）、青海（7.4）、宁夏（6.4）、新疆（3.5），这些省、自治区的就业难度比较大。各个省、直辖市、自治区内还有一些就业难点。要加大就业难点地区和单位的就业投入，引导其开发性就业，把扶持工作重点转到基层就业难点和特殊就业群体上来，把就业难点扶持工作与扶贫结合起来。同时要加强失业的预警和预报工作，加强劳动争议的协调工作，以对付可能产生的失业危机。

总之，实行经济与社会相兼顾的就业方针，1997年若全面开动社会再就业工程、农村流动人口有序利用工程、新生劳动力有计划地市场就业工程和就业难点扶持工程，逐步建立有计划地市场就业体制，把经济上新台阶和促进就业结合起来，那么，1997年全国城镇登记失业率继续控制在3%左右是可能的，进而中国的就业和经济、社会发展都会出现新局面。

（作者工作单位：中国社会科学院人口研究所）

人口老龄化给社会经济发展带来的问题及其对策

阎　坤

根据联合国的统计标准，在一个国家或地区内，60岁以上的人口占总人口的10%，或者65岁以上的人口占总人口的7%，就称为人口老龄化。中国目前虽然还未进入老龄化社会，但人口老龄化速度很快，预计到2000年，中国60岁以上人口将占总人口的10.6%，65岁以上人口也将占总人口的7.5%，人口老龄化的问题将日益突出。与此同时，我国的人口老龀化是在经济还不发达的情况下提前到来的，也就是说，在我国经济尚未缩短与世界先进水平差距的时候，人口老龄化程度却接近了发达国家的比例，而且绝对数大，1989年65岁以上老人达6450万人，已成为世界上老年人最多的国家。人口结构的变化给社会保障事业带来许多新的难题，也会给我国的经济、社会带来一些消极的影响。

一　老龄化社会面临的问题

人口作为社会经济生活的主体，它的任何变动无疑都会给社会经济带来或大或小的影响。从当前老年型国家，尤其是从高龄化国家的实践中可以看出，人口群体进入老年阶段后，会给经济发展和社会进步带来一些负面的影响。主要表现在以下几个方面：

（一）人口老龄化会导致劳动年龄人口比重下降和劳动力资源相对减少，劳动力内部年龄结构老化

首先，我们来看人口老龄化对劳动力数量方面的影响。在少年人口比重不变的情况下，人口年龄结构老化将会导致劳动力适龄人口比重的下降，从而使劳动力人口的增长速度放慢，引起劳动力不足。老龄化国家由于老年人口的比重逐渐提高，有的已占到总人口的1/7（如德国、瑞士），甚至1/6（如英国、瑞典），出现劳动力短缺现象。而且劳动力的供给前景也不容乐观。这是由于，这些国家的人口出生率水平都很低，以致进入劳动年龄的人口也越来越趋于减少。作为社会再生产最主要的生产要素之一，劳动力的短缺将直接影响经济的发展，这也正是当今某些发达国家所面临的严峻问题。

从中国的情况来看，人口老龄化对劳动力数量方面的影响是先增后减，但始终占总人口的60%左右。从绝对数上看，2000年后，基本上都在8亿以上，特别是在2010～2030年的20年间，劳动力人口都在9亿以上（见表1）。因此，中国不必为人口老龄化给劳动力数量减少带来的影响而过分担心。相反，有可能对缓解劳动力的失业问题，甚至对社会的稳定具有一定的积极影响。因为从目前和可预见的将来看，中国的经济发展对劳动力的吸纳能力并不足以从根本上改变目前劳动力供过于求的局面。但是，应该值得注意的是，2020年以后，新增劳动力人口的数量开始下降，随之而来的是由于劳动力人口数量下降和结构上的老化，会使个别岗位出现空缺现象，造成部分生产资料的闲置。西方发达国家对此已经深有体会，而在中国部分老龄化程度较高的地区也已开始面临同样的问题。现以北京市2000年和2020年预测数字为例，2000年进入

表1　中国1990年～2050年劳动力数量和年龄结构发展动态

年份	劳动力总数（亿）	占总人口比例（%）	年龄组构成（%） 15－29岁	30－44岁	45－59岁
1990	7.21	63.71	48.6	32.5	18.9
1995	7.66	63.93	44.6	35.4	20.0
2000	8.12	64.01	38.6	37.9	23.5
2005	8.70	65.73	35.5	39.2	25.3
2010	9.08	66.11	35.0	36.8	28.2
2015	9.22	65.19	35.1	33.2	31.7
2020	9.34	64.56	32.8	32.4	34.8
2025	9.27	63.21	31.9	33.6	34.5
2030	9.00	60.26	32.0	35.3	32.7
2035	8.74	58.31	31.9	34.7	33.4
2040	8.68	58.01	31.3	33.7	35.0
2045	8.60	57.95	31.0	33.1	35.9
2050	8.35	57.07	31.4	33.3	35.3

资料来源：于学军著：《中国人口老化的经济学研究》1995年版，第50页。

和退出劳动年龄的人口分别为17万人和10万人，进大于出7万人；2020年进入和退出劳动年龄的人口分别为9万人、20万人，出大于进11万人。这表明在2020年，即使生产规模维持原有水平，也将有10多万劳动力得不到补充。如果生产规模进一步扩大，必将发生劳动力短缺的现象。

其次，人口老龄化对劳动力结构方面的影响。人口群体进入老龄化时期以后，它的组成部分之一就业人口也会愈益老化，也就是说，老年劳动力占就业人口的比重会愈益升高。按照国际上通用的划分方法，15～64岁人口为劳动力人口，15～39岁为年轻劳动力，40～64岁为年老劳动力，即把40岁作为老年劳动力的起始年龄。在日本，1950年，45～64岁的老年劳动力占就业人口的比重不过25.1%。进入老龄化时期以后，1970年升至26.3%，1980年为32.1%，1990年为36.8%，1995年进一步升至39.5%[①]。又如人口已经老化的奥地利，还在1961年，其老年劳动力占就业人口的比重就已升高至48.9%[②]。就业人口急剧老化，必将使全部就业人口参与重体力劳动的程度以及反应灵敏度都有所减弱，给经济发展带来不利影响。美国劳工局对不同行业中工人年龄增大与劳动生产率的关系进行了研究，调查表明鞋厂、服装厂和家俱厂工人的劳动生产率在45岁以后明显下降，结论是劳动年龄人口老化对总体生产率提高的抑制作用越来越大。另一方面，在目前科学技术日新月异迅猛发展的情况下，劳动力队伍的老化，容易导致知识陈旧、对新技术适应能力差，加上思想保守求稳，势必会影响到新技术的采用和推广，影响到劳动生产率的提高。

中国的人口老龄化也将使劳动力在今后的几十年内出现老化。从表1中可以看出：我国45～59岁的劳动力在劳动力总数中的比重将从1990年的18.9%上升到2050年的35.3%，上升16.4个百分点。与此同时，15～29岁的劳动力在劳动力总数中的比重却将从48.6%下降到31.4%，下降17.2个百分点，劳动力内部的年龄结构严重老化。另外，由于人口年龄结构的老化，使社会的消费需求结构发生变化。为满足变化着的需求，生产结构也要发生相应的变化，投资结构和产业结构要作相应的调整。产业结构的调整要求较完善的劳动力市场体系，以使劳动力能合理地、自由地流动，同时要求劳动力的技术结构与之相适应。但是，老年劳动力的流动性相对较差、重新进行培训和教育的费用高、接受新技术的速度慢，很难适应产业结构调整的需要，这就容易造成合格的劳动力短缺，不合格的劳动力过剩的结构性失业。因此，如何使劳动力适应产业结构的调整，并提高劳动生产率，这将成为2020年后我国经济生活中的重要任务。

（二）人口老龄化导致老年人口的负担系数上升，势必加重劳动力人口的负担

众所周知，在构成总人口的少年儿童人口、劳动力人口和老年人口中，只有劳动力人口才是生产者和消费者的统一。他们不但生产自身需要消费的财富，而且要向少年儿童人口和老年人口提供可消费的财富。从人口经济关系上讲，他们在总人口中处于核心和支配地位。因此，他们在总人口中比例的高低自然会影响到整个国民经济的发展、国民财富的分配和人民生活水平的提高。一般说来，负担系数越小，意味着需要负担的人口数量相对越少，越是有利于社会经济的发展。而人口老龄化会改变少年儿童人口负担系数、老年人口负担系数的水平和总人口负担系数的构成。这是因为，随着人口老龄化和老年人口的增加，必然加重社会劳动力人口的负担，这突出地表现在老年人口负担系数的不断提高。据经济合作与发展组织1988年的统计与预测表明，该组织成员国65岁及以上老年人口的负担系数1951年为13.1%，1985年为18.4%，2000年为20.4%，2025年为29.8%。美国管理学家德鲁克(Drukke)把负担系数33.3%定为不可超越的极限。1994年，日本的老年人口负担系数已达20.20%

表2　日本的老年人口负担系数

年份	人口数（千人）				年龄构成系数（%）		
	合计	0～14岁	15～64岁	65岁及以上	总负担系数	负担少儿系数	负担老年系数
1988	122 745	23 985	84 976	13 784	44.45	28.23	16.22
1989	123 205	23 200	85 696	14 309	43.77	27.07	16.69
1990	123 611	22 487	86 230	14 894	43.35	26.08	17.27
1991	124 043	21 904	86 557	15 582	43.31	25.31	18.00
1992	124 452	21 364	86 846	16 242	43.30	24.60	18.70
1993	124 764	20 841	87 022	16 901	43.37	23.95	19.42
1994	125 034	20 414	87 035	17 585	43.65	23.45	20.20

注：① 0～14岁人口为少年儿童人口，65岁及以上人口为老年人口。

② 社会负担系数（总负担系数）是指社会劳动人口与被抚养人口的的比例。

老年负担系数是指社会劳动人口与老年人口的的比例。

少儿负担系数是指社会劳动人口与少年儿童人口的的比例。

资料来源：根据（日本）总务厅统计局编：《日本统计月报》1996年2月号，第13页数据计算而得。

① （日本）总务厅统计局编：《日本统计月报》1996 年 2月号，第15页）。

② 侯文若著：《各国人口政策比较》中国人口出版社1991年版，第270页）。

(见表 2)。当然，伴随历史的发展和社会的进步，对老年人的抚养将不断朝着社会化方向发展。在当代社会，社会对老年人的经济保障越来越负有直接的责任。这种现象是生产社会化程度提高的要求。同时，生产力的发展和社会财富的增加也为建立社会化养老保障制度提供了可能，现代世界上的发达国家和地区一般都普及了老年社会保障制度，发展中国家和地区老年社会保险也在逐步发展。

从中国的情况来看，随着老年人口数量的增加，老年负担系数呈直线上升趋势，甚至将达到超负荷的程度。从表 3 可以看到，1990～2050年的 60年间，少年儿童人口的负担系数一直呈下降趋势，即由 1990 年的 43.5%，下降到 2050 年的 29.2%，60 年下降 14.3%。与此同时，老年人口的负担系数却呈上升趋势，即由 1990 年的 13.5%，上升到 2050 年的 46.0%，60 年上升 31.7%。然而，在 1990～2020 年的 30 年间，少年儿童人口负担系数的下降幅度为 13.1%，而老年人口的负担系数只上升 11.3%，前者的下降速度快于后者的上升速度。到了 2025 年，由于人口老化速度骤然加快，老年人口的负担系数也陡然上升，这时少年儿童人口负担系数的下降速度将趋于缓慢，使老年人口的负担系数超过少年儿童人口的负担系数。此后，少年儿童人口的负担系数在一个很小的幅度内上下徘徊，老年人口的负担系数却仍然以较大的幅度继续上升。正是由于少年儿童人口负担系数和老年人口负担系数的这种变化格局，使中国 1990～2025 年的 35 年间总人口负担系数一直保持在较低的水平上，特别是在 2005～2020 年的 15 年间总人口负担系数将达到最低时期（2010 年达到最低点 51.3%）。而 2025 年以后，总人口负担系数开始超过目前的水平，并以较快的速度上升，直到 2050 年的 75.2%，比 1990 年的总人口负担系数高 18.2%，也就是说，1990 年，中国每 100 名社会劳动力要负担 57 名非劳动力人口，其中 44 人是少年儿童人口，13 人是老年人口。但是由于人口的老龄化，使情况在不断地发生变化。到 2025 年，中国每 100 名劳动力要负担 58 名非劳动力人口，其中 29 人是少年儿童人口，29 人是老年人口，少年儿童人口和老年人口的数量相等。而到了 2050 年，中国每 100 名劳动力要负担 75 名非劳动力人口，其中少年儿童人口的数量仍然是 29 人，老年人的数量却增加到了 46 人。这意味着那时每两个劳动力人口就要负担一位老人，再加上抚养的少年儿童人口，劳动力人口的负担是相当沉重的。

表 3　1990～2050 年我国老年负担系数的发展变化　(%)

年份	少年儿童人口负担系数	老年人口负担系数	总负担系数	少儿与老年人口负担系数之差
1990	43.5	13.5	57.0	30.0
1995	41.9	14.8	56.7	27.1
2000	40.3	15.9	56.2	24.4
2005	35.7	16.4	52.1	19.3
2010	33.1	18.2	51.3	14.9
2015	31.5	21.9	53.4	9.60
2020	30.1	24.8	54.8	5.30
2025	28.9	29.3	58.2	−0.40
2030	29.8	36.1	65.9	−6.30
2035	30.1	41.4	71.5	−11.30
2040	29.7	42.7	72.4	−13.00
2045	29.1	43.4	72.5	−14.30
2050	29.2	46.0	75.2	−16.80

资料来源：于学军著：《中国人口老化的经济学研究》1995 年版，第 64 页。

(三) 人口老龄化导致国家用于老年人的养老、医疗保险支出大幅度增加，最终成为财政重负，影响扩大再生产

人口老龄化的一个必然结果就是社会对老年人承担的负担加重，在社会保险、社会救济和医疗卫生等社会福利方面的支出增加，造成这些费用占国内生产总值的比重提高（见表 4）。一般认为，社会保障费用占国内生产总值的比重是有一定限度的，超过这一限度将给国家财政和经济的发展造成严重困难。西欧和北美一些国家的经验就是前车之鉴。从表 4 中可以看出，人口老龄化程度较高的瑞典和挪威，社会保障费用占国内生产总值的比重分别为 31.3% 和 29.8%，几乎达到国内生产总值的 1/3。近年来，西方发达国家的经济日渐衰退，使这些国家政府的财政收入减少。与此同时，由于人口老龄化和用于老年人口的财政支出与日俱增，给经济发展造成一定的困难，致使财政陷入困境。这是因为，随着人口老龄化的程度加深，退休人员将不断增加，他们不仅不再创造物质财富，而且每年还需国家拿出一笔退休金，用来保证他们的基本生活。在西方发达国家，大都实行退休金随物价上涨以及就业者工资水平升高而提高的政策，以便使退

表 4　社会保障支出占国内生产总值的比重（1986年）　(%)

国家	社会保障的比重	国家	社会保障的比重
日　本	12.2	丹　麦	26.3
以色列	13.0	原西德	23.4
新加坡	14.7	挪　威	29.8
美　国	12.5	芬　兰	22.8
智　利	13.1	法　国	28.6
英　国	20.4	比利时	26.4
奥地利	25.4	波　兰	17.1
荷　兰	28.6	爱尔兰	23.2
瑞　士	14.7	卢森堡	23.4
瑞　典	31.3	新西兰	17.9
西班牙	18.1	原苏联	15.5

资料来源：(日) 总务厅统计局编：《世界统计》1994 年版，第 302－303 页。

休金不致贬值并分享国家获得的经济成果。其结果是，国家的退休金支出不断增加。另外，这些国家对老年人还实行社会救助、社会福利政策，也就是说，国家每年除支出愈益增多的退休金以外，还要支出越来越多的社会救助金和社会福利费。用在老年人身上的这些费用支出，给这些国家造成沉重的财政负担，并影响到扩大再生产的顺利进行。

中国目前的情况虽然没有西方发达国家那么严重，但也不容乐观。从表5中可以看到，1994年国内生产总值是1984年的6.28倍，而1994年离退休人员保险福利费用是1984年的11.49倍，其增长速度远远超过国内生产总值的增长速度。离退休人员保险福利费用占国内生产总值的比例也从1984年的1.48%上升到了1994年的2.71%,10年上升了1.23个百分点。即使按照这种速度发展下去，2030年前，国内生产总值中用于老年人的费用份额也会大幅度增加，这势必影响社会扩大再生产的顺利进行。另一方面，考虑到中国人口老化速度快、程度深，老年人口数量的增加，将使老年人口的负担系数从1990年的13.5%上升到2050年的46%,几乎增长3倍。老年人口负担系数的提高，要求政府增加老年人口的福利项目和养老设施，扩大对老年人口的福利供给，这都会使政府用于老年人口的费用进一步提高。实际情况也确实如此。在目前的养老保障体制下，由于退休人员的增加，使得离退休人员保险福利费用的增长速度过快（见表6)，增加了企业的负担和产品的成本，从而影响了企业的扩大再生产和国民经济的发展。

（四）人口老龄化导致依靠养老金生活的人口比重上升，结果是有储蓄能力的人减少，提取储蓄存款的人增多，不利于资本的形成

我们知道，一个国家的国民收入最终将分为积累基金和消费基金两大部分。在国民收入总量一定的条件下，积累基金和消费基金存在着此消彼涨的关系。一般来说，一国生产和再生产投资资金的主要来源是国民收入的积累部分，而在一个经济均衡发展的国家，其储蓄基本上要转化为投资，因而储蓄是投资资金的一个重要来源。从理论上讲，长期保持较高的投资是国民经济稳定发展的必要条件，而国民经济健康发展需使这个较高的投资率得到相应的储蓄率的支持；只有在储蓄率和投资率经常保持均衡的条件下，才能有国民经济的持续发展。所以，均衡的投资和储蓄，是促进国民经济持续、健康、稳定发展的重要保证。由此看来，人们之所以关心储蓄问题，是因为储蓄是资本积累的重要资金来源。但是，人口老龄化却对储蓄有一定的影响。一般认为，由于老年人的收入下降，因而他们的储

表5　中国1984～1994年离退休人员保险福利费用占国内生产总值的比重

年份	国内生产总值(亿元)	离退休人员保险福利费用总额(亿元)	离退休人员保险福利费用占国内生产总值的比重(%)
1984	7 171.0	106.1	1.48
1985	8 964.4	149.8	1.67
1986	10 202.2	194.7	1.91
1987	11 962.5	238.4	1.99
1988	14.928.3	320.6	2.15
1989	16 909.2	382.6	2.26
1990	18 530.7	472.4	2.55
1991	21 617.8	562.0	2.60
1992	26 635.4	695.2	2.61
1993	34 515.1	913.7	2.65
1994	45 005.8	1 218.9	2.71

资料来源：根据《中国统计年鉴1995年》有关数据计算而得。

表6　1984～1994年我国离退休人员及其费用变化情况

年份	职工工资总额(亿元)	全国保险福利费用总额(亿元)	离退休人员总数(万人)	离退休人员与在职职工之比	离退休人员保险福利费用总额(亿元)	离退休人员保险利费用占职工工资总额的比重(%)	离退休人员保险福利费用占全国保险福利费用总额的比重(%)
1984	1 133.4	257.7	1 478	1:8.0	106.1	9.36	41.17
	1 383.0	331.6	1 637	1:7.5	149.8	10.83	45.17
1985	1 659.7	420.1	1 805	1:7.1	194.7	11.73	46.35
1986	1 881.1	508.7	1 968	1:6.7	238.4	12.67	46.86
1987	2 316.2	653.1	2 120	1:6.4	320.6	13.84	49.09
1988	2 618.5	768.0	2 201	1:6.2	382.6	14.61	49.82
1989	2 951.1	937.9	2 301	1:6.1	472.4	16.01	50.37
1990	3 323.9	1 094.7	2 433	1:6.0	562.0	16.91	51.34
1991	3 939.2	1 309.5	2 598	1.5.7	695.2	17.65	53.09
1992	4 916.2	1 670.2	2 780	1:5.4	913.7	18.59	54.71
1993	6 656.4	1 958.1	2 929	1:5.1	1 218.9	18.31	62.25
1994							

资料来源：根据《中国统计年鉴1995年》有关数据计算而得。

蓄率也将下降。而且，老年人退休后还必须动用过去的储蓄以维持他们的正常生活，因此，人口老龄化程度的加深将不利于储蓄率的提高。特别是当老年人口内部的高龄老人增加时，这一影响便更加突出。

在对人口老龄化与储蓄之间关系问题的研究中，最系统和最有影响的是1985年诺贝尔经济学奖获得者、美国经济学家莫迪里亚尼（Modigliani）发明的"储蓄的生命周期理论"。他认为，一个人在退休前总是倾向积极储蓄以备退休后使用，而退休后则基本上停止储蓄，开始使用已有的储蓄。根据这一理论，人口老龄化将导致储蓄率的下降。但要注意的是，如前所述，人口老化本身也会伴随劳动力的老化，而劳动力老化会加速储蓄率的提高，因此，二者可能会部分地相互抵消。从表7中可以看出，美国人均储蓄存款利息所得和股票股息所得与年龄呈明显的正相关关系。特别是65岁以上的老年人的储蓄存款利息所得和股票股息所得更是比一般人高出2～3倍。由此看来，美国老年人口的人均储蓄存款水平大大高于全国的人均储蓄存款水平，因而可以说，美国人口老龄化和老年人口的增多不但没有降低总储蓄水平，反而却提高了总储蓄水平。然而，我们应该考虑到，美国老年人口的存款大多数也是在他们退休前存入的，进入老年后，由于收入水平的相对下降，新存入的存款肯定要比退休前有所下降。在这种情况下，老年人口比例的上升和老年人口的增多对储蓄增长率的提高还是不利的。

表7　1991年美国人均储蓄存款利息所得和股票股息所得的年龄分布状况

（美元）

年龄组(岁)	存款利息	股票股息
35岁以下	1 237	2 074
35～44	2 325	4 563
45～54	3 717	5 160
55～64	6 587	9 077
65岁及以下	15 337	19 938

资料来源：于学军著：《中国人口老化的经济学研究》1995年版，第48页。

对于中国来说，人口的老龄化将对储蓄产生消极的影响，因为老年人口的储蓄水平相对较低，老年人口的增加会带来总储蓄水平的降低（见表8、9）。从表中可以看出，在老年人口中，储蓄的数量和利息所得基本上是随着年龄的增大而减少的。因此，从我国的情况来看，人口老龄化和老年人口的增多不但将降低总储蓄水平，而且会抑制储蓄增长率的提高。这势必要影响资本的积累和投资，从而对经济的发展产生不利的影响。

表8　老年人在银行存款状况

年龄	城市				农村			
	有		无		有		无	
	人数	(%)	人数	(%)	人数	(%)	人数	(%)
60～64岁	1 621	47.72	1 776	52.28	551	17.16	2 660	82.84
65～69岁	1 236	45.61	1 474	54.39	395	13.93	2 441	86.07
70～74岁	745	37.47	1 243	62.53	260	13.08	1 728	86.92
75～79岁	389	35.66	702	64.34	129	9.92	1 171	90.08
80～84岁	133	26.98	360	7302	56	9.35	543	90.65
85岁以上	53	25.24	157	74.76	13	5.00	247	95.00
合计	4 177	42.24	5 712	57.76	1 404	13.77	8 790	86.23

资源来源：中国老龄科学研究中心编：《中国老年人供养体系调查数据汇编》，1994年10月版，第135－136页。

表9　老年人平均储蓄存款和利息状况

年龄	城市		农村	
	存款	利息	存款	利息
60～64岁	956	87	1 119	79
65～69岁	839	77	820	69
70～74岁	737	71	625	53
75～79岁	614	65	617	60
80～84岁	837	48	473	38
85岁以上	653	38	331	31

资料来源：中国老龄科学研究中心编：《中国老年人供养体系调查数据汇编》，1994年10月版，第137页。

（五）人口老龄化导致养老保障基金入不敷出，前景尤其令人担忧

据荷兰国家公务员养老基金会的调查表明：欧共体12国在养老金、医疗保险金方面均出现支大于收的赤字局面。到1990年，欧共体养老金和医疗保险金的累计债务总额达7.5万亿欧洲货币单位，相当于同年欧盟12国国内生产总值之和的145%。导致这种局面的主要原因有：（1）第二次世界大战结束后的50年里，欧共体人均寿命由66岁上升到76岁。这就是说，50年前，雇员60岁退休后，平均领取养老金的时间为6年，现在平均邻取养老金的时间为16年，比那时整整多领10年。同样，50年前，雇员60岁退休后，医疗保险机构为其支付医疗费的时间平均为6年，现在为其支付医疗费的时间平均为16年。（2）相对而言，交纳养老保障基金的人越来越少，而享受养老保障基金

的人则越来越多。以美国为例，50年前，在职职工与领取养老金者的比例为16∶1，现在为2.5∶1，50年后将提高到1∶1。另据英国联邦顾问团最近提出的报告说，欧盟12国1990年在职职工与领取养老金者的比例大约是1.5∶1，按照目前的趋势发展下去，50年后有可能变成1∶1.5，即那时退休者总数将比在职职工总数多出50%，可见问题的严重性。

中国传统体制下的养老保障制度是一种企业保障和事业部门保障，或称单位保障，其社会化程度很低，这种制度的一个最大特点就是现收现付制。所谓现收现付制是根据当前所需支付的养老金数量来决定当年应筹集的资金数量，确定当年从社会工资总额中提取养老金的比率或社会保险税的税率。在这种模式下，当年支取养老金，平衡结算，没有任何的结余和积累。这种方法的优点是简便易行，具有可操作性。其缺点是由于缺乏数量上的长期规划，没有必要的积累，可能造成未来人口老化费用的逐年增加，提取比例不断上升的被动局面，容易出现入不敷出的现象。目前这种保障方式正在受到严峻的挑战。1978年，我国在职职工与离退休人员的比例为30.3∶1，离退休人员的保险福利费用总额为17.3亿元①。到了1994年，这一比例已经上升到了5.1∶1，离退休人员的保险福利费用总额也上升到了1218.9亿元。在此期间，离退休职工人数和离退休人员保险福利费用的年平均增长速度快得惊人。据预测，从2020年开始，我国人口老龄化将加速。2020年，60岁及60岁以上的老年人口将占总人口的15.98%，老年人口总数将达2.31亿②。到2025年前后，本世纪60年代生育高峰期间出生的人口将陆续进入退休年龄，而70年代以来生育率迅速下降后出生的人口处于劳动年龄。那时，较少的劳动者必须负担较多的退休金领取者的现实，必然使现收现付制无法运行。这不仅使在职职工难以承受极其沉重的养老负担，更重要的是，这会增加企业的成本，影响企业的国际竞争能力。

二　面对人口老龄化中国应采取的对策

针对上述人口老龄化给社会经济发展带来的问题，根据中国人口老龄化的特点，尽快地寻求切实可行的养老保障对策，对于推动我国的现代化建设和经济的发展，都有着重要的理论意义和现实意义。

养老保障制度的改革是一个较长的过程，从短期、中期的发展趋势来看，大致同时实行三种制度较为合适。第一种，建立和实施城镇职工养老保障制度。开设个人养老保险帐户，实行社会统筹与个人帐户相结合，养老保险基金按工资的一定比例由用人单位和职工个人共同交纳，记入个人帐户。随着时间的推移，两个比例应逐渐统一。个体劳动者参加养老保险，费用全部自理。第二种，建立和完善行政机关公务员、事业单位和社会团体职员的养老保障制度，以社会保险养老方式为主。第三种，建立和实施农村农民养老保障制度。农民养老以传统的家庭养老模式为主，与社区扶持相结合。条件允许的地方，根据农民自愿，也可以实行个人储蓄积累养老保障方式。

（一）城镇职工养老保障制度的改革

城镇职工养老保障制度改革的主要内容是建立社会统筹与个人帐户相结合的新体制。所谓社会统筹与个人帐户相结合，是指建立国家基本养老保险、企业补充养老保险和职工个人储蓄性养老保险相结合的多层次养老保险制度。这是养老保障制度改革的重点。

1.国家基本养老保险，由国家统一立法，强制实行。其覆盖面较广，原则上适用于各类企业。基本养老保险基金由国家、企业、个人三方共同负担。资金筹集办法是由政府根据支付费用的实际需要和企业、职工的承受能力，按照“以支定收、略有结余、留有部分积累”的原则统一筹集的。具体提取比例和积累率，由省、自治区、直辖市人民政府经实际测算后确定，并报国务院备案。企业缴纳的基本养老保险费，按本企业职工工资总额和当地政府规定的比例提取，由企业开户银行按月代为扣缴。企业逾期不缴，要按规定缴滞纳金，滞纳金并入基本养老保险基金。职工个人缴纳的养老保险费在调整工资的基础上逐步实行，缴费标准开始时可不超过本人标准工资的3%，以后随着经济的发展和职工工资的调整再逐步提高，企业和个人缴费的比例将逐渐向各自负担一半的目标靠拢。职工个人缴纳的基本养老保险费，由企业在发放工资时代为收缴。

2.企业补充养老保险，它是由国家宏观指导，企业内部决策执行的。它根据企业的经济能力而定，经济情况好时可以多补充，差时可以少补充或不补充。补充基金，由企业从自有资金中按工资总额的一定比例向保险公司或别的保障机构缴纳。企业可以自主选择资信好的保险公司，以确保这部分资金的保值增值。保险公司建立每个职工的个人帐户，把这笔资金记入帐册储存。补充养老保险的具体办法和基金的提取数额，由本企业职工代表大会规定。这样做可以使职工在按国家规定领取的基本养老金水平上再增加一些，有利于稳定企业职工队伍，发展企业生产。

3.职工个人储蓄性养老保险，它由国家宏观指导和给一定政策性优惠条件下，实行个人自愿的原则，由职工个人根据自己经济收入的情况，或多或少地定期向社会保险事业管理机构缴纳一定的养老保险基金，有的也可以委托单位代扣、金额不限。

---

①《中国统计年鉴1995年》第688页、690页。

②于学军著:《中国人口老化的经济学研究》1995年版，第139页)。

个人储蓄性养老保险可缓解社会高消费，改善职工退休待遇，提高退休人员生活质量，起到居安思危的作用。个人储蓄性养老保险由职工个人自愿选择经办机构。至1992年，已有山西、福建、江西、湖北等省的一些市县，以及邮电部的一些企业开展了个人储蓄性养老保险。

以上第一部分体现了职工平等的养老保险权利，第二、三部分因企业经济效益和个人收入不同而有所差别，体现效率原则。第一部分采用以支定收、略有结余、留有部分积累的办法筹集基金，第二、三部分则采用完全积累办法，设立个人帐户，所有款项及利息归个人所有。

我们认为，中国当前的养老保障改革只能是建立低标准的基本保障制度。所谓低标准，就是参照国际惯例，在职工退休后，只发给相当于本人在职时工资总额60%左右的基本养老金（这里说的工资总额是指包括档案工资以外的制度政策规定的工资性收入），作为对其基本生活的保障。这个水平比较接近我国的实际，在国际上也处于中等偏上的水平。据测算，当基本养老金替代率（养老金占退休前工资总额的比例）超过80%时，2011年中国养老保障基金就会出现赤字；当基本养老金替代率为80%时，2015年以前，养老保障基金尚能自求平衡，但2016年后便开始出现入不敷出，赤字逐年增大；当基本养老金替代率为70%时，虽然维持收支平衡的时间略长一些，然而从2022年起又出现收不抵支问题。当基本养老金替代率为60%时，2036年以前基本上可以维持基金的自求平衡，虽然以后仍呈现基金不足的趋势，但考虑到那时人口老龄化高峰已逐步下降，在经济仍保持增长的情况下，依靠基金的滚存结余弥补当年收支还是可能的。因此，从总体上看，只有将基本养老金替代率控制在60%左右时，才有可能避免或缓解养老保障基金入不敷出的困难现象。

当然，这其中有一个现已退休或即将退休人员的养老基金来源问题。如果这部分人养老金的发放不是完全依赖现有的在职人员的积累，则即使是替代率再高一些，也不至于到30年后出现养老基金收支不平衡问题。因此，我们在考虑保障水平时，绝不应单纯算替代率的帐，而应从保障老年人必要生活出发，多方面考虑筹集养老基金办法，否则将陷入单纯算帐越算越困难的境地。目前我们还属于低工资国家，压低替代率虽然有利于养老基金收支平衡，但压得过低，不仅难以保障退休人员必要的生活水平，还会影响其家庭生活水平。因为压得过低，退休人员的生活水平下降甚至难以维持，势必增加家庭中在职人员的负担，这将会被迫增加在职人员工资，否则也会影响在职人员的劳动积极性。所以，替代率过高不利于国民经济的发展，同样过低也会妨碍经济社会的发展。此外，保障老年人必要的生活水平，这是社会主义制度决定的，养老问题决不仅仅是生活问题，它也是一个政治问题。

实行上述方案后，年轻一代的养老保险由个人帐户上积累的资金来解决。对于已经退休或即将退休而个人帐户上没有积累的老年人，由社会统筹来提供养老保障。将来随着这部分人的自然消亡，国家将逐步摆脱重担。

（二）机关、事业单位养老保障制度的改革

国家机关、事业单位养老保障制度的改革力争全面克服旧制度的缺陷，为此一要坚持权利、义务与强制性相结合的原则，做到两者的和谐统一，保证单位和个人都参加养老保险，履行应尽的义务，享受应有的权利。二要坚持国家、单位和个人共同合理负担的原则，按照机关、事业单位的不同性质，根据经费的来源渠道，分别由财政、单位和个人共同负担，拓宽资金渠道，实行部分积累的办法，逐步建立起养老保障的储备基金。三要坚持行政管理与基金投资相分开的原则，做到政事分开。制定政策是行政职能，必须由政府主管部门负责；基金管理机构属于非盈利性的事业单位，应按有关政策法规负责养老保险的发放、管理和投资等工作。

改革的思路是通过改革，改变退休费用由国家、单位统包的状况，实现三方共同负担；把养老保险费用从行政、事业费中分离出来，形成专项养老保障储备基金；实行社会统筹和个人帐户相结合，形成既有统筹互济功能，又有激励竞争机制的社会养老保险制度。与此同时，相应改革养老金计发和调节办法，在国家法定基本养老保险金的基础上，建立补充养老保险，并鼓励各类人员进行个人养老保险储蓄。总之，改革的目标是逐步形成社会统筹与个人帐户相结合的运行机制，具有机关、事业单位特点的养老金发放机制，基本保险待遇与工资、物价适当挂钩的调节机制；保险基金管理与退休人员管理相统一的社会化管理服务体系。

需要指出的是，机关、事业单位养老保障制度作为整个养老保障制度的重要组成部分，也需要按照社会主义市场经济体制要求进行改革，这是毋庸置疑的。但是，具体改革方案的设计，还有一些问题需要进一步研究。

一是国家公务员与事业单位职工是否要实行同样的养老保障制度的问题。国家公务员，从国际惯例来看，由于他们并不直接创造价值，一般作为特殊的职业群体来对待，国家包揽其养老、医疗、住房等各方面的福利待遇，不能与其他的职业群体混为一谈，因而其养老保障制度也不能完全比照企业的养老保障制度。事业单位的职工，是享受国家公务员福利待遇，还是实行与企业职工相同的养老保障制度，需要根据事业单位体制改革的情况具体确定。事业单位大致有三类：全额拨款、差额拨款和自收自支。一般来说，由国家全额供应经费的事业单位的职工，应享受国家公务员福利待遇；而主要由单位自身组织收入、国家适当给予补助的事业单位的职工，应实行与企业职工并轨的养老保障制度。

二是机关、事业单位养老保障制度改革如果按照企业的办法进行，国家财政是否能承受的问题。机关、事业单位的养老保障基金来源，无论是个人缴纳，还是单位缴纳，基本上由国家财政负担（除自收自支事业单位国家财政不直接负担以外）。因此，机关、事业单位养老保障制度改革与国家财政的承受能力密切相关。机关、事业单位如果按照企业的办法，实行部分积累制，势必在现有机关、事业单位离退休经费开支标准的基础上考虑一定水平的积累率，同时还要增加经办机构的管理费，这样会大大增加国家的财政支出。照此推算，如果机关、事业单位的各项社会保障制度改革全面推开的话，这对现在已经连年赤字，负债累累的各级财政来说无疑是雪上加霜，进一步加剧财政困难。

从以上的分析来看，近期机关、事业单位养老保障制度的改革方案还需进一步研究探讨，待条件成熟后在试点的基础上再逐步推广实施。

（三）农村养老保障制度的改革

建立农村养老保障制度，完善农村社会保障体系，是我国农村经济发展后社会进步的重要标志。从某种意义上来说，我国九亿农民的稳定、进步与农村社会保障制度息息相关。从世界各国的经验看，大范围地建立无固定收入社会成员的养老保障制度，还没有比较成熟的经验。我国是一个人口众多的发展中国家，农业人口占80%以上，经济发展水平相对落后，这更为在农村建立养老保障制度增加了难度。考虑到我国的基本国情和农村的特点，建立具有中国特色的农村养老保障制度，必须从我国城乡二元经济结构这一基本的社会现实出发，既要立足于我国农村经济、社会的现有水平，又要考虑未来的发展需要，采取适合农村实际情况的办法，走一条新的农村养老保障之路。

自1986年我国开始探索农村社会养老保障制度以来，我国农村社会养老保障工作取得了重大进展。到目前为止，全国已有28个省、自治区、直辖市的1 600多个县（市、区）开展了农村社会养老保障工作，共有6 000多万农村人口参加了保险，积累基金达60多亿元。① 其中，山东、江苏两省积累基金各超过10亿元，上海、浙江、湖南等16个省市积累基金各超过1亿元，全国有近200多个县（市、区）积累基金各超过1 000万元，基金积累较多的县市也已超过1亿元。这些地方的政府都已制定了《农村社会养老保障办法》，开始建立起省、市、县、乡、村上下贯通的管理体系，初步规范了操作和管理程序，保险基金能够按规定要求增值，显示了巨大的发展潜力。1990年7月，国务院第111次总理办公会议专题研究了社会保障制度改革问题，决定由民政部负责农村的社会养老保障工作。1991年5月，民政部根据国务院的决定制度了《农村社会养老保险基本方案》。同年6月，国务院决定选择一批有条件的地区开展建立县级农村社会养老保障制度的试点。经过几年的努力，我国农村的社会养老保障事业有了很大的发展，农村社会养老保障制度已经有了一个良好的开端。

1995年10月，民政部在浙江省杭州市召开了第四次全国农村社会养老保障工作会议，提出了"强化管理、稳步推进"的工作思路，推动了这项工作进入了一个新的发展阶段。与此同时，国务院办公厅批转了民政部《关于进一步做好农村社会养老保障工作的意见》，进一步肯定了逐步建立农村社会养老保障制度，对于深化农村改革、保障农民利益、解除农民后顾之忧，对于落实计划生育基本国策、促进农村发展和社会稳定有着十分重要的意义。

根据《农村社会养老保障基本方案》确定的原则，目前我国农村社会养老保障的主要改革措施是：

1. 资金筹集以"个人交费为主、集体补助为辅、国家给予政策扶持"。这是建立我国农村社会养老保障制度的决定性因素。在个人、集体和国家三者的关系中，以个人缴费为主，个人缴费一般占缴费总额的50%以上。在个人缴费的基础上，参加保险的农民及乡镇企业职工所在的村或企业，可以根据自身的经济状况给予适当补助，补助比例一般不超过50%。国家的政策扶持，目前主要体现在乡镇企业职工参加养老保险可以税前列支，保险基金运营工作中免征增值税等。

2. 建立个人帐户、实行储备积累，按积累总额确定发放标准。采取个人帐户的办法，将个人缴费和集体补助都记在个人名下，未来领取养老金的多少主要取决于个人帐户资金积累的数额。多交多领，少交少领，坚持权利和义务的统一。在此基础上，对早逝者和长寿者适当调剂，以体现其社会性。

3. 实行务工、务农、经商等各类人员养老保险一体化。即非城镇户口，不论务农、务工或经商，均参加统一的养老保障制度。这样做主要是为适应农村劳动力亦工亦农亦商流动性大的特点。投保年龄以参加劳动获得收入为起点，一般从20周岁开始到60岁，60周岁开始领取养老金。对农村各类人员实行统一制度，是对参加人员进行统一的保险编号，对个人帐户进行统一管理。

当然，在现阶段建立农村养老保障制度，还要注意以下几个方面的问题：(1) 从养老保障方式上看，在相当长的时期内，仍然要采取以家庭养老为主，社会供养为辅的模式。与此同时，相应加大社会供养的比重，逐步过渡到以社会供养为主，以家庭养老为辅的模式。但无论是哪个阶段，作为养老

①《金融时报》1996年8月15日。

的载体，家庭的作用是不可替代的。(2)从资金来源上看，由于我国农业人口众多，加之经济发展水平不高，国家和集体不可能大包大揽，补充也是有限的。因此，养老保障从一开始起，就要立足于建立以个人交费、自我保障为主的机制。国家应在宏观政策上予以扶持，集体则应在微观上予以补助。(3)从筹资方式上看，由于农民一般无固定数量的收入，而且目前农民的收入相对较低，因此不宜采取现收现付式或部分积累式，可供选择的模式是完全积累式。因为农民担心统筹后个人吃亏，把自己的钱用到别人的头上，因而必须采取自我保障为主，互助为辅的原则，设立个人帐户，交费和领取的标准透明度要高，资金落实到每个人头。多交多领，少交少领，不能吃大锅饭。(4)从资金管理上看，由政府监督，具体业务由隶属民政部门的非盈利机构经办。在县（市、区）建立农村养老保障的专门机构，负责收取和发放养老金工作。要以县为单位进行平衡核算，接受同级财政、审计部门的监督。另外，可将农村养老保障储备基金存入银行或购买政府债券，一方面能得到利息，使基金保值或增值，另一方面作为积累和投资，支持国民经济的发展。

总之，中国的农村养老保障模式，将是区别于国外现收现付式和中国城市“两个帐户”相结合的模式。新的农村养老保障模式，将采取政府组织引导和农民自愿相结合的办法，实行个人交费为主、集体补助为辅、国家予以扶持的政策，建立自助为主、互济为辅、储备积累的机制，以保证农民年老后的基本生活。

参考文献

1. 中国老龄科学研究中心编：《老年人供养体系调查数据汇编》，华龄出版社，1994 .

2.《中国统计年鉴 1995》，中国统计出版社，1995 .

3.（日本）健康保险组合联合会编：《社会保障年鉴》，东洋经济所报社，1996 .

（作者工作单位：中国社会科学院财贸经济研究所）

人 口 普 查

1995 全国 1% 人口抽样调查

表 1　　　　省、自治区、直辖市市的 16 岁

地区别	总人口	劳动力人口		失业人口		
		合计	在业人口	从未工作正在寻找工作	失去工作正在寻找工作	企业停产等待安置
总计	1 977 618	1 466 229	1 389 301	35 729	25 041	16 158
北京市	69 843	49 146	47 085	579	1 209	274
天津市	50 935	35 690	33 060	870	774	986
河北省	73 145	53 641	51 500	1 056	551	534
山西省	61 385	43 991	42 405	1 141	255	190
内蒙古自治区	43 055	31 316	29 094	1 317	514	390
辽宁省	144 034	102 106	95 512	2 688	1 387	2 519
吉林省	81 476	57 621	53 267	2 121	907	1 327
黑龙江省	91 756	64 147	57 698	3 296	1 257	1 896
上海市	87 430	60 693	55 916	645	2 865	1 268
江苏省	111 799	82 590	79 185	1 443	1 469	492
浙江省	58 273	43 515	42 051	514	834	116
安徽省	63 969	48 701	46 402	1 429	411	459
福建省	36 841	26 656	25 085	757	665	149
江西省	39 998	30 724	28 891	1 077	344	412
山东省	171 625	131 869	129 501	1 177	758	434
河南省	73 394	56 110	53 607	1 551	481	472
湖北省	102 359	80 078	75 992	1 974	849	1 262
湖南省	82 731	62 233	59 104	1 733	686	709
广东省	142 032	106 456	98 965	2 175	4 691	624
广西壮族自治区	38 803	29 934	28 275	780	767	112
海南省	8 792	6 805	5 875	510	304	117
四川省	164 096	131 179	127 126	2 030	1 472	550
贵州省	31 908	24 154	22 508	1 211	340	96
云南省	20 528	16 083	15 608	226	223	25
西藏自治区	1 292	950	920	26	3	1
陕西省	53 673	38 546	36 369	1 246	416	515
甘肃省	32 630	23 642	22 549	826	204	63
青海省	7 680	5 313	4 942	284	41	45
宁夏回族自治区	6 707	4 801	4 479	249	46	26
新疆维吾尔自治区	25 431	17 541	16 332	799	318	93

及16岁以上人口就业状况

(人,%)

非劳动人口						劳动力人口比例	失业率①	失业率②
合计	在校学生	料理家务	离退休	丧失劳动能力	其它			
511 389	81 299	162 191	211 719	42 717	13 464	74.14	4.14	5.25
20 697	4 702	4 007	10 798	825	365	70.37	3.64	4.20
15 245	2 129	4 300	7 707	729	379	70.07	4.61	7.37
19 504	3 288	6 652	7 437	1 745	382	73.34	3.00	3.99
17 394	1 946	7 908	5 511	1 414	615	71.56	3.17	3.61
11 740	1 910	4 886	3 991	716	237	72.73	5.85	7.09
41 928	5 983	11 041	21 039	2 953	912	70.89	3.99	6.46
23 854	3 173	8 657	9 883	1 320	822	70.72	5.26	7.56
27 606	2 718	12 213	10 232	1 557	889	69.91	7.10	10.05
26 737	4 325	2 954	18 027	632	799	69.42	5.78	7.87
29 209	8 089	4 859	14 447	1 282	532	73.87	3.53	4.12
14 758	1 483	5 486	6 003	1 331	455	74.67	3.10	3.36
15 268	2 145	5 052	6 374	1 407	290	76.13	3.78	4.72
10 185	1 413	4 283	3 258	865	366	72/35	5.33	5.89
9 274	1 064	3 388	3 390	1 113	319	76.81	4.63	5.97
39 756	7 523	15 076	10 920	5 430	807	76.84	1.47	1.80
17 284	2 795	4 469	7 576	1 721	722	76.45	3.62	4.46
22 282	3 115	6 708	9 742	2 205	512	78.23	3.53	5.10
20 498	2 433	6 753	8 646	2 049	618	75.22	3.89	5.03
35 577	5 518	14 045	11 653	3 391	969	74.95	6.45	7.04
8 869	2 802	2 276	2 733	813	244	77.14	5.17	5.54
1 986	527	578	599	225	57	77.40	11.96	13.68
32 917	3 093	10 449	12 865	5 592	918	79.94	2.67	3.09
7 754	1 462	2 609	2 701	777	205	75.70	6.42	6.82
4 446	1 147	968	1 730	517	84	78.35	2.79	2.95
342	126	138	36	21	20	73.53	3.05	3.16
15 127	2 488	4 708	6 090	1 293	547	71.82	4.31	5.65
8 988	1 685	3 525	3 170	439	170	72.45	4.36	4.62
2 367	495	919	814	100	40	69.18	6.12	6.96
1 906	311	822	691	67	15	71.58	6.14	6.69
7 889	1 414	2 462	3 654	189	171	68.97	6.37	6.90

表 2　　省、自治区、直辖市镇的16岁

地区别	总人口	劳动力人口				
		合计	在业人口	失业人口		
				从未工作正在寻找工作	失去工作正在寻找工作	企业停产等待安置
总计	741 302	543 574	508 862	21 746	7 625	5 341
北京市	3 106	2 315	2 207	60	22	27
天津市	2 353	1 680	1 655	16	7	2
河北省	10 169	7 999	7 914	58	13	14
山西省	9 721	6 840	6 627	163	18	32
内蒙古自治区	23 605	16 255	14 554	1 112	317	272
辽宁省	10 898	7 934	7 180	334	57	363
吉林省	20 952	13 902	12 536	798	181	387
黑龙江省	46 681	31 159	26 943	2 492	846	878
上海市	12 537	9 902	9 600	82	126	94
江苏省	48 943	37 269	35 932	825	342	170
浙江省	56 145	41 180	39 660	676	668	175
安徽省	26 220	19 223	17 942	811	257	212
福建省	19 942	13 650	12 826	470	287	67
江西省	15 327	11 258	10 209	796	97	157
山东省	48 086	38 481	37 926	318	88	149
河南省	31 795	24 507	23 568	690	103	146
湖北省	33 769	25 748	24 156	939	390	263
湖南省	32 800	23 174	21 204	1 311	260	400
广东省	61 400	44 577	41 159	1 701	1 299	418
广西壮族自治区	24 764	18 415	16 714	1 197	367	137
海南省	5 602	4 149	3 481	497	99	72
四川省	80 690	58 478	54 329	2 689	1 036	424
贵州省	31 090	23 467	22 021	1 180	161	105
云南省	22 893	17 910	17 189	535	142	44
西藏自治区	990	734	717	14	2	1
陕西省	22 259	15 809	14 960	584	119	147
甘肃省	12 976	9 684	9 252	361	35	35
青海省	3 014	2 199	2 032	112	5	49
宁夏回族自治区	4 655	3 451	3 208	188	23	33
新疆维吾尔自治区	17 807	12 225	11 160	738	258	69

及16岁以上人口就业状况 (人,%)

非劳动人口						劳动力人口比例	失业率①	失业率②
合计	在校学生	料理家务	离退休	丧失劳动能力	其它			
197 728	26 677	88 073	56 409	20 328	6 240	73.33	5.40	6.39
791	123	177	442	36	13	74.53	3.54	4.71
673	80	404	31	153	5	71.40	1.37	1.49
2 170	321	981	386	452	30	78.66	0.89	1.06
2 881	343	1 658	560	180	139	70.36	2.65	3.11
7 350	831	4 071	1 641	585	222	68.86	8.79	10.46
2 964	325	1 185	1 122	291	41	72.80	4.93	9.50
7 050	854	3 705	1 855	427	209	66.35	7.04	9.83
15 522	1 471	9 114	3 594	992	351	66.75	10.71	13.53
2 636	602	638	1 033	262	101	78.98	2.10	3.05
11 674	2 385	2 764	5 620	773	132	76.15	3.13	3.59
14 965	1 143	8 481	2 800	1 813	727	73.35	3.26	3.69
6 997	1 205	2 832	2 202	602	156	73.31	5.56	6.66
6 292	678	3 669	892	825	227	68.45	5.55	6.04
4 069	426	1 993	1 086	412	152	73.45	7.93	9.33
9 605	1 296	4 398	1 636	2 019	256	80.03	1.06	1.44
7 289	1 014	3 156	1 500	1 259	360	77.08	3.24	3.83
8 021	962	3 852	1 989	950	267	76.25	5.16	6.18
9 625	900	4 034	3 494	941	257	70.65	6.78	8.51
16 823	2 900	8 410	3 504	1 662	347	72.60	6.73	7.67
6 349	1 234	1 991	1 975	543	607	74.36	8.49	9.24
1 453	320	442	475	138	79	74.06	14.36	16.10
22 212	1 741	7 847	10 142	1 886	597	72.47	6.37	7.09
7 624	1 261	3 111	1 730	1 162	360	75.48	5.71	6.16
4 983	908	1 632	1 574	712	157	78.23	3.78	4.03
256	85	97	46	19	8	74.14	2.18	2.32
6 450	1 382	2 432	1 816	686	134	71.02	4.45	5.38
3 292	671	1 435	957	150	79	74.63	4.09	4.45
815	173	436	117	56	33	72.96	5.32	7.55
1 315	281	604	343	60	27	72.41	6.11	7.07
5 582	762	2 522	1 849	282	166	68.65	8.15	8.71

表 3　全国市的16岁及16岁以

年龄别	总人口	劳动力人口				
		合计	在业人口	失业人口		
				从未工作正在寻找工作	失去工作正在寻找工作	企业停产等待安置
总计	1 977 618	1 466 229	1 389 301	35 729	25 041	16 158
16～19岁	140 112	70 964	54 953	14 944	874	193
16	36 012	10 508	7 344	3 076	76	11
17	34 525	14 644	11 049	3 402	162	31
18	33 623	19 769	15 376	4 105	229	60
19	35 952	26 043	21 185	4 362	406	91
20～24岁	224 603	200 528	179 818	14 327	4 999	1 385
20	37 650	30 517	25 762	4 006	615	133
21	40 392	34 995	30 638	3 362	812	183
22	45 533	41 225	36 954	2 950	1 038	284
23	48 166	44 538	40 780	2 224	1 201	332
24	52 863	49 254	45 685	1 785	1 332	452
25～29岁	259 282	242 797	229 560	4 055	6 405	277
25	55 365	51 704	48 391	1 352	1 448	514
26	54 226	50 868	47 833	983	1 474	579
27	55 756	52 247	49 419	812	1 395	622
28	43 524	40 768	38 338	447	982	501
29	50 412	47 209	45 080	461	1 106	561
30～24岁	257 731	243 899	233 004	1 467	5 590	3 838
30	53 534	50 322	48 017	393	1 203	708
31	57 618	54 567	52 138	379	1 218	832
32	69 892	66 299	63 430	358	1 442	1 069
33	45 412	43 008	41 146	220	974	669
34	31 275	29 703	28 274	117	752	560
35～39岁	221 344	210 639	202 778	510	3 689	3 662
35	40 914	38 882	37 170	125	839	747
36	37 713	35 861	34 426	93	688	654
37	47 541	45 366	43 695	121	789	760
38	50 017	47 579	45 959	85	740	795
39	45 158	42 951	41 527	86	632	706
40～44岁	211 012	197 326	192 286	252	2 162	2 626
40	47 507	44 933	43 634	61	577	660
41	46 215	43 579	42 420	53	498	608
42	41 523	38 824	37 884	64	398	478
43	40 492	37 565	36 622	42	406	494
44	35 276	32 425	31 726	32	282	386

上人口分年龄就业状况

(人,%)

非劳动人口						劳动力人口比例	失业率①	失业率②
合计	在校学生	料理家务	离退休	丧失劳动能力	其它			
511 389	81 299	162 191	211 719	42 717	13 464	74.14	4.14	5.25
69 148	66 459	990	3	373	1 324	50.65	22.29	22.56
25 505	24 784	255	1	101	364	29.18	30.00	30.10
19 881	19 290	214	–	86	291	42.42	24.34	24.55
13 854	13 193	213	2	93	352	58.80	21.92	22.23
9 908	9 191	309	–	92	316	72.44	18.31	18.66
24 075	14 015	7 525	24	668	1 842	89.28	9.64	10.33
7 133	6 191	474	5	108	355	81.05	15.14	15.58
5 397	3 985	906	1	130	374	86.64	11.93	12.45
4 308	2 304	1 496	4	105	398	90.54	9.67	10.36
3 628	1 036	2 066	4	165	358	92.47	7.69	8.44
3 609	499	2 583	10	159	358	93.17	6.33	7.25
16 485	582	13 731	45	762	1 366	93.64	4.31	5.45
3 660	242	2 913	12	154	339	93.39	5.42	6.41
3 358	133	2 739	7	173	306	93.81	4.83	5.97
3 509	102	2 954	8	160	284	93.71	4.22	5.41
2 756	63	2 353	9	125	206	93.67	3.51	4.73
3 203	41	2 773	9	149	230	93.65	3.32	4.51
13 832	151	11 504	117	892	1 169	94.63	2.89	4.47
3 212	39	2 759	14	169	232	94.00	3.17	4.58
3 051	30	2 553	22	190	256	94.70	2.93	4.45
3 593	41	2 944	38	266	304	94.86	2.71	4.33
2 404	22	1 963	20	162	236	94.71	2.78	4.33
1 572	18	1 284	24	104	141	94.97	2.93	4.81
10 705	71	8 537	320	829	948	95.16	1.99	3.73
2 032	17	1 656	30	136	194	95.03	2.48	4.40
1 853	10	1 505	54	134	149	95.09	2.18	4.00
2 175	19	1 702	56	193	205	95.43	2.01	3.68
2 438	10	1 954	72	179	223	95.13	1.73	3.40
2 208	15	1 719	108	187	178	95.11	1.67	3.32
13 686	14	9 877	1 905	970	920	93.51	1.22	2.55
2 574	9	1 950	189	201	225	94.58	1.42	2.89
2 636	3	1 938	282	193	221	94.30	1.26	2.66
2 698	1	2 005	342	187	162	93.50	1.19	2.42
2 927	–	2 068	476	202	180	92.77	1.19	2.51
2 851	–	1 916	617	187	132	91.92	0.97	2.16

年龄别	总人口	劳动力人口				
		合计	在业人口	失业人口		
				从未工作正在寻找工作	失去工作正在寻找工作	企业停产等待安置
45～49岁	151 156	129 394	127 112	116	946	1 220
45	35 197	31 475	30 788	33	280	375
46	32 483	28 514	28 004	28	217	266
47	28 776	24 616	24 212	21	165	218
48	28 613	23 886	23 506	17	159	204
49	26 087	20 902	20 601	17	126	158
50～54岁	117 002	78 257	77 522	58	377	300
50	24 343	17 835	17 632	17	100	86
51	23 374	16 393	16 250	10	70	63
52	22 262	14 987	14 846	14	69	58
53	23 162	14 615	14 503	4	62	46
54	23 860	14 427	14 292	12	77	47
55～59岁	114 876	52 081	51 958	—	—	124
55	23 509	12 384	12 343	—	—	42
56	21 585	10 211	10 185	—	—	26
57	23 798	10 786	10 762	—	—	23
58	22 956	9 739	9 718	—	—	21
59	23 028	8 961	8 950	—	—	11
60～64岁	103 116	23 884	23 872	—	—	12
60	22 845	6 325	6 321	—	—	5
61	21 412	5 086	5 083	—	—	3
62	22 203	4 978	4 976	—	—	2
63	19 061	4 123	4 122	—	—	2
64	17 596	3 372	3 370	—	—	2
65岁及以上	177 384	16 461	16 440	—	—	21

（续表完）

非劳动人口						劳动力人口比例	失业率①	失业率②
合计	在校学生	料理家务	离退休	丧失劳动能力	其它			
21 762	2	11 045	9 369	765	580	85.60	0.82	1.76
3 721	–	2 198	1 210	165	148	89.43	0.99	2.19
3 968	–	2 109	1 581	170	108	87.78	0.86	1.79
4 160	2	2 018	1 874	146	120	85.54	0.76	1.64
4 727	–	2 260	2 227	132	109	83.48	0.74	1.59
5 185	–	2 461	2 477	153	95	80.12	0.68	1.44
38 745	–	12 961	24 487	812	485	66.89	0.56	0.94
6 508	–	2 510	3 765	152	82	73.27	0.66	1.14
6 982	–	2 366	4 364	152	98	70.13	0.49	0.87
7 276	–	2 365	4 664	149	97	67.32	0.55	0.94
8 547	–	2 707	5 581	151	108	63.10	0.45	0.77
9 433	–	3 012	6 113	208	100	60.47	0.62	0.94
62 795	1	17 510	43 254	1 445	585	45.34	–	0.24
11 125	–	3 161	7 626	238	100	52.68	–	0.34
11 373	–	3 133	7 900	227	113	47.31	–	0.25
13 012	1	3 590	9 015	304	101	45.32	–	0.21
13 218	–	3 668	9 118	303	129	42.42	–	0.22
14 067	–	3 958	9 594	372	142	38.91	–	0.12
79 232	–	21 056	54 160	3 275	740	23.16	–	0.05
16 519	–	4 251	11 628	504	136	27.69	–	0.08
16 326	–	4 140	11 465	589	132	23.75	–	0.06
17 225	–	4 590	11 719	733	183	22.42	–	0.04
14 938	–	4 136	9 985	663	153	21.63	–	0.05
14 224	–	3 938	9 363	786	136	19.16	–	0.06
160 923	5	47 455	78 033	31 926	3 504	9.28	–	0.13

表 4　　全国镇的 16 岁及 16 岁以

年 龄 别	总人口	劳动力人口				
		合计	在业人口	失业人口		
				从未工作正在寻找工作	失去工作正在寻找工作	企业停产等待安置
总计	741 302	543 574	508 862	21 746	7 625	5 341
16～19岁	56 210	30 438	20 711	9 266	363	98
16	15 110	4 635	2 714	1 870	43	8
17	13 994	6 505	4 233	2 193	68	10
18	13 324	8 522	5 865	2 525	102	30
19	13 782	10 776	7 899	2 678	150	50
20～24岁	89 583	81 100	69 877	8 800	1 768	655
20	14 428	12 737	9 980	2 460	228	68
21	15 968	14 500	12 002	2 116	282	101
22	17 925	16 408	14 121	1 825	327	135
23	19 557	17 736	15 758	1 352	460	166
24	21 704	19 718	18 015	1 048	471	185
25～29岁	108 674	98 534	92 982	2 439	1 971	1 142
25	22 821	20 748	19 249	832	436	230
26	22 526	20 443	19 188	571	443	240
27	22 976	20 779	19 623	454	450	252
28	18 790	16 995	16 196	306	302	190
29	21 561	19 569	18 725	275	340	229
30～34岁	100 939	92 212	88 873	765	1 486	1 087
30	22 956	20 855	20 026	233	373	223
31	22 900	20 935	20 175	187	338	234
32	26 283	24 146	23 244	179	394	329
33	17 930	16 335	15 789	115	243	188
34	10 870	9 941	9 639	51	138	113
35～39岁	76 975	70 143	68 200	258	840	844
35	13 716	12 449	12 034	60	182	172
36	13 079	11 957	11 650	48	120	139
37	16 639	15 219	14 781	54	192	192
38	17 674	16 113	15 704	55	181	172
39	15 867	14 404	14 031	40	165	169
40～44岁	75 910	67 451	65 907	140	671	733
40	17 202	15 491	15 099	24	183	186
41	16 625	14 942	14 578	36	162	166
42	15 091	13 379	13 081	28	132	138
43	14 427	12 722	12 468	22	107	125
44	12 565	10 916	10 681	30	86	119

上人口分年龄就业状况

(人,%)

非劳动人口						劳动力人口比例	失业率①	失业率②
合计	在校学生	料理家务	离退休	丧失劳动能力	其它			
197 728	26 677	88 073	56 409	20 328	6 240	73.33	5.40	6.39
25 771	24 456	581	2	161	572	54.15	31.63	31.96
10 475	10 153	122	–	44	157	30.68	41.27	41.45
7 489	7 209	112	–	34	133	46.48	34.76	34.91
4 801	4 505	132	1	31	132	63.96	30.83	31.18
3 006	2 589	216	–	51	150	78.19	26.24	26.71
8 483	2 089	5 219	9	251	917	90.53	13.08	13.84
1 692	1 123	377	–	35	156	88.28	21.10	21.64
1 468	525	705	2	36	200	90.81	16.54	17.23
1 517	229	1 034	–	55	199	91.54	13.12	13.94
1 821	140	1 439	3	63	176	90.69	10.22	11.15
1 986	73	1 663	3	61	186	90.85	7.70	8.64
10 141	86	9 041	21	300	692	90.67	4.48	5.63
2 073	36	1 804	–	60	173	90.92	6.11	7.22
2 083	22	1 823	5	56	178	90.75	4.96	6.13
2 197	15	1 960	5	80	136	90.44	4.35	5.56
1 795	5	1 627	4	56	103	90.45	3.58	4.70
1 993	8	1 828	7	48	102	90.76	3.14	4.31
8 727	23	7 876	44	288	497	91.35	2.44	3.62
2 100	4	1 913	4	63	116	90.85	2.91	3.98
1 965	10	1 755	7	63	131	91.42	2.51	3.63
2 137	7	1 921	14	83	112	91.97	2.37	3.74
1 595	1	1 452	9	44	88	91.10	2.19	3.34
930	1	835	9	35	50	91.45	1.90	3.04
6 832	16	6 163	82	269	301	91.12	1.57	2.77
1 267	4	1 126	11	65	62	90.76	1.94	3.33
1 122	3	1 017	9	37	57	91.42	1.41	2.57
1 419	3	1 294	13	49	61	91.47	1.62	2.88
1 561	3	1 396	25	62	75	91.17	1.46	2.53
1 463	5	1 330	25	56	46	90.78	1.42	2.60
8 460	5	7 298	528	329	299	88.86	1.20	2.29
1 711	3	1 516	50	69	72	90.05	1.34	2.54
1 684	–	1 482	75	60	66	89.88	1.33	2.44
1 712	–	1 464	110	79	59	88.66	1.20	2.23
1 705	1	1 449	121	69	64	88.18	1.01	2.00
1 649	–	1 387	172	52	37	86.88	1.06	2.15

年龄别	总人口	劳动力人口				
		合计	在业人口	失业人口		
				从未工作正在寻找工作	失去工作正在寻找工作	企业停产等待安置
45～49岁	56 537	45 943	45 069	61	354	458
45	13 014	11 028	10 792	16	96	125
46	12 148	10 065	9 871	13	82	99
47	10 628	8 646	8 505	10	53	78
48	10 706	8 450	8 302	9	64	75
49	10 042	7 754	7 600	13	59	82
50～54岁	42 874	27 369	26 900	18	171	191
50	9 288	6 504	6 390	4	39	63
51	8 592	5 742	5 650	3	45	43
52	8 242	5 220	5 156	2	33	29
53	8 192	5 001	4 942	2	31	26
54	8 560	4 903	4 843	7	23	29
55～59岁	39 423	17 441	17 348	–	–	92
55	8 352	4 242	4 218	–	–	25
56	7 415	3 414	3 398	–	–	15
57	8 228	3 645	3 625	–	–	21
58	7 912	3 321	3 302	–	–	19
59	7 516	2 819	2 806	–	–	13
60～64岁	33 539	7 439	7 412	–	–	27
60	7 522	2 127	2 113	–	–	14
61	6 745	1 623	1 615	–	–	8
62	7 236	1 460	1 458	–	–	2
63	6 299	1 247	1 245	–	–	3
64	5 737	983	982	–	–	1
65岁及以上	60 638	5 504	5 493	–	–	12

(续表完)

非劳动人口						劳动力人口比例	失业率①	失业率②
合计	在校学生	料理家务	离退休	丧失劳动能力	其它			
10 594	–	7 765	2 255	301	272	81.26	0.90	1.90
1 985	–	1 585	279	55	66	84.74	1.02	2.15
2 084	–	1 557	403	65	59	82.85	0.94	1.93
1 981	–	1 458	427	52	45	81.35	0.73	1.63
2 256	–	1 599	532	68	56	78.93	0.86	1.75
2 287	–	1 566	614	62	46	77.22	0.93	1.99
15 504	–	8 237	6 661	348	259	63.84	0.69	1.39
2 784	–	1 648	1 014	76	47	70.03	0.66	1.63
2 850	–	1 597	1 132	64	57	66.83	0.84	1.58
3 022	–	1 564	1 330	63	65	63.33	0.67	1.23
3 191	–	1 597	1 493	65	37	61.05	0.66	1.18
3 657	–	1 831	1 693	80	53	57.28	0.61	1.20
21 982	1	9 381	11 513	722	366	44.24	–	0.53
4 110	–	1 820	2 108	114	68	50.79	–	0.59
4 001	–	1 747	2 084	106	64	46.04	–	0.44
4 583	–	1 899	2 453	143	88	44.30	–	0.58
4 591	1	1 919	2 444	159	68	41.97	–	0.57
4 697	–	1 997	2 423	199	78	37.51	–	0.46
26 100	–	9 716	14 338	1 646	401	22.18	–	0.36
5 395	–	2 081	2 925	308	81	28.28	–	0.66
5 122	–	1 865	2 916	270	71	24.06	–	0.49
5 777	–	2 129	3 225	341	82	20.18	–	0.14
5 052	–	1 870	2 747	353	81	19.80	–	0.24
4 754	–	1 770	2 525	372	86	17.13	–	0.10
55 134	2	16 795	20 957	15 715	1 666	9.08	–	0.22

表 5　　全国市的 16 岁及 16 岁以

年龄别	总人口	劳动力人口				
		合计	在业人口	失业人口		
				从未工作正在寻找工作	失去工作正在寻找工作	企业停产等待安置
总　计	1 977 618	1 466 229	1 389 301	35 729	25 041	16 158
16～19 岁	140 112	70 964	54 953	14 944	874	193
20～24 岁	224 603	200 528	179 818	14 327	4 999	1 385
25～29 岁	259 282	242 797	229 560	4 055	6 405	2 777
30～34 岁	257 731	243 899	233 004	1 467	5 590	3 838
35～39 岁	221 344	210 639	202 778	510	3 689	3 662
40～44 岁	211 012	197 326	192 286	252	2 162	2 626
45～49 岁	151 156	129 394	127 112	116	946	1 220
50～54 岁	117 002	78 257	77 522	58	377	300
55～59 岁	114 876	52 081	51 958	–	–	124
60～64 岁	103 116	23 884	23 872	–	–	12
65 岁及以上	177 384	16 461	16 440	–	–	21
男	985 021	801 386	763 952	17 768	13 300	6 365
16～19 岁	70 791	35 179	26 651	7 969	457	101
20～24 岁	110 449	101 170	91 249	6 977	2 365	579
25～29 岁	128 246	126 687	120 965	1 721	2 987	1 013
30～34 岁	130 408	129 034	123 905	651	3 052	1 426
35～39 岁	112 805	111 558	107 760	239	2 165	1 394
40～44 岁	105 874	104 327	101 922	114	1 334	957
45～49 岁	75 727	73 463	72 234	62	624	543
50～54 岁	57 566	50 373	49 798	35	315	224
55～59 岁	56 768	39 092	38 987	–	–	105
60～64 岁	52 103	17 424	17 414	–	–	10
65 岁及以上	84 284	13 079	13 066	–	–	13
女	992 597	664 844	625 349	17 961	11 741	9 793
16～19 岁	69 321	35 785	28 302	6 975	416	92
20～24 岁	114 155	99 359	88 569	7 350	2 633	806
25～29 岁	131 036	116 110	108 596	2 333	3 418	1 763
30～34 岁	127 322	114 865	109 099	816	2 538	2 411
35～39 岁	108 539	99 081	95 017	271	1 524	2 268
40～44 岁	105 138	92 999	90 363	138	828	1 670
45～49 岁	75 429	55 931	54 877	54	322	677
50～54 岁	59 436	27 884	27 723	23	62	76
55～59 岁	58 108	12 989	12 970	–	–	19
60～64 岁	51 013	6 460	6 458	–	–	2
65 岁及以上	93 100	3 382	3 374	–	–	8

上人口分年龄、性别就业状况

(人,%)

非劳动人口						劳动力人口比例	失业率①	失业率②
合计	在校学生	料理家务	离退休	丧失劳动能力	其它			
511 389	81 299	162 191	211 719	42 717	13 464	74.14	4.14	5.25
69 148	66 459	990	3	373	1 324	50.65	22.29	22.56
24 075	14 015	7 525	24	668	1 842	89.28	9.64	10.33
16 485	582	13 731	45	762	1 366	93.64	4.31	5.45
13 832	151	11 504	117	892	1 169	94.63	2.89	4.47
10 705	71	8 537	320	829	948	95.16	1.99	3.73
13 686	14	9 877	1 905	970	920	93.51	1.22	2.55
21 762	2	11 045	9 369	765	580	85.60	0.82	1.76
38 745	–	12 961	24 487	812	485	66.89	0.56	0.94
62 795	1	17 510	43 254	1 445	585	45.34	–	0.24
79 232	–	21 056	54 160	3 275	740	23.16	–	0.05
160 923	5	47 455	78 033	31 926	3 504	9.28	–	0.13
183 635	43 032	9 163	105 797	18 646	6 997	81.36	3.88	4.67
35 612	34 609	76	3	197	727	49.69	23.95	24.24
9 279	7 876	61	4	403	934	91.60	9.23	9.81
1 559	379	71	8	493	608	98.78	3.72	4.52
1 375	99	83	41	552	600	98.95	2.87	3.97
1 247	54	93	93	500	507	98.89	2.15	3.40
1 548	7	105	371	581	484	98.54	1.39	2.31
2 264	2	160	1 307	449	346	97.01	0.93	1.67
7 193	–	283	6 150	453	306	87.50	0.69	1.14
17 676	1	783	15 706	789	397	68.86	–	0.27
34 679	–	1 685	30 840	1 672	482	33.44	–	0.06
71 205	5	5 763	51 273	12 557	1 606	15.52	–	0.10
327 754	38 267	153 027	105 922	24 070	6 467	66.98	4.47	5.94
33 536	31 850	913	–	175	597	51.62	20.65	20.91
14 796	6 139	7 464	20	265	908	87.04	10.05	10.86
14 926	203	13 660	37	269	757	88.61	4.95	6.47
12 458	52	11 421	76	340	569	90.22	2.92	5.02
9 458	17	8 444	227	329	441	91.29	1.81	4.10
12 139	7	9 772	1 534	389	437	88.45	1.04	2.83
19 498	–	10 885	8 062	317	235	74.15	0.67	1.88
31 552	–	12 678	18 337	358	179	46.91	0.30	0.58
45 119	–	16 727	27 548	656	188	22.35	–	0.15
44 552	–	19 371	23 320	1 604	258	12.66	–	0.03
89 719	–	41 692	26 760	19 369	1 898	3.63	–	0.24

表 6 全国镇的16岁及16岁以

年龄别	总人口	劳动力人口				
		合计	在业人口	失业人口		
				从未工作正在寻找工作	失去工作正在寻找工作	企业停产等待安置
总计	741 302	543 574	508 862	21 746	7 625	5 341
16～19岁	56 210	30 438	20 711	9 266	363	98
20～24岁	89 583	81 100	69 877	8 800	1 768	655
25～29岁	108 674	98 534	92 982	2 439	1 971	1 142
30～34岁	100 939	92 212	88 873	765	1 486	1 087
35～39岁	76 975	70 143	68 200	258	840	844
40～44岁	75 910	67 451	65 907	140	671	733
45～49岁	56 537	45 943	45 069	61	354	458
50～54岁	42 874	27 369	26 990	18	171	191
55～59岁	39 423	17 441	17 348	–	–	92
60～64岁	33 539	7 439	7 412	–	–	27
65岁及以上	60 638	5 504	5 493	–	–	12
男	369 473	305 835	288 476	11 016	4 015	2 327
16～19岁	27 748	14 763	9 643	4 892	183	45
20～24岁	42 530	40 636	35 144	4 385	838	269
25～29岁	53 259	52 588	50 122	1 127	912	428
30～34岁	50 823	50 240	48 650	335	811	444
35～39岁	39 471	39 017	38 029	138	496	353
40～44岁	38 626	37 993	37 207	86	387	313
45～49岁	29 184	28 129	27 606	44	247	232
50～54岁	21 934	19 001	18 714	9	141	136
55～59岁	20 378	13 650	13 574	–	–	77
60～64岁	17 447	5 591	5 570	–	–	21
65岁及以上	28 073	4 228	4 219	–	–	10
女	371 828	237 739	220 386	10 730	3 610	3 014
16～19岁	28 462	15 675	11 069	4 373	180	53
20～24岁	47 053	40 464	34 733	4 415	931	386
25～29岁	55 415	45 946	42 860	1 312	1 060	715
30～34岁	50 116	41 972	40 223	430	675	644
35～39岁	37 504	31 126	30 171	120	344	491
40～44岁	37 284	29 458	28 700	54	284	420
45～49岁	27 354	17 815	17 463	18	107	227
50～54岁	20 940	8 369	8 276	8	29	55
55～59岁	19 045	3 791	3 775	–	–	16
60～64岁	16 091	1 848	1 842	–	–	6
65岁及以上	32 565	1 276	1 274	–	–	2

上人口分年龄、性别就业状况

（人，%）

非劳动人口						劳动力人口比例	失业率①	失业率②
合计	在校学生	料理家务	离退休	丧失劳动能力	其它			
197728	26677	88073	56409	20328	6240	73.33	5.40	6.39
25771	24456	581	2	161	572	54.15	31.63	31.96
8483	2089	5219	9	251	917	90.53	13.03	13.84
10141	86	9041	21	300	692	90.67	4.48	5.63
8727	23	7876	44	288	497	91.35	2.44	3.62
6832	16	6163	82	269	301	91.12	1.57	2.77
8460	5	7298	528	329	299	88.86	1.20	2.29
10594	–	7765	2255	301	272	81.26	0.90	1.90
15504	–	8237	6661	348	259	63.84	0.69	1.39
21982	1	9381	11513	722	366	44.24	–	0.53
26100	–	9716	14338	1646	401	22.18	–	0.36
55134	2	16795	20957	15715	1666	9.08	–	0.22
63639	13772	3524	34519	8156	3668	82.78	4.91	5.68
12985	12519	49	1	89	326	53.20	34.38	34.68
1894	1179	45	2	162	507	95.55	12.85	13.52
672	43	37	2	203	387	98.74	3.88	4.69
583	12	48	14	188	322	98.85	2.28	3.16
454	14	40	24	163	213	98.85	1.62	2.53
634	5	73	136	213	207	98.36	1.24	2.07
1055	–	89	578	190	198	96.39	1.03	1.86
2933	–	233	2326	183	191	86.63	0.79	1.51
6728	1	444	5617	389	277	66.98	–	0.56
11856	–	703	10043	849	262	32.05	–	0.38
23845	–	1763	15775	5529	779	15.06	–	0.24
134089	12905	84549	21890	12173	2572	63.94	6.03	7.30
12786	11937	533	–	71	245	55.07	29.05	29.38
6589	910	5174	7	89	409	86.00	13.21	14.17
9469	43	9004	19	98	305	82.91	5.16	6.72
8144	11	7828	30	100	175	83.75	2.63	4.17
6378	3	6123	58	106	88	82.99	1.49	3.07
7826	–	7226	392	116	92	79.01	1.15	2.57
9539	–	7676	1677	112	74	65.13	0.70	1.98
12571	–	8004	4335	165	68	39.97	0.44	1.10
15254	–	8937	5895	333	89	19.91	–	0.42
14243	–	9013	4294	797	139	11.48	–	0.32
31289	2	15032	5182	10186	887	3.92	–	0.16

表 7 **全国市的16岁及16岁以**

年龄别	总人口	劳动力人口				
		合计	在业人口	失业人口		
				从未工作正在寻找工作	失去工作正在寻找工作	企业停产等待安置
总计	1 977 618	1 466 229	1 389 301	35 729	25 041	16 158
16～19岁	140 112	70 964	54 953	14 944	874	193
20～24岁	224 603	200 528	179 818	14 327	4 999	1 385
25～29岁	259 282	242 797	229 560	4 055	6 405	2 777
30～34岁	257 731	243 899	233 004	1 467	5 590	3 838
35～39岁	221 344	210 639	202 778	510	3 689	3 662
40～44岁	211 012	197 326	192 286	252	2 162	2 626
45～49岁	151 156	129 394	127 112	116	946	1 220
50～54岁	117 002	78 257	77 522	58	377	300
55～59岁	114 876	52 081	51 958	–	–	124
60～64岁	103 116	23 884	23 872	–	–	12
65岁及以上	177 384	16 461	16 440	–	–	21
大专以上	185 522	150 248	147 257	1 794	836	361
16～19岁	7 828	632	461	164	6	1
20～24岁	28 368	17 567	15 948	1 426	143	50
25～29岁	30 556	29 874	29 341	164	278	92
30～34岁	30 137	29 861	29 506	32	225	98
35～39岁	18 864	18 716	18 562	5	98	50
40～44岁	17 832	17 733	17 641	2	54	36
45～49岁	13 191	12 967	12 927	–	18	21
50～54岁	12 018	11 175	11 153	1	13	8
55～59岁	12 397	8 989	8 984	–	–	5
60～64岁	7 506	2 001	2 001	–	–	–
65岁及以上	6 823	734	734	–	–	–
高中	452 578	364 724	341 913	10 626	7 365	4 821
16～19岁	61 184	13 793	9 226	4 386	143	38
20～24岁	62 352	57 766	51 076	4 820	1 428	442
25～29岁	61 707	59 881	56 536	862	1 696	788
30～34岁	84 833	82 264	78 174	396	2 174	1 521
35～39岁	75 630	73 653	70 655	129	1 442	1 426
40～44岁	33 612	32 726	31 970	17	336	402
45～49岁	22 279	20 638	20 399	12	94	132
50～54岁	18 879	14 484	14 376	4	51	53
55～59岁	14 646	7 253	7 235	–	–	17
60～64岁	9 055	1 599	1 597	–	–	2
65岁及以上	8 402	667	667	–	–	–
初中	701 986	594 859	551 766	20 268	13 576	9 250
16～19岁	56 978	43 566	33 590	9 226	609	141
20～24岁	101 566	95 840	84 793	7 215	2 986	847
25～29岁	121 768	112 743	104 697	2 515	2 770	1 761
30～34岁	108 213	101 206	95 555	856	2 727	2 067
35～39岁	83 635	79 655	75 836	254	1 687	1 879
40～44岁	90 795	85 853	82 764	133	1 216	1 740
45～49岁	49 602	42 264	41 143	45	436	639
50～54岁	32 482	19 958	19 659	25	145	129
55～59岁	22 185	9 277	9 240	–	–	37

上人口分年龄、受教育程度的就业状况

(人,%)

非劳动人口						劳动力人口比例	失业率①	失业率②
合计	在校学生	料理家务	离退休	丧失劳动能力	其它			
511 389	81 299	162 191	211 719	42 717	13 464	74.14	4.14	5.25
69 148	66 459	990	3	373	1 324	50.65	22.29	22.56
24 075	14 015	7 525	24	668	1 842	89.28	9.64	10.33
16 485	582	13 731	45	762	1 366	93.64	4.31	5.45
13 832	151	11 504	117	892	1 169	94.63	2.89	4.47
10 705	71	8 537	320	829	948	95.16	1.99	3.73
13 686	14	9 877	1 905	970	920	93.51	1.22	2.55
21 762	2	11 045	9 369	765	580	85.60	0.82	1.76
38 745	–	12 961	24 487	812	485	66.89	0.56	0.94
62 795	1	17 510	43 254	1 445	585	45.34	–	0.24
79 232	–	21 056	54 160	3 275	740	23.16	–	0.05
160 923	5	47 455	78 033	31 926	3 504	9.28	–	0.13
352 274	18 576	288	15 790	107	513	80.99	1.75	1.99
7 196	7 183	1	–	–	11	8.07	26.90	27.06
10 802	10 632	26	–	1	142	61.93	8.93	9.22
682	532	57	–	6	88	97.77	1.48	1.79
276	139	37	3	11	87	99.08	0.86	1.19
149	70	17	6	8	49	99.22	0.55	0.82
99	12	10	32	5	40	99.44	0.32	0.52
225	2	13	182	9	18	98.30	0.14	0.30
843	–	16	786	18	22	92.99	0.13	0.20
3 409	1	31	3 338	17	22	72.51	–	0.06
5 505	–	32	5 452	8	13	26.66	–	–
6 089	5	49	5 991	23	21	10.76	–	–
87 854	50 480	7 086	27 126	785	2 377	80.59	4.93	6.25
47 391	47 032	57	1	7	295	22.54	32.84	33.11
4 585	3 383	611	4	30	556	92.64	10.82	11.58
1 825	50	1 359	7	55	355	97.04	4.27	5.59
2 568	12	1 956	31	142	427	96.97	3.12	4.97
1 978	1	1 353	91	168	364	97.39	2.13	4.07
886	2	449	233	70	132	97.36	1.08	2.31
1 641	–	239	1 289	47	67	92.63	0.51	1.15
4 395	–	345	3 945	38	67	76.72	0.38	0.75
7 393	–	325	6 962	52	54	49.52	–	0.23
7 456	–	150	7 261	33	12	17.66	–	0.13
7 735	–	240	7 303	143	48	7.94	–	–
107 127	12 093	34 084	53 915	2 577	4 457	84.74	5.69	7.24
13 412	12 093	522	1	46	750	76.46	22.57	22.90
5 726	–	4 731	14	105	876	94.36	10.64	11.53
9 025	–	8 117	25	177	706	92.59	5.57	7.14
7 007	–	6 160	63	266	518	93.52	3.54	5.58
3 981	–	3 128	173	272	406	95.24	2.44	4.80
4 942	–	2 872	1 195	364	510	94.56	1.57	3.60
7 338	–	2 505	4 418	193	222	85.21	1.14	2.65
12 523	–	2 716	9 508	178	121	61.44	0.85	1.50
12 908	–	1 464	11 201	149	94	41.82	–	0.40

表 7

年 龄 别	总人口	劳动力人口 合计	在业人口	失业人口 从未工作正在寻找工作	失去工作正在寻找工作	企业停产等待安置
60~64岁	16 213	2 904	2 899	–	–	5
65岁及以上	18 549	1 594	1 590	–	–	4
小 学	428 566	290 436	282 956	2 866	3 054	1 560
16~19岁	13 064	12 288	11 038	1 129	110	12
20~24岁	29 970	27 692	26 400	824	426	43
25~29岁	41 745	37 711	36 465	481	641	123
30~34岁	30 556	27 526	26 776	167	444	140
35~39岁	35 854	32 504	31 705	102	421	276
40~44岁	56 489	50 835	49 836	87	507	404
45~49岁	54 654	44 902	44 093	52	360	397
50~54岁	39 396	24 226	23 956	25	145	99
55~59岁	41 464	17 288	17 236	–	–	52
60~64岁	35 024	9 164	9 160	–	–	3
65岁及以上	50 352	6 299	6 289	–	–	10
扫盲班	33 085	13 166	13 068	13	40	44
16~19岁	95	91	87	3	–	1
20~24岁	262	243	237	2	3	1
25~29岁	559	500	495	1	2	2
30~34岁	755	670	665	1	2	1
35~39岁	1 715	1 568	1 544	5	10	10
40~44岁	3 095	2 782	2 757	–	14	11
45~49岁	2 171	1 770	1 755	–	7	8
50~54岁	2 340	1 446	1 439	–	3	4
55~59岁	4 266	1 543	1 538	–	–	5
60~64岁	6 195	1 410	1 409	–	–	2
65岁及以上	11 631	1 141	1 141	–	–	–
未上过学	175 882	52 796	52 342	162	170	122
16~19岁	964	593	551	37	5	–
20~24岁	2 086	1 420	1 364	41	14	1
25~29岁	2 946	2 087	2 027	32	17	11
30~34岁	3 238	2 371	2 327	15	19	11
35~39岁	5 645	4 543	4 475	16	31	21
40~44岁	9 190	7 397	7 316	12	35	33
45~49岁	9 259	6 854	6 794	7	30	23
50~54岁	11 887	6 967	6 938	3	19	7
55~59岁	19 918	7 732	7 724	–	–	7
60~64岁	29 123	6 808	6 807	–	–	1
65岁及以上	81 627	6 024	6 018	–	–	6

（续表完）

非劳动人口						劳动力人口比例	失业率①	失业率②
合计	在校学生	料理家务	离退休	丧失劳动能力	其它			
13 309	–	696	12 379	155	79	17.91	–	0.17
16 954	–	1 171	14 939	671	173	8.59	–	0.25
138 130	151	49 785	75 743	9 582	2 870	67.77	2.04	2.58
775	151	362	1	71	190	94.06	10.08	10.18
2 278	–	1 933	5	142	197	92.40	4.51	4.67
4 034	–	3 693	9	173	159	90.34	2.98	3.30
3 029	–	2 760	16	153	100	90.08	2.22	2.73
3 350	–	3 062	48	155	84	90.66	1.61	2.46
5 653	–	4 791	397	277	188	89.99	1.17	1.96
9 752	–	6 061	3 180	294	217	82.16	0.92	1.80
15 170	–	5 919	8 752	298	201	61.49	0.70	1.11
24 176	–	6 847	16 479	589	260	41.69	–	0.30
25 860	–	5 492	19 008	1 053	307	26.16	–	0.03
44 053	–	8 864	27 846	6 376	966	12.51	–	0.16
19 919	–	7 737	10 043	1 826	313	39.79	0.40	0.74
3	–	1	–	1	1	95.79	3.30	4.40
18	–	13	–	5	–	92.75	2.06	2.47
59	–	47	1	8	4	89.45	0.60	1.00
85	–	74	–	9	1	88.74	0.45	0.60
147	–	131	–	14	2	91.43	0.96	1.59
313	–	287	13	8	5	89.89	0.50	0.90
401	–	337	50	12	2	81.53	0.40	0.85
894	–	521	339	24	10	61.79	0.21	0.48
2 723	–	1 147	1 486	63	26	36.17	–	0.32
4 785	–	1 702	2 846	190	46	22.76	–	0.14
10 490	–	3 476	5 307	1 492	215	9.81	–	–
123 085	–	63 211	29 101	27 839	2 933	30.02	0.63	0.86
370	–	46	–	247	77	61.51	7.08	7.08
666	–	210	1	384	70	68.07	3.87	3.94
859	–	459	4	342	53	70.84	2.35	2.87
866	–	516	4	311	35	73.22	1.43	1.90
1 102	–	845	2	212	43	80.48	1.03	1.50
1 793	–	1 468	35	245	44	80.49	0.64	1.08
2 405	–	1 890	250	211	54	74.03	0.54	0.88
4 920	–	3 443	1 157	255	65	53.61	0.32	0.42
12 186	–	7 695	3 787	575	129	38.82	–	0.09
22 315	–	12 983	7 213	1 837	282	23.38	–	0.01
75 602	–	33 655	16 646	23 220	2 081	7.38	–	0.10

表 8　　全国镇的 16 岁及 16 岁以

年龄别	总人口	劳动力人口				
		合计	在业人口	失业人口		
				从未工作正在寻找工作	失去工作正在寻找工作	企业停产等待安置
总　计	741 302	543 574	508 862	21 746	7 625	5 341
16～19 岁	56 210	30 438	20 711	9 266	363	98
20～24 岁	89 583	81 100	69 877	8 800	1 768	655
25～29 岁	108 674	98 534	92 982	2 439	1 971	1 142
30～34 岁	100 939	92 212	88 873	765	1 486	1 087
35～39 岁	76 975	70 143	68 200	258	840	844
40～44 岁	75 910	67 451	65 907	140	671	733
45～49 岁	56 537	45 943	45 069	61	354	458
50～54 岁	42 874	27 369	26 990	18	171	191
55～59 岁	39 423	17 441	17 348	–	–	92
60～64 岁	33 539	7 439	7 412	–	–	27
65 岁及以上	60 638	5 504	5 493	–	–	12
大专以上	43 289	39 293	38 441	692	101	59
16～19 岁	1 083	274	175	97	1	2
20～24 岁	5 870	5 122	4 568	520	24	10
25～29 岁	9 982	9 877	9 758	68	38	13
30～34 岁	8 767	8 725	8 681	7	20	18
35～39 岁	4 533	4 523	4 511	–	6	7
40～44 岁	3 859	3 847	3 837	–	6	4
45～49 岁	2 976	2 939	2 932	–	6	1
50～54 岁	2 165	2 035	2 031	1	–	3
55～59 岁	2 260	1 670	1 668	–	–	2
60～64 岁	993	221	221	–	–	–
65 岁及以上	801	58	58	–	–	–
高　中	176 770	144 981	136 118	5 855	1 698	1 309
16～19 岁	23 316	5 765	3 421	2 275	45	24
20～24 岁	27 679	25 548	22 094	2 858	411	186
25～29 岁	28 159	27 112	25 910	485	429	288
30～34 岁	34 294	32 877	31 945	162	411	360
35～39 岁	25 588	24 498	23 918	51	250	279
40～44 岁	13 471	13 006	12 783	18	94	111
45～49 岁	7 916	7 496	7 430	5	35	26
50～54 岁	6 290	5 179	5 132	1	23	23
55～59 岁	4 849	2 858	2 849	–	–	10
60～64 岁	2 600	450	448	–	–	2
65 岁及以上	2 608	190	190	–	–	–
初　中	275 142	229 384	209 280	12 753	4 317	3 034
16～19 岁	26 989	20 155	13 791	6 040	260	64
20～24 岁	44 936	41 241	35 090	4 603	1 121	426
25～29 岁	53 862	48 357	44 904	1 440	1 243	770
30～34 岁	43 785	39 352	37 397	468	842	644
35～39 岁	27 707	25 446	24 547	117	360	421
40～44 岁	28 271	25 958	25 205	59	302	391
45～49 岁	17 967	15 270	14 908	18	127	218
50～54 岁	12 494	8 316	8 174	7	62	72
55～59 岁	7 658	3 655	3 635	–	–	21

上人口分年龄、受教育程度的就业状况

(人,%)

非劳动人口						劳动力人口比例	失业率①	失业率②
合计	在校学生	料理家务	离退休	丧失劳动能力	其它			
197 728	26 677	88 073	56 409	20 328	6 240	73.33	5.40	6.39
25 771	24 456	581	2	161	572	54.15	31.63	31.96
8 483	2 089	5 219	9	251	917	90.53	13.03	13.84
10 141	86	9 041	21	300	692	90.67	4.48	5.63
8 727	23	7 876	44	288	497	91.35	2.44	3.62
6 832	16	6 163	82	269	301	91.12	1.57	2.77
8 460	5	7 298	528	329	299	88.86	1.20	2.29
10 594	–	7 765	2 255	301	272	81.26	0.90	1.90
15 504	–	8 237	6 661	348	259	63.84	0.69	1.39
21 982	1	9 381	11 513	722	366	44.24	–	0.53
26 100	–	9 716	14 338	1 646	401	22.18	–	0.36
55 134	2	16 795	20 957	15 715	1 666	9.08	–	0.22
3 997	1 548	103	2 184	41	121	90.77	2.02	2.17
809	798	2	–	1	7	25.30	35.77	36.50
748	676	21	–	1	49	87.26	10.62	10.82
105	54	20	–	3	28	98.95	1.07	1.20
42	13	12	2	1	15	99.52	0.31	0.52
10	5	–	1	3	2	99.78	0.13	0.29
12	1	2	5	2	3	99.69	0.16	0.26
37	–	4	26	3	4	98.76	0.20	0.24
130	–	10	120	–	–	94.00	0.05	0.20
590	1	11	563	7	9	73.89	–	0.12
771	–	8	757	4	2	22.26	–	–
743	–	13	712	16	2	7.24	–	–
31 790	18 879	4 520	7 234	327	830	82.02	5.21	6.11
17 552	17 408	35	1	3	105	24.73	40.24	40.66
2 131	1 413	443	–	12	263	92.30	12.80	13.52
1 047	32	862	1	24	126	96.28	3.37	4.43
1 417	10	1 232	7	39	129	95.87	1.74	2.84
1 090	11	947	17	41	74	95.74	1.23	2.37
465	4	351	62	17	30	96.55	0.86	1.71
420	–	146	227	17	29	94.69	0.53	0.88
1 111	–	198	874	15	24	82.34	0.46	0.91
1 990	–	140	1 815	14	21	58.94	–	0.35
2 150	–	61	2 058	20	10	17.31	–	0.44
2 418	2	103	2 171	124	19	7.29	–	–
45 758	6 177	21 663	14 954	1 148	1 816	83.37	7.44	8.76
6 834	6 177	320	–	17	319	74.68	31.26	31.58
3 695	–	3 241	4	49	401	91.78	13.88	14.91
5 504	–	5 121	12	55	316	89.78	5.55	7.14
4 433	–	4 113	24	77	219	89.88	3.33	4.97
2 262	–	2 019	42	78	123	91.84	1.87	3.53
2 314	–	1 873	242	91	108	91.82	1.39	2.90
2 697	–	1 633	922	61	81	84.99	0.95	2.38
4 179	–	1 615	2 433	65	66	66.56	0.83	1.70
4 003	–	893	2 980	74	57	47.73	–	0.57

表 8

年 龄 别	总人口	劳动力人口				
		合计	在业人口	失业人口		
				从未工作正在寻找工作	失去工作正在寻找工作	企业停产等待安置
60～64岁	5 570	1 063	1 058	–	–	4
65岁及以上	5 903	573	571	–	–	2
小 学	164 773	106 480	101 942	2 284	1 400	854
16～19岁	4 371	3 973	3 087	822	56	8
20～24岁	9 989	8 480	7 476	769	204	31
25～29岁	15 071	12 171	11 436	411	253	70
30～34岁	12 089	9 896	9 521	115	199	61
35～39岁	15 563	13 136	12 738	74	198	125
40～44岁	24 740	20 769	20 261	50	243	214
45～49岁	22 788	17 257	16 850	36	174	196
50～54岁	15 761	9 079	8 922	7	71	80
55～59岁	15 118	6 220	6 172	–	–	48
60～64岁	11 829	3 211	3 197	–	–	14
65岁及以上	17 453	2 287	2 281	–	–	6
扫盲班	10 806	4 479	4 435	12	9	23
16～19岁	24	18	14	3	1	–
20～24岁	101	81	76	3	1	1
25～29岁	231	170	166	3	2	–
30～34岁	334	262	257	1	3	1
35～39岁	691	550	544	–	3	3
40～44岁	1 130	875	867	2	–	6
45～49岁	815	594	591	–	–	3
50～54岁	958	494	492	1	–	2
55～59岁	1 489	562	560	–	–	2
60～64岁	1 836	488	485	–	–	3
65岁及以上	3 196	384	383	–	–	1
未上过学	70 521	18 958	18 646	150	100	62
16～19岁	426	254	224	29	1	–
20～24岁	1 007	627	572	48	8	–
25～29岁	1 369	846	808	31	5	1
30～34岁	1 670	1 098	1 072	13	11	3
35～39岁	2 892	1 990	1 943	15	23	9
40～44岁	4 439	2 996	2 953	10	25	8
45～49岁	4 075	2 387	2 358	2	12	14
50～54岁	5 205	2 266	2 239	2	15	11
55～59岁	8 049	2 475	2 465	–	–	10
60～64岁	10 712	2 006	2 002	–	–	4
65岁及以上	30 678	2 013	2 010	–	–	3

(续表完)

非劳动人口						劳动力人口比例	失业率①	失业率②
合计	在校学生	料理家务	离退休	丧失劳动能力	其它			
4 507	–	405	3 944	115	43	19.08	–	0.38
5 330	–	431	4 351	465	83	9.71	–	0.35
58 293	73	29 966	21 894	4 579	1 781	64.62	3.46	4.26
398	73	185	–	37	103	90.89	22.10	22.30
1 509	–	1 320	2	41	147	84.89	11.47	11.84
2 901	–	2 636	7	80	177	80.76	5.46	6.03
2 192	–	2 027	9	54	102	81.86	3.17	3.79
2 427	–	2 275	16	62	74	84.41	2.07	3.02
3 971	–	3 555	187	106	124	83.95	1.41	2.44
5 531	–	4 320	971	121	119	75.73	1.22	2.35
6 682	–	3 816	2 601	138	128	57.60	0.86	1.74
8 898	–	3 798	4 625	292	183	41.14	–	0.77
8 618	–	2 686	5 250	532	150	27.15	–	0.44
15 166	–	3 349	8 226	3 116	475	13.10	–	0.26
6 327	–	3 249	2 034	867	178	41.45	0.47	0.98
7	–	6	–	–	1	75.00	22.22	22.22
20	–	15	1	3	1	80.20	4.94	6.17
61	–	59	–	2	1	73.59	2.94	2.94
72	–	70	1	–	2	78.44	1.53	1.91
141	–	136	1	3	1	79.59	0.55	1.09
254	–	231	7	7	9	77.43	0.23	0.91
221	–	192	19	7	2	72.88	–	0.51
464	–	326	126	9	3	51.57	0.20	0.61
927	–	543	336	37	11	37.74	–	0.36
1 348	–	699	526	94	29	26.58	–	0.61
2 813	–	971	1 018	705	118	12.02	–	0.26
51 563	–	28 573	8 109	13 367	1 514	26.88	1.32	1.65
172	–	33	–	102	37	59.62	11.81	11.81
380	–	179	1	144	55	62.26	8.93	8.93
523	–	343	1	136	44	61.80	4.26	4.37
571	–	423	2	116	31	65.75	2.19	2.46
902	–	787	6	82	27	68.81	1.91	2.36
1 443	–	1 287	25	105	26	67.49	1.17	1.44
1 683	–	1 469	91	92	36	58.58	0.59	1.17
2 939	–	2 272	508	120	38	43.54	0.75	1.24
574	–	3 996	1 193	299	86	30.75	–	0.40
8 706	–	5 856	1 802	881	166	18.73	–	0.20
28 665	–	11 928	4 478	11 290	969	6.56	–	0.15

人　口　统　计

- 户数、人口数
- 城乡人口
- 人口自然变动
- 婚姻与社会保障

户数、人口数

表 1　　**全国历年户数、人口数**　　(万户、万人)

年份	户　数	人口数 合计	男	女
1949	–	54 167	28 145	26 022
1950	–	55 196	28 669	26 527
1951	–	56 300	29 231	27 069
1952	–	57 482	29 833	27 649
1953	13 579	58 796	30 468	28 328
1954	13 553	60 266	31 242	29 024
1955	13 754	61 465	31 809	29 656
1956	14 048	62 828	32 536	30 292
1957	14 431	64 653	33 469	31 184
1958	14 420	65 994	34 195	31 799
1959	14 661	67 207	34 890	32 317
1960	14 699	66 207	34 283	31 924
1961	15 307	65 859	33 880	31 979
1962	15 533	67 295	34 517	32 778
1963	15 637	69 172	35 533	33 639
1964	15 759	70 499	36 142	34 357
1965	15 953	72 538	37 128	35 410
1966	16 098	74 542	38 189	36 353
1967	16 341	76 368	39 115	37 253
1968	16 671	78 534	40 226	38 308
1969	17 072	80 671	41 289	39 382
1970	17 515	82 992	42 686	40 306
1971	17 962	85 229	43 819	41 410
1972	18 221	87 177	44 813	42 364
1973	18 555	89 211	45 876	43 335
1974	18 906	90 859	46 727	44 132
1975	18 311	92 420	47 564	44 856
1976	19 787	93 717	48 257	45 460
1977	20 235	94 974	48 908	46 066
1978	20 648	96 259	49 567	46 692
1979	20 986	97 542	50 192	47 350
1980	21 396	98 705	50 785	47 920
1981	22 056	100 072	51 519	48 553
1982	21 953	101 541	52 310	49 231
1983	23 001	102 495	52 865	49 630
1984	23 476	103 475	53 422	50 053
1985	24 112	104 532	54 011	50 521
1986	24 927	105 721	54 605	51 116
1987	25 834	108 073	55 658	52 415
1988	26 933	108 978	56 299	52 679
1989	27 888	110 676	57 194	53 482
1990	27 866	113 368	58 495	54 873
1991	29 458	114 511	59 140	55 371
1992	30 039	115 563	59 704	55 859
1993	30 574	116 596	60 250	56 346
1994	31 104	117 674	60 817	56 857
1995	31 658	118 788	61 393	57 395
1996	32 168	119 866	61 939	57 927

表 2 各省、自治区、直辖市部分年份户数、人口数 (万户、万人)

地区	1992年		1993年		1994年		1995年		1996年	
	户数	人口数	户数	人口数	户数	人口数	户数	人口数	户数	人口数
北京市	349	1 049	355	1 057	360	1 068	366	1 077	371	1 083
天津市	267	883	271	890	274	895	277	899	280	902
河北省	1 650	6 249	1 680	6 310	1 694	6 366	1 743	6 420	1 764	6 461
山西省	767	2 919	785	2 955	800	2 991	815	3 026	834	3 059
内蒙古自治区	560	2 179	572	2 198	582	2 217	595	2 237	607	2 263
辽宁省	1 167	3 958	1 186	3 983	1 204	4 007	1 224	4 034	1 240	4 057
吉林省	661	2 474	679	2 496	692	2 516	704	2 551	718	2 579
黑龙江省	933	3 526	944	3 539	963	3 558	976	3 577	991	3 605
上海市	432	1 289	439	1 295	444	1 299	451	1 301	457	1 304
江苏省	2 015	6 768	2 035	6 801	2 056	6 831	2 086	6 868	2 113	6 908
浙江省	1 298	4 286	1 311	4 313	1 321	4 341	1 340	4 370	1 354	4 400
安徽省	1 500	5 818	1 512	5 870	1 532	5 938	1 551	5 999	1 569	6 054
福建省	707	3 067	718	3 099	734	3 127	750	3 165	769	3 211
江西省	888	3 827	899	3 857	916	3 894	935	3 939	961	3 981
山东省	2 325	8 580	2 364	8 620	2 406	8 653	2 448	8 701	2 491	8 747
河南省	2 118	8 812	2 181	8 915	2 235	9 005	2 269	9 109	2 297	9 203
湖北省	1 408	5 514	1 437	5 590	1 463	5 657	1 488	5 727	1 506	5 776
湖南省	1 723	6 209	1 747	6 248	1 767	6 306	1 786	6 357	1 789	6 404
广东省	1 505	6 463	1 557	6 582	1 590	6 691	1 631	6 789	1 674	6 897
广西壮族自治区	950	4 359	973	4 409	997	4 455	1 020	4 502	1 040	4 546
海南省	158	671	161	682	163	691	160	702	171	714
四川省	3 064	10 943	3 097	11 002	3 155	11 084	3 195	11 163	3 228	11 238
贵州省	777	3 301	788	3 332	805	3 381	820	3 420	842	3 460
云南省	858	3 767	883	3 802	902	3 837	926	3 874	946	3 909
西藏自治区	40	225	40	229	41	232	42	236	43	239
陕西省	836	3 340	847	3 370	862	3 402	878	3 432	893	3 458
甘肃省	513	2 288	525	2 319	538	2 352	554	2 388	567	2 428
青海省	96	443	97	446	99	451	102	456	103	463
宁夏回族自治区	107	482	110	491	117	504	120	512	124	521
新疆维吾尔自治区	367	1 554	381	1 577	392	1 605	406	1 637	426	1 676

表 5　　1996年沿海城市总人口　　(人)

地区别	总户数(户)	总人口			非农业人口	
		合计	男	女	人数	占总人口%
全国	19 666 307	62 898 852	32 101 009	30 797 843	31 082 910	49.42
天津市	1 947 745	5 957 919	3 020 602	2 937 317	4 775 639	80.16
秦皇岛市	224 700	646 111	328 715	317 396	452 182	69.99
大连市	1 704 000	5 285 886	2 684 150	2 601 736	2 518 289	47.64
上海市	3 362 934	9 610 185	4 879 635	4 730 550	8 417 524	87.59
南通市	1 947 444	5 730 480	2 870 706	2 859 774	1 638 516	28.59
连云港市	177 426	581 752	297 925	283 827	426 848	73.37
宁波市	1 243 811	3 470 652	1 765 692	1 704 960	974 612	28.08
温州市	919 079	3 407 936	1 764 707	1 643 229	734 498	21.55
福州市	891 090	3 222 808	1 669 062	1 553 746	1 194 795	37.07
青岛市	2 123 986	6 902 677	3 502 600	3 400 077	2 549 500	36.93
烟台市	2 005 633	6 339 185	3 205 205	3 133 980	2 019 915	31.86
广州市	1 905 998	6 560 508	3 380 751	3 179 757	4 032 704	61.47
湛江市	1 083 408	4 695 874	2 482 779	2 213 095	1 165 605	24.82
北海市	129 053	486 879	248 480	238 399	182 283	37.44

表 6　　1996年沿江城市总人口　　(人)

地区别	总户数(户)	总人口			非农业人口	
		合计	男	女	人数	占总人口%
全国	6 877 392	22 631 493	11 717 426	10 914 067	9 976 331	44.08
芜湖市	204 325	612 648	316 951	295 697	479 835	78.32
九江市	242 176	874 359	454 023	420 336	421 340	48.19
武汉市	1 502 525	5 172 500	2 673 371	2 499 129	3 820 820	73.87
宜昌市	603 526	1 966 219	1 006 283	959 936	778 778	39.61
岳阳市	572 396	1 823 255	957 488	865 767	573 474	31.45
重庆市	2 943 586	9 482 327	4 913 799	4 568 528	3 389 149	35.74
万县市	499 996	1 629 709	842 820	786 889	301 635	18.51
涪陵市	308 862	1 070 476	552 691	517 785	211 300	19.74

城、乡人口

表 7　　全国历年城乡人口数　　(万人)

年份	总人口数	市镇人口		乡村人口	
		人口数	%	人口数	%
1949	54 167	5 765	10.6	48 402	89.4
1950	55 196	6 169	11.2	49 027	88.8
1951	56 300	6 632	11.8	49 668	88.2
1952	57 482	7 163	12.5	50 319	87.5
1953	58 796	7 826	13.3	50 970	86.7
1954	60 266	8 249	13.7	52 017	86.3
1955	61 465	8 285	13.5	53 180	86.5
1956	62 828	9 185	14.6	53 643	85.4
1957	64 653	9 949	15.4	54 704	84.6
1958	65 994	10 721	16.2	55 273	83.8
1959	67 207	12 371	18.4	54 836	81.6
1960	66 207	13 073	19.7	53 134	80.3
1961	65 859	12 707	19.3	53 152	80.7
1962	67 295	11 659	17.3	55 636	82.7
1963	69 172	11 646	16.8	57 526	83.2
1964	70 499	12 950	18.4	57 549	81.6
1965	72 538	13 045	18.0	59 493	82.0
1966	74 542	13 313	17.9	61 229	82.1
1967	76 368	13 548	17.7	62 820	82.3
1968	78 534	13 838	17.6	64 896	82.4
1969	80 671	14 117	17.5	66 554	82.5
1970	82 992	14 424	17.4	68 568	82.6
1971	85 229	14 711	17.3	70 518	82.7
1972	87 177	14 935	17.1	72 242	82.9
1973	89 211	15 345	17.2	73 866	82.8
1974	90 859	15 595	17.2	75 264	82.8
1975	92 420	16 030	17.3	76 390	82.7
1976	93 717	16 341	17.4	77 376	82.6
1977	94 974	16 669	17.6	78 305	82.4
1978	96 259	17 245	17.9	79 014	82.1
1979	97 542	18 495	19.0	79 047	81.0
1980	98 705	19 140	19.4	79 565	80.6
1981	100 072	20 171	20.2	79 901	79.8
1982	101 541	21 154	20.8	80 387	79.2
1983	102 495	24 126	23.5	78 369	76.5
1984	103 475	33 006	31.9	70 469	68.1
1985	104 532	38 244	36.6	66 288	63.4
1986	105 721	43 753	41.4	61 968	58.6
1987	108 073	50 362	46.6	57 711	53.4
1988	108 978	54 393	49.9	54 585	50.1
1989	110 676	57 383	51.8	53 293	48.2
1990	113 368	60 447	53.3	52 921	46.7
1991	114 511	61 888	54.0	52 623	46.0
1992	115 563	71 234	61.6	44 329	38.4
1993	116 596	75 339	64.6	41 257	35.4
1994	117 674	79 365	67.4	38 309	32.6
1995	118 788	83 016	69.9	35 772	30.1
1996	119 866	86 466	72.1	33 400	27.9

表 8　全国历年农业、非农业人口数　(万人)

年 份	总人口数	非农业人口		农业人口	
		人口数	%	人口数	%
1949	54 167	9 441	17.4	44 726	82.6
1950	55 196	9 137	16.6	46 059	83.4
1951	56 300	8 674	15.4	47 626	84.6
1952	57 482	8 291	14.4	49 191	85.6
1953	58 796	8 729	14.8	50 067	85.2
1954	60 266	9 229	15.3	51 037	84.7
1955	61 465	9 335	15.2	52 130	84.8
1956	62 828	10 002	15.9	52 826	84.1
1957	64 653	10 618	16.4	54 035	83.6
1958	65 994	12 210	18.5	53 784	81.5
1959	67 207	13 567	20.2	53 640	79.8
1960	66 207	13 731	20.7	52 476	79.3
1961	65 859	12 415	18.9	53 444	81.1
1962	67 295	11 271	16.7	56 024	83.3
1963	69 172	11 584	16.7	57 588	83.3
1964	70 499	11 677	16.6	58 822	83.4
1965	72 538	12 122	16.7	60 416	83.3
1966	74 542	12 340	16.6	62 202	83.4
1967	76 368	12 637	16.5	63 731	83.5
1968	78 534	12 554	16.0	65 980	84.0
1969	80 671	12 403	15.4	68 262	84.6
1970	82 992	12 660	15.3	70 332	84.7
1971	85 229	13 350	15.7	71 879	84.3
1972	87 177	13 632	15.6	73 545	84.4
1973	89 211	13 992	15.7	75 219	84.3
1974	90 859	14 079	15.5	76 780	84.5
1975	92 420	14 278	15.4	78 142	84.6
1976	93 717	14 517	15.5	79 200	84.5
1977	94 974	14 674	15.5	80 280	84.5
1978	96 259	15 230	15.8	81 029	84.2
1979	97 542	16 186	16.6	81 356	83.4
1980	98 705	16 800	17.0	81 905	83.0
1981	100 072	17 413	17.4	82 659	82.6
1982	101 541	17 910	17.6	83 631	82.4
1983	102 495	18 378	17.9	84 117	82.1
1984	103 475	19 686	19.0	83 789	81.0
1985	104 532	21 054	20.1	83 478	79.7
1986	105 721	20 903	19.8	84 818	80.2
1987	108 073	21 592	20.0	86 481	80.0
1988	108 978	22 551	20.7	86 427	79.3
1989	110 676	23 371	21.1	87 305	78.9
1990	113 368	22 274	19.6	91 094	80.4
1991	114 511	24 418	21.3	90 093	78.7
1992	115 563	25 298	21.9	90 265	78.1
1993	116 596	26 388	22.6	90 208	77.4
1994	117 674	27 638	23.5	90 036	76.5
1995	118 788	28 555	24.0	90 233	76.0
1996	119 866	29 459	24.6	90 407	75.4

表 9　　各省、自治区、直辖市部分年份市镇人口数　　(万人)

地区	1992年 市镇人口数	1992年 其中:非农业人口	1993年 市镇人口数	1993年 其中:非农业人口	1994年 市镇人口数	1994年 其中:非农业人口	1995年 市镇人口数	1995年 其中:非农业人口	1996年 市镇人口数	1996年 其中:非农业人口
北京市	892	648	899	661	939	677	949	690	960	703
天津市	660	487	665	492	670	497	685	501	710	507
河北省	3 055	887	3 353	922	3 491	966	3 640	1 025	4 365	1 099
山西省	1 788	625	1 868	653	1 948	683	1 986	705	2 019	736
内蒙古自治区	1 114	633	1 135	650	1 158	666	1 177	681	1 196	698
辽宁省	3 037	1 648	3 265	1 701	3 358	1 731	3 419	1 764	3 465	1 790
吉林省	2 060	961	2 127	1 001	2 197	1 033	2 219	1 061	2 257	1 078
黑龙江省	2 559	1 402	2 634	1 429	2 667	1 466	2 711	1 482	2 784	1 513
上海市	886	820	1 038	856	1 119	879	1 262	902	1 268	913
江苏省	4 334	1 340	4 717	1 475	5 050	1 544	5 216	1 618	5 302	1 683
浙江省	3 593	711	3 679	736	3 771	765	3 822	792	3 875	820
安徽省	3 838	884	4 043	911	4 033	928	4 181	991	4 284	1 033
福建省	2 364	502	2 518	541	2 582	561	2 652	573	2 714	598
江西省	1 570	629	1 877	662	2 059	696	2 260	736	2 461	763
山东省	5 801	1 483	6 073	1 591	6 380	1 784	6 653	1 867	6 911	2 001
河南省	3 307	1 065	3 527	1 146	4 260	1 269	4 571	1 351	4 930	1 422
湖北省	4 301	1 199	4 389	1 250	4 536	1 371	4 638	1 436	4 796	1 486
湖南省	2 812	894	3 039	953	3 183	1 004	4 242	1 048	4 561	1 106
广东省	5 980	1 603	6 403	1 790	6 619	1 955	6 717	2 024	6 830	2 098
广西壮族自治区	2 200	544	2 436	598	2 728	641	2 989	682	3 241	719
海南省	483	127	527	138	545	143	548	144	591	162
四川省	6 885	1 565	7 238	1 626	7 857	1 732	8 051	1 805	8 179	1 871
贵州省	2 116	396	2 237	404	2 318	435	2 348	443	2 391	460
云南省	1 581	414	1 640	435	1 735	451	1 768	467	1 797	482
西藏自治区	37	19	38	21	38	22	39	23	40	23
陕西省	1 546	594	1 567	610	1 630	631	1 698	659	1 892	686
甘肃省	945	359	971	368	994	385	1 015	399	1 038	413
青海省	157	105	158	106	161	108	163	109	167	111
宁夏回族自治区	209	109	228	112	247	126	252	129	270	134
新疆维吾尔自治区	704	439	730	454	772	471	814	489	852	510

表 10　　1996年各省、自治区、直辖市市镇人口数　　(人)

地区	总人口数	市镇人口		市镇非农业人口	
		人口数	占总人口 %	人口数	占总人口 %
北京市	10 832 301	9 599 562	88.62	7 026 169	64.86
天津市	9 024 263	7 101 077	78.69	5 067 574	56.15
河北省	64 610 338	43 649 350	67.56	10 988 875	17.01
山西省	30 592 126	20 185 327	65.89	7 358 583	24.05
内蒙古自治区	22 630 019	11 962 564	52.86	6 976 171	30.83
辽宁省	40 567 840	34 650 147	85.41	17 901 828	44.13
吉林省	25 791 372	22 571 317	87.51	10 783 051	41.81
黑龙江省	36 051 038	27 836 930	77.22	15 132 660	41.98
上海市	13 044 299	12 680 671	97.21	9 130 630	69.99
江苏省	69 081 330	53 018 193	76.75	16 832 731	24.37
浙江省	44 000 909	38 755 232	88.08	8 198 095	18.63
安徽省	60 539 835	42 836 460	70.76	10 326 987	17.06
福建省	32 106 099	27 139 632	84.53	5 978 978	18.62
江西省	39 810 324	24 611 554	61.82	7 631 508	19.17
山东省	87 470 477	69 112 761	79.01	20 011 710	22.88
河南省	92 030 568	49 297 583	53.57	14 221 900	15.45
湖北省	57 763 665	47 955 927	83.02	14 855 411	25.72
湖南省	64 038 520	45 613 993	71.23	11 064 506	17.28
广东省	68 967 736	68 304 443	99.04	20 980 501	30.42
广西壮族自治区	45 455 041	32 406 840	71.29	7 193 094	15.82
海南省	7 140 580	5 913 313	82.81	1 623 373	22.73
四川省	112 382 334	81 792 799	72.78	18 714 889	16.65
贵州省	34 595 447	23 910 680	69.12	4 600 980	13.30
云南省	39 093 849	17 966 506	45.96	4 815 149	12.32
西藏自治区	2 392 999	404 033	16.88	231 826	9.69
陕西省	34 576 855	18 920 497	54.72	6 857 307	19.83
甘肃省	24 278 334	10 378 891	42.75	4 130 425	17.01
青海省	4 626 499	1 669 292	36.08	1 114 585	24.09
宁夏回族自治区	5 212 099	2 698 118	51.77	1 339 292	25.70
新疆维吾尔自治区	16 755 646	8 520 429	50.85	5 096 027	30.41

表 11　　全国历年市数、人口数

年　份	市　数 (个)	户　数 (万户)	人口数 (万人)	其中：非农业人口数(万人)
1953	166	1 074	5 249	4 353
1954	165	1 168	5 768	—
1955	163	1 229	5 884	—
1956	175	1 313	6 343	—
1957	177	1 435	6 902	—
1958	175	1 498	7 358	—
1959	183	1 567	7 925	—
1960	—	—	—	—
1961	208	1 683	8 299	7 032
1962	198	1 596	7 695	6 529
1963	174	1 558	7 621	6 609
1964	169	1 832	9 317	6 944
1965	171	1 799	9 252	7 087
1966	175	—	9 394	7 164
1967	175	—	9 544	7 221
1968	175	—	9 587	7 214
1969	175	—	9 530	7 058
1970	176	—	9 848	7 113
1971	180	2 044	10 047	7 331
1972	181	2 109	10 364	7 535
1973	181	2 173	10 609	7 690
1974	181	2 228	10 775	7 749
1975	184	2 344	11 105	7 852
1976	187	2 436	11 301	7 956
1977	189	2 528	11 515	8 055
1978	191	2 629	11 929	8 445
1979	203	2 865	12 940	9 037
1980	217	3 020	13 447	9 448
1981	229	3 330	14 332	9 828
1982	239	3 551	14 940	10 136
1983	271	4 311	17 895	10 752
1984	295	4 752	19 559	11 461
1985	324	5 342	21 611	12 250
1986	347	5 912	23 059	12 228
1987	381	6 841	26 435	13 298
1988	432	8 018	30 405	14 373
1989	446	8 593	31 890	14 934
1990	456	8 749	33 771	14 615
1991	475	9 605	34 717	15 756
1992	507	10 514	37 574	16 642
1993	561	11 951	42 686	17 929
1994	618	13 366	47 753	19 451
1995	636	14 109	49 980	20 286
1996	655	14 696	51 696	21 059

表 12　　1996年各省、自治区、直辖市市数、人口数

地区	市数（个）	户数（户）	人口数 合计	男	女	其中:非农业人口(人)	非农业人口占%
北京市	1	2 525 568	7 401 138	3 779 133	3 622 005	6 284 502	84.91
天津市	1	1 947 745	5 957 919	3 020 602	2 937 317	4 775 639	80.16
河北省	34	6 137 342	21 761 811	11 103 231	10 658 580	8 046 443	36.98
山西省	20	3 096 653	11 227 055	5 890 464	5 336 591	5 264 321	46.89
内蒙古自治区	20	2 144 232	7 535 353	3 875 819	3 659 534	4 765 183	63.24
辽宁省	30	8 750 450	27 997 001	14 224 799	13 775 202	16 005 334	57.17
吉林省	28	4 762 035	16 786 640	8 538 685	8 247 955	8 569 579	51.05
黑龙江省	31	6 006 355	20 856 129	10 632 819	10 223 310	11 971 262	57.40
上海市	1	3 362 934	9 610 185	4 879 635	4 730 550	8 417 524	87.59
江苏省	44	13 573 365	41 833 648	21 326 562	20 507 086	14 202 798	33.95
浙江省	35	8 452 396	27 135 517	13 945 730	13 189 787	6 294 104	23.20
安徽省	21	4 897 846	17 968 685	9 326 433	8 642 252	6 502 844	36.19
福建省	23	3 420 458	13 457 568	6 980 541	6 477 027	4 152 496	30.86
江西省	20	3 248 557	12 837 814	6 655 798	6 182 016	4 601 205	35.84
山东省	48	14 412 917	48 773 512	24 843 991	23 929 521	16 748 617	34.34
河南省	38	7 077 235	26 841 912	13 777 485	13 064 427	9 695 287	36.12
湖北省	35	8 841 588	32 836 433	16 919 315	15 917 118	11 778 264	35.87
湖南省	27	5 624 360	19 178 394	9 956 824	9 221 570	6 756 477	35.23
广东省	54	11 348 360	44 854 972	23 113 870	21 741 102	16 741 053	37.32
广西壮族自治区	18	3 105 348	13 030 489	6 839 347	6 191 142	4 072 229	31.25
海南省	8	973 295	3 929 582	2 032 455	1 897 127	1 151 660	29.31
四川省	37	12 050 763	39 933 283	20 646 546	19 286 737	11 929 631	29.87
贵州省	11	2 322 452	9 092 021	4 715 560	4 376 461	2 910 461	32.01
云南省	16	2 233 300	8 377 462	4 334 738	4 042 724	2 879 395	34.37
西藏自治区	2	39 958	222 212	113 656	108 556	146 558	65.95
陕西省	13	2 562 798	9 484 613	4 947 978	4 536 635	4 503 976	47.49
甘肃省	13	1 725 583	6 523 546	3 381 105	3 142 441	2 955 551	45.31
青海省	3	222 837	830 956	424 813	406 143	686 399	82.60
宁夏回族自治区	5	438 161	1 646 689	842 410	804 279	968 150	58.79
新疆维吾尔自治区	18	1 657 420	5 839 734	3 020 511	2 819 223	3 617 093	61.94

表 13　　全国历年镇数、人口数

年　份	镇　数（个）	人口数（万人）	其中：非农业人口（万人）	非农业人口占 %
1953	–	3 372	–	–
1954	–	2 481	–	–
1955	–	2 401	–	–
1956	–	2 842	–	–
1957	–	3 047	–	–
1958	–	3 363	–	–
1959	–	4 446	–	–
1960	–	–	–	–
1961	–	4 408	3 517	79.79
1962	4 429	3 964	3 210	80.98
1963	4 219	4 025	3 326	82.63
1964	4 032	3 633	2 941	80.95
1965	2 877	3 793	3 083	81.28
1966	2 902	3 919	3 137	80.05
1967	–	4 004	3 388	84.62
1968	–	4 251	3 258	76.64
1969	–	4 587	3 343	72.88
1970	–	4 576	3 412	74.56
1971	–	4 664	3 364	72.13
1972	–	4 571	3 539	77.42
1973	–	4 736	3 662	77.32
1974	–	4 820	3 710	76.97
1975	–	4 925	3 769	76.53
1976	–	5 040	3 836	76.11
1977	–	5 154	3 890	75.48
1978	2 850	5 316	4 039	75.98
1979	–	5 555	4 275	76.96
1980	2 874	5 693	4 415	77.55
1981	2 845	5 839	4 492	76.93
1982	2 819	6 214	4 579	73.69
1983	2 781	6 231	4 483	71.95
1984	6 211	13 447	5 228	38.88
1985	7 511	16 633	5 721	34.39
1986	8 464	20 369	5 963	29.27
1987	9 121	23 666	6 143	25.96
1988	8 614	23 988	6 035	25.16
1989	9 088	25 493	6 236	24.46
1990	9 321	26 676	5 638	21.14
1991	9 308	27 171	6 537	24.06
1992	10 587	33 659	6 769	20.11
1993	10 472	32 654	6 683	20.46
1994	10 401	31 612	6 488	20.52
1995	10 601	33 036	6 630	18.91
1996	10 871	34 770	6 879	19.78

表 14　　1996年各省、自治区、直辖市镇数、人口数

地区	镇数(个)	户数(户)	人口数(人)	其中:非农业人口(人)	非农业人口占%
北京市	81	776 660	2 198 424	741 667	33.74
天津市	43	327 629	1 143 158	291 935	25.54
河北省	643	6 021 035	21 887 539	2 942 432	13.44
山西省	401	2 539 520	8 958 272	2 094 262	23.38
内蒙古自治区	204	1 265 336	4 427 211	2 210 988	49.94
辽宁省	250	2 022 975	6 653 146	1 896 494	28.51
吉林省	217	1 643 391	5 784 677	2 213 472	38.26
黑龙江省	258	1 892 696	6 980 801	3 161 398	45.29
上海市	121	1 082 913	3 070 486	713 106	23.22
江苏省	277	3 384 020	11 184 545	2 629 933	23.51
浙江省	407	3 596 394	11 619 715	1 903 991	16.39
安徽省	640	6 407 952	24 867 775	3 824 143	15.38
福建省	358	3 173 319	13 682 064	1 826 482	13.35
江西省	447	2 929 805	11 773 740	3 030 303	25.74
山东省	488	5 613 430	20 339 249	3 263 093	16.04
河南省	463	5 698 685	22 455 671	4 526 613	20.16
湖北省	396	3 834 978	15 119 494	3 077 147	20.35
湖南省	714	7 417 587	26 435 599	4 308 029	16.30
广东省	760	5 237 520	23 449 471	4 239 448	18.08
广西壮族自治区	470	4 435 986	19 376 351	3 120 865	16.11
海南省	96	447 087	1 983 731	471 713	23.78
四川省	1 467	12 146 111	41 859 516	6 785 258	16.21
贵州省	520	3 632 740	14 818 659	1 690 519	11.41
云南省	294	2 418 863	9 589 044	1 935 754	20.19
西藏自治区	31	39 364	181 821	85 268	46.90
陕西省	438	2 562 185	9 435 884	2 353 331	24.94
甘肃省	165	963 887	3 855 345	1 174 874	30.47
青海省	36	204 747	838 336	428 186	51.08
宁夏回族自治区	53	271 787	1 051 429	371 142	35.30
新疆维吾尔自治区	133	745 830	2 680 695	1 478 934	55.17

人口自然变动

表 15　　全国历年人口自然变动　　(‰)

年份	出生率			死亡率			自然增长率		
	全国	市	县	全国	市	县	全国	市	县
1949	36.00	–	–	20.00	–	–	16.00	–	–
1950	37.00	–	–	18.00	–	–	19.00	–	–
1951	37.80	–	–	17.80	–	–	20.00	–	–
1952	37.00	–	–	17.00	–	–	20.00	–	–
1953	37.00	–	–	14.00	–	–	23.00	–	–
1954	39.97	42.45	37.51	13.18	8.07	13.71	24.79	34.38	23.80
1955	32.60	40.67	31.74	12.28	9.30	12.60	20.32	31.37	19.14
1956	31.90	37.87	31.24	11.40	7.43	11.84	20.50	30.44	19.40
1957	34.03	44.48	32.81	10.80	8.47	11.07	23.23	36.01	21.74
1958	29.22	33.55	28.41	11.98	9.22	12.50	17.24	24.33	15.91
1959	24.78	29.43	23.78	14.59	10.92	14.61	10.19	18.51	9.17
1960	20.86	28.03	19.35	25.43	13.77	28.58	−4.57	14.26	−9.23
1961	18.02	21.63	16.99	14.24	11.39	14.58	3.78	10.24	2.14
1962	37.01	35.46	37.27	10.02	8.28	10.32	26.99	27.18	26.95
1963	43.37	44.05	43.19	10.04	7.13	10.49	33.33	37.37	32.7
1964	39.14	32.17	40.27	11.50	7.27	12.17	27.64	24.9	28.1
1965	37.88	26.59	39.53	9.50	5.69	10.06	28.38	20.9	29.47
1966	35.05	20.85	36.71	8.83	5.59	9.47	26.22	15.26	27.24
1967	33.96	–	–	8.43	–	–	25.58	–	–
1968	35.59	–	–	8.21	–	–	27.38	–	–
1969	34.11	–	–	8.03	–	–	26.08	–	–
1970	33.43	–	–	7.60	–	–	25.83	–	–
1971	30.65	21.30	31.86	7.32	5.35	7.57	23.33	15.95	24.29
1972	29.77	19.30	31.19	7.61	5.29	7.93	22.16	14.01	23.26
1973	27.93	17.35	29.36	7.04	4.96	7.33	20.89	12.39	22.03
1974	24.82	14.50	26.23	7.34	5.24	7.63	17.48	9.26	18.6
1975	23.01	14.71	24.17	7.32	5.39	7.59	15.69	9.32	16.58
1976	19.91	13.12	20.85	7.25	6.60	7.35	12.66	6.52	13.5
1977	18.93	13.38	19.70	6.87	5.51	7.06	12.06	7.87	12.64
1978	18.25	13.56	18.91	6.25	5.12	6.42	12.00	8.44	12.49
1979	17.82	13.67	18.43	6.21	5.07	6.39	11.61	8.6	12.04
1980	18.21	14.17	18.82	6.34	5.48	6.47	11.87	8.69	13.35
1981	20.91	16.45	21.55	6.36	5.14	6.53	14.55	11.31	15.02
1982	21.09	18.24	21.97	6.60	5.28	7.00	14.49	12.96	14.97
1983	18.62	15.99	19.89	7.08	5.92	7.69	11.54	10.07	12.20
1984	17.50	15.00	17.90	6.69	5.86	6.73	10.81	9.14	11.17
1985	17.80	14.02	19.17	6.57	5.96	6.66	11.23	8.06	12.51
1986	20.77	17.39	21.94	6.69	5.75	6.74	14.08	11.64	15.20
1987	21.04	15.80	–	6.65	5.25	–	14.39	10.55	–
1988	20.78	15.41	–	6.58	5.32	–	14.20	10.09	–
1989	16.50	15.78	16.79	5.54	5.25	5.66	10.96	10.53	11.13
1990	21.06	–	–	6.67	–	–	14.39	–	–
1991	19.68	12.96	–	6.70	5.30	–	12.98	7.66	–
1992	18.24	12.14	–	6.64	5.64	–	11.60	6.50	–
1993	18.09	12.34	–	6.64	5.66	–	11.45	6.68	–
1994	17.70	12.12	–	6.49	5.66	–	11.21	6.46	–
1995	17.12	11.66	–	6.57	5.54	–	10.55	6.12	–
1996	16.98	11.33	–	6.56	5.53	–	10.42	5.80	–

表 16　各省、自治区、直辖市部分年份人口出生率　(‰)

地区	1992	1993	1994	1995	1996
北京市	9.22	9.35	8.96	7.92	8.02
天津市	12.50	10.71	10.98	10.23	10.09
河北省	15.33	15.43	14.93	13.93	13.85
山西省	19.59	17.48	17.46	16.60	16.59
内蒙古自治区	17.07	18.48	18.98	17.23	16.09
辽宁省	12.57	12.43	12.26	12.17	12.15
吉林省	15.74	15.28	14.11	12.90	12.53
黑龙江省	16.25	15.90	15.15	13.23	12.40
上海市	7.28	6.50	5.80	5.75	5.60
江苏省	15.71	13.97	13.78	12.32	12.11
浙江省	14.72	13.61	13.24	12.66	12.09
安徽省	18.76	17.18	16.70	16.07	16.00
福建省	18.18	16.72	16.24	15.20	13.32
江西省	19.53	20.33	19.38	18.94	17.53
山东省	11.43	10.47	9.69	9.82	10.60
河南省	18.13	15.87	15.36	14.41	14.28
湖北省	19.05	20.04	18.17	16.18	16.08
湖南省	16.70	14.08	13.88	13.02	12.81
广东省	19.31	18.34	18.20	18.10	18.05
广西壮族自治区	20.19	19.58	18.84	17.54	16.83
海南省	20.31	20.81	20.77	20.12	20.08
四川省	16.27	16.77	16.93	17.08	16.68
贵州省	22.40	22.60	22.92	21.86	22.05
云南省	21.00	22.00	21.80	20.75	20.87
西藏自治区	23.63	26.68	25.64	24.90	24.70
陕西省	18.85	17.63	17.59	15.93	14.99
甘肃省	19.37	20.16	20.82	20.65	18.43
青海省	22.54	20.50	22.06	22.01	21.89
宁夏回族自治区	20.11	19.43	19.67	19.28	19.03
新疆维吾尔自治区	22.80	21.53	20.82	18.90	19.45

表 17　各省、自治区、直辖市部分年份人口死亡率　(‰)

地区	1992	1993	1994	1995	1996
北京市	6.11	6.16	5.76	5.12	5.34
天津市	6.00	6.20	6.19	6.23	6.53
河北省	6.43	6.11	6.50	6.32	6.55
山西省	6.94	6.36	6.70	6.12	6.25
内蒙古自治区	6.73	6.83	6.50	6.70	6.43
辽宁省	6.11	6.11	6.03	6.15	6.19
吉林省	6.57	6.31	6.35	6.09	5.60
黑龙江省	6.12	5.52	5.47	5.33	5.05
上海市	6.74	7.30	7.00	7.05	7.00
江苏省	6.76	6.61	6.86	6.56	6.58
浙江省	6.57	6.58	6.60	6.75	6.58
安徽省	6.14	6.51	6.86	6.41	6.50
福建省	6.02	5.62	5.95	5.90	5.94
江西省	7.07	6.89	7.00	7.28	7.02
山东省	6.88	6.76	6.67	6.47	6.76
河南省	6.99	6.11	6.34	6.28	6.44
湖北省	6.87	6.93	6.68	6.91	6.93
湖南省	7.30	7.13	7.03	7.15	7.20
广东省	6.17	5.84	5.78	5.70	6.09
广西壮族自治区	7.28	6.35	6.60	6.53	6.82
海南省	6.07	5.26	6.29	5.61	5.88]
四川省	7.03	7.21	6.99	7.21	7.35
贵州省	8.52	8.50	8.14	7.60	7.69
云南省	8.00	8.10	8.00	8.03	7.94
西藏自治区	8.09	7.60	8.71	8.80	8.50
陕西省	6.57	6.55	6.60	6.57	6.51
甘肃省	6.64	6.84	6.84	6.49	6.64
青海省	8.14	8.26	6.82	6.89	7.20
宁夏回族自治区	5.36	5.36	6.02	5.49	5.25
新疆维吾尔自治区	7.84	7.68	7.43	6.45	6.60

表 18　各省、自治区、直辖市部分年份人口自然增长率　(‰)

地区	1992	1993	1994	1995	1996
北京市	3.11	3.19	3.20	2.80	2.68
天津市	6.50	4.51	4.79	4.00	3.56
河北省	8.90	9.32	8.43	7.61	7.30
山西省	12.65	11.12	10.76	10.48	10.34
内蒙古自治区	10.34	11.65	12.48	10.53	9.66
辽宁省	6.46	6.32	6.23	6.02	5.96
吉林省	9.17	8.97	7.76	6.81	6.93
黑龙江省	10.13	10.38	9.68	7.90	7.35
上海市	0.54	−0.80	−1.20	−1.30	−1.40
江苏省	8.95	7.36	6.92	5.76	5.53
浙江省	8.15	7.03	6.64	5.91	5.51
安徽省	12.62	10.67	9.84	9.66	9.50
福建省	12.16	11.10	10.29	9.30	7.28
江西省	12.46	13.44	12.38	11.66	10.51
山东省	4.55	3.71	3.02	3.35	3.84
河南省	11.14	9.76	9.02	8.13	7.84
湖北省	12.17	13.11	11.49	9.27	9.15
湖南省	9.40	6.95	6.85	5.87	5.61
广东省	13.14	12.50	12.42	12.40	11.96
广西壮族自治区	12.91	13.23	12.24	11.01	10.01
海南省	15.24	15.55	14.48	14.51	14.20
四川省	9.24	9.56	9.94	9.87	9.33
贵州省	13.88	14.10	14.78	14.26	14.36
云南省	13.00	13.90	13.80	12.72	12.93
西藏自治区	15.54	19.08	16.93	16.10	16.20
陕西省	12.28	11.08	10.99	9.36	8.48
甘肃省	12.73	13.32	13.98	14.16	11.79
青海省	14.40	12.24	15.24	15.12	14.69
宁夏回族自治区	14.75	14.07	13.65	13.79	13.78
新疆维吾尔自治区	14.96	13.85	13.39	12.45	12.85

表 19

1996 年国内婚姻登记情况

（对）

地区	申请结婚登记								申请		附法院判决调解离婚(件)	
	合计	准予登记结婚数	初婚数(人)	再婚数(人)	男	女	附:再婚中恢复结婚	申请结婚未予登记数	离婚数	其中:准予登记离婚数	收案合计	其中:判决调解离婚数
全国合计	9 617 540	9 339 615	17 817 240	86 190	451 075	410 915	48 044	277 925	620 582	392 585	1 208 031	739 630
北京市	86 136	85 942	146 666	25 218	13 252	11 966	625	194	9 420	8 217	22 132	12 491
天津市	64 920	64 735	116 425	13 045	6 450	6 595	584	185	5 786	4 490	13 958	7 774
河北省	443 958	430 602	809 736	51 468	25 246	26 222	2 182	13 356	19 383	12 445	59 236	38 694
山西省	182 060	175 607	336 758	14 456	7 426	7 030	1 242	6 453	12 424	6 388	27 810	17 351
内蒙古自治区	188 621	183 913	355 108	12 718	6 732	5 986	876	4 708	14 826	7 927	36 787	21 564
辽宁省	314 969	308 500	560 821	56 179	29 933	26 246	3 631	6 469	40 858	30 279	88 627	54 394
其中:大连市	41 904	40 834	73 971	7 697	4 228	3 469	386	1 070	6 477	5 224	—	—
吉林省	216 152	199 478	369 392	29 564	16 915	12 649	2 557	16 674	29 801	23 748	53 434	31 433
黑龙江省	270 837	256 227	468 167	44 287	24 668	19 619	2 929	14 610	28 572	20 570	96 494	58 705
上海市	86 589	86 460	149 817	23 103	10 744	12 359	987	129	15 100	10 618	26 503	13 953
江苏省	554 774	546 062	1 058 549	33 575	16 811	16 764	1 791	8 712	25 612	16 907	56 863	30 261
浙江省	379 294	370 469	712 535	28 403	13 479	14 924	948	8 825	20 733	14 795	32 670	18 713
其中:宁波市	47 621	47 037	89 149	4 925	2 325	2 600	169	584	3 736	2 867	—	—
安徽省	605 594	596 809	1 174 974	18 644	9 421	9 223	1 080	8 785	22 166	8 581	42 019	24 412
福建省	282 878	275 664	538 523	12 805	6 828	5 977	447	7 214	9 954	8 318	16 677	10 691
其中:厦门市	20 251	20 231	38 074	2 388	1 328	1 060	54	20	729	675	—	—
山西省	276 875	270 368	525 054	15 682	8 340	7 342	1 420	6 507	14 158	8 486	19 943	11 532
山东省	735 527	721 129	1 371 103	71 155	31 730	39 425	1 117	14 398	18 546	11 276	67 201	42 210
其中:青岛市	63 678	63 394	118 381	8 407	3 507	4 900	142	284	1 627	1 148	—	—

表 19 （续完）

地区	申请结婚登记								申请		附法院判决调解离婚(件)	
	合计	准予登记结婚数	初婚数(人)	再婚数(人)	男	女	附:再婚中恢复结婚	申请结婚未予登记数	离婚数	其中:准予登记离婚数	收案合计	其中:判决调解离婚数
河南省	769 591	742 735	1 441 328	44 142	25 566	18 576	2 799	26 856	40 461	23 221	67 639	43 961
湖北省	459 664	442 532	851 577	33 487	18 471	15 016	2 344	17 132	24 293	14 590	46 739	26 085
湖南省	449 245	429 238	819 987	38 489	20 504	17 985	2 783	20 007	41 700	22 325	53 831	33 132
广东省	594 645	588 436	1 150 767	26 105	14 872	11 233	664	6 209	21 966	14 486	32 163	22 965
其中:深圳市	11 560	11 529	22 004	1 054	703	351	18	31	1 736	1 307	—	—
广西壮族自治区	322 721	314 856	611 771	17 941	9 960	7 981	841	7 865	20 581	11 586	23 652	15 840
海南省	62 514	62 294	122 913	1 675	802	873	105	220	1 587	1 060	2 958	2 009
四川省	936 758	911 039	1 727 899	94 179	47 553	46 626	5 342	25 719	72 233	44 284	140 948	88 696
其中:重庆市	129 202	126 972	230 572	23 372	11 230	12 142	877	2 230	17 301	13 473	—	—
贵州省	276 900	270 731	527 704	13 758	7 971	5 787	947	6 169	12 283	7 484	30 780	18 148
云南省	362 154	349 705	670 970	28 440	15 104	13 336	2 340	12 449	19 589	11 984	33 928	21 430
西藏自治区	6 097	5 486	10 235	737	428	309	85	611	1 343	608	628	358
陕西省	253 939	240 208	458 918	21 498	11 447	10 051	1 446	13 731	16 911	10 409	36 528	21 332
甘肃省	177 347	170 379	331 815	8 943	4 634	4 309	458	6 968	8 531	4 855	22 458	13 724
青海省	44 711	43 509	82 462	4 556	2 442	2 114	300	1 202	3 070	1 716	7 671	4 697
宁夏回族自治区	37 623	35 630	68 081	3 179	1 749	1 430	189	1 993	2 894	1 593	7 273	3 994
新疆维吾尔自治区	174 447	160 872	247 185	74 559	41 597	32 962	4 985	13 575	45 801	29 339	40 481	29 081

表 20

1996年涉外及华侨、港澳台同胞婚姻登记情况

地区	准予登记结婚 合计（对）	初婚（人）	再婚（人）	准予登记结婚人员分类（人） 国内公民	男	女	港澳同胞	台胞	华侨	外籍华人	外国人	申请离婚数（对）	其中：准予登记离婚数
全国合计	47 227	69 647	24 807	94 454	47 104	4 138	42 966	18 061	7 590	4 691	3 992	13 016	1 465	1 175
北京市	861	1 189	533	1 722	851	154	697	166	104	125	119	357	8	8
天津市	250	355	145	500	248	16	232	64	50	30	16	92	5	5
河北省	138	224	52	276	138	15	123	33	29	7	15	54	4	2
山西省	36	54	18	72	36	1	35	9	11	5	11	—	—	—
内蒙古自治区	88	146	30	176	88	17	71	14	14	8	9	43	2	2
辽宁省	2 174	2 812	1 536	4 348	2 165	72	2 093	123	102	111	5	1 842	46	41
其中：大连市	353	513	193	706	353	29	324	36	—	64	—	253	21	19
吉林省	3 998	3 075	4 921	7 996	3 998	33	3 965	76	52	33	7	3 830	5	5
黑龙江省	4 002	5 049	2 955	8 004	4 002	231	3 771	112	126	278	389	3 097	1	1
上海市	3 107	4 340	1 874	6 214	3 105	307	2 798	402	491	753	311	1 152	120	99
江苏省	1 050	1 582	518	2 100	1 049	62	987	294	351	117	109	180	34	28
浙江省	1 537	2 283	791	3 074	1 535	141	1 394	409	456	375	149	150	88	75
其中：宁波市	160	220	100	320	160	6	154	55	50	8	15	32	3	3
安徽省	455	713	197	910	455	25	430	175	220	13	9	38	15	7
福建省	5 697	9 032	2 362	11 394	5 686	1 049	4 637	2 552	837	683	582	1 054	232	221
其中：厦门市	196	306	86	392	195	28	167	80	69	16	14	18	6	6
山西省	681	962	400	1 362	681	45	636	318	299	12	9	43	26	19
山东省	596	729	463	1 192	596	21	575	57	296	54	41	148	6	4
其中：青岛市	276	322	230	552	276	9	267	16	170	14	16	60	4	2

表 20 (续完)

地区	准予登记结婚 合计(对)	初婚(人)	再婚(人)	准予登记结婚人员分类(人)	国内公民	男	女	港澳同胞	台胞	华侨	外籍华人	外国人	申请离婚数(对)	其中:准予登记离婚数
河南省	524	785	263	1 048	524	11	513	211	212	24	16	61	10	10
湖北省	782	1 209	355	1 564	782	21	761	344	342	22	23	51	20	18
湖南省	1 886	2 808	964	3 772	1 886	76	1 810	1 001	735	27	74	49	46	36
广东省	12 634	21 506	3 762	25 268	12 549	1 566	10 983	8 091	762	1 863	1 738	265	593	425
其中:深圳市	651	1 111	191	1 302	651	51	600	478	16	45	78	34	39	34
广西壮族自治区	1 564	2 461	667	3 128	1 564	84	1 480	700	562	63	118	121	47	41
海南省	852	1 520	184	1 704	852	71	781	543	207	28	52	22	77	61
四川省	2 750	4 444	1 056	5 500	2 750	16	2 734	1 661	836	26	130	97	50	45
其中:重庆市	874	1 314	434	1 748	874	4	870	535	253	16	6	64	21	21
贵州省	574	863	285	1 148	574	10	564	333	198	2	8	33	12	6
云南省	408	657	159	816	407	53	354	164	116	17	17	95	8	6
西藏自治区	2	4	–	4	2	–	2	–	–	–	–	2	–	–
陕西省	317	461	173	634	317	16	301	120	132	11	13	41	1	1
甘肃省	68	108	28	136	68	3	65	25	24	4	7	8	7	7
青海省	–	–	–	–	–	–	–	–	–	–	–	–	–	–
宁夏回族自治区	47	71	23	94	47	1	46	30	6	–	1	10	2	2
新疆维吾尔自治区	149	205	93	298	149	21	128	34	20	–	14	81	–	–

表 21

1996年主要民政对象情况

(人)

地区	优抚对象	离退休、退职人员	复退军人定补	社会散居孤老残幼	烈属抚恤	伤残抚恤
全国合计	39 400 081	259 581	3 093 117	3 420 184	484 270	892 784
北京市	298 675	33 414	24 881	5 333	3 835	13 324
天津市	272 105	6 483	19 220	7 143	1 967	7 888
河北省	2 927 549	14 367	196 678	101 188	49 909	82 980
山西省	959 698	5 642	95 559	68 640	20 673	45 083
内蒙古自治区	419 366	4 466	59 301	79 933	4 410	15 369
辽宁省	1 199 528	20 886	86 829	56 785	13 840	43 184
其中:大连市	174 681	5 900	12 724	3 762	2 289	7 238
吉林省	911 290	5 439	69 154	51 929	12 986	28 690
黑龙江省	806 691	2 061	92 171	64 123	9 948	29 495
上海市	245 416	4 183	6 843	3 972	1 675	8 096
江苏省	2 806 138	18 216	170 761	153 015	36 813	68 478
浙江省	1 199 748	10 681	89 171	65 698	7 293	22 481
其中:宁波市	145 985	967	11 249	6 596	839	2 506
安徽省	1 785 968	5 136	192 670	260 272	16 716	38 913
福建省	919 736	12 715	50 015	107 057	11 485	10 593
其中:厦门市	19 366	648	740	1 057	184	631
山西省	1 654 355	7 098	103 083	190 983	15 388	18 492
山东省	4 193 989	25 954	317 740	158 338	70 628	131 712
其中:青岛市	329 734	4 578	24 793	8 346	4 307	10 486
河南省	3 399 312	7 472	227 279	263 014	39 617	65 617
湖北省	2 400 801	12 697	188 797	203 489	37 580	34 987
湖南省	2 465 094	13 285	222 152	396 552	23 036	35 702
广东省	1 335 303	12 201	85 904	173 837	14 601	23 452
其中:深圳市	3 513	121	285	892	121	661
广西壮族自治区	896 370	2 589	84 003	213 681	9 622	11 731
海南省	148 270	1 336	17 496	77 655	5 499	2 631
四川省	4 054 482	12 552	368 467	307 556	40 683	78 317
其中:重庆市	560 959	2 180	39 395	34 881	4 174	11 298
贵州省	718 714	2 188	80 801	86 042	6 234	14 935
云南省	934 281	6 164	81 819	155 513	11 561	18 838
西藏自治区	39 237	434	556	6 874	1 577	670
陕西省	1 396 544	6 355	100 391	77 646	10 836	21 932
甘肃省	659 465	1 793	37 647	44 450	3 378	9 841
青海省	75 582	1 831	6 520	6 282	741	2 588
宁夏回族自治区	80 343	464	5 915	6 162	541	1 854
新疆维吾尔自治区	196 031	1 479	11 296	27 202	1 198	4 911

表 22

1996年农村社会保障服务网络、养老保险及扶贫情况

地区	建立社会保障网络的乡镇数(个)	社会保障基金会合计(个)	其中:扶贫基金会	其中:互助基金会	社会保障基金会资金额(万元)	农村养老保险:参加养老保险人数(人)	农村养老保险:领取保险金人数(人)	农村养老保险:本年保险金总收入(万元)	农村养老保险:本年支付保险金总额(万元)	扶贫情况(户):本年新增扶贫户数	扶贫情况(户):本年新增脱贫户数	扶贫情况(户):年末在扶户数
全国合计	15 751	189 840	41 267	144 317	478 833.4	65 939 907	315 618	408 079.6	18 197.2	2 101 473	2 003 820	4 716 973
北京市	210	406	178	41	10 685.9	279 806	979	5 888.8	45.4	2 413	2 245	5 539
天津市	59	152	26	94	957.0	80 000	1 600	300.0	53.0	1 639	3 048	2 808
河北省	426	3 343	686	2 601	13 523.6	6 355 833	1 694	44 664.1	59.4	276 530	236 368	448 387
山西省	299	1 784	685	669	4 838.7	1 402 895	1 660	4 907.3	121.1	114 367	83 421	121 770
内蒙古自治区	75	386	108	268	866.8	846 428	497	3 654.5	3.9	18 026	28 098	90 373
辽宁省	891	1 890	1 189	570	5 772.1	2 374 428	371	12 437.2	41.1	21 553	17 447	71 988
其中:大连市	84	85	57	–	845.0	–	–	–	–	2 868	657	3 285
吉林省	816	3 061	674	2 354	5 538.4	–	–	–	–	110 787	115 111	114 658
黑龙江省	984	2 925	1 109	1 553	4 967.0	1 486 909	1 615	5 946.5	132.1	84 300	119 041	230 801
上海市	45	66	1	–	9 440.4	963 030	160 550	33 133.6	12 272.2	2 761	1 002	2 359
江苏省	1 720	1 872	1 161	36	11 714.0	8 085 642	18 589	47 857.8	1 719.3	116 166	103 857	189 106
浙江省	499	1 326	1 086	117	9 150.5	5 309 503	8 066	37 934.9	297.6	23 432	25 826	79 431
其中:宁波市	95	112	112	–	263.2	735 603	4 640	10 871.8	224.9	890	1 427	8 073
安徽省	357	3 720	756	2 864	10 643.4	2 199 077	9 577	15 900.4	75.5	54 005	70 296	278 546
福建省	165	519	209	180	2 473.7	1 126 110	11 596	10 765.3	196.2	10 009	10 454	32 821
其中:厦门市	9	18	7	8	124.0	111 331	344	1 042.0	15.6	–	9	505
山西省	687	19 859	154	19 700	21 554.0	1 924 282	2 794	8 877.5	40.1	174 833	155 092	453 592
山东省	1 988	26 804	21 472	5 054	16 892.9	17 918 042	60 158	46 021.9	1 453.0	107 690	137 460	250 317
其中:青岛市	134	1 914	153	1 760	962.9	916 064	795	6 712.5	68.6	5 681	6 182	2 962

表 22　　(续完)

地区	建立社会保障网络的乡镇数(个)	社会保障基金会合计(个)	其中:扶贫基金会	其中:互助基金会	社会保障基金会资金额(万元)	农村养老保险:参加养老保险人数(人)	农村养老保险:领取保险金人数(人)	农村养老保险:本年保险金总收入(万元)	农村养老保险:本年支付保险金总额(万元)	扶贫情况(户):本年新增扶贫户数	扶贫情况(户):本年新增脱贫户数	扶贫情况(户):年末在扶户数
河南省	1 810	23 941	2 475	21 189	81 257.4	4 026 578	4 773	13 329.7	86.6	—	—	—
湖北省	884	8 434	884	7 504	10 113.4	2 866 494	2 737	13 108.1	278.1	98 811	102 516	354 441
湖南省	556	30 750	1 030	29 624	129 837.6	1 861 096	4 483	19 980.9	208.5	72 779	74 951	269 121
广东省	1 354	11 731	2 438	8 610	56 249.4	108 105	2 911	1 416.9	81.7	14 854	21 351	66 421
其中:深圳市	18	18	—	18	2 773.0	92 302	2 594	1 342.0	36.7	—	28	151
广西壮族自治区	28	2 452	292	2 137	5 924.6	1 160 703	958	12 515.3	16.2	17 226	22 494	65 128
海南省	—	115	49	—	176.0	213 345	7 296	2 179.0	238.8	360	1 580	10 300
四川省	989	4 855	730	4 104	23 014.4	2 885 653	10 464	21 544.9	679.4	337 227	310 996	470 198
其中:重庆市	91	506	50	456	2 499.0	40 273	64	76.7	12.5	35 619	33 083	22 798
贵州省	20	14 330	—	14 330	10 625.2	425 182	686	2 625.5	6.3	134 395	109 266	204 571
云南省	60	3 051	363	2 414	10 928.7	517 669	942	33 674.9	40.5	97 539	89 557	300 519
西藏自治区	—	650	—	650	2 241.4	91 284	—	167.0	—	6 051	924	12 466
陕西省	303	8 262	1 771	6 265	4 493.7	1 068 265	549	4 870.0	50.4	38 462	41 082	126 133
甘肃省	377	11 140	1 404	9 734	9 056.0	187 128	28	1 627.0	1	24 054	28 809	139 185
青海省	—	31	12	18	181.4	65 280	22	120.6	3	11 901	11 713	48 969
宁夏回族自治区	84	240	212	9	368.0	45 018	5	237.0	2	2 781	8 917	24 542
新疆维吾尔自治区	65	1 745	113	1 628	5 347.8	65 986	18	2 393.0	2	126 522	70 898	252 483

专　文

中国人口与计划生育

张汉湘　李宏规

根据国家统计局人口变动抽样调查结果，1996年全国人口出生率为16.98‰，自然增长率为10.42‰。全年出生人口2 067万，净增1 268万，年末总人口（不包括台湾省和港奥地区）为12.24亿。人口出生状况与1995年基本持平。全国和各省、区、市都完成了1996年人口计划。“九五”开局之年开了一个好头。

一、大政方针和工作思路

1996年3月17日第八届全国人民代表大会第四次会议通过的《关于国民经济和社会发展“九五”计划和2010年远景目标纲要》及关于《纲要》报告的决议提出：“‘九五’期间，人口自然增长率控制在年均10.83‰。坚定不移地贯彻执行计划生育的基本国策，稳定和认真执行现行计划生育政策。重点做好农村和流动人口的计划生育工作。农村计划生育工作要和发展经济，帮助农民勤劳致富奔小康，建设文明幸福家庭，以及扶贫工作结合起来。深入持久地开展计划生育和优生优育的宣传教育，提倡晚婚晚育，做好优生优育工作。继续实行各级主要领导亲自抓、负总责的目标管理责任制。加强避孕节育、生育保健、优生优育的技术服务和基层网络建设”。李鹏总理在八届人大第四次会议上作的《关于国民经济和社会发展“九五”计划和2010远景目标纲要的报告》指出：“坚持计划生育基本国策，严格控制人口增长。全国人口2000年要控制在13亿以内，2010年要控制在14亿以内，任务艰巨。各级政府要继续把计划生育工作摆到重要位置，坚持和完善目标管理责任制。稳定和认真执行现行的计划生育政策。深入开展宣传教育，增强全民人口意识。要把计划生育工作的重点放在农村和流动人口，同发展农村经济、脱贫致富和建立文明幸福家庭结合起来。研究人口老龄化问题，并采取相应对策”。

3月10日，党中央、国务院召开第六次计划生育工作座谈会。江泽民总书记在座谈会上指出：要从可持续发展的战略高度认识人口问题的重要性，认识计划生育工作的长期性和艰巨性，坚定不移地贯彻执行计划生育这一基本国策，坚持各级党政一把手亲自抓、负总责。各级党委、政府要组织协调有关部门和群众团体对人口控制方面存在的问题实行综合治理，逐步增加计划生育事业的经费投入，落实各项有关的政策、措施，稳定和加强各级计划生育机构。宣传部门要继续协调有关部门广泛深入地开展人口与计划生育宣传工作，加强正确的舆论导向。公安等有关部门要加强户籍管理和流动人口的计划生育管理。组织部门要把人口与计划生育工作的情况列为对领导干部的考核内容和考核标准，并建立相应的奖惩制度。农村基层计划生育工作要做到机构、人员、报酬三落实。李鹏总理强调：要认真总结“八五”时期中国人口与计划生育工作的成绩和经验，正确认识“九五”时期面临的形势与任务，坚持和完善党政一把手亲自抓、负总责的目标管理责任制，稳定和执行现行的计划生育政策，保证完成国家下达的人口控制目标；要继续加强基层基础工作，坚持以宣传教育为主、避孕为主、经常工作为主的方针，改进工作方法和工作作风，提高服务水平。各级领导要亲自抓本地区的薄弱环节和后进转化工作。困难较大、基础较差的省、自治区，要下大力气，采取切实有效措施改变局面。各级党政领导要高度重视“三结合”的新经验，各相关部门都有责任、有义务主动配合计划生育部门，共同做好这项工作，帮助农村中实行计划生育的农户尽快脱贫致富，让群众能切身感受到按计划少生孩子的好处。特别是在贫困地区，更应该把计划生育与扶贫开发紧密结合在一起抓。要重视和切实加强流动人口的计划生育管理，进一步做好城市计划生育工作。根据计划生育工作发展的实际需要，保证对计划生育事业的必要投入，努力在“九五”期间把中国人口控制和计划生育工作提高到一个新的水平。

4月11日，中共中央办公厅、国务院办公厅转发《国家计生委关于全国开展计划生育“三结合”

工作情况的报告》，要求各地在党委、政府统一领导下，协调有关部门综合施治，齐抓共管，把“三结合”工作纳入有关部门的职责和工作规划，与部门业务工作紧密结合，进一步完善向计划生育工作搞得好的地区和实行计划生育的农户倾斜的各项政策和措施，建立健全有关部门经常联系、互相沟通、协同合作的制度和机制，使各项农村政策同计划生育政策更好地衔接。贫困地区要把扶贫开发和计划生育紧密结合，帮助这些地区实行计划生育的农户率先脱贫致富。计划生育部门要充分发挥参谋助手作用，大力加强调查研究和分类指导，及时总结推广不同类型的工作经验。

国务院办公厅关于做好计划生育和母婴保健工作有关问题的通知，明确指出：计划生育服务机构在力所能及的范围内适当拓展服务范围，围绕生育、节育、不育开展有关的妇幼保健工作，有利于保证中国人口政策的顺利实施。计划生育部门应当从计划生育的角度配合卫生行政部门做好母婴保健工作。

继中央计划生育工作座谈会后，国家计生委相继召开几个重要会议，出台几个重要文件，进一步明确思路，部署工作。使坚持“三不变”（现行计划生育政策不变、既定的人口控制目标不变、各级党政一把手亲自抓、负总责不变），落实“三为主”（计划生育工作以宣传教育为主、避孕为主、经常工作为主），推行“三结合”（计划生育工作与发展经济、帮助农民勤劳致富奔小康、建设文明幸福家庭相结合），实现“两个转变”（即由孤立地就计划生育抓计划生育向与经济社会发展紧密结合，采取综合措施解决人口问题转变；由以社会制约为主向逐步建立利益导向和社会制约相结合，宣传教育、综合服务、科学管理相统一的机制转变），达到“一个目标”（即控制人口增长，提高人口素质，改善人口结构，实现人口与经济社会协调发展和可持续发展）的工作思路逐渐成为各级干部群众的共识。

各地围绕既定方针和思路，统一认识，制定规划，研究措施，为“九五”时期再上新水平作了大量准备工作。根据江泽民总书记的要求，有29个省区市的党委、政府和中央直属机关、国务院各部门向党中央、国务院汇报了“八五”期间计划生育工作情况和“九五”工作设想。山东、江苏、云南、广东、陕西、甘肃、海南等省区党委、政府作出全面加强计划生育工作的决定。湖南省政府批转并实施“九五”期间全省计划生育工作发展计划。山东省计划生育领导小组颁发基层计划生育工作规范化管理系列化服务纲要。各省区市就计划生育各方面工作提出长远设想和规划。

二、目标管理与人口计划

各省区市党委、政府普遍把人口与计划生育工作作为强省富民战略的重要组成部分纳人本地区经济社会发展总体规划和党委、政府的重要议事日程，进一步健全、充实各级计划生育领导小组，完善以党政领导为主要责任人的人口与计划生育工作目标管理责任制，把计划生育工作的好坏纳入对各级党委、政府和有关部门的政绩考核。许多省区市还对各级党政领导、各有关部门抓计划生育工作的内容、要求和职责作出具体规范，建立了党政主要领导和有关部门分工联系的制度。许多地方把抓紧抓好计划生育工作与保持社会稳定、促进经济社会协调发展和可持续发展更加紧密地联系起来，在严格控制人口增长的同时，重视人口素质、人口结构等问题，着力改进工作方法，提高工作质量，把要求群众计划生育与帮助解决实际困难结合起来，进一步密切了党群干群关系。

有关统计资料分析表明，在1991～1996年的六年间，各地人口与计划生育工作都有不同程度的进步，大致分为三种情况：工作基础较好的北京、天津、上海、辽宁、吉林、黑龙江、山东、江苏、浙江、四川等10个省、市继续保持了良好的发展势头，人口出生率持续下降，生育水平已接近当地生育政策的要求；人口数量较多，控制人口增长任务较重，工作基础比较薄弱的河南、广东、河北、湖南、安徽、湖北、江西、陕西、福建、山西、甘肃、内蒙古等12个省、区1990年人口出生率都在20‰以上。六年来，这12个省、区的计划生育工作有了不同程度的进步，其中湖南、河南、福建、安徽、陕西等五个省进展显著，人口出生率下降了约10 个千分点。甘肃、内蒙古、江西三省、区1996年人口出生率下降幅度超过1.5个千分点。但这些省、区的工作基础还不稳固，个别省进步较慢，多孩率较高；地处边远和少数民族聚居、工作困难较多的广西、云南、贵州、新疆、海南、宁夏、青海、西藏等八个省、区的人口出生率由1990年的22.90‰下降到1996年的19.80‰，特别是多孩率下降幅度较大，其中广西、云南、宁夏等省、区进步更为明显。甘肃、海南两省由于省委、省政府高度重视，1996年计划生育工作有了新的起色。西藏也从本地区实际情况出发，稳步开展了计划生育工作。

三、基层基础工作

1996年各地围绕落实“三为主”、推行“三结合”、实现“两个转变”、深入开展创建计划生育合格村活动大力加强基层基础工作。多数地方基层计划生育管理机构得到稳定和加强，计划生育服务网络进一步延伸，基层计划生育协会组织迅速发展。许多地方安排专项经费为县乡计划生育服务机构改善服务条件，配备B超等技术设备，从医学专科学校培养选送专业技术人员。部分省还在省地县乡建立了计算机管理信息系统。普遍加强了对基层干部的教育培训，健全管理和服务制度，计划生育合格村的比例有所增长，基层对人口的控制能力和管理、服务水平有所提高。

各地按照《全国计划生育政策法规工作“九五”规划》的要求，进一步加强计划生育法制建设，教育和引导广大干部自觉维护群众合法权益，坚持正确执法，文明执法，认真落实在计划生育工作中“七个不准”的规定，加强行政监督和执法检查。继续深入开展反腐败斗争，抓好纠正行业不正之风的专项治理工作。会同有关部门开展执法监察，对群众反映强烈的一些违法违纪行为和案件进行了查处。计划生育系统的党风廉政建设，以及减轻农民负担的工作取得新的进展。

党的十四届六中全会给计划生育系统精神文明建设注入新的活力。中宣部、计生委等10多个部门联合发出《关于进一步加强计划生育宣传教育工作的通知》和《关于开展文化、科技、卫生“三下乡”活动的通知》，把计划生育纳入精神文明建设和群众性创建活动之中。青海、广东、山西、云南、四川、湖南等省及时贯彻落实，开展了广泛深入的计划生育宣传教育活动。许多省区市把创建计划生育合格村纳入“文明村”、“小康村”、“文明家庭”建设，把避孕节育、优生优育、生殖保健科普知识宣传纳入“三下乡”活动，使人口与计划生育基本知识更深入人心。

国家计生委召开全国计划生育职工思想政治工作研究会，制定《“九五”期间计划生育系统精神文明建设规划》和《计划生育系统职业道德规范》，并在全系统开展争当优秀计划生育工作者和优秀计划生育服务站的“双优”活动。各地积极响应，以多形式引导、规范计划生育工作者的职业行为，改善行业形象，涌现了一批象姜淑琴那样全心全意为人民服务的先进典型和先进人物。

国家计生委和各省区市在部分地区举办计划生育优质服务试点，探索改善服务和管理的新途径，受到试点地区党政领导、基层干部和广大群众的衷心欢迎，成效显著。

四、科研和技术服务

1996年年初，国家计生委以1号文件发出《关于加强计划生育科技工作的决定》，又相继召开全国计划生育科技大会，系统总结“八五”时期计划生育科技事业的成绩和经验，明确计划生育科技工作的发展战略、指导思想和奋斗目标，提出加强这项工作的政策措施。并颁布了《全国计划生育科学技术“九五”计划和2010年远景目标》。计划生育科技工作开始进入新的发展时期。

各地抓住这个契机，迅速掀起重视科技、加强科技、依靠科技进步推动计划生育的热潮。多数省都召开会议，部署“九五”时期本地区的计划生育科技工作，切实加强了领导。江苏、四川、河南、山东、山西、陕西、甘肃等省较大幅度地增加了对科技工作的投入。青海、深圳建立了计划生育科研机构。四川、安徽等省对基层计划生育技术服务机构的人员、编制作出明确规定。湖南广泛开展“计划生育科技年”活动，省科委投资120万元兴建省级计划生育重点实验室，在43个县的计划生育服务站设立优生遗传检测中心。各地还结合“国际科学与和平周”活动广泛开展了节育避孕、生殖保健的科普宣传。经各级共同努力，历时三年的全国县乡计划生育技术人员岗位培训及省级科研所科研骨干和科技管理人员培训已圆满结束。

国家确定的“九五”计划生育科技攻关项目已经启动。人类生殖调控基础理论研究被列入国家“九五”攀登计划。在有关部门大力支持下，国家用于计划生育重点科研项目的经费有较大幅度的增加。国家计生委在各省区市确定56个计划生育技术服务试点县，培训人员，规范管理和服务。组织技术培训服务队到甘肃、贵州开展技术指导和科技扶贫。继国家计生委科研所肖碧莲研究员当选为中国工程院院士之后，上海计划生育科研所李瑞麟研究员1996年又被增选为该院院士。

五、对人口问题的综合治理

国家计生委统一组织力量，由委领导带队，分赴17个省区市，就中西部人口大省和贫困地区及城市和流动人口的计划生育工作进行调查研究，并在甘肃、贵州举办县级领导和计生委主任培训班。

中央扶贫开发工作会议后，国家计生委和国务院扶贫开发领导小组即在贵州联合召开全国扶贫开发与计划生育相结合经验交流会，明确扶贫开发与计划生育相结合的目标、任务和政策措施，共同制定《关于“九五”期间进一步做好扶贫开发与计划生育相结合工作的意见》。由中国人口福利基金会、中国计划生育协会和中国人口报社共同发起的“幸福工程——救助贫困母亲行动”实施两年来，已募集资金2 000多万元，采取小额低息或无息贷款、滚动投放形式，在22个县的113个村救助贫困家庭17 000多户。

12月召开的全国城市计划生育工作经验交流会以及拟由七部门联合制定的《关于加强城市计划生育工作的意见》，提出要改革完善城市计划生育管理体制、服务体系和管理方法，加强流动人口计划生育工作，率先实现“两个转变”。

国家计生委与有关部门的协调工作取得新进展。同全国人大法制工作委员会、国务院法制局和卫生部，就计划生育工作中的一些相关问题达成共识。《行政处罚法》颁布后，就计划外生育费征收和使用问题同有关部门协商，作出有利于计划生育工作的法律规定。国家计生委还加强与各兼职委员单位的密切配合，会同有关部门制定一些重要文件。与农业部共同召开“三结合”工作调查汇报会。组织12个部门的团员青年考查农村“三结合”，开展扶贫志愿活动。与对外经济贸易部协商联合国人口基金项目取得积极成果。

多数省区市党委、政府认真组织协调，各有关部门积极参与，共同推进计划生育“三结合”、扶贫开发与计划生育相结合、流动人口计划生育综合治理，以及计划生育宣传教育和科学普及。制定政策措施，明确职责分工，建立运行机制，包户办点，协同动作，形成综合解决人口与发展问题的合力。吉林省、海南省建立计生委和农业厅联合办公会制度；四川省把“三结合”纳入对各级各部门的政绩考核；陕西、云南、安徽、贵州等省把扶贫贷款用于“三结合”项目；黑龙江省计划生育与卫生部门联手推进生殖保健和孕前管理；湖北省实行计划生育与妇联工作“六个结合”；浙江省六部门和单位联合评选“十佳”新家庭示范户；山东、天津两省依托集体企业和农业开发项目组织妇女参与经济发展；湖南省把“三结合”作为各级各部门包村办点，建设“小康村”的重要内容，为综合治理人口问题创造了新经验，开辟了新途径。

六、经费投入

1996年，全国各级财政投入的计划生育事业经费为37.01亿元，比1995年的32.50亿元增加4.51亿元，增长13.88%;人均计划生育事业经费为3.02元，比1995年的2.68元增加0.34元，增长12.69%。其中，中央财政投入3.95亿元，占全国总投入的10.66%。

七、主要问题

全国生育水平虽已开始进入相对稳定期，但工作基础还很不扎实；各级领导和干部的认识还很容易产生波动；多数群众的生育观念还没有从根本上转变；计划生育干部队伍现状与提高工作水平的要求还不相适应；随着形势发展，计划生育工作将面临许多复杂情况和新问题。因此，并不能消除因放松工作而造成人口出生率回升的危险。要稳定目前较低的生育水平，还有大量艰苦的工作要做。不论是从改善人民生活质量，还是促进经济社会发展和可持续发展角度考虑，都不允许计划生育工作有丝毫松懈。

1996年，国家计生委抽查了贵州、北京两省市的基层计划生育工作。情况表明，农村基层特别是村一级计划生育工作薄弱的状况没有明显改变；城市特别是流动人口的计划生育管理和服务漏洞较大。对上述问题务必予以足够重视。

（作者工作单位：国家计划生育委员会）

综　述

计划生育“三一一”工作法

胶州市计划生育委员会“三一一”工作法课题组

胶州市自1991年探索实施的计划生育“三一一”工作法，是遵循“以人的全面发展为中心，实现社会经济综合协调发展”的基本原则，从育龄群众的实际需求出发，紧密结合计划生育管理工作的实际，经过多年的实践，逐步探索总结出来的一个行之有效的计划生育工作方法。该工作法通过为育龄妇女提供全方位、多层次的优质服务，以及对计划生育工作经常性的考核评估，把宣传、服务、管理融为一体，形成比较系统、完整的工作方法。该工作法的实施受到广大育龄妇女、基层干部和社会各界的欢迎，有效的促进了全市计划生育工作整体水平的提高，收到了良好的社会效益。

一、“三一一”工作法产生的历史背景

（一）理论背景

本世纪50年代，国外人口学家依据19世纪西欧人口出生率和死亡率下降的历史资料，建立了著名的人口转变理论。该理论把经济发展当成人口转变的唯一动力。

然而，近半个世纪在发展中国家发生的人口转变事实，却从实践上动摇了该理论。其中最突出也是普遍引人关注的例证，就是中国和印度尼西亚。中国和印度尼西亚同属发展中国家，都不具备足以使生育率自发下降的经济发展水平。但是，由于两国特别是中国实行计划生育政策，以发达国家1/5～1/4的时间取得了与发达国家相近的人口转变成果，引起国际人口学家的极大兴趣和研究热情，先后对人口转变理论提出质疑。最有影响的是美国当代权威人口学家弗里德曼（Ronald Freadman)。他在研究了中国及其台湾省、新加坡、印尼、泰国、韩国、毛里塔尼亚等一些发展中国家和地区生育率转变过程后提出一个很有见地的结论：“好的计划生育方案既能产生生育控制的观念，又能提供相应的手段和服务。提供的服务越好，观念就越可能被接受和实行”。

改革开放以来，中国人口学界针对建立社会主义市场经济体制的新形势，对计划生育的管理方式进行了较多的研究。比较一致的认识是，计划生育管理改革的基本点，就是在推行计划生育方案的过程中，必须高度重视服务手段和服务质量的巨大作用。只有加强服务，才能得到群众的欢迎和支持，才能取得更理想的效果，这是计划生育管理改革的突破点。基于上述考虑，我们从1990年起，便着手探索一条寓管理于服务之中的计划生育工作方法，使我们的管理和服务工作更加适应人口转变的需要。

（二）实践背景

胶州市同全国一样，迫切需要提高计划生育管理和服务水平。

首先，人口数量急待控制。据第四次人口普查资料分析，1991年以后的几年间，全市人口将出现高速增长。

其次，人口质量有待提高。1990年以前，我们全力侧重抓出生数量的控制，而对提高人口质量的工作无暇顾及。随着形势的发展，群众婚育观念的转变，提高人口质量，搞好优生优育优教，是更重要的计划生育服务内涵。

第三，人口结构需要调整。调整人口结构是一个深层的管理目标，需要花大力气才能奏效。特别是性别比失调，迫切需要调整。

第四，基层管理要求规范化。1990年以前，基层的计划生育工作基本上是靠行政手段管理，一年搞几次突击活动，出了问题就惩罚，长年忙于落实补救措施，计划生育工作处于被动应付的局面。计划生育工作要上档次、上水平，就必须提高各级计划生育干部的管理水平，建立规范化的管理套路。

第五，计划生育工作呼唤科技进步。随着计划生育工作不断发展，传统的管理模式和服务手段难以胜任为人的全面发展提供全方位优质服务的历史使命。广大育龄群众也非常盼望得到更加安全、可靠、方便、有效的避孕方法和周到、优质的技术服务。

第六，创收项目需要强化服务。自1991年起，市计生委、计生协开展“三结合”生产项目，决定开发“HCG”这一高科技产品。这个项目的运作需要得到广大群众，特别是孕妇的信任和支持。因此要求计划生育管理必须规范化、经常化、科学化。

上述背景，为“三一一”工作法的产生提供了充分的理论依据和社会实践需要。我们在大量调查研究的基础上，通过由点到面的逐步探索，终于在1990年创立了“三一一”工作法，并从1991年第一季度起，在全市推广实施。

二、“三一一”工作法的基本内容

“三一一”工作法，即每季度一次“三服务、一评估、一公开”。

“三服务”就是：(1) 每月28日的经期宣传咨询服务；(2) 每二个月一次的孕期保健服务；(3) 每三个月一次的避孕节育服务。经期宣传咨询服务，是指每月28日，由村计生主任和人口学校的教师在村计划生育服务室对已婚育龄妇女（不含新婚和安排生育计划未育的）进行集中服务，了解经期情况、避孕措施落实情况。同时，村级人口学校开课，进行人口与计划生育知识宣传教育。这一天也是计划生育宣传日，还是避孕药具发放日以及使用药具、术后、产后随访日。孕期保健服务，是指每逢单月上旬，由市计生委聘请妇产科的专家、教授及市乡服务站技术人员，在乡计划生育服务站，对新婚和安排生育计划未育的妇女采取授课、咨询、检查治疗等方式，掌握孕情，进行生殖健康等有关知识教育，对不育症及妇科病患者提供咨询、检查和治疗服务。避孕节育服务，是指每季度一次，由乡计划生育技术人员携带B超等医疗器械到村服务室，对应该落实避孕措施的妇女进行检查（女性结扎一年以上的每半年一次），掌握其避孕措施的落实情况，介绍足够可供选择的避孕方法和有关知识及服务内容。

“一评估”就是根据市委、市政府与各乡镇（乡镇与村）签订的《人口目标责任书》及季度评估方案，每季度进行一次检查评估。

“一公开”就是每季度检查评估后，由市委、市政府（乡级由党委、政府）召开一次由乡镇（街道办事处）党委书记、乡镇长分管领导和计生办主任（村支部书记、村主任、村计生主任）参加的通报会，公开评估结果，分析问题，提出要求，改进工作。

三、“三一一”工作法的运行机制

（一）加强队伍建设，建成完整的工作和服务网络

乡级计生办为副乡级单位，计生办主任为副乡级，乡镇计生办设副主任、统计、会计、微机、流动人口、法制、协会等专职人员，每个工作片设一名专（兼）职计生网长。村村配备了具备初中以上文化程度的专职计生主任和专（兼）职统计、宣传、法制、药管、查访五大员，并按每30名左右育龄妇女配一名联户组长，形成了一个纵向到底、横向到边的工作网络。同时，大力加强对基层计划生育领导者和工作人员的培训，有效地提高了他们的政策水平和业务能力，使“三一一”工作法的运行有了组织和队伍保障。

乡设服务站，按农业人口万分之三的比例为乡镇服务站配备懂业务的站长和技术骨干，并要求每个乡镇有三名以上的持证技术服务人员和一名以上具有中级以上职称的妇产科技术人员。为了提高乡镇技术人员的业务能力和服务水平，由市服务站牵头，定期对他们进行培训。

我们还采取“请进来”的办法，从市中心医院、市人民医院和市妇幼保健站等单位聘请妇产科的专家教授，由市计生委主任和服务站长陪同，每逢单月上旬到各乡镇实施“二服务”，为新婚夫妇

和安排了生育指标而未生育的妇女进行孕情检查、孕期保健、优生指导、检查治病、咨询授课五位一体的全程服务。在此基础上，还在部分乡镇试点开展了围产期保健服务。市里统一印制了《计划生育服务手册》，按照围产期保健要求对孕妇进行服务。技术力量薄弱的服务站，聘请医院妇产科大夫开展围产期保健服务。

（二）加强阵地建设，为实施“三服务”创造条件。

经过几年努力，我们已经实现了乡（镇）乡（镇）有服务站，村村有服务室。全市乡级服务站平均有房200平方米左右，内设人口学校、手术室、观察室、宣传室、药具室、优生咨询门诊；配齐了手术器械、必要的医疗设备和服务设施；乡乡配备“486”微机。多数乡镇服务站配备汽车。村村有“两室一校”，多数村已有“三室一校”，即计生办公室、服务室、药管室、人口学校，服务设施比较齐全，增强了服务功能。

（三）加强规范化管理，提高服务水平

全市统一印制了“三服务”登记表和报告单等有关档簿。制定了乡、村工作人员责任制，做到职责任务明确、服务到位。对在服务过程中的漏检和孕情、节育措施不落实等情况，都要填写报告单，向村、乡镇计生办、分管领导报告，及时落实补救措施，确保“三服务”率达100%。

（四）加强流动人口管理，设立流动人口服务日

本市每年流入流出从事商品经济活动的人员始终保持在1.6万人左右。我们把流动人口也纳入“三一一”工作法的轨道，分层次、分类型管理，实行条块结合，以块为主，“谁用人谁管理”的原则，并规定每月15日为全市流动人口服务日，收到了较好的效果。

（五）加强评估，建立公开制度

每年由市委、市政府与各乡镇、街道办事处签订年度《人口目标责任书》，以市政府文件明确市直属部门、各单位人口与计划生育目标责任，并对乡镇年度人口目标执行情况实行每季度的一评估、一公开。年终按“二二二四”的比例兑现《人口目标责任书》，纳入两个文明建设进行考核，作为考评“四位责任人”政绩的依据；市里规定连续两年获一等奖的乡镇，给四位责任人（党委书记、乡镇长、分管负责人、计生办主任）记功或上浮一级工资的奖励。连续三年获一等奖，将浮动工资改为固定工资或一次性奖励，其政绩做为提拔重用的重要条件之一。对当年考核不达标的乡镇列入重点管理，取消评选综合先进党组织、精神文明单位的资格，扣发四位责任人当年全部奖金，不能参与各种先进的评选；连续两年被重点管理的乡镇，视情况和责任给予责任人降职使用的处理；同时，实行市级领导分工包乡镇、乡镇领导分工包重点村、村干部包育龄妇女联户组和重点户责任制，严格实施“直线双轨职能制”管理体制；切实解决好计划生育系统的人、财、物和工作中遇到的疑难问题；对市直属单位的评估由市人口与计划生育领导小组负责年内进行两次评估，与年度《人口目标责任书》兑现大会同时进行奖惩。

在每季度一次的“评估”、“公开”过程中，由市人口与计划生育领导小组根据年度《人口目标责任书》每季度下发一个评估方案，把基层“三服务”落实情况作为评估的重要内容。每次检查评估以乡镇为单位按好、中、差分类，由市随机各抽查1～4个村，全年样本总量占总人口的35～40%，仅“一评估”六年来，全市818个村，已经平均每个村查了三遍多。乡镇对村的评估占60%以上。市委、市人大、市政府、市政协的分管领导、人口与计划生育领导小组单位的一把手参加评估，半年和年终的评估，由市级五大班子领导亲自带队。评估队采取进村入户走访调查、查看档簿、B超检查、考试答卷相结合的方法，综合评估基层《人口目标责任书》和“三服务”的落实情况以及干部、群众对人口与计划生育知识的掌握情况。评估会村、乡都要进行。乡镇党委、政府责任人及计生办人员（村级支部书记、村主任、计生主任）全部参加，由调查人员将调查中发现的不足和扣分原因全部反馈，自1996年第三季度开始，以调查队为单位，集体汇总、扣分、集体签字、集体反馈、当场亮分。市级领导或人口与计划生育领导小组成员进行评估，以便将评估结果置于全体调查人员的监督之下，保证评估结果真实可靠，真正起到现场指导、促进工作的作用。如后屯乡在1993年评估中被查出一个1991年计划外出生漏报，纳入当年评估，由多年的先进，落到了后面，在市委、市政府召开的公开会上受到了严肃批评。从而进一步引起了一把手、分管领导和计生干部的高度重视，使统计质量有了较大提高。

四、“三一一”工作法的效果

实施“三一一”工作法以来，胶州市的人口和计划生育工作收到了明显的效果，主要体现在以下八个方面

（一）计划生育上了一个新台阶，工作质量进一步提高。

对照国家和省、市目标管理的评估指标体系，胶州市在实行“三一一”工作法的前后，1986～1990年和1991～1995年，即“七五”时期和“八五”时期的数字做比较。也正是实施“三一一”。工作法的五年同“七五”时期的五年做比较，几项主要指标都发生了较大变化。

1.出生率持续下降。“七五”时期出生率大体保持在12～17‰之间，年平均出生率为14.93‰。实行“三一一”工作法以来，出生率下降速度加快。1991年由1990年的14.38‰下降为11.70‰，一年下降了2.68个千分点；1992年和1993年

又分别下降到9.06‰和8.01‰；1994年受年龄结构的影响，出生率有所回升，但也没有超过1991年的水平。综合分析，"八五"时期，年平均出生率下降到9.63‰，比"七五"时期的年平均出生率下降了5.3个千分点。"八五"时期比"七五"时期按已婚育龄妇女推算，少生22 345个孩子，按1990年全国消费水平（0～16岁儿童抚养费1.6万元）计算，为社会和家庭节约3.58亿元。平均每年7 160万元。

2.自然增长率也相应下降。"七五"时期为8.73‰，"八五"时期，年均自然增长率下降为3.59‰，最低的1993年降为1.56‰。

计划生育率稳步上升。"七五"时期计划生育率平均为90%左右，"八五"时期平均上升到98%，平均上升8个百分点。从生育孩次构成分析，一孩率由"七五"时期的平均68%，上升到"八五"时期的平均78%；二孩率由平均28%下降到平均27.5%，多孩率则由4%下降到0.17%。人工流产明显减少，"七五"时期年均2 960例，"八五"时期减少为1 175例，下降了近60%，出生流产比降为0.15，女性初婚晚婚率、晚育率稳定在95%以上。平均初婚年龄，"七五"时期为22.5岁，"八五"时期为24.5岁，年平均初育年龄，"七五"时期为23.6岁，"八五"时期为25.6岁。

3.总和生育率在低于更替水平（2.1）的基础上继续下降到超常的低水平。实行"三一一"工作法以前的"七五"时期，全市总和生育率均为1.57。"八五"时期总和生育率年均为1.01。

据综合分析，胶州"八五"时期计划生育几项主要指标在全国名列前茅。这些主要考核指标的动态变化表明，"三一一"工作法确实使本市的计划生育又上了一个台阶，工作质量达到了新的水平。

（二）人口再生产继续向现代型转变，年龄结构进入老年型

计划生育不仅仅限于出生人口数量的控制，而且肩负着人口转变的历史使命。

胶州市多年来的计划生育实践，已经使人口再生产从高出生、低死亡、高增长类型中解脱出来，开始向低出生、低死亡、低增长的现代型转化。实行"三一一"工作法以后，进一步加快了转化的速度。这可以从几个最基本指标的比较中得到证实。

从表1可以看出，胶州市人口转变的速度较之全国的平均水平要快得多。从1990年人口普查中0～14岁少年人口、65岁以上老年人口分别占总人口的比重和老少比三项指标看，全市人口年龄结构已经达到老年型标准，只有年龄中位数一项未达到标准。由此可以判断，1990年胶州市人口年龄结构基本属老年型初期。

1994年，四项指标全部达到老年型标准，而且前三项指标比1990年又有较大变化，年龄金字塔底层又收缩了5个年龄，（参见附图）。人口年龄结构已成为典型的老年型。

表1　年龄结构类型国际标准与胶州市的比较

类　型	0～14岁人口占总人口30以下	65岁以上老年人口占总人口％	老少比％	年龄(岁)中位数
年轻型	40以上	5以下	15以下	20以下
成年型	30－40	5～1.0	15～30	20～30
老年型	30以下	(7为老年型)	30以上	30以上
胶州市				
1990年	22.90	7.13	31.99	27.40
1994年	19.90	7.56	38.00	30.60
全　国				
1990年	27.70	5.60	20.10	25.30

年龄结构显示，胶州市人口再生产类型，不仅彻底摆脱了增长型（年轻型）的困扰，而且已经走出稳定型（成年型），预计2005年实现零增长，到2011年，负增长比全省2022年提前11年，比全国提前近40年。

（三）成功地调整了性别结构，出生性别比下降到合理范围

实行"三一一"工作法，不仅调整了年龄结构，而且也使多年失调的性别结构得到了调整。胶州市出生性别比失调始于1985年，"七五"时期的平均出生性别比都在120以上。

为使出生婴儿性别比下降到合理范围，在单月上旬对新婚和安排计划未育的妇女实施孕期保健服务，准确掌握孕情的基础上，自1991年探索实施在生育证上压钢印制度。全市要求怀孕10周内的持证者将生育证交村计生主任，由村计生主任送乡镇计生办，乡镇统一到市计生委在生育证照片下压钢印，超过10周给乡镇扣分。还建立了孕情自报、流产到市计生委出具证明信、分娩时接生人员在《生育证》上签名、出生30日内到派出所申报户口并在《生育证》上压盖公章以及青岛市胶州生化资源开发公司收尿员，天天登门收尿服务等项制度。有效地杜绝了弃婴和私自送养现象。从而，"三一一"工作法实施的第一年，出生性别比就下降到114，1992年为116，1993年下降到108，1994年为108，1995年为106，恢复到正常值范围以内。

（四）实现了孕前型管理，计划管理、统计管理落到实处

全市统一制定并严格实施《人口计划与统计管理规程》和《生育证》、《计划生育服务证》管理办法；实行每月1日、3日乡、市分别实行统计例会制度；加强了计划生育帐簿管理；把统计质量纳入每年四次评估，并根据评估发现的统计数字性差错和非数字性差错分别从严扣分。从而较好地解决了漏报瞒报问题。省市多次考核各率的统计合格率均达100%。由于实现了孕前型管理，计划管理、统计管理也落到了实处。每年三、五月份，预测当年度出生计划，向青岛市计生委申请生育指标，市同

乡镇签订《人口目标责任书》，到年底看实际出生人数，说明申请计划生育指标准确率达98%以上。1995年准确率达到99.98%。

（五）生殖健康意识开始树立，出生婴儿身体素质明显改善

实行“三一一”工作法过程中，我们坚持优质服务的宗旨，大力宣传普及了优生科学知识，广泛开展了性知识教育，认真落实围产期保健措施，使广大育龄夫妇逐步树立了生殖健康自我保健意识，懂得并学会了选择最佳年龄、最佳时间、最佳健康状况怀孕生育，有效地提高了出生婴儿的身体素质，绝大多数出生婴儿的先天素质都比较好。

1994年8月，青岛市计生委，对“三一一”工作法在提高出生质量方面的效果，在全市21个乡镇、街道（办事处）的63个村的6 534名儿童进行了回顾性健康状况抽样调查。其中1988～1990年调查样本点共出生3 045人，实查2 786人，查出缺陷儿童185人，其中先天性疾病119人，发病率为29.03‰，后天性疾病66人，发病率为23.69‰。

1991～1993年，调查样本点共出生1 558人，实查1 431人，查出缺陷儿童73名，其中先天性疾病50人，发病率为22.53‰，后天性疾病23人，发病率16.07‰。

调查结果表明，实行“三一一”工作法以后的三年，先天性发病率比前三年降低了6.49个千分点，后天发病率降低了2.36个千分点。出生婴儿的身体素质明显提高。

（六）密切了党群、干群关系

由于“三一一”工作法始终把育龄群众作为工作主体和服务对象，从不断满足育龄群众的生殖健康需要出发，做群众欢迎和乐于接受的工作，围绕生殖健康组织专家教授进行宣传、咨询和技术服务，帮助群众切实解决了生活生育中的一些实际困难，使广大群众在接受服务中得到了实惠，感受到党和政府的关怀。我们的工作赢得了群众的理解、信赖和支持，进一步密切了党群、干群关系，为计划生育工作树立了良好的职业形象。

（七）管理规范、服务到位，增强了各级领导的人口意识

“三一一”工作法的核心是坚持“面向基层、深入乡村、服务上门、方便群众”的服务方针，围绕育龄群众的生殖健康提供全方位的优质服务。既节省了广大育龄妇女的时间，又不需任何费用，当面向专家教授咨询，接受专家教授的检查治疗和全程服务。对在乡镇无法检查治疗的不育症和其他疾病，市服务站聘请青岛计生委科研所及几家大医院的专家教授每月15日为其检查治疗。仅1994年以来，市服务站共接诊不孕、不育症患者600人次，有56对夫妇怀孕或生育，受到人民群众的热烈欢迎。同时增强了各级领导的人口意识，调动了各级领导抓好计划生育工作的积极性，使党政一把手亲自抓、负总责真正落到实处。

（八）服务、创收、计划生育三者形成了良性循环

本市计生协会1991年创办的青岛市胶州生化资源开发公司，专门生产人绒毛膜促性腺激素，简称“HCG”。这是一个融高科技含量与促进计划生育工作于一体的高科技生产项目。

“HCG”生产是一个典型的“三结合”项目，被国内著名的人口理论专家誉为：“‘三结合’的精品”。该项目的开发，为全体孕妇、乡镇计划生育协会、市计划生育协会创收，为国家出口创汇。将生产、生活、生育三项服务有机的结合起来，带动基层计划生育协会因地制宜办起了一大批经济实体，为广大育龄群众劳动就业、勤劳致富奔小康构筑了广阔的舞台。

1996年以来，我们又投资80万元在青岛地区搞了三个分公司，生产“HCG”总量已达国内总量的50%以上。“HMG”是生化产品的另一个产品。这个产品的投产，将使本市从闭经到70岁的60000多妇女享受到更年期保健、医疗保险的待遇。HCG、HMG两个产品使胶州将有70000多占全市总人口的10%，占全市总户数的30%的妇女受益。

总之，“‘三一一’工作法，成为落实‘三为主’工作方针，推行‘三结合’道路，坚持‘三不变’原则的通道和桥梁”。我们深深体会到，有了“三一一”工作法，计划生育这一“天下第一难事”真正成了一项甜蜜的事业。

六县（市）计划生育工作“三结合”投入与产出对比调查

四川省计划生育委员会

1994年10月的“垫江会议”，标志着计划生育工作“三结合”在四川省的全面推开。时近两年，一个以“党政总揽，部门配合，群众参与，分类指导，综合施治，整体推进”为基本思路，以鼓励、引导和帮扶计划生育户率先致富为主要内容的计划生育工作“三结合”，已在全省结下丰硕之果。为了客观评价本省“三结合”工作的运作模式，努力实现“三结合”工作的最佳效益，我们围绕“三结

合”的投入与产出，在成都市龙泉驿区、遂宁市射洪县、南充市南部县、广安地区岳池县、巴中地区巴中市、雅安地区名山县等六县（市）进行了对比调查。可以认为，这就是四川省“三结合”工作及其投入与产出效益的缩影。

一、六县（市）“三结合”工作的投入要素分析

严格地说，所谓“三结合”工作的投入，应该是指在“三结合”工作中投入的各种要素的总和。显然，这是一个外延非常广泛的概念。因此，在进行“三结合”工作的投入与产出效益比较时，简单地把它界定在资金投入上。

由于统计口径等方面的原因，目前还很难对一个县的“三结合”工作资金投入进行较为准确的统计，因此，把它分为县级部门和乡镇两个层次，对五个县（市）的县级部门和四个镇进行调查，其投入情况（见表1、表2）。

表1　五县(市)县级部门1995年“三结合”工作资金投入情况　（万元）

地名	投入量	资金来源			投入方式		
		涉农部门	计生部门	其它	实物(折价)	无偿投入	低(无)息贷款
射洪县	39.39	21.13	10	6.26	15.41	1.73	22.25
南部县	28.6	28.6			12.2	3.4	13
岳池县	41.2	38	2	1.2	14.8	11.4	15
巴中市	244.3	244.3			21.3		223
名山县	49.85	49.85			15.07	23.48	11.3

注：仅指县级部门对其直接邦扶对象户和在“三结合”项目上的投入，未包括下拨到乡镇使用部分。

表2　四镇1995年“三结合”工作资金投入情况　（万元）

地　名	投入量	资金来源					投入方式	
		各种农业发展项目资金	各种农业发展专项贷款	农村合作基金	计生部门	其它	实物(折价)	低(无)息贷款
嘉陵区吉安镇	13	6			6	1		13
南部县伏虎镇	6.85	2.8	3.6			0.45	0.35	6.5
岳池县九龙镇	25			20	5			25
岳池县苟角镇	18.76	5.6	13			0.16	0.16	18.6

1.从投入资金的总量看。五县(市)县级部门除巴中市投入力度较大外，其它四县平均投入为40万元。一般每县有资金投入的部门在6～12个左右，每部门承担的直接帮扶任务为10～20户，因此从总体上讲，其投入规模还是较大的。据调查，如果包括县级部门拨给乡镇用于“三结合”工作的资金在内，每县（市）对“三结合”工作的资金投入约占该县整个农业投入的10%～30%。在农村经济发展稍好和农业投入本身较少的地方，各种对农村的投入主要投向了农业基础设施建设等集体项目，而象巴中等农村经济发展较差和农业投入较多的地方，各种到户的资金就较多，因而对计划生育户的倾斜程度就较大；四镇对“三结合”工作的资金投入也是比较到位的，平均每镇为16万元，投入到了130～350户帮扶对象户。

2.从投入资金的来源看。五县（市）县级部门投入“三结合”工作的资金，主要是涉农部门各类农业发展的项目资金，占县级部门投入总量的94.7%；而四镇则主要来源于农村合作基金和农业贷款，占57.6%；其次是向上级部门争取的各类农业发展项目资金，占22.6%。射洪县、吉安镇、九龙镇等计生部门在“三结合”工作开始之初，也投入了较大数量的资金。

3.从投入资金的方式看。五县（市）县级部门无偿投入所占比重较大，为29.45%，其中以种子、农药、化肥、生产工具等实物形态投入的占19.53%，特别是在投入到帮扶对象户的资金中，除扶贫开发周转金、财政支农周转金和农业发展专项贷款外，几乎都是无偿投入；而四镇则普遍采取了由帮扶单位担保、由合作基金会或信用社以低（无）息贷款放贷的形式进行投入，这种有偿使用求滚动发展、落实责任求投入效益的作法是积极可行的。

由此表明，四川省对“三结合”工作的资金投入，主要是利用各种农业发展项目资金、扶贫开发资金、支农周转金、农村合作基金和有关专项贷款中的一部分，并主要以低（无）息贷款的方式，向计划生育户进行了倾斜性投入。因此，它既没有影响原有资金的投入方向，也没有改变原有资金的使用性质，更没有给各级政府及其他部门增加新的负担。

二、六县（市）“三结合”工作的产出效益对比

四川省“三结合”工作的重点和突破口是帮扶计划生育户率先致富，因此它和其它社会经济活动一样，既有投入，也有产出。所谓“三结合”工作的产出，应当是指开展“三结合”所直接产生的、体现“三结合”工作目的的积极成果。显然，“三结合”工作的产出内容十分丰富。而且，从本质上说，“三结合”只是一种工作方法，其产出量究竟为多少，也是很难界定的。因此，引以从计划生育户家庭经济发展、社区经济发展、计划生育工作发展和部门资金使用效益四个层次上，从开展“三结

合”前、后的纵向或横向对比中，看“三结合”工作投入与产出的比较效益。

（一）开展“三结合”前后的计划生育户家庭经济发展状况比较

“三结合”工作在微观上最直接的目的和效益是使计划生育户实现率先致富，为此在五个县（市、区）各选择了一个村，在每个村又选择了10户帮扶对象，对其帮扶前后的家庭人均纯收入进行对比调查，调查面为38%,其结果见表3.

表3　50户帮扶对象户家庭人均纯收入增长状况

地名	户均投入帮扶资金	帮扶对象户人均纯收入		比当地平均水平（十、一）	
		帮扶前	帮扶后	帮扶前	帮扶后
龙泉驿区黄土镇光大村	390	970	1 790	−417	+45
射洪县柳树镇双柏树村	460	795	1 935	−145	+835
南部县伏虎镇灶王庙村	290	720	1 345	+40	+435
巴中市玉山镇大寨村	500	650	2 203	−17	+1 313
名山县永兴镇金龙村	200	690	1 040	+48	+215

注：本次调查的有关历年数据均为同口径统计数据。

五个村帮扶对象户家庭人均纯收入增长幅度从高到低的排序依次为大寨、双柏树、光大、灶王庙、金龙等村，增幅为1 553～350元；而五个村农民人均纯收入增长幅度从高到低的排序依次为光大、灶王庙、大寨、金龙、双柏树等村，增幅仅在358～160元之间。两者之间的巨大差距和非同步性，反映了“三结合”工作在促进计划生育户家庭经济发展中的效益。后者主要是当地经济发展基础条件和多年来开展计划生育工作以及“三结合”工作等综合作用的结果，而前者则主要取决于帮扶工作的力度。从表中可以看出，投入越大，增幅也越大，投入与增幅之间是同步的。据调查，这些帮扶对象户过去在发展生产、增收致富中面临的主要困难，就是缺乏启动资金或增收门路，因此，一旦有了帮扶资金的投入或帮扶项目的引导，就会立竿见影，释放出巨大能量。

“三结合”的开展，不仅使帮扶对象户的家庭收入实现了巨大增长，而且使计划生育户与非计划生育户群体之间的收入差距也明显拉大（见表4)。

表4　五村计划生育户与非计划生育户家庭人均收入增长状况　（元）

地名	“三结合”前人均纯收入			“三结合”后人均纯收入		
	计划生育户	非计划生育户	差值	计划生育户	非计划生育户	差值
黄土镇光大村	1 400	1 120	280	1 780	1 360	420
柳树镇双柏树村	980	930	50	1 400	1 050	350
伏虎镇灶王庙村	750	660	90	1 190	850	340
玉山镇大寨村	690	650	40	1 010	790	220
永兴镇金龙村	670	625	45	910	775	135

注：依据典型调查测算。

从总体上看，计划生育户家庭人均纯收入普遍高于非计划生育户，但在开展“三结合”前，这种差别并不十分明显，除光大村因普遍都是计划生育户，从而非计划生育户家庭人均收入体现出偏低外，其它地方两者之间的差距一般都在40～90元。“三结合”的开展，首先是通过帮扶那些在计划生育户中收入偏低的家庭，使他们的家庭人均纯收入实现了大幅度的增长，五个村的帮扶对象户占了计划生育户的12%;其次是对广大计划生育户的鼓励、引导和倾斜政策，极大地调动了他们的生产积极性，虽未纳入直接帮扶对象，但仍然受到了程度不同的间接扶持，因而加快了增收致富的速度；再次是非计划生育户由于拖累较大、分母效应等因素，增收致富的速度依然缓慢。因此，计划生育户与非计划生育户家庭人均纯收入之间的差距拉大到了135元以上，从而使“少生快富”得到了真正体现，给自觉实行计划生育的家庭带来了实实在在的利益。

（二）开展“三结合”前后的社区经济发展状况比较

从“三结合”对促进计划生育户家庭经济发展的作用中，可以看到它对促进社区经济发展的影响，这就是通过帮助和扶持一批、鼓励和引导一批计划生育户率先致富，辐射和带动了当地经济的发展，促进和加速了当地农民人均纯收入水平的提高。通过在南充、广安等地的重点调查，可以更清楚地看到了开展“三结合”对促进社区经济发展所产生的积极影响。

所调查的南充市嘉陵区吉安镇、南部县伏虎镇、岳池县九龙镇、苟角镇恰恰都是当地规划建设的生猪基地镇，四镇近几年生猪发展的有关数据资料显示（见表5），四镇从1992～1994年间生猪发展的年增长速度均较平稳而缓慢，而1995年均发生陡然增长，增长速度分别提高9.5、9.6、10.9、8.8个百分点。究其原因，既无有关政策措施刺激，也非价格因素的拉动（1995年生猪价格事实上还有所回落）。“三结合”工作的全面开展，才是四镇生猪发展的根本原因。在1995年四镇帮扶的1 244户计划生育户中，以养猪作为帮扶项目的户占64%，帮扶对象户户平均增加养猪2.8头，其中出栏肥猪10头以上的户达164户。

从四镇农民人均纯收入的增长状况中（见表6），也反映出开展“三结合”前后的明显差异：

表5　1992～1995年四镇生猪发展状况

地名	分年度生猪出栏数（头）			
	1992年	1993年	1994年	1995年
吉安镇	23 330	23 819	24 748	28 065
伏虎镇	11 903	12 640	13 216	15 098
九龙镇	6 890	7 319	7 809	9 186
苟角镇	34 698	35 231	36 315	40 652

表6　1992～1995年四镇农民人均收入增长状况

地名	分年度农民人均纯收入（元）			
	1992年	1993年	1994年	1995年
吉安镇	490	564	654	841
伏虎镇	523	601	705	903
九龙镇	422	528	660	881
苟角镇	531	605	713	931

从1993～1994年两年间，四镇农民人均纯收入仅增长164～238元，年递增速度在13.9%～25%之间；而开展：三结合”后的1995年，四镇农民人均纯收入增长187～221元，年增长速度达到23.4%～33.5%。

由此可见“三结合”在促进农村社区经济发展中的意义和作用，这种作用主要体现在三个方面：一是由于在帮扶计划生育户中实施的帮扶项目所产生的辐射和带动作用，加快了农村产品产业结构调整的步伐和各种商品生产基地的形成，类似于上述四镇的生猪大发展，有关部门结合自身的行业优势，突出了当地区域经济布局中的骨干项目，在帮扶对象户中培植和发展了一批“种苗基地户”或“养猪状元”、“养蚕能手”、“养鱼大户”等专业示范户，从而辐射和带动了一批“养猪村”、“蚕桑村”、“养鱼村”等的形成；二是在“三结合”工作中的科技投入，为农村经济的发展插上了科技的翅膀。不少部门都把帮扶对象户作为示范和推广新品种、新技术的现场，使农村科技正在真正走向进村入户；三是在帮扶计划生育户中，开辟了新的就业门路，消化了大量剩余劳动力，使妇女的作用得到了充分发挥，提高了农村劳动生产率。如在伏虎镇灶王庙村的30户帮扶对象户中，就有27户的男劳动力农闲时外出务工，平均收入3 000元以上，妇女劳动力则在家养猪，户平均养猪达4.6头。

（三）开展“三结合”前后的计划生育工作状况比较

所调查的南部、岳池两县既是四川省的人口大县，也是过去计划生育工作难度较大的地区，从对吉安等四镇的调查看（见表7），这种难度正在逐渐减小。

表7　四镇计划生育率和独生子女领证率比较

地名	计划生育率（%）		独生子女领证率（%）	
	“三结合”前	“三结合”后	“三结合”前	“三结合”后
吉安镇	75.2	90.4	72.2	87.9
伏虎镇	83	86.6	77.1	85.1
九龙镇	84.2	87	79.7	84.3
苟角镇	90.9	92.6	89.2	91.7

调查显示，四镇计划生育率的提高，既是各地认真贯彻落实“三为主”方针的结果，也是开展“三结合”所产生的效应。在这些地方，广大农民普遍还不富裕，计划生育工作基础相对薄弱，计划生育率要提高一个百分点都需要付出很大的努力。但是“三结合”工作开展后，吉安镇计划生育率提高了15个百分点，其它三镇也提高了2～3个百分点。同时，四镇的独生子女领证率均在开展“三结合”后出现较大提高，这也从一个侧面反映了群众对计划生育的进一步理解和实行计划生育自觉性的提高。

在对五个村进行的对比调查中，除光大、金龙村在开展“三结合”前后计划生育率均保持在100%以外，大寨、灶王庙村计划生育率分别从“三结合”前的98%、66.7%上升到100%，双柏树村从88%上升到了94%。

巴中市在开展“三结合”前对玉山镇大寨村、曾口镇扬帆村等五个村进行了一次生育意愿调查，其结果是“我要”实行计划生育的育龄夫妇占41%，因“要我”实行计划生育而服从的占37%，不愿服从的占22%。而对于这次对比所进行的追踪调查结果显示，三部分人的构成比例已经有了很大变化，分别为65%、32.5%、2.5%，这表明“三结合”工作对转变生育观念是具有加速作用的。

“三结合”对促进计划生育工作的作用主要是从四个方面实现的。首先，它强化了齐抓共管计划生育的责任制，各级各部门通过参与“三结合”，把部门参与计划生育的范围由过去的本部门、本系统扩大到了农村和农户，从而增强了计划生育工作的影响力和社会制约力，促进了“三为主”方针的落实；其次，它逐步建立起了一种少生快富的利益导向，通过帮扶计划生育户率先致富、使广大计划生育户感受到了党和政府的关怀，使“少生快富”

变成了看得见的现实，使广大农民进一步看到了实行计划生育的好处，从而引导了群众生育意愿和行为的转变；第三，它树立起了计划生育部门的良好形象，密切了党群关系，减轻了工作阻力；第四，“三结合”推进了农村经济的发展，而经济的发展又加速了生育观念的转变。

（四）开展“三结合”前后向农户投入资金的使用效益比较

巴中市是所调查的六县（市）县级部门投入资金最多的市，为此，对该市投入资金的使用效益进行了重点调查。

在巴中市市级部门的投入资金中，尤以市财政局、扶贫开发办公室投入资金数额较大。对这两部门在开展“三结合”前后的资金投入及其产出状况的比较（见表8）发现，就部门资金比较效益而言，撇开在投入项目中的个人投入，简单地把部门投入资金与总产出之比视为部门资金使用效益，则不难看出，因为在“三结合”中向计划生育户进行了倾斜性投入，从而显著提高了部门资金使用效益，两部门资金投入产出比由1:8～9.8提高到了1:19.7～21.4,同时，扶贫开发周转金的偿还率也由58%提高到100%。

表8　巴中市两部门开展“三结合”前后农用资金使用情况

	扶贫开发部门扶贫开发周转金					财政部门支农周转金			
	投入资金（万元）	产出产值（万元）	受益户数（户）	资金偿还（%）	脱贫率（%）	投入资金（万元）	产出产值（万元）	受益户数（户）	资金偿还（%）
“三结合”前	58	568.4	22 555	58	33	12.2	105.7	903	98
“三结合”后	63	1 246.7	11 025	100	100	26.5	523.2	906	100

调查巴中市玉山镇大寨村“三结合”前使用扶贫开发周转金的10户非计划生育户当年增收的情况，并与“三结合”后使用扶贫周转金规模相当的10户计划生育户当年增收的情况加以对比，发现10户计划生育户的投入产出比为1:13.22; 10户非计划生育户的投入产出比为1:1.08,前者为后者的12倍。之所以产生如此明显的差异，从根本上讲是两个方面的原因：一方面，过去的投入方式目标大、范围广，缺乏配套的帮扶措施，因而资金使用效益差。而现在的投入方式首先是在投入对象的选择上实行了分类排队，并且把帮扶资金同帮扶项目、帮扶责任人一起落实到了户，因而资金使用效益好；另一方面，则是因为投入对象发生了很大变化，在计划生育户中蕴藏着巨大的开发潜质，而非计划生育户本身拖累大，加之因计划外生育受处罚等原因，无力增加生产性投资，甚至将扶贫开发资金用于生活消费，显然难以见到效益。

三、结论与启示

通过对六县（市）的调查，可以发现“三结合”工作在较短的时间里显示出强大的生机。“三结合”工作之所以能够取得如此明显的效益，我们认为最根本的原因就在于它注重“结合”，实现了资金、技术等部门优势与计划生育户这一蕴藏着巨大开发潜质的人力资源的优化配置。

无论从理论上讲还是从事实证明，计划生育户都是具有较高政治觉悟和特殊优势的社会群体。他们对实行计划生育表现出了很大的理解和支持，因而他们是落实计划生育基本国策的社会基础。他们年富力强，文化素质较高，家庭拖累较小，因而他们也是发展农村经济、勤劳致富奔小康、建设文明幸福家庭的最积极、最活跃的社会力量，是发展农村生产力的新的增长点。因此，积极稳妥地推广“三结合”，大力扶持计划生育户的茁壮成长，不仅是计划生育工作发展的必然要求，也是解放和发展农村生产力、促进农村人口与经济、社会、资源、环境的协调发展和可持续发展的有效途径。

四川省计划生育工作“三结合”正是从开发计划生育户这一人力资源出发，以体现政府意志、施以政府干预、追求政府效益的政府行为为基本特征的。实践证明，它不仅是计划生育工作的改革与发展，而且是整个农村工作在思想观念、工作方法和行为方式上的一种变革，已经和必将进一步形成推进四川省农村全面发展与进步的合力。

广西十年计划生育效果分析

宋廷猷　李　程

广西是个多民族聚居的自治区，少数民族人口占全自治区总人口的39.10%。自1986年起，由于受60年代初到70年代中人口出生高峰周期性的影响，妇女生育开始进入建国以来且将持续到本世纪末的第三次人口生育高峰期。随着社会主义市场经济的发展，城乡经济体制改革的不断深入，流动人口的大量增加，计划生育工作面临很多新的情况、新的问题，针对这些情况，自治区党委、自治区人民政府在贯彻计划生育基本国策的过程中，认真做到坚持“三不变”(即现行计划生育政策不变、既定的人口控制目标不变、党政一把手亲自抓、负总责不变)，同时于1989年先后制定了《广西计划生育条例》和《条例实施细则》，把计划生育逐步纳入法制化管理的轨道。工作中，注意抓好落实“三为主”(即宣传教育为主、避孕为主、经常工作为主)。逐步推行“三结合”(即计划生育与发展经济相结合、与帮助农民勤劳致富奔小康相结合、与建设文明幸福家庭相结合)，而且还注意了抓基层，打基础，使各级的计划生育机构、人员、报酬逐步做到“三落实”。从而使广西人口迅猛增长的势头不但得到了有效的控制，而且使人口出生的数量规模、妇女生育水平逐步下降，计划生育整体水平有了比较明显的提高。近10年来，广西至少避免了计划外人口出生350万人，相当于广西一个中等地区的人口总数，控制人口增长所取得的明显效果，对广西民族繁荣昌盛、社会经济发展起到极大的促进作用。

十年计划生育的效果分析如下：

一、人口增长的数量规模呈逐年减少趋势

在计划生育工作过程中，一个地区的人口机械变动假如是处在一个比较封闭的状态下变动，那么，其人口数量规模的变化，也是反映该地区人口与计划生育工作效果的重要指标之一。广西1987年人口总数是4 016万，到1996年末为4 589万人，10年净增573万人，年平均净增57.3万人。与前10年（即1977～1986年）人口增长总量679万相比较，减少106万人，年平均净增量减少10.6万人。从年人口增量情况分析，1987年人口净增数为70.5万，1996年人口净增数为46.0万，1996年比1987年年净增量减少24.5万人，尽管其间各年的增长规模有波动（其中1990年的高增长量是由于人口普查统计口径所致），但总的变化仍是逐年减少的趋势。表明广西10年控制人口增长确实取得了明显的效果。

二、人口自然增长速度缓慢下降

1987年，广西人口出生率为24.40‰，自然增长率为17.00‰，是近10年来人口出生率、自然增长率最高的一年。到1996年人口出生率降到16.83‰，自然增长率降到10.01‰，是近10年来最低的一年。从1987年到1996年人口出生率和自然增长率顺势逐步下降过程中，1991年出现一次小回升，这是广西当年计划生育工作的失误，在具体工作实施过程中，只注意偏重抓节育措施的落实，而忽略了对计划外怀孕采取的补救措施。1991年以后，这种失误得到了及时纠正，不但从宣传教育上加大工作力度，而且在技术服务上，注意抓综合避孕节育措施落实的同时，对出现的计划外怀孕也注意抓及时的补救措施。从每年的出生人数的孩次构成看，一孩出生比例逐年上升，多孩出生比例逐年下降，计划生育率逐年提高，计划外出生得到了有效的控制，人口出生率、人口自然增长率呈现逐年平稳下降，这种变化的趋势是符合广西计划生育工作实际情况的（见图1)。

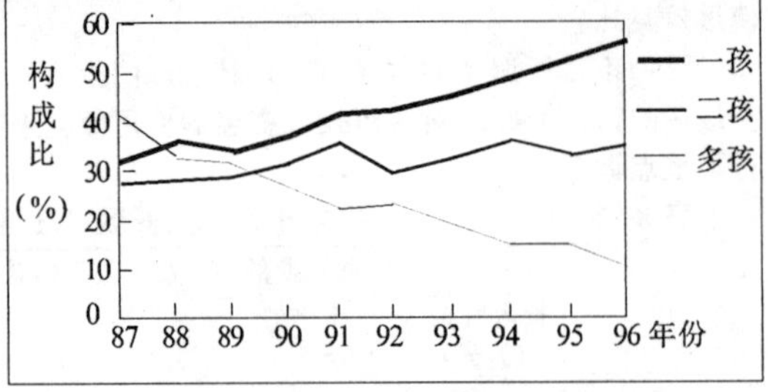

图1　广西1987～1996年各年出生内部孩次构成

三、人口年龄结构从年轻型逐步向成年型转变

计划生育工作所取得的成效，在人口年龄结构上明显地反映出来。国际、国内人口学家把人口年龄结构分为年轻型、成年型和老年型三种类型，而以少年儿童系数、老年系数、老少比和年龄中位数四个主要指标值作为划分类型的标准。据此，广西1982年第三次人口普查时的少年儿童系数接近40%，老年系数略高于5%，老少比低于15%，年龄中位数低于20岁，这些数据表明，第三次人口普查时，广西人口年龄结构类型属于年轻人口型。到1990年第四次人口普查时，上述四个指标发生了变化，少年儿童系数比第三次人口普查时下降4.07个百分点，老少比上升2.57个百分点，年龄中位数上升了2.88岁，表明人口年龄结构从年轻型开始向成年型转变。到1995年，上述四个指标、分别达到31.33%、6.81%、21.74%和23.34岁，表明广西人口年龄结构已经步入成年人口型，这种变化最主要的原因就是由于加强了计划生育，减少了大量计划外的人口出生，导致人口年龄结构发生明显变化所带来的好效果。

四、女性初婚年龄分布趋向密集，晚婚人数比例逐步提高

1987年，广西女性峰值初婚年龄为22岁，峰值初婚率为134‰，平均初婚年龄为22.6岁，这对长期以来受早婚早育习俗影响较深的多民族自治区来说已是一个很大的进步。1987年以后，各年的峰值初婚率除1991年外逐年提高，表明初婚人数在某一年龄逐步呈现密集的趋势，但从峰值初婚年龄看，1989～1991年却下降了1～2岁。主要原因与1989年《广西计划生育条例》和《条例实施细则》刚开始颁布实施有关，因为对晚婚晚育只提倡、不作硬性规定，一些妇女担心政策还要变，加上宣传教育工作滞后，导致一度出现育龄妇女在法定婚龄范围内抢结婚、抢生育的现象。1987年女性平均初婚年龄22.1岁，1996年为22.6岁，10年间平均初婚年龄有波动，但总的变化并不十分明显。而从晚婚率看，1987年为46.26%，到1996年为61.56%,10年的变化是呈现逐年提高的趋势，表明经过多年的反复宣传教育，晚婚晚育的工作确实取得了较好的效果见（表1）。

表1　广西1987～1996年女性初婚指标的变化

年份	峰值初婚‰	峰值初婚岁	总和初婚‰	平均初婚岁	晚婚率%
1987	134	22	923	22.1	46.26
1988	140	22	823	22.0	48.49
1989	151	21	850	22.5	53.84
1990	165	20	853	22.6	55.02
1991	146	20	814	22.9	57.98
1992	166	23	895	22.2	59.43
1995	161	23	896	22.4	61.52
1996	168	23	898	22.6	61.56

五、已婚育龄人群避孕节育整体水平明显提高

避孕节育是计划生育工作中重要的技术措施，而已婚育龄妇女的人数和避孕节育措施落实的状况又直接影响到计划生育工作的效果。1987年，广西已婚育龄妇女为531万人，占总人口的13.22%，到1996年增加到779万人，占人口总数的16.98%,10年已婚育龄妇女增加248万人，年平均增加24.8万人。1987年广西已婚育龄妇女采取各种避孕节育措施人数为416.73万人，综合避孕节育率为78.48%，到1996年已婚育龄妇女中，采取各种避孕节育措施人数已达到716.13万人，综合避孕节育率达91.93%.(见表2)。

表2　广西1987、1991、1996三个年度已婚育龄妇女节育措施变化　（万人、%）

年份	已婚育龄妇女人数	占总人口比例	其中：男扎	女扎	宫内节育器	药具	其它	综合节育率
1987	531.0	13.22	30.0	39.0	296.0	51.8	8.0	78.48
1991	641.1	14.94	84.7	139.8	289.5	35.2	4.8	86.42
1996	779.0	16.98	118.0	278.0	286.0	25.8	4.0	91.93

10年间，广西已婚育龄妇女避孕节育情况的变化有如下几个主要特点：

1. 10年来已婚育龄妇女人数增长24.8%,综合避孕节育率提高了12.89个百分点，说明不但已婚育龄妇女人数的绝对量增加很大，而综合避孕节育率也明显地提高。

2. 各年避孕节育措施内部构成发生了十分明显的变化。假定综合节育率为1, 1987年各种避孕节育措施的构成是：放置宫内节育器妇女占绝对的多数，是输精管结扎人数的10倍、是输卵管结扎人数的8倍、是输精、输卵管结扎手术人数的4倍；1996年避孕节育措施的构成是：放置宫内节育器人数构成与输卵管结扎人数构成几乎相等，输精管结扎人数构成也接近放置宫内节育器人数构成的一半；在综合避孕节育总人数增加248万的情况下，1996年使用药具避孕、其他方法避孕人数分别比1987年减少25.99万人、4.05万人，表明已婚育龄妇女在选择避孕方法、落实节育措施时，逐渐偏重于选择安全、可靠、长效的避孕节育方法。

3. 从节育率变化的时间序列看，1987年～1990年，综合避孕节育率提高6.38个百分点，输精管结扎率提高3.20个百分点，输卵管结扎率提高了4.96个百分点，都提高得比较慢，放置宫内节育器率甚至还下降了0.17个百分点。但从1990～1996年，虽然六年间综合节育率也只提高6.51个百分点，可输精管结扎率、输卵管结扎率却分别提高了6.30、23.39个百分点，分别提高了71.19%、190.00%，放置宫内节育器下降了18.86个百分点，下降了34.0%。这种变化恰恰说明1990年以后，广西各级党委、政府和计划生育行政管理部门狠抓《广西计划生育条例》地方法规有关“生育两个及以上孩子的已婚育龄夫妻，原则上要有一方落实绝育措施”的规定。为了减少计划外生育和杜绝多孩生育，大力宣传、动员那些已经生育了两个或两个以上孩子而未落实措施的育龄夫妻要按规定落实绝育措施，而且还宣传动员那些虽然已放置了宫内节育器但有过多次人流引产史的二孩夫妻改变避孕节育方法，落实绝育措施。正是由于1990年以后，广西逐步强调运用计划生育法律、法规来指导育龄夫妻落实避孕措施，从而使得计划生育、控制人口增长越来越取得明显的效果（图2）。

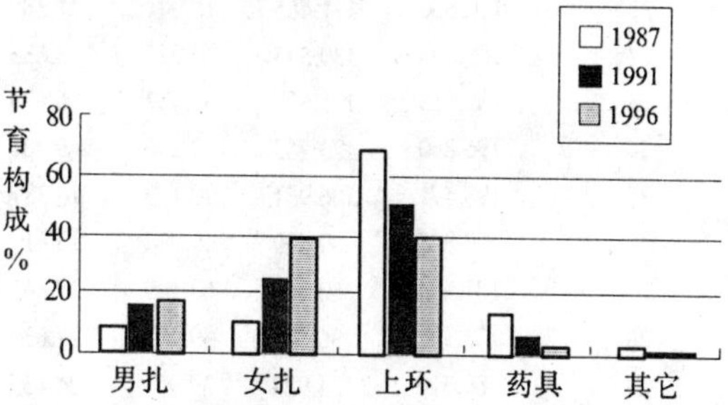

图2　广西三个年度妇女避孕节育构成的变化

六、总和生育率已经下降到更替水平

总和生育率是反映育龄妇女年度生育整体水平十分灵敏的生育指标，众所周知，在当今中国普遍实行计划生育的大环境下，年度总和生育率变化主要受五个因素的影响：一是现行生育政策的要求，现行生育政策严、抓得紧，总和生育率就低；二是群众的生育意愿，如果群众的多生孩子的欲望未能得到有效的遏制，将会导致总和生育率升高；三是妇女的初婚模式，平均初婚年龄提高，生育年龄密集，可使总和生育率下降；四是妇女生育孩次的时间间隔，间隔时间长，可使总和生育率下降；五是受已婚育龄夫妇中已采取结扎措施的人数的影响，由于结扎的有效率达99%以上，大量的夫妇采取结扎，导致总和生育率下降。广西妇女总和生育率由1987年的3.57，到1996年下降至2.01，10年下降1.55，1996年的总和生育率已经低于人口再生产的更替水平。

从孩次总和生育率分析可以看出，总和生育率的下降主要是二孩、多孩（三孩及以上）生育率的下降，特别是多孩生育率的下降对总和生育率下降的影响更为明显。1989年以来，广西全面贯彻实施《广西计划生育条例》，而《条例》规定的现行生育政策总和生育率为1.57，即按现行的生育政策要求，在总体平均意义下，每个已婚育龄妇女终身只能生育1.57个孩子，而且符合条件生育的妇女，也必须在第一个孩子年满4周岁以后方能安排生育。经过广泛的宣传教育，认真抓现行生育政策的落实，从而使得广西妇女过去那种“早、密、多”的生育现象得到了有效的遏制，符合生育二孩条件的妇女，生育二孩的间隔也从过去平均不足2.2年逐步做到按《条例》规定去生育。同时，特别是近两年，多孩总和生育率已经下降到0.05以下，平均生育年龄逐步提高，且生育年龄逐步相对集中。因此说，广西妇女总和生育率的明显下降是上述各种因素综合作用的结果（见表3）。

表3　广西1981、1989、1995年分孩次总和生育率变化

年份	总和生育率	其中			0.1生育率年龄宽度	0.2生育率年龄宽度	95%累计总和生育率所在年龄
		一孩	二孩	三孩以上			
1981	4.22	1.13	1.16	1.93	16年	8年	41岁
1989	2.34	1.06	0.77	0.51	12年	4年	38岁
1995	1.82	0.98	0.56	0.29	8年	0年	35岁

七、妇女生育模式已从盲目的无控制型转变成计划控制型

妇女的生育模式是指育龄妇女在总体平均意义下单位时间内（通常指一年）每个育龄妇女平均活产婴儿数具体在每个年龄生育分布的形式。广西妇女生育模式的转变具体表现在（表4）：

表4　1995年广西妇女生育模式　（‰）

年龄	全区	一孩	二孩	多孩	年龄	全区	一孩	二孩	多孩
总和生育率	1.82	0.98	0.56	0.29	32	32.887	6.078	12.571	14.228
15	0.537	0.537	–	–	33	31.178	5.440	8.998	16.740
16	1.664	1.664	–	–	34	30.967	6.294	10.574	14.099
17	3.435	3.298	0.137	–	35	21.662	5.416	7.535	8.712
18	9.276	8.245	1.031	–	36	10.372	1.424	2.237	6.711
19	29.516	26.253	3.115	0.148	37	11.314	0.870	1.915	8.529
20	76.604	68.744	7.146	0.715	38	12.079	1.281	2.013	8.785
21	130.850	111.465	18.001	1.385	39	9.651	1.114	1.485	7.053
22	168.205	130.593	33.977	3.635	40	6.955	0.549	0.366	6.040
23	182.683	131.627	44.482	6.574	41	4.539	0.378	0.567	3.594
24	196.880	126.753	60.296	9.831	42	1.955	0.196	0.587	1.173
25	193.471	106.961	70.122	16.387	43	2.058	–	0.206	1.853
26	173.822	80.699	69.504	23.619	44	2.840	–	0.203	2.637
27	151.354	60.364	63.149	27.841	45	2.050	–	0.205	1.845
28	113.177	36.530	49.017	27.630	46	1.207	0.483	–	0.724
29	89.310	24.924	39.951	24.435	47	1.104	0.828	–	0.276
30	65.373	17.548	28.547	19.278	48	0.568	0.284	–	0.284
31	39.985	9.313	17.261	13.411	49	1.610	0.268	0.268	1.074

1. 总和生育从1987年的3.57逐年降至1996年的2.01，已下降到更替水平以下；

2. 如果以0.02生育率作为显效生育率，广西妇女显效生育率的年龄分布已从1981年的27年缩小到1995年的17年；

3. 0.1生育水平宽度已从1981年的16年缩小到1995年的8年；0.2生育率水平在1981年有8个年龄组，到1995年已经减少为不到1个年龄组，即已经没有一个年龄组生育率达到或超过200‰；

4. 从育龄妇女下限年龄15岁向上限逐年累计，达到95%的累计总和生育率所在年龄，1981年是41岁，表明1981年多孩次生育、高年龄生育的妇女人数多，到1995年，95%累计总和生育率已经收缩到35岁，表明35岁以后，已经很少有妇女再生孩子。

5. 把妇女的按年龄生育率绘制成曲线图（见图3），并将1996年的曲线与1981年的曲线加以比较，可以看出，1996年的曲线的升支、降支均分别比1981年的升、降支呈明显的向里收缩，曲线图形呈尖峰型，而且显示40岁以后的生育曲线与横轴坐标重合，上述情况表明，广西妇女的生育模式已经逐步转变成为计划控制型。

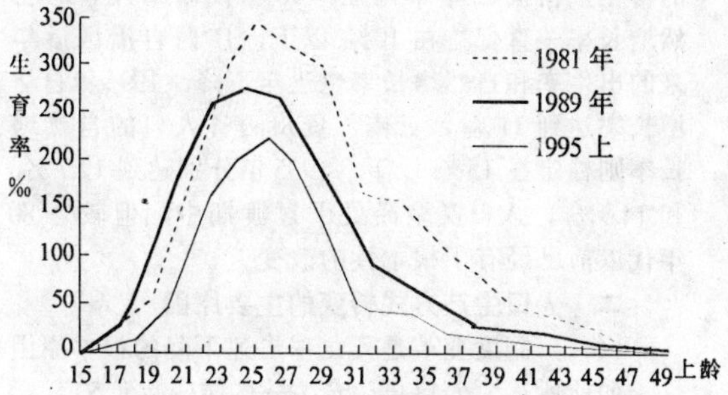

图 3　广西三个年度妇女生育模式

综上所述，计划生育所取得的成效为广西经济社会建设造就了一个良好的人口环境。但是，由于广西计划生育工作基础较差，加上长期人口惯性所形成的持续到本世纪末的人口生育高峰，表明控制人口增长的任务仍然艰巨。因此，要进一步做好巩固工作，防止反弹，仍需充分发挥宣传教育、行政手段、经济措施、法制措施、技术措施的综合治理作用，才能进一步发展广西人口与计划生育工作的大好形势。

（作者单位：广西壮族自治区计划生育委员会）

西南四省区计划生育和人口转变状况

常建军

西南四省区（云南、贵州、四川、广西）具有人口和民族众多、自然条件复杂、资源较为丰富但开发利用能力和人口承载力又相对不高的特点。新中国成立以来的40多年间，在各种社会政治经济因素不断变化的影响下，四省区人口的发展经历了一个曲折多变的历程，80年代以前先后出现了两次人口增长高峰和一次人口增长低谷。真正具有长远意义的转折开始于70年代后期，随着计划生育工作的广泛开展，人口发展被纳入计划轨道，人口的增长从自然的无序状态逐渐向适应于经济和社会发展的良性循环转化，人口自然增长速度不断降低，这一转变对四省区人口增长过程和人口类型的变化具有决定性的作用。当然，四省区之间在转变的时间、速度和深度上存在着许多差别，但转变的趋向则是一致的，若作为一个整体而言，人口再生产水平已接近于全国平均水平。

一、人口再生产方式的变化

（一）人口再生产的阶段性特点

40多年来，四省区人口经历了“高速增长－停滞和负增长－超高速增长－高速增长－平稳增长”的阶段性发展过程，除极少数年份外，跨省际人口迁移数量很少，对人口总量变化的影响甚微，人口增长历程的阶段性主要由人口自然增长的阶段性所致，人口再生产水平和形式的变动决定了人口总量增长变动的特点。四省区人口的阶段性发展过程大致划分如下：

新中国成立至1957年，为人口的高速增长期，历经约八年时间，四省区总人口从10 586万增加到12 806万，年均增长率高达2.41%。这一时期四省区均处于人口再生产方式转变的初始阶段，出生率保持在33‰～36‰的高水平上，死亡率较解放前有了显著下降，平均保持在15‰左右，自然增长率为18‰～20‰，人口再生产还较多地保留着传统人口再生产类型的特点。1958～1961年，是新中国社会、政治和经济生活出现重大问题和发生特殊困难的时期，人口的发展在这一时期处于倒退和停滞状态，四省区人口再生产呈现低出生、高死亡、负增长的特点，总人口从1957年的12 806万下降到1961年的12 142万，其中四川、贵州两省的死亡率高于出生率，自然增长率为负数，云南、广西的出生率与死亡率非常接近，并都有自然增长率为负数的年份。从1962年开始，四省区均进入了新的一轮人口高速增长期，人口再生产非常明显地表现出“高（出生率）——低（死亡率）——高（自然增长度）”过渡类型的特点，60年代的人口出生率高达35‰～40‰以上，个别年份甚至超过50‰，死亡率降至10‰～15‰之间，自然增长率大多在30‰左右。这一时期持续的时间长短在各省区之间略有差别，70年代前期除贵州外其它三省区的出生率已降至35‰以下，死亡率亦降至8‰左右，自然增长率降至25‰以下，贵州省的出生率和自然增长率则迟至1977年才分别降至32‰和24‰。截至1975年，四省区总人口增加到18083万，14年间的年均增长率为2.89%。70年代后期，云南、贵州、广西三省区人口的较高增长速度仍然持续了数年时间，年均出生率仍在24‰～30‰，自然增长率亦保持在20‰左右，四川省的人口再生产方式则发生了迅速的变化，出生率在三年内从30‰以上降至20‰以下，自然增长率也从20‰以上降至10‰以下，并保持在10‰左右，开始呈现“低－低－低”人口再生产类型的特点。80年代以后，四省区人口步入稳定增长阶段，其中四川省的人口增长除少数年份偶有波动外，仍保持着低水平的再生产循环；其它三省区的人口增长特点也有了显著改变，出生率逐渐降至20‰左右，自然增长率降至15‰以下，人口再生产已开始向“低－低－低”类型逐步转变。截至1995年底，四省区人口总数为23 366万，较1980年增加了4 078万，年均增长率为1.29%。

（二）死亡水平的变化

西南四省区的人口转变过程起始于死亡率的变化，50年代死亡率的下降非常迅速，在七、八年时间内便从20‰以上降至15‰以下，60年代中期又降至10‰左右（贵州死亡率的下降略迟一些），几年后开始降至10‰以下，并逐渐稳定在6.28‰的水平，至此，在20余年内完成了死亡水平高－中－低的转变过程。与此同时，死亡模式亦发生了较明显的变化，由高死亡率模式向低死亡率模式不断转化，目前的死亡率曲线已接近于“J”型，老年死亡已占死亡人口的一半。

死亡率在较短时期内的迅速下降相对于社会经济发展程度以及出生和生育水平的变化具有相当的超前性，对人口再生产方式和人口发展过程的影响甚巨。从解放初至70年代，四省区人口再生产由“高－高－低”的传统类型向“高－低－高”的过渡类型的急剧变化，以及由此形成的人口增长高潮和总人口规模的快速膨胀，死亡率的下降起了主要的作用。

（三）出生和生育水平的转变

50年代以来，许多发展中国家都经历了前所未有的人口转变过程，中国各地区亦不例外，而在这个转变过程中，出生率的下降普遍滞后于死亡率的下降，并由此导致人口增长高峰的形成，西南四省区的人口转变也有这个特点，除三年困难时期外，出生率下降的滞后时间大都在5年以上至10年左右。

出生率的变化源于妇女生育水平及生育模式的变化。1975～1977年间是生育水平由高向低变化的转折期，同时也是出生率下降变化的转折期，在此之前各省区妇女的总和生育率多年保持在5.0以上，出生率在30‰乃至40‰以上，1975年四川省总和生育率率先降至5.0以下，并在不长的时间内持续降至3.0以下，此后广西、云南、贵州也出现了同样的变化过程，总和生育率先后降至4.0以下，生育模式也开始发生明显的变化，峰值生育率逐渐降低，生育周期显著缩短，多孩为主的生育选择模式逐渐让位于一孩为主；与此同时人口出生率也在较短时间内降至30‰以下，四川省在70年代末期的出生率即已低于20‰，其余三省区则在80年代大致保持在26‰以下，90年代逐渐接近于20‰的水平。

生育水平的下降和由此带来的出生率的不断降低，为人口再生产由传统类型向现代类型的过渡奠定了基础。从目前所达到的水平来看，四川省人口再生产的过渡已达到较高水平，“低－低－低”的再生产格局已基本确立，90年代以来人口的自然增长率一直保持在10‰以下；广西自治区近年来的出生率和自然增长率也逐年下降，1995年自然增长率达到11‰；云南、贵州两省人口的自然增长率则稳定在15‰以下，1995年分别达到12.7‰和14.3‰，人口类型尚处于过渡期中，但较之80年代以前已经有了根本性的改变。

二、人口生产方式转变的主要原因

（一）制度变革是死亡率迅速下降的根本原因

如前所述，人口再生产方式的转变始于50至60年代死亡率的迅速下降，相对于经济发展程度来说具有相当的超前性。出现这种主要原因是医疗卫生条件的广泛改善和制约传统死亡状况的各种社会因素的消弭，而这正是新中国成立后社会制度的巨大变革所带来的。第一，新中国的成立改变了四省区落后的社会政治经济制度，极大地缩小了社会差别，消除了战乱的影响，为城乡人民创造了和平、安定的社会生存环境，从而大大减少了各种天灾人祸带来的非正常死亡。第二，新中国稳定的社会环境，为经济的复苏和发展创造了条件，在社会安宁、经济发展的基础上，四省区群众尤其是生活在生存条件较好的城镇、平原及丘陵地区的人们，在较短的时间内摆脱了饥饿和贫穷的威胁，走上了温饱之路，人口的营养和健康水平迅速上升，抵御自然灾害和饥荒的能力也有很大提高，因贫穷导致的死亡现象大大减少。第三，新中国各级政府推行的面向普通民众的医疗卫生保健和公共卫生政策对死亡率的迅速下降具有关键性的作用。新中国成立后，在党和政府的大力推动下，在不太长的时间里四省区便基本上建立起遍布城乡的公共医疗卫生网络，并开展了范围广泛的疾病防治工作。随着环境和食品饮水卫生条件的改善，许多常见病、多发病的发病率明显下降，各种疾病的获治率显著上升；此外，妇幼保健工作的逐步开展，也大幅度地降低了儿童和孕产妇的患病率和死亡率。第四，新中国教育和文化体制的变革，为四省区普及和传播科学文化知识、提高人口素质创造了有利的条件。对促进健康状况的不断改善，降低许多疾病的发病率起到积极作用。父母受教育水平的提高，对降低儿童的患病率和死亡率更有重大的影响。

（二）经济发展是制约人口转变的基础性因素

70年代后期以来，随着改变开放事业的蓬勃发展，中国经济的发展进程进入了一个历史性的转折时期，西南各省区亦不例外，由于选择了正确的发展道路，社会经济步入了前所未有的快车道，四省区国民生产总值的年均增长幅度超过了9%，二、三产业产值的年均增长率达两位数，在10多年时间里经济生产总量已翻了两番；以第一产业为主体的传统经济结构也在不长的时间内迅速发生变化，第一产业的产值比重由70年代前期的一半以上降至目前不足1/3，第一产业的就业比重从83%

以上降至 61% ~ 78%，无论是经济发展的总规模、人均发展水平，还是产业结构的优化和新技术新方法的应用都达到了空前的高度。在经济飞速发展的基础上，城乡人民的收入和消费水平有了较大幅度的上升，生活水平，人口素质、医疗卫生条件都有明显的改善，这无疑为人口死亡率、生育和出生水平的下降创造了社会经济条件，从而为人口再生产方式的转变奠定了客观基础。

（三）人口素质与城镇化的重要作用

在作为中介变量影响人口再生产变化的各种因素中，人口文化素质的提高和伴随着工业化而不断提高的城镇化水平具有非常重要的影响力，而且其作用有持久性的特点。

1. 文化素质的影响

教育的发展是社会发展的一个重要方面，人口特别是成年人口和育龄人口接受教育的状况与人口再生产方式的密切关系早已为国内外各种调查和分析结果所证实。1990 年第四次人口普查结果显示，西南各省区育龄妇女的生育水平随着妇女受教育程度的上升而不断下降，且无一例外；在高文化妇女和低文化妇女之间，多胎生育比重相差达上百倍，生育模式亦呈现出明显的差别。

80 年代初以来，在社会经济获得迅速发展的基础上，西南各省区的教育事业有了长足的进步，人口文化素质显著提高，截至 1995 年止，总人口中有文化人口所占比重达到 65% ~ 80%，分别比 1982 年时增长 24% ~ 64%，成年人口识字率以年均 1.32% ~ 2.97% 的增长率不断上升，文盲率由 50% 以上降至 30% 以下，育龄人口文盲率的下降也非常显著，与此同时，人口的文化层次结构也得到相应的改善。教育的发展为妇女生育水平和出生率以及儿童死亡率的迅速下降创造了极为有利的社会条件，从而成为促进人口再生产方式转变的重要因素。

2. 城镇化的影响

在现阶段的中国，城镇与乡村的社会经济环境和人口条件存在着较大的差别，二元化的经济结构和社会结构特点十分突出，并由此影响到人口的二元化发展。城镇人口四省区亦表现出和乡村人口的再生产方式存在着很大的差异，城镇人口的生育和出生水平比乡村人口要低得多，在生育的孩次结构，年龄别生育率、生育周期以及峰值生育率等方面均有很大的差别，表现出不同的生育模式和人口再生产模式的特点。例如 1990 年“四普”时云南省城镇育龄妇女的总和生育率为 1.6，仅为乡村妇女的 57%，城镇妇女生育的多孩比例不到乡村妇女的 1/3，峰值生育率比乡村妇女低 62%，生育周期也明显短于乡村妇女，同样的情况也见于其它省区。由此可见，人口城镇化程度的提高将会对人口再生产水平的下降产生积极影响。西南各省区的人口城镇化水平历来较低，但近 20 年来，在经济不断发展和产业结构不断改善的推动下，城镇化水平一直在稳步提高，城镇人口比重（按照人口普查标准）从 1982 年的 12% ~ 18% 上升到 1995 年的 16% ~ 26%；与此同时，伴随着城镇总体规模及个体规模的扩大和其辐射功能的扩展，准城镇化的人口和区域在不断增加；此外，部分乡村地区非农化和工业化的发展，也造就了一部分隐性城镇化的人口，这种发展结果当然会对人口再生产状况的变化产生相应的影响。

（四）计划生育政策的广泛推行是人口出生和生育水平发生转变的主导因素

中国 70 年代发生的人口再生产转变，由于速度快、幅度大，同时并未在经济发展“起飞”的基础上自发地产生，因而成为举世瞩目的人口奇迹。西南四省区的人口转变是中国人口转变进程的组成部分，同样具有速度快，幅度大、超前性的特点，探寻这种超前性转变发生的原因，制度性因素的作用是决定性的，即党和政府在此期间大力推行了旨在控制人口增长的计划生育政策，而由于中国特定的社会政治结构和文化背景，使这一政策的推行能够在十余年的较短时间内取得明显的成效。

西南各省区的计划生育工作大致是在 70 年代中、后期开始全面展开的，其中四川省的工作开展得要早一些，这个中国第一人口大省对庞大的人口规模以及持续高速增长的人口再生产方式所带来的压力感受尤深，因而控制人口、降低人口出生率和生育水平的决心和魄力也较强，在 70 年代前期，计划生育政策的部分推行即已初见成效，1970 年时育龄妇女的总和生育率尚高达 6.4，人口出生率为 39‰，至 1974 年已分别降至 5.1 和 32‰，1975 年后全面开展计划生育工作，并且在力度和深度上逐步加强，计划生育率在 1978 年即达到 70%，总和生育率的下降几乎一年一个台阶，到 1977 年已降至 2.6，人口出生率也迅速发生相应的转变，在数年之间降到 20‰ 以下。云南、贵州、广西三省区在 1976 ~ 1977 年间开始推行计划生育，80 年代扩展到少数民族地区和边疆地区，并在实践中逐步强化和完善宣传、组织、服务工作和各项有关政策，在不到 10 年时间内也取得明显效果，总和生育率由 70 年代中期的 5 ~ 6 下降到 80 年代中期的 3 ~ 4，人口出生率也在同时期内从 30‰ ~ 40‰ 降至接近 20‰ 的水平。

三、人口转变与现代化

按照通行的人口转变理论模式衡量，西南地区已进入现代人口转变时期，或者说人口转变正处于现代阶段，并将在人口规律的作用下逐步向现代静止阶段发展。目前人口死亡率已基本实现了由高向低的转化，今后若不发生异常的情况，只会随着年龄结构的变化略有波动。出生和生育水平及其模式的转变主要是国家政策干预的结果，是一种超经济的诱导性转变，在相对较低的经济和社会发展水平上，转变过程具有明显的不稳定性、不平衡性、不均衡性、不彻底性，与经济发展的矛盾也比较突出，因此，转变向现代静止阶段发展的过程将经历较长的时间。

不稳定是转变进程的特点之一，其根源在于促使转变平稳和自发实现的社会经济基础并不具备，与人口控制相关联的许多制度性变革也不完善。从四省区的情况来看，20余年来在死亡率稳定地保持在一个相对较低的水平上的同时，人口出生率却经历了一个波动起伏的过程，1975～1977年间实现了出生率从高水平上的迅速下降，而80年代其变化却表现出明显的疲势，10年间出生率上升的年份广西为二年，贵州和云南为四年，四川为六年，升降的波动幅度达到了此期间平均出生率的1/4～1/2, 70年代的下降态势趋于停滞；进入90年代以来，随着计划生育工作力度的加强，出生率呈现在波动中缓慢下降的趋向，但除广西外，其它三省的出生率仍停留在80年代中期的水平上。当然，在出生率的波动过程中，人口年龄结构的变动起了一定的作用，但这种变化与出生率的波动不完全同步，其影响也是次要的。

发展的不平衡是转变进程的特点之二。地区之间和民族之间经济发展水平、人口素质和人口条件的差异，城乡二元化的社会结构和经济结构，不同地区、不同民族所施行的有差别的人口政策，是人口转变进程不平衡的原因。1995年，在人口再生产诸要素中，死亡率的差别相对要小一些，而出生率和妇女生育率的差别程度则要大得多，往往达到50%乃至一倍以上，并在相当程度上表现出不同人口发展模式的特点，这种发展的不平衡存在着诱发人口的“逆淘汰”效应的可能性。当然，从基本的意义上说，所谓平衡应当是人口与自然（资源、环境)、人口与经济（发展水平、结构状况)、人口与社会（社区、文化、政策体制等）发展的相互适应，因此，人口转变的不平衡是地区间、城乡间、民族间发展条件和人口条件不相同的客观反映，从一定的意义而言也是平衡的一种特殊表现，但必须重视不平衡所带来的各种社会、经济和环境问题及其长期的发展结果，努力抑制“逆淘汰”现象的发生和加剧。

发展的不均衡是转变进程的特点之三。其一，人口素质的现代化滞后于人口再生产水平的现代化；其二，人口转变带来人口年龄结构的突发性变化，造成了与经济结构演进和社会保障机制建设的时序性矛盾，从而形成劳动就业与人口老化的双重压力；其三，人口城乡结构与区域分布的固化、产业与职业结构转换的迟滞都与人口再生产方式的超前性转变不相匹配，从而在很大程度上制约着转变所能达到的高度及目标值；其四，作为人口再生产方式重要影响因素的婚姻模式的变化也落后于生育水平的转变，1995年四省区女性人口的平均初婚年龄均比80年代初期有所下降，育龄妇女已婚比例明显上升，这种状况无疑对人口出生水平的进一步下降具有实际的负效用。

生育转变的不彻底性是转变进程的特点之四。所谓不彻底指生育模式还未在整体上实现从传统形态向现代形态的转化。一个完整的生育或生育模式概念，不仅包含生育的数量（生多生少）特性，还包含其时间（早生晚生）特性和性别（生男生女）特性，就第一个方面而言，西南地区已实现从高生育向低生育的转变，目前的生育率已达到（四川、广西）或接近于（云南、贵州）更替水平；而在生育的时间方面，传统的早婚生育模式仍未有根本的变化，80年代以来更出现了婚育年龄的前移趋向，早婚生育率居高不下，生育峰值年龄亦低至23岁左右，晚婚晚育率、平均初婚年龄都在下降，这种婚育模式造成人口低生育率与高增长量的突出矛盾；在生育的性别方面，除贵州以外，其它三省区都存在着普遍的出生高性别比现象，并且有乡村甚于城市和性别比与生育孩次成正比的特点，这无疑与生育观念中的男性偏好有关，也表明生育行为的传统色彩仍未消除。

在中国的大部分地区，尤其是在经济现代化程度较低的西部和乡村地区，人口转变的发生主要源于人口政策，而人口政策的有效施行则依赖于强制性的社会机制和措施体系，生育意愿在其作用下受到强烈的抑制，但却未能从根本上得到改变，传统生育行为的经济和社会心理基础亦不能依靠政策手段去摧毁，在实现现代化从而改变人口再生产的经济基础和社会条件以前，人口转变并不能自发地完成；此外，从政策的应用效力来说，将多胎生育和无控制生育变为少胎生育和有控制生育，比在低生育水平下的控制生育的严格化要容易和有效得多。因此，在经历了生育和出生水平在短时间内的急速下降之后，转变进程的步伐明显迟缓下来，许多地方甚至呈现停滞状态，转变的成果因缺乏整体性变革的支持而显得较不稳定，转变进程的上述特点也日益表现出其负面影响，人口再生产以波动的形式向前发展，即使在出生和生育已降至较低水平的地区（如四川和广西），距人口再生产的现代静止阶段也还有较大距离，人口转变过程远未完成。

从根本上说，人们对于生育的客观需求（生育效用）和主观意愿（生育偏好）的形成与变化主要受到社会经济发展水平的制约，对于许多落后的乡村地区（在西南各省区中数量较多且范围较广）而言，在社会经济水平低下、社区环境条件较差的情况下，生育意愿和生育行为转变到（每个家庭）只生育2～3个孩子，已经是非常具有现代意义和标准的变化了，在这样的基础上，要使生育意愿和生育行为发生进一步的转变，仅靠人口控制政策措施的强制性干预是不够的，它需要有一系列的社会经济变革和制度创新来促使人们生存的社会和社区环境发生变化，从而创造有利于人口控制目标生育模式实现的条件，并在此基础上构建与社会发展现代化相适应的现代生育文化，这已经在现阶段的城镇地区得到基本实现，而在广大的乡村地区还需要较长的时间。在这个过程完成以前，前述人口转变进程的特点将不会消失，只会随着发展的进程而逐渐变化和弱化。因此，人口转变的最终完成将是一个渐进的过程，发展步伐的快慢，将决定这个过程所需要的时间和所能达到的水平。

（作者工作单位：云南省人口发展战略研究中心）

1996年两个全国计划生育工作经验交流会综述

石海龙

全国城市计划生育工作经验交流会

这次会议于1996年12月18～22日在江苏省南京市召开，是继1992年12月国家计生委在上海召开的全国城市基层计划生育经验交流会后又一次专题总结交流城市计划生育工作经验的会议。会议的议题是：以中国共产党十四届五中、六中全会精神为指针，贯彻落实《中国计划生育工作纲要（1995－2000年）》，认真总结城市计划生育工作的经验，深入研究工作中出现的新情况、新问题，进一步明确改革的方向和主要任务，努力开创城市计划生育工作的新局面。国务委员、国家计生委主任彭珮云出席会议并作了重要报告，国家计生委常务副主任张维庆在会议结束时作了总结讲话。国家经贸委、建设部、公安部、卫生部等部门的代表在会上发了言。来自各省、自治区、直辖市、计划单列市、副省级城市的计生委主任和一部分城市企事业单位的代表共约190人出席了会议。与会代表对彭珮云同志的报告、各地交流的经验和将由国家计生委、国家经贸委、公安部、民政部、人事部、劳动部、卫生部、国家工商行政管理局等8部门联合下发的《关于进一步做好城市计划生育工作的意见》（征求意见稿）进行了热烈的讨论。

一

正确认识城市计划生育工作面临的形势和任务，是做好今后城市计划生育工作的前提。与会代表对当前城市计划生育工作面临的形势和任务形成了共识。

从城市发展变化看，随着改革开放和中国城市化进程的加快，城市数量不断增加，城市规模和辖区不断扩大；城市人口在总人口中的比例不断提高；城市人口的构成发生了较大变化，流动人口不断增多；由于城市改造、开发建设等因素，“人户分离”现象越来越突出；城市街道办事处和居委会的管理任务越来越重，但机构、编制、干部队伍素质等都难以适应需要；城市计划生育工作对农村计划生育工作影响、示范、带动和幅射作用越来越强。

从城市企业发展变化看，随着改革开放和社会主义市场经济体制的建立，城市企业的构成发生了新的变化，集体、私营、个体和“三资”企业的数量不断增加；政府管理企业的职能和企业的某些社会职能发生了改变；不少企业在转换经营机制的过程中，撤并和削减了计划生育机构和人员；无主管部门的企业单位增多；企业出现了一大批离岗职工。

从城市居民发展变化看，随着改革开放和人民群众生活水平、文化素质的不断提高，城市居民分布分散、成份复杂；城市居民对生产、生活、生育特别是避孕节育、优生优育、生殖保健等的需求越来越高；目前城市计划生育宣传教育、技术服务以及管理方法还存在一些薄弱环节和亟待解决的问题；计划生育综合服务还不能满足不同人群、不同层次的需要；一些城市妇女人工流产率较高，未婚怀孕的人数增多。

面临上述许多新情况、新问题，使城市计划生育工作和管理的难度大大增加，这既给城市计划生育工作提出了挑战，同时也为促进计划生育工作改革带来了机遇。当前，中国城市化、城镇化进程明显加快，改革开放日益深入，人民需求不断增长，而新旧体制交错运行过程中产生了诸多矛盾，城市和企业改革进程中有许多重要问题迫切需要解决。在这种新形势下，城市计划生育工作既要完成继续严格控制人口数量的要求，又要不断提高人口素质，改善人口结构，满足人民群众避孕节育、优生优育、生殖保健等方面日益增长的需求。

二

城市计划生育工作正处在一个重要的改革与发展时期。进一步明确今后城市计划生育工作的指导思想、工作目标和改革方向，是这次会议所研究的主要问题。国家计生委主任彭珮云在报告中对此作了全面的阐述。

会议认为，这一表述的内涵是：其一，邓小平同志建设有中国特色社会主义理论是指引中国城市计划生育工作再上新台阶的强大的思想武器；其二，坚持人口与经济、社会协调发展和可持续发展战略，坚持全心全意为人民服务的宗旨，是“九五”时期城市计划生育工作再上新台阶的根本指导方针；其三，城市在全国率先实现计划生育工作思路和工作方法的“两个转变”，改革和完善城市计划生育管理体制、服务体系和管理方法，是城市计划生育工作改革方向和基本要求；其四，改革的目的是使城市计划生育工作做到“两个适应”，达到稳定城市人口低生育水平，提高人口质量，改善人口结构，促进人的全面发展和家庭的文明幸福，为城市的社会主义现代化建设创造良好的人口环境的目的。

针对城市计划生育工作如何改革的问题，彭珮云同志在报告中明确指出，当前，深化城市计划生育工作改革，要着重研究解决以下三个问题。一是改革和完善计划生育管理体制，逐步建立健全适应社会主义市场经济体制和管理体制，形成单位负责、各部门参与，以市、区和街道为主管理的新局面。二是改革和完善计划生育服务体系，逐步建立健全能满足育龄群众不断增长的避孕节育、优生优育和生殖保健需求的服务体系，形成依托新区，各相关部门、群众团体优势互补、密切协作的新局面。三是改革和完善计划生育管理方法，逐步建立更加科学、合理的管理制度。城市计划生育工作的评估考核指数，系在有利于稳定低生育水平的前提下，把重点放在提高工作水平和服务质量上，把广大育龄群众对计划生育工作的满意程度，作为评价工作效果的重要依据之一。

三

长期以来，各地在计划生育工作实践中，创造了“以条为主，条块结合”、“以块为主，条块结合”、“条块结合，各负其责”等管理体制，在城市计划生育工作中都曾发挥过积极的作用。这次会议总结历史经验，根据城市计划生育工作的现状以及中国城市管理体制改革的方向，提出今后城市计划生育工作应实行“单位负责，条条保证，以块为主，条块配合”的管理体制，这一体制，既明确了单位和“块”在贯彻落实计划生育基本国策方面负有主要责任，又明确了“条”必须继续承担指导所属企、事业单位搞好计划生育的责任；既考虑了目前城市计划生育工作的实际状况，又考虑到与城市管理体制改革的发展趋势相衔接。大家认为，这一体制符合现阶段中国城市管理体制和计划生育工作的实际，初步明确的单位、系统和市、区、街道在城市计划生育工作各自担负的基本责任和职能，具有较强的可操作性。一些地方的实践证明，这种管理体制有利于发挥社区优势和部门作用，促进齐抓共管、综合治理；有利于城市计划生育工作整体水平的提高。

“单位负责”就是国家机关、企业事业单位、社会团体等都要依据宪法和有关法律、法规，认真贯彻落实计划生育基本国策，担负起做好计划生育工作的责任。这是做好城市计划生育工作的基础，必须坚持下去，毫不动摇。“条条保证”就是要求各部门对本系统所辖单位的计划生育工作提出明确的目标和要求，提供必要的条件，督促所属单位贯彻落实计划生育基本国策。这是多年来城市计划生育工作行之有效的经验。“以块为主”就是指市、区政府及其派出机构街道办事处，要按照行政区划对本辖区所有单位和居民委员会的计划生育工作切实负起领导的责任，主要承担下达任务、检查监督和协调、服务等职能。这是城市计划生育工作管理体制发展的必然趋势。“条块配合”这是指要处理好“条”、“块”之间的关系，“条”与“块”要在明确任务、各负其责的前提下，加强相互协调与配合。这是做好城市计划生育工作必不可少的条件。

改革和完善城市计划生育工作管理体制，要求城市所有的“单位”、“条条”、“块块”都要主动地、认真地履行各自的职责，齐心协力把计划生育工作做好，把计划生育工作落实到基层。

有同志耽心，随着企业改革的进一步深化和现代企业制度的逐步建立，企业所承担的社会职能将逐步分离出去，因此，计划生育工作能否真正得到重视和加强，企业法定代表人计划生育工作责任制能否真正得到落实，仍然是一个值得关注的问题。应该看到，企业担负了过多、过于繁重的社会职能是企业改革中必须解决的问题，但解决这个问题不可能一蹴而就，需要准备一定的条件，将是一个较长的历史过程。对不同的社会职能也要做具体分析，有的社会职能可以从企业分离，有的就很难分离。任何企业都必须遵守宪法以及国家的法律、法规和政策。国家实行计划生育是宪法规定的，是基本国策，因此无论是国有企业、集体企业，还是个体和私营企业以及“三资”企业都有做好计划生育工作，督促职工实行计划生育的责任和义务。不能因为建立现代企业制度，企业就不承担做好计划生育工作的责任和义务。

有同志认为，随着城市化速度的明显加快和城市各项改革的不断深入，社区的责任越来越重，职能越来越多，但社区的机构设置和人员素质与所承担的责任很不适应。因此，要完成今后艰巨的工作管理任务，不改变社区管理的薄弱状况是不行的。应该指出，这种看法是正确的。就全国而言，加强社区建设和发展，是城市管理体制改革的方向，是现代化城市管理所必须解决的重要问题之一。上海市提出的“两级政府、三级管理”的思路和作法，是强化城市社区职能的有效途径。社区建设和发展如何加强，这是需要各级党委、政府重视和解决的问题，必然会随着城市各方面的改革的深化而逐步得到加强。计划生育工作与社区建设、社区发展和社区服务相结合，建立宣传教育、综合服务、科学管理相统一的工作机制，这是城市对人口问题进行综合治理，城市计划生育工作再上新台阶的必由之路，也必将随着城市各方面改革和发展而逐步实现。

四

会议还就以下几个重要问题达成了共识：

一是进一步明确了流动人口在城市经济、社会发展中的作用和加强流动人口计划生育管理的原则。大家在讨论中一致认为，人口流动特别是农村大量剩余劳动力跨地区的流动，是改革开放和社会主义市场经济发展的必然趋势，流动人口已经成为许多城市经济和社会发展的有生力量，流动人口所从事的生产和服务有些已经成为城市经济发展新的增长点。人口流动对经济发展、社会进步、人们生育观念的转变和生育水平的降低，总的来说产生的影响是积极的，但人口流动特别是盲目和无序的流动，也给城市社会治安、交通、卫生和计划生育等方面带来新的问题和困难。加强流动人口计划生育管理，主要是两个原则。一个原则是在流动人口数量多并且相对集中的省、市、要建立由党委、政府牵头的统一领导的协调机构，对流动人口包括其计划生育实施综合治理。另一个原则是在现居住地和户口所在地各负其责、相互配合、共同管理的基础上，现居住地对流动人口计划生育日常管理和服务负主要责任。

二是进一步明确了城市计划生育宣传教育的重点和技术服务的要求。城市计划生育宣传教育要纳入各地社会主义精神文明建设的总体规划和部署之中，同各地广泛开展的群众性精神文明创建活动紧密结合起来，重点做好对广大群众的国情国策教育、家庭美德教育、生殖健康教育、生命科学教育以及人口理论教育和青春期教育。大中城市城区的计划生育技术服务主要依靠医疗卫生机构。计划生育部门的服务机构要开展计划生育综合服务，并在医疗卫生机构服务覆盖不到或比较薄弱的地区和人群中开展节育技术服务。计划生育行政部门要按照国务院“三定”方案确定的职责、履行综合管理计划生育技术服务的职能。要充分调动卫生和计生两个部门的积极性，共同做好计划生育技术服务工作。

三是进一步明确了提高计划生育干部队伍素质的重要性和紧迫性。通过学习和讨论，大家一致感到，全面提高城市计划生育工作水平，关键在于要建立健全计划生育工作机构，建设一支高素质的干部队伍。要把加强现有干部的培训摆到十分重要的位置上。各地要做出规划，使城市计划生育干部在几年内普遍轮训一次。有计划地进行岗位培训和专业技术培训，力争到本世纪末，城市区级计划生育干部50%以上达到大学专科以上水平，40%以上达到中等专科水平。街道计划生育干部20%以上达到大学专科以上水平，60%以上达到中等专科水平。

四是进一步明确了对城市人口与计划生育问题实行综合治理，是各级党委、政府的重要职责。各级党委、政府领导同志首先是党政一把手要提高认识，承担统筹规划、组织协调、研究政策、完善法规、保证投入，坚持人口与计划生育目标管理责任制的职责，促进人口问题的综合治理。计划生育部门要当好党委、政府的参谋和助手，主动争取党委、政府适应新的形势，进一步加强对城市人口与计划生育工作的领导。各城市应按照中央要求，做到“九五”期末各级财政投入的计划生育经费达到人均4元。一些城市费用较高，投入已超过人均4元的，也要根据当地实际情况保证必要的投入。

全国扶贫开发与计划生育相结合工作经验交流会

一

为了认真贯彻落实中央扶贫开发工作会议精神，总结交流贫困地区把扶贫开发与计划生育相结合，促进贫困地区人口与经济社会协调发展的成功经验，分析面临的问题和困难，研究制定相应的政策和措施，推动这项工作更加广泛深入地开展，完成八七扶贫攻坚计划和“九五”人口控制目标，国务院扶贫开发领导小组和国家计划生育委员会于1996年10月28～31日在贵州省联合召开了全国扶贫开发与计划生育相结合工作经验交流会。来自陕西、甘肃、宁夏、青海、新疆、云南、贵州、四川、广西、湖北、河南、河北、江西、湖南、山西、安徽、内蒙古、海南等18个省、自治区的计生委主任、扶贫办主任以及全国政协、全国妇联、农业部、国家科委、国家民委、中国农业发展银行、等单位的代表共180余人出席了会议。正在贵州省视察工作的江泽民总书记接见了与会全体代表并与大家合影留念。国务委员、国务院扶贫开发领导小组组长陈俊生和国务委员、国家计划生育委员会主任彭珮云出席了会议并分别作了重要讲话。会议总结交流了各地各县特色的开展扶贫开发与计划生育相结合的工作经验，参观了贵州省的现场经验，对这些经验和即将下发的《国家计划生育委员会、国务院扶贫开发领导小组关于“九五”期间进一步做好扶贫开发与计划生育相结合工作的意见》（征求意见稿）进行了热烈而认真地讨论。同时，这次会议也是中国政府在“国际消除贫困年”采取的重大行动。

二

加快扶贫攻坚进程，尽快解决贫困地区群众温饱问题，实行计划生育、控制人口过快增长，是当今中国和未来发展应该解决、也必须解决的两个重大问题。

但是，从全国范围看，扶贫开发与计划生育相结合工作发展很不平衡，不少地方还没有真正将这两项工作有机地结合起来。“八五”期间，人口自然增长率超过全国平均水平的省份基本集中到18个贫困面比较大的省、区。一些贫困地区普遍存在早婚早育多、计划外生育率特别是多孩生育率较高的现象。新增人口过多直接影响贫困地区、特别是贫困家庭人均收入和人均粮食占有量的提高，减少资金的积累，使贫困地区与经济发达地区的差距更加拉大，贫困人口的温饱问题更加难于解决。不少家庭通过政府扶持解决了温饱问题，但由于多生了孩子，生活水平又重新回到贫困线以下，这是扶贫开发过程中一个带有普遍性的问题。人口过多，增长过快，还加剧了人口与资源、环境的矛盾，使贫困地区生存与发展的条件更为困难。贫困地区人口素质偏低也是制约贫困地区经济、社会发展的一个重要因素。据1995年全国1%人口抽样调查，全国15岁及15岁以上的人口中文盲、半文盲的比例为12.01%,贫困地区则在20%以上。贫困地区地方病、传染病发病率、新生儿出生缺陷发生率、残疾人口比例也比较高，孕产妇死亡率、婴儿死亡率都大大高于全国平均水平。

人口问题是关系经济社会发展全局的重大问题，也是扶贫开发工作中必须认真研究解决的重大问题。事实证明，人口问题解决得好不好，对能否完成扶贫攻坚计划关系极大。同时还要看到，一部分农民响应党和国家的号召，实行计划生育，但他们在生产、生活中遇到的实际困难得不到解决，影响了他们实行计划生育的积极性，也影响了计划生育政策的号召力。因此，必须坚定不移地将扶贫开发与计划生育紧密地结合起来，统筹解决这两个重大问题，以确保到2000年实现《国家八七扶贫攻坚计划》和人口控制目标，走出一条具有中国特色的贫困地区人口与经济社会协调发展和可持续发展之路。

三

会议认为，十多年来，贫困地区贯彻执行了党中央、国务院关于扶贫开发工作方针和计划生育政策，把扶贫开发与计划生育结合起来，相互促进，涌现出一批先进典型，积累了一些宝贵经验。

贵州省委、省政府针对本省实际，早在1989年就提出了对人口、粮食、生态统一规划、综合治理、协调发展的指导思想，把控制人口增长与发展粮食生产、做好扶贫工作、保护生态环境紧密结合起来，近几年来，他们采取了一系列重大举措，即有力地促进了扶贫开发工作，又极大地促进了计划生育工作，在十分困难的条件下完成了“八五”人口控制计划。近两年全省解决了农村211万贫困人口的温饱问题，使农村贫困人口与全省农村总人口的比重由1990年的30.8%下降到目前的26.3%,贫困人口人均纯收入由1993年的335元上升到1995年的584元。四川省委、省政府在农村特别是贫困地区全面实施“稳粮增收控人口，少生快富奔小康”的发展战略，统筹考虑、综合解决人口与贫困问题。他们把工作重点放在扶助贫困县中实行计划生育的贫困户，从扶持和治愚入手，培养和表彰了一批少生能脱贫、少生可快富的典型，使其发挥带头、示范和辐射作用，收到了很好的效果。1995年，全省贫困地区人口出生率控制在17.4‰，计划生育率达到82.45%。贫困人口已由1978年的3 430多万人减少到1995年的832.5万人。1995年全省涉农部门帮扶计划生育贫困户26万多户，提供资金上亿元，安排项目上万个，被帮扶的计划生育贫困户人均纯收入普遍比1994年增加20%以上。安徽省从1989年以来，就把计划生育纳入全省扶贫开发总体规划，大力推广金寨县“贫困山区要致富，少生孩子多栽树”的经验。各级政府制订了一系列政策措施，保证扶贫开发与计划生育相结合。将扶贫贷款的分配与贫困县计划生育工作的效果挂钩，激励先进，鞭策后进；对计划生育协会创办的扶贫经济实体优先立项和扶持；层层制定向实行计划生育的贫困户倾斜的扶贫政策和措施，包括优先招聘实行计划生育的农民到用扶贫资金办的企业就业；利用财政投放的无偿扶贫资金加强贫困地区计划生育基础设施建设，从而取得了扶贫开发与计划生育相互促进、相得益彰的效果。全省17个国定贫困县1995年人口出生率为17.72‰，比1990年第四次人口普查时下降近8个千分点，农村经济也得到了发展。宁夏自治区近两年来把扶贫开发与计划生育相结合作为推行计划生育“三结合”的主要内容。自治区有关部门和各市县制定了许多优惠政策，帮助实行计划生育的贫困户解决生产、生活、生育上的困难，发展经济。这样既把各项扶贫政策措施落到了实处，又调动了农民少生快富的积极性。1996年，全区首次全面完成了人口与计划生育工作的各项指标，贫困地区的计划生育工作有了重大突破。陕西、云南、广西、内蒙古、河南、甘肃、青海等省、区在扶贫开发与计划生育相结合的实践中都创造了很多很好的经验，涌现了一批先进地区和先进集体。

贫困地区在扶贫开发与计划生育相结合的实践中创造的经验主要是：

——把控制人口数量、提高人口素质作为扶贫开发的一项治本之策，纳入扶贫攻坚总体规划，并实行各级领导和各部门目标管理责任制，坚持扶贫开发与计划生育两项工作同部署、同落实、同检查、同考核。

——在党委、政府统一领导下，组织协调各有关部门齐心协力，密切配套，对贫困地区人口与发展问题实行综合治理。

——在扶贫项目、资金、技术等方面向计划生育工作搞得好的县、乡、村和实行计划生育的农户倾斜，帮助他们率先脱贫，并通过他们带动其他地方和农户少生快富奔小康。

——充分调动贫困地区干部、群众的积极性，发扬自力更生、艰苦奋斗、团结友爱、扶贫帮困的精神，采取各种形式组织起来，共同脱贫致富。

——十分重视发动妇女参与扶贫开发，使她们通过参与生产劳动，增加投入，提高经济地位和社会地位，成为少生快富奔小康的积极力量。

——坚持因地制宜、分类指导，以当地实际出发，选择适宜的扶贫开发项目，采取多种组织形式，同时大力推广增产增收显著、群众欢迎、容易掌握的实用技术。

——在加快扶贫开发的同时，狠抓计划生育基层网络建设，加强经常性的基础工作，向育龄群众及时提供安全、有效、简便、经济的避孕节育服务。利用计划生育基层网络和各级人口学校，向农民群众普及人口与计划生育基础知识和农业实用技术，着力帮助人们转变生育观念，确保人口计划的完成。

四

会议提出，“九五”期间，推行扶贫开发与计划生育相结合的主要奋斗目标是：制定、完善并认真落实扶贫开发与计划生育相结合的政策、措施和方案，使贫困地区实行计划生育的农户特别是独生子女户和双女户优先得到扶持，率先摆脱贫困，家庭人均收入高于当地平均水平。在实现扶贫开发目标的同时，切实加强计划生育工作，大幅度降低计划外生育率特别是计划外多孩率，完成国家下达的人口计划；绝大多数贫困县基本实现计划生育工作“三为主”；出生人口的素质有明显提高。

为此，国务委员彭珮云同志要求必须切实做好以下几方面工作：一是把扶贫开发与计划生育相结合作为各级党委、政府的一项重要职责，切实加强领导；二是制定并认真落实扶贫开发与计划生育相结合的政策措施；三是更广泛、更深入地动员相关部门和全社会的力量参与扶贫开发与计划生育相结合的工作；四是充分发动群众，依靠群众，自力更生，艰苦奋斗，改变贫困落后的面貌；五是计划生育系统要积极参与和促进扶贫开发与计划生育相结合，认真做好计划生育工作。

会后将由国务院办公厅转发的国家计生委、国务院扶贫开发领导小组《关于“九五”期间进一步做好扶贫开发与计划生育相结合工作的意见》，在国办[1989]59号文件的基础上，进一步明确了扶贫开发与计划生育相结合的主要政策措施是：

对计划生育工作做得好的县、乡、村，在扶贫资金、扶贫项目的安排和计划生育事业费的投入上予以优先考虑和重点扶持。

提倡晚婚晚育，少生优生，对实行计划生育的家庭实行优先、优惠政策。

在研究和安排扶贫开发项目和扶贫资金时，要把计划生育做为一项重要标准；检查扶贫资金使用效益时，要注意贫困农户中的计划生育户是不是首先受益，真正受益。上述政策措施要求各地认真落实。

“九五”期间，国家计生委将把中西部地区特别是贫困地区作为工作重点，切实加强调查研究和具体指导，帮助这些地区的计划生育工作在“九五”期间取得新的进步。国家计生委将在贫困面比较大的省、自治区进行扶贫开发与计划生育相结合的试点工作。在投入上，也要加大向中西部和贫困地区、少数民族地区倾斜的力度；逐步解决中西部地区特别是贫困地区避孕药具经费偏紧和药具工作条件较差的问题。国家计委已将贫困县，首先是国定贫困县计划生育网络建设作为“九五”期间扶持的重点，并将对部分必须建的地（州、市）计划生育服务站予以适当支持。

国务委员陈俊生同志在讲话中明确指出，加快扶贫攻坚进程、尽快解决贫困地区人民的温饱问题，实行计划生育、有效地控制贫困地区人口的过快增长，是扶贫开发部门和计划生育系统的共同目标、共同责任和共同任务。在实际工作中扶贫开发与计划生育相结合，要明确对象、明确责任、明确措施，落实到户、落实到人。他说，中央扶贫开发工作会议特别强调，扶贫攻坚要实行各级党政一把手负责制。同样，实行计划生育，也要党政一把手亲自挂帅，这就是说，搞好扶贫攻坚、实行计划生育的第一责任人都是各级党政一把手。责任是非常明确的。任务也是相当具体的，因此，必须切实负起责任，认真完成任务，切实在实际工作中把扶贫开发和计划生育结合起来。要反复强调、广泛宣传扶贫开发与计划生育结合的重要性和必要性，同时要推广扶贫开发与计划生育结合的经验。

调查报告

中国的失业调查与失业警戒

宋长青

中国是一个劳动力资源十分丰富而自然资源相对贫乏、经济不够发达的国家，劳动力失业问题必然是一个十分重要的社会经济问题。

中国目前正处在由计划经济向市场经济转换的特殊历史时期，计划经济下的“充分就业”政策将逐渐被“有效就业”政策所取代，失业人员增多将是一个不可避免的情况。

中国经济要与世界经济接轨，全国的企业要在世界性的范围内参与竞争，就必然要提高劳动效率和经济效率，而这也意味着现有企业要裁减大量人员，“减人增效”已成为企业改革的基本措施。部分就业人员在一定时期内转为失业也是必须作出的一种选择。

中国的失业保障体制正在建立，失业保障的范围尚不够大，保障的水平尚不够高，失业人员过多，对经济发展和社会稳定必将产生不利的影响。

目前中国政府及社会各界对失业问题十分关注，但对有关理论和定义、计算方法等提法上都比较混乱。如在失业人员的范围方面，有的将企业富余人员、乡村剩余劳动力也算作失业人员；对中国目前城镇失业率的估计，有的说不到3%,有的说已超过10%,有的研究部门甚至提出到本世纪末中国失业率将超过20%。

对失业作出科学的界定，对失业状况进行科学的调查和计算，并定期向政府和社会提供城镇失业的基本情况，是当前政府统计部门的重要职责。

根据中国的国情，研究提出一个失业警戒线，对于政府制定有关就业政策将会起重要的参考作用。

一、有关就业与失业的统计标准

几年来，国家统计局会同各有关部门对中国劳动力调查中的有关劳动力就业、失业的定义，口径范围等进行了长期反复的研究，在同国际上通行的统计标准接轨的基本要求下，制定了以下几个重要的统计标准：

（一）关于就业的定义

从一般劳动经济理论上讲，劳动者的社会劳动，是指劳动者运用劳动资料，作用于劳动对象，生产出劳动成果的过程，劳动者的劳动过程，也就是劳动者的自身价值实现的过程。

在社会主义市场经济条件下，劳动力中的就业人员，是指在劳动年龄内，有劳动能力，参加社会劳动取得劳动报酬或经营收入的人员。

判断某个人是否属于就业人员的主要标志就是看这个人从事的是否为社会劳动，即生产出在市场上交换的商品或劳务。因此仅从事无收入的劳动（如义务劳动、家务劳动）的劳动者还不能算为就业人员。

目前统计调查的难点是家务劳动与社会劳动的区分。因随着经济的发展和社会的进步，不少家务劳动者也将部分家务劳动产品作为商品到市场上交换（如饲养家畜），家务劳动出现了社会化的趋势。因此，一般的家务劳动者都应统计为就业人员。

（二）关于失业的定义

经与有关部门多次讨论研究，参照国际劳工组织及世界上多数市场国家关于失业的定义，并考虑我国的情况，最终确定我国的失业定义为：在16周岁以上，有劳动能力，在调查周内未从事有收入劳动，当前有就业可能并以某种方式正在寻找工作的人员。这个定义可以从以下五个方面理解：

1.“16周岁以上”。中国《劳动法》第十五条规定“禁止用人单位招用未满十六周岁的未成年人”。因此，对失业人员必须有年龄的下限。但没规定年龄上限。这是因为：

(1) 国际劳工组织推荐的定义中没有年龄上限，绝大部分市场经济国家也没有规定年龄上限。这有助于了解全部劳动力的情况。

(2) 中国目前只规定了到达退休的年龄，没有规定（也不可能规定）劳动年龄的上限。人口调查资料表明，全国65岁及以上人口的就业率为19%,如果规定了失业人员的年龄上限，对高年龄组计算就业率，就会出现就业率为100%的情况，这不符合中国的实际情况，在统计上也难解释。

(3) 考虑中国的国情，也难以确定一个失业人员的年龄上限。假设以退休年龄为上限，但不同工种的实际退休年龄也不相同，中国并没有一个统一的退休基准年龄。

(4) 人口调查资料表明，65岁（或60岁）及以上无业而寻找工作（即统计为失业）的人员极少，还不到全部失业人员的1‰，不规定失业人员的年龄上限，客观上也不会使失业率偏高。

(5) 劳动力调查中虽不规定失业人员的年龄上限，但在进行失业登记时，还应当明确规定年龄上限，这与失业的统计定义并不矛盾。

2.“有劳动能力”。是指在体力上和智力上可以从事社会劳动的人员。其中包括有部分劳动能力的残疾人员。

3.“在调查周内未从事有收入劳动”。即调查周内从事有收入的劳动时间不到一小时或为零小时。对这一规定有的人不够理解，认为劳动一小时即算就业也未免太严格了。对这一点可从以下三个方面看：

(1) 这里是对就业与失业作出质的界定，零小时与一小时是一个“无”与“有”的问题，两者是质的变化，而一小时与一小时以上是就业时间长短的问题；

(2) 这里是对劳动力一周内的状况进行调查，而一个月有四个半周，其总的劳动时间究竟如何，是不能以一周时间来推断的；

(3) 这里没有涉及收入情况，因为收入情况是复杂的，有的人每周劳动时间很长，收入可能很低；而有的人一周内劳动时间很短或没劳动，而收入可能很高。而在通常情况下，劳动者的收入与其劳动时间是成正比例的。因此，按照国际上通行的标准，在定义中未考虑收入因素。

4.“当前有就业的可能”。具体是指在调查时点以后两周内如有工作可以上班。如果这个劳动力在两周内不能应聘上班，对近期劳动力市场不会产生影响，因此不应作为失业人员统计。

5.“正在以某种方式寻找工作”。在社会主义市场经济条件下，寻找工作的方式可以是：去职业介绍所登记；去各种劳务或人才市场进行应聘洽谈；通过电视、报纸等新闻媒体寻找工作；自登应聘广告；托亲友找工作；自筹资金准备从事经营活动等。因此，登记只是寻找工作行动的一种而不是全部。

在确定失业定义时，有两类人员需要研究：

1.中国的乡村劳动力中有无失业人员？目前占主导地位的观点认为：中国在农村实行的是土地集体所有，家庭承包，在法律上禁止土地的买卖和兼并，因此农民在理论上讲都有基本的生产资料——土地，只要从事生产劳动，就能够获得劳动报酬或经营收入，因而在农村不存在失业问题。目前大部分市场经济国家也持这种看法。但是，中国的国情还有一些较为特殊的地方：中国农村的土地少劳动力多，在目前主要采取手工劳动的情况下，农村还要剩余1亿多劳动力，如实行专业化协作和机械化耕作，剩余的劳动力还要多些。这些劳动力之所以没有成为失业人员，主要还是户籍管理等方面的限制。因此从长远考虑，失业率调查应包括乡村地区。但目前这方面的理论准备和实际操作问题都还没很好解决，可暂不对乡村进行有关失业率的调查。但在对城镇的调查中，有两种乡村劳动力是需要考虑的：

第一种是城市近郊的部分农民的耕地已被城市建设全部征用，政府虽付给一定量的补偿金，但并不负责给这些劳动力提供就业岗位，他们除了户口仍是白色的本子（即农业户口）外，与城镇人员并无本质区别，如果这部分劳动力也正在寻找工作，则不应将其排除在失业调查对象之外。

第二种是有部分乡村劳动力长期脱离土地进城谋生，有的在城镇已常住半年以上，如果在调查期间这部分人中有的人正在寻找工作，则应统计为失业人员。

2.下岗人员是否应统计为失业人员？单位出现下岗人员是经济体制改革深化过程中出现的新的劳动经济现象。目前对下岗的解释是：由于单位经营等原因，部分职工离开单位，但与单位仍保留了形式上的劳动关系。

下岗人员与单位的关系的内容是多种多样的。有的下岗人员仍定时从单位领取一定量的生活费并能在单位报销医药费；有的下岗人员则没有从单位领取生活费而只报销医药费；有的下岗人员则仅与单位保留一纸劳动关系，而没有实际上的经济关系（有的地区称为“两不找”）。

下岗人员实际所处的状态也是多种多样的。有的下岗人员已通过各种渠道实现了再就业；有的下岗人员正通过各种形式在寻找工作；有的下岗人员没有寻找工作的行动。在不同的地区，上述三类情况占下岗人员的总数的比重是不相同的。

全面分析看，职工放长假在家是体制转换阶段的一种非规范性的劳动经济现象，因为在一般市场经济条件下，企业生产任务不饱满就应相应辞退职工，企业停产职工就应另谋职业。而我国因失业保险等项制度尚未建立或尚不健全，还不能让大批职工成为社会上的失业人员，于是就出现了下岗的现象。经多次研究论证，在劳动力调查中对下岗人员的处理办法是：下岗人员中如正在寻找工作则应统计为失业人员。至于下岗人员从原单位领取的生活费，从性质上看是单位代替政府发放的失业救济金；下岗人员到原单位报销的医药费，从性质上看是单位代替社会支付的医疗保险金。考虑到资料使用的方便，在计算时，可对下岗人员情况作单独说明。

（三）关于失业统计的范围，确定为城镇的常住人口

关于城镇的范围，目前在中国还没有一个统一的标准，在实际工作中，要确定一个准确的城镇范围是比较困难的。经反复比较，我们采用了目前人口调查的城镇范围，即：设区的市的区、不设区的市的街道以及镇的居委会。

常住人口包括了以下四种人：常住本地半年以上且户口在本地的人口；常住本地半年以上户口不在本地的人口；常住本地不到半年但离开户口所在地已半年以上的人口；常住本地半年以上户口待定的人口。显然，上述范围中没有户口性质的限制，即不论是农业户口还是非农业户口，不论是本地人口还是外来人口，只要符合常住人口的定义，都在本地区进行调查登记。

（四）关于失业率的计算

失业人数是通过调查推算出来的，而失业率则是通过计算出来的。影响失业率数据高低主要有两个因素：一个是作为分子的失业人数，它与失业率的高低是正相关的；另一个是作为分母的经济活动人口数（即就业人数与失业人数之和），它与失业率的高低是负相关的。计算过程的基本要求是：分子（失业人数）与分母（经济活动人口）应严格保持同口径。

二、中国的劳动力调查的基本情况

（一）劳动力调查前期准备

中国在80年代初就在劳动部门建立了待业登记制度，即要求待业人员到政府劳动部门去登记，政府通过对登记资料汇总出全国待业人员数据。1994年起开始使用“失业”这一国际通用指标，原“待业登记”也改为“失业登记”。随着体制的转换，建立在“失业登记”基础上的失业统计已难以全面反映中国的失业问题。主要表现在：

1.政府建立失业登记制度的目的是为了安置失业人员就业而非反映全国失业状况，政府安置对象只包括常住在本地的城镇有非农户口的人，在安置对象的年龄上也有一定的限制，随着劳动就业市场机制的逐步形成，政府安置能力在不断弱化。

2.由于政府安置劳动力就业的能力弱化，实际处于失业状态的劳动力多不去劳动部门登记，而是自己以各种方式寻找工作。

3.进行过失业登记而后又就业的人也不能及时去劳动部门注销登记。这样，失业登记制度虽仍有一定作用，但已不能准确反映中国城镇劳动力的实际失业状况。

建立劳动力调查制度的设想就是在上述背景下提出的。

建立中国的劳动力调查制度，既要考虑与国际通行标准接轨，又要充分考虑中国的具体国情；既要使调查方案有科学性，又要有可行性。为此，我们在正式建立调查制度以前即作了较充分的准备。包括：

1.对世界上各主要市场经济国家有关劳动力调查的情况进行了较全面的研究，掌握了目前国际上有关劳动力调查方面的基本动向，决定在方案设计中尽可能吸取各国的成功做法。

2.在1994年的人口变动抽样调查和1995年的全国1%人口抽样调查中增加了有关劳动力就业和失业状况的指标，取得了较为全面的数据，也为建立劳动力调查制度提供了经验。

3.1996年上半年进行了调查方案的试点工作，全体参与方案研究的专业人员都入户进行实地调查，对实施调查可能遇到的各种情况进行了实际体验，并进一步研究改进了调查方案。

4.1997年起，国家统计局与劳动部商定，由两部门共同研究制定调查方案，共同发布调查结果，由国家统计局负责组织调查。

（二）劳动力调查方案简介

1.调查范围和调查对象

中国劳动力调查的调查范围是全国除台湾省和港、澳地区外的所有地区居住的全体中国居民。居住在中国境内的外藉人员不包括在调查范围内。

调查采用分级整群抽样的方法，抽样比约为1‰，全国抽取16岁及以上人口数约为88.5万人，其中城镇16岁及以上人口为25万人。从调查范围内抽出调查小区，对居住在被抽中的调查小区内的所有住户中的16岁（含16岁）以上的常住人口进行调查。每小区在50至200人之间。经计算（计算过程从略），主要技术数据为：

抽样均方差为0.0017

抽样允许误差为0.00333

相对误差为10.7%。

调查原则每季度进行一次，分别在3月、6月、9月和12月进行。其中3、6、12月的调查只在城镇进行，不包括乡村，9月的调查则既包括城镇也包括乡村。受财力限制，目前每年的第一季度不作调查。

2.调查时点和调查周的确定

调查观察时期为每季季中月15日所在的一个完整周。但第三季度为最末一个月的最后的一个完整周。这是为了与人口变动调查的时点保持一致。

有关劳动力就业状况的项目，登记的是调查时点前一周的情况，这一周即被称为“调查周”。

3.关于调查项目

中国的劳动力调查尚处在起步阶段，目前设置了以下一些项目：

(1)有关个人基本情况的项目共设置了7项。即姓名、性别、与户主的关系、出生年月、户口登记状况、户口性质、受教育程度等。其中户口状况和户口性质两项主要是为分析劳动力（特别是乡村劳动力）在地区间流动情况而设立的。

(2)判断就业状态的项目设置了2项。即调

查周内是否从事过有收入的劳动、调查周内未从事有收入劳动的状况。前一项将全部被调查者分为工作和未工作两大类，后一项将未工作的人口做进一步的划分，具体分为：

正在寻找工作；

休假、学习；

停工、停产、下岗未寻找工作；

在校学习；

料理家务；

离休、退休；

丧失劳动能力；

其他。

通过以上诸项将未工作人口进一步划分为失业人口、休业人口（有工作单位，但调查周内未工作，这类人口在汇总时统计为就业人口。）和非经济活动人口。

(3) 有关失业状况的项目设置了三项，由“正在寻找工作”的人口填报。分别是：

未工作的原因；

未工作的时间；

采取何种方式寻找工作；

(4) 有关就业状况的项目设置了三项。

调查周内的累计工作时间；

就业者就业身份。

是否为离退休再就业。

(5) 研究就业者的身份是就业调查的一项重要内容，这在中国也是一个新增加的项目。在中国的目前条件下，如何确定劳动者的就业身份是一个需要认真研究探讨的问题。目前的调查确定将中国就业者的就业身份划分成以下7种，即：

城镇单位从业人员，

乡镇企业从业人员，

乡村农林牧渔从业人员，

私营、个体雇员，

私营、个体雇主，

自营劳动者，

其他。

上述调查项目的设置，从理论上看除缺少划分行业、职业的项目外（非常重要，但考虑到以目前的样本量难以保证对行业和职业的代表性，故未设置此项目。）已基本满足了需要。

（四）关于调查的组织

调查的组织工作基本上分三个层次：国家统计局与劳动部负责抽样方案和调查表的设计、调查项目的解释，国家统计局负责编码规则的制定、录入汇总程序的编制和资料的汇总分析。各省统计局按照国家统计局设计的抽样方案抽取调查小区，负责调查员的选调和培训。各被抽中的市、县统计局负责组织入户调查。

中国的劳动力调查作为一项新建立的调查制度，其组织实施方面与人口调查联系十分密切。其主要表现在“四统一”。即：

(1) 统一调查指标，凡人口变动调查中已有的指标，劳动力调查尽可能采用，劳动力调查中新设立的指标也与人口调查中的指标相衔接。

(2) 统一调查样本，全国人口调查的样本即是劳动力调查的样本。

(3) 统一组织调查，人口变动的调查员即为劳动力调查的调查员。

(4) 统一资料汇总，人口变动调查资料汇总的同时汇总出劳动力调查资料。

之所以能做到上述“四统一”是因为，中国劳动力调查与1‰人口变动抽样调查都是由国家统计局人口与就业司负责，由全国各级人口与就业统计专业承担的。这样的组织形式能够以较少的投入获得较大的收效。实践证明是成功的。

三、对调查资料的初步分析

由于这是中国首次组织这类调查，各级政府统计部门都十分重视，严格抽选调查小区，认真培训大批调查员，入户调查期间，各级政府统计部门都抽出专业人员和负责人去住户实地调查，取得了工作经验。资料在国家统计局人口与就业司用SAS软件进行汇总，取得以下几个方面的主要数据（以1996年第四季度调查为例，调查期为12月10日至16日）：

1. 全部城镇经济活动人口为20 630万人，其中就业人口19 815万人，失业人口815万人，城镇失业率为3.95%，比同期劳动部门的登记失业率高0.95个百分点。

城镇失业人员的基本情况是：

(1) 失业原因：

毕业后未找到工作的有341万人，占41.8%；

因企业破产而失业的有18万人，占2.2%；

因辞职、被辞退、合同期满等失业有65万人，占8%；

因企业经营等非个人原因下岗且正在寻找工作的300万人，占36.8%；

其他原因91万人，占11.2%。

(2) 失业人员的性别：

男性失业人员368万人，占45.2%；女性失业人员447万人，占54.8%。

(3) 失业人员的年龄：

年龄(岁)	失业人数(万人)	%
总　计	815	100.0
16～19	271	33.2
20～24	303	37.2
25～29	125	15.4
30～34	63	7.7
35～39	25	3.1
40～44	17	2.1
45～49	6	0.7
50岁以上	5	0.6

(4) 失业人员的失业时间:

失业时间	人数(万人)	%
总　计	815	100.0
1个月	27	3.35
2～3个月	92	11.28
4～6个月	212	26.06
7～12个月	232	28.52
13～24个月	146	17.85
25个月以上	106	12.94

2. 就业人员的就业身份情况:

失业时间	人数(万人)	%
总　计	19 815	100.0
城镇单位从业人员	11 612	58.6
乡镇企业从业人员	1 050	5.3
私营、个体雇员	951	4.8
私营、个体雇主	634	3.2
自营劳动者	3 289	16.6
其他	2 279	11.5

3. 就业人员在调查周内的劳动时间情况是:

调查周劳动时间(小时)	人数(万人)	%
总　计	19 815	100.0
1～8	123	0.61
9～16	236	1.19
17～24	367	1.85
25～32	648	3.27
33～40	11 491	57.99
41～48	2 720	13.73
49～	4 230	21.35

分析上述主要数据，我们认为主要尚存在一些问题：如：

1. 下岗人员中正在寻找工作的人员明显偏少。据调查，调查时期内下岗处于无业状态的人员有534万人，而其中只有300万人正在寻找工作，占下岗人员的56.2%。实际生活中，下岗人员中的绝大多数都有再就业的愿望和寻找工作的行动，他们在调查时不愿说自己是在寻找工作，主要原因有二：一是期望政府能给安置就业；二是认为只有去职业介绍所登记才是“寻找工作”，而个人托亲友找工作等行动不算是“正在寻找工作”。

2. 失业人员中，领取失业救济金的人员也明显偏少。这是因为：有的人虽去政府领取了失业救济金，但觉得“不光彩”而不愿意说出来。

3. 失业人员中去职业介绍所登记的人员也比劳动部门提供的数据少得多。我们认为这其中也有不愿意如实填报的问题。

4. 就业人员的周劳动时间统计数据偏高。这固然有在中国仍有部分企业因生产和工作需要未能执行每周5天工作制的原因，但主要还是因为凡上班工作的人员都按制度工时40小时填报，而上班实际未工作的则未相应扣减工时；但在制度工时以外加班人员则如实填报了加班工时。

出现上述问题，我们认为其主要原因是：

1. 部分调查员的素质难以达到要求，调查中只作简单询问，被调查者简单回答，对可能未正确回答的问题未进一步核实；

2. 调查表的设计中，有些调查项目的表述不够通俗，没能达到调查员明确提问、被调查者准确回答的目的，因此少量项目出现了登记不够准确的问题。

3. 少数被调查者对这项调查的目的不够理解，配合程度差。

针对上述问题，我们正在研究改进调查表的设计，提高项目表述的通俗性，并加强调查员的选用和培训，力争使调查员能够明确提问，被调查者能够准确回答，并从多方面核实回答的真实性，进一步提高调查资料的准确性。

必须看到，中国的劳动力调查刚刚起步，还有很多问题需要研究。如

1. 关于城镇的范围。中国目前在统计上对城镇的范围有多种划分方法。由于中国近年来城镇化速度较快，有些县和乡在改名为市或镇后，其地域性质并没有本质上的变化，有些城镇实际上仍然是乡村。这是需要研究改进的。

2. 关于劳动年龄的下限。中国的《劳动法》规定单位不准雇用不满16周岁的未成年人，因此16周岁就成了中国劳动年龄的下限。但在中国（主要是乡村），仍然有一些不满16周岁的未成年人以各种方式参加了社会劳动，如果劳动力调查仅以16周岁及以上人口为限，则不能掌握不满16周岁的人口的就业情况，因此我们正考虑将调查对象的年龄范围扩大。以获得更全面的资料。

3. 调查样本的抽取。现行的劳动力调查最终抽取的是调查小区，这主要是考虑到中国目前的调查经费有限，不能使调查点散布过广，这显然大大降低了样本的代表性。目前我们正在研究改进这个问题，主要方法是适当缩小调查小区的规模，增加小区的个数，以提高调查样本的代表性。

4. 关于流动劳动力的调查。中国自改革开放以来，流动劳动力日益增多，特别是进入城镇的乡村劳动力数量很大。虽然目前的调查以常住人口为调查对象（即常住本地半年以上即作为调查对象），进入城镇的乡村劳动力中的绝大部分已纳入调查范围，但由于这些劳动力在城镇从事各类性质的劳动，其劳动地点、生活地点都很不固定，给调查工作带来了不少困难，也影响到资料的可信度。

5. 关于非规范性劳动经济现象的处理。中国目前正处在新旧体制转换的特殊时期，在劳动经济领域有很多非规范性的现象，给劳动力调查带来了困难和问题。如：

——“隐性就业”和“隐性失业”现象。首先强调的是，上述两个指标都不是规范性的统计指标，但已被政府和社会上广泛使用。所谓“隐性失业”，主要表现在不少劳动力是某一单位的职工，但因企业经营等原因长时间不上班，或上班没有工作，即形式上就业，实际上处于失业状态，但他们与失业人员又有些区别，在中国企业改革逐步深化的情况下，这类人员有越来越多的趋势。在劳动力调查中，他们因对其所在单位报有期望而不愿意将自己统计为失业人员。所谓“隐性就业”，主要是指部分失业人员一方面在政府劳动部门进行了失业登记，一方面自己又通过各种形式在从事有收入的劳动，而政府对这些人的就业状况又难以及时准确的掌握。上述两类人在劳动力调查中要能准确判断其就业状态都有一定困难，需要研究解决。

——多重就业身份问题。中国的劳动者有时存在多重就业身份。在乡村，有部分乡村劳动力农忙时从事农业劳动，农闲时又进入乡镇企业工作，成为乡镇企业的劳动者；有的农业劳动者同时又领有执照从事个体经营。在城镇，有的劳动者同时受雇于两个及以上单位并领取劳动报酬。上述现象都给就业状态和就业身份统计带来了困难，需要研究解决。

综上所述，中国的劳动力调查制度虽然已经起步且起点还比较高，但还有很多需要完善和解决的问题。我们坚信，经过若干年的不懈努力，中国的劳动力调查制度一定会更加完善。

四、对中国失业问题的若干理论探讨

（一）对在社会主义市场经济条件下产生失业现象的原因分析

一般来讲，失业是劳动者与劳动资料在总量、结构、时间、空间上没能有效结合。中国目前出现失业的主要原因有：

1. 供需不协调。劳动力过多而经济发展较慢，经济规模较小，吸纳劳动力有限。或劳动力增长过快，超过了经济的增长。

2. 结构不合理。即劳动岗位上需要的劳动力不能满足，而现有的部分劳动力又不能上岗。劳动力的年龄、受教育程度、性别、技术水平等往往都有不适应经济发展需要的问题，形成结构性失业。

3. 观念未更新。不少城镇劳动力择业意识强，专选劳动条件好、工资待遇高或社会地位（主要是人们观念性的反映）高的单位或职业，而那些劳动条件较差、工资待遇或社会地位较低的职业或单位则很少有人问津，形成了部分单位“招工难”和部分劳动力“有业不就”的问题。

4. 信息不灵通。中国地域广阔，但信息和交通运输条件差，形成有的地区劳动力富余，而有的地区劳动力又紧缺的并存现象。

5. 技术进步快。大量新技术的采用，机器代替了人工，机器人代替了自然人，也会增加失业人员。但这只是一个方面。因技术进步又会促进经济的发展，提高劳动效率和企业的经济效益，从而创造更多的就业岗位。

6. 市场机制不健全，劳动力不能及时有效流动。如受户口、住房及档案管理等方面的限制。有的单位劳动力富余但不能及时吐出，有的单位紧缺又不能及时招进，出现了失业问题。

（二）社会主义市场经济条件下失业现象利弊分析

首先应当看到，失业问题有其两面性，即既有弊又有利。

从弊的方面看，失业使部分劳动力失去了工作也就失去了生活费的来源，生活水平会降低，其社会地位也会下降。长期失业还会带来婚姻家庭等方面的问题，也会引起失业人员对政府的不满等。失业人员无工作还会在社会上游荡，成为社会不稳定的一个因素。大批人员的失业会降低社会消费水平，也就会影响经济的发展速度。因此，不少市场经济国家都把失业问题作为社会发展的“头号敌人”，把降低过高的失业率作为政府工作的重要内容。

从利的方面看，一定量的失业人员是市场经济下劳动力的“蓄水池”，它有利于企业根据生产经营状况及时吞吐劳动力；在劳动力供大于求的情况下，它还有利于单位选择合格的或高素质的劳动力；对失业人员的就业引入竞争机制，又可以促使失业人员努力提高自己的素质；有失业问题存在也使在业人员产生可能“失去饭碗”的危机感，从而努力做好本职工作，争取职业的稳定和收入的提高。这无疑是社会进步所需要的。

五、中国失业警戒线研究

（一）目前市场经济国家都将失业率作为判断市场经济运行状况的四大经济指标之一（另三个指标是 GDP 增长率、通货膨胀率和国际收支）

近年来，发达市场经济国家的失业率都呈上升的趋势，对其经济发展和社会稳定产生了严重影响。因此，很多市场经济国家都将降低失业率作为政府决策的重要目标之一。一个十分典型的例子就是 1997 年 5 月 19 日美国总统克林顿在决定延长对华贸易最惠国待遇时特别强调：“两国正常的贸易关系使美国 17 万人得到了就业机会，而且还会为美国提供更多的就业机会（见 1997 年 5 月 19 日人民日报海外版）”。由此可见市场经济国家的政府对就业问题已重视到什么程度。

（二）中国确定失业警戒线的基本要求应是将失业问题控制在不影响社会的基本稳定的范围内

从这个基本要求出发，应考虑以下几个因素：

1. 经济发展和财政状况。从一般劳动经济理论出发，经济发展与增加就业应是同方向的。经济发展快，对劳动力需求就会旺盛；失业率也就会相对降低；反之，经济发展速度减慢，对劳动力的需求也就减少，失业率就会相对升高。上述情况在劳动经济学中称为“就业弹性”。目前中国正处在体制转换的特殊阶段，就业弹性表现得还不够明显，随着体制转换阶段的逐渐结束，就业弹性将会明显表现出来。在国家财政政策正常运转的情况下，国家财政收入与经济的增长应是大体同步的。经济增长快，国家财力增强，也就能拿出较多的资金来解决就业问题。因此，经济增长与财政状况应是监测失业状况的重要指标。

2. 失业人员的构成状况。失业时间构成：失业人员按时间来划分，可以分为长期失业与短期失业两种，一般把连续失业半年以上的称为长期失业，把连续失业时间不到半年的称为短期失业。很多国家在政策方面对待上述两类失业人员有较大区别。如长期失业者一般要减发或停发失业救济金等。因此长期失业人员较多，对社会稳定的影响大。

失业人员的年龄构成。青年失业人员多能依靠父母生活，但年轻好动对社会稳定危害大；中年人多已成家，生活负担重，如失业个人及家庭的生活都会有较大影响，对失业的承受能力弱，有部分中年人曾是“文革”，期间的“老三届”，这部分人对面临失业问题和承受能力要更弱些。但中年人较青年人理智，对社会稳定的危害程度远小于青年人。

失业人员的家庭构成。如果出现家族式的失业（即一家有几个人同时失业），则对家庭生活影响很大，对社会稳定影响也大。

失业人员的地区构成。经济发达地区就业机会多，失业人员中长期失业者占的比重会较低；而经济欠发达地区就业机会少，长期失业人员占比重会较大。

失业人员所在的城镇规模结构。一般情况下，小城镇居民中“农转非”占比重较大，与乡村仍有着千丝万缕的联系，在的甚至还能从乡村获得一定量的收入，因此对失业的承受能力较大；而大中城市则多无上述因素，对失业的承受能力相对较低。在大中城市中，省会城市、边境城市的稳定对整个社会的影响更大些，这些城市的失业率应相对低些。

3. 失业保障的范围和水平。失业保障主要是指失业保险制度的推行程度，即指在全部失业人员中，有多少人能及时领到救济金。失业保险覆盖面广，失业人员的生活保障程度高，则失业人员对社会稳定造成的影响也就小；反之就会大。失业保险水平对失业人员的生活和思想也能产生重要影响。失业保险水平高，失业人员生活水平降低得相对少些，对社会稳定当然更有促进。目前有的市场经济国家失业率相当高，但对社会稳定还未产生大的影响，就是因为这些国家的失业保障覆盖面广，水平较高。

（三）在社会主义市场经济条件下，确定失业警戒线的实质是要确定一个政府或社会可以接受的失业率的“度”，即能容许有多高的失业率

从理论上讲，应通过建立数学模型的方法来确定失业警戒线。这个数学模型可以考虑上述几个方面的参数，考察全国前若干年失业情况，参照市场经济国家在这方面的成功做法，模拟出一条失业警戒线来。但由于我国目前正处于经济体制转换的特殊时期，几个方面的因素对失业警戒线的影响尚未呈现出规律性的反映；前若干年的失业登记资料已没能准确反映劳动力的失业状况，市场经济国家在失业警戒线方面的研究资料也未能发现和掌握。因此，目前中国失业警戒线的提出很大程度上是从目前的基本情况出发的。

目前发达市场经济国家对失业率“度”的掌握大体标准是：3%以内的失业率属劳动力供给紧张型，5%左右属劳动力供给宽松型，7%以上为失业问题严重型。中国是社会主义市场经济国家，政府的工作目标是要走共同富裕的道路，把失业率降到最低点应是我们的努力方向。但中国又是一个劳动力资源十分丰富而人均自然资源相对贫乏经济不够发达的国家，把失业率降得过低也是不现实和不必要的。因此大体参考发达市场经济国家提出的标准。

（四）从中国的具体国情出发，我国的失业警戒线在地区上应有所区别

参考国家统计局其他专业所拟定的经济运行状况的绿、黄、红三条线（绿线表示无警，黄线表示有警，红线表示重警），我们拟提出全国、直辖市、中心城市和小城市等四类失业警戒线。如下表：

全国和不同类型城市的失业警戒线　(%)

地　区	绿线	黄线	红线
全　国	3	5	6
1. 直辖市	2	3	4
2. 中心城市	3	4	5
3. 小城市(镇)	4	6	8

上表提供的是失业警戒线的相对数，如考察绝对数，按1996年底的资料，全国城镇经济活动人口，近21 000万人，每1个百分点内含210万人，而3%即是630万人，6%即是1 260万人。由此可以看出，中国城镇失业率即使不高，但绝对量也是较大的。

需要强调的是：上述失业警戒线还需有以下几个前提条件：

1. 中国的城镇失业保险覆盖面应不低于90%（即城镇90%的劳动力享有失业保险）；

2. 失业救济金的水平应不低于当地最低工资线的70%（相当于当地平均工资的50%）。

可以相信，在中国社会保障制度改革正加速推进的情况下，上述前提条件是可以保证的。只要政府和社会普遍重视这项工作，中国也一定能解决好失业这一世界性难题。

（作者工作单位：国家统计局人口与就业统计司）

避孕选择与生育健康

——湖南省农村妇女生育健康调查报告之一

肖自力　李伯华

一、引言

自70年代后期广泛开展计划生育工作以来，中国育龄夫妇的避孕使用率及避孕方法构成均发生了显著变化。据国家计生委1982、1988、1992年三次大规模生育率抽样调查的结果，在全国水平上，有偶育龄妇女（1982、1988）或已婚育龄妇女（1992）的避孕率分别为70.9%,72.1%和83.5%,后者已达到世界高避孕率地区北欧国家的水平。与此同时，绝育法的比例由35.4%上升到53.5%,避孕环的比例由50.1%下降到40.1%,而采取“其它”方法（口服、注射及外用避孕药，避孕套，传统避孕法等）的比例则由14.5%下降到6.4%。可以说，高避孕使用率及高绝育比例构成了现阶段中国育龄夫妇避孕状况的基本特征。

生育健康的核心内容是生育调节。作为生育调节的基本手段，避孕的使用状况与妇女的生育健康有着密切的联系。本文利用1996年中国人口信息研究中心与湖南省计生委联合进行的“湖南省农村妇女生育健康调查”数据，对目前采取绝育法的妇女按其首次使用的避孕方法进行了分组，并对不同分组的几项人口学指标进行了比较，希望有助于增强人们对避孕选择与生育健康关系的了解和认识。

避孕方法的“主动”与“被动”选择问题，一直是中国计划生育工作中的一个“热点”。特别是现在，由于生育健康的概念已经扩展到了心理学的范畴，因而对这一问题的讨论就显得更加重要。本文的研究表明，尽管是同一种避孕方法，“主动”与“被动”选择的心理影响的确存在着较大的差异。另一方面，针对应当如何看待“主动”与“被动”选择的相互关系，作者也发表了自己的看法。

二、避孕率及避孕方法构成的按龄分布

在“湖南省农村妇女生育健康调查”所获得的3714名20～35岁有偶育龄妇女中，曾经使用过某种避孕方法的为3434人，占全部妇女人数的92.5%;目前正在使用某种避孕方法的为3338人，占全部妇女的89.9%;在目前所使用的避孕方法中，绝育法占54.3%,避孕环占40.3%,其它方法占5.4%。

避孕率与避孕方法构成的按龄分布与生育健康有着密切的关系。表1和表2给出了本次调查与1992年全国生育率抽样调查中湖南农村妇女按年龄避孕率及避孕方法构成情况。

表1　1992与1996年3个年龄组妇女的避孕率　(%)

年龄组	1996年	1992年
20～24	68.8	64.2
25～29	90.5	90.6
30～34	97.2	96.0

表2　1992与1996年3个年龄组妇女的避孕方法构成　(%)

年龄组	方　法	1996年	1992年
20～24	绝　育	5.6	15.9
	避孕环	82.6	78.2
	其　它	11.8	5.9
25～29	绝　育	36.1	64.0
	避孕环	57.1	33.9
	其　它	6.8	2.1
30～34	绝　育	84.4	89.8
	避孕环	14.0	10.0
	其　它	2.6	0.2

将表1中湖南省农村3个年龄组妇女1996年的避孕率与1992年的同类数据相比时，我们发现25～29、30～34两个年龄组变化不大，但20～24岁组仍略有上升，达到了68.8%的高水平，说明该省农村妇女目前的按年龄避孕率分布“模式”，已经属于“左偏”类型，这对于控制生育率并提高妇女的生育健康水平是十分有益的。

在对表2中湖南农村1996年与1992年3个年龄组妇女的避孕构成相比时，一个最引人注目的变化，是20～24岁、特别是25～29岁组绝育比例的显著下降，(其“空缺”部分基本上为避孕环所代替)，而在30～34岁组，绝育比例虽有轻度下降，但仍高达84.4%。这种按年龄绝育比例的分布“模式”已经属于“右偏”的类型。绝育比例的“右偏”意味着平均绝育年龄的上升，它对缓解因过早绝育而可能给妇女带来的精神压力，增进心理健康具有积极的意义。

三、对绝育法不同组合的评价

通过以上对“湖南省农村妇女生育健康调查”中有关避孕率及避孕方法构成情况的简略描述，我们所得到的基本印象是：一方面，高避孕率及高绝育比例是广泛开展计划生育工作的反映；另一方面，按年龄避孕率的“左偏”及按年龄绝育比例的“右偏”又反映出避孕“模式”的更趋合理化，反映出计划生育工作的深入发展。当然，这里的简短结论主要是根据避孕本身的状况推断出来的，尚未对与这种避孕状况相关的人口学指标进行直接测量。下面，我们将对首次与目前使用方法的7种组合加以介绍（见表3)，然后再对目前使用绝育法的3种组合进行有关人口学指标的比较（见表4)。为简便起见，在本文中，一律将避孕方法分为绝育、避孕环及其它3类。

表3　首次与目前使用方法的7种组合(妇女人数)

首次使用方法	目前使用方法			
	绝育	避孕环	其它	合计
绝　育	766			766
避孕环	900	1 130	92	2 122
其　它	146	214	90	450
合　计	1 812	1 344	182	3 338

表4　与绝育法3种组合相对应的几项人口学指标值

绝育法的不同组合	绝育妇女人数	平均生育子女数	第一与第二胎的平均间隔(月)	平均人工流引产数
绝育～绝育	747	2.31	27.5	0.09
避孕环～绝育	847	2.23	33.4	0.28
其它～绝育	129	2.19	28.7	0.32
合　计	1 723	2.26	30.5	0.20

表3的数据说明，在湖南省农村妇女首次与目前使用避孕方法的7种组合当中，以“避孕环～避孕环”所占的比例最高，达33.9%；而以“其它～其它”所占的比例最低，仅为2.7%。

对目前使用绝育法的妇女，可以按其首次使用的方法分为“绝育～绝育”、“避孕环～绝育”及“其它～绝育”3种组合。在对这3种组合与生育健康的关系进行分析时，选取了平均生育子女数、第一与第二胎的平均间隔以及平均人工流引产数共3项指标。由于需要计算第一与第二胎的间隔，因此对1 812名目前使用避孕法的妇女加上了“至少有过2个活产婴儿”的限制条件，所以此处实际分析的对象为1 723人。

众所周知，绝育法对于控制高或较高的生育率是非常有效的，但在生育率已经下降到2左右时，它的“不可逆性”必然会对一部分妇女的心理产生某些影响。因此，很可能在选用绝育法之前，她们就已经考虑了生育与存活子女数问题上的“风险因素”，因而大多数的人均要在生育2个或2个以上孩子之后才采用绝育法来中止生育，这至少可以部分地解释在表4的3种组合中，妇女的平均生育子女数均在2以上的原因。

对生育间隔问题，计划生育部门同样是十分重视的，而且有明确的具体要求。可惜在上述绝育的3种组合“模式”中，没有一种组合的生育间隔是达到要求的。绝育～绝育分组的间隔最短当在意料之中，因为这部分妇女只能通过延长哺乳期来达到延长生育间隔的目的。问题是，在对延长生育间隔来说最为有利的避孕环～绝育分组中，其第一与第二胎的间隔也只有33.4月，远低于48个月的标准。

与生育健康有关的第三个指标，是平均人工流引产数。在3个分组当中，绝育～绝育分组的平均人流数最低，可能与这个分组的生育间隔最短是相联系的，而其它～绝育分组的平均人流引产数最高，可能与“其它”方法的使用失败率较高有关。总的来看，0.2的平均人工流引产数并不算太高，但从生育健康的角度来讲，也不能将其视为“正常”。因为在低生育率情况下，人工流引产原因中“未避孕”的比重将明显下降，而“避孕失败”所占的比重将会上升，这就给计划生育服务工作提出了更高的要求。

从以上简要的描述中，可以看出在低生育率情况下，将绝育作为首次使用的避孕方法不是一种理想的选择。这不仅是因为这一分组中妇女的平均生育子女数最高而生育间隔又最短，而且由于她们结束生育时的年龄较轻，因而势必要承担相对来说也是更高的子女死亡风险。

这里需要说明的一点是，在以上的分析中，为简便起见，我们所采用的是一种“累计法”，即对各种事件没有按年份划分，而只给出了截至调查时点的总的结果。如果对上述1 723名绝育妇女的第一、第二胎间隔按第二胎生育年份分组的话，其结果是十分令人鼓舞的：“六五”、“七五”、“八五”期间的上述间隔分别为23.7(N=217)、29(N=1098)、40.2(N=402)个月。更进一步，如果将在1993～1995年期间生育第二胎的妇女单独统计，则可发现其第一、第二胎的平均间隔已达到50.3 (N=173)个月，说明随着计划生育工作的深入开展，湖南省农村妇女的生育行为正在向着有利于生育健康的方向转化。

四、避孕选择方式对“满意度”的影响

在本次调查的问卷中，包括了这样两个问题，即(1)：“您（或您丈夫）目前使用的避孕措施是本人选择的还是计划生育干部推荐的?”，其答案为

选择”、“干部推荐”、“两方面的因素”都有共3项。(2)：“您对与目前所使用的避孕措施有关的下列问题是否感到满意?”，对所涉及的9个问题，答案全部按3个级别度量，即“满意”、“一般”、“不满意”。在对满意程度进行“编码”或评分时，“满意”为“1”；“一般”为“2”；“不满意”为“3”，因此得分越低，说明其满意程度越高。

本次调查中，目前正在使用某种避孕方法的3 338名妇女回答了上述问题，其中，回答“自己选择”的共1 168人，回答“干部推荐”的共1 252人，回答“两种因素都有”的共918人，分别占总回答人数的35.0%、37.5%及27.5%。为便于分析，我们将回答“两种因素都有”的人除外，仅对前两种回答结果的人进行比较。另外，在以下的分析中，我们将“本人选择”称为“主动”选择，而将“干部推荐”称为“被动”选择。

表5 “主动”及“被动”选择与“满意度”的关系

问　题	主动选择	被动选择
对此方法是否适应	1.32	1.44
使用是否方便	1.21	1.27
是否容易获得	1.20	1.32
自己是否喜欢	1.31	1.47
丈夫是否喜欢	1.26	1.44
是否觉得干净	1.32	1.35
是否可以避开孩子	1.19	1.23
是否影响劳动	1.46	1.61
是否影响性欲	1.28	1.36

通观表5中“主动”及“被动”选择与“满意度”之间的关系，可以发现在每一个问题上，“主动”选择的满意度均高于“被动”选择，呈现出“一边倒”的趋势。

上述“主动”及“被动”选择与“满意度”之间“一边倒”的相互关系，多少有些出乎预料。人们自然要提出这样的问题，即这种关系是否是因为“主动”与“被动”选择方式内部所包括的避孕方法组成不同所引起的。

为了回答这个问题，需要将选择方式与所选择的方法进行“交叉”分组比较。本次调查中，“主动”及“被动”选择绝育法的分别为525及734人，“主动”及“被动”选择避孕环分别为561人及453人。

表6的数据说明，如果选择方式相同，则不同方法之间的差别是“双向”的，即在有的问题上，对绝育法的“满意度”高一些，而在另一些问题上则相反。但是，不论是绝育法还是避孕环，“主动”选择的“满意度”全都高于“被动”选择，两者之间的关系仍然呈“一边倒”的趋势。与表5相比，这里观察的数量少了，但所表现出来的规律并没有改变。

由于“满意度”是多种因素影响下所形成的结

表6 避孕选择的“方式～方法”与“满意度”的关系

问　题	主动～绝育	被动～绝育	主动～避孕环	被动～避孕环
对此方法是否适应	1.30	1.44	1.34	1.44
使用是否方便	1.19	1.26	1.21	1.29
是否容易获得	1.24	1.36	1.17	1.27
自己是否喜欢	1.30	1.49	1.34	1.43
丈夫是否喜欢	1.26	1.45	1.23	1.42
是否觉得干净	1.22	1.30	1.41	1.44
是否可以避开孩子	1.19	1.22	1.18	1.24
是否影响劳动	1.54	1.70	1.43	1.50
是否影响性欲	1.33	1.40	1.24	1.29

果，因此尽管通过选择方式与方法的交叉，发现对同一种方法来说，“主动”选择的“满意度”均大于“被动”选择的结果，但是对于几种因素共同作用之下的“满意度”，还需要作进一步的考察。为此，本文以“满意度”为因变量，对进入表6的2 273名妇女的文化程度（从“文盲”到“大专及以上”按由低到高的编码顺序排列）、曾生子女数、人工流引产数、目前使用的方法（绝育编码为“1”，避孕环为“2”）及目前使用方法的选择方式（“主动”编码为“1”，“被动”为“2”）作为自变量进行了多元回归，得到了表7的结果（为简便起见，表7中仅列出了在1%或1‰水平上有统计显著性的变量）。

从表7的结果可以看出，在9个问题中，选择方式对“满意度”产生显著影响的就有7个，其中显著性排在首位的就有6个，可见它对“满意度”的影响是十分重要的。对“满意度”产生显著影响

表7 对“满意度”进行多元回归分析几项结果

问　题	变量名称	标准化系数	T值显著性水平
对此方法是否适应	选择方式	0.09796	0.0000
使用是否方便	文化程度	0.08357	0.0093
	选择方式	0.07543	0.0004
是否容易获得	文化程度	−0.05822	0.0054
	选择方式	0.10060	0.0000
自己是否喜欢	文化程度	−0.05508	0.0087
	选择方式	0.11702	0.0000
丈夫是否喜欢	文化程度	−0.06979	0.0008
	选择方式	0.15871	0.0000
是否觉得干净	使用方法	0.15462	0.0000
是否可以避开孩子	文化程度	−0.08151	0.0001
是否影响劳动	文化程度	−0.05540	0.0080
	选择方式	0.08938	0.0000
是否影响性欲	文化程度	−0.05866	0.0051
	选择方式	0.05786	0.0062
	生育子女	0.09699	0.0021

的第二个重要因素是文化程度，它在9个问题中，对“满意度”产生显著影响的也有7个，不过除了对“是否可以避开孩子”这个问题的显著性水平排在第一的位置之外，对其余6个问题“满意度”影响的显著性水平均列第二。除了选择方式及文化程度之外，使用方法及生育子女仅在个别问题上能够对“满意度”产生显著影响。总的说来，多元分析的结果与上述“方式”与“方法”的交叉分析结果基本上是一致的，均表明了避孕选择“方式”对妇女心理影响的重要性。

值得指出的是，尽管就某一方法来说，“主动”选择的“满意度”均高于“被动”选择，但“被动”选择的结果也全部在“一般”之上，说明对这种选择方式，应当谨慎地进行评价。

计划生育干部与广大育龄夫妇的根本利益是一致的，由于干部对避孕知识的了解和掌握要比一般的育龄夫妇要多一些、好一些，由干部向育龄夫妇推荐合适的避孕方法，在绝大多数情况下是很自然的事情，可以说是计划生育干部的一项“本职”工作。对于实际工作中个别过激的做法，是应当提出批评的，但是这毕竟不是问题的主流。我们不应当将“主动”与“被动”选择完全对立起来，也不主张对“被动”选择完全加以否定。

众所周知，“主动”选择是需要一定条件和基础的，这里既包括文化水平，也包括某些专门的知识。相关分析表明，进入表6的2 273名妇女，其文化程度与选择方式成显著负相关（N＝2273，R＝－0.1017，在1‰水平上有显著性），说明文化程度高的妇女，倾向于“主动”选择；另一方面，本次调查中6道避孕知识测量题的综合成绩（“正确”的编码为“1”，“其它”记为“2”）与选择方式成显著正相关（N＝2273，R＝0.1671，在1‰水平上有显著性），说明避孕知识了解得多的妇女，倾向于进行“主动”选择。

作者认为，受社会经济发展水平的限制，就目前来说，农村妇女避孕选择方式“主动”与“被动”并存、“被动”选择占相当比例的局面将会持续一段相当的时间。在目前情况下，如果希望提高“主动选择”的比例，关键的问题是通过加强宣传、教育和培训，为广大育龄夫妇创造和提供“知情选择”的基础及条件，才能促进“被动”选择向“主动”选择的逐步转化。不过，在这一问题上，我们对它的艰巨性似应有足够的认识。在本次调查中，6道避孕知识测量题中，回答正确率最高的题也只有43%，最低的题只有30%（坦率地说，这些测量题是很普通的，难度并不大），所以，要做到“知情选择”并实现“被动”选择向“主动”选择的转化，还有大量的工作要做。

五、小结

本文利用“湖南省农村妇女生育健康调查”所获得的数据，从避孕率及避孕方法构成、对绝育法组合的评价以及避孕选择方式对“满意度”的影响共三个方面，描述和分析了避孕选择与生育健康的关系。

由本文的描述和分析，我们的结论是：

（1）避孕率不仅要达到一定的高水平，而且其按龄分布“模式”应当是“左偏”的；另一方面，虽然绝育法的高比例预计还将持续一段时期，但其按龄分布“模式”应当是“右偏”的，原则上，20～24岁组应当不用或尽量少用绝育法，在以后的较高年龄组，其比例可有所增加。本次调查说明，湖南农村妇女的避孕状况已经基本符合了上述要求。

（2）从生育健康的角度出发，应当避免出现首次即使用绝育法。在以往的工作中，我们较多地将避孕与生育率相联系是很自然的，而且也是卓有成效的。今后，对如何延长“生育间隔”、对如何减少人工流引产的问题仍有加以强调的必要，要逐步建立优质服务～生育健康～实现控制人口目标三者之间的相互统一及良性循环。

（3）避孕方法的“主动”选择能够比“被动”选择对妇女产生更好的心理影响。在今后的工作中，对育龄夫妇以及计划生育干部的宣传、教育和培训工作都应当受到重视。这样做的结果，不仅可以逐步增加“知情选择”的比例，促进“被动”选择向“主动”选择的转化，同时也可提高妇女对现有“被动”选择的“满意度”，有利于增进她们的生育健康水平，有利于计划生育工作的深入发展。

参考文献：

1 李伯华：“90年代我国妇女的避孕情况分析”，《1992年中国生育率抽样调查论文集》。中国人口出版社，1996年。

2 魏津生：“人工流产作为节育手段的人口学考察”，《中国人口科学》，1988年，（1）。

（作者工作单位：中国人口信息研究中心）

中国城市人口生育意愿

——对哈尔滨市已婚在业人口的调查

赵锦辉　马亚娜　郝艳华

生育意愿是人们关于生育行为的态度和看法，它决定着一个国家和地区的生育水平和人口发展状况。在过去几十年时间里，中国人口的出生率明显下降了，生育模式发生了变化。全国人口出生率的下降，生育模式的转变，有诸多因素的制约（宋瑞来，1992年；冯立天，1992;翟振武等，1994），生育观念转变可以说是中国人口生育模式转变的重要因素。关于中国农村人口生育意愿的状况，50、60年代甚至70年代可以说是倾向于多生，有男孩偏好，忽视质量的选择。80年代的生育意愿是：两个孩子是大多数人的共同选择，一男一女占多数（钟国琛等，1985;辜胜阻，1989），一些较落后的地区仍追求多子女、追求生男孩（郑桂珍等，1983;张纯元，1994）。与80年代比，90年代中国农村人口生育意愿发生了一些变化，平均生育数少于2人，但仍高于国家计划生育政策提倡的生育数（林富德等，1983）.

关于城市人口的生育意愿，80年代对北京等城市15～49岁育龄妇女的调查发现，平均理想子女数超过2人，如北京市年平均理想子女数为2.10，希望有2个孩子者占77.0%，天津市1985年平均理想子女数为2.10，理想生2个孩子者占80.0%；上海市1984年平均理想子女数为2.49，理想生2个孩子者占50.0%，生3个孩子者占36.0%（辜胜阻，1989）。

进入90年代，中国城市人口生育模式已达到了一个非常理想的程度。关于城市生育意愿的调查研究将有助于解释城市生育率低的原因，有助于说明城市计划生育成功的原因，有助于进一步完善计划生育政策。为着这些目的，作者组织了对哈尔滨市人口生育意愿的调查研究。

一、资料来源

本文分析使用的数据来自作者组织的抽样调查资料。调查对象为哈尔滨市1996年3月1日已婚在业人口。根据第四次人口普查哈尔滨城区在业人口的职业构成和性别构成，并参考其它有关的因素抽取3 000人作为样本进行调查。职业分类包括各类专业技术人员，国家机关党群组织、企事业单位负责人，办事人员和有关人员，商业工作人员，服务性工作人员，生产工人、运输工人和有关人员。正式实施调查前，采取了试验性调查，全部调查项目均采用选择方式。调查有效问卷为2 785份，其中男1 392份，女1 393份。调查实施由作者和部分卫生专业本科学生以现场登记方式进行。

调查内容主要包括：被调查者的年龄、性别、文化程度、结婚和生育情况：生育的数量选择、性别选择及其原因；生育的质量选择。生育质量除用期望的生育年龄选择和生育间隔选择作为评价指标外，还用近亲可否结婚，婚前身体检查，孕前应避免感冒、X线、毒物、烟酒等，产前应做诊断、检查，孕期和生产前后应加强营养等项目来反映。

二、结果

1.理想子女数

理想子女数分为0、1、2、3及以上，理想子女数为零的占11.89%，1个的占62.62%，2个的占25.24%，3个及以上的占0.03%。平均理想子女数为1.25个。不同年代出生的人口，其理想子女数不相同。如表1所示，20～29岁人口不想要孩子的百分比明显高于其它年龄组，50岁及以上人口不想要孩子的百分比是最低的，即不想要孩子的百分比随年龄增加而逐渐减低。希望要1个孩子的百分比也随年龄增加逐渐降低，而希望有2个及以上孩子的百分比随年龄增加而增加。

表1　不同年龄组已婚在业人口理想子女数百分比　(%)

年龄	理想子女数			计
	0	1	2+	
20～29	17.22	63.60	18.38	100.00
30～39	10.87	63.55	25.57	100.00
40～49	7.00	60.08	32.92	100.00
50+	6.45	48.39	45.16	100.00
合计	11.89	62.62	25.49	100.00

将已婚在业者按文化程度分为三个不同受教育程度层次，即初中及以下文化程度，高中和中专，大学及以上。不同受教育程度人口期望子女数百分构成有明显差异，如表2所示。在不期望要子女上，文化程度高者所占比例大，大学及以上文化程

度想要1个孩子的比例明显低于初中及以下、高中和中专组。想要2个及以上子女的比例在初中及以下和大学及以上的文化程度者基本相同，均高于高中和中专文化程度。

2.性别选择

已婚在业人口期望子女数性别比为99.68，明显低于现有子女数性别比（137.28）。各年龄组期望子女性别比明显低于现有子女数性别比，如表3所示。

表2　不同文化程度已婚在业人口理想子女数百分比　(%)

文化程度	0	1	2	计
初中及以下	8.66	63.73	27.61	100.00
高中和中专	13.42	63.98	22.60	100.00
大学及以上	12.14	58.01	29.84	100.00
合　计	11.92	62.26	25.82	100.00

表3　已婚在业人口分期望子女数性别比和现有子女数性别比

年　龄	期望子女数性别比	现有子女数性别比
20～29	89.24	115.73
30～39	101.94	127.03
40～49	109.05	157.19
50+	90.00	107.69
合　计	99.68	137.28

在业人口中，商业人员和服务性工作人员期望子女数性别比较高，分别为104.10和129.37。各类专业技术人员、国家机关党群组织和企事业单位负责人、办事人员和有关人员、生产工人、运输工人和有关人员期望子女数性别比较低，分别为82.01、90.80、95.45、88.64。

各种受教育程度者期望子女数性别比均比较低，初中及以下文化程度者为95.11，高中及中专为96.93，大专及以上者为89.77。

3.生育的目的和动机

在不打算要孩子的被调查者中，原因虽是多种的，但以"经济负担重抚养不起"为由而不准备要孩子的最多，占不想要孩子人口的68.67%；其次是"工作忙"，占17.47%；"无人照看"占3.92%，此三项共占90.06%。

在只要1个孩子的原因中，"感情需要（父母对子女的感情需要）"所占比重最大，占各种原因的45.44%；其次是"养老"，占25.09%；"长辈想要占15.51%，如表4所示。

在想要2个及以上子女的在业者中，"感情需要"所占比重最大，达40.06%；没有明确指出为什么希望有2个以上子女的人占有很大比例，达20.02%；考虑"继承财产"的占11.40%；其它如以"养老"、"长辈想要"和"传宗接代"为理由而希望生2个及以上子女的也是主要原因，如表5所示。

表4　各种生育动机的已婚在业人口构成　(%)

原　因	原因构成	只要男孩的百分比	只要女孩的百分比
传宗接代	3.92	10.05	0.47
长辈想要	15.51	30.85	6.03
生存机会大不必多生	6.00	2.95	4.14
养老	25.09	29.92	18.09
增加家族势力	0.46	0.69	0
提高本人地位	3.29	3.47	2.84
继承财产	0.29	0.35	0
感情需要	45.44	21.84	68.44
计	100.00	100.00	100.00

表5　在业人口希望生2个及以上子女的原因　(%)

原　因	要2个以上子女的原因构成	子女双全原因构成
传宗接代	6.40	6.85
长辈想要	7.37	7.63
生存可能性小	0.42	0
养　老	10.57	10.59
增加经济收入	1.11	1.09
感情需要	40.06	40.65
增加家庭乐趣	11.40	10.90
多子多福	1.25	1.25
增强家族势力	0.83	0.78
提高本人地位	0.28	0.16
担心子女病残	0.28	0.16
其　它	20.02	19.63
计	100.00	100.00

4.生育质量的选择

使用期望生育年龄、生育间隔、孕产妇接受健康检查等指标作为生育质量选择的指标，虽然有些指标不一定是被调查者对子女质量的期望，但却是子女质量的客观反映。

(1) 期望生育年龄

有24.70%的人选择25岁作为生育的年龄，23.86%的人选在24岁，选在23岁和26岁的人也占较大比例，分别为18.26%和12.48%。期望生育年龄在23、24、25、26岁的人占79.30%。男、女性在选择生育年龄时略有差别。男性期望25岁为生育年龄的最多，占25.60%；女性在24岁最多，占25.17%，如表6所示。

表6　按期望生育年龄的人口构成　(%)

期望生育年龄	男	女	计
20岁以下	0.08	0.15	0.11
20～22	8.32	13.79	11.07
23	16.88	19.64	18.26
24	22.54	25.17	23.86
25	25.60	23.81	24.70
26	14.44	10.54	12.48
27	4.28	3.18	3.73
28+	7.87	3.71	5.79
合计	100.00	100.00	100.00

(2) 期望生育间隔

有39.66%的人期望生育间隔为3年，期望生育间隔为4年的占21.78%。男女没有明显不同，期望生育间隔在3年的比重最大，男女分别为42.19%和37.11%，如表7所示。

表7　选择最佳生育间隔的人口百分比 (%)

年龄	男	女	计
无所谓	3.45	2.71	3.08
1	3.16	3.49	3.33
2	15.53	18.12	16.82
3	42.19	37.11	39.66
4	19.65	23.93	21.78
5	10.64	9.98	10.31
5年以上	5.37	4.65	5.01
合计	100.00	100.00	100.00

(3) 健康和优生意识

有94.87%的人认为近亲不能结婚；94.13%的人认为结婚前应做身体检查；94.13%的人认为孕前应避免感冒、X线、毒物、烟酒等；95.08%的人认为产前应做诊断、检查；95.15%的人认为孕期和生产前后应加强营养，如表8所示。男女之间各项选择所占比重基本相同。反映人们普遍具有优生优育意识。

表8　健康和优生意识构成 (%)

项目	可以	不可以	未回答	无所谓	计
近亲可结婚	0.50	94.87	4.60	0.04	100.00
婚前检查	94.13	0.36	4.61	0.90	100.00
孕时避免有害物	94.13	0.07	4.60	1.15	100.00
产前检查	95.08	0.04	4.60	0.30	100.00
孕期营养	95.15	0.07	4.60	0.18	100.00

三、讨论

人们的生育意愿随着时间的推移和社会的发展而逐步发生着转变。对哈尔滨市已婚在业人口的调查发现，中国城市人口的生育意愿已经发生了明显的变化，达到了一个非常有利于控制人口数量，提高人口素质的程度。

城市已婚在业人口绝大部分的生育意愿是想要一个孩子，达62.62‰，有11.89%的人不打算要孩子。这个结果与在90年代初期在北京海淀区已婚妇女中进行的调查结果和中国7个省区部分人口调查结果不同。北京市20～45岁已婚并现有子女的妇女有67.4%希望生育两个孩子，愿意要3个及以上孩子的妇女占1.2%, 29.8%的妇女生育意愿为1个孩子，只有1.6%的妇女不愿意要孩子（于淑清等，1994）。7个省区中57.4%的人认为两个孩子最好，期望生育1个孩子的占21.4%(孟宪东，1994)。哈尔滨市已婚在业人口平均理想子女数为1.25,低于7个省区的人口调查结果，7个省区的平均期望子女数为2(孟宪东，1994),也低于中国农村平均理想子女数，如四川江津县平均理想子女数为1.8(林富德等，1993年)。反映城市人口的理想生育数量明显少于农村，有利于降低生育率，有利于执行少生的计划生育政策。

从性别偏好来看，城市已婚在业人口期望子女数性别比为99.68,明显低于其现有子女数性别比的137.28。可以说，城市中重男轻女的性别偏好基本上不存在了。更多的已婚者更希望生育女孩。但按职业分别计算理想子女数性别比时，服务性工作人员仍有比较高的期望子女数性别比。从事服务工作的人员为什么具有比较高的期望子女性别比，原因不清楚。似乎与文化层次无关，因为本研究中各类文化教育程度者期望子女数性别比均比较低。

本研究的一个重要结果是，城市中有很大一部分人口并不打算生育子女，最主要的原因是经济负担重，其次是工作忙和无人照看。这几种理由反映人们对生育质量要求是高的，而且更多的人宁愿把精力用在工作方面，这是社会发展和人们生育观念发生了根本性转变的结果。

如果人们打算要一个孩子，多数人考虑的是“感情需要”，这里的感情需要指的是被调查者对子女的感情需要。以“养老”为由要一个孩子占25%以上，反映许多人关心其晚年生活和其它生活保障。“长辈想要”占15%以上，反映老年人的生育意愿比较传统。许多人要孩子是考虑老年人的需要。

在想要2个及以上子女的在业者中，“感情需要”仍是许多人考虑的。但这种感情需要似乎与只想要一个孩子来满足感情需要略有不同。没有指出明确理由而希望生2个或2个以上的人超过20%，说明相当一部分人的生育并没有什么目的性，适当地给以引导劝其少生或不生会取得控制人口的良好效果。以“养老”、“长辈想要”和“传宗接代”为由而希望生2个以上子女的人口仍占较大比例，说明社会老年保障机制不完善、传统生育观念仍左右着许多人的生育行为。

生育质量选择是现代生育观念的最主要内容。医学和生理学认为生育的最佳年龄是在25～30岁之间，但本研究中却只有46.43%的人期望生育年龄在25～30岁之间。53.3%的人将生育的年龄选在25岁以下。说明人们的晚育观念仍较差。

生育间隔可以比较好地反映人们对生育质量方面的要求，通常认为生育间隔长一些，对子女养育、提高质量是有帮助的。城市人口将生育间隔选在3年的最多，近40%;选择3年及以上为生育间隔的达76.76%。

禁止近亲结婚是国家法律的重要规定。虽然有94.87%的人认为近亲不应该结婚，但在城市中仍有一部分人缺乏这种认识。其它几项关于婚前应检查、孕时应避免有害物、产前应检查、孕期应加强营养的问题，有近5%的人未做回答，或回答无所谓，反映出加强优生的宣传教育是必要的。

综上所述，我们发现，中国城市人口的生育意愿已经达到了一个非常理想的程度，即生育期望数量与国家提倡的是相接近的，性别偏好已基本不存在，甚至出现了期望子女数性别比低于100的现象。生育目的由增加家庭劳动力、传宗接代转向增加家庭乐趣、感情需要等。这是与中国目前农村和偏远地区生育意愿差别最大的地方。对生育质量要求也是相当高的，大部分人认为应避免近亲结婚，孕时应避免感冒、X线、毒物和烟酒等，产前应做诊断、检查、孕期和生产前后应加强营养。若希望生育两个及以上孩子，则部分人认为生育间隔3年以上最好。

参考文献

1 中国社会科学院人口研究所编：《中国人口年鉴(1993)》，经济管理出版社，1994年3月第1版，312.

2 宋瑞来："中国生育率转变的特征和原因"，《中国人口科学》，1992(5).

3 钟国琛、刘仁易："鄂西富裕农民的生育意愿"，《人口与经济》，1985(4)：18～21.

4 冯立天："80年代中国生育率的变动与社会经济因素的分析"，《中国人口科学》，1992(1).

5 翟振武、刘爽、段成荣主编："跨世纪的中国人口与发展"，《人口研究（增刊）》，1994:336～341.

6 辜胜阻：《中国人的生育意愿，人口科学的探索与开拓——高校人口学研究优秀成果汇编》，北京大学出版社，1989年10月第1版，60－73.

7 郑桂珍等："渔乡人口现状和渔民的生育意愿"，《人口文汇（第二集)》，复旦大学经济系人口理论研究室，P. 134～148.

8 张纯元主编：《脱贫致富的人口对策（第三集)》，北京大学出版社，1994年8月第1版。

9 林富德、姚远主编：《中国农村人口与发展新格局——四县调查》，中国人口出版社，1993年9月第1版，P. 395.

10 于淑清、宋健、林祎、齐明珠："市场经济与婚育意愿"，《人口研究》，1994,(1):50～56.

11 孟宪东："市场经济下生育心理变化分析——我国7个省区部分人口调查结果"，《人口研究》，1994,(5):44～47.

（作者工作单位：哈尔滨医科大学）

中国人口与世界人口对比

· 专文
· 数据

专 文

世界人口状况:问题与选择

编者按:1997版《中国人口年鉴》在"中国人口与世界人口对比"这个栏目中所提供的系列数据,可对世界人口现状做出直观的说明;把这些数据与上一年度或其他年份、年代的相关数据加以比较,即可观察到世界人口的发展变化。本篇专文拟提供几项个例研究,以细致的笔触描述那些粗放的数据资料所未能表现的内容,从而展示世界人口发展过程中的一些现实问题与政策选择。选择以下几篇文章,主要基于论题的典型意义和可咨参考的学术性。受篇幅所限,以下译文通过删改和编辑。

印度的死亡率、生育率和性别偏差※

高春燕 编译

印度是一个人口特征明显呈现多样性的国家。各邦之间的比较显示了主要人口学指标的显著差异。一方面,喀拉拉邦(Kerala)的人口学特征更类似于中等收入[①]的国家,而不象是尚贫穷的发展中国家,其出生时预期寿命为72岁,婴儿死亡率为17‰,总和生育率为1.8,女性人口与男性人口数量之比为1.04。另一方面,一些北方的邦,其人口指标可以从世界上最不发达的国家的相应指标中找到。例如,在北方邦(Uttar Pradesh),婴儿死亡率是喀拉拉邦的6倍,总和生育率高达5.1;女性与男性之比为0.88(低于世界上大多数国家的同一指标)。

印度还是一个人口变动十分迅速的国家。像其他发展中国家一样,印度的死亡率下降明显,其婴儿死亡率在1961~1996年间下降了50%,1996年达到79‰。诚然这一数字高于世界人口的同期相应指标(62%),更高于中国的同期相应指标(44‰)[②],但对印度来说其下降速度是相当可观的。同时,生育率亦持续下降,在男性和女性儿童成活率方面也有显著提高。但邦际水平呈现明显差异。因此,对于印度人口的研究需建立在跨地区分析的基础上。本文介绍的这项研究基于可获得信息的印度296个县,注重于儿童死亡率、总和生育率和男女儿童成活机会的性别偏差的探讨。尽管受到统计资料的局限,仍十分注意人均收入、男性和女性识字率、女性劳动力参与率、城市化水平、保健设施的可获性及其他社会经济变量所带来的影响。

一、问题与假设

(一)经济增长与人口转变

人口变化,特别是死亡率和生育率从高水平降到低水平的人口转变,通常伴随着经济增长和收入提高而出现。但是最近的许多研究认为,"收入效应"可能是相当小和相当微弱的,而其他的个人特征如女性识字率却经常对于人口成果有着更大的影响。人均收入和有关变量的有限影响可以从印度不同邦的儿童死亡率与收入水平之间的关系中看到。一些邦的有关信息表明两个变量之间的联系明显较弱。例如,北方邦的婴儿死亡率是喀拉拉邦的6倍,尽管两邦按人口计算的收入水平是接近的,并且亦

※本文编译自 Mamta Murthi、Anne-Catherine Guio and Jean Dreze:《Mortality, Fertility, and Gender Bias in India: A District-level Analysis》,见《Population and Development Review》Volume 21, Number 4, December, 1995. 并参阅其它书、报、刊有关中、英文文献。

① 见本卷第306页注释2。

② 见本卷第297页表6。

接近于全印度的平均值。当然，这并不意味着收入对于儿童死亡率和其他人口成果没有影响，有足够的证据表明，印度和其他许多国家一样，随着收入的提高，死亡率呈下降趋势；问题的症结在于，许多其他因素可能对于人口成果有着更大的影响。

（二）受教育状况的影响

较之私人收入，对于死亡率和生育率有显著影响的其他因素中，基础教育，特别是女性教育是目前引起广泛注意的重要因素之一。教育和人口改变之间的密切联系在近期的大量实证研究中可以明显地观察到。来自不同学科的理论分析也指向同一方向。首先考虑生育率问题，经济学、人口学和人类学的研究指出明确的途径，即女性教育有助于生育率下降。一般说来，区分女性教育对于以下问题的影响是非常有用的：① 所期望的家庭规模；② 所期望的家庭规模与所计划的生育数量之间的关系；③ 达到所计划的生育数量的能力。女性教育基于以下因素可望有助于减小期望家庭规模。首先，受过教育的妇女更有可能采取行动以减轻重复怀孕的负担。这是因为她们除生育行为外，还有另外的资本以提高威望和实现抱负，能更多地控制家庭资源和个人行为，并能在生育决策方面有更多的参与。第二，受过教育的妇女可能更少把取得社会地位和老年保障的来源寄托在儿子身上，并且这也能导致家庭规模减小。第三，有文化的妇女对于孩子的前途寄予较高期望，而对于孩子提供劳动力服务期望较低，如果在孩子数量和质量之间权衡，可能趋向于减小家庭规模。第四，对于有文化的妇女来说，花费时间的代价相对要高，这就激励她们把生育和抚养孩子所花费的时间减至最小。由此可见妇女教育水平和期望家庭规模呈负相关。女性教育还影响到期望家庭规模和计划生育孩子数量之间的关系。受教育水平较高的妇女能够较好地掌握和采用现代避孕方式，减少非意愿的意外怀孕，因此趋向于实施计划生育以实现期望家庭规模。此外，在教育和生育率的联系上，男性较之女性其教育水平的相关性明显微弱得多。

母亲的受教育状况和儿童死亡率之间的关系需要做一些比较性的阐述。在显著水平上，受过教育的妇女在营养、卫生和保健方面具有更多的知识。特别是在大部分印度农村中广泛存在不科学的儿童照料习俗，诸如用未消毒的镰刀割断新生儿脐带，听任儿童没有经过预防传染病的免疫接种，对于儿科疾病如破伤风、痢疾的病因往往从宗教方面考虑等，可见母亲教育状况是非常有效的一个方面。此外，基础教育有益于母亲对于儿童的足够重视，有益于利用公共保健设施，有益于在家庭和社会中以一种更科学、更有效的方式广泛地追求个人的幸福（包括孩子的幸福）。

（三）其他方面的影响

除去收入和教育的人口学影响之外，其他许多变量对于死亡率和生育率的影响可以基于印度县级水平的数据作有益的考察。

1. 女性劳动力参与率与儿童死亡率及生育率的关系。很难预先确定女性劳动力参与率对于孩子成活率的影响是正面的还是负面的。对于男孩来说，两个重要的影响在两个相反的方向上起作用。一是，参与到有收益的就业中通常提高了妇女在社会和家庭中的能动作用，包括对于孩子的照料；二是，假如仅就由于减少了可获得的照料孩子的时间而言，则家务和在外就业的“双重负担”或许有损于妇女保证孩子身体健康的能力。至于女孩，还有第三种考虑，即高水平的女性劳动力参与率可能增加女孩成活的机会。

一般来说，较高的女性劳动力参与率与生育率可能负相关，这首先是因为家务和就业的双重负担使妇女感到屡次生育的沉重压力。当然，生育率还可能影响女性劳动力参与率，生育许多孩子可能致使妇女难以参与有收入的就业。但是这一影响在印度并不重要，其他的社会和经济因素对于女性劳动力参与率有着更关键的影响。即使这一影响是重要的，使用女性劳动力参与率作为外在的解释变量来分析生育率的决定因素可能包含某种偏见，因而本项研究把女性劳动力参与率作为一个内在的变量提出。

2. 保健服务的可获得性与儿童死亡率及生育率的关系。保健服务的获得水平和儿童死亡率通常表现为负相关。但是保健服务的功能与可获得性同样重要。许多研究证实，在印度大部分地区，尤其是在北方一些大邦，保健服务功能低劣。一些实证考察指出，农村保健服务普遍转向计划生育运动。由于缺乏保健服务的质量方面的统计信息，可获得的保健措施的数量指标可能对实际的保健服务仅仅提供了不准确的度量，而保健服务的水平与儿童死亡率之间的关系据此是难以确定的。类似的说明亦适用于生育率的情况。在印度许多邦农村保健服务给计划生育以绝对优先权这一事实有力显示了保健服务的可获得性与生育率水平的负相关。印度农村经常采用这种头重脚轻的策略以促进计划生育，这种策略显示出无效甚至反作用的性质。

3. 城市化、种姓制度与儿童死亡率及生育率的关系。城市化对生育率和死亡率的影响经常未包括在分析的变量中，因为这些分析大多偏重于提取城市地区的各种类型的有关信息。种姓制度的影响不应忽视。在历时 2 500 多年的时间里，种姓制度曾一直是印度的一个基本特征。虽然 1949 年印度政府正式废除了这一制度，但是，在这个国家的社会生活中，尤其是在相比之下没有受到现代化影响的乡村地区，种姓制度依然是一个重要内容。“表列种姓”和“表列部落”及其他人口阶层之间的悬殊差别是特别值得注意的。

4. 贫困与死亡率和生育率的关系。前文已提及在印度收入水平与儿童死亡率的双变量结合看上去很微弱。问题仍然是在控制了其它解释性变量之后贫困对于死亡率和生育率是否有较大的影响。定量地估计这一影响是很有意义的，特别是当同其他变量的影响作比较时。

（四）儿童成活机会的性别偏差

人们对于印度儿童死亡率的性别偏差了解甚少。在印度大部分地区女性处于不利条件的状况已经证实，并且地区性的形式亦被公认。但是构成地区差异的社会、经济和文化因素是一个值得探讨的问题。实际上有关论著在这一问题上包含着若干矛盾的主张和研究结果。至少有两个原因造成理论上的混乱。其一是理论上的分析，当探讨某些变量对孩子成活机会的性别偏差的效应是正面还是负面时，似乎合理的论据可能出现在正、负两个方面。例如当考察家庭享用的医疗设施有所改善则男孩和女孩相对成活机率有何变化时，经常显示这样的结论，即在普遍偏好男孩的情况下，不断改进的医疗设施可能使男孩的成活机率更加高于女孩（因为在享用医疗设施方面存在不利于女性的倾斜），并且最终证实儿童成活率方面的性别不平等。但是还证实了（通常出自同一作者）医疗设施的严重不足加剧了性别偏差，因为男孩在使用有限的资源方面享有优先权。两种推理的方式似乎都成立，然而毕竟只能有一种可能是正确的。同样，当关于家庭机会的其他限制是宽泛的（例如，高水平的父母识字率或高人均收入），则增加的机会是否可能仅有利于男孩，并且最终加剧性别偏差；或者是否可能减小由于有限的可获得机会所引起的性别偏差。不同的作者往往倾向于强调这两个似乎合理的影响中的某一个。

其二，在实证研究中，调查结果经常依靠分析中包含的变量。例如可以观察到在一些家庭中，诸如在贫困家庭中，在处于不利条件的社会种姓家庭中，在有着高水平的女性劳动力参与率的家庭中，儿童成活率的性别偏差趋向于低相关。但是我们还可以了解到以上三个变量间存在许多共线性；只有多变量分析可以告诉我们当种姓或女性劳动力参与率给定时贫困对于性别偏差是否有正面或负面的影响。同样，对于父母识字状况与儿童成活率的性别偏差之间关系的考察，原则上可以发现一个明确的关系，即在给定的贫困水平上，识字的较高水平可能趋向于减少性别偏差。

1. 女性劳动力参与率对于儿童成活的性别偏差的影响。显然，在一个多变量的框架中的实证研究有助于相互关系的鉴别和确定。两项早期的研究阐明了这一点。在一项开创性的研究中，Rosenzweig 和 Schultz(1982) 考察了不同类型的成人就业机会和女孩、男孩的家庭内部资源分配状况，发现为成人女性增加就业机会趋向于提高女孩的成活率。更近期的研究如 Kishor 利用印度 1981 年普查的县级数据开展对于孩子成活率性别偏差决定因素的调查。Kishor 的研究认为女性劳动力参与率和异族通婚率（或更普遍的亲戚体系）通过与经济和文化的联系影响女孩的相对成活机会。关于儿童成活率的性别偏差的早期研究集中在女性劳动力参与率、女性识字率、贫困和生育率四个变量的可能影响方面。早期研究唯一无庸置疑的发现是女性劳动力参与率与儿童成活率的女性不利趋于低度负相关。Rosenzweig, Schultz (1982) 和 Leishor(1993) 的两项实证研究证实了这一假设。但是仍然不清楚的是构成这些关系的确切机制。有如下几种可能性：女性劳动力参与率① 增加了给予女孩“投资”的回报；② 提高了妇女的社会地位，因而提升了女孩的价值；③ 降低了嫁妆水准，因而减少了养育女孩的成本；④ 使得妇女在养老保障上更少地依赖成年的儿子，因而弱化了男孩偏好；⑤ 提高了妇女讨价还价的能力和抵制由于偏好男孩而导致的男性歧视的能力。

2. 成人女性识字率与儿童成活率的性别偏差的关系尚不明显。Das Gupta (1987) 的调查分析发现，不利于女性的偏差与母亲受教育水平存在正向的双变量关系。这一论断令人困惑，很难相信较高文化程度的妇女会趋向于不利于女孩的偏差。Das Gupta 和 Mari Bhat(1995) 通过更深入的研究提出了一个不同的解释是有文化的母亲有较低的生育率，并且伴随着较高的性别偏差的选择。其他的研究则产生了范围广泛的结论，即母亲受教育状况与儿童成活率的性别偏差可能是：① 正相关；② 在印度北部是正相关，在南部是负相关；③ 一般为负相关，但在南部存在正相关；④ 在头胎为女孩的情况下是负相关，但以后的胎次仍是女孩的情况下为正相关；⑤ 为负相关。可谓众说纷纭，莫衷一是。

3. 关于贫困的影响，一般的研究认为贫困与儿童成活率的性别偏差呈低度相关。但这一发现的实证基础是有限的，应该说迄今为止尚未能确证较贫困家庭很少孩子成活机会的性别偏差这一论断。

4. 生育率和孩子成活机会的性别偏差之间的关系是非常复杂的。一些研究认为生育率降低一般有利于减少孩子成活机会的性别偏差。这一结论得到了以下论点的支持，即高生育率和女孩的高死亡率来自同一根源，那就是男孩带来的经济和其他的利益。一个类似的论点是，妇女社会地位低下是高生育率和儿童成活率的性别偏差的共同原因。但是，在一项新近的研究中，Das Gupta 和 Mari Bhat (1995) 指出，在印度性别偏差的强化（特别是 1981～1991 年间出生性别比的升高）是“生育率降低的一个后果”。根据两位作者对于强化的解释，在许多情况下，期望男孩数量的下降较之期望孩子数量的下降其速度缓慢得多。但这一推断的验证需进一步实证研究的支持。当前，印度生育率下降的控制是由“一儿一女”逐渐替代“两儿一女”而成为广为推荐的理想家庭模式。在这种情况下，男孩期望数量较之孩子期望数量的下降将更为迅速，与前面所述的强化效果刚好相反。Das Gups 和 Mari Bhat 指出性别选择性流产当前在印度和亚洲国家的存在和扩展进一步证实了强化效果。女性胎儿的被选择性流产对于出生性别比升高有着直接的和显著的影响，不管其是否还影响到生育率的下降，但没有多大可能看到通过生育率下降而反映出的直接影响。虽然很容易看到性别选择性流产经常导致生育率下降和较高的婴儿出生性别比，但同样的模式并不适用于生育率降低应归因于更为普遍提高的识字率或更加平等的男孩和女孩价值观。

二、数据和评价

以下的分析基于印度 296 个县的抽样调查数据，这些县设置在印度 15 个人口最多的邦中的 14 个。缺少的是阿萨姆邦（Assam），在那里未进行 1981 年的普查。该项分析使用的大部分信息来自印度 1981 年人口普查。本文因篇幅所限，简化了回归分析的复杂过程。表 1 的变量是根据前文的讨论而确定。需说明的是表中 FD 指孩子成活的女性不利，$FD=100(Q5F-Q5M)/Q5F$，其中 $Q5F$ 是指 5 岁以下女孩的死亡率，$Q5M$ 为 5 岁以下男孩的死亡率。为便利起见，性别偏差这一度量称为“女性不利条件”（Female disadvantage），FD 的负值即表明女性不利。关于贫困程度的变量需说明的是：第一，贫困变量的参考年度是 1972～1973 年，而不象大多数变量为 1981 年。这并不影响数据的可比性，理由是 1981 年的贫困水平比较接近于 1972～1973 年的情况。第二，印度国家抽样调查（NSS）未出现县一级贫困程度的数据，NSS 基于农业气候和社会经济的原则划分了一些“地区”，这种“地区”可视为县和邦的中间单位，每一“地区”由特定邦的几个县组成。同一“地区”的各县贫困程度较为接近。但尽管如此，对于县别而言毕竟可能遗漏一些信息，从而造成评价的限制，因此分析中除了地区水平的结论，亦十分关注县级水平的结论。

表 1 中南部、东部、西部的三个虚拟变量（Dummy Variable）被用于确定地区性模式。

三、分析结果

（一）儿童死亡率和女性不利的性别偏差

从表 1 可见女性识字率与儿童死亡率负相关，并且在统计上显著；女性识字率与男性、女性儿童死亡率均负相关，但是对于女性儿童死亡率的影响更大些。这就是女性识字率在孩子成话方面的女性不利为负相关的原因所在，而且在统计上意义显著。这一结论与那些认为女性识字率的提高通常加剧了对女孩不利偏差的臆断截然相反。显然，较高的女性识字率有利于降低儿童死亡率和减少不利于女性儿童成活的性别偏差。男性识字率也与儿童死亡率负相关，但在统计上不显著，可见影响小于女性识字率。男性识字率在孩子成活的女性不利方面有一个统计上的显著，表现在增加了对于女性不利的偏差，这是因为男性识字率在降低男性儿童死亡率方面的影响多于女性儿童死亡率。此外，考虑前文的假设，通过引入包含有女性识字率变量和地区

表 1　生育育、儿童死亡率和女性不利条件决定因素的回归分析

自变量	因变量 TFR	Q5	FD^{α}	自变量	因变量 TFR	Q5	FD^{α}
常数	6.60	205.82	0.86	表列种性	−0.007	0.55	−0.007
	(23.10)*	(14.37)*	(3.00)*		(−1.23)	(1.89)**	(−1.13)
女性识字率	−0.03	−0.87	−0.04	南部	−0.55	−41.50	−0.82
	(−4.28)*	(−2.45)*	(−4.46)*		(2.60)*	(−3.85)*	(−4.90)*
男性识字率	−0.005	−0.49	0.01	东部	−2.25	−38.08	0.15
	(−0.70)	(−1.40)	(1.97)*		(−0.99)	(−2.91)*	(0.81)
女性劳动力参与率	−0.02	0.44	−0.02	西部	−0.38	−12.24	−0.15
	(−3.57)*	(1.82)**	(−3.85)*		(−2.06)*	(−1.32)	(−0.87)
贫困程度	0.007	0.53	−0.02	λ	0.82	0.84	0.61
	(1.14)	(1.76)**	(−3.13)*		(25.95)*	(28.07)*	(11.00)*
城市化	−3.9E−0.4	−0.31	0.005	均方差	0.31	15.15	0.39
	(−0.15)	(−2.40)*	(1.73)**	调整过的 R^2	0.89	0.87	0.81
医疗设施	−0.002	−0.25	0.005	对数似然	−155.95	−1310.26	−190.80
	(−1.04)	(−2.23)*	(1.84)**	抽样规模	296	296	296
表列部落	−0.01	−0.60	−0.01				
	(−3.40)*	(−3.57)*	(−3.96)*				

α 该因变量是 FD 的对数变换。

注：在括号中的渐近 $t-$ 比率；* 在 5% 水平上统计显著；** 在 10% 水平上统计显著。

样本的附加相互作用项，可见任何这些相互作用项的系数在统计上都不显著。因此找不到对那种所谓“女性识字率对于性别偏差的影响在北方为正相关，而在南方为负相关”的见解的支持。

较高的女性劳动力参与率弱化了孩子存活机会的性别偏差，并且在统计上显著，这一结论与早期研究发现是一致的。但是女性劳动力参与率与儿童死亡率正相关，这个问题十分复杂，让我们留待下文讨论。

城市化与儿童死亡率负相关，且统计上显著。城市化对于男性儿童死亡率的影响更大些，因而城市化与女性不利的较高水平相关，并且在10%的水平上显著。医疗设施象城市化一样有重要影响，它降低了儿童死亡率，却增强了女性不利的性别偏差，而且后一种影响在10%的水平上显著。

不出所料，贫困的较高水平与儿童死亡率的较高水平相关，并且在10%而不是在5%的水平上显著。有一个负相关和统计上的显著表现在贫困与FD之间的关系上：较高水平的贫困与较低水平的孩子存活的女性不利相关。这与先前讨论的假设是一致的，即不利于女性的歧视尤其严重地存在于较高的社会阶层中。

值得注意的是，在控制了贫困和识字率变量后，儿童死亡率的绝对水平在“表列部落”占高比例的县里是相当低的。这可能与部落生活方式有许多健康方面的通常见解是一致的，例如很少拥挤与污染。但这一统计上的相关确切基础仍需进一步研究。“表列种姓”占总人口的比例与孩子成活的女性不利没有明显联系，而与儿童死亡率呈正相关，且在10%的水平上显著。

最后，有关地区样本。甚至在其他变量控制之后，南部地区儿童死亡率仍呈现相当低的水平。女孩的情况亦如此。

（二）生育率

表1显示了总和生育率决定因素的结果。女性识字率、劳动力参与率对于总和生育率负相关，且统计上显著。在南部地区和“表列部落”占高比例的县里生育率水平明显较低。此外，没有其他变量在统计上显著。

四、进一步的结论与推论

1.生育率和儿童死亡率的性别偏差。这两者之间的联系是不明显的。为此本项研究将总和生育率作为女性不利条件方程中的一个附加回归。发现较高的生育率与儿童成活机会的较高水平的女性不利相关，并且在统计上显著。在控制了其他有关因素后，可以发现在高生育率地区女孩的成活率呈较低水平。这一结论有益于消除所谓在印度迅速的生育率下降可能导致儿童成活率的性别偏差强化的疑虑。

2.女性识字率和医疗设施之间的相互影响。通过儿童死亡率回归分析检验了这样一个假设，即女性识字率有利于降低儿童死亡率是因为能够更加有效地使用医疗设施。这两个相互作用项的系数是负的并且在统计上显著，表明医疗设施和女性识字率在降低儿童死亡率方面的协同效果。

3.性别比和儿童死亡率。从回归分析中发现在性别不平等较高水平的地区儿童死亡率亦较高。可见性别不平等的高水平趋向于压抑女性在社会中的能动作用，其中一个后果是较高的儿童死亡率。为验证这一假设，本项研究将0～10岁年龄组“儿童性别比”（0～10岁年龄组每千名男童中的女童数）作为儿童死亡率方程中的一个附加变量。“儿童性别比”在这里解释为性别不平等的一个粗略指标。控制其他因素不变，则可发现儿童死亡率在较低“儿童性别比”的县里是较高的，并且在统计上显著。

五、讨论

1.贫困和女性劳动力参与率。前文曾说明衡量贫困程度的变量涉及的年代和“地区”数据与其它变量相比受到一定的限制。由此可能导致对于人口成果方面贫困程度的影响的不准确估计。并且可能导致对于变量的估计系数的偏差。一个典型的影响表现在女性劳动力参与率上，实际上女性劳动力参与率在印度通常是一个经济困难的反映，评价这一变量对于人口成果如儿童死亡率的影响，应控制贫困程度的变量，由于缺少这一控制则可能导致在女性劳动力参与率与儿童死亡率方面的不合逻辑的正相关，事实上，这含蓄地反映了贫困状况与儿童死亡率的正相关。

2.女性的作用和人口学结果。这项研究充分表明，妇女权力和赋权予妇女在降低死亡率、生育率和性别偏差方面的作用。譬如在儿童死亡率的性别偏差的决定因素方面，那些与妇女作用直接有关的变量，特别是女性识字率和劳动力参与率显示出与女性不利条件负相关，并且有统计上的显著意义；而那些与经济发展和现代化有关的社会水平变量，例如贫困、城市化、男性识字率和医疗设施却未能显示出更明显的作用。实际上后者在某种程度上对于儿童成活的女性不利亦表现为统计上的显著，只不过这些影响运作在“反效应”的方向上，即较高水平的男性识字率、城市化与较低水平的贫困，甚至不断改善的医疗设施的可获得性均与较多的女性不利偏差相关。这似乎是不可理喻的，但究其原因是由于这些变量在降低男性儿童死亡率方面多于女性儿童死亡率，因此相形之下表现出对于女性不利的倾斜。由此可见，女性识字率对于降低儿童死亡率和减少性别偏差的影响是相当大的，当然这是在与男性识字率和贫困程度的影响作比较的情况下。

与此相类似的还表现在与生育率决定因素的联系上。研究显示没有任何关系到发展和现代化的通常水平的变量在统计上有显著意义。相比之下，女性识字率和劳动力参与率表明为总和生育率的决定性因素。这再次论证女性作用的变量（尤其男女性识字率）在人口学意义上较之那些关系到发展的一般水平的变量具有更重大的意义。

3. 抽样和时间序列分析。正像前文讨论所得，本文的结论不能支持如下观点，即在印度性别偏差随着经济发展而减少（除去经济发展提高了女性识字率和劳动力参与率的情况）。这看去似乎有些离谱，但实际上并不奇怪，因为这一发现与自本世纪初以来印度女性相对于男性其所占比例持续下降的现象是一致的。

1901 年印度女性与男性人口的比率为 0.972。从那时起下降一直持续到 1991 年，当时已达最低极限值 0.927。下降原因多有争议。本文的结论与这一背景有某些联系。表 1 的回归分析显示女性识字率的提高是在这一阶段致力于降低性别偏差的唯一的重要力量。而其他的发展变量包括人均收入、医疗设施和男性识字率的提高可能在其他方面起作用，但那些不是本项研究所要重点阐释的。

这些结论不应被理解为意味着在印度经济发展全面地对妇女提高社会地位不利。如果引出这样一个结论至少需要以下三种限制条件。第一，该项研究的结论认为性别偏差是通过女性识字率的提高而减少的，而这一提高是经济发展的一部分，甚至女性劳动力参与率可能期望进一步提高，而这也可能会使性别偏差下降。第二，性别偏差和经济发展之间的关系可能是非线性的，当人均收入增加时伴随着妇女地位的首先下降然后改善。许多作者实际上强调了这种非线性结构的可能性。在本项研究中，未发现这类非线性的证明，但是这可能反映了这样的事实，即印度处于发展的起步阶段，随着发展的持续，在性别偏差和经济变量方面的关系可望有所改变。第三，该研究仅限于性别偏差的一个方面——男孩和女孩之间死亡率的不同。显然，性别偏差的所有方面都不一定在相同的方向上改变，并且难以否认印度妇女的状况的许多方面近年来已有显著改善。

4. 人口转变。人口增长在印度是一种紧迫的事情，值得重申的是该项研究发现对生育率有显著影响的是女性识字率和女性劳动力参与率。另外，在死亡率和生育率之间有一个相当明显的因果关系。生育率因死亡率的下降而降低。儿童保健、女性识字率和劳动力参与率的直接增长很可能比在经济发展基础上的间接干预更有利于降低生育率。当然更多地了解生育率和儿童死亡率之间的确切联系需在一个多变量的框架中，确定儿童死亡率的影响因素至少还需要考虑一个外因变量的模型，这个变量影响儿童死亡率但不影响生育率。“卫生饮用水的可获得性”看上去象是一个似乎合理的选择对象，但是尚未通过数据和实证的研究所证实。这是今后研究的一个重要领域。

美国的新移民问题*

高春燕　编译

向来有“种族熔炉”之称的美国，其 1/10 国民属于移民。然而近年来人们发现流向美国的移民发生了重大变化，不仅数量增多，而且日益增多的移民所说的语言和所具有的文化与历史上来自欧洲的移民大相径庭。流动的规模与变化已引起美国社会对于“新移民”的恐慌。尽管定量分析在总体上显示，移民并未造成对于美国的工资比率和就业水平的影响，但是仍然存在许多对于移民经济影响的疑虑。有人担心移民可能致使社会福利负担加重，但是研究情况表明，除去某些难民团体，移民并未消耗公共资源，他们终生所作的贡献远远超出所接受的社会福利。有人还指出语言分裂的可能，但调查发现移民随着时间的推移一般均改变为使用英语，并且其子女如果是在美国长大的都十分明确地转向英语。尽管这些迹象有助于消除疑虑，但最终结果并未见效。只用英语的修正案在一些地区通过，联邦移民法变得更具限制性和惩罚性；以加利福尼亚州长皮特·威尔逊（Pete Wilson）为首的一些政治家发现对于移民造成的社会和经济问题的抱怨可能获得政治上的利益等便是例证。对于移民明显的敌意和公众意识不接受客观研究成果的状况，使人怀疑似乎有一种更深层的力量在美国人的心理中起作用，这是一种难以名状的担忧。害怕移民会在美国建立一种非常不同的社会和文化。不管研究和调查的结论如何，事实上美国的民族和种族构成正在明显地改变，同时，由早先的欧洲移民及其后裔所建立的社会文化世界也正在明显改变。据预测，到下个世纪的某个时候，欧洲血统的美国人在美国将成为少数民族，这一明显的改变已经出现在某些都会地区，特别是洛杉矶和迈阿密。在其他都市如纽约、芝加哥、休斯顿和圣迭戈这种改变正在进行。美国人（至少是美国的白人）需要知道新移民是否将同化融合到美国的欧洲美国人社会中，社会与社会文化作为这一融合的结果将如何改变。这正像是虽然社会学家们分析了树的状况，但公众担心的是森林的未来。再多的实证报告也不能消除

* 本文编译自 Douglas S. Massey:《The New Immigration and Ethnicity in the United States》，见《Population and Development Review》Volume 21 Number 3, September 1995. 并参阅其他书、报、刊有关中、英文文献。

这些疑虑，需要观察新移民被同化的前景；并且评价新移民对于美国社会、文化和语言等方面可能产生的影响；通过把新移民放置在历史的透视中观察其与早期移民的不同特征。

一、历史透视中的新移民

20世纪美国移民可划分三阶段：1901～1930年大量欧洲移民的传统时期；1931～1970年有限移民的一个长期中断时期；从1970年开始绵延至今的大规模非欧洲移民的新时期。1930年和1970年这两个年度分割点在某种程度上是任意的，但它们与美国移民政策的重大改变大体一致。1924年的国家原籍法案；强加了严格的国家限额，于1929年全面生效；1965年的移民和国际法修正案，撤销了定额，在1968年生效。这三个阶段移民的规模和构成在表1中显示。以不同地区和每10年计的移民数字在附录的资料中显示。

表1　　20世纪三个时期移民迁入美国的模式

	传统时期 1901～1930	长期中断时期 1931～1970	新时期 1971～1993
整个阶段			
来源地区(%)			
欧洲	79.6	46.2	13.0
美洲	16.2	43.6	49.6
亚洲	3.7	8.6	34.5
其他	0.5	1.6	2.9
总计	100.0	100.0	100.0
总迁入人口(千)	18 638	7 400	15 536
年均移民数(千)	621	185	675
峰值年	1 907	1 968	1 991
峰值年迁入数(千)	1 285	454	1 827
第一个十年			
来源地区(%)			
欧洲	91.6	65.9	17.8
美洲	4.1	30.3	44.1
亚洲	3.7	3.2	35.3
其他	0.6	0.6	2.8
总计	100.0	100.0	100.0
总迁入人数(千)	8 795	528	4493
年均移民数(千)	880	53	449
最后一个十年			
来源地区(%)			
欧洲	60.0	33.8	10.2
美洲	36.9	51.7	54.0
亚洲	2.7	12.9	32.7
其他	0.4	1.6	3.1
总计	100.0	100.0	100.0
总迁入人数(千)	4 107	3 322	9 293
年均移民数(千)	411	322	929

资料来源：US Immigration and Naturalization Service 1994: Table 2.

在第一阶段从1901～1930年将近1 900万人迁居美国，出现了年均621 000个移民的规模，1907年达到峰值，即近130万移民进入美国。传统时代的移民大多来自欧洲，尽管随着工业化的普及移民构成从北欧、西欧变为南欧和东欧，欧洲移民在传统时代占总移民数量的约80%。其结果是美国成为一个黑人少而白人多，并且在文化和观念上更加欧洲化了的国家。这一阶段的大量移民造就了美国“大熔炉”的神话。

紧接着是40年的中断，其间迁移水平下降到很低的程度，以欧洲移民为主的局面已进入尾声。1931～1970年，年均移民数量降至185 000人，并且来自美洲的移民比例日益增长，最终与来自欧洲的移民数字相当。据中断时期后的统计，44%的移民来自美洲，46%的来自欧洲，9%来自亚洲。在中断时期的最后10年，52%的移民来自美洲，仅34%来自欧洲，移民的峰值年为1968年，当时454 000人被接纳为永久居住。传统时期最后10年间中断的迹象已经出现，迁入水平已降至传统时期平均数的1/3（是411 000人，而不是621 000人），并且只相当于传统时期头10年平均数的一半（880 000人）。再者，在传统时期行将结束时，移民来源已转向美洲，而在本世纪的头一个10年中92%为欧洲移民。

1930年前后大规模移民的中断可以归咎于多种因素，大多研究认为主要的因素是限制性法规的实施。1921和1924年美国国会通过的两个“限额法”旨在限制移民数量并把移民来源从南欧和东欧改变为北欧和西欧；兼之在1882～1917年规定禁止亚洲移民，看来对减少移民起到了作用。实际上这一作用被夸大了。新限定并未适用于来自西半球的移民，而是听任门户洞开使拉丁美洲，特别是墨西哥移民大量涌入。在20世纪第一个10年，美国北部工业城市的雇主们已开始在墨西哥征募劳工，从第一个10年的50 000人增长到第二个10年的220 000人，而在第三个10年达到460 000人。

较之限制性法规影响更大的是第一次世界大战在1914年爆发，随之而来的是欧洲移民的中断。1910年926 000个欧洲移民进入美国，1911年765 000人，而1913和1914年刚好超过100万，战后第一年欧洲移民降至198 000人，并且继续下降，直到1918年达到最低点31 000人。结果是1910～1920年移民数与前10年比较减少一半。在20年代尽管限制移民总额，但欧洲迁移开始复苏。412 000人从德国迁入美国，455 000人来自意大利，227 000人来自波兰，102 000

人来自捷克和斯洛伐克。还有一些来自欧洲国家的移民，211 000 人来自爱尔兰，340 000 人来自英国，166 000 人来自挪威和瑞典，而这些国家移民是不受定额限制的。20年代欧洲移民的原藉国中缺少一个国家即俄国，也就是后来的苏联。

第一次世界大战期间，来自俄国的移民是大量的，160 万俄国移民在本世纪第一个 10 年迁人美国，而后的 10年中尽管 1914年战争爆发，仍有921 000 俄国移民设法来到美国。值得重视的是这些多是逃避猖獗的反亲犹太主义和沙皇俄国的迫害的犹太人。但是 1917 年的布尔什维克革命和世界上第一个社会主义国家的建立，使该国与西方资本主义隔离开来，迁移被新的国家安全机器所禁止。因此迁人美国的俄国移民 20年代降至 62 000 人，30年代仅 1 400 人。一直到 70 年代不超过 2 500 人。

20 年代非俄国的欧洲移民增加了，但是一个大变动致使进人美国的迁移几乎中止，那就是在美国出现的大萧条。从 1930 年前总计 241 000 移民降至三年后的 23 000 人。当时在美国的失业人口中首当其冲遭到解雇的是移民。在 30 年代移民总数降到自 1830 年以来的首次低于 100 万，并且从 1931 ～ 1940 年间，仅 528 000 移民进人美国，年均数仅为 53 000 人。在大萧条之前，第二次世界大战的爆发亦为国际迁移造成障碍。在战争年代迁人美国的移民再度减少，从 1939 年大萧条时期的最低年份的 83 000 人降到 1943 年的 24 000 人。在战争的 6 年间，移民人数每年平均仅 40 000 人，甚至比 1930 ～ 1939 年大萧条时期还要低。

1945 年战争结束，欧洲移民重新开始进人美国，但 1945 年以来欧洲移民发生了十分显著的改变。除苏联外，东欧许多国家从资本主义世界分离出去。一些国家如捷克斯洛伐克、匈牙利，罗马尼亚和南斯拉夫，在美国大萧条时期仍迁人大量移民，1941 年锐减，在 50 年代仅 10 000 人。正当从东欧迁人美国的途径被阻隔时，西欧国家开始寻求劳动力重建被战争破坏了的经济。50 年代由于战后经济的迅速发展，德国、法国、英国、比利时和荷兰不仅停止了对外移民，而且成为迁人国，吸引了大量来自南欧的移民，并且还有来自巴尔干半岛、土耳其、北非和亚洲的移民。由此，大量欧洲移民迁人美国的时代已明显成为过去。美国战后经济的迅速复兴增长了对于劳动力的大规模需求，这一新需求从拉丁美洲得到满足，墨西哥移民从 40年代的 61 000 人增长到 50年代的 300 000 人，而在 60年代为 454 000 人。在中断时期的最后 10年，即 1960 ～ 1970 年间 200 000 个古巴人、100 000 个多米尼加人和 70 000 个哥伦比亚人迁人美国，非欧洲移民进人美国的一个新时期明显出现了。

移民和国藉法修正案在 1965 年通过，1968 年生效。这一法规废除了移民国家来源的差别对待。取消了亚洲人迁人的禁令。它把东半球的每一个国家都置于一个“平等地位”，规定每个国家的移民限定在 20 000 人以内，它制定了一个全球 170 000移民的限额。这一法规对于新移民时期的到来有所贡献，但并非唯一的，也不是增加数量和改变来源国的最主要原因。移民和国藉修正案并不是欧洲移民下降的因素，也不是拉丁美洲移民水平上升的真正原因。实际上修正案使得拉丁美洲移民迁人美国受到限制。移民来源国的改变即使没有这一法规也存在，而法规正是因为这一存在而设置的。

1965 年的法案取消禁止亚洲人迁人，从而导致了意料不到的来自韩国、中国和菲律宾等其他亚洲国家的迁移。如表 1 所示，亚洲移民的比例从传统时期和中断时期的仅占 10% 以下上升到 1970 年新时期的占 35%。60 年代仅接收 35 000 中国人、35 000 印度人和 34 000 韩国人移民；在 80 年代这些国家的移民数分别为 347 000 人、251 000 人和334 000人。亚洲移民的急剧增长和突然增多的结果是，亚洲人在美国人口中的比例开始上升。除去 1965 年修正案的解禁法规，其他关键因素是美国越南战争的失败和随后在印度支那美国支持的政府的瓦解。1975 年西贡南越政权垮台，美国面临着成千上万的军官、政府官员和家属迁人的新的需求。由于在 70 年代末和 80 年代初越南经济和政治形势的改变，大量军人、年轻官员和商人漂洋过海铤而走险逃离原藉国。据美国宣称出于政治和人道主义原因，50 年代 335 个越南人进人美国，但 60 年代上升为 4 300 人，70 年代 172 000 人，80 年代 281 000 人。除去越南人，美国在印度支那的失利导致成千上万的柬埔寨、老挝和其他逃难者，在 1990 年总共 300 000 人流人美国。1970 年全部亚洲移民的 1/3 可以追溯到美国在印度支那干涉的失败。

出于不同的原因，来自亚洲和拉丁美洲的移民潮遍及过去的 20年间。据美国官方统计，在 1971 ～ 1993 年，年均迁人移民 675 000 人，而 1901 ～ 1930 年的传统时期流人人口年均仅 621 000 人，不同于传统时期的迁人者，新移民中大多数为非欧洲人，半数来自拉丁美洲，1/3 来自亚洲，仅 13% 来自欧洲。峰值年为 1991 年，当年有 180 万移民被接纳在美国永久性居留。其实年均 675 000 的数字同传统时期的数字一样仅仅是一种低估，据估计 1990 年大约 330 万没有文件证明的移民进人美国；致使 1971 ～ 1997 年间移民数达到年均 854 000 人，这一数字仍未能完全反映迁人的确切规模，因为这一数字未包括非法进人和后来死亡的移民数量。无登录的移民数字收编到表 1 的数据中，使得拉丁美洲所占的相应比例有所上升，特别明显的是墨西哥人占的份额更大些。在 1980 年普查中无登记的移民中估计 55% 为墨西哥人。在合法移民中 75% 来自墨西哥。

由此可见，1970 年开始的移民新时期非常明显地不同于以往两个时期。新移民是由亚洲和拉丁美洲移民构成，占很大比例的是非法移民，包括无文件证明和未登录者。

二、新移民的趋势

不管“熔炉”这一观念的内涵是什么，早期欧洲移民与美国社会与文化的融合同化显然是一个事实。那些在1880～1930年间大量涌人的互不相同的民族（或种族）群体——意大利人、波兰人、捷克人、匈牙利人、立陶宛人和俄国犹太人，尽管来自不同语言和经济背景的国家，但是在美国定居几代后，他们在一个大范围内广泛地通婚，日益增加了血统宗族和家世的混杂，在第三代和第四代成为美国居民，在1980年的普查中报告波兰、俄罗斯、捷克和匈牙利祖先的后裔超过半数为民族混杂的出身；这些混杂的欧洲家世的人口其迅速增长的一个结果是，美国人逐渐模糊了与他们交往的欧洲移民的原籍。Alba(1990)的研究显示，这些欧洲移民后裔没有固定的烹调或饮食方面的民族食品；他们自称很少或没有经历过种族歧视；他们对于民族政治大都不介人或无兴趣；他们不像是任何民族或种族社会或政治组织的成员；并且他们并不倾向于居住在民族或种族的邻里社区中，这些表征使他们同化融合在美国的“熔炉”中。

尽管大多数美国人按民族区别他们自己，但是日益增加的血统的复杂性使得民族称谓亦变得越来越复杂，于是他们之中干脆称自己为“美国人”或“什么也不是”的比例在增加。20世纪末欧洲美国人社会中内部通婚是广泛的、民族家世混杂是普遍的，居住的混杂是正常的，民族已成为一种象征，与以前归属于民族或种族的现象比较，欧洲移民的后裔可谓划人了“民族（种族）的没落时代”。如果把这视为一个同化的过程，则同化已达到了如此程度，民族称谓的使用已经成为把自己认同为美国人的一种方式。欧洲移民同化的过程使许多研究者认为亚洲和拉丁美洲人与美国人融合在一起可能是必然趋势。

但是，由于强调了移民个人成就的微观水平的分析，许多研究忽略了早期欧洲移民明显同化的历史条件已不复存在这一事实，而正是由于不同的历史条件，新移民同化的前景极大地改变了。其显著差异在于欧洲移民的罕见特征是在传统时期后出现了一个迁人的长期中断。虽然在1901～1930年的30年间近1 500万欧洲移民进入美国，但接下来的是60年里迁人人数的锐减。并且在中断时期迁人的欧洲人已经不再是1930年前的那些移民大群体，来源国已经发生了改变。由此，第一代欧洲移民的后代已随着代际相传成为本土人，民族的同化整合过程使民族自身的意义逐渐改变。最终使大多数欧洲移民后裔进入“民族的没落时代”。这一同化过程由于欧洲移民的长期中断而无庸置疑地受到很大促进。从本质上看，欧洲移民的长期中断使美国在缓慢变化的社会和经济过程中有一个“喘息的机会”以使同化得以进行，民族一体化得以逐步融合而成。除去代际改变，移民同化的方式还取决于社会流动性（指从较低的社会阶层提升到较高的社会阶层）。欧洲移民的第二个历史特征是由于持续的经济发展为他们提供了机会，从1940～1970年，收人提高，生产力增长，失业率下降，收入不平等减少，贫穷率降低，学校人学率上升，并且住房改善。第一代或第二代南欧和东欧移民在1980年乘着繁荣的浪潮跻身于和北欧、西欧移民等同的经济和社会地位上。

因此，两个结构性条件——移民的长期中断和伴随而来的经济高潮——是欧洲移民同化的主要因素。缺乏其中一个因素，都会有不同的结果。然而，这两个结构条件不可能适用于亚洲和拉丁美洲新移民，其同化的方法和结果可能相当不同。在吸收和接纳大批新移民的时期不再有60年的“喘息机会”，美国将更加可能成为一个永远不断移民的国家。如今拉丁美洲和亚洲移民团体由于不断提供新迁人的成员而日益庞大。移民现象已经成为后工业美国社会永久性的结构特征。

国际迁移运行在各种水平的更加复杂的相互影响之中：贫穷和富裕国家之间的工资差异刺激着个人迁移趋向可获得较高的终生收益的目的地；家庭指望迁移者到国外劳务市场去工作，作为家庭的风险保障和克服家乡劳务市场衰退而造成的资源紧张。后工业社会对于移民的需求是由于市场分割而产生一种低工资、无地位、少流动性的前景的劳工阶层，而本土工人是不屑接受的，劳务市场渗透进发展中的社会而自生出一种倾向于国际迁际的流动人口。这一倾向由于发展中国家人口过快增长而扩大。堤岸一旦决口，移民潮便得到契机一发不可收拾，社会网络的结合发展了目的地的移民与输出地的朋友和亲属的联系，移民社区在被接收的社会中得以形成，并且使飞地经济成长起来，由此对于其他移民产生磁铁般的吸引力。大规模的迁移导致输出地和目的地社会中社会和经济的改变，继而这两者间的因果联系渐增。因此在这一国际迁移的背景下，趋向美国的迁移将不断增长而不是下降，更不可能停止。发动国际移民潮的动因——工资差异、市场衰退、劳务市场分裂、经济全球一体化——可能在某一时间不存在了，但永久存在的国际迁移力量网络的形成，渐增的因果关系——有助于国际迁移将持续进人可预见到的未来。

美国尽管通过了更加具有限制性的移民法和制定了越来越严格的惩罚性政策，但来自墨西哥的非法移民（和其他地方的）继续增加并且没有减少的征兆。虽然许多政治家极力提倡更为有力的措施，国际迁移的力量的产生和永久存在是如此重要以至于美国移民的新时期可能无限期地延续下去。认为移民潮可以通过立法控制的许多研究通常把1930年欧洲移民的中断归咎于20年代初严格限额的法规的实施，其实中断的实际发生是因为一些独特的连续的大变动事件而出现，诸如第一次世界大战。布尔什维克革命、大萧条和第二次世界大战。因此有人认为一连串的灾难事件可望阻遏遍布拉丁美洲和亚洲的宏大的迁移流，但是为了全世界的安全，但愿这些事件不要发生。

因此，归纳所有的可能性可以认定美国已经成为一个永远的移民之国，具有大量移民不断迁人的特点。这一事实将不可避免地导致一个与以往欧洲移民群体普遍存在的截然不同的民族（种族）结构。早期欧洲移民经过三代的延续形成相对均质的人口，社会和经济的同化过程对于早期移民及其后代产生了作用。但是随着接丁美洲和亚洲新移民的不断迁人，美国社会不断结合进新移民，可能存在导致按照阶级、世代和家世的界限使民族（种族）分裂的因素。再者，由于社会和经济的同化过程进展缓慢，而移民迁人的增长却发展迅速，民族或种族文化由于从海外迁人的新移民的增长速度超过了通过在美国的代际继承、社会流动和内部通婚而产生的新文化的速度而被注入活力或者说被激活从而得到发展。因此，民族和种族的特征将更多地取决于移民，而较少地取代于移民的后代，因为移民的后代往往更加趋向于改变民族同一性的均势，使之更加适应于迁人社会的语言、文化和生活方式。

持续的迁移还可能使新移民及其后代遭遇与欧洲移民及其后裔所经历的完全不同的经济。目前美国的经济趋势不再是昔日增长的昌盛和职业的流动性。美国自1993年，工资是停滞不前的，而收人的不平等却日益增强，贫困率长期下降如今已到了尽头，职业结构的流动性有所下降。再者，在公共教育方面，由于移民被忽视，而致使“在美国教育的分层体制有所增强”。因此美国不但在吸纳一个空前数量的新移民的持续阶段中缺少机会，而且以往同化的基本方式，即由一个强大的经济产生使受过有限教育的人们提升的流动性，可能在新时期已行不通。美国僵化的社会分层制度将使第二、三代新移民的社会经济发展速度减慢，使他们难以走出第一代移民的境况，而看上去与第一代移民改变不大；持续的迁移将巩固移民在形成民族文化中的相对影响。而这些结构条件势必反映在民族的同一性上，从而影响被迁入国的语言、价值观念和文化的同化作用。

新移民在其他方面也不同于早期欧洲移民，这可能影响到美国民族或种族的产生与保持。尽管从1970～1993年新移民较之传统时期相对小于美国的人口规模，但传统时期更加关注于移民的原藉国和语言问题。如表2所示，新时期合法移民与美国人口规模的比例（3‰）与传统时期（6‰）比较减少了一半，甚至将非法移民计人所增加的比例也仅达到3.8‰而已。但是传统时期移民最多的群体是意大利人，占全部移民的19%，而新时期最大的群体是墨西哥人，占到了24%。传统时期移民中常说的语言（意大利语）只限制在原籍国的语言，而新移民中最主要的语言（西班牙语）却由于是许多国家移民共同使用的语言而占据全球移民的38%。因此，虽然早期欧洲移民在数量上所占的比例呈优势，但他们被分散为不同的原籍国和不同的语言，因而减少了相对于本土白种美国人的特点和限制了与美国语言隔离的可能性。对早期欧洲移民来说，实用的语言仅仅是英语，而新称民中却有近40%的说同一种语言，因此西班牙语上升为日常生活中实用的第二语种，导致在同一社会中两种语言并行的态势，造成语言上社会分裂的状况。

新移民不仅在语言上较为集中，而且在地理上亦按原国籍聚集而居。1910年五个最大的移民接收洲——纽约、宾夕法尼亚、伊利诺斯、马萨诸塞和新泽西州——接收了移民中的54%，而五个最大的迁人城市——纽约市、芝加哥、费城、克利夫兰和波士顿接收了36%的移民。到1990年，五个最大的移民接收州——加利福尼亚、纽约、德克萨斯、伊利诺斯和佛罗里达——吸纳了78%的新移民，并且五个最大

表2　20世纪两个时期迁往美国的移民的相对规模和集中状况的比较

	传统时期（1901～1930年）	新时期（1970～1993年）
移民占美国人口的比例(‰)	6.3	3.0
包括非法移民的移民占美国人口的比例(‰)	6.3	3.8
最大的移民群体(按国籍区分)占移民总数的比例(%)	19.4	23.6
最大的语言群体占移民总数的比例(%)	19.4	38.4
五个最大的移民迁人洲迁人人口占移民总数的比例①(1910～1990年)(%)	54.0	78.2
五个最大的移民迁人城市迁人人口占移民总数的比例②(1910～1990年)(%)	35.6	47.9

注：① 1910年五个最大的迁人州是纽约、宾夕法尼亚、伊利诺斯、马萨诸塞和新泽西州；1990年为加利福尼亚、纽约、德克萨斯、伊利诺斯和佛罗里达洲。

② 1910年五个最大迁人城市是纽约市、芝加哥、费城、克列夫兰和波士顿；1990年为洛杉矶、纽约、芝加哥、阿纳海姆－圣安娜和休斯敦。

资源来源：US Immigration and Naturalization Service 1991、1993: Table 2, 17, 18; US Bureau of the Census 1913: Table 5, 16.

的城市——洛杉矶、纽约、芝加哥、阿纳海姆－圣安娜和休斯敦——接收了将近全部移民的半数。讲西班牙语的移民集中在少数都会地区将不可避免地改变同化的过程。因为大量讲西班牙语的交流将出现在美国的大都会中，显然假如讲西班牙语的效益增长了，那末不说英语的经济和社会成本就下降了。来自拉丁美洲的新移民较之世纪之初的欧洲移民表现为较少地学习英语。移民飞地的出现减少了学习欧美社会的文化习俗和行为特征的激励机制和机会。

三、结论

自1970年以来日益增长的从亚洲和拉丁美洲迁入美国的新移民的一些特点使他们明显地与20世纪初的欧洲移民相区别。首先，新移民的迁入是持续不断的，而且无限期地延续下去，使美国成为一个连续迁入而不是间歇性迁入的移民接收国。第二，新移民更可能进入的是一个高度分层的社会，由于收入的不均衡和不断加剧的劳务市场的分化，因而较少可能获得能够提升的机会。第三，新移民在原籍国迁出地和迁入目的地上表现出的地理上的高度集中，在美国的许多地方形成了以外国语言和文化为背景的邻里社区。这些独特的环境在即将到来的10年和今后更长的时间将普遍存在，由此，欧洲移民所经历的同化过程对于来自亚洲和拉丁美洲的新移民提供了一个无法借鉴的模式。新移民更可能趋向于代际、阶级、家世和同一性的民族（种族）的相分离，而不是趋向于美国大众社会的同化。

自拉丁美洲不断迁入美国的移民增加了西班牙语社区的普遍存在和影响。这些社区出现在纽约、洛杉矶、休斯敦和芝加哥，并且拉丁美洲人已经成为迈阿密、圣安东尼奥和沿墨西哥—美国边界的许多城市的多数人口，再加上不间断的迁入以及居住区和使用语言的集中，还将产生更多的这类社区，并且趋向于使美国变成使用两种语言和两种文化的国家。同化将出现双轨制，即欧洲－美国人学习西班牙语和消费拉丁美洲文化成果；而拉丁美洲人学习英语和消费英裔－美国人的文化成果。日益增长的经济效益和社会流动性的前景将存在于能够使用两种语言和运行在两种文化之中的背景下。

由于以上倾向在僵化的、分层的美国社会中存在，可以预计，阶级和民族（种族）间的对抗的增长可能发生在群体之中或群体之间。在美国社会生活中的某民族（种族）特点，来自非洲和加勒比地区黑人移民的增长，美国种族冲突和敌对行为的历史，这三者可能导致尤其是在本土黑人和新移民之间的冲突的危机。

许多研究认为，尽管亚洲移民迁入美洲还只是刚开始。但中国的潜能是不容忽视的。在全部合法移民中，中国人已占7%，还不算来自东南亚国家的华裔人口，唐人街在美国的许多城市不断增加和扩展。许多理论和实践的迹象表明由于经济发展和市场渗透而导致大规模移民，即使一个较小的迁移率，当在一个有着超出10亿人口的国家中出现时，其移民流动的水平与墨西哥的现有水平将不可同日而语。将中国和美国联系起来的社会网络现在正在形成，并且为将来在美国形成一个人口众多的民族群体提供了基础。来自中国的和亚洲发展中国家的移民可能成为改变美国民族和种族含义及构成的潜在力量。

附表：从世界上一些主要地区迁往美国的移民：自1901～1990年每10年一组和1991～1993年的移民数（千人）

年份	原籍地区				
	欧洲	美洲	亚洲	其他	总计
1901～1910	8 065	362	324	53	8 795
1911～1920	4 322	1 144	247	23	5 736
1921～1930	2 463	1 517	112	15	4 107
1931～1940	348	160	17	3	528
1941～1950	621	356	37	21	1 035
1951～1960	1 326	997	153	39	2 515
1961～1970	1 123	1 716	428	55	3 322
1971～1980	800	1 983	1 588	122	4 493
1981～1990	762	3 615	2 738	223	7 338
1991～1993	466	2 104	1 032	103	3 705
1901～1993	20 287	13 954	6 676	657	41 574

资料来源：US Immigration and Naturalization Service 1994: Table 2.

人口、家庭及二氧化碳的散发 *

张君萍 译

有关“全球环境问题应归咎于南部国家的人口高速增长还是北部国家的过度消费”之争常常局限于 *I=PAT* 这个模型中。该模型是由阿赫里奇(Ehrlich)和郝德恩(Holdren)在1971年构想而出的。在该模型中，对环境的影响(I)被认为是下述三种因素相互作用的结果，它们是：人口(P)；富裕程度(A)，即人均国民生产总值；技术效率(T)，即单位国民生产总值的影响。一方面，我们认为这个模型是有意义的因而有其存在的必要性，它说明了环境问题不是由某个单一因素，而是由几项因素综合作用的结果。但是，若以这个模型作为有关严谨的科学分析的基础，则会发现它存在着严重的局限性。

其局限性可被归纳为两类：(1)变量间联系的欠缺；(2)如何选取变量的问题。

(1)就第一类问题而言，*I=PAT*模型对于平息人口与消费的争论是无能为力的，因为人们对人口、富裕程度及技术效率三者之间的关系存在迥然不同的看法。持马尔萨斯(Malthusian)人口论者认为：人口增长降低了富裕程度，因而也就妨碍了技术进步；持博撒鲁本(Boserupian)观点者则认为：人口的增加提高了技术水平，因而也就增加了富裕程度；而持现代化论者则强调富裕程度的增加降低了人口增长的速度而带来了技术进步，使单位国民生产总值的作用越来越小。*I=PAT*模型所作的分析根本无法消除这些分歧，因为公式本身没有清楚地阐述三要素之间的关系①。

(2)在第二类问题中，如在分析粗出生率对年龄结构及生育率的影响趋势时，该模型对变量的选择只是一种纯计算性的操作。简言之，*I=PAT*模型在变量的选取上缺乏相当的论据。如：以二氧化碳的散发作为“环境之影响”，要研究这个问题为什么不以家庭或社区为单位而偏偏以个人为单位呢？换言之，在选取模型要素时需要有实质性的论据而不能想当然。

本文以下内容主要探讨第二类问题，特别是有关 *I=PAT*模型选择个人作为人口统计单位的运算含义问题，并说明用家庭代替个人作为消费单位的意义，即：用*I=HAT*(H：家庭，户)代替 *I=PAT*。这一实质性替换是基于如下事实：对于许多商品来说，如汽车及生活起居所需能源的消耗等，都存在明显的规模经济的意义。例如：一个四口之家消耗这些物品，其消费量远不及两口之家消耗的二倍。②：对于那些以家庭为单位而不是以个人为单位消耗的物品，它们与家庭的增长数量、增长速度之间的关系比与人口的增长数量及速度的关系似更为紧密。

而后我们将比较家庭增长率和人口增长率的发展趋势，并讨论年龄别户主率的变化及人口年龄结构变化的作用。然后，将演示一项具有说服力的计算，在计算中，我们分别用 *I=PAT* 和 *I=HAT* 两个公式来分析从1970年到1990年世界各地区对基础能源需求量的增长。由于在这段时期里发达地区的家庭数量得到快速增长，用两个模型计算出了两个截然不同的导致环境变化的原因，一个是人口学的，另一个是经济学的。最后，分别用 *I=PAT* 和 *I=HAT* 两个模型计算出从1990到2100年二氧化碳释放量的多少，同样，两个结果之间也存在着实质性的差别。以上两项计算之所以产生出两种不同的结果，其根本点在于，我们在计算中采用的是哪一个人口统计单位。

一、平均家庭规模：历史脉络及未来预测

平均家庭规模与平均户主率是两个反向的概念，后者是指：在一定数量的人口中作为户主的人口数除以人口总数，它是用一个比率来表达的。年龄别户主率是指：某一特定年龄段人口中作为户主的人数与该年龄段总人口的比。平均家庭规模的变化是由年龄别户主率与人口年龄结构二者综合作用的变化而引起的。

在1950至1990年间，所有发达地区的平均家庭规模均呈下降趋势，其下降比例程度可谓巨大：平均从3.6下降到2.7(见表1及有关说明)。这个下降多多少少与人口年龄结构的变化(大部分情况是老龄化趋向)及年龄别户主率的增加有关；前者只

---

* 本文译自 F. Landis Mackellar、Wolfgang Lutz、Christopher Prinz and Anne Goujon:《Population, Households, and CO_2 Emissions》，见《Population and Development Review》Volume 21, Number 4, December 1995.

① 许多文献对I=PAT的假设存在质疑，最具代表性的人物是Show(1993)，Preston(1994)，Mackellar和Horlacher(1994)。Harrison (1992)曾例举了因运用I=PAT模型而带来问题的文章，但他所引证的只不过是其中的一小部分而已。

② 80年代美国有关的能源数据充分说明了这一作用(Wexler, 1995)：与收入水平无关，两口之家消耗的车辆用油比一口人的家庭多58.1%；生活起居消耗的能源多37.6%。三口之家比二口之家的两项消耗分别多30.4%和15.1%，并且，随着家庭人口的增多，规模经济效益继续增大。家用车辆和家居能源总和约占全美能源消耗的1/3。

表 1　1950、1970、1990 年世界各地区平均家庭规模和变化原因

国家或地区	平均家庭规模			变化原因			
				年龄分布		年龄别户主率	
	1950	1970	1990	1950－70	1970－90	1950－70	1970－90
北部非洲	5.0	5.3	5.7	0.3	－0.2	0.0	0.6
非洲撒哈拉地区	4.6	4.9	5.1	0.2	0.1	0.1	0.1
北美洲	3.5	3.1	2.6	0.2	－0.5	－0.6	0.0
中美洲	4.6	4.9	4.9	0.5	－0.6	－0.2	0.6
南美洲	5.0	5.0	4.4	0.1	－0.6	－0.1	0.0
中西亚	5.0	5.3	5.1	0.2	－0.3	0.1	0.1
南亚	5.0	5.6	5.7	0.2	－0.2	0.4	0.3
中国、香港	5.0	4.7	4.1	0.7	－0.9	－1.0	0.3
东南亚	5.2	5.3	4.8	0.3	－0.6	－0.2	0.1
日本、澳大利亚、新西兰	4.7	3.6	3.0	－0.7	－0.4	－0.4	－0.2
东欧	3.7	3.3	2.9	－0.3	－0.4	－0.1	0.0
西欧	3.5	3.1	2.6	－0.1	－0.2	－0.3	－0.3
全世界	4.5	4.4	4.1	0.2	－0.3	－0.3	0.0
较发达地区	3.6	3.2	2.7	－0.1	－0.4	－0.3	－0.1
欠发达地区	5.0	5.1	4.8	0.4	－0.4	－0.3	0.1

注：有关统计中地区划分及数据法的说明：较发达地区共包括：北美洲、日本－澳大利亚－新西兰、西欧和东欧(包括除中亚地区几个共和国外的前苏联地区)，其它为欠发达地区。

资料来源：UN Demographic Year book, 1987, 1991 .

是算术性问题，而后者则反应了人们行为方式的变化，这些行为变化包括：年轻人从家里独立出来的时间越来越早，年龄别婚姻率的下降（它引起平均结婚年龄的提高），以及老年人依靠自己养老而不依靠儿女养老现象的增加。

相反，欠发达地区却呈现出一幅令人难以琢磨的画面。中国、香港、东南亚及南美洲地区的平均家庭规模有所下降，而其它地区则有所上升。综合考虑所有欠发达地区，可以发现家庭规模实际未发生什么变化，仅仅从 1950 年的 5.0 降低到 1990 年的 4.8。事实上，若不把中国计算在内，可以发现，欠发达地区的平均家庭规模有显著的增长，[①]特别是在南亚、北非两个地区，它们的平均家庭规模已由 5.0 增长到 5.7。南亚平均家庭规模的增长完全是由于年龄别户主率的下降而引起的，北非亦大致如此。对于平均家庭规模有所下降的三个地区来说，只有统计数字不明确的中国，其原因大致可归结为年龄别户主率的上升。

我们可以通过比较 50 至 70 年代的变化来掌握更多的有关信息（见表 1）。在前一个 20 年里，较发达地区年龄别户主率的增加比变化着的年龄结构更成为变化的原因，在后一个 20 年里，情况却正好相反：人口老龄化带来家庭规模的变化，从而使年龄别户主率的增加相对变得无关紧要。在发达地区，前后两个 20 年恰好也呈相反状态：在 1950 至 1970 年间，年龄别户主率比起平均家庭规模，更呈下降趋势，但年龄结构的作用（例如：与死亡率下降及生育率水平保持不变相适应的人口年龄结构的年轻趋势）却在相反的方向上越来越强，它带来平均家庭规模的整体性上升；与此不同的是，在 1970 至 1990 年间，在多数欠发达地区，生育率的下降首先作用于年龄结构，带来总人口中青年人口比例的增大以及平均家庭规模相应的下降。

未来的情况会怎样呢？较发达地区的国家，其大家庭数目的降低被认为可归纳为三类原因：人口学原因、社会学原因及经济学原因。[②]人口学原因强调，随着生育率的下降，大家庭必然会有所减少，道理很简单：因为人们的亲属（包括兄弟姐妹）越来越少。社会学观点则认为人们越来越倾向于为自己的生活保留隐私权。经济学者则关注诸如收入、住房价格等因素。波姆帕斯（Bumpass）在他撰写的文章《家庭发生了怎样的变化？人口学与风俗变化的互相作用》（后刊于《人口学》1990 年第 4 期）及其他学者在综合分析上述三方面论点指出：在发达国家，人们仍在继续朝着更自主灵活的居家生活方式前进。这一观点是比较令人信服的。表 1 中的数据说明，1970 至 1990 年间，年龄别户主率的增加仅使发达地区的平均家庭规模缩小了 0.1;1950 年至 1970 年间，缩小了 0.3。所以，行为模式进一步变化的影响作用是有限的。然而，即

① 对中国的有关数据需格外谨慎。其平均家庭规模的数据只有 1982 年的。这两个数据中所显示的下降趋势，主要是因为生育率的下降。自 1950 年以来的长期趋势无法获知。

② 有关家庭和户的人口文献不胜枚举，本文无意在此对其作任何评论。世界上有关 50 年代至 70 年代平均家庭规模的数据集中，较好的要算 Kuznets(1982) 写的。

使将人们倾向于个体化因素排除在外，未来15岁以下年龄人口所占比例的下降以及60岁以上年龄人口所占比例的上升却将进一步导致平均家庭规模的持续下降。

对于欠发达国家的家庭结构研究受到数据匮乏的限制。福斯特（Foster）在《孟加拉国农村家庭的划分》（载于《人口研究》〔《Population Studies》〕1993年第1期）中发现孟加拉的家庭结构从未发生过什么变化。他在文章中同时援引了对东南亚其它国家所进行的连续研究的成果以说明该问题。人们也许会认为福斯特在研究中所涵盖的八年时间不足以发生很大变化，况且孟加拉的经济是停滞不前的。温斯顿（Weistein）等人（在《一九六五至一九八五年台湾的家庭结构、亲情延伸及生育状况》，刊于《人口研究》〔《Population Studies》〕1990年二期）在纵观台湾地区经济活跃增长的12年（1973至1985年）后指出，台湾核心家庭的夫妻所占比例已从43%上升到56%。对这一现象论者们有两方面的解释，即所谓"逐渐瓦解的常规模式"，它引起大家庭成员合居一处现象的减少；但同时他们又强调1985年仍有近一半的台湾夫妻是生活在大家庭之中的。

戈地（Goode）（见《世界革命及家庭模式》，1963年纽约自由出版社出版）认为，按照传统观点，随着所谓"现代化"的出现，必然会出现大家庭减少的趋势，带来"阶段式发展"，即第三世界的平均家庭规模会随着各国物质生活水平的提高而有所下降。对这个现象的一个解释是：综合复杂的大家庭结构，比起简单的核心家庭，从根本上就缺乏和谐地分配物质资源的能力。也有人这样解释：伴随物质水平的提高会出现一些社会制度，如社会保障制度及保险制度等的完善，从前只能由大家庭承担的保障就会发生变化。因此，大家庭的功能就会被核心家庭逐渐取代。但问题的另一方面是："阶段式发展"模型缺乏准确的微观基础，并且是以个人收入同各式各样的社会指标之间的密切关系为前提的。例如，曾毅等人在研究中发现，中国、日本，南韩的青年人离开父母家时的平均年龄要比美国、法国及瑞典的年轻人晚三年。当然，日本不能算作发展中国家，这里面可能存在两种解释：不是因为文化因素与"阶段式发展"同等重要，就是因为日本快速的经济发展目前虽未能在家庭结构中起到明显作用，但终究会起很大作用，此外，美国与法国、瑞典两国之间也存在明显差别。

然而，这些问题在预测发展中国家平均家庭规模时并不像我们所认为的那样重要。事实上，发展中国家与发达国家在年龄别户主率上的差别只有在特殊年龄段中比较明显；在40至65岁年龄段中二者之间的差别微不足道，若把1990年欠发达地区年龄别户主率运用到同年发达地区的人口中来计算标准年龄别户主率，一个惊人的现象是：欠发达地区标准年龄别户主率为329‰（平均家庭规模为3.0），发达地区则为366‰（平均家庭规模为2.7）。前者仅比后者低10%多一点。如此看来，欠发达国家将来的人口年龄结构变化对其平均家庭规模的影响要比对年龄别户主率的影响大得多。换言之，在"现代化"的条件下，结构性作用要比在家庭形成过程中和在起居活动中所发生的行为方式变化显得更为重要。前面曾提到：发达国家年龄结构的变化，即年轻人口所占比例下降而老年人口比例上升，在发展中国家将会变得更为急剧，因为发展中国家生育率下降过快。这样，即使年龄别户主率不发生变化，发展中国家的平均家庭规模也将大幅度下降。

表2列出平均家庭规模的四种设计方案，即与IIASA（International Institute for Applied System Analysis，即"奥地利国际应用系统分析研究所"）人口预测相对应的中、高、低位及修正的中位预测。假设年龄别户主率保持在1990年的水平不变，这样平均家庭规模之间的差别就完全是由于人口年龄结构的不同所造成了。其中，最后一项方案，"修正的中位"预测，是用发达地区1990年的平均年龄别户主率来计算欠发达地区的中位人口预测；因此，"中位"与"修正的中位"预测之间的差别只适用于欠发达地区，其原因完全是由于年龄别户主率之间的差别造成的。

仅仅根据年龄结构的变化来分析，发达地区的平均家庭规模预计会适当下降的。中位预测是从2.7下降到2.5。只有在高位预测中，即用高生育率（意味着15岁以下年龄人口占很大比例）和高死亡率（意味着60岁以上人口占很小比例）来计算，平均家庭规模才是上升的，即由目前的2.7上升到2.8。相反，欠发达地区的平均家庭规模在三种预测中均呈明显的下降趋势。因此，按照中位预测，单单是年龄结构的变化，就足以保证在下一个世纪末期，发达地区和欠发达地区的平均家庭规模将分别是2.8和2.7；低位预测是2.3和2.4；高位预测是2.8和3.0。三种预测所显示的集中性明确地表示出平均家庭规模的下降趋势。

将发达地区平均的年龄别户主率运用到欠发达地区，其作用在中长时期，即到2030年内是非常显著的：欠发达地区平均家庭规模的"修正的中位"预测是3.3，相当于"中位"预测的3.7。但从更长时期看，"中位"与"修正的中位"预测之间的差别就很小了；引起这种集中趋势的是年龄结构的作用。

在1950至1990年间，欠发达地区人口以每年平均2.2%的速度增长，家庭数目是以每年2.3%的速度增长；发达地区相应的数字是0.9%和1.6%。所以，发达国家与发展中国家人口年增长率相差1.3%；家庭数目增长率每年相差0.7%。将来，根据表2中的预测结果，二者间家庭数目的差距将会拉

表 2　世界各地区 1990 年平均家庭规模及 2030 年、2100 年家庭规模的四种预测

国家或地区		中位预测		低位预测		高位预测		修正的中位预测	
	1990	2030	2100	2030	2100	2030	2100	2030	2100
北非	5.7	4.1	2.9	3.7	2.5	4.5	3.3	3.6	2.6
非洲撒哈拉地区	5.1	4.2	2.6	3.8	2.4	4.6	2.8	4.3	2.7
北美	2.6	2.5	2.4	2.3	2.2	2.7	2.7	2.5	2.4
中美	4.9	3.3	2.6	3.1	2.2	3.6	2.9	3.1	2.4
南美	4.4	3.3	2.8	3.0	2.5	3.5	3.1	3.0	2.6
中亚、西亚	5.1	3.8	2.8	3.5	2.4	4.1	3.1	3.3	2.5
南亚	5.7	4.0	2.8	3.7	2.5	4.3	3.1	3.3	2.4
中国、香港	4.1	3.1	2.8	2.8	2.5	3.3	3.1	2.7	2.4
东南亚	4.8	3.3	2.7	3.1	2.4	3.6	2.9	3.0	2.5
日本、澳大利亚、新西兰	3.0	2.9	3.0	2.8	2.9	3.1	3.1	2.9	3.0
东欧	2.9	2.6	2.6	2.4	2.3	2.8	3.0	2.6	2.6
西欧	2.6	2.5	2.5	2.3	2.2	2.7	2.8	2.5	2.5
全世界	4.1	3.5	2.7	3.2	2.4	3.8	3.0	3.1	2.5
较发达地区	2.7	2.6	2.5	2.4	2.3	2.8	2.8	2.6	2.5
欠发达地区	4.8	3.7	2.7	3.4	2.4	4.0	3.0	3.3	2.5

注：IIASA 人口预测中的中位预测，运用了中位死亡率的假设；高位预测，亦可称作“缓慢的人口转变”，是运用高生育率与高死亡率的假设；低位预测，亦可称作“快速人口转变”，是假设生育率迅速下降而预期寿命快速提高的。有关假设及结果见于路斯（Lutz）《我们所能预见的未来世界人口》（1994 年伦敦出版）一文。

大而不是缩小。在 1990 至 2100 年间，根据中位预测，发达地区人口将以平均每年 0.3% 的速度增长，家庭大概以每年 0.4% 的速度增长。在欠发达地区，相应的年增长率分别为 0.9% 和 1.4%。这样，在发达地区与欠发达地区之间存在的“人口增长差距”，若以人口而论，则每年相差 0.6%，若以家庭论，则差 1.0%，相差更大一些。若按照“修正的中位”预测，年龄别户主率有所下降，则差距会更大。

二、对环境的影响 = 人口 · 富裕程度 · 技术效率，还是：对环境的影响 = 家庭 · 富裕程度 · 技术效率？

尽管 $I=PAT$ 存在局限性，但它已成为分析是人口增长的变化还是其它因素的变化而引起全球环境改变这一问题的套用模式。在这里，我们将说明，用家庭而不是个人来作为人口计算单位时，会产生哪些不同的结果：

假设：

$P(t)$= 人口

$Y(t)$=人均国民生产总值（GNP）

$I(t)$=（自然资源的使用或污染的产生等）影响

$\alpha(t)=I(t)/Y(t)$，每单位国民生产总值的影响

设发生在 t 时间内。这样，

$$I(t)=P(t)\,Y(t)\,\alpha(t)$$

即：对环境的影响 = 人口 · 人均国民生产总值 · 每单位国民生产总值的影响

可将公式 $I=PAT$ 变成 $I=HAT$，即成为“影响－家庭－富裕程度－技术”这样一个公式，在此，仅用家庭“$H(t)$”来代替人口，并用平均每个家庭国民生产总值来衡量富裕程度，用 $X(t)$ 来表达：

$$I(t)=H(t)X(t)\alpha(t)$$

以上两个可供选择的公式均包含这样的假设：所产生的影响源于以家庭为单位，或以个人为单位所从事的各种活动。一般来讲，污染的释放是一个直接的过程。因此，影响也就等同于对自然资源的消耗，在此用 $C(t)$ 来表示。再用 G 代表增长率，这样，以增长率形式表达的 $I=PAT$ 模型就成为：

$$Gc=Gp+Gy+G\alpha$$

而 $I=HAT$ 模型则为：

$$Gc=Gh+Gx+G\alpha$$

三、实例一：1970 年至 1990 年能源消耗的增长

表 3、表 4、表 5 列举了世界各地区人口及家庭的数据；1970 年至 1990 年的国民生产总值；世界发达地区及欠发达地区经 $I=PAT$ 及 $I=HAT$ 两个公式计算出的基础商业能源的消费增长状况；表 6 展示了有关结果。

表 6 中，由于收入增加和技术进步而引起的能源消费的增长是放在一起考虑的。它反映了许多研究人员所作的假设，即：单位国民生产总值对环境的影响因个人（或每个家庭）收入水平而异。“技术进步是由收入水平的变化而引起的”这一假设并非必然导致如下观点，但该假设却因为将 $I=PAT$ 中三因素减少为二因素而使问题更为简单。读者可以将这个较复杂的概念直接理解为“经济的增长以及不可解释的技术转换”。

根据 $I=PAT$ 公式，世界欠发达地区和发达地区能源消耗增长中约 1/3 是由于人口增长造成的——

表 3　1970～1990 年世界各地区的人口与家庭数量

	1970	1990
欠发达地区:		
人数（百万）	2 695	4 150
1970～1990 年平均年度变化(百分比)		2.2
粗户主率（每千人）	196	207
家庭数（百万）	529	861
1970～1990 年平均年度变化(百分比)		2.5
每个家庭人数	5.1	4.8
发达地区:		
人数（百万）	1 002	1 145
1970～1990 年平均年度变化(百分比)		0.7
粗户主率（每千人）	307	366
家庭数（百万）	308	419
1970～1990 年平均年度变化(百分比)		1.6
每个家庭人数	3.2	2.7

资料来源：路斯（《人口》，1994 年）。家庭数目是根据文中所估计的户主率来计算的。

表 4　1970～1990 年世界各地区粗国民生产总值

	1970	1990
欠发达地区:		
总数（1991\美元\10 亿）	1 343	3 735
1970～1990 年平均年度变化(百分比)		5.2
每人（1991\美元）	498	900
1970～1990 年平均年度变化(百分比)		3.0
每户（1991\美元）	2 539	4 338
1970～1990 年平均年度变化(百分比)		2.7
发达地区:		
总数（1991\美元\10 亿）	10 115	17 175
1970～1990 年平均年度变化(百分比)		2.7
每人（1991\美元）	10 095	15 000
1970～1990 年平均年度变化(百分比)		2.0
每户（1991\美元）	32 840	40 990
1970～1990 年平均年度变化(百分比)		1.1

资料来源：1970～1990 年人均国民生产总值及其增长率是由美国国家发展计划署的专家估计的（1994）；部分数据是根据表 3 估计的。

发展中地区是 32.8%；发达地区是 33.3%(见表 6)。如果再用 *I*=*HAT* 来考虑，则会发现欠发达地区的情况则大不一样；约 3/4(76.2%) 能源消耗的增长被认为是人口增长的原因，即以家庭数目的增长来计算。在表 7 中，纯年度能源消耗的数据显示了同样的结果，它表明无论在哪一个层次上分析，发达地区与欠发达地区能源消耗均有所增长。用 *I*=*PAT* 公式分析，其结论是全球年释放量增长的 18% 是由于发达国家人口增长引起的；用 *I*=*HAT* 公式分析，该数字则为 41.1%。

根据这样的计算，也许人们会认为：西方的行为模式以核心家庭生活者居多，这必然是导致能源消耗增长的重要因素。然而，这种观点是不成熟

表 5　1970～1990 年世界各地区基础商业能源的消费

	1970	1990
欠发达地区:		
总量（相当于百万吨石油）	624	2 283
1970～1990 年平均年度变化(百分比)		6.7
人均（相当于－公斤石油）	232	550
1970～1990 年平均年度变化(百分比)		4.4
每户（相当于－公斤石油）	1 179	2 651
1970～1990 年平均年度变化(百分比)		4.1
发达地区:		
总数（相当于百万吨石油）	3 778	5 725
1970～1990 年平均年度变化(百分比)		2.1
人均（相当于－公斤石油）	3 770	5 000
1970～1990 年平均年度变化(百分比)		1.4
每户（相当于－公斤石油）	12 266	13 663
1970～1990 年平均年度变化(百分比)		0.5

资料来源：同表 4。

表 6　1970～1990 年世界各地区能源消耗增长根源：年均百分比变化；人口增长、家庭数目增长、收入和技术变化综和作用等所占百分比

地　区	*I*=*PAT* 模型			
		其中由于:		
	能源消耗增长率	人口增长	人均收入变化	技术进步
欠发达地区	6.7	2.2	3.0	1.5
	(100.0%)	(32.8%)	(67.2%)	
发达地区	2.1	0.7	2.0	−0.6
	(100.0%)	(33.3%)	(66.7%)	
	I=*HAT* 模型			
		其中由于:		
	能源消耗增长率	家庭数量增加	户均收入变化	技术进步
欠发达地区	6.7	2.5	2.7	1.5
	(100.0%)	(37.3%)	(62.7?%)	
发达地区	2.1	1.6	1.1	−0.6
	(100.0%)	(76.2%)	(23.8%)	

的，因为其道理还不充分。在表 8 中，我们用 *I*=*HAT* 来分析在年龄结构保持不变的情况下，家庭的数目会怎样地增长（其比例应该可以反应行为变化）以及由于年龄结构改变而带来的增长（在年龄别保持不变的条件下）。对于较发达地区，人口学影响因素的一半原因是由于人口增长造成的，另一半则是年龄分布变化造成的；像年龄别户主率增长这种行为因素仅占很小比例。*I*=*HAT* 模型包含了一贯现象，即：引起总体人口增长速度下降、缓解环境压力的人类生育率的下降，带来了人口老龄化及以高年龄别户主率、及以增加了对环境的压力为特征的人口群体所占比重的增加。当然，生育率的下降可以在今后的二、三十年内减少家庭的数量，但是，从长远看，生育率下降对家庭数量的影响要受到年龄结构变化的限制。简言之，当我们同时考虑家庭数目而不仅仅考虑人口数量对环境的影

表7　1970～1990年世界各地区能源消耗增长根源：平均每年绝对变化（相当于百万吨石油）；人口增长、家庭数目增长、收入和技术变化综合作用等所占百分比

地　区	I=PAT模型		
	人口增长	收入和技术变化	总和
欠发达地区	27.2	55.7	82.9
	(15.1%)	(30.9%)	(46.0%)
发达地区	32.5	64.9	97.4
	(18.0%)	(36.0%)	(54.0%)
总和	59.7	120.6	180.3
	(33.1%)	(66.9%)	(100.0%)
地　区	I=HAT模型		
	家庭数目增长	收入和技术变化	总和
欠发达地区	30.9	52.0	82.9
	(17.2%)	(28.8%)	(46.0%)
发达地区	74.2	23.2	97.4
	(41.1%)	(12.9%)	(54.0%)
总和	105.1	75.2	180.3
	(58.3%)	(41.7%)	(100.0%)

表8　1970～1990年世界各地区根据I=HAT模型分析的能源消耗增长根源：平均年度百分比变化；四种根源所占百分比

地　区	能源消耗	其中由于：人口增长变化	年龄结构主率变化	年龄别户	其它原因
欠发达地区	6.7	2.2	0.4	−0.1	4.2
	(100.0%)	(32.8%)	(6.0%)	(−1.5%)	(62.7%)
发达地区	2.1	0.7	0.7	0.2	0.5
	(100.0%)	(33.3%)	(33.3%)	(9.5%)	(23.8%)

响，以及年龄结构的变化如何影响家庭数量时，生育率的下降与未来环境变化二者之间的关系要比我们所想像的复杂复多。

四、实例二：1990年至2100年二氧化碳释放量的预测

正如前面所做的历史性分析一样，对未来趋势的预测同样也决定于我们选择哪个模式。表9列举了有关结果，共有四种二氧化碳释放量的预测。第一种是以个人为单位的不变释放量；第二种是以家庭为单位的不变释放量；第三种是欠发达地区每年以1.0%，发达地区每年以0.4%的比率增长的个人释放量；第四种是欠发达地区每年以1.0%，发达地区每年以0.4%增长的每个家庭的释放量。这四种预测的释放途径被结合到*IIASA*人口预测及中位家庭预测中，（见表2）来计算全球二氧化碳的释放量。如表9所示，运用不同的公式得到不同的结果，其间差别很大。若采用*I=PAT*，并假设个人释放量保持不变，那么1990至2100年间的释放量预测将增长88%。相反，若采用*I=HAT*，并假设每户的释放量保持不变，则预计增长167%，几乎是前者的2倍。若仍采用*I=PAT*，且个人释放量有所增加，则预测其释放量是原来的4倍；而采用*I=HAT*，并在释放量以相同的比例增长的条件下，以家庭为单位，则释放量为原来的6倍。

表9　1990～2000年世界各地区多重假设下二氧化碳释放增长量的预测

	平均年度变化（%）欠发达地区	发达地区	2100年总释放量（1990=100）
I=PAT模型			
各人释放量保持不变	0.9	0.4	188
各人释放量有所增长	1.9	0.7	399
I=HAT模型			
各户释放量保持不变	1.4	0.4	267
各户释放量有所增长	2.4	0.7	624

由此可见，*I=PAT*和*I=HAT*是代表截然不同意义的两个公式：第一个公式，不考虑在产生二氧化碳的活动中以家庭为单位的规模经济因素；而第二个公式则充分考虑了这一规模经济因素。如果仅以人口发展趋势，而不是以经济趋势或其他什么“推动力量”为依据做预测，可以说是正确的（但并不意味理所当然），实际情况一定与之相差不多。它说明，假定释放量保持不变，总释放量可能会在88%与167%之间；假定释放量是增加的，则总量会是原来的4至6倍。要确定准确范围，只有通过对以家庭为单位释放二氧化碳的活动作规模经济上的深入研究才可以解决。

五、结论

无论是发达地区还是欠发达地区，15岁以下人口比例均将下降，而60岁以上人口比例又都会上升。即使不考虑欠发达地区在“现代化”过程中会出现传统大家庭弱化的现象，家庭的增长也会比人口数量的增加快得多。

要探究什么因素导致对环境的影响，如：是什么决定二氧化碳的释放量及对其影响作用大小的预测，与我们采用哪种人口统计口径有密切关联。是个人，还是家庭，或是社区，或是其他什么单位？只有在弄清对环境产生影响的有关活动的性质后，才能准确地把握问题。也许将来我们可以采用这样一个公式：$I=C+aPAT=bHAT$，C是一个不变的影响作用，它既不受人口统计单位的影响，又与收入水平无关，a与b则是个人与家庭产生的影响程度系数。究竟选择哪个模式要看我们研究的是哪一类的环境问题，要看我们掌握哪些有利的信息资源。

同时，对于研究者来说，一定要避免：仅仅根据某个特殊模式，而不做任何必要的修改，就得出人口变化是如何影响环境这样一种不着边际的结论。

数 据

人口发展状况

表 1 面积、人口密度

国家或地区	面积 (平方公里)	1996 年人口密度 (人/平方公里)
亚洲		
西亚		
亚美尼亚	28 205	133
阿塞拜疆	86 609*	87
巴林	673	867
塞浦路斯	9 259	80
格鲁吉亚	69 697	77
伊拉克	437 373	49
以色列	20 332	286
约旦	89 847	47
科威特	17 819	99
黎巴嫩	10 231	369
阿曼	212 458	11
卡塔尔	11 008	61
沙特阿拉伯	2 149 700	9
叙利亚	184 071	85
土耳其	769 619	83
阿拉伯联合酋长国	83 605	23
也门	527 972	28
南中亚		
阿富汗	652 084	33
孟加拉国	130 173	920
不丹	47 009	18
印度	2 973 191	319
伊朗	1 635 999	39
哈萨克斯坦	2 717 298	6
吉尔吉斯斯坦	198 498	23
马尔代夫	311	900
尼泊尔	136 804	170
巴基斯坦	770 888	173
斯里兰卡	64 621	285
塔吉克斯坦	140 611	42
土库曼斯坦	488 215	10
乌兹别克斯坦	447 397*	52
东南亚		
文莱	5 258	58
柬埔寨	176 509	61
印度尼西亚	1 826 442	110
老挝	230 795	22
马来西亚	328 542	63
缅甸	657 549	70
菲律宾	298 161	241
新加坡	622	4 992
泰国	510 878	119
越南	325 485	235
东亚		
中国	9 326 408	131
香港	984	6 419
日本	376 508	334
朝鲜	120 409	198
韩国	98 731	458
澳门	26	22 163
蒙古	1 566 510	2
中国台湾省	36 001	595
欧洲		
北欧		
丹麦	42 372	124
爱沙尼亚	42 069	35
芬兰	304 610	17
冰岛	100 258	3
爱尔兰	68 894	52
拉脱维亚	62 056	40
立陶宛	65 190*	57
挪威	306 837	14
瑞典	411 629	22
英国	241 595	243
西欧		
奥地利	82 725	98
比利时	30 433	334
法国	550 090	106
德国	349 469	234
列支敦士登	155	201
卢森堡	2 564	162

(续表 1)

国家或地区	面积(平方公里)	1996年人口密度(人/平方公里)
荷兰	33 929	458
瑞士	39 782	178
东欧		
白俄罗斯	207 588	49
保加利亚	110 541	76
捷克共和国	77 285	134
匈牙利	92 334	110
摩尔多瓦	33 971	131
波兰	304 455	127
罗马尼亚	230 329	98
俄罗斯	17 075 404	8
斯洛伐克	48 070	112
乌克兰	579 357	88
南欧		
阿尔巴尼亚	27 402	120
波斯尼亚－黑塞哥维那	50 997	70
克罗地亚	55 918	79
希腊	130 847	80
意大利	294 069	195
马其顿	25 434	83
马耳他	311	1 168
葡萄牙	91 945	108
圣马力诺	52	417
斯洛文尼亚	20 124	99
西班牙	499 430	79
南斯拉夫	101 994	100
非洲		
北非		
阿尔及利亚	2 381 738	12
埃及	995 441	64
利比亚	1 759 542	3
摩洛哥	446 309	62
苏丹	2 375 988	12
突尼斯	155 348	59
西撒哈拉	266 770	1
西非		
贝宁	110 619	51
布基纳法索	273 789	39
佛得角	4 040	100
科特迪瓦	318 000	46
冈比亚	9 997	115
加纳	230 018	78
几内亚	245 869	30
几内亚比绍	28 127	39
利比里亚	96 322	22
马里	1 220 201	8
毛里塔尼亚	1 025 226	2
尼日尔	1 266 691	7
尼日利亚	910 774	114
塞内加尔	192 541	44
塞拉利昂	71 614	64
多哥	54 390	84
东非		
布隆迪	25 641	232
科摩罗	2 227	255
吉布提	23 181	25
厄立特里亚	124 993	29
埃塞俄比亚	975 990	59
肯尼亚	569 696	49
马达加斯加	581 533	26
马拉维	94 069	100
毛里求斯	1 839	610
莫桑比克	784 097	21
留尼汪	2 512	265
卢旺达	24 683	278
塞舌尔	259	278
索马里	627 350	15
坦桑尼亚	886 039	33
乌干达	199 560	110
赞比亚	743 382	12
津巴布韦	386 661	30
中非		
安哥拉	1 246 697	9
喀麦隆	465 397	29
中非共和国	622 973	5
乍得	1 259 206	5
刚果	341 492	7
赤道几内亚	28 050	15
加蓬	257 679	5
圣多美和普林西比	958	150
扎伊尔	2 267 597	20
南非		
博茨瓦纳	566 718	3
莱索托	30 355	69
纳米比亚	823 283	2
南非	1 221 030	36
斯威士兰	17 198	58
大洋洲		
澳大利亚	7 617 941	2
密克罗尼西亚	699	153

(续表完)

国家或地区	面积(平方公里)	1996年人口密度(人/平方公里)	国家或地区	面积(平方公里)	1996年人口密度(人/平方公里)
斐济	18 260	44	巴巴多斯	440	612
法属波利尼西亚	3 652	61	古巴	109 816	102
关岛	544	285	多米尼加	751	111
马绍尔群岛	181	320	多米尼加共和国	48 381	167
新喀里多尼亚	18 285	10	格林纳达	337	280
新西兰	267 987	14	瓜德罗普	1 684	242
巴布亚新几内亚	452 862	10	海地	27 558	264
所罗门群岛	27 998	14	牙买加	10 826	239
瓦努阿图	12 199	14	马提尼克	1 062	377
西萨摩亚	2 823	63	荷属安的列斯	984	211
			波多黎各	8 858	431
北美洲			圣基茨－尼维斯	363	114
加拿大	9 220 970	3	圣卢西亚	622	238
美国	9 166 606	29	圣文森特和格林纳丁斯	389	303
			特立尼达和多巴哥	5 128	254
拉丁美洲和加勒比地区			**南美**		
中美			阿根廷	2 736 698	13
伯利兹	22 792	9	玻利维亚	1 084 381	7
哥斯达黎加	51 049	70	巴西	8 456 505	19
萨尔瓦多	20 720	285	智利	748 795	19
危地马拉	108 417	91	哥伦比亚	1 038 694	37
洪都拉斯	111 888	50	厄瓜多尔	276 845	42
墨西哥	1 908 701	49	圭亚那	196 840	3
尼加拉瓜	118 752	39	巴拉圭	397 306	12
巴拿马	75 991	35	秘鲁	1 280 004	19
加勒比地区			苏里南	155 996	3
安提瓜和巴布达	440	150	乌拉圭	174 799	18
巴哈马	9 997	28	委内瑞拉	882 050	25

注：* 总面积(包括水域)。

原表面积单位为平方英里、人口密度单位为人/平方英里，本表按 1 平方英里 =2.59 平方公里换算。

资料来源：1996 World Population Data Sheet of the Population Reference Bureau.

表 2

人口数量及人口倍增时间

国家或地区	人口(百万人) 1996年(年中)	2010年(预测)	2025年(预测)	人口倍增时间(年)	国家或地区	人口(百万人) 1996年(年中)	2010年(预测)	2025年(预测)	人口倍增时间(年)
世界	5 771	6 974	8 193	46	柬埔寨	10.9	15.7	22.8	24
发达国家	1 171	1 231	1 268	501	印度尼西亚	201.4	240.6	276.5	43
发展中国家	4 600	5 743	7 925	37	老挝	5.0	7.2	9.8	24
发展中国家(不包括中国)	3 383	4 356	5 433	32	马来西亚	20.6	27.5	34.5	29
					缅甸	46.0	57.3	69.3	37
					菲律宾	72.0	87.2	102.7	33
亚洲	3 501	4 240	4 898	43	新加坡	3.0	3.6	4.0	62
亚洲(不包括中国)	2 283	2 853	3 406	37	泰国	60.7	68.7	75.4	48
西亚	176	243	328	29	越南	76.6	92.5	108.1	30
亚美尼亚	3.8	3.8	4.1	98	**东亚**	1 443	1 628	1 768	70
阿塞拜疆	7.6	9.0	10.3	50	中国	1 217.6	1 387.0	1 492.0	66
巴林	0.6	0.8	0.9	27	香港	6.4	7.4	8.1	99
塞浦路斯	0.7	0.9	1.0	81	日本	125.8	130.4	125.8	315
加沙	0.9	1.7	3.8	14	朝鲜	23.9	28.5	32.1	38
格鲁吉亚	5.4	5.7	6.0	330	韩国	45.3	49.7	50.8	75
伊拉克	21.4	34.5	52.6	19	澳门	0.4	0.5	0.6	58
以色列	5.8	6.9	8.0	47	蒙古	2.3	3.0	3.6	51
约旦	4.2	6.1	8.3	27	中国台湾省	21.4	24.0	25.5	70
科威特	1.8	2.9	3.4	30					
黎巴嫩	3.8	5.0	6.1	34	**欧洲**	728	745	743	–
阿曼	2.3	3.6	5.5	14	**北欧**	94	98	100	445
卡塔尔	0.7	0.8	0.7	43	丹麦	5.2	5.4	5.4	462
沙特阿拉伯	19.4	31.1	48.2	22	爱沙尼亚	1.5	1.4	1.4	–
叙利亚	15.6	23.3	33.5	19	芬兰	5.1	5.2	5.2	224
土耳其	63.9	78.3	95.6	43	冰岛	0.3	0.3	0.3	68
阿拉伯联合酋长国	1.9	2.5	3.0	36	爱尔兰	3.6	3.7	3.5	144
约旦河西岸	1.7	2.5	3.8	17	拉脱维亚	2.5	2.4	2.3	–
也门	14.7	23.7	34.5	22	立陶宛	3.7	3.8	3.9	–
南中亚	1 385	1 752	2 105	34	挪威	4.4	4.7	5.0	182
阿富汗	21.5	34.0	45.3	24	瑞典	8.8	9.2	9.6	630
孟加拉国	119.8	149.2	175.8	35	英国	58.8	61.1	62.5	385
不丹	0.8	1.1	1.5	30	**西欧**	181	189	187	716
印度	949.6	1 182.7	1 384.6	37	奥地利	8.1	8.2	8.2	866
伊朗	63.1	84.2	106.8	24	比利时	10.2	10.4	10.5	630
哈萨克斯坦	16.5	18.4	20.5	81	法国	58.4	61.7	63.6	217
吉尔吉斯斯坦	4.6	5.6	7.0	43	德国	81.7	83.4	79.3	–
马尔代夫	0.3	0.4	0.6	19	列支敦士登	0.03	0.03	0.03	139
尼泊尔	23.2	32.4	43.3	26	卢森堡	0.4	0.4	0.4	169
巴基斯坦	133.5	176.4	232.9	24	荷兰	15.5	16.8	17.4	173
斯里兰卡	18.4	21.2	23.2	47	瑞士	7.1	7.6	7.5	231
塔吉克斯坦	5.9	9.2	13.1	33	**东欧**	309	315	319	–
土库曼斯坦	4.6	5.9	7.9	29	白俄罗斯	10.3	10.9	11.2	–
乌兹别克斯坦	23.2	31.9	42.3	30	保加利亚	8.4	8.1	7.9	–
东南亚	496	601	704	37	捷克共和国	10.3	10.4	10.6	–
文莱	0.3	0.4	0.4	29	匈牙利	10.2	9.9	9.3	–

(续表 1)

国家或地区	人口(百万人) 1996年(年中)	2010年(预测)	2025年(预测)	人口倍增时间(年)
摩尔多瓦	4.3	4.8	5.1	277
波兰	38.6	40.4	40.5	462
罗马尼亚	22.6	22.2	21.2	–
俄罗斯	147.5	149.5	153.1	–
斯洛伐克	5.4	5.7	6.1	248
乌克兰	51.1	53.0	54.0	–
南欧	143	144	137	652
阿尔巴尼亚	3.3	4.0	4.6	41
波斯尼亚－黑塞哥维那	3.6	3.9	3.9	122
克罗地亚	4.4	4.4	4.2	–
希腊	10.5	10.2	10.0	1386
意大利	57.3	57.7	54.4	–
马其顿	2.1	2.3	2.3	86
马耳他	0.4	0.4	0.4	120
葡萄牙	9.9	10.2	10.0	866
圣马力诺	0.03	0.03	0.03	204
斯洛文尼亚	2.0	2.0	2.0	6931
西班牙	39.3	37.8	34.6	1155
南斯拉夫	10.2	10.6	10.6	224
非洲	732	1039	1462	25
撒哈拉以南非洲	597	867	1248	24
北非	164	215	272	29
阿尔及利亚	29.0	38.0	47.6	29
埃及	63.7	80.7	97.6	31
利比亚	5.4	8.9	14.4	19
摩洛哥	27.6	34.2	40.7	31
苏丹	28.9	41.5	58.4	23
突尼斯	9.2	11.3	13.4	41
西撒哈拉	0.2	0.3	0.4	25
西非	204	310	463	23
贝宁	5.6	8.3	12.3	22
布基纳法索	10.6	14.5	20.9	24
佛得角	0.4	0.6	0.7	36
科特迪瓦	14.7	22.1	33.4	20
冈比亚	1.2	1.6	2.1	26
加纳	18.0	26.6	38.0	23
几内亚	7.4	9.5	13.1	29
几内亚比绍	1.1	1.5	2.0	32
利比里亚	2.1	4.5	6.8	22
马里	9.7	15.0	23.7	22
毛里塔尼亚	2.3	3.3	4.4	28
尼日尔	9.5	14.8	22.4	21
尼日利亚	103.9	162.0	246.0	22
塞内加尔	8.5	12.2	16.9	26
塞拉利昂	4.6	6.4	8.7	26
多哥	4.6	7.4	11.7	19
东非	227	322	456	24
布隆迪	5.9	8.6	12.2	23
科摩罗	0.6	0.9	1.4	20
吉布提	0.6	0.8	1.1	32
厄立特里亚	3.6	5.2	7.0	25
埃塞俄比亚	57.2	90.0	129.7	23
肯尼亚	28.2	38.0	49.1	25
马达加斯加	15.2	23.3	34.4	22
马拉维	9.5	12.7	18.5	23
毛里求斯	1.1	1.3	1.5	54
莫桑比克	16.5	24.7	35.1	26
留尼汪	0.7	0.8	0.9	44
卢旺达	6.9	9.2	13.7	25
塞舌尔	0.1	0.1	0.1	46
索马里	9.5	14.5	21.3	22
坦桑尼亚	29.1	38.7	56.3	23
乌干达	22.0	26.7	37.4	21
赞比亚	9.2	12.6	18.5	23
津巴布韦	11.5	14.1	17.3	28
中非	86	126	189	24
安哥拉	11.5	17.7	26.6	26
喀麦隆	13.6	20.2	29.2	24
中非共和国	3.3	3.9	5.2	28
乍得	6.5	9.3	12.9	27
刚果	2.5	3.2	4.2	31
赤道几内亚	0.4	0.6	0.9	27
加蓬	1.2	1.4	1.8	47
圣多美和普林西比	0.1	0.2	0.2	26
扎伊尔	46.5	69.1	107.6	22
南非	51	66	82	29
博茨瓦纳	1.5	2.2	3.0	26
莱索托	2.1	2.9	3.9	27
纳米比亚	1.6	2.2	3.0	26
南非	44.5	57.5	70.1	30
斯威士兰	1.0	1.6	2.5	22
大洋洲	29	34	39	60
澳大利亚	18.3	20.8	23.1	92
密克罗尼西亚	0.1	0.1	0.1	23
斐济	0.8	1.0	1.1	34
法属波利尼西亚	0.2	0.3	0.4	34
关岛	0.2	0.2	0.2	27

（续表完）

国家或地区	人口（百万人）1996年（年中）	2010年（预测）	2025年（预测）	人口倍增时间（年）	国家或地区	人口（百万人）1996年（年中）	2010年（预测）	2025年（预测）	人口倍增时间（年）
马绍尔群岛	0.1	0.1	0.2	31	多米尼加共和国	8.1	9.9	11.7	31
新喀里多尼亚	0.2	0.2	0.3	34	格林纳达	0.1	0.1	0.2	29
新西兰	3.6	4.0	4.3	82	瓜德罗普	0.4	0.5	0.5	56
巴布亚新几内亚	4.3	5.8	7.5	30	海地	7.3	8.8	11.2	30
所罗门群岛	0.4	0.6	0.8	20	牙买加	2.6	2.9	3.3	38
瓦努阿图	0.2	0.2	0.3	24	马提尼克	0.4	0.5	0.5	75
西萨摩亚	0.2	0.2	0.3	30	荷属安的列斯群岛	0.2	0.2	0.3	53
北美洲	295	331	372	114	波多黎各	3.8	4.0	4.3	71
加拿大	30.0	33.6	36.6	116	圣基茨－尼维斯	0.04	0.1	0.1	54
美国	265.2	297.7	335.1	114	圣卢西亚	0.1	0.2	0.2	34
拉丁美洲和加勒比地区	486	584	678	36	圣文森特和格林纳丁斯	0.1	0.1	0.2	38
中美	127	162	197	30	特立尼达和多巴哥	1.3	1.3	1.4	60
伯利兹	0.2	0.3	0.4	21					
哥斯达黎加	3.6	4.6	5.5	31	**南美**	323	380	434	39
萨尔瓦多	5.9	7.4	9.2	27	阿根廷	34.7	40.9	46.5	55
危地马拉	9.6	13.4	17.0	24	玻利维亚	7.6	10.2	13.1	27
洪都拉斯	5.6	7.6	9.7	25	巴西	160.5	181.9	202.3	41
墨西哥	94.8	119.0	142.1	32	智利	14.5	16.5	18.1	45
尼加拉瓜	4.6	6.7	9.1	26	哥伦比亚	38.0	45.9	52.7	33
巴拿马	2.7	3.2	3.8	39	厄瓜多尔	11.7	14.9	17.8	31
加勒比地区	36	41	47	45	圭亚那	0.7	0.8	0.8	39
安提瓜和巴布达	0.1	0.1	0.1	58	巴拉圭	5.0	7.0	9.4	25
巴哈马	0.3	0.3	0.4	52	秘鲁	24.0	29.4	33.9	33
巴巴多斯	0.3	0.3	0.3	133	苏里南	0.4	0.5	0.6	43
古巴	11.0	11.8	12.4	102	乌拉圭	3.2	3.5	3.7	84
多米尼加	0.1	0.1	0.1	55	委内瑞拉	22.3	28.7	34.8	33

资料来源：1996 World Population Data Sheet of the Population Reference Bureau.

表 3 人 口 增 长

国家或地区	人口(百万) 1997	2025	年均增长率(%) 1995～2000	城市人口比重(%) 1995	城市人口增长率(%) 1995～2000	人口/公顷 可耕地	总和生育率(时期)	5岁以下儿童死亡率(‰) 男/女
世界	5 848.7	8 039.1	1.4	45	2.5	–	2.79	82/81
发达地区①	1 178.4	1 220.3	0.3	75	0.7	–	1.59	15/11
欠发达地区②	4 670.3	6 818.9	1.7	38	3.3	–	3.08	90/90
亚洲	3 538.5	4 784.8	1.4	35	3.2	–	2.65	75/80
西亚③	175.3	297.4	2.2	66	3.4	–	3.82	79/71
亚美尼亚	3.6	4.2	0.2	69	1.6	1.2	1.70	30/24
阿塞拜疆	7.7	9.7	0.8	56	1.7	1.4	2.30	44/37
格鲁吉亚	5.4	5.8	−0.1	58	1.1	1.7	1.90	28/21
伊拉克	21.2	41.6	2.8	75	3.7	0.4	5.25	146/140
以色列	5.8	8.0	1.9	91	1.6	0.5	2.75	11/10
约旦	5.8	11.9	3.3	71	4.1	2.4	5.13	51/40
科威特	1.7	2.9	3.0	97	3.4	4.0	2.77	23/17
黎巴嫩	3.1	4.4	1.8	87	2.3	0.6	2.75	47/36
阿曼	2.4	6.5	4.2	13	7.4	55.3	7.20	43/31
沙特阿拉伯	19.5	42.4	3.4	80	3.9	0.7	5.90	38/32
叙利亚	15.0	26.3	2.5	52	4.3	1.0	4.00	51/39
土耳其④	62.8	85.8	1.6	69	3.5	1.2	2.50	77/65
阿拉伯联合酋长国	2.3	3.3	2.0	84	2.5	5.8	3.46	24/18
也门	16.3	39.6	3.7	34	5.9	5.6	7.60	129/128
南中亚	1 417.9	2 100.0	1.8	29	3.4	–	3.42	98/107
阿富汗	22.1	45.3	5.3	20	7.7	1.7	6.90	261/255
孟加拉国	122.0	180.0	1.6	18	5.2	7.8	3.14	103/109
不丹	0.1	3.6	2.8	6	6.3	13.2	5.89	171/149
印度	960.2	1 330.2	1.6	27	3.0	3.2	3.07	93/108
伊朗	71.5	128.3	2.2	59	3.0	1.4	4.77	67/75
哈萨克斯坦	16.8	20.0	0.1	60	1.4	0.1	2.30	41/32
吉尔吉斯斯坦	4.5	6.0	0.4	39	2.4	1.0	3.21	51/41
尼泊尔	22.6	40.6	2.5	14	6.5	8.6	4.95	122/137
巴基斯坦	143.8	268.9	2.7	35	4.6	3.4	5.02	117/113
斯里兰卡	18.3	23.9	1.0	22	2.8	9.4	2.10	21/21
塔吉克斯坦	6.0	9.7	1.9	32	3.2	2.7	3.93	79/64
土库曼斯坦	4.2	6.5	1.9	45	2.5	1.1	3.58	81/66
乌兹别克斯坦	23.7	36.5	1.9	41	2.8	1.8	3.48	62/51
东南亚	498.0	691.9	1.6	34	3.7	–	2.86	74/65
柬埔寨	10.5	17.0	2.2	21	5.6	1.9	4.50	158/141
印度尼西亚	203.5	275.2	1.5	35	4.1	5.6	2.63	78/65
老挝	5.2	10.2	3.1	22	5.7	4.2	6.69	172/150
马来西亚	21.0	31.6	2.0	54	3.4	2.4	3.24	27/23
缅甸	46.8	67.6	1.8	26	3.7	3.5	3.30	112/98
菲律宾	70.7	105.2	2.0	54	3.7	5.1	3.62	59/48
新加坡	3.4	4.2	1.5	100	0.8	7.0	1.79	7/6
泰国	59.2	69.1	0.8	20	2.8	1.9	1.74	40/38
越南	76.5	110.1	1.8	21	3.5	8.6	2.97	61/67
东亚⑤	1 447.2	1 695.5	0.9	37	2.9	–	1.78	40/47

(续表 1)

国家或地区	人口(百万) 1997	人口(百万) 2025	年均增长率(%) 1995～2000	城市人口比重(%) 1995	城市人口增长率(%) 1995～2000	人口/公顷 可耕地	总和生育率 (时期)	5岁以下儿童死亡率(‰) 男/女
中国	1 243.7	1 480.4	0.9	30	3.6	9.3	1.80	43/51
朝鲜	22.8	30.0	1.6	61	2.3	4.8	2.10	31/29
香港	6.2	6.5	0.8	95	0.5	8.3	1.32	7/6
日本	125.6	121.3	0.2	78	0.4	1.7	1.48	6/5
蒙古	2.6	4.1	2.1	61	2.9	0.5	3.27	74/77
韩国	45.7	52.5	0.9	81	2.1	3.0	1.65	15/15
欧洲	729.2	701.1	0.0	74	0.5	—	1.45	19/13
北欧[⑥]	93.6	95.6	0.1	84	0.4	—	1.73	10/8
丹麦	5.2	5.3	0.2	85	0.2	0.1	1.82	10/7
爱沙尼亚	1.5	1.3	−1.0	73	−0.1	0.2	1.30	20/13
芬兰	5.1	5.3	0.3	63	1.0	0.2	1.83	7/6
爱尔兰	3.6	3.7	0.2	58	0.8	0.3	1.80	8/6
拉脱维亚	2.5	2.1	−1.1	73	−0.2	0.2	1.40	24/15
立陶宛	3.7	3.5	−0.3	72	0.7	0.3	1.50	18/13
挪威	4.4	4.7	0.4	73	0.7	0.3	1.88	7/6
瑞典	8.8	9.5	0.3	83	0.5	0.1	1.80	7/6
英国	58.2	59.5	0.1	89	0.4	0.2	1.72	9/7
西欧[⑦]	182.5	184.1	0.3	81	0.4	—	1.46	9/7
奥地利	8.2	8.3	0.6	56	0.7	0.3	1.42	10/7
比利时	10.2	10.3	0.3	97	0.3	0.4	1.62	9/6
法国	58.5	60.4	0.3	73	0.5	0.1	1.63	9/7
德国	82.2	80.9	0.3	87	0.3	0.2	1.30	8/6
荷兰	15.7	16.1	0.5	89	0.6	0.7	1.55	10/8
瑞士	7.3	7.6	0.7	61	1.3	0.8	1.46	8/7
东欧	309.2	284.2	−0.3	70	0.5	—	1.41	27/19
白俄罗斯	10.3	9.6	−0.1	71	0.8	0.3	1.40	21/15
保加利亚	8.4	7.5	−0.5	71	0.3	0.2	1.45	20/14
捷克共和国	10.2	9.6	−0.1	65	0.4	0.4	1.40	15/5
匈牙利	10.0	8.7	−0.6	65	0.4	0.3	1.40	19/14
摩尔多瓦	4.4	4.9	0.1	52	1.8	0.8	1.80	33/23
波兰	38.6	40.0	0.1	65	0.9	0.6	1.65	20/14
罗马尼亚	22.6	21.1	−0.2	55	0.6	0.4	1.40	32/24
俄罗斯	147.7	131.4	−0.3	76	0.3	0.1	1.35	32/22
斯洛伐克	5.4	5.5	0.1	59	1.2	0.4	1.50	16/12
乌克兰	51.4	46.0	−0.4	70	0.6	0.3	1.38	24/17
南欧[⑧]	143.9	137.2	0.2	65	0.6	—	1.34	16/13
阿尔巴尼亚	3.4	4.3	0.6	37	2.2	2.9	2.60	50/47
波斯尼亚－黑塞哥维那	3.8	4.3	3.9	49	6.1	0.5	1.40	22/16
克罗地亚	4.5	4.2	−0.1	64	0.9	0.5	1.60	21/13
希腊	10.5	10.1	0.3	65	1.0	0.8	1.38	10/10
意大利	57.2	51.7	0.0	67	0.2	0.4	1.19	10/8
马其顿	2.2	2.5	0.7	60	1.5	0.6	1.90	46/37
葡萄牙	9.8	9.4	−0.1	36	1.4	0.7	1.48	14/10

(续表 2)

国家或地区	人口(百万) 1997	人口(百万) 2025	年均增长率(%) 1995～2000	城市人口比重(%) 1995	城市人口增长率(%) 1995～2000	人口/公顷可耕地	总和生育率(时期)	5岁以下儿童死亡率(‰) 男/女
斯洛文尼亚	1.9	1.7	−0.1	64	1.2	0.3	1.30	14/8
西班牙	39.7	37.5	0.1	76	0.4	0.2	1.22	10/9
南斯拉夫	10.4	10.7	0.5	57	0.9	0.7	1.80	31/25
非洲[9]	758.4	1 453.9	2.6	34	4.3	–	5.31	152/138
北非[10]	164.7	256.7	2.0	46	3.1	–	3.67	91/82
阿尔及利亚	29.5	47.3	2.3	56	3.5	0.9	3.81	66/60
埃及	64.5	95.8	1.9	45	2.6	6.8	3.40	84/77
利比亚	5.8	12.9	3.3	86	3.9	0.2	5.92	98/89
摩洛哥	27.5	39.9	1.8	48	2.9	1.3	3.10	85/76
苏丹	27.9	46.9	2.2	25	4.7	1.5	4.61	139/123
突尼斯	9.3	13.5	1.8	57	2.6	0.7	2.92	58/55
西非[11]	221.8	446.6	2.8	37	4.9	–	5.95	172/157
贝宁	5.7	12.3	2.8	31	4.6	2.2	5.83	142/116
布基纳法索	11.1	23.5	2.8	27	8.9	2.6	6.57	176/166
科特迪瓦	14.3	24.4	2.0	44	4.7	3.3	5.10	134/119
加纳	18.3	36.3	2.8	36	4.4	2.5	5.28	127/110
几内亚	7.6	15.3	1.4	30	5.5	9.1	6.61	214/209
几内亚比绍	1.1	1.9	2.0	22	4.6	3.0	5.42	222/198
利比里亚	2.5	6.6	8.6	45	4.5	16.0	6.33	334/330
马里	11.5	24.6	3.0	27	5.4	3.5	6.60	210/187
毛里塔尼亚	2.4	4.4	2.5	54	4.3	5.4	5.03	161/143
尼日尔	9.8	22.4	3.3	17	5.8	2.2	7.10	207/184
尼日利亚	118.4	238.4	2.8	39	4.8	1.4	5.97	165/151
塞内加尔	8.8	16.9	2.7	42	4.0	2.6	5.62	172/163
塞拉利昂	4.4	8.2	3.0	36	4.4	6.1	6.06	296/266
多哥	4.3	8.8	2.7	31	4.8	1.2	6.08	147/130
东非	234.3	480.2	2.9	22	5.3	–	6.05	172/156
布隆迪	6.4	12.3	2.8	8	6.4	5.7	6.28	198/178
厄立特里亚	3.4	6.5	3.7	17	4.7	6.2	5.34	165/148
埃塞俄比亚	60.1	136.3	3.2	13	5.1	4.4	7.00	196/176
肯尼亚	28.4	50.2	2.2	28	5.6	5.4	4.85	107/102
马达加斯加	15.8	34.5	3.1	27	5.6	4.3	5.65	123/109
马拉维	10.1	20.4	2.5	14	4.6	5.6	6.69	234/227
毛里求斯[12]	1.1	1.5	1.1	41	1.6	1.5	2.28	22/19
莫桑比克	18.3	35.4	2.5	34	7.1	4.3	6.06	192/171
卢旺达	5.9	13.0	2.9	6	4.7	8.3	6.00	240/225
索马里	10.2	23.7	3.9	26	4.7	6.8	7.00	200/178
乌干达	20.8	45.0	2.6	13	5.4	3.4	7.10	203/185
坦桑尼亚	31.5	62.4	2.3	24	5.7	1.9	5.48	143/127
赞比亚	8.5	16.2	2.5	43	3.3	1.3	5.49	156/150
津巴布韦	11.7	19.3	2.1	32	4.4	2.7	4.68	122/108
中非[13]	88.1	187.5	2.7	33	4.5	–	6.01	158/140
安哥拉	11.6	25.5	3.3	32	5.6	2.6	6.69	205/183
喀麦隆	13.9	28.5	2.7	45	4.7	1.5	5.30	122/111

(续表 3)

国家或地区	人口(百万) 1997	人口(百万) 2025	年均增长率(%) 1995～2000	城市人口比重(%) 1995	城市人口增长率(%) 1995～2000	人口/公顷可耕地	总和生育率(时期)	5岁以下儿童死亡率(‰)男/女
中非共和国	3.4	6.0	2.1	39	3.5	1.3	4.95	172/140
乍得	6.7	12.6	2.8	21	4.1	1.6	5.51	191/171
刚果	2.7	5.7	2.8	59	4.2	7.9	5.87	154/122
加蓬	1.1	2.1	2.8	50	4.2	2.0	5.40	146/129
扎伊尔	48.0	105.9	2.6	29	4.3	3.9	6.24	151/133
南非	49.5	82.9	2.2	48	3.3	—	3.92	94/80
博茨瓦纳	1.5	2.6	2.2	28	6.3	1.4	4.45	97/86
莱索托	2.1	4.0	2.5	23	5.8	2.5	4.86	109/101
纳米比亚	1.6	3.0	2.4	37	5.3	1.0	4.90	109/102
南非	43.3	71.6	2.2	51	3.0	0.4	3.81	92/77
大洋洲	29.1	40.7	1.3	70	1.4	—	2.46	34/33
澳大利亚－新西兰	21.9	28.8	1.1	85	1.2	—	1.91	10/7
澳大利亚[14]	18.3	23.9	1.1	85	1.2	0.0	1.89	9/7
美拉尼西亚[15]	6.1	10.2	2.2	21	3.6	—	4.32	75/77
新喀里多尼亚	0.2	0.3	1.5	62	2.2	—	2.53	31/19
新西兰	3.6	4.9	1.1	86	1.3	0.2	2.02	12/9
巴布亚几内亚	4.5	7.5	2.2	16	4.0	81.9	4.65	87/92
瓦努阿图	0.2	0.3	2.5	19	3.9	—	4.36	64/51
北美洲[16]	301.7	369.0	0.8	76	1.2	—	1.93	11/9
加拿大	29.9	36.4	0.9	77	1.2	0.0	1.61	8/7
美国	271.6	332.5	0.8	76	1.2	0.0	1.96	12/9
拉丁美洲和加勒比海地区	491.9	689.6	1.5	74	2.3	—	2.65	51/41
中美洲	128.3	189.1	1.9	68	2.6	—	3.04	50/42
伯利兹	0.2	0.4	2.5	47	2.6	—	3.66	41/41
哥斯达黎加	3.6	5.6	2.1	50	3.2	2.8	2.95	18/14
萨尔瓦多	5.9	9.2	2.2	45	2.9	3.4	3.09	61/48
危地马拉	11.2	21.7	2.8	41	4.1	3.9	4.90	80/72
洪都拉斯	6.0	10.7	2.8	44	4.3	1.2	4.30	63/51
墨西哥	94.3	130.2	1.8	75	2.4	1.0	2.75	43/37
尼加拉瓜	4.4	7.6	2.6	63	4.0	0.9	3.85	73/60
巴拿马	2.7	3.8	1.6	53	2.4	1.2	2.63	32/30
加勒比地区[17]	36.5	48.2	1.1	62	2.0	—	2.59	61/48
古巴	11.1	11.8	0.4	76	1.2	0.7	1.55	14/10
多米尼加共和国	8.1	11.2	1.7	65	2.7	1.6	2.80	58/46
海地	7.4	12.5	1.9	32	4.1	7.8	4.60	130/104
牙买加	2.5	3.4	0.9	54	1.7	4.1	2.44	29/19
波多黎各	3.8	4.7	0.9	73	1.4	3.7	2.10	17/10
特立尼达和多巴哥	1.3	1.7	0.8	72	1.8	1.6	2.10	22/14
南美洲[18]	327.1	452.3	1.5	78	2.2	—	2.51	51/40
阿根廷	35.7	47.2	1.3	88	1.5	0.2	2.62	30/24
玻利维亚	7.8	13.1	2.3	61	3.8	1.5	4.36	102/93
巴西	163.1	216.6	1.2	78	2.3	0.7	2.17	56/43

(续表4)

国家或地区	人口(百万)		年均增长率(%)	城市人口比重(%)	城市人口增长率(%)	人口/公顷	总和生育率	5岁以下儿童死亡率(‰)
	1997	2025	1995~2000	1995	1995~2000	可耕地	(时期)	男/女
智利	14.6	19.5	1.4	84	1.6	0.6	2.44	18/15
哥伦比亚	37.1	52.7	1.7	73	2.2	2.2	2.69	40/31
厄瓜多尔	11.9	17.8	2.0	58	3.1	2.1	3.10	67/55
巴拉圭	5.6	9.4	2.6	53	3.8	0.8	4.17	58/46
秘鲁	24.4	35.5	1.7	72	2.5	2.2	2.98	78/64
乌拉圭	3.2	3.7	0.6	90	0.8	0.4	2.25	24/21
委内瑞拉	22.8	34.8	2.0	93	2.4	0.7	2.98	30/23

注:① 发达地区包括北美、日本、欧洲、澳大利亚和前苏联。

② 欠发达地方包括非洲、拉丁美洲和加勒比地区、亚洲（不包括日本）所有地区和美拉尼西亚、密克罗尼西亚和波利尼亚。

③ 包括加沙地带（巴勒斯坦)。

④ 因为地理原因，土耳其列入西亚；但接其他分类方法，该国属于欧洲。

⑤ 包括澳门。

⑤ 包括海峡群岛、法罗群岛和马恩岛。

⑦ 包括列支敦士登和摩纳哥。

⑧ 包括安道尔、直布罗陀、梵蒂冈和圣马力诺。

⑨ 包括英属印度洋领地和塞舌尔群岛。

⑩ 包括西撒哈拉。

⑪ 包括圣赫勒拿岛、阿森松岛和特里斯坦达库尼亚群岛。

⑫ 包括阿加莱萨、罗德里格斯和圣布兰登

⑬ 包括圣多美和普林西比。

⑭ 包括圣诞岛、科科斯（基林）群岛和诺福克岛。

⑮ 包括新喀里多尼亚和瓦努阿图。

⑯ 包括百慕大、格陵兰岛、圣皮埃尔和密克隆。

⑰ 包括安圭拉、安提瓜和巴布达、阿鲁巴、英属维尔京群岛、开曼群岛、多米尼加、格林纳达、蒙特塞拉特、荷属安的列斯群岛、圣基茨和尼维斯、圣卢西亚、圣文森特和格林纳丁斯、特克斯和凯科斯岛、美属维尔京群岛。

⑱ 包括福克兰群岛（马尔维纳斯）和法属圭亚那。

资料来源: United Nations Population Fund (UNFPA):《The State of World Population》 (1997)。

表 4　　1985～1994 年年中人口数　　（千人）

国家或地区	1985	1986	1987	1988	1989	1990	1991	1992	1993	1994
亚洲										
阿富汗	18 136	18 614	15 219	15 513	15 814	16 121	16 433	16 624	17 691	18 879
亚美尼亚	3 339	3 387	3 435	3 453	3 482	3 545	3 612	3 686	3 732	3 548
阿塞拜疆	6 661	6 760	6 866	6 980	7 085	7 153	7 207	7 392	7 392	7 472
巴林	408	422	437	453	469	486	503	521	539	549
孟加拉国	99 434	101 673	102 563	104 532	106 507	108 118	109 880	112 709	115 203	117 787
不丹	1 376	1 410	1 446	1 483	1 516	1 544	1 566	1 582	1 596	1 614
文莱	218	225	232	239	246	253	260	268	274	280
柬埔寨	7 562	7 819	8 070	8 320	8 575	8 568	8 807	9 054	9 308	9 568
中国	1 070 175	1086 733	1 104 193	1 121 957	1139 193	1 155 305	1 170 052	1183 617	1 196 360	1208 841
塞浦路斯	647	650	659	664	671	681	693	706	718	734
东帝汶	659	677	694	709	725	740	756	771	785	800
格鲁吉亚	5 218	5 250	5 282	5 370	5 450	5 464	5 433	5 442	5 446	5 450
香港	5 456	5 525	5 581	5 628	5 686	5 705	5 755	5 812	5 919	6 061
印度	750 911	767 199	781 730	800 496	817 488	834 697	851 661	867 818	883 910	918 570
印度尼西亚	164 630	168 348	172 010	175 589	179 136	179 830	182 940	186 043	189 136	192 217
伊朗	47 820	49 445	50 662	51 909	53 187	54 496	55 837	57 153	58 481	59 778
伊拉克	15 585	16 110	16 330	16 882	17 428	17 373	17 903	19 011	19 454	19 925
以色列	4 233	4 299	4 369	4 442	4 518	4 660	4 946	5 123	5 251	5 383
日本	120 837	121 492	122 091	122 613	123 116	123 537	123 921	124 324	124 670	124 961
约旦	3 833	3 938	4 005	4 057	4 134	4 259	4 443	4 675	4 936	5 198
哈萨克斯坦	15 827	16 019	16 167	16 362	16 537	16 670	16 806	16 903	16 956	17 027
朝鲜	19 888	20 240	20 604	20 981	21 371	21 774	22 189	22 615	23 048	23 483
韩国	40 806	41 214	41 622	42 031	42 449	42 869	43 268	43 663	44 056	44 453
科威特	1 720	1 798	1 877	1 958	2 041	2 125	2 073	1 442	1 461	1 620
吉尔吉斯斯坦	4 014	4 093	4 173	4 250	4 327	4 395	4 453	4 493	4 528	4 596
老挝	3 594	3 701	3 818	3 942	4 071	4 202	4 334	4 469	4 605	4 742
黎巴嫩	2 668	2 639	2 598	2 559	2 540	2 555	2 610	2 698	2 806	2 915
澳门	290	296	307	316	325	335	352	372	388	398
马来西亚	15 681	16 110	16 526	16 942	17 354	17 764	18 181	18 612	19 047	19 489
马尔代夫	184	190	197	203	209	216	223	231	238	246
蒙古	1 878	1 925	1 973	2 021	2 070	2 177	2 226	2 273	2 318	2 363
缅甸	38 541	39 411	39 187	40 043	40 919	41 813	42 724	43 652	44 596	45 555
尼泊尔	16 324	16 667	17 017	17 374	17 739	18 111	19 755	18 879	19 275	21 360
阿曼	1 397	1 463	1 531	1 602	1 675	2 000	1 829	1 909	1 992	2 077
巴基斯坦	96 180	99 163	102 238	105 409	108 678	112 049	115 524	119 107	122 802	126 610
菲律宾	54 668	56 004	57 356	58 721	60 097	61 840	62 868	64 259	65 649	67 038
卡塔尔	358	386	413	428	456	486	503	533	559	540
沙特阿拉伯	12 649	13 357	13 612	14 016	14 435	14 870	16 487	16 824	17 119	17 451
新加坡	2 483	2 519	2 554	2 599	2 648	2 705	2 763	2 818	2 874	2 930
斯里兰卡	15 842	16 117	16 361	16 599	16 825	16 993	17 247	17 405	17 619	17 865
叙利亚	10 267	10 612	10 969	11 338	11 719	12 116	12 529	12 958	13 393	13 844
塔吉克斯坦	4 567	4 719	4 874	5 027	5 175	5 303	5 465	5 604	5 738	5 933
泰国	51 580	52 511	53 427	54 326	55 214	56 082	56 923	57 760	58 584	59 396
土耳其	50 307	51 433	52 561	53 715	54 894	56 098	57 326	58 584	58 869	61 183
土库曼斯坦	3 230	3 316	3 408	3 495	3 578	3 670	3 745	3 833	3 921	4 010
阿拉伯联合酋长国	1 379	1 442	1 503	1 561	1 617	1 617	1 721	1 770	1 206	1 861

(续表1)

国家或地区	1985	1986	1987	1988	1989	1990	1991	1992	1993	1994
乌兹别克斯坦	18 231	18 757	19 298	19 737	20 114	20 531	20 896	21 375	21 860	22 349
越南	59 872	61 109	62 452	63 727	64 774	66 233	67 774	69 405	70 893	72 510
也门	9 598	9 880	10 164	10 608	10 947	11 279	11 613	11 952	12 302	12 672
欧洲										
阿尔巴尼亚	2 957	3 016	3 076	3 138	3 199	3 256	3 255	3 363	3 389	3 414
安道尔	45	47	48	50	51	53	57	60	63	65
奥地利	7 555	7 565	7 573	7 595	7 618	7 718	7 825	7 884	7 991	8 031
白俄罗斯	9 999	10 058	10 111	10 167	10 229	10 260	10 271	10 313	10 357	10 355
比利时	9 858	9 862	9 870	9 902	9 938	9 967	9 979	10 055	10 084	10 080
波斯尼亚-黑塞哥维那	4 122	4 192	4 275	4 344	4 363	4 308	4 163	3 944	3 707	3 527
保加利亚	8 960	8 958	8 971	8 981	8 989	8 991	8 982	8 540	8 472	8 443
海峡群岛	133	136	136	140	142	142	143	143	142	147
克罗地亚	4 471	4 485	4 713	4 731	4 767	4 778	4 785	4 789	4 779	4 504
捷克共和国	10 337	10 341	10 349	10 356	10 362	10 363	10 309	10 318	10 331	10 333
丹麦	5 114	5 121	5 127	5 130	5 133	5 140	5 154	5 170	5 189	5 205
爱沙尼亚	1 519	1 532	1 546	1 560	1 569	1 571	1 566	1 544	1 517	1 499
费罗群岛	46	46	47	47	47	47	47	47	47	47
芬兰	4 902	4 918	4 932	4 946	4 964	4 986	5 014	5 042	5 066	5 095
法国	55 284	55 546	55 824	56 118	56 423	56 735	57 055	57 374	57 667	57 747
德国	77 619	77 635	77 718	78 116	78 677	79 365	79 984	80 570	81 187	81 410
直布罗陀	29	29	29	31	31	28	28	28	28	28
希腊	9 343	9 967	10 001	10 037	10 090	10 161	10 248	10 323	10 380	10 426
匈牙利	10 579	10 534	10 486	10 443	10 398	10 365	10 346	10 324	10 294	10 261
冰岛	241	243	246	250	253	255	258	261	264	266
爱尔兰	3 540	3 541	3 543	3 538	3 515	3 503	3 526	3 549	3 563	3 571
马恩岛	63	64	64	67	68	69	70	70	71	73
意大利	57 141	57 246	57 345	57 441	57 541	57 661	56 760	56 859	57 057	57 193
拉脱维亚	2 579	2 600	2 627	2 651	2 670	2 671	2 662	2 632	2 586	2 548
列支敦士登	27	27	28	28	28	29	29	30	30	31
立陶宛	3 545	3 579	3 616	3 655	3 691	3 722	3 742	3 742	3 730	3 721
卢森堡	367	368	371	374	378	382	387	390	398	401
马耳他	340	342	344	347	351	354	358	363	361	364
摩纳哥	28	28	29	29	30	30	30	31	31	31
荷兰	14 484	14 564	14 665	14 758	14 849	14 952	15 070	15 184	15 290	15 380
挪威	4 153	4 167	4 187	4 209	4 227	4 241	4 262	4 286	4 312	4 325
波兰	37 203	37 456	37 664	37 862	37 963	38 119	38 245	38 365	38 505	38 544
葡萄牙	10 011	10 011	9 994	9 968	9 937	9 896	9 867	9 862	9 876	9 830
摩尔多瓦	4 215	4 255	4 290	4 321	4 349	4 364	4 363	4 348	4 356	4 350
罗马尼亚	22 725	22 823	22 940	23 054	23 132	23 207	23 185	22 789	22 755	22 736
俄罗斯	143 329	144 475	145 729	146 861	147 709	148 292	148 624	148 689	148 520	149 997
圣马力诺	22	23	23	23	23	23	23	24	24	25
斯洛伐克	5 162	5 193	5 224	5 251	5 276	5 298	5 283	5 300	5 318	5 347
斯洛文尼亚	1 973	1 981	1 989	2 000	1 999	1 998	2 002	1 996	1 991	1 942
西班牙	38 474	38 604	38 716	38 809	38 888	38 959	39 025	39 006	39 083	39 143
瑞典	8 350	8 370	8 398	8 437	8 493	8 559	8 617	8 668	8 719	8 780

(续表 2)

国家或地区	1985	1986	1987	1988	1989	1990	1991	1992	1993	1994
瑞士	6 470	6 504	6 545	6 593	6 647	6 712	6 800	6 875	6 938	6 995
马其顿	1 969	1 982	1 995	2 007	2 018	2 028	2 039	2 056	2 119	2 142
乌克兰	50 858	51 025	51 261	51 484	51 707	51 839	52 001	52 057	52 179	51 910
英国	56 685	56 850	57 008	57 159	57 352	57 561	57 801	57 998	58 191	58 091
南斯拉夫	10 209	10 277	10 342	10 411	10 471	10 529	10 409	10 445	10 485	10 515
非洲										
阿尔及利亚	21 850	22 520	23 021	23 732	24 335	25 012	25 533	26 127	26 722	27 325
安哥拉	7 976	8 188	8 407	8 641	9 739	10 020	9 524	10 609	10 276	10 674
贝宁	4 059	4 188	4 324	4 465	4 606	4 739	4 889	5 047	5 215	5 387
博茨瓦纳	1 088	1 128	1 168	1 210	1 245	1 300	1 348	1 394	1 443	1 443
布基纳法索	7 886	8 097	8 314	8 537	8 766	9 001	9 191	9 433	9 682	9 889
布隆迪	4 718	4 857	5 001	5 149	5 302	5 458	5 620	5 786	5 958	6 134
喀麦隆	10 166	10 457	10 822	10 883	11 540	11 526	11 853	12 184	12 522	12 871
佛得角	333	339	347	326	333	341	350	360	370	381
中非共和国	2 608	2 740	2 721	2 878	2 989	2 927	3 001	3 077	3 156	3 235
乍得	5 018	5 120	5 219	5 320	5 556	5 687	5 819	5 961	6 098	6 214
科摩罗	455	476	488	505	524	543	564	585	607	630
刚果	1 923	1 981	2 040	2 101	2 165	2 232	2 300	2 371	2 443	2 516
科特迪瓦	9 933	10 319	10 717	11 816	11 260	11 717	12 186	12 672	13 175	13 695
吉布提	430	456	445	472	496	517	534	546	557	566
埃及	46 473	47 811	49 050	50 267	51 477	52 691	54 531	55 163	56 489	57 851
赤道几内亚	312	324	333	333	340	348	356	369	379	389
厄立特里亚	2 698	2 769	2 843	2 920	2 999	3 082	3 167	3 255	3 345	3 437
埃塞俄比亚	41 401	42 787	44 146	45 449	46 928	48 360	49 947	51 571	53 236	54 938
加蓬	985	1 018	1 050	1 082	1 114	1 146	1 179	1 213	1 248	1 283
冈比亚	745	775	809	846	884	923	963	878	1 042	1 081
加纳	12 717	13 050	13 391	14 137	14 571	15 020	15 484	15 959	16 446	16 944
几内亚	4 661	4 794	4 931	5 071	5 585	5 755	5 932	6 116	6 306	6 501
几内亚比绍	869	889	910	932	944	964	984	1 006	1 028	1 050
肯尼亚	20 333	21 163	22 936	23 883	24 872	24 032	25 905	25 700	28 113	29 292
莱索托	1 503	1 578	1 618	1 699	1 700	1 792	1 841	1 891	1 943	1 996
利比里亚	2 161	2 221	2 281	2 341	2 401	2 407	2 520	2 580	2 640	2 700
利比亚	3 374	3 517	3 666	3 821	3 982	4 151	4 326	4 509	4 700	4 899
马达加斯加	9 985	10 992	11 369	11 759	12 161	11 197	11 493	13 417	13 854	14 303
马拉维	7 059	7 279	7 499	7 755	8 022	8 289	8 556	8 823	9 135	9 461
马里	8 206	7 566	7 696	7 827	7 960	8 156	9 507	9 816	10 135	10 462
毛里塔尼亚	1 766	1 812	1 858	1 905	1 953	2 003	2 036	2 107	2 148	2 211
毛里求斯	1 021	1 028	1 036	1 043	1 051	1 059	1 070	1 084	1 097	1 104
摩洛哥	21 836	22 354	22 884	23 407	23 951	24 487	25 020	25 547	26 069	265 590
莫桑比克	13 868	14 161	14 116	13 946	13 985	14 151	14 420	14 790	15 583	16 614
纳米比亚	1 178	1 210	1 243	1 278	1 313	1 349	1 385	1 423	1 461	1 500
尼日尔	6 608	6 822	7 036	7 257	7 487	7 731	7 991	8 264	8 361	8 846
尼日利亚	95 690	98 168	101 408	104 957	93 336	96 154	99 087	102 129	105 264	108 467
留尼汪	546	555	565	574	590	601	612	624	632	644
卢旺达	6 056	6 240	6 425	6 611	6 798	7 181	7 174	7 363	7 554	7 750

(续表 3)

国家或地区	1985	1986	1987	1988	1989	1990	1991	1992	1993	1994
圣多美和普林西比	104	107	109	111	113	115	121	120	122	125
塞内加尔	6 522	6 719	6 908	7 101	7 300	7 504	7 764	7 930	8 152	8 102
塞舌尔	65	66	68	69	69	70	70	71	72	74
塞拉利昂	3 582	3 658	3 738	3 821	3 908	3 999	4 094	4 194	4 297	4 402
索马里	7 875	8 068	8 247	8 409	8 553	8 677	8 779	8 865	8 954	9 007
南非	33 043	33 833	34 626	35 425	36 237	37 066	37 913	39 778	39 659	40 436
苏丹	22 109	22 804	23 517	24 245	24 989	25 752	26 530	27 323	28 129	28 947
斯威士兰	638	656	686	705	724	768	765	823	809	832
多哥	3 028	3 121	3 217	3 296	3 422	3 531	3 645	3 763	3 885	3 928
突尼斯	7 261	7 465	7 639	7 770	7 910	8 074	8 222	8 355	8 570	8 733
乌干达	15 111	15 608	16 146	16 721	17 324	17 949	18 595	19 261	19 940	20 621
坦桑尼亚	21 733	22 462	23 217	23 997	24 802	25 635	26 398	27 204	28 019	28 846
西撒哈拉	185	195	204	212	221	230	240	250	261	272
扎伊尔	30 981	31 499	32 461	33 458	34 491	35 562	36 672	39 939	41 231	42 552
赞比亚	6 725	7 110	7 365	7 531	7 804	8 073	8 412	8 339	8 936	9 196
津巴布韦	8 379	8 406	8 640	8 878	9 122	9 369	10 191	10 469	10 779	11 150
大洋洲										
美属萨摩亚	39	41	42	44	46	47	48	51	51	53
澳大利亚	15 788	16 018	16 263	16 518	16 814	17 065	17 284	17 489	17 656	17 843
库克群岛	18	17	17	18	18	18	19	19	19	19
斐济	697	714	721	720	752	731	741	746	771	784
法属波利尼西亚	174	178	183	188	193	197	202	206	213	215
关岛	119	124	126	128	131	134	137	139	144	146
马绍尔群岛	39	40	42	43	44	46	48	50	52	54
密克罗尼西亚	95	98	100	103	106	108	111	114	118	104
瑙鲁	8	9	9	9	9	10	10	10	10	11
新喀里多尼亚	154	157	161	164	167	170	173	177	179	183
新西兰	3 247	3 277	3 304	3 317	3 330	3 363	3 406	3 443	3 451	3 493
巴布亚新几内亚	3 337	3 407	3 482	3 557	3 630	3 699	3 772	3 847	3 922	3 997
萨摩亚	160	161	161	162	163	164	164	161	169	164
所罗门群岛	270	279	290	299	310	320	331	343	355	366
汤加	97	92	93	94	95	97	97	97	98	98
瓦努阿图	136	140	145	150	155	147	153	157	161	165
瓦利斯和富图纳群岛	12	13	13	13	13	14	14	14	14	14
北美洲										
安提瓜和巴布达	76	76	63	63	63	64	64	65	65	65
阿鲁巴	61	60	60	61	66	67	67	68	69	69
巴哈马	232	236	241	246	251	255	260	264	269	272
巴巴多斯	253	253	754	254	255	257	258	263	264	261
贝利塞	166	170	175	180	183	189	194	199	205	211
百慕大	56	57	57	59	60	61	61	62	63	63
英属维尔京群岛	12	12	12	12	13	16	17	17	18	18
加拿大	25 165	25 353	25 617	25 991	26 240	26 584	28 120	28 436	28 941	29 248
开曼群岛	21	21	22	24	25	26	27	28	29	30

(续表完)

国家或地区	1985	1986	1987	1988	1989	1990	1991	1992	1993	1994
哥斯达黎加	2 642	2 716	2 781	2 851	2 922	2 805	2 871	2 938	3 005	3 071
古巴	10 098	10 199	10 301	10 412	10 523	10 625	10 744	10 831	10 905	10 960
多米尼加	80	81	81	81	72	71	71	71	71	71
多米尼加共和国	6 416	6 565	6 716	6 867	7 012	7 170	7 313	7 405	7 608	7 760
萨尔瓦多	4 856	4 948	5 054	5 090	5 193	5 172	5 351	5 477	5 517	5 641
格陵兰	53	54	54	55	55	56	56	55	55	55
格林纳达	91	97	97	90	91	91	91	91	92	92
瓜德罗普	349	356	364	372	381	385	395	408	413	421
危地马拉	7 963	8 195	8 434	8 681	8 935	9 198	9 467	9 745	10 030	10 322
海地	5 865	5 989	6 113	6 238	6 362	6 486	6 625	6 764	6 903	7 041
洪都拉斯	4 372	4 514	4 656	4 802	4 951	5 105	5 265	5 427	5 595	5 770
牙买加	2 311	2 340	2 350	2 360	2 390	2 415	2 366	2 394	2 411	2 496
马提尼克	337	341	345	350	356	362	368	373	371	375
墨西哥	77 938	79 567	81 199	82 721	84 272	86 154	87 836	89 538	91 261	93 008
蒙特塞拉特	12	12	11	11	11	11	11	11	11	11
荷属安的列斯	182	184	191	190	190	190	192	193	195	197
尼加拉瓜	3 272	3 384	3 501	3 622	3 745	3 871	3 999	4 131	4 265	4 401
巴拿马	2 167	2 212	2 257	2 303	2 350	2 398	2 443	2 488	2 535	2 583
波多黎各	3 378	3 406	3 433	3 461	3 497	3 528	3 549	3 579	3 620	3 640
圣基茨－尼维斯	44	44	43	44	42	42	42	42	42	41
圣卢西亚	137	140	142	145	148	133	135	137	139	141
圣文森特和格林纳丁斯	109	111	112	105	106	107	108	109	110	111
特立尼达和多巴哥	1 178	1 196	1 212	1 212	1 213	1 227	1 237	1 252	1 260	1 257
美国	238 492	240 680	242 836	245 057	247 343	249 911	252 643	255 407	258 120	260 651
美属维尔京群岛	111	110	106	103	103	102	103	103	104	104
南美洲										
阿根廷	30 325	30 771	31 221	31 670	32 114	32 547	32 966	33 375	33 778	34 180
玻利维亚	5 895	6 025	6 157	6 293	6 431	6 573	6 733	6 897	7 065	7 237
巴西	131 985	134 611	137 177	139 684	142 139	144 541	146 904	149 237	151 534	153 725
智利	12 122	12 327	12 536	12 748	12 961	13 173	13 386	13 599	13 813	13 994
哥伦比亚	29 481	30 024	30 578	31 141	31 715	32 300	32 841	33 392	33 951	34 520
厄瓜多尔	9 099	9 330	9 561	9 794	10 029	10 264	10 502	10 741	10 981	11 221
法属圭亚那	90	95	100	106	111	117	123	129	135	141
圭亚那	290	792	793	793	794	796	801	806	816	825
巴拉圭	3 693	3 807	3 922	4 039	4 157	4 277	4 397	4 519	4 643	4 100
秘鲁	19 417	19 840	20 261	20 684	21 113	21 550	21 998	22 454	22 454	23 088
苏里南	377	382	387	391	401	404	404	409	414	418
乌拉圭	3 008	3 025	3 042	3 060	3 077	3 094	3 112	3 131	3 149	3 167
委内瑞拉	17 317	17 526	17 974	18 422	18 872	19 325	19 787	20 249	20 712	21 177

资料来源:《Demographic Yearbook》1994, UN

表 5　　1996年出生率、死亡率、自然增长率、总和生育率

国家或地区	出生率(‰)	死亡率(‰)	自然增长率(年均, %)	总和生育率	国家或地区	出生率(‰)	死亡率(‰)	自然增长率(年均,%)	总和生育率
世界	24	9	1.5	3.0	印度尼西亚	24	8	1.6	2.9
发达国家	12	10	0.1	1.6	老挝	43	15	2.9	6.1
发展中国家	27	9	1.9	3.4	马来西亚	28	5	2.4	3.3
发展中国家(不包括中国)	31	10	2.2	4.0	缅甸	31	12	1.9	4.0
					菲律宾	30	9	2.1	4.1
					新加坡	16	5	1.1	1.8
亚洲	24	8	1.6	2.9	泰国	20	6	1.4	2.2
亚洲(不包括中国)	28	9	1.9	3.5	越南	30	7	2.3	3.7
西亚	32	7	2.4	4.4	**东亚**	16	7	1.0	1.8
亚美尼亚	14	7	0.7	1.7	中国	17	7	1.1	1.8
阿塞拜疆	21	7	1.4	2.2	香港	12	5	0.7	1.2
巴林	29	3	2.6	3.7	日本	10	7	0.2	1.5
塞浦路斯	16	8	0.9	2.2	朝鲜	24	6	1.9	2.4
加沙	55	5	5.0	8.0	韩国	15	6	0.9	1.7
格鲁吉亚	11	9	0.2	1.3	澳门	15	3	1.2	1.6
伊拉克	44	7	3.7	6.7	蒙古	22	8	1.4	3.8
以色列	21	6	1.5	2.9	中国台湾省	15	5	1.0	1.8
约旦	32	6	2.6	4.6					
科威特	26	2	2.3	3.6	**欧洲**	11	11	−0.1	1.5
黎巴嫩	25	5	2.0	2.9	**北欧**	13	11	0.2	1.8
阿曼	53	4	4.9	6.9	丹麦	13	12	0.1	1.4
卡塔尔	18	2	1.6	3.6	爱沙尼亚	9	15	−0.5	1.8
沙特阿拉伯	36	4	3.2	5.5	芬兰	13	10	0.3	1.8
叙利亚	41	6	3.5	6.9	冰岛	17	7	1.1	2.1
土耳其	23	7	1.6	2.7	爱尔兰	13	9	0.5	1.9
阿拉伯联合酋长国	23	4	1.9	4.1	拉脱维亚	9	16	−0.7	1.3
约旦河西岸	41	7	3.4	4.3	立陶宛	12	12	−0.1	1.5
也门	50	14	3.6	7.7	挪威	14	10	0.4	1.9
南中亚	30	10	2.1	3.8	瑞典	12	11	0.1	1.9
阿富汗	50	22	2.8	6.9	英国	13	11	0.2	1.7
孟加拉国	31	11	2.0	3.7	**西欧**	11	10	0.1	1.4
不丹	39	16	2.3	5.4	奥地利	11	10	0.1	1.4
印度	29	10	1.9	3.4	比利时	12	10	0.1	1.6
伊朗	36	7	2.9	5.1	法国	12	9	0.3	1.7
哈萨克斯坦	18	9	0.9	2.3	德国	9	11	−0.1	1.3
吉尔吉斯斯坦	25	8	1.6	3.1	列支敦士登	12	7	0.5	1.3
马尔代夫	43	7	3.6	6.2	卢森堡	14	9	0.4	1.7
尼泊尔	39	12	2.6	5.2	荷兰	13	9	0.4	1.6
巴基斯坦	39	10	2.9	5.6	瑞士	12	9	0.3	1.5
斯里兰卡	20	5	1.5	2.3	**东欧**	10	14	−0.4	1.4
塔吉克斯坦	28	7	2.1	3.7	白俄罗斯	10	13	−0.3	1.4
土库曼斯坦	32	8	2.4	3.9	保加利亚	9	13	−0.4	1.4
乌兹别克斯坦	29	7	2.3	3.5	捷克共和国	10	11	−0.1	1.4
东南亚	27	8	1.9	3.3	匈牙利	11	14	−0.3	1.6
文莱	27	3	2.4	3.1	摩尔多瓦	14	12	0.3	2.0
柬埔寨	45	16	2.9	5.8	波兰	12	10	0.2	1.7

(续表 1)

国家或地区	出生率(‰)	死亡率(‰)	自然增长率(年均，%)	总和生育率	国家或地区	出生率(‰)	死亡率(‰)	自然增长率(年均,%)	总和生育率
罗马尼亚	10	12	−0.2	1.3	**东非**	45	15	2.9	6.3
俄罗斯	9	15	−0.5	1.4	布隆迪	46	16	3.0	6.6
斯洛伐克	12	10	0.3	1.7	科摩罗	47	11	3.6	6.8
乌克兰	10	15	−0.5	1.5	吉布提	38	16	2.2	5.8
南欧	10	9	0.1	1.3	厄立特里亚	43	15	2.8	6.1
阿尔巴尼亚	23	6	1.7	2.8	埃塞俄比亚	46	16	3.1	6.8
波斯尼亚－黑塞哥维那	13	7	0.6	–	肯尼亚	40	13	2.7	5.4
					马达加斯加	44	12	3.2	6.1
克罗地亚	11	11	−0.0	1.5	马拉维	50	20	3.0	6.7
希腊	10	9	0.1	1.3	毛里求斯	20	7	1.3	2.4
意大利	9	10	−0.0	1.2	莫桑比克	45	19	2.7	6.5
马其顿	16	8	0.8	2.1	留尼汪	21	6	1.6	2.3
马耳他	13	7	0.6	1.9	卢旺达	44	17	2.7	6.2
葡萄牙	11	10	0.1	1.4	塞舌尔	23	8	1.5	2.7
圣马力诺	11	8	0.3	1.2	索马里	50	19	3.2	7.0
斯洛文尼亚	10	10	0.0	1.3	坦桑尼亚	43	14	3.0	6.3
西班牙	9	9	0.1	1.2	乌干达	52	19	3.3	7.3
南斯拉夫	13	10	0.3	1.9	赞比亚	45	15	3.0	6.5
					津巴布韦	35	9	2.5	4.4
非洲	41	13	2.8	5.7	**中非**	46	16	2.9	6.3
撒哈拉以南非洲	44	14	2.9	6.1	安哥拉	47	20	2.7	6.5
北非	32	8	2.4	4.3	喀麦隆	41	12	2.9	5.9
阿尔及利亚	30	6	2.4	4.3	中非共和国	42	17	2.5	5.1
埃及	30	7	2.2	3.6	乍得	44	18	2.6	5.9
利比亚	45	8	3.7	6.4	刚果	40	17	2.3	5.2
摩洛哥	29	6	2.2	4.0	赤道几内亚	41	15	2.6	5.3
苏丹	42	12	3.0	6.1	加蓬	29	14	1.5	5.0
突尼斯	23	6	1.7	3.4	圣多美和普林西比	35	9	2.6	4.5
西撒哈拉	47	18	2.8	7.0	扎伊尔	48	16	3.2	6.6
西非	45	14	3.1	6.1	**南非**	32	8	2.4	4.3
贝宁	49	18	3.1	7.1	博茨瓦纳	38	11	2.7	5.0
布基纳法索	47	19	2.8	6.9	莱索托	38	12	2.6	5.2
佛得角	27	8	1.9	4.1	纳米比亚	37	11	2.7	5.4
科特迪瓦	50	15	3.5	5.7	南非	31	8	2.3	4.1
冈比亚	48	21	2.7	5.9	斯威士兰	43	11	3.2	6.1
加纳	42	12	3.0	5.5					
几内亚	44	20	2.4	5.9	**大洋洲**	19	7	1.1	2.5
几内亚比绍	43	21	2.1	5.8	澳大利亚	14	7	0.8	1.9
利比里亚	44	12	3.1	6.4	密克罗尼西亚	38	8	3.0	5.6
马里	52	20	3.1	7.3	斐济	25	5	2.0	3.0
毛里塔尼亚	39	14	2.5	5.0	法属波利尼西亚	26	5	2.1	3.1
尼日尔	53	19	3.4	7.4	关岛	30	4	2.6	3.5
尼日利亚	43	12	3.1	6.0	马绍尔群岛	26	4	2.2	5.9
塞内加尔	43	16	2.7	6.0	新喀里多尼亚	26	6	2.0	3.3
塞拉利昂	46	19	2.7	6.2	新西兰	16	8	0.9	2.0
多哥	47	11	3.6	6.9	巴布亚新几内亚	34	10	2.3	4.7

（续表完）

国家或地区	出生率（‰）	死亡率（‰）	自然增长率（年均，%）	总和生育率	国家或地区	出生率（‰）	死亡率（‰）	自然增长率（年均，%）	总和生育率
所罗门群岛	39	5	3.4	5.7	瓜德罗普	18	6	1.2	2.0
瓦努阿图	38	9	2.9	5.3	海地	35	12	2.3	4.8
西萨摩亚	31	8	2.3	4.8	牙买加	24	5	1.8	3.0
					马提尼克	15	6	0.9	1.7
北美洲	15	9	0.7	2.0	荷属安的列斯群岛	20	7	1.3	2.2
加拿大	13	7	0.7	1.6					
美国	15	9	0.7	2.0	波多黎各	17	8	1.0	2.1
					圣基茨－尼维斯	22	9	1.3	2.4
拉丁美洲和加勒比地区	26	7	1.9	3.1					
					圣卢西亚	26	6	2.0	3.1
中美	28	5	2.3	3.4	圣文森特和格林纳丁斯	25	7	1.8	3.1
伯利兹	38	5	3.3	4.5					
哥斯达黎加	26	4	2.2	3.1	特立尼达和多巴哥	18	7	1.2	2.2
萨尔瓦多	32	6	2.6	3.8					
危地马拉	36	7	2.9	5.1	**南美**	25	7	1.8	3.0
洪都拉斯	34	6	2.8	5.2	阿根廷	20	8	1.2	2.7
墨西哥	27	5	2.2	3.1	玻利维亚	36	10	2.6	4.8
尼加拉瓜	33	6	2.7	4.6	巴西	25	8	1.7	2.8
巴拿马	22	4	1.8	3.0	智利	21	6	1.6	2.5
加勒比地区	23	8	1.5	2.8	哥伦比亚	27	6	2.1	3.0
安提瓜和巴布达	18	6	1.2	1.7	厄瓜多尔	29	6	2.3	3.6
巴哈马	18	5	1.3	1.9	圭亚那	25	7	1.8	2.6
巴巴多斯	14	9	0.5	1.6	巴拉圭	34	6	2.8	4.5
古巴	14	7	0.7	1.5	秘鲁	29	7	2.1	3.5
多米尼加	20	7	1.3	2.1	苏里南	23	6	1.6	2.4
多米尼加共和国	29	6	2.3	3.3	乌拉圭	18	10	0.8	2.3
格林纳达	29	6	2.4	3.8	委内瑞拉	26	5	2.1	3.1

资料来源：1996 World Population Data Sheet of the Population Reference Bureau.

表 6　1996 年世界人口出生时预期寿命、婴儿死亡率、15 岁以下和 65 岁以上人口所占比例、已婚妇女避孕率

国家或地区	婴儿死亡率 (‰)	15 岁以下和 65 岁以上人口所占比例 (%)		出生时预期寿命 (岁)			已婚妇女避孕率 (%)	
		<15	65+	总	男	女	总	现代方式
世界	62	32	6	66	64	68	57	50
发达国家	9	20	14	74	70	78	–	57
发展中国家	68	35	5	64	62	65	54	48
发展中国家（不包括中国）	73	38	4	61	60	63	42	35
亚洲	62	32	5	65	64	67	59	54
亚洲（不包括中国）	68	35	5	63	62	64	45	39
西亚	48	39	4	67	65	69	–	–
亚美尼亚	15	31	7	71	68	74	–	–
阿塞拜疆	25	33	5	71	66	75	–	–
巴林	19	32	2	73	71	76	54	30
塞浦路斯	9	25	11	77	75	79	–	–
加沙	32	51	3	71	70	72	–	–
格鲁吉亚	18	24	10	73	69	76	–	–
伊拉克	67	47	3	66	65	67	18	10
以色列	6.9	30	9	77	75	79	–	–
约旦	34	42	3	68	66	70	35	27
科威特	12	29	1	75	73	77	35	32
黎巴嫩	28	33	7	75	73	78	65	39
阿曼	24	36	3	71	70	72	9	8
卡塔尔	11	30	1	73	70	75	26	24
沙特阿拉伯	24	43	2	70	69	72	–	–
叙利亚	44	49	4	66	65	67	–	–
土耳其	47	33	5	68	65	70	63	35
阿拉伯联合酋长国	23	32	1	72	70	74	–	–
约旦河西岸	33	48	4	71	69	72	–	–
也门	83	52	3	52	51	53	10	6
南中亚	80	37	4	59	59	60	39	34
阿富汗	163	41	3	43	43	44	–	–
孟加拉国	88	40	3	57	57	57	45	36
不丹	121	39	4	51	51	50	–	–
印度	79	36	4	59	58	59	41	36
伊朗	57	44	3	67	65	68	65	45
哈萨克斯坦	27	31	6	69	64	73	59	46
吉尔吉斯斯坦	29	38	5	68	64	72	–	–
马尔代夫	50	47	3	65	63	66	–	–
尼泊尔	98	42	3	55	56	53	23	22
巴基斯坦	91	41	3	61	61	61	12	9
斯里兰卡	18.4	35	4	73	70	75	66	44
塔吉克斯坦	47	43	4	68	65	71	–	–
土库曼斯坦	46	41	4	66	62	69	–	–
乌兹别克斯坦	28	41	4	69	66	72	–	–

(续表 1)

国家或地区	婴儿死亡率 (‰)	15岁以下和65岁以上人口所占比例 (%)		出生时预期寿命 (岁)			已婚妇女避孕率 (%)	
		<15	65+	总	男	女	总	现代方式
东南亚	52	36	4	64	2	6	53	46
文莱	7.4	35	3	74	73	76	–	–
柬埔寨	111	46	3	49	48	51	–	–
印度尼西亚	66	35	4	63	61	65	55	52
老挝	102	45	3	52	50	53	19	–
马来西亚	11	36	4	72	70	75	56	37
缅甸	49	36	4	61	60	62	–	–
菲律宾	34	38	4	65	63	66	40	25
新加坡	4.0	23	7	76	74	79	65	–
泰国	35	30	4	70	68	72	66	64
越南	42	40	5	65	63	67	49	37
东亚	40	26	7	71	69	73	81	78
中国	44	27	6	70	68	72	83	81
香港	5.0	19	9	78	75	81	81	75
日本	4.2	16	15	80	77	83	64	57
朝鲜	28	29	4	70	67	73	–	–
韩国	11	23	6	72	68	76	79	70
澳门	6	24	7	69	67	71	–	–
蒙古	61	40	4	64	62	65	–	–
中国台湾省	5.1	24	7	74	72	78	75	68
欧洲	11	19	14	73	68	77	–	–
北欧	6	20	15	76	73	79	73	71
丹麦	5.4	17	15	75	73	78	78	72
爱沙尼亚	15	20	13	70	64	75	–	–
芬兰	4.7	19	14	77	73	80	–	–
冰岛	3.4	25	11	79	77	81	–	–
爱尔兰	5.9	25	11	76	74	79	–	–
拉脱维亚	19	21	13	67	61	73	–	–
立陶宛	14	22	12	69	63	75	–	–
挪威	5.2	19	16	78	75	81	76	72
瑞典	4.4	19	17	78	76	81	78	71
英国	6.2	19	16	77	74	79	72	71
西欧	6	18	15	77	73	80	77	69
奥地利	5.5	18	15	77	73	80	71	56
比利时	7.6	18	16	76	73	80	79	75
法国	6.1	20	15	78	74	82	81	67
德国	5.5	16	15	76	72	79	75	72
列支敦士登	5.6	19	10	72	68	75	–	–
卢森堡	5.3	18	14	76	73	79	–	–
荷兰	5.5	18	13	77	74	80	76	71
瑞士	5.1	18	15	78	75	82	71	65
东欧	16	21	12	68	62	73	–	–
白俄罗斯	13	22	12	69	64	74	50	42
保加利亚	15.5	19	15	71	68	75	–	–
捷克共和国	7.9	19	13	73	70	77	69	43
匈牙利	11.5	18	14	70	65	74	73	62
摩尔多瓦	23	27	9	68	64	71	–	–

(续表 2)

国家或地区	婴儿死亡率 (‰)	15岁以下和65岁以上人口所占比例 (%)		出生时预期寿命 (岁)			已婚妇女避孕率 (%)	
		<15	65+	总	男	女	总	现代方式
波兰	13.5	23	11	72	68	76	–	–
罗马尼亚	23.9	21	12	70	66	73	57	15
俄罗斯	18	21	12	65	57	71	–	22
斯洛伐克	11.2	23	11	72	68	77	74	42
乌克兰	14	20	14	68	63	73	–	–
南欧	11	17	14	76	73	79	–	–
阿尔巴尼亚	33.2	33	6	72	70	76	–	–
波斯尼亚一黑塞哥维那	–	23	7	72	70	75	–	–
克罗地亚	10.2	20	12	71	66	75	–	–
希腊	8.3	18	13	77	75	80	–	–
意大利	8.3	15	16	77	74	80	–	–
马其顿	24.1	24	8	72	70	74	–	–
马耳他	9.1	22	11	77	75	79	–	–
葡萄牙	7.9	18	14	75	71	78	–	–
圣马力诺	7.5	15	15	76	73	79	–	–
斯洛文尼亚	6.5	19	12	73	69	77	–	–
西班牙	7.2	17	15	77	73	81	79	75
南斯拉夫	18.6	22	11	72	69	74	–	–
非洲	91	44	3	55	53	56	22	17
撒哈拉以南非洲	96	46	3	52	51	54	16	11
北非	64	40	4	64	62	65	40	36
阿尔及利亚	55	40	4	67	67	68	47	43
埃及	62	40	4	64	62	66	48	46
利比亚	63	45	3	63	62	66	–	–
摩洛哥	57	38	5	68	66	70	42	36
苏丹	80	43	3	54	53	55	9	6
突尼斯	43	37	5	68	67	69	50	40
西撒哈拉	152	–	–	46	45	47	–	–
西非	92	46	3	53	52	54	9	4
贝宁	86	47	3	48	46	49	9	1
布基纳法索	94	48	3	45	44	46	8	4
佛得角	65	45	6	65	64	66	–	–
科特迪瓦	88	47	2	51	50	52	11	4
冈比亚	90	45	2	50	48	52	12	7
加纳	66	45	3	56	54	58	20	10
几内亚	139	44	3	44	42	46	–	–
几内亚比绍	140	43	3	44	42	45	–	–
利比里亚	113	44	3	58	55	60	6	5
马里	106	48	3	46	45	48	5	1
毛里塔尼亚	101	45	4	52	50	53	4	1
尼日尔	123	49	3	47	45	48	4	2
尼日利亚	87	45	3	56	55	58	6	4
塞内加尔	68	45	3	49	48	50	7	5
塞拉利昂	143	44	3	46	44	47	–	–
多哥	89	49	2	57	55	59	34	3
东非	106	47	3	50	48	51	16	11

(续表 3)

国家或地区	婴儿死亡率 (‰)	15岁以下和65岁以上人口所占比例 (%)		出生时预期寿命 (岁)			已婚妇女避孕率 (%)	
		<15	65+	总	男	女	总	现代方式
布隆迪	102	46	4	50	48	52	9	1
科摩罗	80	48	3	58	56	60	—	—
吉布提	115	41	2	48	47	50	—	—
厄立特里亚	105	44	3	50	49	52	8	4
埃塞俄比亚	120	49	3	50	48	52	4	3
肯尼亚	62	48	3	51	49	57	33	27
马达加斯加	93	46	3	57	55	58	17	5
马拉维	134	48	3	46	45	46	13	7
毛里求斯	18.1	29	6	69	65	73	75	49
莫桑比克	148	46	2	46	45	48	—	—
留尼汪	8	31	6	73	69	77	67	62
卢旺达	110	48	3	47	46	49	21	13
塞舌尔	12.9	31	7	70	68	73	—	—
索马里	122	48	3	47	45	49	—	—
坦桑尼亚	92	47	3	49	47	50	20	13
乌干达	115	47	3	45	44	46	5	3
赞比亚	107	50	3	49	48	50	15	9
津巴布韦	53	45	3	62	61	62	48	42
中非	106	46	3	49	47	51	—	—
安哥拉	137	45	3	46	44	48	—	—
喀麦隆	65	44	4	56	55	58	16	4
中非共和国	97	43	3	49	47	52	5	3
乍得	122	41	3	48	46	49	—	—
刚果	109	44	3	46	44	48	—	—
赤道几内亚	103	43	4	52	50	54	—	—
加蓬	85	34	5	54	52	58	—	—
圣多美和普林西比	50.8	47	4	63	62	65	—	—
扎伊尔	108	48	3	48	46	50	8	3
南非	49	38	4	65	62	67	50	48
博茨瓦纳	41	43	5	66	64	71	33	32
莱索托	79	41	5	55	54	57	23	19
纳米比亚	57	42	5	59	58	60	29	26
南非	46	37	5	66	63	68	53	52
斯威士兰	93	46	2	56	52	61	20	17
大洋洲	24	26	10	73	71	76	—	—
澳大利亚	5.8	21	12	78	75	81	76	72
密克罗尼西亚	52	46	3	64	62	66	—	—
斐济	19	38	3	63	61	65	—	—
法属波利尼西亚	13	36	3	70	68	72	—	—
关岛	9.7	30	4	74	72	76	—	—
马绍尔群岛	63	51	3	62	60	63	—	—
新喀里多尼亚	8	33	5	72	70	75	—	—
新西兰	7.0	23	12	76	73	79	—	—
巴布亚新几内亚	63	42	2	56	56	57	18	—
所罗门群岛	28	47	3	70	68	73	—	—
瓦努阿图	45	44	4	63	—	—	—	—
西萨摩亚	21	41	4	65	—	—	—	—

（续表完）

国家或地区	婴儿死亡率 (‰)	15岁以下和65岁以上人口所占比例 (%)		出生时预期寿命 (岁)			已婚妇女避孕率 (%)	
		<15	65+	总	男	女	总	现代方式
北美洲	7	22	13	76	72	79	71	66
加拿大	6.2	21	12	78	74	81	73	69
美国	7.5	22	13	76	72	79	71	65
拉丁美洲和加勒比地区	43	35	5	69	66	72	63	53
中美	37	37	4	71	68	74	61	52
伯利兹	34	44	4	72	70	74	47	42
哥斯达黎加	13.0	34	5	76	74	79	75	65
萨尔瓦多	41	40	4	68	65	70	53	48
危地马拉	51	45	3	65	62	67	31	27
洪都拉斯	50	45	3	68	66	71	47	34
墨西哥	34	36	4	73	70	76	65	56
尼加拉瓜	49	44	3	65	62	68	49	45
巴拿马	18	33	5	73	71	75	58	54
加勒比地区	42	31	7	69	67	72	60	56
安提瓜和巴布达	18	25	6	73	71	75	53	51
巴拿马	23.8	29	5	72	69	75	62	60
巴巴多斯	9.1	24	12	76	73	78	55	53
古巴	9.4	22	9	75	72	77	88	85
多米尼加	18.4	32	10	78	74	80	50	48
多米尼加共和国	52	37	4	68	66	71	56	52
格林纳达	12	43	5	71	68	73	54	49
瓜德罗普	10.3	26	9	75	71	78	–	–
海地	74	40	4	57	55	58	18	14
牙买加	24.0	34	7	74	71	76	67	63
马提尼克	6	24	10	75	73	79	–	–
荷属安的列斯群岛	6.3	26	7	74	72	78	–	–
波多黎各	11.5	27	10	74	70	79	70	62
圣基茨－尼维斯	24	32	9	69	66	71	41	37
圣卢西亚	23.0	37	7	72	69	75	47	46
圣文森特和格林纳丁斯	17	37	6	73	71	74	58	55
特立尼达和多巴哥	12.2	31	6	71	68	73	53	44
南美	46	34	5	68	65	71	65	52
阿根廷	22.9	31	9	72	69	76	–	–
玻利维亚	71	41	4	60	59	62	45	18
巴西	58	34	4	66	64	69	66	56
智利	13.1	30	7	72	69	76	–	–
哥伦比亚	28	33	4	69	66	72	72	59
厄瓜多尔	40	36	4	69	66	71	57	46
圭亚那	48	38	4	65	62	68	–	–
巴拉圭	38	42	4	69	66	71	51	41
秘鲁	60	36	4	66	64	68	59	33
苏里南	28	35	5	70	68	73	–	–
乌拉圭	20.1	26	12	73	69	76	–	–
委内瑞拉	23.5	38	4	72	69	75	–	–

资料来源：1996 World Population Data Sheet of the Population Reference Bureau.

城市化

表 7　　城市人口、人均国民生产总值

国家或地区	城市人口所占比例(%)(1996年)	人均国民生产总值(美元)(1994年)	国家或地区	城市人口所占比例(%)(1996年)	人均国民生产总值(美元)(1994年)
世界	43	4 740	柬埔寨	13	–
发达国家	74	18 130	印度尼西亚	31	880
发展中国家	35	1 090	老挝	19	320
发展中国家(不包括中国)	38	1 320	马来西亚	51	3 520
			缅甸	25	–
			菲律宾	49	860
亚洲	33	2 150	新加坡	100	23 360
亚洲（不包括中国）	35	3 110	泰国	19	2 210
西亚	63	3 840	越南	19	190
亚美尼亚	69	670	**东亚**	36	3 940
阿塞拜疆	53	500	中国	29	530
巴林	88	7 500	香港	–	21 650
塞浦路斯	53	10 380	日本	78	34 630
加沙	94	–	朝鲜	61	–
格鲁吉亚	55	580	韩国	74	8 220
伊拉克	70	–	澳门	97	–
以色列	90	14 410	蒙古	55	340
约旦	78	1 390	中国台湾省	75	–
科威特	96	19 040			
黎巴嫩	86	–	**欧洲**	74	12 310
阿曼	12	5 200	**北欧**	83	18 340
卡塔尔	91	14 540	丹麦	85	28 110
沙特阿拉伯	79	7 240	爱沙尼亚	70	2 820
叙利亚	51	–	芬兰	64	18 850
土耳其	63	2 450	冰岛	91	24.590
阿拉伯联合酋长国	82	21 420	爱尔兰	57	13 630
约旦河西岸	–	–	拉脱维亚	69	2 290
也门	23	280	立陶宛	68	1 350
南中亚	27	340	挪威	73	26 480
阿富汗	18	–	瑞典	83	23 630
孟加拉国	16	230	英国	90	18 410
不丹	17	400	**西欧**	79	24 900
印度	26	310	奥地利	65	24 950
伊朗	58	–	比利时	97	22 920
哈萨克斯坦	56	1 110	法国	74	23 470
吉尔吉斯斯坦	35	610	德国	85	25 580
马尔代夫	26	900	列支敦士登	–	–
尼泊尔	10	200	卢森堡	86	39 850
巴基斯坦	28	440	荷兰	61	21 970
斯里兰卡	22	640	瑞士	68	37 180
塔吉克斯坦	28	350	**东欧**	68	2 310
土库曼斯坦	45	–	白俄罗斯	69	2 160
乌兹别克斯坦	39	950	保加利亚	68	1 160
东南亚	30	1 240	捷克共和国	75	3 200
文莱	67	14 240	匈牙利	64	3 840

（续表 1）

国家或地区	城市人口所占比例（%）（1996 年）	人均国民生产总值（美元）（1994 年）
摩尔多瓦	47	870
波兰	62	2 470
罗马尼亚	55	1 230
俄罗斯	73	2 650
斯洛伐克	57	2 230
乌克兰	68	1 570
南欧	75	14 180
阿尔巴尼亚	37	360
波斯尼亚－黑塞哥维那	–	–
克罗地亚	54	2 530
希腊	72	7 710
意大利	97	19 270
马其顿	58	790
马耳他	89	7 970
葡萄牙	48	9 370
圣马力诺	91	–
斯洛文尼亚	50	7 140
西班牙	64	13 280
南斯拉夫	57	–
非洲	31	660
撒哈拉以南非洲	27	550
北非	45	1 100
阿尔及利亚	50	1 690
埃及	44	710
利比亚	85	–
摩洛哥	47	1 150
苏丹	27	–
突尼斯	60	1 800
西撒哈拉	–	–
西非	24	330
贝宁	36	370
布基纳法索	15	300
佛得角	44	910
科特迪瓦	46	510
冈比亚	26	360
加纳	36	430
几内亚	29	510
几内亚比绍	22	240
利比里亚	44	–
马里	26	250
毛里塔尼亚	39	480
尼日尔	15	230
尼日利亚	16	280
塞内加尔	43	610
塞拉利昂	35	150
多哥	30	320
东非	21	210
布隆迪	6	150
科摩罗	29	510
吉布提	77	780
厄立特里亚	17	–
埃塞俄比亚	15	130
肯尼亚	27	260
马达加斯加	26	230
马拉维	17	140
毛里求斯	44	3 180
莫桑比克	33	80
留尼汪	73	–
卢旺达	5	210
塞舌尔	50	6 210
索马里	24	–
坦桑尼亚	21	90
乌干达	11	200
赞比亚	42	350
津巴布韦	31	490
中非	33	–
安哥拉	32	–
喀麦隆	41	680
中非共和国	39	370
乍得	22	190
刚果	58	640
赤道几内亚	37	430
加蓬	73	3 550
圣多美和普林西比	46	250
扎伊尔	29	–
南非	53	2 840
博茨瓦纳	46	2 800
莱索托	16	700
纳米比亚	32	2 030
南非	57	3 010
斯威士兰	30	1 160
大洋洲	70	13 770
澳大利亚	85	17 980
密克罗尼西亚	26	1 890
斐济	39	2 320
法属波利尼西亚	57	–
关岛	38	–
马绍尔群岛	65	1 680
新喀里多尼亚	70	–
新西兰	85	13 190
巴布亚新几内亚	15	1 160
所罗门群岛	13	800
瓦努阿图	18	1 150

(续表完)

国家或地区	城市人口所占比例(%)(1996年)	人均国民生产总值(美元)(1994年)	国家或地区	城市人口所占比例(%)(1996年)	人均国民生产总值(美元)(1994年)
西萨摩亚	21	970	瓜德罗普	48	–
			海地	32	220
北美洲	75	25 220	牙买加	53	1 420
加拿大	77	19 570	马提尼克	81	–
美国	75	25 860	荷属安的列斯群岛	92	–
			波多黎各	73	7 000
拉丁美洲和加勒比地区	71	3 290	圣基茨－尼维斯	42	4 760
中美	65	3 310	圣卢西亚	48	3 450
伯利兹	48	2 550	圣文森特和格林纳丁斯	25	2 120
哥斯达黎加	44	2 380	特立尼达和多巴哥	65	3 740
萨尔瓦多	45	1 480	**南美**	75	3 360
危地马拉	39	1 190	阿根廷	87	8 060
洪都拉斯	47	580	玻利维亚	58	770
墨西哥	71	4 010	巴西	76	3 370
尼加拉瓜	63	330	智利	85	3 560
巴拿马	55	2 670	哥伦比亚	67	1 620
加勒比地区	60	–	厄瓜多尔	59	1 310
安提瓜和巴布达	31	6 970	圭亚那	33	530
巴哈马	84	11 790	巴拉圭	50	1 570
巴巴多斯	38	6 530	秘鲁	70	1 890
古巴	74	–	苏里南	49	870
多米尼加	61	2 830	乌拉圭	90	4 650
多米尼加共和国	61	1 320	委内瑞拉	84	2 760
格林纳达	–	2 620			

资料来源：1996 World Population Data Sheet of the Population Reference Bureau.

表 8　　土地使用与城市化

国家或地区	土地使用		城市人口				1990 年 100 万及其以上人口的城市占下列两项的百分比			
	耕地占土地总面积的百分比		占总人口的百分比		年平均增长率(%)		城市数		总人口数	
	1980	1993	1980	1994	1980～1990	1990～1994	1980	1994	1980	1994
低收入国家[①]	11	13	22	28	4.2	3.8	32	34	7	10
卢旺达	54	47	5	6	4.9	4.4	0	0	0	0
莫桑比克	4	4	13	33	9.1	7.4	48	41	6	13
埃塞俄比亚	13	13	10	13	4.7	3.2	30	29	3	4
坦桑尼亚	1	4	15	24	6.8	6.4	30	24	5	6
布隆迪	8	53	4	7	6.9	6.7	0	0	0	0
塞拉利昂	3	8	24	35	5.0	4.9	0	0	0	0
马拉维	25	18	9	13	6.1	5.7	0	0	0	0
乍得	3	3	19	21	3.4	3.5	0	0	0	0
乌干达	41	34	9	12	4.9	5.6	0	0	0	0
马达加斯加	7	5	18	26	5.7	5.7	0	0	0	0
尼泊尔	17	17	6	13	8.0	7.4	0	0	0	0
越南	22	20	19	21	2.5	3.0	27	32	5	7
孟加拉国	79	75	11	18	5.9	4.9	46	46	5	8
海地	5	33	24	31	3.9	4.0	55	56	13	17
尼日尔	3	3	13	22	7.5	6.9	0	0	0	0
几内亚比绍	10	12	17	22	3.5	4.3	0	0	0	0
肯尼亚	3	8	16	27	7.5	6.1	32	28	5	8
马里	2	2	18	26	5.1	5.7	0	0	0	0
尼日利亚	33	36	27	38	5.8	5.3	23	27	6	10
也门共和国	3	3	20	33	7.0	8.4	0	0	0	0
布基纳法索	13	13	9	25	10.0	11.5	0	0	0	0
蒙古	1	1	52	60	3.9	2.9	0	0	0	0
印度	73	57	23	27	3.2	2.9	25	35	6	9
老挝	6	3	13	21	6.2	6.4	0	0	0	0
多哥	17	45	23	30	5.3	4.8	0	0	0	0
冈比亚	1	18	18	25	6.0	6.5	0	0	0	0
尼加拉瓜	10	11	53	62	3.9	4.2	42	44	23	28
赞比亚	7	7	40	43	4.2	3.6	23	32	9	14
塔吉克斯坦	–	6	34	32	2.3	2.0	0	0	0	0
贝宁	16	17	32	41	5.2	4.9	0	0	0	0
中非共和国	7	3	35	39	3.0	3.5	0	0	0	0
阿尔巴尼亚	26	26	34	37	2.9	−0.4	0	0	0	0
加纳	13	19	31	36	4.3	4.2	30	27	9	10
巴基斯坦	26	30	28	34	4.5	4.7	39	52	11	18
毛里塔尼亚	0	0	29	52	7.6	5.5	0	0	0	0
阿塞拜疆	–	23	53	56	1.9	1.6	48	44	26	25
津巴布韦	7	7	22	31	6.0	5.0	0	0	0	0
几内亚	7	3	19	29	5.7	5.7	65	77	12	22
中国	12	10	19	29	4.8	4.1	41	35	8	10
洪都拉斯	7	17	36	47	5.4	4.9	0	0	0	0
塞内加尔	23	12	36	42	4.0	4.0	49	55	18	23
科特迪瓦	14	12	35	43	5.4	5.3	44	45	15	19
刚果	0	0	41	58	5.9	5.1	0	0	0	0

表 8 （续表 1）

国家或地区	土地使用		城市人口				1990 年 100 万及其以上人口的城市占下列两项的百分比			
	耕地占土地总面积的百分比		占总人口的百分比		年平均增长率(%)		城市数		总人口数	
	1980	1993	1980	1994	1980～1990	1990～1994	1980	1994	1980	1994
吉尔吉斯斯坦	–	7	38	39	1.9	0.8	0	0	0	0
斯里兰卡	10	29	22	22	1.4	2.2	0	0	0	0
亚美尼亚	–	20	66	69	1.6	1.8	51	50	34	34
喀麦隆	2	15	31	44	5.4	5.3	19	36	6	16
埃及	2	3	44	45	2.6	2.4	52	51	23	23
莱索托	2	11	13	22	6.8	6.1	0	0	0	0
格鲁吉亚	–	14	52	58	1.6	0.7	42	43	22	25
缅甸	30	15	24	26	2.5	3.3	27	32	7	8
中等收入国家[2]	8	10	52	61	3.0	2.4	32	33	16	20
下中等收入	8	11	47	56	3.0	2.3	28	30	12	16
玻利维亚	3	2	46	58	4.2	3.2	30	29	14	17
马其顿	–	26	54	59	1.5	1.6	0	0	0	0
摩尔多瓦	–	67	40	51	2.7	1.5	0	0	0	0
印度尼西亚	31	17	22	34	5.3	3.8	33	38	7	13
菲律宾	26	31	38	53	5.2	4.4	33	25	12	13
乌兹别克斯坦	–	11	41	41	2.5	2.6	28	24	11	10
摩洛哥	15	22	41	48	3.5	3.0	26	37	11	18
哈萨克斯坦	–	13	54	59	1.9	0.9	12	12	6	7
危地马拉	28	17	37	41	3.4	4.0	0	0	0	0
巴布亚新几内亚	1	1	13	16	3.6	3.7	0	0	0	0
保加利亚	11	39	61	70	1.0	0.0	20	23	12	16
罗马尼亚	62	43	49	55	1.3	0.2	18	17	9	9
厄瓜多尔	9	11	47	58	4.2	3.6	29	44	14	26
多米尼加共和国	29	30	50	64	4.1	3.1	49	51	25	33
立陶宛	–	46	61	71	2.1	0.9	0	0	0	0
萨尔瓦多	35	35	42	45	1.9	2.7	0	0	0	0
约旦	4	5	60	71	5.1	7.0	49	40	29	28
牙买加	4	20	47	55	2.3	2.1	0	0	0	0
巴拉圭	4	6	42	52	4.8	4.4	0	0	0	0
阿尔及利亚	3	3	43	55	4.8	3.9	25	24	11	13
哥伦比亚	10	5	64	72	2.8	2.7	34	38	22	28
突尼斯	13	32	51	57	3.2	2.8	34	39	17	22
乌克兰	–	59	62	70	1.2	0.9	22	22	14	15
纳米比亚	1	1	23	36	6.2	6.2	0	0	0	0
秘鲁	3	3	65	72	3.0	2.6	40	43	36	31
白俄罗斯	–	30	56	70	2.2	1.5	24	24	14	17
斯洛伐克	–	34	52	58	1.5	1.1	0	0	0	0
拉脱维亚	–	28	68	73	1.0	−0.8	0	0	0	0
哥斯达黎加	15	10	43	49	3.8	3.3	0	0	0	0
波兰	49	48	58	64	1.4	1.0	31	28	18	18
泰国	50	41	17	20	2.8	2.4	59	56	10	11
土耳其	45	36	44	67	5.8	4.6	39	34	17	23
克罗地亚	–	25	50	64	2.2	1.5	0	0	0	0
巴拿马	7	9	50	54	2.8	2.7	0	0	0	0

表 8

（续表 2）

国家或地区	土地使用		城市人口				1990年100万及其以上人口的城市占下列两项的百分比			
	耕地占土地总面积的百分比		占总人口的百分比		年平均增长率(%)		城市数		总人口数	
	1980	1993	1980	1994	1980～1990	1990～1994	1980	1994	1980	1994
俄罗斯	–	8	70	73	1.2	−0.2	23	25	16	19
委内瑞拉	7	4	83	92	3.5	2.9	20	29	16	27
博茨瓦纳	0	1	15	30	8.9	7.6	0	0	0	0
爱沙尼亚	–	27	70	73	1.0	−0.9	0	0	0	0
伊朗	6	11	50	58	5.0	3.9	26	35	13	20
土库曼斯坦	–	3	47	45	2.0	5.1	0	0	0	0
上中等收入	9	7	64	74	3.0	2.6	40	40	26	30
巴西	15	6	66	77	3.3	2.7	42	42	27	32
南非	10	11	48	50	2.7	2.9	23	37	11	19
毛里求斯	2	52	42	41	0.4	1.4	0	0	0	0
捷克共和国	–	43	64	65	0.3	0.1	18	18	12	12
马来西亚	17	15	42	53	4.4	4.0	16	12	7	6
智利	2	6	81	86	2.1	1.8	41	41	33	35
特立尼达和多巴哥	41	24	63	66	1.6	1.7	0	0	0	0
匈牙利	46	55	57	64	0.5	0.6	34	31	19	20
加蓬	8	2	36	49	6.0	5.1	0	0	0	0
墨西哥	17	13	66	75	2.9	2.8	41	38	27	28
乌拉圭	3	7	85	90	1.0	0.9	49	46	42	42
阿曼	0	0	8	13	8.7	8.6	0	0	0	0
斯洛文尼亚	–	15	48	63	2.6	1.3	0	0	0	0
沙特阿拉伯	1	2	67	80	6.9	4.1	28	27	19	21
希腊	38	27	58	65	1.3	1.5	54	54	31	35
阿根廷	10	10	83	88	1.9	1.6	42	44	35	39
韩国	38	21	57	80	3.8	2.9	65	64	37	51
低收入和中等收入国家	10	11	32	39	3.6	3.1	32	34	10	13
撒哈拉以南非洲	4	7	24	31	4.9	4.8	21	24	5	8
东亚与太平洋	13	12	22	32	4.6	3.9	40	36	9	11
南亚	50	45	22	26	3.5	3.3	27	36	6	10
欧洲与中亚	39	13	58	65	2.0	1.0	24	24	14	16
中东与北非	4	6	48	56	4.4	3.7	32	35	15	18
拉丁美洲与加勒比地区	9	7	65	74	3.0	2.6	36	37	24	28
高收入国家和地区[②]	15	12	76	77	0.8	0.3	40	43	30	34
葡萄牙	34	34	29	35	1.4	1.3	46	52	13	18
新西兰	2	14	83	86	0.9	1.2	0	0	0	0
西班牙	25	40	73	76	0.7	0.5	27	23	20	18
爱尔兰	5	13	55	57	0.6	0.7	0	0	0	0
以色列	11	21	89	90	–	–	41	39	37	35
澳大利亚	6	6	86	85	1.4	1.0	55	68	47	58
英国	11	27	89	89	0.3	0.4	28	26	25	23
芬兰	8	8	60	63	0.7	1.1	0	0	0	0
意大利	53	41	67	67	0.1	0.2	39	31	26	20
科威特	0	0	90	97	5.1	−5.4	67	70	60	67
加拿大	8	5	76	77	1.4	1.3	38	45	29	35
香港	5	–	92	95	1.6	1.7	100	100	91	95

表 8 （续表 3）

国家或地区	土地使用 耕地占土地总面积的百分比		城市人口 占总人口的百分比		城市人口 年平均增长率(%)		1990年100万及其以上人口的城市占下列两项的百分比 城市数		总人口数	
	1980	1993	1980	1994	1980～1990	1990～1994	1980	1994	1980	1994
荷兰	24	27	88	89	0.6	0.8	8	16	7	14
新加坡	14	2	100	100	1.7	2.0	100	100	100	100
比利时	–	31	95	97	0.2	0.5	13	11	12	11
法国	34	35	73	73	0.4	0.6	29	28	21	21
瑞典	21	7	83	83	0.3	0.6	20	21	17	17
奥地利	20	18	55	55	0.3	1.0	49	46	27	26
德国	20	34	83	86	0.4	1.0	46	47	38	40
美国	30	20	74	76	1.2	1.3	49	56	36	43
挪威	3	3	71	73	0.6	0.8	0	0	0	0
丹麦	63	60	84	85	0.2	0.4	32	30	27	26
日本	22	12	76	78	0.7	0.4	44	48	34	37
瑞士	12	11	57	61	1.0	1.4	0	0	0	0
阿拉伯联合酋长国	0	0	72	83	6.1	3.7	0	0	0	0
全世界④	11	11	39	45	2.7	2.3	34	35	14	16

注：① 世界银行为了业务和分析的目的，对国家（地区）进行分类的主要标准是国民生产总值（GNP）。低收入国家是指那些 1994 年人均 GNP 在 725 美元及其以下的国家。

② 中等收入国家里指那些 1994 年人均 GNP 在 725 美元以上、8 959 美元以下的国家。下中等收入和上中等收入国家按 1994 年人均 GNP 为 2 895 美元作进一步划分。

③ 高收入国家指 1994 年 GNP 在 8 956 美元以上的国家。

④ 全世界代表所有国家，包括未列入表中的数据很少和人口不足 100 万的国家。

资料来源：The World Bank:《World Development Report 1996: From Plan to Market》.

教育

表 9　　小学、中学、高等教育入学率

国家或地区	小学①				中学②				高等教育③	
	女性		男性		女性		男性			
	1980	1993	1980	1993	1980	1993	1980	1933	1980	1993
低收入国家	80	98	103	112	26	42	42	55	3	–
卢旺达	60	50	66	50	3	9	4	11	0	–
莫桑比克	84	51	114	69	3	6	8	9	0	0
埃塞俄比亚④	23	19	44	27	6	11	11	12	0	1
坦桑尼亚	86	69	99	71	2	5	4	6	–	–
布隆迪	21	63	32	76	2	5	4	9	1	1
塞拉利昂	43	–	61	–	8	–	20	–	1	–
马拉维	48	77	72	84	2	3	5	6	1	1
乍得	–	38	–	80	–	–	–	–	–	1
乌干达	43	83	56	99	3	10	7	17	1	1
马达加斯加	133	72	139	75	–	14	–	14	3	4
尼泊尔	49	85	117	129	9	23	33	46	6	3
越南	106	–	111	–	40	–	44	–	2	2
孟加拉国	46	105	76	128	9	12	26	26	3	–
海地	70	–	82	–	13	–	14	–	1	–
尼日尔	18	21	33	35	3	4	7	9	0	1
几内亚比绍	43	–	94	–	2	2	10	10	–	–
肯尼亚	110	91	120	92	16	23	23	28	1	–
马里	19	24	34	38	5	6	12	12	1	–
尼日利亚	104	82	135	105	14	27	27	32	2	–
也门	–	–	–	–	–	–	–	–	–	–
布基纳法索	14	30	23	47	2	6	4	11	0	–
蒙古	107	–	107	–	97	–	85	–		–
印度	67	91	98	113	20	38	39	59	5	–
老挝	104	92	123	123	16	19	25	31	0	2
多哥	91	81	146	122	16	12	51	34	2	3
冈比亚	35	61	67	84	7	13	16	25	–	–
尼加拉瓜	102	105	96	101	45	44	39	39	13	9
赞比亚	83	99	97	109	11	–	22	–	2	–
塔吉克斯坦	–	88	–	91	–	101	–	98	24	25
贝宁	41	44	87	88	9	7	24	17	2	–
中非共和国	51	51	92	92	7	–	21	–	1	2
阿尔巴尼亚	111	97	116	95	63	–	70	–	8	10
加纳	71	70	89	83	31	28	51	44	2	–
巴基斯坦	27	49	51	80	8	–	20	–	–	–
毛里塔尼亚	26	62	47	76	4	11	17	19	–	4
阿塞拜疆	26	87	–	91	–	88	–	89	25	26
津巴布韦	57	114	65	123	7	40	8	51	1	6

(续表 1)

国家或地区	小学[①]				中学[②]				高等教育[③]	
	女性		男性		女性		男性			
	1980	1993	1980	1993	1980	1993	1980	1933	1980	1993
几内亚	25	30	48	61	10	6	24	17	5	–
中国	103	116	121	120	37	51	54	60	1	4
洪都拉斯	99	112	98	111	31	37	29	29	8	9
塞内加尔	37	50	56	67	7	11	15	21	3	3
科特迪瓦	63	58	95	80	12	17	17	33	3	–
刚果	–	–	–	–	–	–	–	–	–	–
吉尔吉斯斯坦	–	–	–	–	–	–	–	–	–	–
斯里兰卡	100	105	105	106	57	78	52	71	3	6
亚美尼亚	–	93	–	87	–	90	–	80	30	49
喀麦隆	89	–	107	–	13	–	24	–	2	2
埃及	61	89	84	105	39	69	61	81	16	17
莱索托	120	105	85	90	21	31	14	21	2	2
格鲁吉亚	–	–	–	–	–	–	–	–	30	–
缅甸	89	–	93	–	–	–	–	–	–	–
中等收入国家	101	102	107	105	48	63	53	65	20	23
下中等收入	99	101	107	105	49	62	55	64	24	24
玻利维亚	81	–	92	–	32	–	42	–	16	23
马其顿	–	87	–	88	–	55	–	53	28	16
摩尔多瓦	–	77	–	78	–	72	–	67	29	35
印度尼西亚	100	112	115	116	23	39	35	48	–	10
菲律宾	112	–	113	–	69	–	61	–	24	26
乌兹别克斯坦	–	79	–	80	–	92	–	96	30	33
摩洛哥	63	60	102	85	20	29	32	40	6	10
哈萨克斯坦	–	86	–	86	–	91	–	89	34	42
危地马拉	65	78	77	89	17	23	20	25	8	–
巴布亚新几内亚	51	67	66	80	8	10	15	15	2	–
保加利亚	98	84	98	87	84	70	85	66	16	32
罗马尼亚	101	86	102	87	69	82	73	83	12	12
厄瓜多尔	116	122	119	124	53	56	53	54	35	–
多米尼加共和国	–	99	–	95	–	43	–	30	–	–
立陶宛	–	90	–	95	–	79	–	76	49	39
萨尔瓦多	75	80	75	79	23	30	26	27	4	15
约旦	102	95	105	94	73	54	79	52	27	19
牙买加	104	108	103	109	71	70	63	62	7	6
巴拉圭	101	110	107	114	24	38	25	36	8	10
阿尔及利亚	81	96	108	111	26	55	40	66	6	11
哥伦比亚	126	120	123	118	41	68	40	57	9	16
突尼斯	88	113	118	123	20	49	34	55	5	11
乌克兰	–	87	–	87	–	95	–	65	42	46
纳米比亚	–	138	–	134	–	61	–	49	–	3
秘鲁	111	–	117	–	54	–	63	–	17	40
白俄罗斯	–	95	–	96	–	96	–	89	39	44
斯洛伐克	–	101	–	101	–	90	–	87	–	17
拉脱维亚	–	82	–	83	–	90	–	84	45	39

(续表 2)

国家或地区	小学[1]				中学[2]				高等教育[3]	
	女性		男性		女性		男性			
	1980	1993	1980	1993	1980	1993	1980	1933	1980	1993
哥斯达黎加	104	105	106	106	51	49	44	45	21	30
波兰	99	97	100	98	80	87	75	82	18	26
泰国	97	97	100	98	28	37	30	38	13	19
土耳其	90	98	102	107	24	48	44	74	5	16
克罗地亚	–	87	–	87	–	86	–	80	–	27
巴拿马	105	–	108	–	65	–	58	–	21	23
俄罗斯	102	107	102	107	97	91	95	84	46	45
委内瑞拉	104	97	104	95	25	41	18	29	21	29
博茨瓦纳	100	120	83	113	20	55	17	49	1	3
爱沙尼亚	–	83	–	84	–	96	–	87	43	38
伊朗	–	101	–	109	32	58	52	74	–	15
土库曼斯坦	–	–	–	–	–	–	–	–	23	–
上中等收入	103	–	106	–	47	–	48	–	13	20
巴西	97	–	101	–	36	–	31	–	11	12
南非	–	110	–	111	–	84	–	71	–	13
毛里求斯	91	106	94	107	49	60	51	58	1	4
捷克共和国	–	100	–	99	–	88	–	85	18	16
马来西亚	92	93	93	93	46	61	50	56	4	–
智利	108	98	110	99	56	70	49	65	12	27
特立尼达和多巴哥	100	94	98	94	62	78	60	74	4	8
匈牙利	97	94	96	94	67	82	72	79	14	17
加蓬	–	136	–	132	–	–	–	–	–	3
墨西哥	121	110	122	114	46	58	51	57	14	14
乌拉圭	107	108	107	109	62	–	61	–	17	30
阿曼	36	82	69	87	6	57	19	64	–	5
斯洛文尼亚	–	97	–	97	–	90	–	88	–	28
沙特阿拉伯	49	73	74	78	23	43	36	54	7	14
希腊	103	–	103	–	77	–	85	–	17	–
阿根廷	106	107	106	108	60	75	52	70	22	41
韩国	111	102	109	100	74	92	82	93	15	48
低收入和中等收入国家	89	99	104	110	32	50	45	59	8	–
撒哈拉以南非洲	69	64	91	77	10	23	20	–	1	–
东亚与太平洋	103	115	117	119	38	53	51	61	3	6
南亚	60	87	91	110	18	35	36	55	5	–
欧洲与中亚	–	97	–	97	–	90	–	81	31	–
中东与北非	74	91	98	104	32	51	52	–	11	–
拉丁美洲与加勒比地区	105	–	108	–	41	–	40	–	14	15
高收入国家和地区	102	104	103	104	–	98	–	97	37	53
葡萄牙	123	118	124	122	40	–	34	–	11	23
新西兰	111	101	111	102	84	104	82	103	27	58
西班牙	109	105	110	104	89	120	85	107	23	41
爱尔兰	100	103	100	103	95	110	85	101	18	34
以色列	97	96	95	95	76	91	66	84	29	35
澳大利亚	110	107	112	108	72	86	70	83	25	42

国家或地区	小学①				中学②				高等教育③	
	女性		男性		女性		男性			
	1980	1993	1980	1993	1980	1993	1980	1933	1980	1993
英国	103	113	103	112	85	94	82	91	19	37
芬兰	96	100	97	100	105	130	94	110	32	63
意大利	100	99	100	98	70	82	73	81	27	37
科威特	100	65	105	65	76	60	84	60	11	16
加拿大	99	104	99	106	89	103	87	104	52	103
香港	106	–	107	–	65	–	63	–	10	21
荷兰	101	99	99	96	90	120	95	126	29	45
新加坡	106	–	109	–	59	–	56	–	8	–
比利时	103	100	104	99	92	104	90	103	26	–
法国	110	105	112	107	92	107	77	104	25	50
瑞典	97	100	96	100	93	100	83	99	31	38
奥地利	98	103	99	103	87	104	98	109	22	43
德国⑤	99	98	99	97	92	100	96	101	26	36
美国	100	106	101	107	–	87	–	98	56	81
挪威	100	99	100	99	86	114	92	118	26	54
丹麦	95	98	96	97	104	115	105	112	28	41
日本	101	102	101	102	94	97	92	95	31	30
瑞士	–	102	–	100	–	89	–	93	18	31
阿拉伯联合酋长国	88	108	90	112	49	94	55	84	3	11
全世界	89	100	104	109	38	57	49	65	13	18

注：① 小学入学率是小学所有年龄的入学儿童对该国小学适龄儿童数比率的估计值。许多国家把小学的入学年龄规定为6～11岁，但另外一些国家则使用不同的年龄标准。已普及小学教育的国家总入学率可能超过100%，这是因为有些小学生的年龄大于或小于国家规定的年龄标准。

② 中学入学率是与小学入学率相同方式计算的，小学年龄标准也因国而异。最通行的标准是12～17岁，学生的晚入学、复读以及学生在毕业年级的“聚集”都会影响这些比率。

③ 高等教育入学率是以大专院校入学人数除以20～24岁年龄组的人口数计算。包括所有职业学校、成人教育项目、两年制社区大学和远距离教育中心（主要是函授）的学生。在这些不同教育机构就学学生的分布情况因国而异，联合国教科文组织采用20～24岁年龄人作为共同的标准，因为它代表着高等教育中学生的平均年龄段人口，尽管不足或超过这个年龄组的人仍可在高等教育机构注册就读。

④ 1980年的数据包括厄立特里亚。

⑤ 1990年以前的数据为统一前的联邦德国数据。

资料来源：The World Bank:《World Development Report 1996: From Plan to Market》.

表 10　　读到四年级的人数的比例、成人文盲率

国家或地区	读到四年级的人口所占百分比①				成人文盲率②(%)	
	女性		男性		女性	男性
	1980	1988	1980	1988	1995	1995
低收入国家					45	24
卢旺达	74	75	73	73	48	30
莫桑比克	—	60	—	67	77	42
埃塞俄比亚③	48	—	42	—	75	55
坦桑尼亚	89	87	90	87	43	21
布隆迪	83	76	83	78	78	51
塞拉利昂	—	—	—	—	82	55
马拉维	55	68	62	73	58	28
乍得	—	66	—	74	65	38
乌干达	74	—	83	—	50	26
马达加斯加	—	64	—	63	—	—
尼泊尔	—	—	—	—	86	59
越南	67	—	71	—	9	4
孟加拉国	30	46	29	44	74	51
海地	64	60	63	60	58	52
尼日尔	79	—	82	—	93	79
几内亚比绍	47	—	63	—	58	32
肯尼亚	85	—	84	—	30	14
马里	77	—	73	—	77	61
尼日利亚	—	73	—	88	53	33
也门	—	—	—	—	—	—
布基纳法索	79	83	79	83	91	70
蒙古	—	—	—	—	—	—
印度	52	—	57	—	62	35
老挝	31	—	31	—	56	31
多哥	84	82	90	87	63	33
冈比亚	—	—	—	—	75	47
尼加拉瓜	55	—	51	—	33	35
赞比亚	—	—	—	—	29	14
塔吉克斯坦	—	—	—	—	—	—
贝宁	73	—	77	—	74	51
中非共和国	—	81	—	85	48	32
阿尔巴尼亚	96	—	97	—	—	—
加纳	82	—	87	—	47	24
巴基斯坦	41	45	53	55	76	50
毛里塔尼亚	86	83	96	82	74	50
阿塞拜疆	—	—	—	—	—	—
津巴布韦	64	80	67	81	20	10
几内亚	57	73	85	80	78	50
中国	—	81	—	97	27	10
洪都拉斯	40	—	35	—	27	27
塞内加尔	90	90	93	94	77	57
科特迪瓦	91	83	94	85	70	50
刚果	91	87	91	88	33	17
吉尔吉斯斯坦	—	—	—	—	—	—
斯里兰卡	—	98	—	97	13	7
亚美尼亚	—	—	—	—	—	—
喀麦隆	81	—	81	—	48	25
埃及	83	97	75	92	61	36
莱索托	77	84	61	74	38	19
格鲁吉亚	—	—	—	—	—	—
缅甸	—	—	—	—	22	11
中等收入国家					—	—
下中等收入					—	—
玻利维亚	50	—	52	—	24	10
马其顿	—	—	—	—	—	—
摩尔多瓦	—	—	—	—	—	—
印度尼西亚	65	82	88	97	22	10
菲律宾	—	85	—	84	6	5
乌兹别克斯坦	—	—	—	—	—	—
摩洛哥	89	85	90	85	69	43
哈萨克斯坦	—	—	—	—	—	—
危地马拉	56	—	66	—	51	38
巴布亚新几内亚	85	67	77	68	37	19
保加利亚	95	90	98	93	—	—
罗马尼亚	—	94	—	93	—	—
厄瓜多尔	76	—	78	—	12	8
多米尼加	—	—	—	—	18	18
立陶宛	—	—	—	—	—	—
萨尔瓦多	55	—	52	—	30	27
约旦	95	97	95	99	21	7
牙买加	—	100	—	98	11	19
巴拉圭	74	81	74	79	9	7
阿尔及利亚	91	96	92	97	51	26
哥伦比亚	46	74	42	72	9	9
突尼斯	90	93	94	93	45	21
乌克兰	—	—	—	—	—	—
纳米比亚	—	64	—	65	—	—
秘鲁	83	—	85	—	17	6
白俄罗斯	—	—	—	—	—	—
斯洛伐克	—	—	—	—	—	—
拉脱维亚	—	—	—	—	—	—
哥斯达黎加	84	90	80	92	5	5
波兰	—	97	—	98	—	—
泰国	—	—	—	—	8	4
土耳其	—	98	—	99	28	8
克罗地亚	—	—	—	—	—	—
巴拿马	88	86	87	84	10	9

（续表）

国家或地区	读到四年级的人口所占百分比①				成人文盲率②（%）	
	女性		男性		女性	男性
	1980	1988	1980	1988	1995	1995
俄罗斯	–	–	–	–	–	–
委内瑞拉	83	–	84	–	10	8
博茨瓦纳	98	95	91	91	40	20
爱沙尼亚	–	–	–	–	–	–
伊朗	–	93	–	94	34	22
土库曼斯坦	–	–	–	–	–	–
上中等收入	–	–	–	–	14	12
巴西	–	–	–	–	17	17
非洲	–	–	–	–	18	18
毛里求斯	97	99	97	99	21	13
捷克共和国	–	–	–	–	–	–
马来西亚	–	99	–	98	22	11
智利	81	95	78	94	5	5
特立尼达和多巴哥	89	97	83	96	3	1
匈牙利	96	98	96	98	–	–
加蓬	79	–	82	–	47	26
墨西哥	63	74	85	95	13	8
乌拉圭	99	99	93	99	2	3
阿曼	77	96	99	97	–	–
斯洛文尼亚	–	–	–	–	–	–
沙特阿拉伯	90	93	90	93	50	29
希腊	98	99	98	98	–	–
阿根廷	76	–	73	–	4	4
韩国	96	100	96	100	a	a
低收入和中等收入国家					–	–
撒哈拉以南非洲					54	35
东亚与太平洋					24	9
南亚					64	37
欧洲与中亚					–	–

国家或地区	读到四年级的人口所占百分比①				成人文盲率②（%）	
	女性		男性		女性	男性
	1980	1988	1980	1988	1995	1995
中东与北非					50	28
拉丁美洲与加勒比地区					14	12
高收入国家和地区					–	–
葡萄牙	–	–	–	–	–	–
新西兰	–	97	–	97	a	a
西班牙	94	93	92	91	–	–
爱尔兰	100	100	97	99	a	a
以色列	98	97	97	98	–	–
澳大利亚	97	100	94	99	a	a
英国	–	–	–	–	a	a
芬兰	99	98	99	98	a	a
意大利	–	–	–	–	a	a
科威特	81	–	85	–	25	18
加拿大	97	98	94	95	a	a
香港	99	–	100	–	12	4
荷兰	100	–	97	–	a	a
新加坡	100	–	99	–	14	4
比利时	81	–	78	–	a	a
法国	95	95	93	100	a	a
瑞典	100	–	99	–	a	a
奥地利	97	100	92	98	a	a
德国④	98	99	96	97	a	a
美国	–	–	–	–	a	a
挪威	100	–	99	–	a	a
丹麦	–	98	–	98	a	a
日本	100	100	100	100	a	a
瑞典	94	–	92	–	a	a
阿拉伯联合酋长国	–	93	–	94	20	21
全世界					–	–

注：① 读到四年级的人数占年龄段人数的百分比是指 1980 年和 1988 年开始上小学，分别在 1983 年和 1991 年读到 4 年级的儿童比例。

② 成人文盲率的定义是在其日常生活中不能读懂和写出一个简短陈述句的 15 岁及以上人口所占百分比，但这只是广为接受的定义之一，在许多国家其适用性受到限制。

a: 根据联合国教科文组织的数据，文盲不足 5%。

③ 1980 年的数据包括厄立特里亚。

④ 1990 年以前的数据为统一前的联邦德国的数据。

资料来源：The World Bank:《World Development Report 1996: From plan to Market》.

健康状况

表 11 **医疗卫生**

国家或地区	获得下列服务的人口所占百分比						婴儿死亡率(每1000例活产婴儿)		5岁以下儿童营养不良分布(%)[①]	避孕普及率(%)	产妇死亡率(每10万例成活分娩)
	医疗保健[②]		安全饮用水[③]		卫生设施[④]						
	1980	1993	1980	1993	1980	1993	1980	1994	1989－1995	1989－1995	1989－1995
低收入国家							87	58			
卢旺达	–	–	60	64	51	–	128	–	28	21	–
莫桑比克	–	–	–	22	10	21	157	146	–	–	1 512
埃塞俄比亚	–	55	–	18	–	10	155	120	47	4	1 528
坦桑尼亚	72	93	49	52	66	86	104	84	28	20	748
布隆迪	–	80	25	37	58	48	121	99	–	–	1 327
塞拉利昂	26	–	20	43	12	–	190	163	23	–	800
马拉维	40	–	50	–	–	70	169	134	27	13	620
乍得	–	26	29	–	–	27	147	119	–	–	1 594
乌干达	–	–	–	–	–	67	116	122	23	–	550
马达加斯加	–	–	21	–	–	3	138	90	32	17	660
尼泊尔	10	–	15	45	–	6	142	95	70	23	–
越南	25	–	–	–	–	65	57	42	45	49	105
孟加拉国	80	74	41	78	3	35	132	81	84	40	887
海地	–	–	33	42	19	24	113	86	27	18	600
尼日尔	–	30	40	59	7	37	150	120	–	4	593
几内亚比绍	30	–	–	25	15	29	168	138	–	–	–
肯尼亚	–	–	28	–	30	49	72	59	22	33	646
马里	20	–	15	49	–	–	184	125	–	–	1 249
尼日利亚	40	67	36	40	–	63	99	81	43	6	1 027
也门	16	–	–	–	–	51	141	102	30	10	1 471
布基纳法索	–	–	–	67	5	–	154	128	–	8	939
蒙古	90	–	–	66	–	–	82	53	10	–	240
印度	50	–	55	–	7	16	116	70	63	43	437
老挝	–	–	–	28	5	4	127	92	40	–	660
多哥	–	–	10	71	13	–	110	81	–	–	626
冈比亚	90	–	40	55	–	73	159	128	–	12	1 050
尼加拉瓜	–	–	–	53	–	–	90	51	12	44	–
赞比亚	–	–	46	59	–	55	90	108	27	15	229
塔吉克斯坦	–	–	–	–	–	62	58	41	–	–	39
贝宁	–	42	–	49	16	23	122	96	36	–	2 500
中非共和国	–	–	–	12	–	–	117	100	–	15	649
阿尔巴尼亚	100	–	–	–	–	–	97	31	–	–	–
加纳	–	25	49	56	26	27	100	74	27	20	742
巴基斯坦	65	85	39	–	13	28	124	92	40	12	–
毛里塔尼亚	–	–	–	66	–	64	120	98	–	4	800
阿塞拜疆	–	–	–	–	–	–	30	25	–	–	29
津巴布韦	55	–	–	–	5	58	82	54	16	48	80
几内亚	–	45	–	60	11	14	161	131	18	–	880
中国	–	–	–	71	–	–	42	30	17	83	115
洪都拉斯	–	–	–	–	35	64	70	47	19	47	221

(续表 1)

国家或地区	获得下列服务的人口所占百分比						婴儿死亡率(每1000例活产婴儿)		5岁以下儿童营养不良分布（%）[①]	避孕普及率（%）	产妇死亡率（每10万例成活分娩）
	医疗保健[②]		安全饮用水[③]		卫生设施[④]						
	1980	1993	1980	1993	1980	1993	1980	1994	1989－1995	1989－1995	1989－1995
塞内加尔	–	40	43	49	36	34	103	64	20	7	510
科特迪瓦	–	–	17	83	17	–	110	90	–	11	822
刚果	–	–	20	–	–	9	124	112	–	–	887
吉尔吉斯斯坦	–	–	–	–	–	53	43	29	–	–	43
斯里兰卡	90	–	37	60	67	61	34	16	38	–	30
亚美尼亚	–	–	–	–	–	–	26	75	–	–	35
喀麦隆	20	–	26	–	–	–	94	57	14	16	511
埃及	100	99	75	86	70	–	120	52	9	47	–
莱索托	–	–	17	46	12	–	84	44	21	23	598
格鲁吉亚	–	–	–	–	–	–	25	18	–	–	55
缅甸	30	–	25	33	20	40	109	80	31	–	518
中等收入国家	–	–	–	–	–	–	63	40	–	–	–
下中等收入	–	–	–	–	–	–	66	36	–	–	–
玻利维亚	–	–	42	46	18	44	118	71	13	45	373
马其顿	–	–	–	–	–	–	54	24	–	–	–
摩尔多瓦	–	–	–	–	–	50	35	23	–	–	34
印度尼西亚	–	–	32	42	23	55	90	53	39	55	–
菲律宾	–	–	54	81	75	72	52	40	30	40	208
乌兹别克斯坦	–	–	–	–	–	18	47	28	–	–	43
摩洛哥	–	62	–	–	–	63	99	56	9	50	–
哈萨克斯坦	–	–	–	–	–	–	33	27	–	59	53
危地马拉	–	–	50	60	30	71	75	44	–	31	464
巴布亚新几内亚	–	–	16	33	15	25	67	65	–	–	700
保加利亚	–	–	–	100	–	–	20	15	–	–	–
罗马尼亚	–	–	–	100	50	49	29	24	–	57	–
厄瓜多尔	–	–	58	58	43	54	67	37	45	57	–
多米尼加共和国	–	–	60	62	15	60	76	38	10	56	–
立陶宛	–	–	–	–	–	–	20	14	–	–	29
萨尔瓦多	–	–	–	41	35	72	81	42	22	53	–
约旦	–	90	86	99	70	70	41	32	17	35	132
牙买加	–	–	–	72	–	74	21	13	10	67	–
巴拉圭	–	–	25	33	–	30	50	34	4	48	180
阿尔及利亚	–	–	–	–	–	–	98	35	9	51	140
哥伦比亚	88	–	–	–	61	56	45	20	10	72	107
突尼斯	95	90	64	–	46	72	71	40	–	–	139
乌克兰	–	–	–	–	50	49	17	14	–	–	33
纳米比亚	–	–	–	–	–	36	90	57	–	29	–
秘鲁	–	–	54	58	36	45	81	48	16	59	–
白俄罗斯	–	–	–	–	50	–	16	13	–	–	25
斯洛伐克	–	–	–	77	–	51	21	11	–	–	–
拉脱维亚	–	–	–	–	–	–	20	16	–	–	–
哥斯达黎加	–	–	90	94	91	–	20	13	2	75	–
波兰	100	–	–	100	50	–	21	15	–	–	–
泰国	30	59	66	–	–	87	49	36	13	–	155

(续表2)

国家或地区	获得下列服务的人口所占百分比						婴儿死亡率(每1000例活产婴儿)		5岁以下儿童营养不良分布(%)[1]	避孕普及率(%)	产妇死亡率(每10万例成活分娩)
	医疗保健[2]		安全饮用水[3]		卫生设施[4]						
	1980	1993	1980	1993	1980	1993	1980	1994	1989－1995	1989－1995	1989－1995
土耳其	–	–	–	92	10	95	109	62	–	63	183
克罗地亚	–	–	–	63	–	68	19	11	–	–	–
巴拿马	–	–	–	83	71	–	28	20	7	–	–
俄罗斯	–	–	–	–	–	–	22	19	–	–	52
委内瑞拉	–	–	–	89	52	55	41	32	6	–	200
博茨瓦纳	–	–	56	–	–	–	63	34	–	–	220
爱沙尼亚	–	–	–	–	–	–	17	14	–	–	41
伊朗	50	–	52	89	60	–	92	47	16	–	–
土库曼斯坦	–	–	–	–	–	60	54	46	–	–	55
上中等收入							54	36			
巴西	–	–	75	96	–	73	74	56	18	–	200
南非	–	–	–	–	–	–	67	50	–	–	404
毛里求斯	100	99	99	100	94	100	32	17	–	75	112
捷克共和国	–	–	–	–	–	–	16	8	–	69	–
马来西亚	–	88	80	78	70	94	30	12	–	–	34
智利	–	–	85	86	83	83	33	12	23	–	–
特立尼达和多巴哥	–	–	98	96	–	56	35	14	1	–	–
匈牙利	–	–	–	100	–	–	23	12	–	–	–
加蓬	–	–	50	58	–	76	116	89	–	–	438
墨西哥	51	–	74	78	55	66	53	35	–	–	–
乌拉圭	–	–	80	–	51	82	37	19	–	–	36
阿曼	75	89	15	57	–	79	41	18	–	9	184
斯洛文尼亚	–	–	–	–	–	90	15	6	–	–	–
沙特阿拉伯	85	98	84	95	90	78	65	26	–	–	108
希腊	–	–	–	100	–	–	18	8	–	–	–
阿根廷	–	–	–	64	–	89	35	23	–	–	140
韩国	–	100	–	78	100	100	32	12	–	79	30
低收入和中等收入国家							87	58			
撒哈拉以南非洲							115	92			
东亚与太平洋							51	35			
南亚							119	73			
欧洲与中亚							34	23			
中东与北非							95	49			
拉丁美洲与加勒比地区							60	41			
高收入国家和地区							12	7			
葡萄牙	–	–	–	100	41	–	24	8	–	–	–
新西兰	–	100	–	97	–	–	13	7	–	–	–
西班牙	–	–	–	100	95	97	12	7	–	–	–
爱尔兰	–	–	–	100	–	–	11	6	–	60	–
以色列	–	–	–	100	–	70	15	8	–	–	–
澳大利亚	99	–	–	–	99	–	11	6	–	–	–
英国	–	–	–	100	–	96	12	6	–	–	–

(续表3)

国家或地区	获得下列服务的人口所占百分比						婴儿死亡率率(每1000例活产婴儿)		5岁以下儿童营养不良分布(%)[①]	避孕普及率(%)	产妇死亡率(每10万例成活分娩)
	医疗保健[②]		安全饮用水[③]		卫生设施[④]						
	1980	1993	1980	1993	1980	1993	1980	1994	1989－1995	1989－1995	1989－1995
芬兰	—	—	—	100	—	100	8	5	—	—	—
意大利	—	—	—	100	99	—	15	7	—	—	—
科威特	100	—	100	100	100	—	27	11	—	—	18
加拿大	—	—	—	—	60	85	10	6	—	—	—
香港	—	—	—	—	—	—	11	5	—	—	—
荷兰	—	—	—	100	100	100	9	6	—	—	—
新加坡	—	—	100	100	80	100	12	5	14	—	—
比利时	—	—	—	100	99	—	12	8	—	—	—
法国	—	—	—	—	—	—	10	6	—	—	—
瑞典	—	—	—	—	—	—	7	4	—	—	—
奥地利	—	—	—	—	—	—	14	6	—	—	—
德国	—	—	—	—	—	—	12	6	—	—	—
美国	—	—	—	—	—	85	13	8	—	—	—
挪威	—	—	—	—	—	—	8	5	—	—	—
丹麦	—	—	—	100	100	100	8	6	—	—	—
日本	—	100	—	—	—	85	8	4	3	—	—
瑞典	—	—	—	100	85	100	9	6	—	—	—
阿拉伯联合酋长国	96	90	100	—	75	95	55	16	—	—	—
全世界							81	53			20

注：① 营养不良的状况是以5岁以下营养不足或过剩的儿童的比重。

② 获得医疗保健的情况是用在不超过一小时的时间内能够通过通常的交通工具获得当地医疗保健服务的人口比例来衡量的。

③ 获得安全饮用水的人口是指合理获得洁净水提供的人口比例(安全用水包括处理后的地表水、未经处理但亦未受污染的水诸如泉水、卫生井水和受保护的塘水)。

④ 卫生设施的获得率是指至少能获得恰当处置排泄物的设施的人口的比重。

资料来源：The World Bank:《World Development Report 1996: From Plan to Market》.

人口与发展

表 12 人口、社会和经济指标

国家或地区	基础保健获得率(%)①	由受过训练的接生员接生比例(%)②	人均国内生产总值(GDP)③ 1995	中央政府支出(%)④ 教育	中央政府支出(%)④ 卫生	外部人口项目援助⑤(千美元)	人均能源消耗⑥	安全用水获得率⑦
世界	–	57	–	–	–	(776 624)	–	–
发达地区	–	99	–	–	–	–	–	–
欠发达地区	–	53	–	–	–	–	–	–
亚洲	–	53	–	–	–	165 574	–	–
西亚	–	68	–	–	–	52 510	–	–
亚美尼亚	–	95	760	–	–	–	–	–
阿塞拜疆	–	95	460	–	–	–	–	–
格鲁吉亚	–	95	430	–	–	–	–	–
伊拉克	93	54	–	–	–	138	1 103	44
以色列	–	99	16 660	11.1	4.4	103	2 607	–
约旦	97	87	–	12.9	5.2	1 591	922	89
科威特	100	99	16 020	13.7	6.0	243	4 217	–
黎巴嫩	95	45	2 780	–	–	568	727	100
阿曼	96	92	5 510	11.0	5.7	351	2 408	63
沙特阿拉伯	97	90	6 610	–	–	30	4 552	–
叙利亚	90	67	1 190	8.6	1.9	2 334	798	85
土耳其	–	76	2 700	20.0	3.5	8 959	983	–
阿拉伯联合酋长国	99	96	15 900	15.0	6.9	395	16 878	–
也门	38	16	310	–	–	1 975	285	–
南中亚	–	34	–	–	–	–	–	–
阿富汗	29	8	–	–	–	206	145	12
孟加拉国	45	14	240	11.2	4.8	39 575	59	97
不丹	65	12	440	10.7	4.8	231	33	58
印度	85	35	350	2.1	1.6	21 884	243	81
伊朗	80	74	–	11.9	4.2	2 087	1 235	83
哈萨克斯坦	–	99	1 290	–	–	600	4 435	–
吉尔吉斯斯坦	–	95	680	–	–	365	965	–
尼泊尔	–	8	200	10.9	4.7	6 726	22	44
巴基斯坦	55	18	470	1.6	1.0	15 028	226	60
斯里兰卡	93	94	710	10.1	4.8	1 888	110	46
塔吉克斯坦	–	92	340	–	–	285	634	–
土库曼斯坦	–	90	870	–	–	248	2 268	–
乌兹别克斯坦	–	90	950	–	–	600	2 033	–
东南亚	–	53	–	–	–	–	–	–
柬埔寨	53	21	280	–	–	27	52	–
印度尼西亚	80	36	1 020	9.8	2.8	13 442	330	62
老挝	67	30	360	–	–	300	39	39
马来西亚	–	98	4 240	19.6	5.9	1 333	1 545	–
缅甸	60	52	–	17.4	6.8	1 201	39	38

表 12

（续表 1）

国家或地区	基础保健获得率(%)①	由受过训练的接生员接生比例(%)②	人均国内生产总值(GDP)③ 1995	中央政府支出(%)④ 教育	卫生	外部人口项目援助⑤(千美元)	人均能源消耗⑥	安全用水获得率⑦
菲律宾	76	53	1 080	15.0	4.1	15 901	328	85
新加坡	100	100	2 820	22.9	6.2	125	5 563	—
泰国	90	71	2 870	21.1	8.1	4 342	673	—
越南	90	79	280	—	—	6 000	77	36
东亚	—	86	—	—	—	—	—	—
中国	92	85	580	—	—	13 694	632	90
朝鲜	—	100	—	—	—	1 079	1 701	—
香港	99	100	23 210	—	—	—	2 278	—
日本	—	100	40 800	—	—	(83 227)	3 642	—
蒙古	95	97	350	—	—	1 062	1 089	—
韩国	100	95	10 160	16.2	1.2	1 237	2 863	—
欧洲	—	98	—	—	—	4 975	—	—
北欧	—	—	—	—	—	—	—	—
丹麦	—	100	32 990	9.3	1.0	(29 473)	3 861	—
爱沙尼亚	—	—	2 880	—	—	57	—	—
芬兰	—	100	24 550	13.9	3.2	(8 781)	5 635	—
爱尔兰	—	—	16 950	12.2	13.0	—	3 016	—
拉脱维亚	—	—	2 260	—	—	—	1 717	—
立陶宛	—	—	1 910	—	—	5	2 596	—
挪威	—	100	33 520	9.4	10.3	(42 852)	5 096	—
瑞典	—	100	25 900	9.3	0.8	(37 005)	5 385	—
英国	—	98	18 890	13.2	13.8	(47 177)	3 718	—
西欧	—	—	—	—	—	—	—	—
奥地利	—	100	28 980	9.4	13.0	(803)	3 277	—
比利时	—	100	26 520	10.2	1.4	(2 281)	4 989	—
法国	—	99	26 460	6.1	14.1	(13 422)	4 031	—
德国	—	100	29 510	0.5	13.8	(50 657)	4 170	—
荷兰	—	100	25 610	10.8	13.9	(37 490)	4 533	—
瑞士	—	—	42 690	—	—	(6 146)	3 491	—
东欧	—	—	—	—	—	—	—	—
白俄罗斯	—	100	1 990	—	—	—	3 427	—
保加利亚	—	100	1 470	2.7	2.1	111	1 954	—
捷克共和国	—	99	4 330	—	—	69	—	—
匈牙利	—	99	4 270	3.3	7.9	63	2 385	—
摩尔多瓦	—	—	810	—	—	—	1 345	—
波兰	—	99	3 050	—	—	72	2 390	—
罗马尼亚	—	99	1 570	10.0	9.2	587	1 785	—
俄罗斯	—	—	2 340	—	—	260	4 411	—
斯洛伐克	—	—	3 240	—	—	62	—	—
乌克兰	—	100	1 550	—	—	—	3 960	—
南欧	—	—	—	—	—	—	—	—
阿尔巴尼亚	—	99	670	—	—	897	455	—
波斯尼亚－	—							
黑塞哥维那	—	—	—	—	—	332	—	—
克罗地亚	—	—	3 780	—	—	—	1 109	—

表 12

（续表 2）

国家或地区	基础保健获得率(%)①	由受过训练的接生员接生比例(%)②	人均国内生产总值(GDP)③ 1995	中央政府支出(%)④ 教育	卫生	外部人口项目援助⑤(千美元)	人均能源消耗⑥	安全用水获得率⑦
希腊	–	99	8 650	–	–	42	2 160	–
意大利	–	100	19 000	5.5	7.5	(17 547)	2 697	–
马其顿	–	93	930	–	–	–	–	–
葡萄牙	–	98	10 310	12.0	8.0	68	1 781	–
斯洛文尼亚	–	100	9 310	–	–	13	1 531	–
西班牙	–	96	14 250	5.3	7.0	(578)	2 373	–
南斯拉夫	–	–	–	–	–	23	2 353	–
非洲	–	42	–	–	–	161 500	–	–
北非	–	63	–	–	–	–	–	–
阿尔及利亚	98	77	1 480	–	–	1 503	955	–
埃及	99	46	820	13.4	2.8	12 730	576	64
利比亚	–	76	–	–	–	21	1 883	–
摩洛哥	70	40	1 220	18.2	3.0	8 475	299	52
苏丹	70	86	–	–	–	2 597	68	50
突尼斯	90	90	2 010	17.5	6.6	3 268	576	99
西非	–	34	–	–	–	–	–	–
贝宁	18	28	380	–	–	1 663	20	50
布基纳法索	90	43	220	–	–	3 409	16	78
科特迪瓦	30	45	720	–	–	5 292	109	72
加纳	60	44	370	25.7	9.0	6 631	96	56
几内亚	80	31	560	–	–	3 593	66	62
几内亚比绍	40	–	240	2.7	1.4	574	37	53
利比里亚	39	58	–	11.0	5.1	428	38	30
马里	30	24	250	9.0	2.1	6 485	20	37
毛里塔尼亚	63	40	470	–	–	760	105	76
尼日尔	32	15	210	–	–	5 504	38	53
尼日利亚	66	31	240	–	–	12 899	141	39
塞内加尔	40	47	570	–	–	3 787	115	50
塞拉利昂	38	25	200	2.1	1.5	1 094	72	34
多哥	61	32	310	–	–	959	47	63
东非	–	34	–	–	–	–	–	–
布隆迪	80	24	170	–	–	3 984	24	52
厄立特里亚	–	6	–	–	–	209	–	–
埃塞俄比亚	46	8	90	9.9	3.0	9 269	23	–
肯尼亚	77	45	340	20.1	5.4	16 909	99	53
马达加斯加	65	57	230	17.2	6.6	6 471	34	29
马拉维	80	55	150	10.4	7.8	2 376	35	45
毛里求斯	100	97	3 470	14.6	8.1	616	391	98
莫桑比克	39	30	90	–	–	2 744	43	32
卢旺达	80	26	180	–	–	3 904	27	–
索马里	27	2	–	–	–	312	7	–
乌干达	49	38	300	–	–	9 270	23	34
坦桑尼亚	80	44	120	–	–	8 336	35	–
赞比亚	75	51	450	6.2	5.3	3 707	146	43
津巴布韦	85	69	590	15.7	5.1	4 349	471	–

表 12

（续表 3）

国家或地区	基础保健获得率(%)①	由受过训练的接生员接生比例(%)②	人均国内生产总值(GDP)③ 1995	中央政府支出(%)④ 教育	中央政府支出(%)④ 卫生	外部人口项目援助⑤(千美元)	人均能源消耗⑥	安全用水获得率⑦
中非	–	42	–	–	–	–	–	–
安哥拉	30	17	570	–	–	1 281	96	32
喀麦隆	70	58	600	15.3	4.3	3 098	87	–
中非共和国	45	46	340	–	–	1 721	29	18
乍得	30	15	180	–	–	1 501	16	24
刚果	83	50	820	–	–	1 108	165	–
加蓬	90	80	4 360	–	–	260	953	–
扎伊尔	26	–	–	–	–	453	48	27
南非	–	79	–	–	–	–	–	–
博茨瓦纳	89	77	2 980	21.0	4.7	1 212	388	–
莱索托	80	50	520	21.9	11.5	2 467	–	52
纳米比亚	62	68	1 960	22.2	9.7	1 156	–	57
南非	–	82	3 280	–	–	169	2 399	70
大洋洲	–	–	–	–	–	–	–	–
澳大利亚－新西兰	–	–	–	–	–	–	–	–
澳大利亚	–	100	19 320	7.0	12.7	(6 347)	5 316	–
美拉尼西亚	–	–	–	–	–	–	–	–
新喀里多尼亚	–	98	–	–	–	–	3 398	–
新西兰	–	95	15 850	13.9	12.1	(756)	4 299	–
巴布亚新几内亚	96	33	1 140	15.0	7.9	617	238	28
瓦努阿图	–	79	–	14.8	7.6	159	280	–
北美洲	–	99	–	–	–	–	–	–
加拿大	–	100	19 220	2.9	5.2	(24 728)	7 821	–
美国	–	99	26 420	1.8	16.0	(366 652)	7 918	–
拉丁美洲和加勒比地区	–	75	–	–	–	111 310	–	–
中美洲	–	65	–	–	–	–	–	–
伯利兹	–	77	2 680	16.8	6.6	187	426	89
哥斯达黎加	80	97	2 720	19.1	32.0	2 359	558	92
萨尔瓦多	40	87	1 680	12.8	7.3	4 486	222	55
危地马拉	34	35	1 360	–	–	7 326	159	–
洪都拉斯	64	47	660	–	–	4 215	180	65
墨西哥	78	69	2 720	13.9	1.9	14 490	1 439	83
尼加拉瓜	83	61	440	–	–	2 462	241	61
巴拿马	80	84	2 820	16.1	21.8	577	599	83
加勒比地区	–	71	–	–	–	–	–	–
古巴	98	99	–	–	–	1 476	839	93
多米尼加共和国	80	90	1 440	10.2	14.0	3 486	47	71
海地	50	20	290	–	–	2 340	2 018	28
牙买加	90	92	1 750	–	–	1 691	1 096	–
波多黎各	–	99	–	–	–	139	2 018	–
特立尼达和多巴哥	100	98	4 030	–	–	–	4 696	–
南美洲	–	80	–	–	–	–	–	–
阿根廷	71	96	8 110	9.9	3.0	573	1 351	–

表 12 （续表 4）

国家或地区	基础保健获得率(%)①	由受过训练的接生员接生比例(%)②	人均国内生产总值(GDP)③ 1995	中央政府支出(%)④ 教育	卫生	外部人口项目援助⑤(千美元)	人均能源消耗⑥	安全用水获得率⑦
玻利维亚	67	46	830	16.6	8.2	3 591	310	55
巴西	–	73	4 320	3.7	6.9	7 786	666	72
智利	97	98	4 730	13.3	11.1	1 807	911	85
哥伦比亚	60	85	2 070	–	–	4 600	661	76
厄瓜多尔	88	64	1 560	18.2	11.0	2 759	561	70
巴拉圭	63	66	1 650	12.7	4.3	1 517	214	–
秘鲁	75	53	2 410	–	–	7 404	332	60
乌拉圭	82	96	5 610	6.8	5.0	562	715	–
委内瑞拉	–	97	3 460	–	–	262	2 369	79

注：① 该指标衡量使用通常交通工具在一小时内能到达该地卫生服务设施的人口所占比例。它易受和人口有关的服务设施的分布情况（包括城市集中地）的影响。

② 该指标表示根据各国报告作出的由医生、正式护士或经过训练的助产士或传统接生婆接生的出生数比例的估计。资料是 1985 ~ 1993 年期间的。

③ 该指标表示某国在一定时期内按人平均的生产活动的最终成果（商品和劳务的总产出），而不管是分配到国内还是国外。因此，它是一个国家经济生产力的指标。

④ 该指标反映一个国家通过用在教育和卫生部门的支出的比例而给与这些部门的优先地位。

⑤ 该指标提供 1992 年在各国开展人口活动所花费的外部援助总量。外部资金通过多边和双边援助机构及非政府组织拨付。捐助国则指明列在圆括号里的它们的捐款。

⑥ 该指标反映商用初级能源的年消耗量（煤、褐煤、石油、天然气和氢、原子能和地热电），按人均并折合成公斤油单位来计算。

⑦ 该指标表示人口中能得到安全水供应的百分比（包括经过处理的地表水或虽未经处理但未被污染的水，如泉水、卫生井）。

资料来源：UNFPA: The State of World Population, 1997.

表 13 人口与劳动力

国家或地区	人口		劳动力									
	15～64岁(百万人)		总劳动力[1](百万人)		年均增长率(%)		女性[2](%)		农业[3](%)		工业[4](%)	
	1980	1994	1980	1994	1980～90	1990～94	1980	1994	1980	1990	1980	1990
低收入国家	1357	1925	1165	1575	2.3	1.9	41	42	73	69	13	15
卢旺达	3	4	3	4	3.2	2.9	49	49	93	92	3	3
莫桑比克	6	9	7	8	1.2	2.7	49	50	84	83	7	8
埃塞俄比亚	19	27	16	23	2.5	2.8	41	40	89	86	2	2
坦桑尼亚	9	15	10	15	3.3	2.8	50	49	86	84	4	5
布隆迪	2	3	2	3	2.7	2.9	50	49	93	92	2	3
塞拉利昂	2	2	1	2	1.8	2.3	36	36	70	68	14	15
马拉维	3	5	3	5	3.9	2.4	51	54	87	87	5	5
乍得	2	3	2	3	1.9	2.7	43	44	88	83	3	4
乌干达	7	9	7	10	2.9	2.9	49	52	87	85	4	5
马达加斯加	5	7	4	7	2.9	3.2	47	49	82	78	6	7
尼泊尔	8	11	7	10	2.4	2.5	39	40	94	94	1	0
越南	28	41	26	37	2.8	2.1	48	50	73	71	13	14
孟加拉国	44	62	42	59	2.4	2.7	43	42	73	65	9	16
海地	3	4	3	3	1.3	1.9	45	43	71	68	8	9
尼日尔	3	4	3	4	3.0	3.0	45	45	91	90	3	4
几内亚比绍	0	1	0	1	1.5	1.9	39	41	87	85	2	2
肯尼亚	8	13	8	13	3.7	3.4	46	48	82	80	6	7
马里	3	5	4	5	2.7	2.8	49	51	89	86	2	2
尼日利亚	36	56	30	43	2.5	2.8	37	36	54	43	8	7
也门	–	7	2	4	3.6	4.8	31	26	73	61	13	17
布基纳法索	4	5	4	5	2.0	2.0	48	46	92	92	3	2
蒙古	1	1	5	1	2.9	2.8	46	46	40	32	21	22
印度	396	550	300	394	1.9	2.1	34	32	70	64	13	16
老挝	2	2	2	2	2.3	2.6	45	47	80	78	6	6
多哥	1	2	1	2	2.6	3.0	39	40	69	66	10	10
冈比亚	0	1	0	1	3.4	3.4	45	44	84	82	7	8
尼加拉瓜	1	2	1	2	2.7	4.5	28	36	39	28	24	26
赞比亚	3	5	2	4	3.5	3.0	45	44	76	75	8	8
塔吉克斯坦	–	3	2	2	2.0	3.3	47	44	45	41	23	23
贝宁	2	3	2	2	2.5	2.7	47	47	67	63	7	8
中非共和国	1	2	1	2	1.7	2.1	48	47	85	80	3	3
阿尔巴尼亚	2	2	1	2	2.6	1.4	39	43	57	55	23	23
加纳	6	9	5	8	3,2	3.0	51	51	62	59	13	13
巴基斯坦	45	67	30	49	3.4	3.3	23	28	60	52	15	19
毛里塔尼亚	1	1	1	1	2.0	2.7	45	44	72	55	7	10
阿塞拜疆	–	5	3	3	1.0	1.8	47	44	35	31	28	29
津巴布韦	4	6	3	5	3.6	2.4	45	45	72	68	12	8
几内亚	2	3	2	3	2.1	2.7	47	48	91	87	1	2
中国	587	800	548	715	2.2	1.1	44	46	74	72	14	15
洪都拉斯	2	3	1	2	3.4	3.7	25	28	57	41	15	20
塞内加尔	3	4	3	4	2.5	2.6	42	42	81	77	6	8
科特迪瓦	4	7	3	5	3.1	2.9	32	33	65	60	8	10
刚果	1	1	1	1	2.9	2.7	43	42	58	49	13	15
吉尔吉斯斯坦	–	3	2	2	1.5	2.0	47	48	34	32	29	27

表 13 （续表 1）

国家或地区	人口		劳动力									
	15～64岁（百万人）		总劳动力（百万人）		年均增长率(%)		女性 (%)		农业 (%)		工业 (%)	
	1980	1994	1980	1994	1980～90	1990～94	1980	1994	1980	1990	1980	1990
斯里兰卡	9	11	5	7	2.4	2.0	27	35	52	48	18	21
亚美尼亚	–	2	1	2	1.1	1.4	48	45	21	18	43	43
喀麦隆	5	7	4	5	2.5	2.9	37	37	73	70	8	9
埃及	23	33	15	22	2.5	2.9	28	30	57	40	16	22
莱索托	1	1	1	1	2.5	2.9	38	38	41	40	34	28
格鲁吉亚	–	4	3	3	0.4	0.2	49	47	32	26	27	31
缅甸	19	27	17	23	2.2	2.1	44	43	76	73	8	10
中等收入国家	545	966	517	486	2.1	1.9	39	41	38	31	27	27
下中等收入	340	674	377	486	1.8	1.8	42	43	41	36	26	27
玻利维亚	3	4	2	3	2.6	2.6	33	37	53	47	18	18
马其顿	–	1	1	1	1.8	1.4	34	41	36	21	33	40
摩尔多瓦	–	3	2	2	0.1	0.5	50	49	43	33	26	30
印度尼西亚	84	117	60	89	3.0	2.5	36	40	58	55	12	14
菲律宾	26	38	19	27	2.6	2.6	35	36	52	46	15	15
乌兹别克斯坦	–	12	6	9	2.2	2.9	48	46	38	34	25	25
摩洛哥	10	16	7	10	2.7	2.6	34	35	56	45	20	25
哈萨克斯坦	–	10	7	8	1.1	0.9	48	47	24	22	32	32
危地马拉	4	5	2	4	2.9	3.5	22	25	54	52	19	17
巴布亚新几内亚	2	2	2	2	2.1	2.3	42	42	82	79	6	7
保加利亚	6	6	5	4	0.0	−0.5	45	50	20	13	45	48
罗马尼亚	14	15	11	11	−0.2	0.1	46	45	35	24	41	47
厄瓜多尔	4	7	3	4	3.5	3.1	20	26	40	33	20	19
多米尼加共和国	3	5	2	3	3.1	2.7	25	29	32	25	24	29
立陶宛	–	2	2	2	0.6	0.1	50	48	28	18	38	41
萨尔瓦多	2	3	2	2	2.1	3.3	27	33	43	36	19	21
约旦	1	2	1	1	4.9	5.2	20	25	18	15	24	23
牙买加	1	2	1	1	1.9	1.6	46	45	31	25	16	23
巴拉圭	2	3	1	2	3.1	3.0	26	28	45	39	20	22
阿尔及利亚	9	16	5	8	3.7	4.2	22	23	36	26	27	31
哥伦比亚	15	23	9	15	4.0	2.6	25	35	40	27	21	23
突尼斯	3	5	2	3	2.6	3.0	29	30	39	28	30	33
乌克兰	–	34	26	26	−0.2	−0.1	50	48	25	20	39	40
纳米比亚	1	1	0	1	2.3	2.6	40	40	56	49	15	15
秘鲁	9	14	5	8	3.2	3.0	24	28	40	36	18	18
白俄罗斯	–	7	5	5	0.4	−0.1	50	48	26	20	38	40
斯洛伐克	–	4	2	3	0.9	0.9	45	48	14	12	36	32
拉脱维亚	–	2	1	1	0.2	−0.8	51	51	16	16	42	40
哥斯达黎加	1	2	1	1	3.8	2.8	21	29	35	26	23	27
波兰	23	25	19	19	0.1	0.5	45	46	30	27	38	36
泰国	26	39	24	34	2.6	1.5	47	47	71	64	10	14
土耳其	25	37	19	28	2.9	2.3	35	35	60	53	16	18
克罗地亚	–	3	2	2	0.2	−0.1	38	41	25	16	33	34
巴拿马	1	2	1	1	3.1	2.6	30	33	29	26	19	16
俄罗斯	–	99	76	77	0.2	0.0	49	48	16	14	44	42
委内瑞拉	8	13	5	8	3.4	3.1	27	33	15	12	28	27

表 13 （续表2）

国家或地区	人口		劳动力									
	15～64岁（百万人）		总劳动力（百万人）		年均增长率(%)		女性 (%)		农业 (%)		工业 (%)	
	1980	1994	1980	1994	1980～90	1990～94	1980	1994	1980	1990	1980	1990
博茨瓦纳	0	1	0	1	3.4	3.2	50	46	63	46	10	20
爱沙尼亚	–	1	1	1	0.4	–0.4	51	51	15	14	43	41
伊朗	20	32	12	20	3.8	3.2	20	24	46	39	24	23
土库曼斯坦		2	1	2	2.3	2.8	47	41	39	37	24	23
上中等收入	206	293	140	199	2.7	2.2	32	36	31	21	28	27
巴西	71	99	48	71	3.2	1.9	28	34	37	23	24	23
南非	17	24	11	16	2.7	2.5	35	37	17	14	35	32
毛里求斯	1	1	0	0	2.3	1.6	26	31	27	17	28	43
捷克共和国	–	7	5	6	0.1	0.5	47	47	13	11	56	45
马来西亚	8	11	5	8	2.8	2.7	34	36	41	27	19	23
智利	7	9	4	5	2.7	2.2	26	31	21	19	25	25
特立尼达和多巴哥	1	1	0	1	1.2	2.1	32	36	11	11	39	31
匈牙利	7	7	5	5	–0.8	–0.1	43	44	18	15	43	28
加蓬	0	1	0	1	2.6	1.9	45	44	65	51	12	16
墨西哥	35	53	22	35	3.5	2.9	27	32	36	28	29	24
乌拉圭	2	2	1	1	1.6	1.0	31	40	17	14	28	27
阿曼	1	1	0	1	4.1	4.0	7	13	50	44	22	24
斯洛文尼亚	–	1	1	1	0.3	0.3	44	45	15	6	43	46
沙特阿拉伯	5	10	3	6	6.5	2.5	8	12	43	19	16	20
希腊	6	7	4	4	1.2	0.7	28	36	31	23	29	27
阿根廷	17	21	11	13	1.3	2.0	28	30	13	12	34	32
韩国	24	31	16	21	2.3	1.9	39	40	37	18	27	35
低收入和中等收入国家	1 902	2 892	1 682	2 259	2.2	1.9	41	42	62	58	17	18
撒哈拉以南非洲	197	296	171	251	2.8	2.7	43	44	72	68	9	9
东亚与太平洋	822	1 134	719	967	2.3	1.5	43	45	72	69	14	16
南亚	511	715	389	525	2.1	2.3	35	33	70	64	13	16
欧洲与中亚	83	315	219	238	0.6	0.6	47	46	27	23	37	37
中东与北非	87	146	53	85	3.2	3.6	26	28	49	37	21	24
拉丁美洲与加勒比地区	202	286	130	194	3.0	2.5	28	33	34	26	25	24
高收入国家和地区	497	569	352	408	1.1	0.9	39	43	7	5	35	31
葡萄牙	6	7	5	5	0.4	0.4	39	43	26	18	36	34
新西兰	2	2	1	2	2.0	1.5	34	44	11	10	33	25
西班牙	24	27	14	17	1.3	1.0	28	36	18	12	37	33
爱尔兰	2	2	1	1	0.4	1.5	28	33	19	14	34	29
以色列	2	3	1	2	2.3	3.6	34	38	6	4	32	29
澳大利亚	9	12	7	9	2.3	1.6	36	42	6	6	32	26
英国	36	38	27	29	0.6	0.3	39	43	3	2	38	29
芬兰	3	3	2	3	0.6	0.2	46	47	12	8	35	31
意大利	36	39	23	25	0.8	0.4	33	37	13	9	38	31
科威特	1	1	0	1	5.9	–2.3	13	33	2	1	32	25
加拿大	17	20	12	15	1.9	1.1	40	44	7	3	33	25
香港	3	4	2	3	1.6	0.8	34	36	1	1	50	37

表 13

（续表完）

国家或地区	人口 15～64岁（百万人）		劳动力 总劳动力[①]（百万人）		年均增长率(%)		女性[②](%)		农业[③](%)		工业[④](%)	
	1980	1994	1980	1994	1980～1990	1990～1994	1980	1994	1980	1990	1980	1990
荷兰	9	11	6	7	2.0	0.7	31	39	6	5	31	26
新加坡	2	2	1	1	1.7	1.0	37	37	2	0	42	36
比利时	6	7	4	4	0.2	0.5	34	40	3	3	35	28
法国	34	38	24	26	0.3	0.8	40	44	8	5	35	29
瑞典	5	6	4	5	1.0	0.3	44	47	–	–	–	–
奥地利	5	5	3	4	0.5	0.5	40	40	10	8	41	38
德国	52	56	37	40	0.6	0.2	40	41	7	4	45	38
美国	151	171	110	131	1.3	1.1	42	45	3	3	31	28
挪威	3	3	2	2	0.9	0.7	40	45	8	6	29	25
丹麦	3	4	3	3	0.7	–0.1	44	46	7	6	31	28
日本	79	87	57	66	1.1	0.6	38	40	11	7	35	34
瑞士	4	5	3	4	1.7	1.0	37	40	6	6	39	35
阿拉伯联合酋长国	1	1	1	1	4.4	1.8	5	13	5	8	38	27
全世界	2 400	3 461	2 034	2 667	2.0	1.7	41	42	53	49	20	20

注：① 总劳动力估计数是通过运用国际劳工组织的劳动参与率对总人口数推导过的。他们是经济上有活力的人口；严格的概念是包括军人和失业者的，但不包括劳务劳动者和无工资劳动者。

② 在全部劳动力中女性所占比重表示女性在正规部门有报酬就业的范围，即女性劳动力参与率。

③ ④ 劳动力的结构以在农业和工业生产中就业的劳动力的比重来表示。农业劳动力包括从事于农耕、林业、狩猎和渔业的劳动力。工业劳动力包括采矿、制造业、建筑业以及电力、水利劳动力和天然气工业的劳动力。

资料来源：The World Bank:《World Development Report 1996: From Plan to Market》.

表 14　　　　　　　　　　**经 济 的 增 长**

国家或地区	年均增长率（%）							
	国内生产总值(GDP)		农业[①]		工业[②]		服务业[③]	
	1980－1990	1990－1994	1980－1990	1990－1994	1980－1990	1990－1994	1980－1990	1990－1994
低收入国家	5.8	6.2	3.5	2.8	7.4	11.0	6.8	5.2
卢旺达	2.3	－15.5	0.7	－13.8	1.7	－23.4	4.3	－14.2
莫桑比克	－0.2	—	1.6	2.4	－9.8	—	2.8	—
埃塞俄比亚[④]	2.3	—	1.1	2.4	0.1	—	4.4	—
坦桑尼亚	3.8	3.1	4.9	5.8	3.4	9.7	2.8	－3.1
布隆迪	4.4	－1.4	3.1	－3.1	4.5	－3.4	6.3	1.5
塞拉利昂	0.9	0.6	2.9	0.6	－2.0	7.4	0.7	－2.7
马拉维	2.7	－0.7	2.0	－0.6	2.9	－0.4	3.0	－1.0
乍得	6.3	1.3		6.9	8.0	－9.9	9.9	1.2
乌干达	3.1	5.6	2.3	3.3	6.0	9.3	3.5	7.7
马达加斯加	1.1	－0.2	2.5	1.5	0.9	－0.7	0.5	－1.1
尼泊尔	4.6	4.9	4.0	1.3	6.0	10.5	4.8	6.8
越南	—	8.0	—	4.5	—	—	—	—
孟加拉国	4.3	4.2	2.7	1.9	4.9	7.1	5.7	5.0
海地	－0.2	－8.1	—	—	—	—	—	—
尼日尔	－1.1	－0.3	1.8	－3.5	－3.3	－1.3	－5.2	－2.2
几内亚比绍	4.5	3.6	6.7	4.7	0.4	2.3	3.3	2.3
肯尼亚	4.2	0.9	3.3	－1.5	3.9	0.9	4.8	2.0
马里	1.5	2.0	4.3	1.7	2.7	5.3	－1.4	1.1
尼日利亚	1.6	2.4	3.3	2.2	－1.0	0.3	2.8	4.5
也门	—	—	—	—	—	—	—	—
布基纳法索	3.7	2.5	3.1	4.6	3.7	1.4	4.2	1.6
蒙古	5.5	－4.4	2.9	－4.0	4.6	－7.0	8.5	－4.0
印度	5.8	3.8	3.1	2.9	7.1	3.2	6.9	4.6
老挝	—	6.2	—	—	—	—	—	—
多哥	1.8	－3.4	5.6	3.3	1.1	－6.0	－0.3	－8.6
冈比亚	3.4	1.4	0.4	－0.5	6.0	－0.8	4.8	2.4
尼加拉瓜	－2.0	0.5	－2.2	0.3	－1.7	－4.4	－2.0	2.2
赞比亚	0.8	－0.1	3.6	2.1	1.0	－1.3	0.1	0.4
塔吉克斯坦	2.9	－22.5	－1.4	—	3.6	—	5.9	—
贝宁	2.6	4.1	5.1	4.9	2.1	3.5	1.2	3.5
中非共和国	1.7	－0.1	2.7	1.5	3.1	－4.6	0.5	－2.9
阿尔巴尼亚	1.5	－4.2	2.4	6.4	3.2	－21.8	－2.4	4.3
加纳	3.0	4.3	1.0	1.8	3.3	4.3	6.4	7.3
巴基斯坦	6.3	4.6	4.3	2.7	7.3	6.3	6.9	4.7
毛里塔尼亚	1.7	3.6	1.7	5.3	4.9	2.0	0.3	3.3
阿塞拜疆	2.1	－22.9	－1.4	—	2.8	—	4.2	—
津巴布韦	3.5	1.1	2.4	1.6	3.6	－3.6	3.9	1.3
几内亚	—	3.5	—	4.3	—	1.9	—	4.3
中国	10.2	12.9	5.9	4.1	11.1	18.8	3.6	9.9
洪都拉斯	2.7	3.8	2.7	3.4	3.3	6.0	2.5	1.5
塞内加尔	3.2	0.0	2.9	－4.9	3.8	1.1	3.1	1.2
科特迪瓦	－0.1	－0.2	－0.5	－0.9	4.4	0.2	－1.4	0.1
刚果	3.6	－0.1	3.4	－2.8	5.2	3.4	2.6	－2.6
吉尔吉斯斯坦	4.2	－16.9	2.2	—	—	—	—	—

表 14

（续表 1）

国家或地区	年均增长率（%）							
	国内生产总值(GDP)		农业[①]		工业[②]		服务业[③]	
	1980－1990	1990－1994	1980－1990	1990－1994	1980－1990	1990－1994	1980－1990	1990－1994
斯里兰卡	4.2	5.4	2.2	2.0	4.6	7.5	5.0	5.8
亚美尼亚	3.3	－27.8	－3.9	－1.9	5.1	－36.7	4.4	－28.7
喀麦隆	1.9	－4.1	1.2	－1.2	3.7	－6.9	1.0	－3.9
埃及	5.0	1.1	1.5	1.8	2.6	0.1	7.5	1.2
莱索托	4.3	6.1	2.6	－2.3	7.2	11.4	3.6	4.7
格鲁吉亚	0.5	－31.2	0.7	－31.5	1.8	－38.8	－1.3	－26.6
缅甸	0.6	5.7	0.5	5.1	0.5	9.4	0.7	5.5
中等收入国家	2.2	0.2	0.5	0.9	—	1.3	—	3.7
下中等收入	2.2	－2.3	0.5	—	—	—	—	—
玻利维亚	—	3.8	2.0	—	－2.9	—	－0.1	—
马其顿	—	—	—	—	—	—	—	—
摩尔多瓦	—	—	—	—	—	—	—	—
印度尼西亚	6.1	7.6	3.4	3.0	6.9	9.8	7.0	7.6
菲律宾	1.0	1.6	1.0	1.6	－0.9	0.9	2.8	2.1
乌兹别克斯坦	3.4	－5.0	－0.1	－0.7	4.3	－6.7	5.4	－6.3
摩洛哥	4.2	1.7	6.7	－1.5	3.0	0.3	4.2	3.4
哈萨克斯坦	1.5	－14.3	—	—	—	—	—	—
危地马拉	0.8	4.1	2.3	2.5	2.1	4.2	2.1	4.9
巴布亚新几内亚	1.9	11.5	1.8	5.3	1.9	24.3	0.7	—
保加利亚	4.0	－5.9	－2.1	－2.9	5.2	－9.3	4.8	－0.6
罗马尼亚	0.6	－3.7	—	－2.3	—	－5.1	—	－3.1
厄瓜多尔	2.0	3.5	4.4	2.0	1.2	5.2	1.8	2.9
多米尼加共和国	2.7	4.2	0.4	3.0	2.2	3.7	3.7	4.6
立陶宛	2.3	－20.3	—	—	—	—	—	—
萨尔瓦多	0.2	6.2	－1.1	1.0	0.1	4.2	0.7	8.8
约旦	－1.5	8.2	13.2	10.2	－1.3	7.9	－7.3	7.9
牙买加	2.0	3.5	0.6	8.3	2.4	－0.5	1.9	6.0
巴拉圭	2.5	2.9	3.6	1.4	－0.3	1.9	3.4	4.1
阿尔及利亚	2.9	－0.6	4.5	－0.2	1.7	－0.8	3.3	－0.6
哥伦比亚	3.7	4.2	2.9	1.4	5.0	3.0	3.1	6.4
突尼斯	3.3	4.5	2.8	0.5	3.1	4.0	3.5	5.9
乌克兰	—	－14.4	—	－8.5	—	－19.4	—	－11.3
纳米比亚	1.1	4.1	1.8	6.8	－1.1	2.9	2.2	4.1
秘鲁	－0.2	4.2	—	—	—	—	—	—
白俄罗斯	4.8	－10.5	1.8	－6.8	6.2	－5.3	4.9	－11.1
斯洛伐克	1.9	－5.4	0.6	－2.6	2.2	－11.8	1.7	3.4
拉脱维亚	3.5	－17.7	2.3	－19.1	4.3	－35.7	3.1	－8.0
哥斯达黎加	3.0	5.6	3.1	3.8	2.8	6.1	3.1	6.0
波兰	1.7	1.6	0.7	－3.0	0.1	1.2	2.2	2.6
泰国	7.6	8.2	4.0	3.1	9.9	10.9	7.3	7.4
土耳其	5.6	3.2	4.4	—	6.4	4.3	5.5	3.3
克罗地亚	—	—	—	0.8	—	—	—	—
巴拿马	0.3	7.0	—	5.1	—	18.6	—	5.5
俄罗斯	1.9	－10.6	—	—	—	—	—	—
委内瑞拉	1.1	3.2	3.0	2.3	0.5	4.1	1.1	2.6

表 15　　生 产 的 结 构

国家或地区	GDP(百万美元)		GDP的分布(%)							
			农业		工业		制造业[1]		服务业	
	1980	1994	1980	1994	1980	1994	1980	1994	1980	1994
低收入国家	751 862	1 208 422	34	28	32	34	21	25	32	36
卢旺达	1 163	585	50	51	23	9	17	3	27	40
莫桑比克	2 028	11 467	37	33	31	12	–	–	32	55
埃塞俄比亚[2]	5 179	4 688	56	57	12	10	6	3	31	32
坦桑尼亚	5 702	3 378	46	57	18	17	11	8	37	26
布隆迪	920	1 001	62	53	13	18	7	12	25	29
塞拉利昂	1 100	843	33	47	22	18	6	2	45	35
马拉维	1 238	1 302	37	31	19	21	12	14	44	47
乍得	727	910	54	44	12	22	–	16	34	35
乌干达	1 267	4 001	72	49	4	14	4	7	23	37
马达加斯加	4 042	1 918	30	35	16	13	–	–	54	52
尼泊尔	1 946	4 048	62	44	12	21	4	9	26	35
越南	–	15 570	50	28	–	30	–	22	–	43
孟加拉国	12 950	26 164	50	30	16	18	11	10	34	52
海地	1 462	1 623	62	44	–	12	–	9	–	44
尼日尔	2 538	1 540	43	39	23	18	4	7	35	44
几内亚比绍	105	243	44	45	20	18	–	7	36	37
肯尼亚	7 265	6 860	33	29	21	17	13	11	47	54
马里	1 629	1 871	58	42	9	15	4	9	32	42
尼日利亚	93 082	35 200	27	43	40	32	8	7	32	25
也门	–	–	–	–	–	–	–	–	–	–
布基纳法索	1 709	1 856	33	34	22	27	16	21	45	39
蒙古	2 329	741	14	21	28	45	–	–	57	34
印度	172 321	293 606	38	30	26	28	18	18	36	42
老挝	–	1 534	–	51	–	18	–	13	–	31
多哥	1 136	981	27	38	25	21	8	9	48	41
冈比亚	233	363	30	28	16	15	7	7	53	58
尼加拉瓜	2 144	1 833	23	33	31	20	26	16	45	46
赞比亚	3 884	3 481	14	31	41	35	18	23	44	34
塔吉克斯坦	–	2 009	–	–	–	–	–	–	–	–
贝宁	1 405	1 522	35	34	12	12	8	7	52	53
中非共和国	797	872	40	44	20	13	7	–	40	43
阿尔巴尼亚	1 636	1 808	28	55	37	22	–	–	35	23
加纳	4 445	5 421	58	46	12	16	8	8	30	39
巴基斯坦	23 690	52 011	30	25	25	35	16	18	46	50
毛里坦尼亚	709	1 027	30	27	26	30	–	12	44	43
阿塞拜疆	–	3 541	22	27	47	32	39	44	31	41
津巴布韦	5 355	5 432	14	15	34	36	25	30	52	48
几内亚	–	3 395	–	24	–	31	–	5	–	45
中国	201 696	522 172	30	21	49	47	41	37	21	32
洪都拉斯	2 566	3 333	24	20	24	32	15	18	52	48
塞内加尔	3 016	3 881	19	17	25	20	15	14	57	63
科特迪瓦	10 175	6 716	31	41	24	26	15	26	45	32
刚果	1 706	1 578	12	10	47	44	7	7	42	46
吉尔吉斯斯坦	–	2 666	–	37	–	30	–	–	–	33
斯里兰卡	4 024	11 712	28	24	30	25	18	16	43	51
亚美尼亚	–	2 607	44	49	–	30	–	–	–	26
喀麦隆	74 992	7 407	28	32	26	28	8	12	46	41
埃及	22 912	42 923	18	20	37	21	12	15	45	59
莱索托	368	886	24	14	29	46	7	17	47	40
格鲁吉亚	–	2 063	–	61	–	23	–	17	–	16

(续表 1)

国家或地区	GDP(百万美元)		农业		工业		制造业[①]		服务业	
	1980	1994	1980	1994	1980	1994	1980	1994	1980	1994
缅甸	–	–	47	63	13	9	10	7	41	28
中等收入国家	2 477 885	4 069 532	–	10	–	36	–	20	–	52
下中等收入	–	1 783 221	–	13	–	36	–	–	–	49
玻利维亚	3 074	5 506	18	–	35	–	15	–	47	–
马其顿	–	1 678	–	–	–	–	–	–	–	–
摩尔多瓦	–	3 672	–	48	–	28	–	25	–	25
印度尼西亚	78 013	174 640	24	17	42	41	13	24	34	42
菲律宾	32 500	64 162	25	22	39	33	26	23	36	45
乌兹别克斯坦	–	21 508	28	33	37	34	27	18	35	34
摩洛哥	18 821	30 803	18	21	31	30	17	17	51	49
哈萨克斯坦	–	18 167	–	44	–	35	–	–	–	21
危地马拉	7 879	12 919	–	25	–	19	–	–	–	56
巴布亚新几内亚	2 548	5 403	33	28	27	38	10	8	40	33
保加利亚	20 040	10 199	14	13	54	35	–	–	32	53
罗马尼亚	–	30 086	–	21	–	33	–	–	–	46
厄瓜多尔	11 733	16 556	12	12	38	38	18	21	50	50
多米尼加共和国	6 631	10 416	20	15	28	22	15	15	52	63
立陶宛	–	5 224	19	21	53	41	–	–	29	38
萨尔瓦多	3 574	8 116	38	14	22	24	16	–	40	62
约旦	–	6 105	–	8	–	27	–	14	–	65
牙买加	2 679	4 241	8	8	38	37	17	17	54	54
巴拉圭	4 579	7 826	29	24	27	22	16	16	44	54
阿尔及利亚	42 347	41 941	10	12	54	44	9	11	36	44
哥伦比亚	33 399	67 266	19	14	32	32	23	18	49	54
突尼斯	8 743	15 770	16	15	36	32	14	20	48	53
乌克兰	–	91 307	–	19	–	50	–	38	–	31
纳米比亚	2 190	2 884	12	14	53	29	5	9	35	56
秘鲁	20 661	50 077	10	7	42	37	20	23	48	56
白俄罗斯	–	20 287	18	17	53	54	45	44	29	29
斯洛伐克	12 027	12 370	7	7	63	36	–	–	30	57
拉脱维亚	–	5 817	–	9	–	34	–	20	–	57
哥斯达黎加	4 831	8 281	18	15	27	24	19	19	55	61
波兰	57 068	92 580	–	6	–	40	–	–	–	54
泰国	32 354	143 209	23	10	29	39	22	29	48	50
土耳其	56 919	131 014	23	16	30	31	21	20	47	52
克罗地亚	–	14 017	–	13	–	25	–	20	–	62
巴拿马	3 592	6 975	–	11	–	16	–	–	–	73
俄罗斯	–	376 555	9	7	54	38	–	31	37	55
委内瑞拉	69 377	58 257	5	5	46	42	16	14	49	53
博茨瓦纳	971	4 011	13	5	44	49	4	4	43	46
爱沙尼亚	–	4 578	14	10	49	36	42	23	47	55
伊朗	92 664	63 716	18	21	32	37	9	14	50	42
土库曼斯坦	–	5 156	–	–	–	–	–	–	–	–
上中等收入	1 054 324	2 264 369	8	8	47	37	22	20	43	53
巴西	236 995	554 587	11	13	44	39	33	25	45	49
南非	78 743	121 888	7	5	50	31	23	23	43	65
毛里求斯	1 132	3 385	12	9	26	33	15	22	62	58
捷克共和国	29 123	36 024	7	6	63	39	–	–	30	55
马来西亚	24 488	70 626	22	14	38	43	21	32	40	42
智利	27 572	51 957	7	–	37	–	21	–	55	–
特立尼达和多巴哥	6 236	4 792	2	3	60	46	9	10	38	51

注：农业、工业、制造业、服务业各栏为 GDP 的分布(%)。

表 15 (续表 2)

国家或地区	GDP 的分布(%)									
	GDP(百万美元)		农业		工业		制造业[①]		服务业	
	1980	1994	1980	1994	1980	1994	1980	1994	1980	1994
匈牙利	22 163	41 374	–	7	–	33	–	23	–	60
加蓬	4 279	3 945	7	8	60	52	5	11	33	40
墨西哥	194 905	377 115	8	8	33	28	22	20	59	64
乌拉圭	10 133	15 539	14	8	34	23	26	17	53	69
阿曼	5 982	11 628	3	3	69	53	1	4	28	44
斯洛文尼亚	–	14 037	–	5	–	38	–	29	–	57
沙特阿拉伯	156 487	117 236	1	–	81	–	5	–	18	–
希腊	40 147	77 721	20	16	35	31	22	18	44	53
阿根廷	76 962	281 922	6	5	41	30	29	20	52	65
韩国	63 661	376 505	15	7	40	43	29	29	45	50
低收入和中等收入国家	3 222 247	5 276 483	–	14	–	36	–	21	–	48
撒哈拉以南非洲	297 077	277 021	24	20	36	30	13	15	38	48
东亚与太平洋	524 972	1 520 558	27	18	39	42	28	30	32	41
南亚	219 283	394 958	39	29	24	26	16	15	35	43
欧洲与中亚	–	1 029 958	–	–	–	–	–	–	–	–
中东与北非	463 036	425 707	9	–	57	–	7	10	32	–
拉丁美洲与加勒比地区	762 475	1 624 083	10	10	38	33	25	21	50	55
高收入国家和地区	7 685 574	20 120 240	3	–	36	–	23	–	59	–
葡萄牙	28 526	87 257	–	–	–	–	–	–	–	–
新西兰	22 469	50 777	11	–	31	–	22	–	58	–
西班牙	211 542	482 841	–	3	–	–	–	17	–	–
爱尔兰	20 231	52 060	–	8	–	9	–	3	–	83
以色列	22 690	77 777	–	–	–	–	–	–	–	–
澳大利亚	159 728	331 990	5	3	36	30	19	15	58	67
英国	537 383	1 017 306	2	2	43	32	27	22	55	66
芬兰	51 306	97 961	10	5	40	32	28	24	51	63
意大利	452 648	1 024 634	6	3	39	31	28	20	55	66
科威特	28 639	24 289	0	0	75	53	6	11	25	47
加拿大	263 192	542 954	4	–	36	–	20	–	60	–
香港	28 496	131 881	1	0	31	18	23	11	68	82
荷兰	172 280	329 768	–	3	–	27	–	18	–	70
新加坡	11 718	68 949	1	0	38	36	29	27	61	64
比利时	118 021	227 550	2	2	34	–	24	–	64	–
法国	664 595	1 330 381	4	2	34	28	24	20	62	70
瑞典	125 557	196 441	4	2	34	30	23	20	62	68
奥地利	76 882	196 546	4	2	40	34	28	23	56	64
德国	–	2 045 991	–	1	–	–	–	29	–	–
美国	2 708 147	6 648 013	3	–	34	–	22	–	64	–
挪威	57 711	109 568	4	–	40	–	16	–	57	–
丹麦	66 322	146 076	6	4	30	27	20	19	65	69
日本	1 059 257	4 590 971	4	2	42	40	29	27	54	58
瑞士	101 646	260 352	–	–	–	–	–	–	–	–
阿拉伯联合酋长国	29 625	35 405	1	2	77	57	4	8	22	40
全世界	10 759 322	25 223 462	8	–	37	–	22	–	53	–

注:① 由于制造业通常是工业部门中最活跃的部分,其份额单独列出。

② 1992 年的数据包括厄立特里亚。

资料来源:The World Bank:《World Development Report 1996: From Plan to Market》.

人口与环境

表 16　　森林、水资源

国家或地区	森林面积			1994年国家保护面积			1970~1994年年度淡水抽取量			
	总面积(千平方公里) 1990	1981~1990年消失量		千平方公里	数量	占总保护面积的百分比	总量(立方千米)	占水资源的百分比	人均抽取量(立方米)	
		千平方公里	占总面积的百分比						家庭使用	其他
低收入国家				2 006.6	1 666	5.0				
卢旺达	2	0.0	0.2	3.3	2	12.4	0.2	2.4	6	18
莫桑比克	173	1.4	0.8	0.0	1	0.0	0.8	0.4	13	42
埃塞俄比亚	142	0.4	0.3	60.2	23	5.5	2.2	2.0	6	45
坦桑尼亚	336	4.4	1.3	138.9	30	14.7	0.5	0.5	7	28
布隆迪	2	0.0	0.6	0.9	3	3.2	0.1	2.8	7	13
塞拉利昂	19	0.1	0.6	0.8	2	1.1	0.4	0.2	7	92
马拉维	35	0.5	1.5	10.6	9	8.9	0.2	0.9	7	13
乍得	114	0.9	0.8	114.9	9	9.0	0.2	0.4	6	29
乌干达	63	0.6	1.0	19.1	31	8.1	0.2	0.3	7	14
马达加斯加	158	1.3	0.9	11.1	37	1.9	16.3	4.8	16	1 568
尼泊尔	50	0.5	1.1	11.1	12	7.9	2.7	1.6	6	144
越南	83	1.4	1.6	13.3	59	4.0	28.9	7.7	54	361
孟加拉国	8	0.4	4.9	1.0	8	0.7	22.5	1.0	7	213
海地	0	0.0	6.5	0.1	3	0.4	0.0	0.4	2	5
尼日尔	24	0.1	0.4	84.2	5	6.6	0.3	0.9	9	33
几内亚比绍	20	0.2	0.8	–	–	–	0.0	0.0	3	8
肯尼亚	12	0.1	0.6	35.0	36	6.0	1.1	3.6	14	37
马里	121	1.1	0.9	40.1	11	3.2	1.4	1.4	3	159
尼日利亚	156	1.2	0.8	29.7	19	3.2	3.6	1.3	13	28
也门共和国	41	0.0	0.0	–	–	–	3.4	136.0	17	318
布基纳法索	44	0.3	0.7	26.6	12	9.7	0.2	0.5	5	13
蒙古	139	1.3	0.9	61.7	15	3.9	0.6	2.2	30	243
印度	517	3.4	0.7	143.5	374	4.4	380.0	18.2	18	594
老挝	132	1.3	1.0	24.4	17	10.3	1.0	0.4	21	239
多哥	14	0.2	1.6	6.5	11	11.4	0.1	0.8	17	11
冈比亚	1	0.0	0.8	0.2	5	2.0	0.0	0.3	2	27
尼加拉瓜	60	1.2	2.1	9.0	59	6.9	0.9	0.5	92	275
赞比亚	323	3.6	1.1	63.6	21	8.5	0.4	0.3	54	32
塔吉克斯坦	–	–	–	0.9	3	0.6	12.6	13.2	123	2 332
贝宁	49	0.7	1.4	7.8	2	6.9	0.1	0.4	7	19
中非共和国	306	1.3	0.4	61.1	13	9.8	0.1	0.0	5	20
阿尔巴尼亚	14	0.0	0.0	0.3	11	1.2	0.2	0.9	6	88
加纳	96	1.4	1.4	11.0	9	4.6	0.3	0.6	12	23
巴基斯坦	19	0.8	4.1	37.2	55	4.7	153.4	32.8	21	2 032
毛里塔尼亚	6	0.0	0.0	17.5	4	1.7	0.7	6.4	59	436
阿塞拜疆	–	–	–	1.9	12	2.2	15.8	56.4	90	2 158
津巴布韦	89	0.6	0.7	30.7	25	7.9	1.2	6.1	19	117
几内亚	67	0.9	1.3	1.6	3	0.7	0.7	0.3	14	126
中国	1 246	8.8	0.7	580.7	463	6.1	460.0	16.4	28	433
洪都拉斯	46	1.1	2.4	8.6	44	7.7	1.5	2.1	12	282
塞内加尔	75	0.5	0.7	21.8	10	11.1	1.4	3.5	10	191
科特迪瓦	109	1.2	1.1	19.9	12	6.2	0.7	0.9	15	52
刚果	199	0.3	0.2	11.8	10	3.4	0.0	0.0	12	7
吉尔吉斯共和国	–	–	–	2.8	5	1.4	11.7	24.0	82	2 647
斯里兰卡	17	0.3	1.5	8.0	56	12.1	6.3	14.6	10	493

表 16

（续表 1）

国家或地区	森林面积			1994 年国家保护面积			1970－1994 年年度淡水抽取量			
	总面积（千平方公里）1990	1981～1990 年消失量		千平方公里	数量	占总保护面积的百分比	总量（立方千米）	占水资源的百分比	人均抽取量（立方米）	
		千平方公里	占总面积						家庭使用	其他
亚美尼亚	–	–	–	2.1	4	7.2	3.8	45.8	149	996
喀麦隆	204	1.2	0.6	20.5	14	4.3	0.4	0.1	17	20
埃及	0	0.0	0.0	7.9	12	0.8	56.4	97.1	67	889
莱索托	0	–	–	0.1	1	0.2	0.1	1.0	7	24
格鲁吉亚	–	–	–	1.9	15	2.7	4.0	6.5	156	586
缅甸	289	4.0	1.4	1.7	2	0.3	4.0	0.4	7	94
中等收入国家				2 984.5	2 675	4.9				
下中等收入				2 161.0	1 670	5.4				
玻利维亚	493	6.3	1.3	92.3	25	8.4	1.2	0.4	20	181
马其顿	9	0.0	0.1	2.2	16	8.4	–	–	–	–
摩尔多瓦	–	–	–	0.1	2	0.2	3.7	29.1	60	793
印度尼西亚	1095	12.1	1.1	185.6	175	9.7	16.6	0.7	12	83
菲律宾	78	3.2	4.0	6.1	27	2.0	29.5	9.1	123	562
乌兹别克斯坦	–	–	–	2.4	10	0.5	82.2	76.4	165	3 956
摩洛哥	90	－1.2	－1.3	3.6	10	0.8	10.9	36.2	23	404
哈萨克斯坦	–	–	–	8.9	9	0.3	37.9	30.2	92	2 202
危地马拉	42	0.8	1.9	8.3	17	7.6	0.7	0.6	13	127
巴布亚新几内亚	360	1.1	0.3	0.8	5	0.2	0.1	0.0	8	20
保加利亚	37	－0.1	－0.2	3.7	46	3.3	13.9	6.8	43	1 501
罗马尼亚	63	0.0	0.0	10.9	39	4.6	26.0	12.5	91	1 044
厄瓜多尔	120	2.4	2.0	111.1	15	39.2	5.6	1.8	41	541
多米尼加共和国	11	0.4	3.3	10.5	17	21.5	3.0	14.9	22	423
立陶宛	–	–	–	6.3	76	9.7	4.4	19.0	83	1 107
萨尔瓦多	1	0.0	2.6	0.1	2	0.2	1.0	5.3	17	228
约旦	1	0.0	－1.0	2.9	10	3.3	0.4	32.1	50	123
牙买加	2	0.3	11.2	0.0	1	0.2	0.3	3.9	11	148
巴拉圭	129	4.0	3.1	14.8	19	3.6	0.4	0.1	16	93
阿尔及利亚	41	0.3	0.8	119.2	19	5.0	3.0	20.3	35	125
哥伦比亚	541	3.7	0.7	93.6	79	8.2	5.3	0.5	71	103
突尼斯	7	－0.1	－1.8	0.4	7	0.3	2.3	60.5	41	276
乌克兰	92	－0.2	－0.3	5.2	20	0.9	34.7	40.0	108	565
纳米比亚	126	0.4	0.3	102.2	12	12.4	0.1	0.3	7	103
秘鲁	679	2.7	0.4	41.8	22	3.2	6.1	15.3	57	243
白俄罗斯	63	－0.3	－0.4	2.4	10	1.2	3.0	5.4	94	200
斯洛伐克	18	0.0	0.1	10.2	40	20.7	1.8	5.8	–	–
拉脱维亚	–	–	–	7.8	45	12.0	0.7	2.2	110	152
哥斯达黎加	14	0.5	3.5	6.4	29	12.5	1.4	1.4	31	749
波兰	87	－0.1	－0.1	30.6	111	9.8	12.3	21.9	42	279
泰国	127	5.2	4.0	70.2	111	13.7	31.9	17.8	24	578
土耳其	202	0.0	0.0	8.2	44	1.1	33.5	17.3	140	445
克罗地亚	20	0.0	0.1	3.8	29	6.8	–	–	–	–
巴拿马	31	0.6	2.1	13.3	15	17.6	1.3	0.9	91	664
俄罗斯联邦	–	–	–	655.4	199	3.8	117.0	2.7	134	656
委内瑞拉	457	6.0	1.3	263.2	100	28.9	4.1	0.3	164	218
博茨瓦纳	143	0.8	0.5	106.6	9	18.3	0.1	0.6	5	94
爱沙尼亚	–	–	–	4.4	39	9.8	3.3	21.2	105	1 992
伊朗	180	0.0	0.0	83.0	68	5.0	45.4	38.6	54	1 307
土库曼斯坦	–	–	–	11.1	8	2.3	22.8	32.6	64	6 326
上中等收入				823.5	1 005	4.0				
巴西	5 611	36.7	0.7	321.9	273	3.8	36.5	0.5	54	191

表 16 （续表完）

国家或地区	森林面积			1994年国家保护面积			1970～1994年年度淡水抽取量			
	总面积（千平方公里）1990	1981～1990年消失量		千平方公里	数量	占总保护面积的百分比	总量（立方千米）	占水资源的百分比	人均抽取量（立方米）	
		千平方公里	占总面积						家庭使用	其他
南非	45	−0.4	−0.8	69.3	237	5.7	14.7	29.3	47	348
毛里求斯	1	0.0	0.2	0.0	3	2.0	0.4	16.4	66	344
捷克共和国	26	0.0	0.0	10.7	34	13.5	2.7	4.7	109	157
马来西亚	176	4.0	2.3	14.9	54	4.5	9.4	2.1	177	592
智利	88	−0.1	−0.1	137.2	66	18.1	16.8	3.6	98	1528
特立尼达和多巴哥	2	0.0	−1.9	0.2	6	3.1	0.2	2.9	40	108
匈牙利	17	−0.1	−0.5	5.7	53	6.2	6.8	5.7	59	601
加蓬	182	1.2	0.6	10.4	6	3.9	0.1	0.0	41	16
墨西哥	486	6.8	1.4	97.3	65	5.0	77.6	21.7	54	845
乌拉圭	7	0.0	−0.6	0.3	8	0.2	0.6	0.5	14	227
阿曼	41	0.0	0.0	37.4	29	17.6	0.5	24.0	17	547
斯洛文尼亚	10	0.0	0.0	1.1	10	5.3	–	–	–	–
沙特阿拉伯	12	0.0	0.0	62.0	10	2.9	3.6	163.6	224	273
希腊	60	0.0	0.0	2.2	24	1.7	5.0	8.6	42	481
阿根廷	592	0.9	0.1	43.7	86	1.6	27.6	2.8	94	949
韩国	65	0.1	0.1	6.9	28	7.0	27.6	41.8	117	515
低收入和中等收入国家				4 991.1	4 341	5.0				
撒哈拉以南非洲				1 361.7	677	5.7				
东亚与太平洋				997.4	993	6.1				
南亚				212.6	520	4.1				
欧洲与中亚				807.0	940	3.3				
中东与北非				318.2	172	3.2				
拉丁美洲与加勒比地区				1 294.2	1 039	6.3				
高收入国家和地区				4 324.5	5 508	13.6				
葡萄牙	31	−0.1	−0.4	5.8	25	6.3	7.3	10.5	111	628
新西兰	75	–	–	61.5	206	22.7	2.0	0.6	271	318
西班牙	256	0.0	0.0	42.5	215	8.4	30.8	27.6	94	687
爱尔兰	4	0.0	−1.1	0.5	12	0.7	0.8	1.6	37	196
以色列	1	0.0	−0.3	3.1	15	14.6	1.9	84.1	65	343
澳大利亚	1 456	0.0	0.0	935.5	892	12.1	14.6	4.3	607	327
英国	24	−0.2	−1.0	51。3	191	20.9	11.8	16.6	41	164
芬兰	234	−0.1	0.0	27.3	82	8.1	2.2	1.9	53	387
意大利	86	–	–	22.8	172	7.6	56.2	33.7	138	848
科威特	0	0.0	0.0	0.3	2	1.5	0.5	–	336	189
加拿大	4 533	–	–	825.5	640	8.3	45.1	1.6	288	1314
香港	0	0.0	−0.5	–	–	–	–	–	–	–
荷兰	3	0.0	−0.3	3.9	79	10.4	7.8	8.7	26	492
新加坡	0	0.0	2.5	0.0	1	4.8	0.2	31.7	38	46
比利时	6	0.0	−0.3	0.8	3	2.5	9.0	72.2	101	816
法国	135	−0.1	−0.1	56.0	110	10.2	37.7	19.1	106	559
瑞典	280	−0.1	0.0	29.9	214	6.6	2.9	1.6	123	218
奥地利	39	−0.1	−0.4	20.0	170	23.9	2.4	2.6	101	203
德国	107	−0.5	−0.4	92.0	504	25.8	46.3	27.1	64	518
美国	2 960	3.2	0.1	1 042.4	1 494	11.1	467.3	18.9	244	1626
挪威	96	–	–	55.4	114	17.1	2.0	0.5	98	390
丹麦	5	0.0	0.0	13.9	113	32.2	1.2	9.2	70	163
日本	238	0.0	0.0	27.6	80	7.3	90.8	16.6	125	610
瑞士	12	−0.1	−0.6	7.3	109	17.7	1.2	2.4	40	133
阿拉伯联合酋长国	0	0.0	0.0	–	–	–	0.9	300.0	97	787
全世界				9 315.5	9 849	7.1				

资料来源：The World Bank: World Development Report 1996: From plan to Market.

人口机构

· 人口科研机构
· 人口情报机构

人口科研机构（部分）

中国社会科学院人口研究所
Institute of Population Research, Chinese Academy of Social Sciences

通讯地址：北京建国门内大街 5号
邮政编码：100732
电话：(010) 65125889
传真：(010) 65125894
电子信箱：ipscass @ public3.bta.nit. cn

机构简介：中国社会科学院人口研究中心 1979 年成立，1987 年改称人口研究所。现任所长田雪原研究员、副所长张秉意、蔡昉研究员。主要研究方向为人口理论、人口与可持续发展、人口变动、人口结构与特征、中国人口史、少数民族人口、人口统计与分析等。

目前正在进行的研究课题有国家"九五"社科重点项目"中国民族人口研究"，国家社科基金项目"中国近期人力资源开发研究"，中国社科院重点项目"人口与可持续发展"、"中国人口通史"、"人口流动的途径与方式"，中国社科院青年项目"中国青年人口性观念、性行为模式变化及影响"，人口研究所重点课题"抽样调查方法的自动生成系统"、"老年妇女的社会保障研究"等。

中国老龄科学研究中心
China Research Center on Aging

通信地址：北京市德外祁家豁子华严里 34 号楼
邮政编码：100029
电话：(010) 62062274　62062974
传真：(010) 62062298

机构简介：中国老龄科学研究中心成立于 1993 年，是中国老年人口与有关老龄问题的信息收集、研究和传播的机构。现任主任台恩普，副主任肖振禹。目前正在进行的研究课题有国家社科重点项目"人口老龄化与养老保障制度研究"，以及"长寿研究"，"社区服务与家庭养老研究"等。

中国人民公安大学人口管理科学研究所
The Research Institute On Population Management Science, Chinese People's Public Security University

通信地址：北京市西城区复兴门外木樨地南里
邮政编码：100038
电话：(010) 63404433－2237

机构简介：中国人民公安大学人口管理科学研究所成立于 1989 年，主要从事户口登记制度、户口迁移政策、居民身分证件管理、流动人口管理、户口统计制度、人口信息计算机管理和户籍法律制度、户政管理学基础理论及国外户籍管理与民事登记制度的研究和教学工作。现任所长王新华副研究员。目前正在进行的研究课题有"户籍立法问题研究"，"中国小城镇户籍制度改革"，"户口登记同姓重名问题研究"，"户口待定人员调查研究"等。

北京大学人口研究所
Institute of Population Research at Peking University

通信地址：北京市海淀区
邮政编码：100871
电话：(010) 62751974
传真：(010) 62751976

机构简介：北京大学人口研究所的前身为 1979 年成立的北京大学经济系人口研究室，1984 年经原教育部批准扩建为人口研究所。现有人员 22 人，现任所长曾毅教授，副所长柳玉枝、郑真真副教授。主要研究方向为人口经济学，工商人口学，人口社会学，人口分析方法与应用，计划生育与人口控制机构的改善，家庭人口预测方法及应用，人口、经济、资源与生态环境的可持续发展，以及生育健康的社会科学研究等。该所是人口学博士和硕士研究生学位授予单位，同时也是北京大学社会科学博士后流动站分站之一。1991 年，该所被世界卫生组织命名为"世界卫生组织生育健康与人口科学合作研究中心"，同时招收中外研究生。

目前正在进行的研究课题有"下世纪初我国计划生育政策平稳过渡的必要性与可行性研究"，"四二一家庭结构与养老保障"，"在中国农村引进新型避孕药具的研究"，"人口增长与土地资源利用"，"生育健康综合指标的研究"，"中国人口政策和生活质量"等。

刊物：《市场与人口分析》，双月刊，全国公开发行。

首都经济贸易大学人口经济研究所
Institute of Population Economics (IPE) Capital University of Economics and Business

通信地址：北京市朝阳区金台里2号

邮政编码：100026

电话：(010) 65061188-472

传真：(010) 65001706

机构简介：首都经济贸易大学人口经济研究所成立于1979年，是一个以人口经济、人口社会、人口统计分析、少数民族人口为主要研究方向；以现实社会经济问题为主要研究对象，注重调查与应用研究，立足北京，面向全国，积极开拓国际合作，承担政府与社会各界委托的研究课题并提供咨询服务的研究机构。现任负责人王树新、黄荣清研究员。目前正在进行的研究课题有“中国人口政策前景研究”，“中国计划生育系列保险研究”，“中国少数民族人口研究”，“中国人口出生性别比研究”，“北京郊区农业劳动力转移”，“北京1995年1%人口抽样调查资料分析”，“北京社区老年社会保障研究”等。

刊物：《人口与经济》，双月刊，创办于1980年，国内外公开发行。

河北省社会科学院人口研究中心
Hebei Academy of Social Science Population Research Centre

通讯地址：河北省石家庄市裕华西路二段193号

邮政编码：050051

电话：(0311) 3031390-335

传真：(0311) 7774051

机构简介：河北省社会科学院人口研究中心成立于1986年底，现任主任李澍卿研究员，副主任周伟文、杜荣水副研究员。主要研究方向人口经济学、人口社会学、人口与环境、人口素质、女性人口、人口教育等。目前正在进行的研究课题有：“河北省社会发展形势分析与预测”、“老年生活面临的新问题”，“建设经济强省与可持续发展研究”、“河北省再就业工程研究”、“河北省小城镇经济建设与环境建设同步协调发展研究”、“人力资源开发研究”等。

河北大学人口研究所

通信地址：河北省保定市合作路1号

邮政编码：071002

电话：(0312) 5079417

传真：(0312) 5016914

机构简介：河北大学人口研究所成立于1978年，以人口经济、人口社会和农村人口问题为主要研究方向。现任所长王俊祥。目前正在进行的研究课题有“贫困地区发展中的非经济因素研究”，“计划生育三结合综合评估指标体系研究”，“河北省农村家族势力与封建迷信活动调查研究”，“河北省社会保障体系研究”，“河北省贫困地区开发扶贫与可持续发展”等。

东北财经大学人口研究所
Population Institute of Dongbei University of Finance and Economics

通信地址：辽宁省大连市

邮政编码：116025

电话：(0411) 4671101-447

机构简介：东北财经大学人口研究所成立于1979年，现任所长蒋萍教授，现有人员6人，其中教授2人，副教授2人，讲师2人。最新出版的学术著作有《协调理论及应用》。

吉林大学人口研究所
Jilin University Population Research Institute

通信地址：吉林省长春市解放大路123号

邮政编码：130023

电话：(0431) 8923189-3626

传真：(0431) 8923907

机构简介：吉林大学人口研究所成立于1980年，前身为吉林大学经济系人口理论研究室。该所是人口学硕士学位授予单位。现任所长王胜今教授，副所长韩瑷瑛副编审。目前正在进行的研究课题有国家社科基金项目“中国区域间不平衡发展对现代化进程影响的评估与对策”、“中国社会心态研究”，国家教委‘九五’规划项目“人口迁移对贫困地区发展影响的评估”，国家教委配套资助项目“21世纪东北亚区域经济合作途径前景及我国的对策”，国家计生委项目“计划生育宣传模式的比较研究”，以及“计划生育‘三结合’对策研究”等。

哈尔滨医科大学医学人口研究所
Institute of Medical Demography Harbin Medical University

通信地址：黑龙江省哈尔滨市东大直街199号

邮政编码：150001

电话：(0451) 3639477

传真：(0451) 3648617

机构简介：哈尔滨医科大学医学人口研究所成立于1985年，主要研究方向为医学人口学、少数民族医学人口学；人口再生、期望寿命、人口质量及其影响因素；常见病、多发病对人口再生、期望寿命、人口质量的影响等。现任所长杨建伯教授，副所长董情教授。目前正在进行的研究课题有“社区发展与育龄妇女生育状况研究”，“哈尔滨市道外区城区婴儿死亡变动趋势（1953-1994年）的研究”，“鄂温克族医学人口研究”，“城市人口生育意愿研究”，“流动人口的卫生服务研究”等。

上海社会科学院人口与发展研究所
Shanghai Academy of Social Sciences Institute of Population and Development Studies

通信地址：上海市淮海中路622弄7号

邮政编码：200020

电话：(021) 63271759

传真：(021) 63271759

机构简介：上海社会科学院人口与发展研究所成立于1979年。现任所长孙常敏博士，副所长张鹤年。主要研究方向为人口经济学和人口社会学，其中人口经济学为该所的重点学科。研究特点在于注重对社会的现实问题进行系统的应用研究与理论研究。目前正在进行的项目有与美国洛克菲勒基金会合作的“老年保障与生育率”和“市场经济对民族妇女生育率发展研究”、与亚洲开发银行合作的“中国农村贫困研究”、与日本厚生省人口研究所合作的“上海人口流动与城市化研究”；国家青年基金项目“家庭社会经济与生育率”和“人口城市化与农村社会劳动力转移”等。

华东师范大学人口研究所
Population Research Institute East China Normal University, Shanghai

通讯地址：上海市中山北路 3663 号

邮政编码：200062

电话：(021) 62577577－2973 或 2927

机构简介：华东师范大学人口研究所成立于 1983 年，下设人口信息开发中心和国际迁移发展研究中心。现任所长朱宝树研究员，副所长王桂新副教授。目前正在进行的研究课题有国家社科基金“九五”重点项目“上海农村人口的加速城市化和社会劳动力再转移”，国家社科基金项目“上海市外来劳动力和本地劳动力补缺、替代关系研究”，以及“上海郊区城市化道路研究”，“浦东新区潍坊社区发展规划与实施”，“浦东新区街镇社区服务发展规划”等。

复旦大学人口研究所
Institute of Population Research at Fudan University

通信地址：上海市邯郸路 220号

邮政编码：200433

电话：(021) 65492222－3052 或 3051

传真：(021) 65494190

E－MAIL：popinsams. fudan. edu. cn

机构简介：复旦大学人口研究所成立于 1984 年。现任所长彭希哲，副所长陈家华。该所以人口经济学为主要特色，研究领域涉及人口变动与人口管理、人口老龄化与社会保障、环境保护与可持续发展、妇女研究、工商人口学等方面。目前正在进行的项目有“中国农村社区发展和计划生育一体化研究”、“上海浦东新区社会可持续发展综合研究”、“苏南乡镇企业管理模式与农村社会保障”、“人口环境与上海产业结构调整”、“未婚怀孕的结果选择”。该所是人口学（法学类）和人口经济学（经济类）硕士专业点，同时招收人口经济学专业方向的博士研究生。

上海医科大学医学人口研究室
Research Unit of Medical Demography, Shanghai Medical University

通信地址：上海市医学院路 138 号

邮政编码：200032

电话：(021) 64041900－205

传真：(021) 64169553

机构简介：该研究室隶属于上海医科大学公共卫生学院，现任室主任顾杏元教授。目前承担的项目有“我国贫困农民的医疗保障制度研究”、“上海市流动人口的卫生服务研究”、“我国农村卫生服务的公平性研究”等。

南京大学人口研究所
Population Research Institute of Nanjing University

通信地址：江苏省南京市汉口路 22 号

邮政编码：210093

电话：(025) 3593332

传真：(025) 3302728

机构简介：南京大学人口研究所成立于 1980 年。现任副所长夏海勇副教授。主要研究方向为城镇人口、人口素质、人口与经济、人口资源与环境、人口政策、劳动经济与人力资源等。目前承担的项目有“苏南现代化进程中的人口现代化问题研究”、“长江口开发对江苏经济的影响”、“人口城镇化与农村劳动力转移”、“现代人口转变的苏南模式再研究”、“南京历史人口研究”、“老年供养与照料体系研究”等。

江苏教育学院人口教育教研室
Population Education Teaching and Research office Jiangsu Education College

通信地址：江苏省南京市北京西路 77 号

邮政编码：210013

电话：(025) 3305789－3094

机构简介：江苏教育学院人口教育教研室成立于 1980 年，现任主任为刘书超副教授。近期主要研究课题有“中学人口教育的现状与发展”、“中学青春期教育的比较研究”等。

杭州师范学院人口研究所
The Population Research Institute of Hangzhou Teachers College

通信地址：浙江省杭州市文一路 96 号

邮政编码：310012

电话：(0571) 8078124－434

机构简介：杭州师范学院人口研究所成立于 1983 年，前身为杭州师范学院人口研究室，1988 年改为现名，主要从事人口理论、区域人口、人口教育方面的研究与教学工作。现任所长李南寿，副所长黄公元。目前正在进行的研究课题有“小城镇综合改革中的人口问题”，“经济转轨过程中的失业与再就业问题研究”，“新家庭计划与社区人口管理”等。

郑州大学人口研究中心
Population Research Center of Zhengzhou University

通信地址：河南省郑州市大学路 75 号

邮政编码：450052

电话：(0371) 7446455－3100

机构简介：郑州大学人口研究中心成立于 1980 年，主要从事人口理论、人口统计、人口思想史、人口地理和人口经济学方面的教学与研究工作。现任主任为郭庭柏教授。目前正在进行的研究课题有“中国人口转变与经济增长方式转变联动影响研究”，“河南农业劳动力转移的特点和制约机制”等。

中南财经大学人口研究所
Institute of Population Research Zhongnan University of Finance and Economics (ZUFE)

通信地址：湖北省武汉市武珞路114号

邮政编码：430064

电话 (027) 8044330－3591

传真：(027) 8044548

机构简介：中南财经大学人口研究所成立于1989年，是一个以研究人口与经济发展为主的科研机构。主要研究方向为人口迁移与城市化，区域经济与可持续发展，劳动就业与社会保障，人口经济信息开发与应用等。现任所长杨云彦教授。

目前承担的项目有国家社科基金项目《东西部地区资金、劳动力流动、技术扩散及其影响》、美国Luce基金会资助项目“中国自下而上城市化研究－湖北子课题”以及其它若干省部级项目。

广东省社会科学院社会学与人口学研究所
Sociology and Population Research Institute Guangdong Academy of Social Sciences

通信地址：广东省广州市天河北路369－371号

邮政编码：510620

电话：(020) 87533236

机构简介：广东省社会科学院社会学与人口学研究所成立于1994年，由原广东省社会科学院人口研究所与该院社会学研究室合并而成。研究方向主要为人口迁移与城镇化、人口与可持续发展、社会发展评估、妇女婚姻家庭、老年人口，以及粤北瑶族社会历史、客家文化，违法犯罪问题及其控制等。现任副所长郑梓祯副研究员。目前正在进行的研究课题有“中国百县市经济社会调查－新会卷、珠海卷”，“广东农村老年人生活质量抽样调查”，“广州社会发展指标研究”，“人口环境与发展”等。

深圳大学人口研究所
The Population Research Institute of Shenzhen University

通信地址：广东省深圳市深圳大学办公室527室

邮政编码：518060

电话：(0755) 6660277－2196

传真：(0755) 6660924

机构简介：深圳大学人口研究所成立于1987年，以港澳及区域人口为主要研究方向。现任所长为杨中新教授。目前正在进行的研究课题有“深圳市育龄妇女生育系统工程研究”，“中西文化汇合对青年性道德与婚育的影响”，“‘九七’回归后香港人口模式变化的趋势”等。

广西社会科学院经济研究所人口经济研究室
Demographic Economy Section, Research Institute of Economy, Guangxi Academy of Social Sciences

通信地址：广西壮族自治区南宁市新竹路5号

邮政编码：530022

电话：(0771) 5869199

传真：(0771) 5865753

机构简介：广西社会科学院经济研究所人口经济研究室成立于1984年，主要研究方向为广西人口与经济发展以及少数民族人口问题。现任负责人由经济研究所所长肖永孜研究员兼任。目前该室正在进行《中国少数民族人口·仫佬族卷》的研究与写作工作。

四川联合大学人口研究所
Institute of Population Research Sichuan Union University

通信地址：四川省成都市九眼桥四川联合大学东区文科楼

邮政编码：610064

电话：(028) 5223875－62416

机构简介：四川联合大学人口研究所成立于1979年。主要研究方向为人力资源开发研究、计算机与人口信息管理、民族人口研究、人口地理。现任副所长何景熙、肖力。该所是人口学专业硕士学位授予单位。目前正在进行的课题有“成都平原农村劳动力不充分就业及其社会影响调查研究”(福特基金项目)、“我国经济对外开放中的人口经济问题”(国家社科青年基金项目)、“我国藏区社会与人口研究”、“四川省最大人口容量与适度人口规模研究”等。

西南财经大学人口研究所

通信地址：四川省成都市光华村街55号

邮政编码：610074

电话：(028) 7301707－2267

传真：(028) 7760013

机构简介：西南财经大学人口研究所成立于1979年。主要研究方向为东西方人口理论研究、生育率研究、人口城市化研究、人口老龄化研究、人口预测与规划研究、人口法学研究、工商人口与市场需求研究等。该所同时还承担培养人口学硕士研究生和博士研究生的任务。目前正在进行的研究项目有“当代人口学学科体系研究”，“少数民族人口发展与计划生育管理研究”，“四川省计划生育工作‘三结合’研究”，“中国欠发达地区人口控制研究”等。

贵州大学人口研究中心
Population Research Centre at Guizhou University

通信地址：贵州省贵阳市花溪区

邮政编码：550025

电话：(0851) 3851650, 3858703 3854871

传真：(0851) 3851381

机构简介：贵州大学人口研究中心成立于1984年，现任中心主任吕左教授。主要研究方向为人口、经济、生态协调发展，民族人口、贫困人口、人口素质等研究以及与这些研究方向有关的研究。同时，该中心是人口学硕士学位授予单位。

目前正在进行的研究课题有国家社会科学基金项目“西南少数民族地区人口与粮食问题研究”，国家自然科学基金项目“贵州省清水江干流沿岸人口经济环境协调发展研究”等。

西藏大学人口研究所
Population Research Institute, Tibet University

通信地址：西藏自治区拉萨市金珠东路5号

邮政编码：850000

电话：(0891) 6322924

传真：(0891) 6334489

机构简介：西藏大学人口研究所成立于1995年，以西藏区域人口和少数民族人口为主要研究方向。现任所长牛治富，副所长陈华。目前正在进行的研究课题有“当前拉萨市流动人口存在的问题与对策”，“西藏自治区少数民族人口”，“西藏1995年1%人口抽样调查资料分析”等。

陕西省社会科学院人口研究所
Population Research Institute of Shaanxi Social Sciences Academy

通信地址：陕西省西安市含光路南段7号

邮政编码：710065

电话：(029) 5254006－212

机构简介：陕西省社会科学院人口研究所成立于1979年，现任负责人石英（副所长、副研究员）。该所的研究方向为人口经济学与人口社会学，主要面向陕西、面向农村，突出地方特色。目前正在进行的课题有“陕西农村人口出生性别比研究”，“陕南陕北贫困山区开发性移民研究”，“汉中计划生育模式研究”，“当代农民生育观念研究”，“人口控制与整体性人力资源开发”等。

西安交通大学人口与经济研究所
Institute of Population and Economy Studies Xi' an Jiaotong University

通信地址：陕西省西安市咸宁西路28号

邮政编码：710049

电话：(029) 3268384

传真：(029) 3237910

机构简介：西安交通大学人口经济研究所成立于1984年，现有人员12人，现任所长朱楚珠教授，副所长陈松宝教授、李树茁副教授。名誉所长蒋正华教授。主要研究方向为社会经济与人口发展决策和规划研究，技术人口学及人口数学，社会、经济、人口系统仿真研究，女性人口问题等。目前正在进行的研究课题有国家自然科学基金项目“包含迁入迁出地及年龄结构的人口模型对人口增长的影响的评价方法”、“随机人口预测方法及应用”、“中国人口控制经济评价的投入产出分析方法与应用”，国家教委优秀青年教师基金项目“出生性别比的婚姻后果研究”，国家教委留学回国资助项目“中国艾滋病的社会人口学研究”，以及美国福特基金资助项目“计划生育对妇女的双面影响培训”、“中国儿童生存性别差异研究和改善女童生存环境的社区健康培训”等。

兰州大学西北人口研究所
Northwest Population Institute of Lanzhou University

通信地址：甘肃省兰州市天水路298号

邮政编码：730000

电话：(0931) 8912628

传真：(0931) 8881996

机构简介：兰州大学西北人口研究所成立于1986年。以西北地区的人口与经济发展为主要研究内容。现任所长为郭志仪教授。目前承担的项目有“西北地区经济发展与人口增长相互关系研究”、“甘肃省人口与社会协调、持续发展研究”、“甘肃省贫困地区发展的比较研究”等。

刊物：《西北人口》双月刊，全国公开发行。

新疆大学人口研究所

通信地址：新疆维吾尔自治区乌鲁木齐市胜利路14号

邮政编码：830046

电话：(0991) 2862753－2845

机构简介：新疆大学人口研究所成立于1988年。现任所长杨政教授，副所长原新副教授。研究方向以新疆的民族人口和干旱区人口环境问题为主，包括穆斯林人口问题，新疆的人口城市化、迁移及人口地理研究等。近期的研究成果有“新疆人口省际迁移机制研究”，“新疆少数民族人口就业问题研究”，“新疆不同区域的人口、经济、社会协调发展研究”，“新疆不同流域人口环境容量与可持续发展研究”等。

人口情报机构（部分）

天津市人口情报中心
Tianjin Population Information Center

通信地址：天津市南开区迎水道12号

邮政编码：300191

电话：（022）23368842

机构简介：天津市人口情报中心成立于1984年，主要从事人口与计划生育信息的收集、整理和传播工作。中心现任主任王浩。目前正在进行的研究课题有“市场经济条件下人口管理方式的研究”，“农村社区经济与人口发展比较研究”等。

上海人口情报中心
Shanghai Population Information Center

通信地址：上海市陕西南路122号

邮政编码：200040

电话：（021）62792083

传真：（021）62792083

机构简介：上海人口情报中心成立于1985年，主要从事人口与计划生育信息的收集、整理和传播工作，同时注重参与上海地区的人口与计划生育工作现状的调查、分析，研究人口与计划生育工作的种种热点问题，为上海市政府有关部门制定人口与计划生育政策提供决策参考。目前正在进行的研究课题有“上海市社区服务与发展研究”

广东人口情报中心
Guangdong Population Information Center

通信地址：广东省广州市东山区梅东路17号7楼

邮政编码：510080

电话：（020）87775813

传真：（020）87775813

机构简介：广东人口情报中心成立于1984年，主要研究任务和研究方向是紧紧围绕广东的人口发展目标和计划生育工作的需要，重点收集整理和分析研究与人口及计划生育有关的资料信息，编辑出版各类人口信息资料，为各级领导和决策部门提供理论依据。现任中心副主任曹青。目前正在进行的研究课题有“市场经济条件下广东省企业计划生育管理研究”，“广东省计划生育‘三结合’‘合格村’课题调查研究”，‘市场经济条件下广东省城市计划生育管理研究”等。

四川人口情报中心
Sichuan Population Information Centre

通信地址：四川省成都市人民南路4段17号

邮政编码：610041

电话：（028）5221095

机构简介：四川人口情报中心成立于1984年，主要从事四川省及西南地区和国内外人口、计划生育信息的收集、整理与研究工作，为上级部门和各级政府制定政策提供有效的人口情报服务。中心现任主任文人勇。目前正在进行的研究项目有“国际互联网信息合作探索”，“区划调整后的四川人口”，“流动人口计划生育流入地管理为主的问题研究”等。同时，积极进行四川人口数据库的筹建工作。

人　物　志

郝虹生（1950年～　　　），男，汉族，山东省人。1982年毕业于中国人民大学经济系世界经济专业，获经济学学士学位。1982年9月～1983年8月于美国普林斯顿大学人口研究所进修，1983年9月～1984年12月于美国密歇根大学人口研究中心及社会学系学习，1984年12月获密歇根大学社会学硕士学位。1985年1月回国，在中国人民大学人口研究所从事教学与研究工作。1986年考取中国人民大学博士研究生资格，在职学习，1990年1月获法学博士学位。1991年9月赴美国夏威夷东西方中心从事博士后研究，1993年1月回国后继续在中国人民大学人口研究所工作。现任人口研究所教授、副所长，并任中国人口学会理事、北京市人口学会常务理事。

自从事人口学研究工作以来，承担过多项国内和国际合作项目的研究工作，向政府有关部门提供了数篇研究报告。此外，参与或独立承担国内外各类人口与社会经济调查项目的方案设计20余次，包括数次全国性大规模调查的抽样方案设计工作，并多次为政府部门和学术机构提供调查方案与抽样设计咨询和参加设计评审工作。参与的主要调查项目：

"1987年全国残疾人抽样调查"的抽样设计

北京经济学院与美国密歇根大学合作项目"北京市婚姻家庭研究"的抽样设计

北京大学与美国密歇根大学合作项目"保定地区研究"（第一轮）的抽样设计

全国老龄研究中心及北京大学与美国密歇根大学合作项目"保定地区研究"（第二轮）的抽样设计

联合国儿童基金会与中国政府合作项目"1992年中国儿童状况调查"参与方案与问卷设计，数据分析与研究报告

1992年中国生育率抽样调查数据分析与抽样误差分析报告

1994年公安部"户口待定人员全国抽样调查"的调查方案、抽样设计与数据分析报告

"1994年北京市流动人口调查"的方案设计咨询

北京大学国情研究中心"北京地区研究"的抽样设计

中国人民大学人口研究所与香港浸会大学合作项目"北京市居民住房消费研究"的调查方案、问卷与抽样设计

国家体改委社会调查系统全国调查网的抽样设计

1997年北京市外来人口普查的方案设计咨询

近年来发表的主要论著有：

《社会调查研究的量化方法》（合著，中国人民大学出版社，1989年）

《中国儿童死亡率差异分析》（《中国人口科学》，1990年第3期）

《北京市不同社会经济特征妇女生育率的比较分析》（合作，《中国人口科学》，1992年第1期）

《性别与其它因素对中国儿童早期死亡率的作用》（合作，《中国人口科学》，1994年第1期）

《1990年中国分省生命表》（合作，《人口研究》，1994年第3～6期）

《Mortality Levels,Trends and Differentials in China》(in K. Mahadevan, et al.〈Eds〉Differential Development and Demographic Dilemma.B.R Pablishing Co,1994)

《中国人口死亡率的性别差异研究》（《中国人口科学》，1995年第2期）

《中国不同婚姻状况人口死亡率差异分析》（《人口研究》，1995年第5期）

《转变中的中国人口与发展总报告》（副主编，高等教育出版社，1996年）

《育龄妇女对子女的性别偏好及其对生育率的影响》（合作，《1992年中国生育率抽样调查论文集》，中国人口出版社，1996年）

《1992年中国生育率抽样调查的抽样误差计算与分析》（《1992年中国生育率抽样调查论文集》，中国人口出版社，1996年）

《人口分析与市场研究》（合著，中国人民大学出版社，1997年）

何景熙（1948年～　　　）男，汉族，重庆市

人。1982年毕业于云南大学西南研究所，获经济学硕士学位。同年12月开始于四川联合大学（原四川大学）人口研究所从事科研工作。1986年赴美国于犹他大学社会学系进修人口学、社会学。现任四川联合大学人口研究所副所长（主持工作）、教授，并任四川省人口学会副会长、四川省社会学会理事。

他的主要研究领域为：人力资源开发、西南民族地区可持续发展、西方社会学理论。目前主要承担的研究课题有："四川盆西平原不充分就业劳动力资源开发的实证研究"（1997年度国家社科基金资助项目）、"中国西部成都平原农村劳动力不充分就业及其社会影响调查研究"（1996年度美中学术交流委员会福特基金社会学资助项目）。

1982年以来在国内学术刊物上发表论文40余篇，出版专著4部。近年来的主要论著有：

《欧美现代社会学说新编》（专著，四川大学出版社，1992年10月）

《近代四川人口》（专著，第一主编，成都出版社，1993年3月）

《西方社会学史纲》（专著，四川大学出版社，1995年10月）

《论国藏族的变动——主要藏族自治区人口民族构成变动研究》（《中国社会科学》1995年第4期）

《西方社会学理论发展的特征和趋势》（《国外社会科学》1995年第11期）

《1950～90年藏族人口规模变动及地区差异研究》（《中国藏学》1994年第4期）

《关于全国主要藏区资源－经济人口密度的几个问题》（《中国藏学》1995年第2期）

《四川彝族人口死亡模式分析》（《中国人口科学》1994年第2期）

《中东阿拉伯国家政治性与非政治性人口迁移》（《人口与经济》1994年第5期）

《简论藏族聚居区可持续发展与产业结构调整》（《中国人口资源与环境》1995年第3期）

《四川、西藏、青海藏族人口自然变动分析》（《西藏研究》1994年第3期）

《试论全国藏区可持续发展及劳动力资源的合理配置》（合著，《西藏研究》1995年第4期）

黄荣清（1946～　　）男，汉族，江苏省无锡人。1970年毕业于复旦大学。1970年7月～1980年8月在河北省邯郸市工作，先后当过工人、仓库保管员、中专教师。1980年9月～1983年7月在北京经济学院（现首都经济贸易大学）学习人口学（研究生）；毕业后留校在人口研究所工作。1984年10月～1986年4月在日本日本大学人口所进修。1990年4月～1991年2月被聘为日本亚洲经济研究所客座研究员。1992年被聘为研究员。现为首都经济贸易大学人口经济研究所副所长、研究员。

他的主要研究领域为：人口分析技术、劳动就业、社会保险、中国少数民族。自1983年以来，在国内外学术杂志上发表了60多篇论文；编写或合作编写学术著作10本（担任主编或副主编）；主持和参与部委级社会科学课题10余项。近年来发表的论著有：

《中国各族人口的增长——分析与预测》（专著，北京经济学院出版社，1995年）

《中国死亡数据汇编》（编著，中国人口出版社，1995年）

《中国少数民族人口调查研究》（主编之一，高等教育出版社）

李伯华（1945～　　）男，汉族，江苏省响水县人。1968年毕业于第四军医大学航空医疗系。1968至1979年在空军部队从事医疗卫生工作，1980至1985年在国家计生委科学技术研究所从事流行病学调查研究，1986年起在中国人口信息研究中心任职。在人口与计划生育领域，他主要从事人口与计划生育统计调查，数据用户服务，人口与计划生育研究。

1982年由国家计生委组织实施的《全国千分之一人口生育率抽样调查》，是第一次在全国（除西藏、香港、澳门、台湾）范围内进行的大规模生育率抽样调查活动。1994年，该项调查研究获国家计生委科技进步一等奖。他作为该项目的第二主持人，参加了全部技术决策和实际执行过程，在起草技术文件、人员培训、建立抽样框、选取样本、质量检查、数据汇总、数据传播、数据分析等方面作了大量工作，作出了重要贡献。

10多年来，他参加的其他统计调查有3项：国家"六·五"攻关课题《12省、市农村育龄妇女宫内节育器使用效果流行病学调查》，负责现场调查的质量控制并担任汇总阶段质量检查组组长（该项目1986年获国家计生委攻关成果二等奖，国家科技进步三等奖）；《河北省计划生育药具管理抽样调查》，负责抽样及数据处理（该课题1996年获国家计生委科技进步三等奖）；亚太地区多国合作的《避孕方法的易获性研究》，担任中方的项目主任，负责问卷设计、样本选取、数据处理及分析（根据该项调查结果撰写的论文"中国避孕方法的易获性研究”1993年获首届中国人口科学成果二等奖)。此外，在中国人口信息研究中心与浙江省计生委合作开展的《浙江省10县、市选择性人工流产前瞻性调查》，国家计生委政策法规司P07项目的《河北、江苏等五省计划生育与妇女地位关系调查》，国家计生委宣传教育司P35项目的《河北、天津等18省、直辖市、自治区妇女避孕知识、态度、行为的KAP调查》，以及在中国人口信息研究中心与湖南省计生委合作的《湖南省农村妇女生育健康调查》等项活动中，均担任了重要角色。

1993～1995年期间，担任联合国人口基金第三援助周期的《数据用户服务》项目主任。《数据用户服务》目前已收集了20多套原始数据，完成了8个“专题库”的建库工作，8册一套的《中国人口数据系列丛书》也已由中国人口出版社出版。

近年来发表的论著有:

《抽样调查准确性的评价》(《人口与经济》，1983年专刊)

《1964～1981年我国已婚妇女生育率的变化》(《人口研究》，1983年第5期)

《对中国出生婴儿性别比的估计》(《人口与经济》，1985年第4期)

《抽样误差的计算及有关的问题》(《人口动态》，1986年第5期)

《1964～1981年我国农村少数民族妇女生育率的变化》(《中国人口科学》，1988年第3期)

《中国三、四十年代生育率的估计》(《中国人口科学》，1990年第2期)

《中国生育率的水平、趋势及决定因素》(《亚太地区人口学杂志》，1990年第二期)

《中国避孕方法易获性研究》(《亚太经社会人口研究丛书，103－B》，联合国，1991年)

《中国出生性别比的近期趋势》(《人口研究》，1994年第4期)

《人口城市化与妇女生育率》(《中国人口年鉴》，1995年)

《90年代初中国妇女避孕情况分析》(《1992年中国生育率抽样调查论文集》，中国人口出版社，1996年)

《避孕选择与生育健康》(《人口研究》，1996年第5期)

杨云彦 (1963～　　) 男，湖北省天门市人。1983、1986年分别于武汉大学、华东师范大学获得计算机专业学士、硕士学位，1986年考入华东师范大学人口研究所，师从胡焕庸教授攻读人文地理博士学位，1989年6月完成博士学位论文“1954～1987年的中国人口迁移”并通过答辩。此后一直在中南财经大学从事人口经济学与区域经济学的教学与科研工作，1992年晋升副教授，1995年破格晋升为教授，现为中南财经大学人口研究所所长、中南财大可持续发展研究中心副主任，兼任湖北省人口学会副秘书长、中国生态经济学会教育委员会副秘书长等社会职务。1996年被评为财政部跨世纪学科学术带头人。

自80年代后期以来，主要致力于研究中国人口迁移与区域发展问题，先后承担了多项国家级或国际合作项目。1993年获国家教委“资助优秀年轻教师基金”课题“生产要素流动与经济发展的比较研究”；1996年获国家社会科学基金青年项目“东西部地区资金、劳动力流动，技术扩散及其影响”。1996年获美国“美中学术交流委员会”资助赴美国开展合作研究；1997年作为中方主持人获得美国Luce基金项目资助。出版了独著、合著的学术著作8部，发表学术论文50余篇。

其主要论著有:《中国人口迁移与发展的长期战略》(武汉出版社，1994年出版)

《生产要素流动与区域经济发展》(武汉出版社，1996年出版)

《改革开放以来中国人口‘非正式迁移’的状况》(《中国社会科学》，1996年第6期)

《Temporary Residents in China: Causes and Characteristics》(美国Chinese Environment and Development杂志，1996年1/2合刊)

《人口迁移年龄模式的分解与合成》(《人口研究》，1992年第4期)

《中国人口经纬向分布及人口中心动态分析》(《人口研究》，1993年第2期)

《建立现代人口管理制度的基本思路》(《人口研究》，1995年第6期)

《中国人口省际迁移的资料与测算》(《中国人口科学》，1992年第2期，合作)

《改革开放与中国的人口问题》(《中南财经大学学报》，1992年第5期)

《八十年代中国人口迁移的转变》(《人口与经济》，1992年第5期)

《中国人口问题透视》(《中南财经大学学报》1991年第6期)

《中国人口迁移选择性初析》(《人口》，1992年第3期)

《中国人口婚姻迁移宏观流向初析》(《南方人口》，1992年第4期)

张为民（1956年～　　），男，汉族，辽宁省大连市人。1982年2月毕业于吉林大学数学系。毕业后分配到国家统计局人口统计司（1994年更名为人口与就业统计司）工作。1986年任普查处副处长、处长，1990年任副司长，兼任国务院第三次全国人口普查办公室副主任，1996年任司长至今。

在人口统计工作中，长期从事人口普查、人口抽样调查的理论和方法研究，作为业务工作的主要负责人之一，组织设计了中国1987年1%人口抽样调查、中国1990年人口普查的方案以及制定各项工作实施细则；领导组织了中国1995年1%人口抽样调查。在中国的官方人口统计工作中，成就显著，积累了丰富的经验。在人口学研究方面，侧重生育、死亡、人口预测的模型建立和分析以及数据质量的评估等领域，先后发表过论文50余篇。

1991年，作为联合国专家赴朝鲜民主主义人民共和国，对其人口普查的方案设计和组织实施进行指导和咨询。1996年应邀参加了修改《联合国关于2000年人口与住房普查的原则和建议》专家组工作。作为副主编，组织编撰了《跨世纪的中国人口》大型系列丛书，共计33卷，1 000万字左右（中国统计出版社，1994～1997年）。作为课题负责人，组织实施了由全国24家科研单位和大专院校参加的联合国人口基金《中国1990年人口普查资料开发（P33）》课题（中国统计出版社，1995年）。

近年来发表的主要论文：

《我国1987年1%人口抽样调查资料的初步分析》（《人口研究》，1989年第1期）

《中国人口初婚年龄的分析》（中国深入的生育力调查国际讨论会，1990年，北京）

《One－child Families or Baby Boom? Evidence From China's 1987 One－per－handred survey》（《Population Studies》44(2),1990年，美国）

《中国1990年人口普查数据质量的评价》（《中国1990年人口普查－国际讨论会论文集》中国统计出版社，1993年）

《中国儿童发展报告－出生与死亡篇》（中国统计出版社，1993年）

《The Evaluation of the Coverage of China's 1990 Population Census》(《Bullentin of the International Statistical Institute》1993年，意大利)

《市场经济条件下改进人口普查工作的一次有益尝试，1995年1%人口抽样调查方案简介》（《市场与人口分析》，1995.1）

《人口普查的登记方法和质量控制》（联合国"人口与住房普查的原则和建议"专家组会议，1996年，纽约）

《关于妇女生育水平的讨论》（《人口研究》1997.2）

论 著 索 引

- 专 著
- 论 文

专 著

陈昌贵著 《人才外流与回归》。湖北教育出版社 1996。

陈亚芬主编 《胎教优生每日一页》。中国人口出版社 1996, 2。

丁金宏著 《人口空间过程：胶东半岛的实证研究》。华东出版社 1996, 4。

杜 洪著 《人口理论与计划生育宣传》。中国人口出版社 1996。

杜闻贞著 《江苏人口城镇化》。江苏人民出版社 1996, 9。

冯方回著 《中国婚姻数据集》。中国人口出版社 1996, 9。

冯立天 戴星冀主编 《中国人口生活质量再研究》。高等教育出版社 1996, 3。

高尔生主编 《人口与生殖健康教育读本》。上海医科大学出版社 1996。

公安部编 《中华人民共和国分省分县市人口统计资料 1995 年度》。公安大学出版社，1996,4。

葛剑雄著 《生生不息的中国人》。华夏出版社 1996。

顾纪瑞、王 辰著 《江苏人口增长与经济发展的系列分析》。江苏人民出版社 1996, 9。

顾宝昌著 《综论中国人口态势：与实践的对话》。上海社会科学院出版社 1996,10。

顾宝昌主编 《生殖健康与计划生育国际观点与动向》。中国人口出版社 1996,10。

国家统计局人口与就业统计司编 《中国人口统计年鉴：1996 年》。中国统计出版社 1996, 12。

国家计划生育委员会编 《希望之路：全国计划生育工作三结合经验交流文件汇编》。中国人口出版社 1996, 4。

韩光辉著 《北京历史人口地理》。北京大学出版社 1996, 2。

姜天明著 《中国与世界人口历史总览》。辽宁大学出版社 1996。

江亦曼、戴星翼主编 《计划生育宣传作用分析》。中国人口出版社 1996, 8。

蒋正华主编 《1992 年中国生育率抽样调查论文集》。中国人口出版社 1996, 2。

李 南、张有效主编 《低生育人口问题及其社会后果：来自汉中地区的研究》。中国人口出版社 1996。

李惜雯著：《中国残疾人口研究》。华夏出版社 1996。

林富德、翟振武主编 《走向二十一世纪的中国人口、环境与发展》。高等教育出版社 1996, 3。

陆炳炎主编 《外来流动人口管理研究》。华东师范大学出版社 1996, 7。

马瀛通等著 《人口控制辨析论》。科学出版社 1996, 3。

彭志良著 《人口问题探幽》。中国人口出版社 1996, 9。

彭希哲、戴星翼主编 《中国农村社区生育文化》。华东师范大学出版社 1996, 10。

钱如生著 《江苏计划生育与未来人口》。江苏人民出版社 1996, 10。

孙敬之主编 《80 年代中国人口变动分析：中国人口续篇》。中国财政经济出版社 1996, 3。

石 涛主编 《家庭与老人》。中国文联出版公司 1996, 3。

万炎生、丁贻声著 《江苏人口总量和市县人口》。江苏人民出版社 1996, 9。

汪 明编著 《中国分县主要人口数据集》。中国人口出版社 1996, 9。

王建民、胡 琪著 《中国流动人口》。上海财经大学出版社 1996, 5。

王嗣均主编 《中国城市化区域发展问题研究》。高等教育出版社 1996, 3。

魏津生 王胜今主编 《中国人口控制评估与对策》。高等教育出版社 1996, 3。

王渊明著 《西欧人口发展历程》。华夏出版社 1996。

邬沧萍主编 《改革开放中出现的最新人口问题》。高等教育出版社 1996, 3。

邬沧萍主编 《转变中的中国人口与发展总报告》。高等教育出版社 1996, 3。

夏海勇著 《江苏人口与社会发展》。江苏人民出版社 1996, 9。

严天华主编 《贵州少数民族人口发展与问题研究》。中国人口出版社 1996, 2。

尹 华、林晓红主编 《中国分省人口社会经济数据集》。中国人口出版社 1996, 9。

(澳大利亚) 康纳利著 《再婚家庭》。江西高校出版社 1996, 11。

查瑞传、曾 毅、郭志刚主编 《中国第四次全国人口普查资料分析 (上)》。高等教育出版社 1996, 3。

查瑞传、曾 毅、郭志刚主编 《中国第四次全国人口普查资料分析 (下)》。高等教育出版社 1996, 3。

曹文柱著 《中国流民史》。华夏出版社 1996。

张纯元主编 《消除贫困的人口对策研究》。高等教育出版社 1996, 3。

张纯元、曾 毅主编 《市场人口学》。北京大学出版社 1996, 7。

张克武著 《人口民族学简论》。民族出版社 1996, 1。

张天路 黄荣清主编 《中国少数民族人口调查研究》。高等教育出版社 1996, 3。

中国计划生育工作手册编委会组编 《中国计划生育工作手册》。中国人口出版社 1996, 9。

周大明著 《中国乡村都市化》。广东人民出版社 1996, 5。

周启昌著 《江苏人口与资源、环境》。江苏人民出版社 1996, 9。

邹兰春主编 《北京流动人口》。中国人口出版社 1996, 7。

朱国宏著 《人地关系论：中国人口土地问题的系统研究》。复旦大学出版社 1996。

朱楚珠等著 《妇女参与的行程》。高等教育出版社 1996, 1。

论 文

人口理论

人口研究编辑部 人口多是中国现代化的主要障碍吗？人口研究，1996·1。

人口研究编辑部 对一种新的发展观——以人的全面发展为中心的讨论，人口研究，1996·2。

人口研究编辑部 两种生产理论的再认识，人口研究，1996·4。

陈 剑 略论人权和生殖权利，人口与经济，1996·3。

陈 剑 略论生殖健康与中国的计划生育，中国人口科学，1996·5。

陈 卫 中国的人口控制与人口增长，人口研究，1996·1。

沈光文 穆 延 对我国“民工潮”现象的透析，人口战线，1996·1。

沈 彪 《新人口论》和可持续发展，中国人口报，1996·9·9。

杜中洲 实现“九五”人口目标的思考，中国人口报，1996·2·5。

冯 华 人口持续的经济增长与可持续发展的相互关系，安徽人口，1996·3。

高尔生 论生殖健康 (续)，性教育与生殖健康，1996·3。

郭志仪 贫困实质的理论分析中国的反贫困斗争，西北人口，1996·3。

国务院新闻办公室 中国的计划生育，人口与计划生育，1996·1。

顾耀德 张锦澍 梁振兴 略论文化发展与人口发展的关系，当代人口，1996·2。

霍学喜 石爱虎 李 磊 简论几种主要的食物——人口论模型，宁夏社会科学，1996·2。

何方生 浅析四种年龄及其相互关系，老龄论坛，1996·3。

何金定 可持续发展：中国现代化的必然选择，人口学刊，1996·3。

何祚庥 对“地大物博，人口众多”的再认识，中国社会科学，1996·5。

回良玉 控制人口增长实施赶超战略，安徽人口，1996·2。

胡 平 束怀符 王怀贞 出生性别比编高的标准探讨，人口与经济，1996·6。

胡义成 “可持续发展战略”不能被“以人为中心”的模式取代——对国内外发展战略选择中目前最大分歧之一的评析，甘肃社会科学，1996·2。

雷定安 何俊林 有失偏颇的人口观，西北人口，1996·4。

李建新 七、八十年代中国生育政策的演变及思考，人口学刊，1996·1。

李竞能 从两种生产相适应到可持续发展，人口与计划生育，1996·5。

李若健 略论人口学与社会保险的关系，南方人口，1996·1。

李若健 结构缺陷与特大城市的外来人口，人口与经济，1996·4。

李涌平 决策的困惑和人口构衡政策，北京大学学报，1996·1。

李涌平 社会可持续发展下的人口理论，南方人口，1996·3。

李 伟 实用人口学的应用领域，市场与人口分析，1996·4。

李修甘 中国人口困境的特征和成因，中国少数民族人口，1996·3。

李永胜　实用人口学探索，南方人口，1996·3。

李南寿　认真探索解决人口问题的途径及其综合效应，当代人口，1996·1。

刘德翔　加强生育文化的研究和导向，中国人口报，1996·4·15。

刘相如　论控制人口增长与可持续性发展，人口战线，1996·2。

刘　宇　论人口需求类型与数量增长控制，西北人口，1996·3。

刘传祥　承继成　可持续发展的基本理论分析，中国人口·资源与环境，1996·2。

吕红平　论传统文化对中国人口转变的影响，中国人口科学，1996·4。

马杏苗　试析马克思主义人口与自然关系的基本特征，安徽人口，1996·2。

孟向京　我国农村地区人口年龄结构变化特点与趋势分析，人口学刊，1996·5。

穆光宗　可持续的协调发展是人类追寻的真正目标，中国人口·资源与环境，1996·1。

穆光宗　进一步做好人口控制工作的思考，南方人口，1996·3。

穆光宗　“人口问题的本质是发展问题”的理论解释，人口与计划生育，1996·4。

穆光宗　“可持续发展”中的人口因素，人口学刊，1996·5。

彭对喜　制定“九五”人口发展计划需要注意的几个问题，中国人口报，1996·3.18。

乔晓春　1995年中国人口研究热点问题回顾，中国人口报，1996·1·1。

乔晓春　建国前中国人口年龄结构状况的分析，南方人口，1996·4。

乔晓春　人口发展健康问题——人口研究的新视角，人口研究，1996·6。

施正宗　石义金　人口社会学的实证研究“共创‘社会财富与’共享”发展成果，安徽人口，1996·3。

孙治国　关于“三结合”实质内涵的再认识，中国人口报，1996·2·19。

田翠琴　人口可持续发展及其综合途径与对策，人口战线，1996·2。

田小波　人口与可持续发展是解决中国人口问题的第三个飞跃——中国社会科学院人口研究所所长田雪原先生访谈录，人口与经济，1996·5。

田雪原　人口、环境、经济的可持续发展，中国社会科学，1996·2。

田雪原　中国人口与可持续发展，人口与计划生育，1996·2。

田雪原　20世纪人口科学发展一瞥，人口与经济，1996·5。

涂礼忠　人口学持续发展与市场经济，南方人口，1996·2。

王国强　田雪原　刘长松　面向新世纪的我国人口对策，群言，1996·10。

王建华　人口可持续发展研究在中国，西北人口，1996·4。

吴必虎　刘小玲　赵　荣　国内旅游者人口学特征研究，中国人口科学，1996·4。

谢明道　掌握人口与社会经济协调发展辩证法——学习江泽民经济建设和人口、资源、环境关系的科学论述，中国人口报，1996·1·22。

薛炜清　陈慧宇　人口文化学的研究对象，西北人口，1996·4。

徐　毅　生育健康的定义内涵及有关问题的探讨，人口与经济，1996·1。

姚新武　西方实用人口学的产生及其应用，人口与经济，1996·2。

袁　政　可持续发展与人口规划，广东人口信息，1996·1。

杨　恂　可持续发展浅说，中国人口报，1996·8·19。

杨胜万　论家庭计划与人权，人口战线，1996·1。

查瑞传　中国人口的性别结构西北人口，1996·1。

查瑞传　关于中国人口年龄结构若干问题的探讨，人口与经济，1996·2。

赵　东　安徽社会经济可持续发展的人口学评价及对策，安徽人口，1996·3。

赵德滋　人口与经济社会协调发展指标体系南京人口管理干部学院学报，1996·1。

郑先东　出生性别比偏高原因分析，福建人口，1996·2。

张克俊　陈　英　中国人口与可持续发展，西北人口，1996·2。

张天路　民族人口研究的新发展，南方人口，1996·3。

张志逊　试论国家宏观调控人口增长的主要手段，人口与计划生育，1996·1。

张纯元　陆杰华　浅谈人口学在市场分化中的作用，市场与人口分析，1996·1。

张纯元　马立源　试论人口需求理论与市场，南方人口，1996·2。

朱楚珠　张友千　中国咸阳部分农村孩子成本与效益研究，人口与经济，1996·5。

张汉湘　中国的人口问题与对策，中国行政管理，1996·11。

周业锋　西方劳动力流动理论述评，当代人口，1996·1。

周春雨　关于出生性别比的调查与思考，人口信息，1996·5。

人口思想·人口史

程信和　关于社会法问题——兼论开展人口法研究，南方人口，1996·3。

付学良　民国时期我国人口学界有关人口问题观点的概述，人口研究，1996·4。

李伯重　节制生育，控制增长，清代前中期江南人口问题探讨，人口与计划生育，1996·3。
李卫东 我国古代部分学者的人口思想，西北人口，1996·3。
刘书田 学习邓小平人口思想，做好新时期部队计划生育工作，南方人口，1996·3。
刘正钢 清代广东称民在四川分布考（兼补罗香林四川客家人分布说），中国地理，1996·4。
米 丘 蒋正华 民国人口统计调查和资料的研究与评价，人口研究，1996·3。
任彦申 邓小平的人才思想与高校师资队伍建设，北京大学学报，1996·3。
王跃生 十八世纪初期中国的人丁数量与人口数量变动研究，中国人口科学，1996·6。
吴成国 论东晋南朝婚姻礼制的地域差异，湖北大学学报，1996·3。
翁 里 中国移民立法与国际惯例，杭州大学学报，1996·2。
严梅福 张宗周 中国古代生育心理思想研究，心理科学，1996·3。
张福生 试探民国时期人口思想的合理成分，人口与经济，1996·2。
杨 斌 清代前期贵州人口资料辩析，中国人口科学，1996·4。
张国雄 中国历史上移民的主要流向和分期，中国地理，1996·6。

计划生育

安 琳 王绍贤 影响女性绝育的因素分析，人口研究，1996·1。
曹景椿 计划生育也要实现两个根本转变，人口与计划生育，1996·5。
曹景椿 带领群众走共同富裕的道路——辽宁省中心户的一条成功经验，市场与人口分析，1996·2。
邵 秦 吴 祯 长岛、荣城、长海、三地节育率的变化及其原因，人口与计划生育，1996·4。
蔡广建 计划生育处罚的几个原则，人口纵横，1996·6。
程怡民 1099名人口流产妇女的基本特征，人口学刊，1996·4。
陈华山 后进转化过程中的高指标负效应分析，人口研究，1996·2。
陈惠仁 对计划生育工作上新水平的思考和实践，中国人口报，1996·4·15。
陈 剑 1995～1996年人口与计划生育状况，人口学刊，1996·1。
陈宁荣 吴佑安 刘殿阁 军队男性参与计划生育的调查研究，中国计划生育学杂志，1996·3。
陈少田 “三结合”在计划生育工作中的地位和作用，人口杂志，1996·3。
陈 勇 关于流动人口的计划生育管理问题，人口与计划生育，1996·5。
陈友华 避孕节育在江苏——来自全国生育节育抽样调查的报告，南京人口管理干部学院学报，1996·1。
陈友华 江苏妇女避孕节育的回顾与展望，人口研究，1996·5。
陈朝先 计划生育系列保险经营管理体制研究，人口研究，1996·2。
丛红军 运用形象思维搞好计生新闻摄影，吉林人口，1996·4。
乔晓春 关于“三结合”一般问题的理论认识，人口学刊，1996·2。
党小清 市场经济与计划生育工作规定性问题，安徽人口，1996·3。
段和意 农村流动人口计划外生育根源及其控制的思考——兼论英山县控制计划外生育的对策，人口研究，1996·4。
董殿华 计划生育工作“三结合”质量年里谈谈家政教育，吉林人口，1996·4。
方 昕 从四川计划生育条例实施现状看国家计划生育立法的必要性，人口与经济，1996·4。
方书乐 关于计生工作发展问题的思考，中国人口报，1996·2·5。
顾宝昌 从一个居委会看流动人口的计划生育服务和管理，人口与计划生育，1996·4。
顾兴林 知情选择避孕措施和计划生育健康教育，人口信息，1996·6。
韩静娴 威继英 吴玉成 必须维护外来女工在计划生育上的合法权益：对萧山市部分镇乡区块内外女工计生管理情况的调查，当代人口，1996·1。
韩呈吉 正确处理计划生育工作中的八大关系，西北人口，1996·1。
胡玉坤 关于未婚避孕的思考，人口研究，1996·6。
黄来升 社会主义市场经济条件下做好农村计划生育工作之我见，福建人口，1996·2。
黄斌林 强化基层计划生育服务功能的思考，西北人口，1996·2。
黄玉宝 当前农村计生工作影响较大的几个问题及对策，人口战线，1996·2。
季庆元 提高计划生育水平的新举措，南京人口管理干部学院学报，1996·2。
季庆元 计划生育再上水平的思考，人口研究，1996·3。
金 樱 计划生育电视节目制作的探索，人口与计划生育，1996·4。
勒红梅 为基本国策服务的计划生育系列保险简析，人口与经济，1996·5。
孔令名 “三结合”是控制民族地区人口过快增长的有效途径，中国少数民族人口，1996·4。
雷树德 城市“三生服务工程”——“三结合”的新进展，人口纵横，1996·3。
雷树德　探索城市计生工作新路子，人口与计划生育，1996·4。
李长春　流动人口计划生育管理有关问题初探，人口战线，1996·3。
李　发　对计划生育求实率计算公式的一些看法，人口战线，1996·1。
李凤英　张学明　王乐通　计划生育保险存在的问题与对策，人口与计划生育，1996·4。
李广远　深化人口与计划生育宣传教育工作的思考，人口与计划生育，1996·4。
李宏俭　对中心户建设与发展问题的再认识，中国人口报，1996·7·8。
李建新　可持续发展与中国农村生育政策，人口与经济，1996·4。
李新建　市场经济条件下计划生育工作重心的转移问题，人口与新闻，1996·4。
李澍卿　周伟文　田翠琴　关于计划生育考核问题的探讨，人口战线，1996·1。
李生泰　对农村计划生育“三结合”工作的几点思考，人口纵横，1996·1。
李小荣　部门配合在农村计生工作中的地位探讨，人口研究，1996·6。
李向林　加强对计生户地位和作用的研究，中国人口报，1996·9·2。
李永平　以人口理论学习为龙头推动计生工作持续发展，中国人口报，1996·6·3。
李义新　分类指导，抓点带面，利益驱动，样次推进——钟祥市积极推广“三结合”引导农民少生快富奔小康，人口与经济，1996·2。
李盈奕　CPR－P40工程：贫困山区计生工作新思维，中国人口报，1996·1·15。
辽　河　校　权　贫困人口与计划生育（上）人口纵横，1996·4。
梁拥军　浅谈环境对“三结合”的影响，广东人口信息，1996·3。
林特溟　实现可持续发展必须实行计划生育，人口与计划生育，1996·4。
林国徽　邵建松　必须加强城郊结合部流动人口的计划生育管理，当代人口，1996·1。
刘德运　关于计划生育“三结合”理论与实践的思考，南京人口管理干部学院学报，1996·1。
刘根林　曹国荣　新形势不流动人口对计生管理初探，人口研究，1996·3。
刘桂华，张滦辙　云南怒江人口与计划生育，中国少数民族人口，1996·4。
刘坤亮　试论计划生育“三结合”的政治涵义，中国人口报，1996·7·22。
刘美波　丘益光　避孕领域的研究与发展，人口杂志，1996·1。
刘庆平　浅谈计划生育目标责任书的标准化管理，人口研究，1996·3。
刘双印　李胜伟　奕世强，对军队计生实行“三结合”的思考，人口与计划生育，1996·2。
刘湘源　云南省计划生育科技发展的回顾与展望：访云南省计划生育委员会主任吴坤仪，中国计划生育学杂志，1996·1。
刘永良　人口负增长——计划生育工作新起点，人口与计划生育，1996·3。
刘子明　孙　扬　计生思想政治工作的基本内容工作方法和效果评价，中国人口报，1996·7·1。
柳厚田　赵建华　北京地区计划生育“三结合”工作专家研讨会综述，人口与经济，1996·5。
陆向洋　关于合资企业计划生育工作的思考——对黛安芬公司的调查，南京人口管理干部学院学报，1996·2。
路　遇　论“三结合”与“三为主”的关系，人口与经济，1996·1。
罗云龙　计划生育考评的内容、原则和依据，南京人口管理干部学院学报，1996·2。
吕红平　关于计划生育“三结合”的几个理论与实践问题，人口战线，1996·1。
吕祯祥　社会主义市场经济下农村计划生育工作的几点思考，人口战线，1996·1。
牟光平　农村计划生育行政执法面临的问题及对策初探，人口研究，1996·4。
穆光宗　“三结合”的依据、成效及条件分析，人口与经济，1996·1。
牛　军　徐世明　军办企业实行计划生育工作“三结合”的几点思考，中国人口报，1996·12·23。
潘金亭　关于我省计划生育工作若干问题的思考，山东人口，1996·10。
彭大贵　新形势下计生松懈现状及对策，人口信息，1996·1。
彭珮云　发扬成绩，开拓进取，力争“九五”时期计划生育工作再上新台阶，中国少数民族人口，1996·2。
齐志强　国有企业流动人口的计划生育管理，人口研究，1996·5。
翟彩琴　流动人口计划生育管理考核评估办法之研究，南方人口，1996·3。
乔晓春　关于“三结合”一般问题的理论认识，人口与计划生育，1996·3。
任宝林　试论基层计划生育统计现状和改革，中国人口报，1996·3·6。
沙神才　新形势下上海人口和计划生育管理职能与机构的研究，人口信息，1996·5。
上海市静安区计生委　“三资”企业计划生育管理研究与探索，人口与计划生育，1996·3。
孙晓明　中国计划生育服务质量研究的理论探讨，中国人口科

坚持走计划生育“三结合”之路努力实现人口经济社会协调发展，南京人口管理干部学院学报，1996· 1。

邹文峰　城区计生工作问题及对策，中国人口报，1996·3·6。

周炎生　正确处理计划生育工作中的六个关系，南京人口管理干部学院学报，1996· 3。

人口统计

陈东波　浅析计划生育统计水分成因及对策，广东人口信息，1996· 4。

沈　飚　1995年全国1%人口抽样调查及与历次人口普查项目的比较，统计学·经济数学方法，1996· 1。

湖北省统计局人口与就业处　从统计数字看劳动力流动，统计与决策，1996· 9。

高嘉陵　陈　萍　“当代中国妇女地位研究”抽样调查方案及抽样效果评估，妇女研究，1996· 2。

郭思才　人均GNP的计算与国际比较，统计学·经济数学方法，1996· 2。

李金华　对社会人口描述分析方法的探索，统计学，经济数学方法，1996· 3。

李兴本　如何消除计生工作表报资料中的水分，吉林人口，1996· 3。

李永胜　论生命表的统计性质与统计检验，西北人口，1996·3。

林毓铭　养老保险统筹费率的统计研究，统计研究，1996·5。

林擎国　老年统计研究与老年问题决策，统计与决策，1966·7。

罗伯勋　积累率与人口自然增长率优化模型，系统工程，1996· 5。

孙义伦　安徽省1995年1%人口抽样调查手工汇总数据质量评估，安徽人口，1996· 1。

宋桂香　婴儿死亡漏报调查方法，中国卫生统计，1996· 2。

王　燕　王绍贤　生育健康学测量指标，人口研究，1996·3。

向思才　关于人口抽查指标设计的几点异议，统计与决策，1996· 11。

谢伟克　王绍贤　利用生育模型及队列与时期指标的转换对生育率预测的方法学研究，中国人口科学，1996· 2。

袁建华　庄　岩　许　屹　应用高散性年龄别升学递进模型预测中国未来人口，中国人口科学，1996· 4。

曾昭磐　介绍一种应用生育基数预测出生数的方法，福建人口，1996· 2。

钟　果　陈育德　饶克勤　健康预期寿命指标计算方法的研究，中国人口科学，1996· 6。

张保杰　农村住户分层调查网点的抽选方案及代表性研究，统计与决策，1996· 2。

张业生　浅谈改进人口统计年报的有效途径，统计与决策，1996· 6。

人口与经济

安鸿章　对我国人力资源市场化配置的分析与思考，中国人才，1996· 7。

白敏植　杜立军　城市隐性失业问题探析与对策，社会学，1996· 2。

边　原　谈我国劳动力人口供求失衡，人口杂志，1996· 3。

常跟应　甘肃中部贫困地区农民人均纯收入分析，西北人口，1996· 3。

常　凯　公有制企业中女职工的失业及再就业问题的调查与研究，妇女研究，1996· 1。

常迎时　关于缩小我国东西部发展差距的思考，中国人口报，1996· 7· 29

陈　浩　中国人口产业结构发展趋势分析及对策，西北人口，1996· 3。

陈　洁　中国农村劳动力外流与农村发展，人口研究，1996·4。

陈　强　刘晓梅　当前劳动就业基本情况分析，人口研究，1996· 5。

陈　智　北京市有固定处所的流动人口状况——第二届全国市场经济与人口分析研讨会综述，市场与人口分析，1996·2。

楚军红　商业布局与旅游业中的人口研究与实践——访著名学者陈专康先生，市场与人口分析，1996· 2。

崔雅萍　1990－1995年吉林省劳动适龄人口就业状况，人口学刊，1996· 6。

涂肇庆　人口结构与公共开支:西方的经验，市场与人口分析，1996· 3。

范东佐　试论教育劳动力供求与经济发展的关系，劳动经济与人力资源管理，1996· 10。

范　芹　我国就业现状与对策，劳动经济与人力资源管理，1996· 10。

顾鉴塘　人口年龄构成变动对市场需求变动的影响，市场与人口分析，1996· 3。

顾鉴塘　人口收入变动对市场需求变动的影响，市场与人口分析，1996· 4。

辜胜阻　解决我国农村剩余劳动力问题的思路与对策，中国社会科学，1996· 5。

国家计委社会发展研究所课题组　我国“八五”劳动就业形势及其对策建议，劳动经济与人力资源管理，1996· 11。

郭凤鸣　我国的人口与农业，人口战线，1996· 3。

郭继强　外来人口转变为城市居民的经济学分析，浙江大学学报，1996· 2。

郭庆松　家庭生命周期与家庭消费行为，消费经济，1996·2。

郭庆松　企业营销要重视区分不同年龄段人口的市场需求，市场与人口分析，1996· 2。

郭庆松　失业人口及其消极后果简析，人口学刊，1996· 5。

郭庆松　市场经济条件下中国城镇失业人口问题，人口与经

族人口，1996· 4。
彭秀健　人力资本与可持续发展，中国人口报，1996·1·15。
彭志刚　广东人力资源现状分析，南方人口，1996· 4。
钱　津　论我国人口增长压力下的消费调控，消费经济，1996· 2。
翟仁春　论中国人力资源开发及对策，人口学刊，1996· 6。
任金贤　郑元恩　市场经济条件下流动人口特点与管理的新思考，西北人口，1996· 3。
任　远　我国人力资源依托型的经济发展战略和宏观制度环境，人口学刊，1996· 3。
单光新　我国农业剩余劳动力流动态势与思考，当代人口，1996· 4。
詹长智　刘国庆　大京九与中国人力资源的重新布局，市场与人口分析，1996· 1。
詹长智　人口研究应伴随时代主旋律——第二次全国市场经济与人口发展学术研讨会述评，中国人口报，1996· 5· 6。
佘建明　正确处理经济建设和人口资源环境的关系，人口杂志，1996· 3。
沈祖德　商业企业市场营销中的人口因素，市场与人口分析，1996· 3。
孙淑娟　市场经济与女性流动人口研究，南方人口，1996· 4。
孙学工　中国的人口趋势与中长期经济发展，人口研究，1996· 2。
石恒元　我国剩余劳动力的转移及治理，山西师范大学学报，1996· 3。
石人炳　浅谈市场经济对贫困地区人口控制的影响及对策，南方人口，1996· 2。
时明国　"八五"时期湖北农民生活消费特点与"九五"消费展望，市场与人口分析，1996· 1。
宋林飞　中国农村劳动力的转移与对策，社会学研究，1996·2。
宋占荣　论民族地区发展经济与控制人口，中国少数民族人口，1996· 2。
宋长青　浅谈我国劳动力市场的发育状况，市场与人口分析，1996· 1。
宋卓娅　广东省房地产的开发和人口经济发展的关系，南方人口，1996· 4。
韦　寒　经济变革中女性就业的挑战与机遇，社科与经济信息，1996· 5。
王素芬　人口控制与住房建设，西北人口，1996· 3。
王文录　制约小康建设持续发展的人口问题及其解决对策，人口战线，1996· 3。
王涌泉　正确处理人口增长、经济发展和城市化的关系——《人口增长与经济发展》一书评介，管理世界，1996· 2。
吴海江　略论我国人力资源的开发，人口战线，1996· 1。
吴玉林　李玉江　农村劳动力供需矛盾及其转移形式研究——以山东省为例，中国人口科学，1996· 5。
伍先江　漆晨曦　北京市海淀区人口与商业分布模式的探讨，市场与人口分析，1996· 2。
夏业良　论非就业人口及经济的可持续发展，学术界，1996· 3。
夏业良　非就业人口与经济可持续发展刍论，安徽大学学报，1996· 5。
肖又喜　如何看待和管理市场经济条件下的流动人口，西江人口，1996· 1。
向　欣　当前结构性失业的政府对策，劳动经济与人力资源管理，1996· 4。
徐　静　向东南亚开放：西南地区的人口与经济矛盾缓解的契机，贵州社会科学，1996· 2。
杨宜勇　我国"九五"就业面临的形势与战略措施，中国人口、资源与环境，1996· 2。
姚威沙　论推进人口与经济社会协调发展，中国人口·资源与环境，1996· 3。
姚新武　周　琳　市场研究要重视对人口信息资源的利用，市场与人口分析，1996· 4。
姚裕群　中国人力资源问题分析，劳动经济与人力资源管理，1996· 5。
阎小培　冷　勇　我国高等学校科技人力与经济发展的空间分析，人口学刊，1996· 6。
阎志强　浅论股票市场人口发展，南方人口，1996· 2。
杨晓勇　合理分布山区人口促进山区经济发展：对大别山区人口、经济、生态发展的反思，西北人口，1996· 1。
杨金星　我国第三产业发展对劳动力的需求及其地区差异研究，人口战线，1996· 3。
杨金星　我国乡镇企业劳动力需求的变动及其地区差异研究，人口研究，1996· 5。
杨金星　新时期我国第三产业发展对劳动力的需求及其地区差异研究，人口与研究，1996· 5。
俞庆仁　董明亮　上虞农业剩余劳动力走向与思考，当代人口，1996· 1。
于慧军　论实现人口与经济协调发展的对策，国民经济管理与计划，1996· 3。
于学军　周双超　中国人口老化对消费影响的宏观研究，人口学刊，1996· 5。
袁　政　市场经济与人口控制，西北人口，1996· 3。
袁春潮　农村劳动力转移中的问题，江苏统计，1996· 3。
袁志刚　胡书东　中国农村剩余劳动力转移和区域经济发展，劳动经济与人力资源管理，1996· 11。
赵德滋　可持续发展的基本条件——满足人口增长需要后的经济增长，南京人口管理干部学院学报，1996· 3。
赵　锋　路　遇　山东人口与经济可持续发展水平评价，中国人口科学，1996· 1。
赵广俊　李杰标　太和在业人口结构与经济发展，安徽人口，1996· 4。
赵江安　杭州人才市场现状及存

人口分布与迁移流动

陶　云　人口迁移对甘肃经济发展的影响，西北人口，1996·3。
王桂新　中国省际人口迁移地域结构探析，中国人口科学，1996· 1。
王桂新　中国人口迁移与区域经济发展关系之分析，人口研究，1996· 6。
王平权　农村——城镇迁移人口行为影响的几点认识，人口学刊，1996· 1。
王恩涵　关于三峡库区移民就业问题的几点看法，中国地理，1996· 7。
韦惠兰　白建明　人口分布与医疗卫生设施的布局配套——以甘肃白银市为例，市场与人口分析，1996· 4。
韦惠兰　白建明　扶贫开发移民：妇女参与发展的新契机，中国人口科学，1996· 5。
魏津生　关于中国的农村人口移动，人口与计划生育，1996·1。
萧　斌　论“城乡结合部”的困扰，中国人口科学，1996· 6。
谢宏章　劳动力流动出现“围城”现象，劳动经济与人力资源管理，1996· 5。
徐　江　欧阳自远　程鸿德　论环境移民，中国人口·资源与环境，1996· 1。
徐增文　“民工潮”与二元结构的历史考察，江海学刊，1996· 1。
续西发　新疆人口迁移问题研究，新疆大学学报，1996· 4。
杨云彦　改革开放以来中国人口“非正式迁移”的状况——基于普查资料的分析，中国社会科学，1996· 6。
赵新居　我国贫困人口分布、成因和反贫困的措施，新疆大学学报，1996· 4。
朱启祥　我国目前人口迁移的新形式——民工潮，人口与优生，1996· 4。
张立明　马　勇　流动人口对武汉城市建设和发展的影响与对策研究，南方人口，1996· 4。
张茂林　陈　波　阎　蓓　农村剩余劳动力跨区域流动适度规模分析，西北人口，1996· 4。
张茂林　“民工潮”“逆潮回归”现象的理论思考，经济研究，1996· 7。
张善余　“民工潮”将带来“回乡创业潮”：以安徽省阜阳地区为例，人口与经济，1996·1。
张善余　张茂林　差别人口迁移与性别构成地区差异的扩大化，人口学刊，1996· 1。
张铁军　流动人口来京前后职业浅析：北京市流动人口调查资料分析之二，市场与人口分析，1996· 1。
张再生　市场经济条件下乡城人口迁移机制与对策研究，——以山东省淄博市为例，人口学刊，1996· 2。
周　沛　建立三元社会结构是促成“民工潮”有序流动的战略抉择　兼评“民工潮”问题上的若干论点，社会学，1996·1。
周春山　广州市人口空间分布变动模式研究，地理学与国土研究，1996· 3。
周　皓　我省省内人口迁移表制作与应用，当代人口，1996·4。

人口城市化

陈亚军　刘晓萍　我国城市化进程的回顾与展望，管理世界，1996· 6。
陈少牧　泉州城市化发展的若干探讨，城市经济·区域经济，1996· 4。
楚军红　缩小地区差异，促进社会稳定发展——访国情研究专家胡鞍钢博士，市场与人口分析，1996· 1。
冯更新　论中国小城市的发展，中国地理，1996· 6。
辜胜阻　刘传江　中国人口流动与城镇化的理化思考的政策选择，人口研究，1996· 3。
何一民　抗战时期人口“西进运动”与西南城市的发展，社会科学研究，1996· 3。
候　捷　为实现人人享有适当住房和城市化进程中人类住区的可持续发展而努力，中国人口·资源与环境，1996· 3。
贾洪文　甘肃省城市化进程及模式选择，西北人口，1996· 2。
蒋　森　珠江三角洲农村城镇化研究，人口学刊，1996· 4。
李　玲　广东省人口城镇化变化趋势，中国地理，1996· 7。
李若建　结构缺陷与特大城市的外来人口，人口学刊，1996· 3。
李善祥　河北省农村城镇化道路选择，地理学与国土研究，1996· 2。
廖文星　林鹰漳　福建农村城市化进程评价与对策研究，统计研究，1996· 3。
林闽钢　苏南城市化发展研究，江海学刊，1996· 5。
刘应杰　中国城乡关系演变的历史分析，社会学，1996· 3。
刘清泉　章春华　隐性城镇化问题研究——以四川省石柱县为例，西南师范大学学报，1996· 2。
罗　玲　中国城市化发展滞后原因初探，江苏社会科学，1996· 2。
翟振武　中国城市化与城市人口老龄化的趋势与对策，中国人口科学，1996· 5。
王明钢　推进农村城市化，中国人口报，1996· 6· 24。
吴良镛　面向21世纪——中国特大城市地区持续发展的未来——以北京、上海、广州三个特大城市地区为例，城市规划，1996· 4。
石元安　八十年代以来我国城市人口与用地的异速增长分析，城市问题，196· 1。
石人炳　前苏联城市化过速的负面效应对我国的启示，湖北大学学报，1996· 4。
施友佃　走有中国特色的城市化道路　论小城镇发展的原因和对策，福建人口，1996· 1。
商俊峰　加强流动人口的宏观调控，充分发挥流动人口在城市化中的作用，中国人口科学，1996· 4。

人口与社会

梁开诚 城市常住人口管理滞后不容忽视，山东人口，1996·12。
梁巧转 朱楚珠 中国农村妇女参与社区发展的研究与启示，妇女研究，1996· 1。
林运速 慈溪市出生婴儿性别比变化浅析，人口与优生，1996· 3。
景跃军 申斯迎 中国医疗卫生水平的区域差异对人口再生产模式的影响，人口学刊，1996· 3。
景 易 人口学、气功学，人口质量观比较研究，西北人口，1996· 2。
刘贵平 养老保险的理论与模式——人口与经济制约因素分析，人口研究，1996· 4。
刘贵平 人口变化与城镇职工养老保险，人口学刊，1996·5。
刘贵平 人口年龄结构对养老保险的影响，人口与经济，1996· 5。
刘云嵘 田奎武 黄真嘉 山东省农村已婚育龄妇女人工流产决定因素与对策的研究，生殖医学杂志，1996· 2。
刘玉改 我国城市居民生活质量评估研究，中国统计，1996·8。
卢汉龙 重新认识社区推动社区发展，社会学，1996· 2。
罗 淳 社区生育控制的理论与实践，中国人口科学，1996·2。
马建勋 浅析社会制约与利益导向两种工作机制的结合，人口与计划生育，1996· 5。
马 芒 陶向龙 试析人口专业期刊编辑人员的业务素质，南京人口管理干部学院学报，1996· 1。
卢淑华 蔡玉芬 李国良 以社区为中心，全面提高妇幼保健工作质量，中国妇幼保健，1996· 2。
孟学农 加强外来人口及其人口聚居区的规范化管理，社会学，1996· 1。
明庆华 我国当代人口流动的教育社会学分析，湖北大学学报，1996· 4。
穆光宗 进一步做好人口控制工作的思考，中国人口报，1996· 10· 21。
欧阳玉模 胡粮钢 李朝增 浅谈乡村已婚育龄妇女管理规范化，西北人口，1996· 11。
彭希哲 候杨方 1370－1900年江南地区人口变动与社会变迁：从江阴范氏家族这个案研究，中国人口科学，1996· 3。
濮德敏 河北省女性人口平均预期寿命变化的质量与分析，数理统计与管理，1996· 6。
乔万敏 冯继康 城镇养老保险制度改革中的矛盾及创新，中国行政管理，1996· 6。
乔晓春 正确使用和认识“生殖健康”，中国人口报，1996· 3· 25。
齐艺莹 长春市职工基本养老保险筹资模式研究，人口学刊，1996· 4。
屈坚定 华东部分农村地区低出生体重儿影响因素分析，人口研究，1996· 4。
寿莉莉 世纪之交的养老模式选择，社会科学，1996· 6。
史友英 张竞玉 城市未婚青年婚前教育探讨，中国人口科学，1996· 6。
孙繁玲 软科学在人口决策中的应用，中国人口报，1996· 12· 23。
孙建伟 大上海新移民——蓝印户口访谈录，行政人事，1996·7。
孙淑清 当代中国妇女家庭财产继承权和微观研究，人口与经济，1996· 6。
孙伟根 浙江省计划生育系列保险现状与思考，当代人口，1996· 4。
唐 平 曹 蓉 我国东、中、西部农村的居民生活差异比较分析，消费经济，1996·5。
田晓虹 论转型期亲子互动模式，社会学，1996· 2。
王经伦 台湾地区的人口变迁与家庭计划，人口纵横，1996·6。
王立英 试论我国城镇暂住人口的管理，人口与经济，1996·4。
王立英 试论社会主义市场条件下我国城镇暂住人口的管理，人口研究，1996· 4。
王 民 李贤琴 吴伯仪 依托社区开展家庭教育，人口与计划生育，1996· 1。
王 萍 当前我国男女不平等的原因新探，湖北大学学报，1996· 1。
王秀银 山东省出生缺陷发生率下降的几点启示，中国人口科学，1996· 1。
王益澄 沿海港口城市外来人口现状和调控对策，当代人口，1996· 4。
王嗣均 可持续发展与人口工作的长期使命，当代人口，1996· 3。
文宗瑜 以户籍改革为突破口建立和完善新的失业保险制度，社会保障制度，1996· 5。
吴玉善 试论外来人口对开发区社会治安的影响及其对策，福建人口，1996· 1。
夏洪强 政治与现代化建设的人口环境，南方人口，1996· 4。
奚从清 鲁志根 胡振户 21世纪中国农村社会养老保险制度之探索，社会学研究，1996· 1。
向善军 农村家庭权力转移对养老的影响，老龄论坛，1996·4。
徐 勤 儿子与女儿对父母支持的比较研究，人口研究，1996·5。
徐 榕 居住生活质量评价体系探讨，社会学，1996·2。
徐学龙 浅谈婚育服务的必要性可行性和实用性，南京人口管理干部学院学报，1996·2。
岩 复 关于建立和完善农村养老保障体系的探讨，湖北大学学报，1996·4。
姚中本 马庚田 赵嘉然 上海市降低人工流产率的对策研究，中国计划生育学杂志，1996·12。
严梅福 石人炳 对我国人口控制的心理学思考，社会心理研究，1996·1。
杨 明 人口新闻的社会功能，南京人口管理干部学院学报，1996· 1。

杨立舫 人口与经济、社会、资源、环境协调发展和可持续发展初探，南京人口管理干部学院学报，1996·3。
杨善民 中国农村社区发展探讨(对济南郊区冷水沟村的研究，社会学，1996·5。
杨子慧 试论人口专业期刊编辑工作的特征、任务与编辑人员的修养，南京人口管理干部学院学报，1996·1。
任 强 北京市非国有单位与个体工商业养老保险改革的调查研究，人口研究，1996·3。
袁缉辉 养老问题浅议——从理论和实践相结合角度的思考，社会科学，1996·6。
袁志才 论人口与经济社会协调发展，中国人口科学，1996·11·18。
张开宁 Joan Ann Kaufmam 王爱玲 从妇幼保健保偿制看社区在生育健康服务中的作用，人口研究，1996·6。
张根明 付毅梅 中国保险业的现状与市场格局，市场与人口分析，1996·4。
张竞玉 90年代城市未婚青年生殖健康浅析：以北京市3034例未婚青年生殖健康调查为例，中国人口科学，1996·1。
张恺悌 党家康 预警：养老社会保障体制改革的盲点，中国人口报，1996·3·25。
张 黎 辽宁省十年间出生婴儿性别比浅析，人口纵横，1996·3。
曾 敏 独生子女社会化初探，社会学，1996·4。
张茂林 张善余 社会转型期城镇贫困人口特征，成因及其思考，人口学刊，1996·3。
张心侠 张丽雯 人口控制的巨大成绩——对我国第三次人口出生高峰的回顾分析，人口与计划生育，1996·4。
郑晓瑛 完善管理体制，保证避孕药具顺利走向市场，市场与人口分析，1996·3。
郑晓瑛 在校研究生生殖健康知识，态度和行为情况的调查报告，中国人口科学，1996·6。
郑晓瑛 生殖健康在中国实践的分析，人口研究，1996·6。
郑晓瑛 计划生育妇女地位与生殖健康——生殖健康的影响因素探讨，人口与经济，1996·6。
邹家华 走可持续发展道路，解决人类住区问题，中国人口·资源与环境，1996·3。
周光复 广东社区养老保险模式探讨，南方人口，1996·1。
周光复 广州市人才群体结构及发展导向，市场与人口分析，1996·2。
周洪芳 陈国平 市场经济下人口控制的对策与措施，西北人口，1996·1。
周丽苹 王江毅 中国城市不同类型家庭的养老比较分析，人口与经济，1996·4。
周顺明 市场经济体制与社会保障制度改革，社会保障制度，1996·2。
周秀芝 改革与人的现代化，社会科学，1996·8。
朱楚珠 给妇女参与社区发展的机会，中国人口报，1996·3·18。

婚姻·家庭·生育

曹景椿 张 强 王 仲 对辽宁省农民推迟二胎生育现象的调查报告，中国人口科学，1996·4。
陈俊杰 农村的生育需求，中国人口报，1996·1·22。
陈贤寿 孙丽华 武汉市流动人口家庭化分析及对策思考，中国人口科学，1996·5。
陈友华 江苏婚姻市场不同年龄人口供需情况分析，市场与人口分析，1996·1。
陈友华 Gompertz相关初婚模型，南京人口管理干部学院学报，1996·2。
陈祖光 农村离婚率高与早婚有关，人生，1996·3。
冯立天 马瀛通 北京郊区回龙观乡婚姻家庭户调查报告，人口与经济，1996·3。
高诗敏 孙吴的婚姻关系及其影响，江海学刊，1996·2。
关 颖 论独生子女社会化的家庭因素，天津社会科学，1996·5。
郭志刚 中国老年妇女户居类型选择的影响因素，人口研究，1996·5。
侯菊凤 新疆少数民族妇女婚姻家庭生育状况研究，新疆大学学报，1996·3。
娄彬彬 西藏农牧区藏族妇女生育、婚姻家庭探究，中国人口科学，1996·2。
李建新 生育空间与生育政策挤压，人口学刊，1996·4。
李建新 伊斯特林生育理论与中国农村人口调控，中国人口科学，1996·5。
李建达 农村不够间隔生育二孩原因及对策，广东人口信息，1996·5。
李景毅 我国女性反常婚姻处境浅析，人口信息，1996·3。
李 丽 果洛藏区婚姻模式的特点及表现出的问题，中国少数民族人口，1996·4。
李涌平 论在我国建立新生育习俗，人口学刊，1996·2。
林筱文 福建省家庭规模和结构类型的转变及对社会的影响，福建人口，1996·3。
林富德 刘金塘 中国地区生育率转变均匀性分析，人口与计划生育，1996·3。
刘鸿雁 柳玉芝 独生子女及其未来婚姻结构，中国人口科学，1996·3。
陆杰华 论农村社区发展与农民生育观现代化，西北人口，1996·1。
罗 淳 云南各民族妇女生育状况论析，人口学刊，1996·4。
吕德才 改革中农村家庭结构变动趋向的社区分析，人口学刊，1996·3。
吕文怀 流动人口生育转变的趋势浅析，人口纵横，1996·10。
吕昭河 云南汉族与少数民族通婚特点的人口学分析，中国少数民族人口，1996·3。

罗　萍　二十一世纪中国婚姻变迁的趋势，社科信息集萃，1996· 2。
罗　蓉　论传统文化对中国农民生育决策的影响，人口学刊，1996· 1。
龚　凌　“九五”时期我省妇女生育水平分析，福建人口，1996· 2。
龚伟明　生存型人格与传统生育观，中国人口报，1996·12·2。
肖燕军　北京市边远山区张镇独生子女家庭状况调查报告，人口与计划生育，1996· 5。
金安融　传统生育文化与计划生育之间的妇女，西北人口，1996· 2。
彭希哲　黄　娟　人口态势对我国家庭模式的影响，社会学研究，1996· 2。
彭希哲　戴星翼　生育决定的风险最小化模型与农村计划生育环境的优化，人口与经济，1996· 2。
商立华　部分地区生育间隔问题的调查分析，当代人口，1996·3。
苏　俐　金阳荪　中国蒙古族生育水平及特征，人口学刊，1996· 6。
孙福滨　刘海城　朱楚珠　西北地区不同婚姻状况人口构成分析，西北人口，1996· 4。
唐　军　当代中国农村家庭复兴的背景，社会学研究，1996·2。
田晓红　变动中的城市家庭关系（续）人口信息，1996·3。
王德荣　夏前锋　612对已婚育龄夫妇放弃二孩生育申请成因分析，当代人口，1996·4。
王晓锋　吉林省妇女生育状况的量化研究，人口学刊，1996· 2。
王毅平　崔树义　山东妇女婚姻家庭生活概况，人口与经济，1996· 5。
吴开荣　关于山区农村婚姻，家庭和生育控制的原因分析与对策思考，人口研究，1996·6。
吴卫红　胎儿性别鉴定技术的辨证思考，人口学刊，1996·1。
穆光宗　陈俊杰　中国农民生育需求的层次结构，人口研究，1996· 2。
穆光宗　论生育文化和生育控制，社会科学，1996· 9。
谢　康　翼城县晚婚晚育加间隔生育办法的人口控制效果，南方人口，1996· 1。
谢　康　从时期孩次递进比的变化看翼城县试行晚婚晚育加间隔的生育办法的人口控制效果，人口与经济，1996· 2。
阎协平　安徽省妇女的一孩二孩生育间隔浅析，安徽人口，1996· 3。
叶桂英　张碧玉　科学城25～40岁已婚壮年生育总愿调查报告，人口杂志，1996·3。
叶文振，林擎国　福建省涉外婚姻状况研究，人口与经济，1996· 2。
袁　辕　在市场经济条件下我国家庭结构与教育职能的转变，西北人口，1996· 2。
朱　宏　阮妙娟　试析市场经济环境中的早婚，当代人口，1996· 1。
张国平　关于461名外来妹婚姻现状的调查，南京人口管理干部学院学报，1996· 3。
张国雄　九十年代广东五邑侨乡涉外婚姻移民的人口构成，南方人口，1996· 4。
张国平　“外来妹”婚姻现状的调查与思考，人口信息，1996· 6。
张　强　王　仲　刘凤霞　对辽宁省农民推进二胎生育现象的调查分析，人口纵横，1996·5。
张二力　陈建利　考虑避孕因素的胎次持续时间生育模型，中国人口科学，1996· 2。
张书云　杨　澄　新疆石河子地区再婚与计划生育，中国少数民族人口，1996· 4。
张　真　为转变生育观创造良好的社区环境，中国人口科学，1996· 4。
中印槐　内蒙古自治区育龄妇女及其生育状况，中国少数民族人口，1996· 3。
钟左文　帮助致富对已婚育龄妇女生育观念的影响及思考，人口研究，1996· 1。
周丽苹　家庭在城市养老中的作用，人口信息，1996· 2。
周双超　生育需求的经济分析，人口与计划生育，1996· 2。
周　云　广东畲族地区妇女与婚姻家庭，人口与经济，1996·1。
周长洪　黄丽华　不同经济收入家庭的农村妇女生育意愿比较，人口与经济，1996· 3。

生育率· 死亡率

方　昕　中国不同地区死亡水平差异的模型分析，中国人口科学，1996· 3。
黄荣清　人口死亡的Logit模型和双对数模型的比较研究，人口与经济，1996· 4。
靳光华　孙文生　中国社会经济发展对生育率影响的研究，统计研究，1996· 1。
李建民　中国生育率下降经济后果的形成机制及制约因素分析，中国人口科学，1996· 3。
李　南　孙福滨　死亡漏报新估计方法的推广及影响死亡漏报的因素分析，人口研究，1996· 5。
李树茁　M. W费尔德曼　中国婴儿死亡率的性别差异水平，趋势与变化，中国人口科学，1996· 1。
林良明　刘玉琳　冯士雍　1991～1993年中国婴儿，5岁以下儿童死亡水平及趋势分析，人口研究，1996· 4。
乔晓春　关于我国生育率下降后果的理论探讨，社会学研究，1996· 5。
钱建明　魏朝辉　中国少数民族生育率变化趋势分析，中国少数民族人口，1996·3。
宁亚男　肖承英　刘振昆　婴儿死亡率指数与儿童死因结构关系的研究，中国妇幼保健，1996· 2。

孙福滨　刘海城　胡　平　中国不同职业人口死亡水平特征，中国人口科学，1996· 5。

谭　琳　我国生育率下降过程中的质量问题，人口学刊，1996· 3。

涂子贤　王仁安　中国人口年龄、性别死亡率分析，中国人口科学，1996· 2。

涂子贤　中国人死亡年龄分布，南方人口，1996· 3。

王洪春　生育率下降对代际关系的影响对策，人口学刊，1996· 2。

吴建辉　南平市育龄妇女总和生育率分布，福建人口，1996·2。

邬沧萍　穆光宗　低生育率、市场经济和中国的人口控制，中国人口科学，1996· 3。

徐天琪　邵水根　周志刚　持续低生育率条件下嘉兴人口的发展，当代人口，1996· 3。

严梅福　石人炳　中国农村婚嫁模式在生育率下降中的作用，中国人口科学，1996· 5。

严梅福　张宗周　教育导致妇女生育率下降的起点程度和心理原因新探，湖北大学学报，1996· 4。

杨宗贵　从死亡水平对生育水平的内在关系谈贫困地区人口控制，贵州社会科学，1996·1。

查瑞传　再论中国生育率转变的特征，中国人口科学，1996·2。

祖述宪　程　萍　温　亮　当代发展中国家死亡率下降的原因，人口研究，1996· 3。

人口与环境

人口研究编辑部　中国人口增长和粮食问题，人口研究，1996· 3。

蔡　昉　人口、资源与环境：中国可持续发展的经济分析，中国人口科学，1996· 6。

楚军红　贺　至　中国人口增长与粮食供求前景论坛综述，人口与经济，1996·6。

陈道明　保护土地：匹夫有责——兼谈人口与土地之矛盾，安徽人口，1996· 2。

程　希　对不同地区、人口分布与经济和资源环境关系的总体评价，人口与经济，1996·6。

范小玉　人口、耕地、粮食变迁启示录，人口与经济，1996·2。

冯利华　金华市人口与耕地发展趋势的灰色预测，信息系统工程，1996· 3。

顾鉴塘　试论我国人口与资源环境的协调发展，南方人口，1996· 1。

黄　鹂　人口与环境关系的历史演进，安徽人口，1996· 2。

胡连元　杨菊芳　论我国人口与水资源，南京社会科学，1996·1。

龚树民　任　理　试论中国人口和淡水资源的关系，西北人口，1996· 4。

蒋志学　黄险峰　以大城市为中心的人地矛盾层分布模式与对策，中国人口科学，1996·3。

李建明　人口资源、环境可持续发展，人口研究，1996·1。

李竞能　徐　斌　向市场经济转轨时期的农业粮食保障和乡村可持续发展，人口与经济，1996· 2。

李玉江　吴玉麟　李新运　黄河三角洲人口承载力研究，人口研究，1996· 3。

林家伟　刘家强　关于人口生态学的三个问题，新兴学科，1996· 1。

林成策　东北三省将是我国首先走向人口资源环境与社会经济协调发展的地区，人口学刊，1996· 6。

梁吉义　土地、粮食、人口问题的战略思考，山西师大学报，1996· 3。

刘颖秋　宋建军　世纪之交我国人口、资源、环境的趋势分析与对策，中国人口·资源与环境，1996· 1。

刘长茂　叶明德　中国贫困地区人口、资源与社会经济发展，人口与经济，1996· 1。

吕昭河　张　震　澜沧江流域人口生态特征及人口资源开发利用研究，中国人口·资源与环境，1996· 3。

彭珂珊　对我国人口剧增与生态环境相互协调的深层次思考，西北人口，1996· 1。

詹长智　21世纪中国的人口增长与粮食供求前景（一）市场与人口分析，1996· 3。

田雪原　人口与资源的可持续发展，中国人口科学，1996·1。

田雪原　人口与环境的可持续发展，南方人口，1996· 1。

孙　粟　米在荣　环境污染对人类的影响，山东人口，1996·6。

王相山　田多如　民勤县人口与资源、经济发展探析，西北人口，1996· 3。

尹建中　李　望　论人口与资源环境的系统关系，西北人口，1996· 2。

赵传燕　甘肃省人口增长对资源、环境、经济发展压力的历史分析及预测，中国地理，1996· 7。

朱国宏　关于中国土地资源人口承载力问题的思考，中国人口·资源与环境，1996· 1。

朱　农　王　冰　三峡区人口环境容量分析，人口与经济，1996· 3。

张茂林　我国贫困人口的资源生态空间特征与开发性扶贫移民，人口与经济，1996· 4。

张忠孝　单伟东　青海省自然环境、人口容量探讨，中国地理，1996· 3。

人口素质

成德宁　人口素质的提高与中国经济起飞，劳动经济与人才资源管理，1996· 9。

郭振学　提高我国人口素质是关系国家和民族前途的头等大事，福建人口，1996· 2。

郝麦收　亲子关系的变革——提高人口素质的新思路，中国人口报，1996· 3· 11。

何文泉　朱文德　安徽文盲人口现状与文盲对策，安徽人口，1996· 4。
景跃军　刘雅男　巩英春　吉林大学学生卡特尔心理测验结果分析，人口学刊，1996·1。
罗　淳　哈尼族人口素质与生活质量研究，中国少数民族人口，1996· 2。
李乃蓉　人口素质与女工劳动保护，人口与经济，1996·4。
李　振　在中学地理教学中实现人口教育的探索，安徽人口，1996· 2。
李　稚　人口素质明显提高，广东人口信息，1996· 4。
刘　燕　基础知识教育存在的问题及对策，中国人口报，1996· 1· 15。
卢　迅　人的互质与可持续发展，当代人口，1996· 2。
穆光宗　计划生育对提高人口素质的作用效果分析，人口与经济，1996· 6。
施小梅　市场经济与人口教育，中国人口报，1996· 1· 22。
沈　彪　中学青春期教育势在必行——马寅初中学学生生活环境及性意识调查报告，当代人口，1996· 2。
王志刚　过保录　关于加强中学青春期教育的一些思考，人口研究，1996· 2。
熊　鹰　我国独生子女教育的困惑及对策研究，西南师范大学学报，1996· 3。
谢协光　吴文举　吴卫红　我国妇女文化素质对自身及子女健康状况影响的定量估计，当代人口，1996· 3。
徐　辉　福建女性人口素质的转变，南方人口，1996·4。
徐晋勋　计划生育与提高人口素质，人口信息，1996·4。
姚裕群　人力资源素质：最根本的国力，中国人才，1996· 6。
严梅福　石人炳　高等院校人口教育初探，南方人口，1996· 1。
袁　凯　人的素质学，甘肃社会科学，1996· 5。
赵本雄　人口素质与贫困地区的经济发展，安微人口，1996·4。
赵裕丰　人口文化素质与社会主义市场经济浅谈，中国人口报，1996· 3· 18。
郑进胜　农村儿童人口素质现状与发展对策，南京人口管理干部学院学报，1996· 1。
郑晓瑛　与健康相关的生活质量评估述论，人口研究，1996·4。
庄　平　论女性教育的社会回报，社会学研究，1996· 2。
张明兴　扎扎实实开展党校人口理论教育，人口与计划生育，1996· 4。
张传燧　农村剩余劳动力转移与成人教育的改革发展，西南师范大学学报，1996· 4。
周加才让　试论藏族人口素质对地区经济发展的制约及对策，中国少数民族人口，1996·3。
周祖根　上海人口自然变动负增长情况下的人口素质研究，人口信息，1996· 6。

少数民族人口

代欣言　冯占联　对西藏人口与计划生育工作的几点思考
班吉苏　齐义礼　民族传统与民族人口，民族研究，1996·3。
蔡玉琴　姜光普　买买提·玉素甫　新疆哈密地区少数民族人口现状浅析，中国少数民族人口，1996· 3。
冯积贤　裕固族人口性别比分析——现状原因对策，西北人口，1996· 4。
古清中　朝鲜族人口的演进，人口学刊，1996· 2。
郝林娜　要重视少数民族妇女地位的问题研究，中国人口报，1996· 5· 22。
黄荣清　年龄结构对人口增长的作用力度量——兼谈中国少数民族人口年龄结构，中国人口科学，1996· 2。
刘天奇　陕西少数民族人口，中国少数民族人口，1996· 3。
刘厅红　甘南藏族地区流动人口计划生育现状与管理，中国少数民族人口，1996· 4。
刘湘源　王光明　云南省少数民族人口，中国少数民族人口，1996· 4。
孟祥锡　陈　良　河南省少数民族人口，中国少数民族人口，1996· 3。
仁青旺堆　陈　华　西藏牧区实施计划生育的探讨，中国少数民族人口，1996· 4。
石向实　21世纪中国少数民族地区的社会经济发展问题，内蒙古大学学报，1996· 1。
王　治　中国的少数民族人口与经济，人口杂志，1996· 3。
汪敏莉　新疆少数民族婚育意愿的调查与分析，中国人口报，1996· 5· 13。
解振明　从稳定和发展的角度考察西藏人口问题，中国少数民族人口，1996· 2。
徐爱光　胡燕芳　浙江省少数民族人口，中国少数民族人口，1996· 4。
原华荣　阎丽娟　中国少数民族人口类型研究，西北人口，1996· 4。
杨爱芳　甘肃甘南藏族人口与计划生育，中国少数民族人口，1996· 4。
杨新科　张正雄　提高牧区少数民族人口生活质量牧区经济社会全面进步，西北人口，1996· 4。
银　措　青海蒙古族人口来源、现状及特点，中国少数民族人口，1996· 2。
赵锦辉　中国部分性别比异常的少数民族的年龄别、性别比问题，民族研究，1996·8。
张　毅　新疆柯尔克孜族的人口状况问题及对策，西北人口，1996· 1。
中国人口信息中心赴西藏考察组　西藏人口发展与计划生育考察报告，人口研究，1996· 1。

人口分析与人口预测

蔡　林　内蒙古自治区人口发展前景预测，中国少数民族人口，1996・2。

陈　卫　贵州省人口发展趋势：预测与分析，中国少数民族人口，1996・2。

陈　珩　龚　凌　福建省1995和“八五”期间人口计划执行情况分析，福建人口，1996・1。

丁伦友　安徽省“八五、期间计划生育工作情况和“九五”工作思路，安徽人口，1996・1。

高　凌　广东省人口发展前景1995－2060，南方人口，1996・3。

陈　剑　1996－1997年人口与计划生育状况，人口学刊，1996・6。

焦亚玲　青海海西地区人口与计划生育，中国少数民族人口，1996・4。

骆克任　上海市人口发展前景与对策，人口信息，1996・1。

刘逢光　崔刚安　山东省“八五”控制人口的经验，中国人口报，1996・6・10。

刘金塘　宁夏回族自治区人口发展前景，西北人口，1996・4。

孟向京　辽宁省人口发展前景分析，人口纵横，1996・1。

庞　林　四川阿坝自治洲人口发展的状况及2010年人口发展趋势，中国少数民族人口，1996・3。

庞晓波　吕继宏　长春市人口现状及预测分析，人口学刊，1996・2。

上海市计生委规划处　上海市1995年人口形势分析，人口信息，1996・3。

史兴德　侯凤霞　宁夏自治区“八五”人口计划的执行情况及成因分析，中国少数民族人口，1996・3。

史树中　章　巧　梁振华　天津未来人口增长及其对经济社会发展的影响，南开学报，1996・2。

孔学礼　王志葆　山东省“八五”人口计划执行情况及成因分析，人口研究，1996・1。

宋　健　云南省人口发展前景(1995－2060)，中国少数民族人口，1996・2。

田克忠　甘肃甘南藏族自治洲人口发展状况浅析，中国少数民族人口，1996・2。

吴忠观　四川省何时能实现人口零增长，人口杂志，1996・1。

吴忠观　李永胜　俞德怡　21世纪四川人口数量预测研究，人口杂志，1996・1。

杨书章　西藏人口现状与发展趋势，中国少数民族人口，1996・2。

杨中新　香港人口变化的历史作用，中国人口科学，1996・1。

俞鑫权　“八五”浙江人口发展的回顾与“九五”展望，当代人口，1996・3。

赵秋成　大连市人口变动特点与分析，人口学刊，1996・2。

郑启五　1995年台湾人口状况评析，福建人口，1996・3。

周大鸣　澳门人口与族群，南方人口，1996・3。

周祖根　上海人口规模总量研究，南方人口，1996・2。

周天枢　福建省人口平均寿命变化趋势及预测，中国卫生统计，1996・1。

女性人口

陈　予　付　君　女性就业与发展问题的探讨，中国人口报，1996・9・30。

程龙干　农村妇女地位与生育控制，安徽人口，1996・4。

崔凤垣　试论我国已婚妇女在两性生活中的地位，人口与计划生育，1996・3。

费涓洪　农村改革与妇女家庭地位，社会学，1996・3。

冯　敏　凉山族妇女婚育观的现代变迁，云南社会科学，1996・2。

关春玲　西方生态女权主义研究综述，国外社会科学，1996・2。

郭　戈　妇女教育的发展和对策，妇女研究，1996・1。

郝林娜　计划生育与妇女地位，中国人口报，1996・3・11。

阚立新　安　利　河北妇女地位面面观，人口战线，1996・2。

黄启超　新形势下的妇女问题与妇女精神，妇女研究，1996・2。

胡　平　计划生育对妇女多因素影响的差异，妇女研究，1996・3。

胡　平　朱楚珠　计划生育与中国妇女生命历程变化探讨，中国人口科学，1996・4。

李春玲　性别观念与中国社会科学院女性的职业发展，社会学研究，1996・2。

李乃蓉　北京市人口学会妇女地位学术讨论会综述，中国人口科学，1996・2。

李银河　中国女性的性观念，社会学研究，1996・2。

林　丽　原　新　新疆少数民族妇女社会地位探讨，西北人口，1996・3。

刘　霓　对妇女地位的经济学分析　兼评《美国经济中的种族与性别》，国外社会科学，1996・3。

罗　萍　中国女性观念文化变革趋势，武汉大学学报，1996・5。

罗　淳　当前农村人口控制中妇女发展问题之思考，人口与经济，1996・3。

朱嘉铭　生殖健康现代观，广东人口信息，1996・2。

番禺市计生委课题组　计划生育促进了妇女地位的全面提高，广东人口信息，1996・2。

番禺市计生委，计划生育促进了妇女地位全面提高，广东人口信息，1996・3。

孙中欣　浦东新区已婚就业女性的家庭观与事业观，社会学，1996・4。

谭　琳　论我国家庭养老中的妇

女问题：老年妇女与女儿养老，人口学刊，1996· 1。

谭 深 妇女研究的新进展，妇女研究，1996· 2。

王庆朔 中国少数民族妇女参政状况及分析，民族研究，1996· 2。

王囚为 中国老年妇女的社会价值与社会地位简析，人口研究，1996· 1。

王承权 少数民族妇女的婚姻家庭及其地位变化，民族研究，1996· 1。

吴瑞君 邓春黎 新中国职业女性人口就业环境和就业特点分析，中国人口科学，1996· 3。

肖 巍 宁夏长沟村妇女状况调查，清华大学学报，1996·3。

徐 晖 妇女发展与人口控制 当代人口 1996· 3。

赵 捷 妇女组织与女性的参与和行动，云南社会科学，1996· 4。

郑真真 人口流产与妇女生理研究，中国人口科学。1996·2。

朱楚珠 梁巧转 近五年新中国女性人口学研究综述，人口研究，1996· 6。

朱秀云 妇女参政分析，南京人口管理干部学院学报，1996·2。

张秋俭 女性就业现状与前景(调查 统计与分析)，妇女研究，1996· 3。

周 怡 试论中国妇女研究面临的若干转型，江海学刊，1996· 1。

人口老龄化·老年人口

李秉瑜 鲍邦平 要大力发展对老人的社区服务，老龄论坛，1996· 3。

人口研究编辑部 中国未来养老方式的选择，人口研究，1996· 6。

陈成文 农村老年人的生活状况及其社会支持、消费经济，1996· 6。

陈 力 老年人口资源的特点与开发原则，中国人才，1996·12。

戴星翼 论老龄化过程与市场体系，市场与人口分析，1996·1。

董之鹰 对我国老年社会服务事业发展因素的探讨，老龄论坛，1996· 2。

郭兆明 万县市老龄问题探析，人口研究，1996·1。

郭志刚 张恺悌 对子女数在老年人家庭供养中作用的再检验：兼评老年经济供给“填补”理论，人口研究，1996·2。

何金定 “健康老龄化”在我国，人口学刊，1996·6。

胡毅玲 王声涌 详介老年健康水平的指标——老年保健效益指数，中华流行病学杂志，1996· 4。

季 南 浙江人口老龄化趋势与对策，当代人口，1996·4。

季 南 浙江人口老龄化趋势与对策，当代人口，1996·4。

姜向群 计划生育与我国人口老龄化及老年人问题，人口研究，1996·6。

李晓林 中国劳动人口养老保障定量分析，社会保障制度，1996· 2。

梁中堂 翟胜明 试论老年人的权益保障问题，中国人口科学，1996· 4。

刘观海 人口老龄化对经济社会发展的影响及对策，福建人口，1996· 1。

刘 颂 老年评估体系科学化辨析，南京社会科学，1996·4。

刘 颂 老年评估体系：老年学亟待解决的问题，社科信息，息，1996· 5。

刘世杰 兴办托老事业，解决老有所养，人口战线，1996·2。

林道善 李尚武 曾服民 广州市人口老龄化趋势研究，南方人口，1996· 2。

林毓铭 部分积累或养老保险制度研究，社会保障制度，1996· 5。

穆光宗 人口老化过程中的健康问题，社会学研究，1996·3。

瞿振武 城乡一体化的发展，削峰填谷，共同迎接人口老龄化挑战，人口研究，1996·5。

任 鲁 论我国老年学研究方法及研究战略，老龄论坛，1996· 4。

萨本桂 永恒的事业任重而道远——谈福州进入老年型社会的几点认识，福建人口，1996·1。

孙惠莲 老年供养——面对21世纪银色浪潮冲击首要问题，中国人口报，1996· 1· 29。

孙惠莲 一个亟待解决的问题——从北大社区老年服务看我国社区老年服务的发展，中国人口报，1996· 6· 24。

谭 琳 论我国家庭养老中的妇女问题：老年妇女与女儿养老，妇女研究，1996· 2。

王华娣 关于“健康的老龄化”的思考，安徽人口，1996·3。

王俊如 王兰生 农村老年人生活状况调查及对策建议，当代人口，1996· 2。

王金营 河北省人口老龄化的未来发展趋势，人口战线，1996· 3。

王瑞祥 张丽珍 老年人心理健康状况及其影响因素，南方人口，1996· 3。

王赛英 浅谈控制人口增长与老年社会保障，福建人口，1996· 3。

王树新 北京老年人口的预期寿命及余寿期的健康质量，人口学刊，1996· 2。

王树新 中国老年人口经济与居住生活质量，人口与经济，1996· 2。

王小工 居住环境与家庭养老，人口研究，1996· 6。

王 绚 “健康老龄化”研究的回顾与展望，人口研究，1996· 3。

魏孝琴 老年前期与老年期正常人群组EPQ评定分析，中国心理卫生杂志，1996·6。

邬沧萍 创建有中国特色的健康老龄社会，中国人口报，1996· 10· 28。

吴健安 中国银色市场的潜力和特色，市场与人口分析，1996· 4。

世界人口

人口报刊

· 报纸
· 杂志
· 附录

· 报 纸 ·

报纸名称：**中国人口报**
英文名称：China Population News
主办单位：国家计划生育委员会
创办日期：1987年7月1日成立中国人口报社，《中国人口报》前身为《健康报·计划生育版》、《中国计划生育报》
副社长兼副总编辑：席小平
副社长：贾有祥
副总编辑：杨泉福
办报宗旨：《中国人口报》为国家计划生育委员会机关报，是目前世界上唯一的一张国家级公开发行的人口专业报。《中国人口报》以全面宣传控制人口数量，提高人口素质这一计划生育基本国策，及时准确地报道党和国家关于人口与计划生育的方针、政策；介绍人口理论、生命科学成果，以及与人口相关的经济发展、扶贫开发、环境保护、生态平衡、资源利用、人口流动、社会保障，优生优育、妇幼保健、人才开发等全方位的人口最新信息和科技动态为宗旨。曾于1985年11月获全球人口新闻最佳专版奖、1986年12月获全球人口新闻最佳人口报道奖、1995年获“全球人口新闻特别国家奖”、“联合国第四次世界妇女大会新闻报道突出贡献奖”。
主要栏目：设要闻版，综合新闻版和专刊、副刊版。专刊为“人口与发展”（理论版），“采风”（文摘版），“环球纵观”（国际版），“生与育”、“生命科学”（科普版），“基层”、“通联之窗”（基层版），“家庭”、“苍生”（文艺副刊），“画刊”、“摄影”等
出版周期：每周一、三、五出版
发行范围：国内外公开发行
发行量：32万份，不定期英文特刊发行100多个国家和地区
国内刊号：CN11－0020
开本：对开4版大版
地址：北京市西直门外北下关净土寺甲28号
邮政编码：100044
电话：（010）62255621，62255624，62253339
传真：（010）62255621

报纸名称：**山西人口报**
英文名称：Shanxi Population News
主办单位：山西省计划生育委员会
创办日期：1985年7月15日
总编辑：梁明虎
副总编辑：邢志强
办刊宗旨：宣传省委、省政府关于计划生育工作的安排部署，介绍国内外、省内外人口与计划生育工作的先进经验，报道各地的计划生育工作动态，传播优生优育优教及保健知识，引导人们树立新的婚育观、生活观，为使人口与经济、社会发展相协调创造良好的舆论环境
主要栏目：设有“要闻”版，“综合新闻”版，“理论与实践”、“人口与经济”、“家庭医生”版，“人口社会”、“生活沙龙”等版。主要栏目有“新闻瞭望”、“热点透视”、“人口论坛”、“娘子关外”、“协会园地”、“政策咨询”、“奉献者之歌”、“专干热线”、“监督台”、“他山之石”、“问医处”等
出版周期：每周二出刊
发行范围：全国公开发行
国内统一刊号：CN14－0012
开本：4开4版
地址：山西省太原市平阳路北园街7号
邮政编码：030006
电话：（0351）7072369　7044141　7072792

传真：(0351) 7064657

报纸名称：**广西人口报**
英文名称：Guangxi Population News
主办单位：广西壮族自治区计划生育委员会
创刊日期：1987年1月
总编辑：卢美强
办刊宗旨：坚持四项基本原则，以传播马克思主义人口理论及党和国家有关人口政策为主旋律，报道各地计划生育工作先进经验和有关人口信息、科技知识；追踪社会热点，透视经济生活，展示民族风情，传播群众实行晚婚晚育、优生优育、防病治病、勤劳致富、求知求乐求健康的科学知识及有关信息
主要栏目：四版分别为：计划生育工作要闻、动态、计划生育工作信息、经验，人口与计划生育的科技信息、知识和文艺副刊，辟有国内外要闻、警钟长鸣、群英荟萃、山村新事、人生百态、科技视野、致富门道、家庭保健、生与育、为您服务等专栏及人生副刊
出版周期：每周三、五出版
发行范围：国内公开发行
国内统一刊号：CN45－0037
开本：4开4版
发行量：7.2万份
地址：广西南宁市星湖路35号
邮政编码：530022
电话：(0771) 5853997、5861747

·杂　志·

期刊名称：**人口与计划生育**
英文名称：Population and Family Planning
主办单位：国家计划生育委员会
创刊日期：1993年
顾问：彭珮云为首席顾问，张维庆、蒋正华和公安部、民政部、卫生部、农业部、劳动部、国家计委、国家教委、国家民委、国家统计局、国家工商局、国家土管局、国家环保局、全国妇联等15位中央部委的领导同志担任顾问
主编：杨魁孚
副主编：王国强、肖自力、江亦曼、魏津生
编辑部主任：盛朗
办刊宗旨及特点：《人口与计划生育》是全国性计划生育工作理论刊物，它融政策指导、理论研究为一体，具有指导性、研究性、实用性和可读性的特点。办刊宗旨是心系全国计划生育和人口研究工作者，着力捕捉当前计划生育工作的新情况、新问题和新经验，探求中国特色计划生育工作的新体制和运行机制，广泛采撷各地人口与计划生育理论和实践的精华，汇萃百家，锐意探索，服务全国。《人口与计划生育》是各级计划生育领导的参谋，城乡计划生育干部的挚友，相关领域广大读者的知音，专门人口研究人员的助手
主要栏目：改革论坛，研究与思考，宣传教育，三言两语话计生，县、乡领导论坛，抓基层、打基础，调查报告，企业之声，他山之石，统计数据，综述、资料，瞭望台等
出版周期：双月刊，逢双月25日出版
发行范围：国内外公开发行
国际标准刊号：ISSN1004－8197
国内统一刊号：CN11－3148/C
开本：16开，80页码
发行量：5万份
地址：北京海淀魏公村大慧寺12号中国人口信息研究中心
邮政编码：100081
电话：(010) 62173528、62173523

期刊名称：**人生**
英文名称：Human Life
主管单位：国家计划生育委员会
主办单位：中国计划生育协会
创刊日期：1981年10月创刊，为季刊；1983年改为双月刊；1988年改为月刊
社长兼主编：彭志良
副社长：吴丹丽
编辑部主任：张伯利
办刊宗旨：面向基层广大群众，宣传计划生育基本国策，为人民群众的生育、生产、生活服务，着力揭示人的奥秘，探寻人的更好生存发展之道，满足人们对真、善、美的追求，把人们导向幸福的人生
主要栏目：人口纵横、神州拾贝、银河摘星、艺苑缤纷、情感世界、婚姻长廊、家长里短、走出误区、社会写真、名人物语、百姓话题、人间万象、性

的真谛、生之摇篮、育儿百科、女性健美、避孕节育、心理探秘
出版周期：月刊
发行范围：国内外公开发行
国际标准刊号：ISSN1003－4587
国内统一刊号：CN11－1309/C
发行量：35万份
开本：16开
地址：北京市朝阳区华严北里五号院
邮政编码：100029
电话：(010) 64912610 64912574 64912630

期刊名称：**当代中国人口(英文版)**
英文名称：Chian Population Today
主办单位：中国人口信息研究中心
创刊日期：1983年
主编：解振明
副主编：朱和中
办刊宗旨：向世界各国的读者宣传中国的人口和计划生育政策，中国政府和人民群众在贯彻人口政策，控制人口过快增长方向所作出的巨大努力和取得的伟大的成就，在实行计划生育中所取得的成功经验，工作中存在的困难和问题，并向国外读者提供可以提供的有关中国人口和计划生育的最新统计数据和其它信息，以此增进世界各国对中国人口和计划生育工作的了解，消除可能存在的误解，从而为中国的计划生育工作服务
主要栏目：计划生育工作、政策与展望、研究文摘、调查与数据、新闻、扶贫观点、流动人口、避孕药具研究、藏族人口
出版周期：双月刊
出版范围：国内外公开发行
地址：北京市海淀区大慧寺路12号中国人口信息研究中心《当代中国人口》
邮政编码：100081
电话：(010) 62187576
(010) 62173523
电传：(010) 62172101

期刊名称：**中国人口科学**
英文名称：Population Science of China
主管单位：中国社会科学院
主办单位：中国社会科学院人口研究所
创刊日期：1987年
主编：田雪原
社长兼副主编：杨子慧
副主编：蔡昉
副社长：徐莉
办刊宗旨及特点：《中国人口科学》自创刊以来，一直将刊物的学术性，刊物的质量置于首位，及时反映中国人口学研究的新进展、新成果。为人口研究、教学和实际工作者提供展示其最新研究成果和进行学术交流的园地，以推动人口学研究的深入和学科的建设。该刊注意学术争鸣，刊登具有不同学术观点的文章，以期促进研究的深入。在坚持学术性的同时，对中国的实际人口问题亦给予高度重视，探索中国人口问题的途径，为制定政策提供服务。《中国人口科学》注重国际交流，介绍国外人口研究的发展，动态和最新成果。1988年，美国阿伦顿出版公司与《中国人口科学》签订出版英文版合同，在美国出版《中国人口科学》的英文版 (Chinese Journal of Population Science)，成为向国际人口学界介绍中国人口研究状况、成果的重要窗口
主要栏目：人口理论、人口统计、老年人口、人口迁移与人口流动、人口与社会、人口与经济、人口与可持续发展、人口历史及调查报告、计划生育理论研究等。
出版周期：双月刊，逢双月初出版
发行范围：国内外公开发行
国际标准刊号：ISSN100－7881
国内统一刊号：CN11－1043
地址：北京建国门内大街5号中国社会科学院人口研究所
邮政编码：100732
电话：(010) 65137744转5414或5417

期刊名称：**市场与人口分析**
英文名称：Market and Demographic Analysis
主管单位：国家教育委员会
主办单位：北京大学人口研究所、国家统计局人口与就业统计司
创刊日期：1994年12月
名誉主编：张纯元、孙怀阳
主编：曾毅、张为民
副主编：顾鉴塘、詹长智
编辑部主任：顾鉴塘（兼）
办刊宗旨及特点：《市场与人口分析》是一本以海内外工商企业界人士、公司员工、各级各部门政府官员、政府管理和科研部门、计划生育部门、统计部门，以及经济学、社会学、管理学、人口学、市场学等学科科研和实际工作者、大专院校师生为主要读者对象的市场经济——实用人口分析类刊物。它的宗旨是：通过传播工商实用人口分析及区域管理人口分析成果，帮助工商企业与政府部门提高投资经营效益与科学管理功能，直接为经济建设主战场与社会发展服务，与此同时，推

动实用性人口科学在中国的发展。《市场与人口分析》强调所刊登文章必须符合科学性、实用性，可操作性及可读性的原则，这也可以说是该刊物区别于其它经济学刊物和人口学刊物的主要特色
主要栏目：今日访谈、学者论苑、企业形象与策划、专题报道、热点透视、本期论坛、实用分析、市场调研、管理与布局、房地产开发、保险广角、消费品市场分析、个案应用、典型事例、国家统计局专稿、统计与调查、《美国工商人口》摘译、信息角、数据库等
出版周期：双月刊，逢单月出版
发行范围：国内外公开发行
国际标准刊号：ISSN1006－4346
国内统一刊号：CN11－3601/F
开本：大16开，正文64页
地址：北京大学人口研究所
邮政编码：100871
电话：(010) 62751975
传真：(010) 62751976

期刊名称：**人口研究**
英文名称：Population Research
主办单位：中国人民大学
创刊日期：1977年
主编：乔晓春
办刊宗旨：《人口研究》坚持百花齐放、百家争鸣的方针，开展对人口科学和中国人口问题的研究，为人口科学的发展和计划生育的基本国策服务，坚持理论联系实际，兼顾理论和实际工作者的不同需要，为各级部门提供理论和信息参考
主要栏目：综合研究、中国人口与发展论坛、人口调查与分析、老龄问题研究、女性人口研究、计划生育研究、人口流迁问题研究、历史人口、人口统计、医学人口学、国内外学术动态等
出版周期：双月刊，每逢单月29日出版
发行范围：国内外公开发行
国际标准刊号：ISSN1000－6087
国内统一刊号：CN11－1489/C
开本：16开
地址：北京市海淀区海淀路175号
邮政编码：100872
电话：(010) 62511320

期刊名称：**人口与经济**
英文名称：Population and Economics
主办单位：首都经济贸易大学
创刊日期：1980年
主编：冯立天
编辑部主任：田小波
办刊宗旨及特点：《人口与经济》创刊以来，积极贯彻党的双百方针，坚持理论联系实际的办刊方向，积极反映人口领域及其交叉学科的最新学术成果，传播计划生育工作先进经验，在人口与经济、社会、资源、环境的可持续发展研究领域中积极探索，已形成了自己的风格和特色。该刊办刊宗旨为融专业性、科学性、知识性、新闻性为一体
主要栏目：调查报告、计划生育、大家谈、女性人口、世界人口、老龄人口、外论摘要、中外动态及图片新闻等
出版周期：双月刊，适单月25日出版
发行范围：国内外公开发行
国际标准刊号：ISSN1000－4149
国内统一刊号：CN11－1115/F
开本：16开
地址：北京朝阳门外红庙首都经济贸易大学《人口与经济》编辑部
邮政编码：100026
电话：(010) 65061188转473

期刊名称：**人口战线**
英文名称：Population Front
主管单位：河北省计划生育委员会
主办单位：河北省计划生育委员会、河北省计划生育协会、河北省人口学会
创刊日期：1987年1月由《河北人口》与《人口与计划生育》两个内部期刊合并而成，正式创刊
主编：高庆英
副主编：杜洪波、李澍卿、王俊祥、高元祥
编辑部主任：张呈琮
办刊宗旨及特点：以马克思列宁主义、毛泽东思想为指针，坚持党的四项基本原则，贯彻理论联系实际和“双百”方针，立足河北，面向全国，宣传人口科学知识与人口理论，宣传党和国家有关人口与计划生育的方针政策，交流人口科学研究成果和计划生育工作经验，传播和普及优生、优育、优教和节育等方面的科学知识，为提高人口素质、控制人口数量的基本国策服务，为四化建设服务
主要栏目：人口论坛、工作研究、领导谈计生、市场经济与计划生育、协会园地、调查报告、在第一线、合格父母、优生指南、计生技术、多味人生以及图片新闻等
出版周期：季刊，每季末月25日出版
发行范围：国内外公开发行
国际标准刊号：ISSN1007－3647
国内统一刊号：CN13－1041
开本：16开，64页码
发行量：0.6万余份
地址：河北省石家庄市裕华中路

1号河北师范大学人口研究所
邮政编码：050016
电话：(0311) 6049941－86374

期刊名称：**人口学刊**
英文名称：Population Journal
主办单位：吉林大学人口研究所，吉林省人口学会，吉林省计划生育委员会
创刊日期：1979年9月
主编：王胜今
副主编：韩瑗英、霍凤兰
编辑部主任：韩瑗瑛
办刊宗旨：《人口学刊》以马列主义，毛泽东思想为指导，坚持四项基本原则，积极开展学术争鸣，多年来一直坚持理论与实践相结合。用理论指导实践，以实践发展理论的原则。既重视人口学理论体系的构建，重视理论之于实践的效应，也关注着实践对理论的验证与反拨，关注着中国人口科学的繁荣与发展，把为中国的基本国策服务作为办刊宗旨。在理论研究上，它推崇定性与定量相结合的研究方法、研究文章，在具体实践中，它欣赏来自基层的新经验、新方法、新理论
主要栏目：综合研究、人口理论、人口政策、人口迁移、人口城市化、老年人口、少数民族人口、人口统计与预测、人口素质、人口与社会、社会工作保障，女性人口、计划生育理论与实践、调查报告等
出版周期：双月刊，逢双月20日出版
发行范围：国内外公开发行
开本：16开
国际标准刊号：ISSN1004－129x
国内统一刊号：CN22－1017/C
地址：长春市解放大路123号
邮政编码：130023
电话：(0431) 8923189转3626
传真：(0431) 8923907

期刊名称：**人口**
英文名称：Population
主办单位：复旦大学人口研究所、上海社会科学院人口与发展所、上海市人口情报中心、上海市人口普查办公室、上海市人口学会、上海市计划生育研究所
创刊日期：1985年5月
主编：王建民、左学金、张开敏、张戎舟、胡忠良、高尔生、彭希哲
执行主编：朱国宏
办刊宗旨：反映最新人口问题及其研究成果，特别是有关特大城市人口问题的具有前瞻性的研究成果
主要栏目：与人口学家对话、综合研究、专家论坛、专题探讨、新知新论、青年论坛、域外谭、书评、简讯
出版周期：季刊，每季末出版
发行范围：国内发行
开本：16开
地址：上海市邯郸路220号复旦大学人口研究所
邮政编码：200433
电话：(021) 65492222转2735

期刊名称：**南京人口管理干部学院学报**
英文名称：Journal of Nanjing Couege for Population Programme Management
主管单位：国家计划生育委员会
主办单位：南京人口管理干部学院
创刊日期：1985年9月4日
主编：陶勃
副主编：邱晓成
编辑部主任：邱晓成（兼）
办刊宗旨及特点：本刊是社会科学类学术理论刊物。它坚持马列主义、毛泽东思想和邓小平同志有中国特色社会主义理论为指导，坚持四项基本原则，探索社会主义市场经济体制下具有中国特色的人口与计划生育的理论与实践，以推动人口科学和计划生育管理科学的发展，促进教学质量和人口管理科学水平的提高。同时，本刊还坚持了人口与计划生育管理理论与实践相结合的办刊特色
主要栏目：省（市）级计划生育委员会主任论坛，地（市）计划生育委员会主任工作研究，计划生育管理理论与实践专栏，新书构思、科研课题新成果、专论、综述和文摘等
出版周期：季刊，每季末月15日出版
发行范围：国内外公开发行
国际标准刊号：ISSN1007－032X
国内统一刊号：CN32－1452/C
发行量：3000份
地址：南京市锁金村10号南京人口管理干部学院学报编辑部
邮政编码：210042
电话：(025) 5413405转5026
传真号：5413483

期刊名称：**人口与优生**
英文名称：Population and Better Birth
主办单位：浙江医科大学人口研究所
创刊日期：1985年1月
主编：丁德云
社长兼副主编：王瑞梓
编辑部主任：沈惠云
办刊宗旨及特点：《人口与优生》是将人口与优生、优育、优教相结合，社会科学与自然科学相结合的专业性普及刊物。以严谨、求是、开拓的

探索精神，集知识性、实用性为一体；熔科学性、趣味性于一炉。着重宣传人口理论、人口经济、人口结构和人口素质等，普及优生、优育、优教、健美、长寿等医学知识，以提高人口素质，控制人口数量为宗旨

主要栏目：人口论坛、人口教育、计划生育、生态环境、人口信息、遗传奥秘、优生论苑、名人童年、青春期卫生、婚前指导、性科学知识、婚后的和谐生活、专家谈孕育、科学育儿、早期教育、妇女世界、家庭医生、营养之道、用药指南、预防与保健、百家争鸣等

出版周期：双月刊，为单月15日出版

发行范围：国内外公开发行

国际标准刊号：ISSN1005－4820

国内统一刊号：CN33－1053/C

开本：16开

地址：浙江医科大学

邮政编码：310031

电话：（0571）7022700转324

期刊名称：**山东人口**

英文名称：Shandong Population

主管单位：山东省计划生育委员会

主办单位：山东省计划生育协会、山东省人口学会、山东社会科学院人口研究所

创刊日期：1982年8月15日

主编：尹峰

副主编：盖玉琛、张心德、路遇

办刊宗旨：《山东人口》杂志是理论与实践相结合的学术性、社会性和知识性兼有的综合性人口与计划生育专业刊物。它的办刊宗旨是：坚持“三个面向”。即：面向人口理论界，面向基层育龄群众，面向计划生育干部。不断丰富期刊内容，提高期刊质量，坚持更好地为控制人口增长和提高人口素质服务

主要栏目：开卷有益、求索篇、风采篇、婚育篇、处世篇、科教篇、成才篇、回眸篇、乱弹篇、保险篇、瞭望篇、答疑篇、逍遥篇、撷翠篇等

出版周期：月刊，每月1日出版

发行范围：国内发行

国际标准刊号：ISSN1003－790x

国内统一刊号：CN37－1061/c

发行量：14.2万余份

开本：16开，48页

地址：济南市青年东路1号

邮政编码：250011

电话：（0531）2954047　2951115

期刊名称：**婚育与优生**

主管单位：山东省计划生育委员会

主办单位：山东省计划生育协会

创刊日期：1982年8月15日

主编：尹峰

副主编：路遇

办刊宗旨及特点：在坚持四项基本原则和正确舆论导向的前提下，坚持面向基层，面向群众，面向家庭，面向生活。大力弘扬恋爱、婚姻、家庭新风尚，积极倡导文明幸福家庭建设；努力传播优生、优育、优教和生殖健康、妇幼保健等科学知识，促进人口素质的全面提高，更好地为人口与计划生育工作和社会主义精神文明建设服务。

主要栏目：本刊聚焦、婚姻驿站、围城内外、夫妻情结、悠悠亲情、一线传真、成才之路、育儿大全、生殖健康、生活顾问、家庭医生、知音信箱、家庭乐园

出版周期：月刊，每月1日出版

发行范围：国内发行

国际标准刊号：ISSN1007－6549

国内统一刊号：CN37－1278/C

发行量：16万份

开本：16开，48页

地址：济南市青年东路1号

邮政编码：250011

电话：（0531）2951115　2954047

期刊名称：**南方人口**

英文名称：South China Population

主办单位：广东省人口学会，广东省计划生育委员会、中山大学人口研究所

创刊日期：1986年3月10日

社长：张枫

副社长：周光复

主编：朱云成

副主编：陈印陶、李稚、杨道本、梁自鸣

编辑部主任：陈印陶

办刊宗旨：《南方人口》杂志创刊以来，始终不渝地遵循四项基本原则，贯彻“百花齐放，百家争鸣”的方针，以勇于探索的开拓精神，坚持理论联系实际，立足广东，面向中南地区，放眼全国与世界，为普及人口科学知识，控制人口数量，提高人口素质和进一步完善计划生育工作服务为宗旨

主要栏目：计划生育研究、党政领导谈人口、计生委主任谈人口、人口国际迁移、港澳人口、侨乡人口、人口迁移与流动、研究与争鸣、人物介绍等

出版周期：季刊

发行范围：国内外公开发行

国际标准刊号：ISSN1004－1613

国内统一刊号：CN44－1114/C

开本：16开，64页码

地址：广州市中山大学人口研究所

邮政编码：510275

电话：（020）84186300转6792

期刊名称：**西北人口**
英文名称：Northwest Population Journal
主办单位：甘肃省计划生育委员会、兰州大学西北人口研究所、甘肃省统计局
创刊日期：1980年
主编：王素银
常务副主编：郭志仪
副主编：孟宪德、张绪胜、梁珊泉
办刊宗旨及特点：《西北人口》是研究人口问题的综合性学术刊物。其办刊宗旨是，努力为社会各界人口理论研究工作者和各级政府计划生育部门及工作者提供园地，注重学术性与普及性相结合，注重理论联系实际，加强应用研究；在编辑实践中不断适应国内外形势的变化，严格把握宣传政策，重视培养不同层次的人口研究人才，特别是西北五省区计生部门的人口理论研究人才
主要栏目：人口理论、人口与经济、人口与社会、人口与生态、理论探索、世界人口、历史人口、西北人口、全国人口纵横、少数民族人口、计划生育、人力资源、婚姻家庭、人口资料、人口统计、人口教育、人口文化、妇女研究
出版周期：季刊，逢季初出版
发行范围：国内外公开发行
国际标准刊号：ISSN1007-0672
国内统一刊号：CN62-1019/C
开本：16开，48页码
地址：兰州大学西北人口研究所
邮政编码：730000
电话：(0931) 8912629

·附　录·

期刊名称：**人口纵横**
英文名称：Population in Lenght and Breadth
主管单位：辽宁省计划生育委员会
主办单位：辽宁人口情报中心
创刊日期：1985年10月，原名《辽宁人口信息》；1988年为双月刊；1989年改为月刊
主编：郝春芳
副主编：吕文怀、秦庭国
编辑部主任：秦庭国（兼）
副主任：卢德林
办刊宗旨：《人口纵横》杂志自办刊以来，一直以宣传马克思主义人口理论，传递和反映全省的人口理论研究信息和动向、交流全省的计划生育工作经验、信息进而为全省的计划生育工作者和人口理论工作者服务为自己的办刊宗旨
主要栏目：人口论坛、工作指南、工作研究、专论、专访、经验交流、调查报告、基层之音、说说我们的“父母官”、观察与思考、婚姻与家庭、老人天地、独生子女生活、简讯、生活百科
出版周期：月刊，每月10日出版
发行范围：内部刊物，省内发行发行量2.5万余份
期刊号：LN0077
开本：16开，32页
地址：沈阳市东陵区文化东路52号
邮政编码：110015
电话：(024) 4823071

刊物名称：**人口信息**
英文名称：Population Information
主办单位：上海人口情报中心
创刊日期：1985年4月
主编：张戎舟
副主编：孙加琪
编辑部主任：胡　琪
办刊宗旨：坚持为政府部门、人口研究学者以及广大基层计划生育工作者服务；融人口与计划生育的学术新观点、基层工作新经验以及大众关注的焦点于一身，以内容新、文字精、信息量大、传播迅速为特点，在宣传人口政策、介绍人口学家研究成果以及交流计划生育工作经验等方面起到积极作用，成为华东地区和上海乃至全国和全世界人口信息传播的一个窗口，成为人口学者和计划生育工作者的良师益友
主要栏目：人口与计划生育论坛、华东之窗、优生优育优教、人物访谈、老人天地、婚姻与家庭、世界人口扫描、基层热线、人类与性
出版周期：双月刊
发行范围：内部刊物
期刊号：沪字第0296号
开本：16开、48页
地址：上海市陕西南路122号
上海人口情报中心编辑部
邮政编码：200040
电话：(021) 62792083
电传：(021) 62792083

期刊名称：**人口理论与实践**
英文名称：Population Theory and

Practise
主管单位：江苏省计划生育委员会
主办单位：江苏省计划生育委员会、江苏省人口学会、南京大学人口研究所
创刊日期：1981年11月21日
主编：钱如生
办刊宗旨：坚持理论与实践相结合的原则，坚持从江苏的实际出发，研究人口科学中的理论问题和计划生育工作的实际问题，以指导和促进“控制人口数量，提高人口素质”这一工作的开展。
主要栏目：人口论坛、专论、理论与实践、工作研究、工作交流、工作通讯等
出版周期：季刊，增发6～8期“重要论文专辑”
发行范围：省内发行；省外交流
开本：16开，64页
期刊号：JSXK12－028
地址：江苏南京中央路42号省计生委内
邮政编码：210008
电话：(025) 7711752
传真号：(025) 7714534

期刊名称：**当代人口**
主办单位：浙江省计划生育委员会、浙江省人口学会
创刊日期：1980年11月，原名《浙江人口通讯》，1989年以后改为现名
主编：姚金瑾
常务副主编：徐天琪
编辑部主任：叶明德
编辑部副主任：徐丽雅
办刊宗旨：以马克思、列宁主义和邓小平建设有中国特色社会主义的理论为指导，宣传马克思主义人口理论与党的人口政策、中国人口发展战略，为我国经济与社会可持续协调发展创造一个良好的人口环境。它立足浙江、面向全国，坚持理论性、实践性与可读性相结合
主要栏目：人口与经济、人口与社会、人口统计、人口城市化与农村劳动力转移、流动人口、人口老龄化、女性人口、人口素质、计划生育理论与实践、性科学知识、刊中报、人口教育等
出版周期：季刊
发行范围：内部刊物
期刊号：浙字第01－1132号
开本：16本，64页码
地址：浙江省杭州市天目山路34号杭州大学人口与发展研究所
邮政编码：310028
电话：(0571) 8273752
电报挂号：9600

期刊名称：**安徽人口**
英文名称：Anhui Population
主管单位：安徽大学、安徽省计划生育委员会
主办单位：安徽大学人口研究所、安徽省人口学会、安徽省人口普查办公室
创刊日期：1980年
顾问：杜宜瑾
主编：潘传久
常务副主编：陶向龙
编辑部主任：郭庆松
编辑部副主任：马芒、聂权法
办刊宗旨：《安徽人口》杂志为综合性人口与计划生育专业期刊。其宗旨是：面向农村、面向社会、并结合安徽省实际，宣传马克思主义人口理论、研究和探讨人口理论、人口问题；宣传党和政府的人口计划生育方针政策；介绍人口与计划生育工作的先进经验和典型人物；普及人口与计划生育科技知识，唤起广大群众的人口意识，自觉地实行计划生育；为政府有关部门制定政策提供人口信息和理论参考
主要栏目：调查与研究、人口与环境、人口统计分析、人口论坛、人口与经济、人口与社会、人口思想史、人口动态、党政领导谈人口、工作探讨、服务与管理、三结合实践与探索、问题解答、风采篇、人生之旅、警世篇、男婚女嫁、家庭漫谈、人与法、情感世界、老年天地、节育技术、优生优育、婚育之友、妇幼保健、保健指南
出版周期：季刊
发行范围：国内发行
期刊号：安徽省期刊准印证第1098号
开本：16开
发行量：1.2万份
地址：安徽大学人口研究所
邮政编码：230039
电话：(0551) 5107549
传真：(0551) 5107999

期刊名称：**福建人口**
英文名称：Population of Fujian
主办单位：福建省人口学会、福建省计划生育委员会、厦门大学人口研究所
创刊日期：1981年8月
主编：李裕德
办刊宗旨及特点：《福建人口》杂志，始终认真履行“研究人口理论和人口问题，探索控制人口数量、提高人口质量的有效途径，促进计划生育基本国策的落实”的办刊宗旨，积极为省内外各界热心人口与计划生育研究的专家、学者和计划生育工作者提供交流经验和发表研究成果的园地；向广大读者宣传马克思主义人口理论

及党和政府的有关方针政策和计划生育。优生优育优教等科学知识；为决策部门提供信息、资料和依据
主要栏目：领导讲话、人口论坛、流动人口研究、台湾人口研究、党政领导论坛、计生主任论坛、调查报告、工作研究、经验介绍、人口教育、学会动态、宣传资料、家庭教育、人口新闻、区域人口研究、乡镇干部论坛、优生优育、服务台、社会广角等
出版周期：季刊，每季末出版
发行范围：内部发行
期刊号：福建省内部期刊准印证第0229号
开本：16开，64页
地址：福州市金鸡山路19号
邮政编码：350011
电话：(0591) 7301347
电传：(0591) 7301348

期刊名称：**西江人口**
主办单位：肇庆市人口学会
创刊日期：1983年8月，原名为《西江人口研究通讯》
顾问：肖又喜、陈光勇、庄事睦
主编：钱青（兼）
副主编：吕丽文、莫广庭、李嘉龄
编辑部主任：李嘉龄（兼）
办刊宗旨：以马克思列宁主义、毛泽东思想和邓小平建设有中国特色的社会主义理论为指导，提倡理论联系实际的学风，以中国人口控制工作为中心，认真研究肇庆市的人口发展规律，人口生产要同物质资料生产相适应；人口理论研究要坚持马克思主义，要密切联系实际，促进本市计划生育工作深入开展，为四化建设服务；积极推动本市学术界各种不同观点的交流，为本市研究人口科学工作者提供一个百家争鸣的小园地
主要栏目：工作指南、专题文章、人口论坛、调查研究、人口素质、妇幼保健、妇女问题、老年人口、优生优育、青少年教育、性道德教育、计划生育经验交流、人口基础知识、人口统计讲座、通讯指导、好人好事等
出版周期：半年刊
发行范围：内部发行
开本：16开，46～72页
地址：广东省肇庆市城中路49号市政府大院市计生委转市人口学会
邮政编码：526040
电话：(0758) 2236994
传真：(0758) 2831785

期刊名称：**人口经济文化**
英文名称：Population Economy Culture
主管单位：四川省计划生育委员会
主办单位：四川省人口经济情报网络工委会、四川经济人口文化社
创刊日期：1990年9月
主编：钟戡
副主编：晋守文
编辑部主任：向述其
办刊宗旨：《人口经济文化》创办初期根据中国“人口多、底子薄、经济文化发展不平衡”和改革开放新特点，于1990年3月内提出了“经济、人口、文化三位一体协调发展”这一工作方针，在办刊过程中始终贯彻和遵循“控制人口增长、发展国民经济、提高人口素质、繁荣民族文化”这一办刊宗旨
主要栏目：天下第一难论坛、时代大潮、权威人士纵横谈、生活的艺术、人与法、婚姻与家庭、现代性文化、社会透视、当代忧思录、经企纵横、百花园、人物长廊、大千世界、经济人口文化信息
出版周期：月刊，每月15日出版
发行范围：内部刊物，每期发行6万余份
刊号：01－052号
邮发代号：62－508
开本：16开
发行量：6万余份
地址：四川成都市人民南路四段17号
邮政编码：610041
电话：(028) 5227973
传真：(028) 5559153

期刊名称：**人口杂志**
主办单位：原由四川省计划生育委员会、四川省人口学会主办，1986年由云南、贵州、广西、四川四省区计划生育委员会、人口学会主办；1994年由四川省生殖卫生学院主办
创刊日期：1985年
顾问：吴忠观、谭书顺、吴柯
主编：左秉衡
执行主编：何映森
办刊宗旨：《人口杂志》始终坚持党的四项基本原则，坚持贯彻“双百”方针，积极宣传马克思主义人口理论，宣传党的有关人口方面的方针、政策，宣传改革开放以来各条战线涌现出来的好人、好事、先进经验和先进典型，大力倡导和普及人口科学知识，交流计划生育工作中的新鲜经验，广泛开展少数民族人口研究，报道国内外人口信息，有效

地为宣传中国人口政策和计划生育工作服务

主要栏目：计划生育、人口政策、民族团结、纵横漫谈、计生案例、国外见闻、人物新篇、社会广角、工作研究与经验介绍、调查报告、问题探讨、优生优育、健康与生活、人口论坛、人口与健康、人口与教育、人口与生态、人口与经济、少数民族人口、人口统计、人口预测、家庭文化、婚姻与家庭、性百科知识等

出版周期：双月刊

发行范围：内部发行

开本：16开

地址：四川省成都市人民南路四段十五号

邮政编码：610041

电话：(028) 5211255

期刊名称：**中国少数民族人口**

英文名称：Minority Population of China

主办单位：甘肃省人口学会

创刊日期：1987年1月

顾问：杨魁孚、李宏规、图道多吉（藏）、田雪原

主编：王素银

副主编：雷振华、张天路、党小清、张崇根、马正亮、邱少坚、张耀华、王翠娇、汪文焕（土）、冯立学、李国恒

编辑部主任：马正亮（兼）

办刊宗旨：《中国少数民族人口》杂志是中国人口科学日益繁荣的产物，它不仅为逐渐兴起的民族人口研究提供了一块园地，而且有利于组织民族人口研究者对中国民族人口的政策进行科学性和可行性的研究；同时，它还肩负着对九千万少数民族人口进行人口科学知识的宣传和普及任务

主要栏目：自治区、省民族人口专栏、民族人口研究、民族人口素质专栏

出版周期：季刊

发行范围：内部刊物

期刊号：甘肃省内部期刊字第10053/S

开本：16开

地址：兰州医学院内中国少数民族人口杂志社

邮政编码：730000

电话：(0931) 8829320

大 事 记

1996年中国人口活动大事记

1月

7日

△ 彭珮云在中央农村工作会议上发表题为“积极稳妥地推行计划生育‘三结合’促进农村人口与经济社会协调发展”的讲话，再次强调计划生育工作的难点和重点在农村，农村工作的同志要给予更多的关心与支持。

22日

△ 1997年国际人口科学大会中国组委会副主席、学术委员会负责人田雪原就国际人口科学大会学术活动的组织情况答《中国人口报》记者问，阐述了在1997年召开大会的学术活动准备情况。

25日

△ 上海市统计局提供人口统计报告称，上海人口连续三年呈负增长态势已成定局，1995年上海市人口自然增长率为－1.5‰以下。专家预计，如果人口生育和迁移政策无重大变化，负增长态势将持续较长时期，不利于经济社会文化发展，同时也会带来人口老龄化等新社会问题。

31日

△ 全国人口形势统计分析会议在杭州召开，会议分析了面临的人口形势，讨论“九五”人口计划方案，彭珮云发表重要讲话，国家计生委副主任张维庆作总结发言说，人口统计数据不实依然严重，要保持清醒头脑。

2月

2日

△ 由南京人口管理干部学院和复旦大学联合培养的13名人口学在职硕士研究生喜获学位证书，颁证仪式在南京举行，黄仲坚教授颁发证书。

8日

△ 第二届中华人口奖颁奖仪式在京隆重举行，全国人大副委员长王光英、国务委员彭珮云、中国人口福利基金会会长谷牧、全国政协副主席马文瑞出席并为获奖的10名同志颁发证书、奖杯，为获提名奖的5名同志颁发证书和奖杯。

14日

△ 国家统计局发表全国1%人口抽样调查公报。1995年10月1日零时，全国总人口为120778万人（未含台湾省、港澳地区），“八五”期间人口增长速度明显下降，人口控制工作取得显著成就。同时公布了9项内容的调查数据。

17日

△ 北京市统计局公布1995年1%人口抽样调查数据。到1995年末全市常住人口总数为1251.1万人。居住在本市乡镇街道半年以上、户口在外的占调查总人数的13.89%。

23日

△ 香港最新统计显示，截止1995年末，香港人口已达630.79万人，每10年约递增近100万，一直呈上升趋势，人口继续老化成为人口结构变化的明显趋势。

26日

△ 国家计生委副主任彭玉率团出席联合国人口与发展大会第29届会议，会议主题是生殖权利和生殖健康，包括人口信息和宣传教育。彭玉发言阐述了近年来中国计划生育方案在保证人民的生殖权利和改善人民生殖健康方面所作的努力和取得的成就，强调中国在根据国际人口与发展会议的建议，加强生殖卫生健康服务的同时，一刻也未忘记其不断膨胀的人口规模以及由此而产生的各种复杂问题。

29日

△ 朱熔基副总理答新华社记者问时说，1996年国有企业改革不会引起工人失业增加和社会动荡，改革是根据中国国情进行，是温和平衡的。不同于东德实行私有化大量破产、兼并和裁员。我们还要保持社会的稳定，逐步实行调整、兼并、减人增效，步子虽慢但比较稳。由于几次提高粮价，提高了农民种田的积极性，大量农业人口流向城市的情

况将大大缓和，有助于农村生产发展，还会使城市失业率有所下降。

3月

2日

△ 国家教委主任朱开轩讲话指出，据统计我国成人文盲率仍然居高，每年进入15岁的人口中仍有100多万文盲，全国青壮年文盲仍然有3300万之多，扫盲必须有紧迫感。

3日

△ 全国政协叶选平副主席在八届政协四次会议上作常委会工作报告，将控制人口增长列为“九五”计划重点、热点问题，也是全国调研重点之一，要加大力度，深入调查研究。

5日

△ 李鹏总理在八届人大四次会议《政府工作报告》中强调，坚持计划生育基本国策，把人口作为可持续发展战略的重要组成部分。“控制人口、保护资源与环境”被列为需要认真解决的关系改革和发展全局的重大问题。

8日

△ 公安部交通管理局事故部门统计，1995年全国发生271843起交通事故，造成71494人死亡，159308人受伤，直接经济损失15.2亿元。

10日

△ 在两会期间召开的第六次中央计划生育工作座谈会上，江泽民总书记作重要讲话，强调从可持续发展的战略高度认识人口问题，坚定不移贯彻执行计划生育基本国策。李鹏总理作重要讲话强调深刻理解计划生育的长期性和艰巨性，为本世纪和下个世纪中国人口与经济社会持续协调发展创造一个良好的人口环境。

10日

△ 全军计划生育工作会议在京召开，军委副主席张万年讲话，总政治部主任于永波作工作报告，要求全军雷厉风行贯彻中央计划生育工作座谈会精神。参加人民代表大会的军队代表和有关人员600余人出席会议。

10日

△ 全国计划生育工作会议在京召开，国务委员兼国家计划生育委员会主任彭珮云作题为“发扬成绩开拓进取、力争‘九五’时期计划生育工作再上新台阶”的重要报告。来自全国各省、市、自治区、计划单列市、新疆生产建设兵团、铁道部计生委主任和中直机关、解放军、武警部队及有关部委负责人180人出席会议。

13日

△ 全国总工会负责人张富有在全国政协会上发言，说目前由于企业发不出最低工资涉及的困难职工有1500多万，占职工总数10%。其中有880多万职工处在贫困线以下，困难程度在继续加深。在3000万离退休人员中也有相当一部分人由于离退休工资标准低，人不敷出，困难也较大。

15日

△ 全国计划生育科技大会在京隆重举行，大会授予刘学高、庄留琪、李秀英、李瑞麟、吴熙瑞、桑卫国6位同志“计划生育科技功臣称号”。宋平等出席开幕式。国务委员兼国家计生委主任彭云作重要讲话，会议还研究部署了“九五”时期发展计生科技的任务和落实科技兴国战略、加强应用研究、加速成果转化等问题。

22日

△ 国家统计局农调队最近对48000户农户调查表明，“九五”计划第一年粮食种植面积增加较多，比1995年增长1%，即110万公顷，全国粮食作物种植面积将达到1.11亿公顷（16.7亿亩）。

23日

△ 卫生部召开世界结核病防治日座谈会，针对结核病在世界范围内正卷土重来，卫生部长陈敏章说，我国充分利用世界银行贷款在控制结核病综合防治方面十分重视并取得了可喜成绩。

26日

△《中国减灾报》透露，近年来塔里木油田开发和大漠边缘区长绒棉花大面积种植，该地区已成为中国西部的热点，川、陕、豫等地劳动力西征，至少有3万名。仅1995年下半年到新疆生产建设兵团帮助摘收棉花的打工妹就数以万计。1996年春节过后，奔赴南疆地区的打工妹不下万人。

27日

△ 上海市外来人口已达300多万，外地人口与上海市户籍人口联姻数量呈逐年上升之势，已占全市年度结婚登记总数的15%～24%，男方多为上海的大龄、无业和个体经营者，女方绝大部分为年轻有文化充满活力的外来妹。这种婚姻带来问题较多。从更大范围看将使上海市相当庞大的人口规模在无形继续扩大。为此上海即开展外来婚姻选点调查。

4月

5日

△ 全国妇幼卫生“九五”计划与2010年远景目标及发展战略研讨会在上海召开。未来15年妇幼卫生工作要转到以人、人的健康和人群为中心，改变服务模式，使绝大多数妇女和儿童都享受到基本保健服务，到2010年人人享有卫生保健。

11日

△ 全国计划生育协会工作会议在山东临沂召开。会议提出加强调查研究，在理论与实践相结

合上探讨协会工作新思路。有关领导宋平、张维庆、刘汉斌发表讲话。

11日

△ 北京市首次公开选拔副局级领导干部工作结束，北京市委举行任命仪式，原朝阳区妇联主席李芸莉在此次选拔中被提升为北京市计划生育委员会副主任。

11日

△ 中共中央办公厅，国务院办公厅关于转发《国家计划生育委员会关于开展计划生育“三结合”工作情况的报告》的通知下达。

11日

△ 中国社会科学院环境与发展中心组课题组对90年代中国环境污染的经济损失作了新的估算，以1993年价格指数作为折合参数，90年代初的污染损失已高达1 000亿元以上，占1993年国民生产总值（GNP）的3%（不包括生态资源破坏损失），其中给农业造成的损失的比重为46%，对人体健康造成的损失居次占全部损失的32.5%。

15日

△ 据《经济日报》报道，目前国有企业的富余职工已达1500万人，如在2000年前解决好这些职工的分流安置则需在今后5年内每年安置300万人。关键在于转变两个观念，一是变安置就业为竞争就业，二是变企业的事为全社会的事，积极稳妥地解决。

15日

△ 卫星遥感证实，1984年以来北京城区面积已扩大一倍，城区面积从400平方公里扩大到800平方公里；廊坊市10年间面积扩大5倍；浙江省近10年全省耕地减少255万亩，其中1992～1994年3年中减少123万亩，平均每年41万亩；台州打算把桢江、基岩、路桥三地连成一片，变成几百万人口的国际大都市。国家土地管理局负责人警告，全国扩市风已经引起国务院领导重视，易地建市不能搞，要严格控制大城市规模，对基本农田要实行特殊保护，建100万人口大城市，规划要报国务院批准。城市化进程是要实现生产方式的变革，追求奢华之风不可长。

16日

△ 安徽省报道，目前在安徽省15个县（市）还没有使血吸虫病的流行完全得到控制，近300万人深受危害，现有的2.74亿平方公里的钉螺面积仍需要加紧治理，防止血吸虫病区扩延。

17日

△ 全国残疾人联合会确定，1996年5月19日为第六个“全国助残日”，举办活动主题是预防残疾，增进健康。

21日

△ 北京市卫生局报告，自1985年在北京发现我国首例艾滋病病到目前本市已发现病毒感染者122例，有12例发展为艾滋病病人，其中7人已死亡。其严重上升趋势已排在云南、广东之后，本市将加大对艾滋病的监督监测力度。

22日

△ 民政部最新统计，1995年全国离婚对数已达105.5万对，突破百万大关，比1994年的97.1万对增加7.4万对。离婚人数和全国总人口的比率为1.75‰，比1994年上升0.1个千分点。

22日

△ 建国以来首次全国残疾人事业工作会议在北京京西宾馆召开，李瑞环会见全体代表，彭珮云总结工作，部署“九五”发展规划，全国残联主席邓朴方发表讲话。全国现有6 000万残疾人受到会议关注，“九五”残疾人工作计划纲要即将出台。

26日

△ 国家计生委将1996年工作重点放在中、西部地区，全委领导将分8个调查组分别带队到中、西部地区进行调研指导。

5月

2日

△ 由中国人口学会发起，北京大学、中山大学、海南大学、深圳大学人口机构联合举办的第二次全国市场经济与人口发展学术研讨会在广州召开。与会代表就与人口紧密相联的经济和社会发展中的一系列问题，如控制通货膨胀、就业、收入分配不均、地区差扩大等以及大中型企业问题、农业问题开展了深入研讨。开拓人口学，走向市场，为经济建设服务的新思路成为会议共识。

2日

△ 由国家计生委科研所张桂元教授协调中国有关机构探索多年的世界上第一个男用避孕药研制成功。此项“激素诱导在男性避孕中的作用”的研究是世界卫生组织人类生殖规划处组织领导的，中国在这项研究中作出了突出贡献。

5日

△ 5月5日被确定为全国“防治碘缺乏日”，宣传主题为全民食用合格碘盐。

17日

△ 国务委员彭珮云在第六个“全国助残日”前，发表电视讲话，并在大连参加走访慰问活动。

29日

△ 全国计生协先进事迹报告团在京举行首场报告，国务委员彭珮云、全国计生协副会长刘汉彬接见了全体报告团的成员并亲切交谈。

30日

△ 由中国国土资源开发会主办的“中国怎样养活好中国人”战略研讨会在人民大会堂召开、近百名专家聚会。全国人大常委会副委员长王丙乾等领导出席并讲话。

着重从战略发展高度创造良好人口环境，坚持两手抓，一手抓粮食生产，一手抓人口控制，解决当前和未来粮食问题的思路受到国家领导和有关部门的重视。

6月

7日

△ 中国人口学会委托中国社会科学院人口研究所主办的全国第四届人口社会学年会在洛阳召开。

10日

△ 上海市公布1995年计划生育统计年报表，表明已掌握控制的人口数量的主动权，全市人口出现负增长将持续至下一个世纪中后期，2000年常住人口总量将在1450万。户籍人口1350万，创造与大都市相适应的人口环境的条件已经具备。

17日

△ 广东省选定30个镇作为综合改革试点镇重绘小城镇大发展的蓝图，有关专家认为，现时小城镇建设沿公路盲目延伸，形成带状城市带来严重危害不仅严重影响交通干线的畅通与安全，也制约小城镇长远发展，甚至还将导致耗资巨大的二次改造。要严格规划，限制挤占公路两侧地区。扩大规划还应向公路单边纵深发展，呈“顺藤摸瓜”组团式城镇。

17日

△ 国家对农村劳动力入城作出新规定。今后到外地城镇寻找职业应得到本地政府批准，并得到接收地颁发的许可证。限制外来劳动力到失业率高的大城市寻找职业，鼓励剩余劳动力留在当地就业。据悉，目前全国农村劳动力约有3000万人在外，占城市人口的12.5%。

29日

△ 北京市决定建立实施城镇居民最低生活保障制度。从1996年7月1日起凡家庭月人均收入低于170元的城镇居民即可申请最低生活保障金。据市民政局负责人楚国清称北京市有10多万生活在保障线以下的居民大多集中在停产、半停产及困难企业中，市政府每年将拿出几千万元用于该保障金的发放。

7月

11日

△ 首都纪念“7·11”世界人口日在中山公园举办生命之春青春期教育展览，展览共分人生奥秘、青春期保健、选择人生路三部分。由北京市计划生育宣教中心主办。人大常委会副委员长吴阶平给予了关心和帮助。

11日

△ 1996年联合国确定世界人口日主题：生殖健康与艾滋病。首都及广州、上海市分别举行世界人口日宣传活动，大力宣讲控制和防止艾滋病在中国传播蔓延的意义。要求人民群众以对国家、民族和子孙后代负责的态度充分认识。

15日

△ 江泽民总书记在河南考察农业和农村工作时强调指出，中国是一个有十几亿人口的大国，农业绝不能削弱只能加强。

16日

△ 第四次全国环境保护会议在中南海怀仁堂召开座谈会，江泽民总书记提出必须把实施可持续性发展战略作为大事来抓，控制人口增长和保护生态环境是全党、全国人民必须长期坚持的基本国策。

8月

6日

△ 山东省荣城市为实现剩余劳动力有序流动，大胆审慎地改革小城镇户籍制度，符合条件的农民可以转为荣城地方城镇户口，稳住了在镇驻地务工经商的农民。同时将这些人的衣食住行纳入城镇建设规划，已有5万人转为非农户口，具体规定是“转非”人员须退出承包耕地，一次性交纳土地转让金及公益金500元。

9日

△ 浙江省海洋局称目前浙江省海域污染严重，杭州湾、舟山渔场和浙江沿岸无机氮超标率已超过90%、无机磷也超过100%。浙江中部以东海面发现800平方公里的桔红色“赤潮”。

10日

△ 卫生部召开新闻发布会，通报中国1995年有关妇女儿童健康的孕产妇死亡、婴儿及5岁以下儿童死亡情况和儿童体格发育情况。与10年前相比妇女儿童健康状况又有显著改善。

12日

△ 今日出版的1995年《统计年鉴》显示，中国劳动力就业的产业结构变化明显，第三产业从业人员首次超过第二产业。三大产业中，第一产业下降最多，比重由1990年的60%下降至1995年的52.2%，农业等第一产业从业人员总数已不足3.6亿人。所谓8亿农民已成为历史。

17日

△ 甘肃省报告证实，1995年该省脱贫人口为61.65万，返贫人口为70.09万，脱贫人口出现负增长。陕西省也证实，该省农村贫困人口180万，大灾之年的返贫率高达20%。返贫蚕食扶

贫成果，中国20世纪的扶贫攻坚战已进入艰苦的拉锯阶段。

19日

△ 全国政协专门委员会人口问题研究组邀请农工中央、民革中央与黑龙江政协文教委共同考察黑龙江省，深入40多个乡、街道办事处和村居民委员会，走访城镇居民家庭、流动人口代表及少数民族农户，对一些问题提出了建议。

22日

△ 上海涉外婚姻呈上升之势，上海人与境外人士登记结婚的数量已占到全国涉外婚姻数的一半，通婚圈已扩大至世界50多个国家，除港、澳、台湾省外，已涉及到欧洲、南北美洲，还延伸到欧洲小国冰岛、梵蒂冈，太平洋岛国汤加以及亚洲文莱。其中与日本人联姻数量最大，占56%左右。

22日

△ 国家计生委人口专家委员会1996年例会在哈尔滨召开，彭珮云主任出席并作重要讲话，张维庆副主任介绍了当前亟待解决的几个问题。

25日

△ 民政部称民政系统的婚姻档案管理将实行全国性网络化，有关软件将于年底开发成功。涉台、涉外婚姻档案管理将自1997年始率先实现全国网络化管理。

28日

△ 国家旅游局透露，1996年上半年来华旅游入境近2457万人次，比1995年同期增长12.25%，旅游外汇收入测算为46.1亿美元，增长一成五多。

29日

△ 香港中文大学进行一项调查，九成港人无意移民。在调查对象中未拥有外国居留权者占92%，其中回答“不会移民”的占90.6%；拥有外国居留权者约占被调查10%，其中绝大多数人回答“不会移民”。

9月

2日

△ 上海人开始加入国际劳务输出大军之中，1996年上半年全市外出境劳务人数达1.5万人。目前已有3万余名出国打工者足迹遍布东南亚、非洲、中东地区数10个国家和地区。当前一些国家劳务短缺尤为紧张，而且出国打工收入高出国内好几倍，这是上海人参与国际劳务输出的重要原因。

2日

△ 上海市人民政府发布《上海市城镇职工养老保险争议处理办法》，依法保障养老保险争议当事人的权益。

5日

△ 中国欠发达地区人口与可持续发展研讨会在汉中举行。会议推广汉中等地的经验，坚持走中国特色综合治理人口问题的道路。各地专家和计划生育干部170余人参加了研讨。

10日

△ 宝鸡市部分地区县遭受严重干旱和洪涝灾害，损失惨重。当地政府组织八个县区3160名灾民，在8月31日，9月2日分开两列专列奔赴新疆生产建设兵团农工师采摘棉花。昔日关中农民已告别小农经济意识，接受市场经济大潮荡涤。

10日

△ 东方“女儿国”——四川与云南接壤的泸湖周围居住3万名摩梭人至今保持带有明显的母系社会家庭结构和走婚习俗，然而，随时代的前进变化，走婚习俗正在发生变化，一些年青的摩梭男女通过现代婚姻登记形式，开始形成现代家庭结构和夫妻生活，无疑是一个进步。

15日

△ 中国人口论坛预备会暨全国人口学会会长会议在湖南长沙召开，为1997年10月在北京召开的国际人口科学大会作好筹备工作。会议认真进行学术讨论，作好送交的中国人口论文筛选工作，初步确定8个专题，共25个论题，98篇论文。

30日

△ 9月中旬以来，20余万外省区女性打工者云集新疆。1996年1号棉种植1 189万亩，总产超过2 000万担，人手严重不足，采摘棉花的劳动价格上扬等因素吸引打工者赴疆。

10月

6日

△ 由于执法不力，过度捕捞，海域污染，黄海、渤海渔业资源日渐枯竭、利用质量下降，传统优质鱼类产量只约占捕捞产量的20%,30种经济价值较大或产量较高的渔业资源已严重衰退的占20%左右，过度利用的占50%。

11日

△ 全国30个省、自治区、直辖市统计局8月下旬统计，1996年中国农作物播种面积为1.52亿公顷（22.77亿亩）比上年增加194万公顷，增加1.3%，这是90年代以来耕地面积出现的首次增长。种植结构有一定调整，为农业生产再创历史最高水平提供了有利条件。

11日

△温州市现有经营耕地10亩以上的规模经营户8 280户，经营总面积36.523万亩，其中经营10亩以上种粮大户达385家，经营5.76万亩，其数量和经营面积居浙江省各地首位。

13日

△ 全国性病防治学术讨论会

在广东江门市召开。会上300余名专家共识和呼吁，当前性病发病率逐年上升，传播速度加快，特别是性病患者中的艾滋病人显著增加的态势应引起全社会的高度重视。从1977年至1995年全国报告性病达1 744 695例，更值得警惕的是各地在性病患者中检出艾滋病人和病毒感染者不断增多。

14日

△ 上海社会科学院一份科研成果指出，中国700万独生子女已进入青年期，要重视他们的优势和弱点。独生子女更重视个人价值的实现，社会参与性强，但生活自理能力较差、缺乏群体意识。家庭、学校、社会应加强以群体意识来消除独生子女身上的某些偏差。

15日

△ 中国社会科学院农村发展所研究报告得出结论：中国农民，指专门从事农业生产活动的人口是一种职业，按此标准，中国农民人口2.5亿。依据调查资料，农村劳动者从事农业生产的时间，占全部劳动时间的52.7%，按此比例推算，目前中国农村劳动力有4.6亿人。农业劳动力为2.5亿人。全国乡镇企业人数为1.2亿多，进入城镇的农村劳动8 000万人，两者相加共有2亿农村劳动力从事非农业生产活动。按全国劳动力与人口比例1∶2推算农业人口只有4.8亿～5.3亿，即5亿农业人口而不是通常所说的8亿农民。

15日

△ 香港人民入境事务处报告，最近有大量自称退役驻港廓尔喀兵子女的尼泊尔人涌入香港以期赶在1997年7月1日前领取永久居民身份证并留港工作。估计符合资格的人数数以万计，据港法律，凡在1983年1月1日以前在香港出生的人，便可享有永久居民身份，不但在港居住，还可投入劳动力市场。

16日

△ 截止1996年上半年，全国养老保险金累计逾450亿元。养老保险制度改革正向市场统筹与个人帐户相结合转化，保险基金积累将加速，基金的保值增值问题将更加突出。应当建立养老保险基金的投资专营机构。

16日

△ 中共中央、国务院召开扶贫工作会议，通过《关于尽快解决农村贫困人口温饱问题的决定》，提出在2000年前，加强扶贫攻坚力度，尽快解决农村8 000万贫困人口温饱问题，实现翻两番的目标。

27日

△ 截止1996年上半年，全国个体工商户已增加到2 474万户，从业人员达4 544.2万人，全国个体经营经济总产值达5 786.4亿元。商品销售额达6 361.5亿元。

21日

△ 国家劳动部部长李伯勇阐述“大就业思想”认为，只要是依法从事有一定报酬的劳动，对社会发展作出贡献，都属于就业。国家再不统包统配，而是劳动者在劳动力市场上竞争就业。集体经济，私营、个体和外资经济，也是劳动者就业的重要领域，这就是社会主义市场经济的大就业观。

29日

△ 中共中央总书记江泽民在贵阳市接见了“全国扶贫开发与计划生育相结合生产发展工作会议”的代表并参加交流座谈。

30日

△ 《经济日报》报道，四川进城民工潮落，30万“川军”返乡办企业，由打工者转变成为富民兴川的一支生力军。这是继家庭联产承包责任制后，农村出现的又一新创举，他们返乡创业，活跃在建筑安装、机械加工、食品开发、酿造、皮革、家具和农业综合开发等10多个行业，吸纳更多的人就业。

31日

△ 《马寅初全集》经中共中央宣传部批准，马寅初亲属及宗族授权，由浙江人民出版社编辑出版，预计1997年面世。现已列人国家“九五”重点图书出版规划。由中国人口学会副会长田雪原担任主编，编委包括人口、经济专家和学者。编委会聚会嵊州剡溪宾馆，共商编辑大事，全集预计出版10卷，约600万字。

11月

1日

△ 国家体改委副主任王东透露，今后一个时期，中国职工养老保险改革的主要任务是统一基本养老保险制度。职工养老保险金缴费将按工资的11%建立个人帐户，其中个人缴纳8%，企业负担划人3%；综合统筹部分由统筹地区政府确定，比例一般不得高于平均工资的20%。职工退休受益时，领取两部分，一是基本养老金，标准不超过当地职工平均工资的25%；二是个人帐户养老金，月发放标准为个人帐户累计储存除以1/120。现在向统一方案过渡，至1998年底。

3日

△ 北京市统计局公布人口抽样调查数据，截止1995年底，北京市常住人口为1 251.1万人，比1990年增加165.1万人，家庭户平均人口减少为3.15人。人口分布近年呈现出城区向周围扩散的态势，城近郊区人口增长较快。据分析，这种变化主要是由于近郊区成为城市开发的重点开发区，经济发展较快，新建住宅区较多所致。

5日

△ 由国家计生委科技研究所与世界卫生组织人类生殖研究规划处召开的紧急避孕与着床机理研讨会在北京召开。全世界每年

有800万～3 000万妊娠是由于避孕失败而造成的，有500万非意愿妊娠，而由人工流产终止。大约200万妇女死于人工流产。紧急避孕可在避孕失败72小时内采用，作为补救措施。会议对中国已把紧急避孕纳入计划生育服务项目，并在全国铺开表示十分赞赏。

11日

△ 据《中国人口报》载，中国社会科学院人口研究所专家提出走进21世纪将日益困扰中国的6大人口问题：(1) 中国总人口2030年将突破16亿，(2) 65岁以上老年人口迅速增加，老龄化会逐渐成为21世纪前半叶主要社会问题。(3) 社会被抚养总人口数占总人口的比例增大，失业问题仍然侵扰中国，(4) 男女性别比偏高长期存在，严重影响未来人们的婚姻与家庭生活，影响未来社会健康发展，(5) 人口素质难以适应未来经济社会发展的进程，(6) 青年夫妇的生活压力非常沉重，他们必须抚养两对老人一个子女。

20日

△ 国务院召开全国1%人口抽样调查总结会，表彰先进电话会议。国务委员彭珮云强调开发利用资料，多出成绩、多出成果。

21日

△ 卫生部报告，1995年全年艾滋病病毒感染者1 567例，是病例报告最多的一年，标志中国艾滋病的流行进入第三个阶段，以前只限于血液传播和性传播，目前已发展到母婴传播，婴儿感染病例已被发现。目前已具备大面积流行的条件，面临发病率急速上升的威胁。预防和控制艾滋病的蔓延已到了一个关键时期。

20日

△ 劳动部确定“九五”期间，全国将争取安排新增城镇就业4 000万人。同时安排4 000万农业劳动力向非农产业转移。

20日

△ 国家体改委主任李铁映在北京国际经济论坛上披露，中国现有耕地1.47亿公顷（23亿亩），未来几十年中国每年将开发可耕荒地20万亩。

12月

7日

△ 中国人口福利基金会增聘顾问和理事，王光美受聘为顾问，新增聘顾问还有李慧芬和吗文两同志，还增聘六位新理事。

9日

△ 建国以来由党中央国务院召开的第一次全国卫生工作会议在北京召开，江泽民、李鹏出席并发表重要讲话，会上总结卫生工作的成就和经验，明确今后的奋斗目标和工作方针，讨论了远景目标纲要，提出了工作重点和任务。全国各省、市、自治区，部队，各部委办及民主党派领导及代表共3 000人出席会议。

10日

△ 据台湾“内政部”最新统计，台湾省1996年1～11月共有32 909对夫妻离婚，比1995年同期增长7.22个百分点，几乎平均每14.7分钟，就有一对夫妻离婚。

18日

△ 全国城市计划生育工作经验交流会在南京召开。彭珮云到会作重要讲话，提出城市要率先实现计划生育工作思路、工作方法的“两个转变”，完善管理体制，充实基层基础工作，扩大服务领域，创造更好的人口环境。

28日

△ 第四届中国人口文化奖颁奖大会在人民大会堂隆重举行。会议对全国各地选送的267部（集）各艺术种类作品认真评议，评选结果今日揭晓。此项部委级政府奖分为优秀奖、一、二、三等奖及特别奖。

30日

△ 长江三峡移民已经顺利搬迁安置4.2万人。从湖北宜昌县三斗坪镇到重庆朝天门码头将形成长达600公里的河道型水库，淹没面积1 084平方公里，其中陆地面积632平方公里。预计到2 009年三峡水库完工，三峡地区移民人口将达120万人。目前国家投入移民经费58亿，为移民建房110万平方米。

30日

△ 1996年中国各边防检查站共检查入出境人员11 859.41万人次，比1995年增加8.98%，创历史最高纪录。

附　录

国际人口科学研究联盟及其第23届大会基本情况简介

国际人口科学研究联盟(International Union for the Scientific study of Population, IUSSP, 以下简称联盟)成立于1928年，是非营利性的国际人口学术组织。总部设在比利时列日市(Liege, Belgium)。现有会员1900余人，来自118个国家和地区。领导机构为理事会。现任理事会主席考德威尔(John Caldwel)(澳大利亚人)；副主席卡瓦霍(Jose－Alberto M. de Carvalho)(巴西人)；秘书长兼司库希尔(Allan G.Hill)(英国人)。中国国家计划生育委员会副主任蒋正华为本届理事。中国会员有30余人。

联盟会员是以个人身份参加的各国著名人口学者、经济学者、社会学者、统计学者、心理学者、医生、公共卫生和计划生育工作者以及人口方案管理人员和决策者。

联盟的宗旨是致力于推动国际社会、各国政府和公众关注人口问题，提倡把人口学作为一门科学来对待。为推动全球人口科学事业的发展，联盟开展各种学术活动，召开全球性、区域性及专门会议，出版学术专著、论文集、报告集、会议文集及通讯等书籍。其活动经费主要来源于联合国人口基金和其它团体的资助。

联盟具有联合国经社理事会和联合国教科文组织的谘商地位。

联盟每四年召开一次大会，进行学术交流，展示人口学研究成果。这是国际人口学界最高级别的会议。每次参加大会人数均在千人以上。联合国秘书处人口司和联合国人口基金均积极参加历届联盟大会的筹备和组织工作。

经国务院批准，经联盟理事会表决通过，中国获得国际人口科学研究联盟第23届大会的承办权。

第23届国际人口科学联盟大会将于1997年10月12日至17日在北京国际会议中心举行。大会前一天将由中国人口学会举办“中国人口论坛”，由中国学者就中国人口问题进行演讲。按照惯例，联盟邀请东道国国家或政府领导人出席开幕式并发表讲话。大会期间，各国代表将举行若干场有关全球人口问题的学术研讨会。国际组委会已审查确定了67场学术研讨会的题目和组织者。这些题目主要涉及人口科学的研究方法和全球的各种人口问题。例如：人口学的比较研究、国别和区域人口学的方法及其应用、人口数据分析方法的新发展、国际迁移、人口老化和在福利方面所遇到的挑战、全球艾滋病流行及其对人口的影响等。其中七场有关中国人口问题的研讨会分别由北京大学、中国人民大学、南开大学、复旦大学、西安交通大学、中国社会科学院人口研究所和中国人口信息研究中心的学者组织和主持。同时，大会还将举办国际人口出版物、计算机软件开发、生殖保健新技术及设备等展览。会后，中国组委会为外国代表安排旅游和参观等活动。

为筹备和开好这次大会，中国成立了以国务委员兼国家计划生育委员会彭珮云为主席、北京市政府、各有关部委 、中国人口学会等单位组成的中国组委会。具体承办单位是国家计划生育委员会和中国人口学会。

(摘自中央计划生育和环境保护工作座谈会参阅文件)

“九五”期间人口与计划生育研究课题指南

一、人口与社会经济可持续发展研究

到2010年中国人口预计达到14亿。中国人口的持续增长对环境保护、资源利用和社会经济的持续发展产生了巨大的压力，对人口与计划生育工作提出了更高的要求。因此，对中国人口的发展及其如何与社会经济的可持续发展相协调应当进行深入的研究。研究内容主要包括人口、经济、资源、环境和社会发展五个方面。特别是对于可持续发展概念的界定、目标的确定以及采取何种措施实现等应当进行探讨。

二、计划生育工作“三结合”的理论与实践的研究

在中国农村，积极稳妥地推进计划生育“三结合”，促进人口与经济、社会的协调发展，是今后一个时期中国计划生育工作的一项重要任务。在这方面，不少地方已经创造出了不少经验，现在需要很好地加以总结，对实践加强指导，并从理论上进行研究。研究内容包括“三结合”的重要意义；不同的地区如何根据各自的特点实现“三为主”，推广“三结合”，需要解决哪些问题；党政主要领导如何亲自抓、负总责，不同部门之间如何协调配合，计划生育部门内部如何调整好工作思路和方法；“三结合”和社区发展的关系，对“三结合”工作成效的评估等。

三、制订中长期人口计划的研究

中国制订中长期人口计划特别是“八五”、“九五”人口计划的制定，已经积累了成功经验，但仍有必要在总结经验的基础上，把制订科学、合理的人口计划作为一项重要课题进行深入研究。重点可放在分地区人口计划的制订和人口发展趋势的预测上，时间跨度可以更长一些。这一研究还可以与生育政策的调整结合起来，还应当充分考虑在所研究的时期内各种可能出现的社会经济变量对人口发展的影响。

四、现行生育政策的效果评估和未来生育政策的可行性研究

中国现行的计划生育政策已经实施了十多年，这一政策对生育率下降的作用是显而易见的。但生育政策和人们的生育愿望之间存在着一定的距离，在目前的低生育水平还不很稳定的情况下，稳定现行计划生育政策是必要的。但在继续稳定现行计划生育政策的同时，很有必要对下一个世纪中国的计划生育政策与立法问题应该作怎样的考虑进行调查研究。对这方面的问题在内部、小范围进行前瞻性研究，是为了使我们的决策更加科学、更有预见性。因此首先应对未来政策是否需要做某些调整以及如何调整进行研究。同时对调整中需要解决哪些问题，调整可能引起哪些问题以及调整的步骤等进行研究。此外，还可以借鉴其他国家的经验。譬如，对某些东南亚国家经济发展和人口增长关系进行比较研究。

五、人口与计划生育立法研究

人口与计划生育工作国家要不要立法？立什么法？什么时间立法？在论证人口与计划生育立法必要性和可行性的同时，应当对法的框架、结构、具体法律条款及其可操作性给予更多的关注。还应该探讨计划生育立法是采取专门立法还是在现有的婚姻法中充实人口与计划生育内容。对于国外在这方面的经验应予以充分的关注、吸收和借鉴。

六、低生育水平下的计划生育工作研究

进入九十年代以来，中国妇女生育率继续下降并接近更替水平，一些地区已经低于更替水平甚至出现负增长。涉及到伴随生育率的下降而出现的需要研究的问题有很多，例如低生育率的稳定性问题、生育率下降的适度标准问题、人口政策的选择问题、人口老化以及老年保障问题等等，但当前特别需要对在低生育率条件下计划生育工作任务、管理体制怎样发展的问题进行研究。可侧重于对由于生育环境的变化而必然要求计划生育工作从内容和方式等方面的相应变化以及如何适应这种变化的研究。还可考虑与别的低生育率国家进行比较研究。

七、计划生育管理机制和评估体系的标准与方法研究

随着计划生育工作的深入发展，对计划生育管理机制的问题应进行研究。为了更好地坚持“三不变”，落实“三为主”，实行“三结合”，各省的人口与计划生育领导小组应如何更好地发挥作用？计生委的管理职能是什么？在实际工作中如何处理好“三为主”与“三结合”的关系？如何进一步完善人口与计划生育目标管理责任制？如何制定一个对人口与计划生育工作的科学的评估体系，对不同地区应该有怎样的不同要求等都需要继续进行研究。

八、妇女生殖健康的研究及避孕节育措施的知情选择研究

生殖健康的问题正受到越来越多的关注。有必要对生殖健康的概念、内容以及计划生育与生殖健康的关系等作出科学的阐述。在目前中国的条件下，如何实现妇女生殖健康水平的进一步提高，计划生育部门应该怎样做也应当认真进行研究。避孕节育措施的知情选择受到国际社会的广泛推崇，也越来越得到中国计划生育管理部门和广大育龄群众的关注。全国已有一些地方对此进行试点，对这方面的研究应及时跟上。避孕节育措施的知情选择有什么好处，在什么条件下可以推行，如何积极稳妥地做好这一工作，怎样解决工作中出现的问题以及如何逐步推广知情选择都应该进行研究。

九、基层计划生育科学管理和优质服务的研究

计划生育优质服务试点工作已经开始，对这一试点的研究应该及时跟上。要对优质服务的标准和评估体系，如何真正做到优质服务，如何逐步在全国推广优质服务进行研究。

十、优生优育的研究

在低生育率下，优生和优育的问题显得更为突出。应当从社会的、环境的和技术的等多方面进行深入的研究。

十一、少数民族人口发展和计划生育管理研究

少数民族的人口发展和计划生育管理的问题虽受到广泛的关注，但缺乏全面、深入的研究。究竟多高的人口增长速度有利于少数民族的全面发展？主要有哪些因素通过何种途径对生育行为或生育率起作用？对少数民族的计划生育政策应该怎样进行评估？在计划生育管理上，如何找到一条适合少数民族特点抓紧抓好的路子？对这些问题有必要进行重点研究。

十二，贫困地区的计划生育管理研究

贫困地区如何开展有效的计划生育工作，应成为“九五”期间中国计划生育工作的一个重要课题。这些地区的计划生育工作开展得如何，将影响到中国计划生育整体水平的进一步提高。这些地区开展计划生育的最大困难是什么？如何解决这些困难？特别是如何更好地实行计划生育与扶贫相结合，走出一条适合这些地区特点的“三结合”的路子需要进行深入的调查研究，提出可行的对策。在贫困地区控制人口过快增长的过程中，发达地区如何起作用也应当列人考虑范围。

十三、社会保障与计划生育系列保险研究

社会保障体系的建立无疑对计划生育工作有积极的促进作用。在这一过程中，计划生育部门能否和应该如何发挥作用？计划生育部门已经开展的各种保险效果怎样？还需要解决哪些问题？特别是如何解决好农民的养老问题都需要深入研究。

十四、流动人口的计划生育管理研究

流动人口计划生育的管理已在“八五”期间作为重点课题进行了研究。但随着市场经济的深入发展，农村剩余劳动力大规模地向城市转移，“九五”期间乃至今后一个相当长的时期仍将是增加的趋势，因此，如何加强对流动人口的计划生育管理和服务，综合治理的措施如何贯彻落实是一个很重要的问题。流动人口中妇女的生殖健康问题也应引起重视。为此，这一课题仍作为“九五”期间继续研究的课题。

十五、城市、企业计划生育管理研究

城市的计划生育工作在人口控制取得显著成效后如何深入发展？伴随着政府职能和企业经营机制的转换而出现的一些难点问题，如下岗人员的计划生育管理，城市改造带来的人户分离后的计划生育管理，私人企业、三资企业以及一些特区、开发区的计划生育管理，城市计划生育工作的管理体制怎样才是合理而且切实可行等等都面临许多新情况和新问题，迫切需要加强这方面的研究。

十六、出生性别比问题研究

出生性别比问题在“八五”期间虽已作为重点课题进行了研究，但解决这个问题的难度较大。这个问题应该继续进行研究，研究重点应放在解决问题的对策措施上。

十七、青年性教育的研究及对再婚者生育政策的研究

目前，在改革开放大潮的影响下，东西方文化的交流渗透对中国青年一代影响很大，表现在婚姻家庭方面出现了许多新情况。如当前社会上尤其在一些大城市、高校中，婚前性行为占的比例较大，也有一些人采取未婚同居的生活方式。家庭不稳定因素增加，离婚率升高。在这种情况下，如何对青年进行科学健康的性教育，如何做好对未婚青年的计划生育宣传教育，使他们掌握基本的避孕节育知识，避免意外怀孕，安全进行人工流产，保障生殖健康，应进行研究。此外，对再婚者的生育政策应如何制定也是值得重视的研究课题。

十八、基层计划生育干部知识结构及能力培养的研究

基层计划生育干部素质的提高对于抓紧抓好计划生育工作至关重要，这方面的研究目前还不多见。二十一世纪是科学技术人才竞争的时代，作为二十一世纪的基层计划生育干部，应当掌握何种知识，具备何种能力，如何适应社会的发展和工作的需求；如何做好基层计划生育管理人员和技术人员的培训工作，计划生育的后备人才应如何培养都是值得研究的问题。

十九、计划生育与社区发展研究

计划生育与社区发展相结合是近几年提出的新思路。在中国，社区概念如何界定？它与行政区划到底有什么区别？与国外的社区又有什么区别？计划生育及“三结合”工作与社区发展应怎样结合应该进行研究。通过研究，进一步总结中国计划生育与社区发展的试点经验。

二十、提高妇女教育水平特别是重视女童教育与降低生育率的研究

教育水平的提高特别是女童教育水平的提高与降低生育率有密切的关系。应当制定什么样的教育政策更能导致一种健康的生育行为，需要进行研究。

第23届国际人口科学大会“中国人口论坛”预备会议论文综述

李 文

为了成功地承办第23届国际人口科学联盟大会，特别是组织并开好1997年10月12日为期一天的《中国人口论坛》学术讨论会，中国人口学会学术委员会成员、“论坛”专题主持人和初选论文作者于1996年9月在湖南长沙召开了学术讨论和论文筛选会议。在此，我将在会上收集到的近70篇学术论文，按专题作一综述，以飨读者。

一、中国的人口普查与人口统计

本专题重在对新中国成立以来的人口普查与人口统计工作进行系统的总结和评价，部分作者利用现有的普查和调查资料作了一些专题研究。

孙兢新在文章里对新中国成立以来的人口普查工作作了系统的回顾、总结和展望，指出1953年新中国首次进行的人口普查已经具备了近代人口普查的基本特征，其后相继于1964、1982、1990年进行的三次人口普查也都显示了一个逐步提高、不断完善的过程。以上四次人口普查的特点是：(1) 有一个强有力的人口普查指挥系统；(2) 实行最广泛的社会动员；(3) 充分利用户口登记资料；(4) 执行严格的质量控制；(5) 分散式的数据处理。以上五个方面也是中国人口普查取得成功的经验之所在。但中国的人口普查目前还没有专门的立法，对某些调查项目的规定还不够严密和具体，在调查表设计和调查项目选择上还有待于进一步调整。对现场调查的指导亦稍显不足。今后的人口普查有待于与住房普查相结合，需进一步完善调查登记项目的设置，把普查与抽查相结合，改变普查登记的标准时间，并推广采用光电自动录入技术。乔晓春在文章里对建国以来的四次人口普查，从普查对象、普查的过程和形式、普查项目和调查结果、普查质量检验结果等几个方面进行了比较和评价，表明中国四次全国人口普查无论从普查设计、普查组织、普查项目和普查分析等几个方面来看，都在不断地发展和完善。更重要的是，人们对普查作为社会发展的一项重要工作的认识更加明确了。人口普查是人口统计的一个重要内容，是人口信息管理的一项重要工作。除人口普查外，日常的户口登记在人口统计中也具有重要的意义。张庆五、王维志在论文中简要回顾了以户口登记为主要内容的中国户政管理制度，揭示了以户口统计报表为主要方式的户口统计在人口信息管理中的重要作用，简明了人口信息计算机管理系统的主要内容和建立方式，及其在户口管理和人口统计中的重要意义。

亓昕和陈友华两位的论文是对普查或调查资料的具体运用。亓文是通过对中国各地区人口死亡水平差异的分析，提出了死亡水平与社会经济发展程度的非线型模型，用以认识中国各地区人口死亡水平的变化规律，预测未来各地区人口死亡水平的变化趋势。陈文则是建立了利用人口普查数据估算初婚率及基于初婚率估算其它一些初婚统计指标的方法，讨论了这些方法在婚姻统计数据质量评估中的某些应用问题，特别探究了文化程度对婚龄选择的影响情况。

二、中国的人口转变与计划生育

本专题与会论文重点讨论了中国人口转变的过程、特点、原因和后果，以及计划生育政策在人口转变中的突出作用。显然，中国的人口转变集中体现为生育率的下降，与此互为因果的是人们生育观念的变化。

曹景椿、詹长智、孙常敏、郑启五等几位的论文，从不同的角度讨论了中国人口转变的过程、原因及其后果。曹文回顾了新中国人口转变的曲折历程，指出了这一历程所具有的长期性、复杂性和艰巨性的特点，并从领导、政策、组织、综合治理以及精神支柱等诸方面概括了中国实现人口超前控制的方法和途径，揭示了中国式计划生育道路的伟大意义。詹文则回顾了中国社区层面开展计划生育的过程、经验和阶段性特点，表明今后虽然政府仍会在计划生育事业中占据主导地位，但受经济体制转换和政府职能转变的影响，社区层面的工作将成为推行计划生育的一种主要形式，社区服务和社区发展已经成为推动中国计划生育事业不断前进的“希望之路”。孙文重在揭示开展计划生育以后上海

浙江金泰集团有限公司

裁　金祥佐

国食品和包装机械工业协会副会长
国交响乐发展基金会副会长
国宏观学会理事
[illegible]省第八届人大代表
[illegible]市鹿城区政协副主席
[illegible]省乡镇企业协会副会长

浙江金泰集团有限公司是浙江省“五个一批”重点骨干企
主要从事包装机械、生化药业、体育产业、保健食品、房产
发等产业，是以高科技产业为主体，多元化、跨国、跨地区的
分制企业。

浙江金泰集团有限公司总裁金祥佐多次荣获全国优秀乡镇企
家、全国星火优秀企业家、全国优秀包装企业家等称号。1991
1月9日参加李鹏总理在中南海紫光阁举行的全国100名优秀
镇企业家座谈会；1992年12月9日作为国家科技二等奖获得者，
北京人民大会堂受到江泽民总书记等七位政治局常委的亲切接见。

“九五”期间企业将进行大规模技术改造，并已列入国家
双加”工程项目，计划投资5亿元以上：技改建造生化新药生
流水线和国际化包装机械生产流水线及出口基地；开发建设国
体育产业园区以及科技大楼和专家公寓；创办企业家培训中心
企业家俱乐部等。　金泰集团有限公司正在发展成为科技进步
市场经济相结合的现代企业。

集团地址：温州市鹿城路185弄19－39号
电话：(0577)8716482　8717491　　传真：(0577)8716210

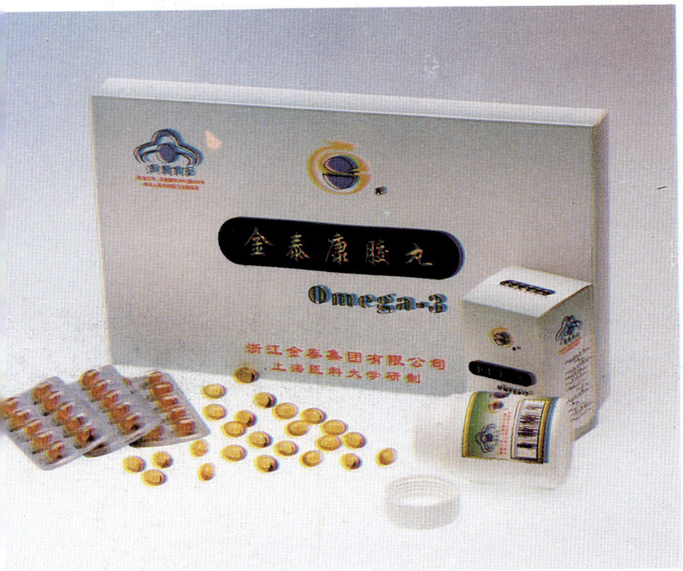

人民共和国卫生部

健字(1997)字第207号

全泰康 胶丸

金泰康是目前国际上最为推崇的保健营养品之一，是浙江金团有限公司与上海医科大学共同研制成功的高科技产品。它含α－亚麻酸的植物为原料，采用新技术提取、精制，并加多酚、生育酚为天然抗氧化剂而成的全天然ω3多不饱和脂营养滋补保健品，是人体必需营养素，安全性高，无任何副。α－亚麻酸含量＞55%。

α－亚麻酸为人体必需的不饱和脂肪酸，有调节血脂作用和记忆功能。营养学家发现，目前许多人存在不同程度的不饱肪酸缺乏，这可能是高血脂症产生的原因之一。许多人存在程度的ω3缺乏，也是冠心病、癌症等重大疾病大量发生的之一。

集团地址：温州市鹿城路185弄19－39号

电话：(0577)8716482　8717491　传真：(0577)8716210

金泰国际体育产业园區

袁伟民
一九九七年九月八日

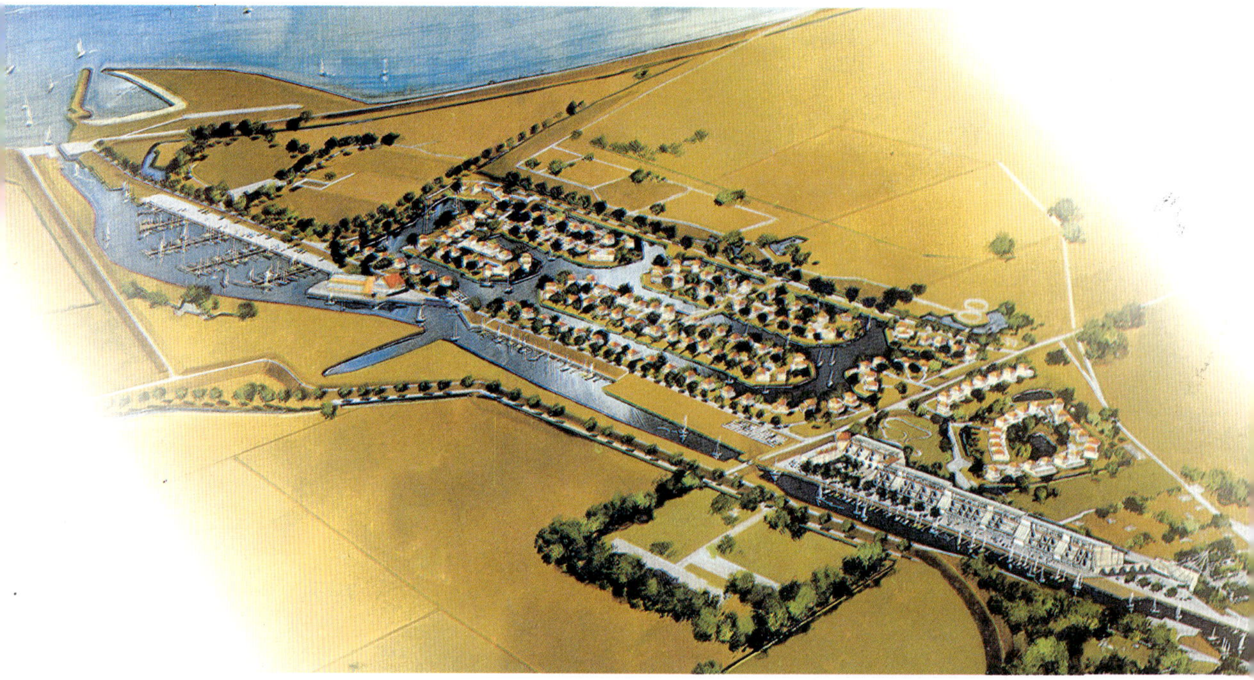

● 运动、健身、武术器材；运动、休闲服装鞋帽；运动饮料、功能、保健食品等体育用品的生产基地和销售中心。

● 发展连锁的会员制国际体育俱乐部。

● 开发建设集科研、生产、营销、健身、娱乐、生活为一体的综合性国际体育产业园区。

金泰集团浙江真空包装机总厂

李鹏总理在中包总公司副总经理李文虎（中）的陪同下，听取金泰集团浙江真空包装机总厂总工程师柳维冈（左）关于新产品开发情况的汇报。

全国人大副委员长王光英，兴致勃勃地观察葆春牌自动枕形包装机操作表演，并勉励金泰集团浙江真空包装机总厂在“九五”期间取得更大成就。

BS400

-800型

1995年4月在第二届全国工业企业技术进步成就展览会上，葆春牌自动枕形包装机荣获技术进步奖。国务院副总理吴邦国（中）希望金泰集团浙江真空包装机总厂通过不断技术进步，使产品立足于国际市场。

SD-45

葆　春

葆　春

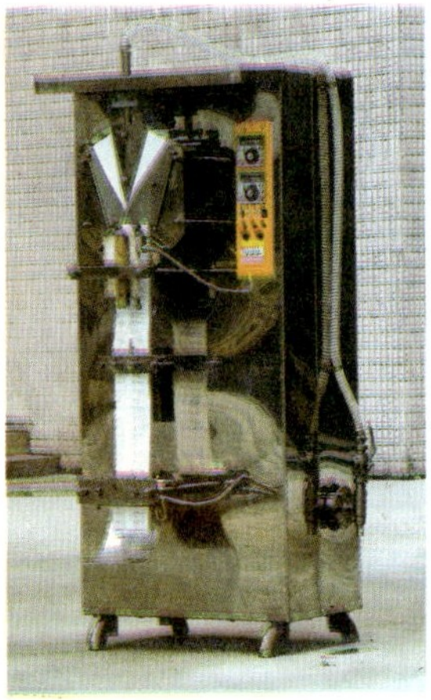

HP1000 全自动液体包装机

DBF1500 落地式封口机

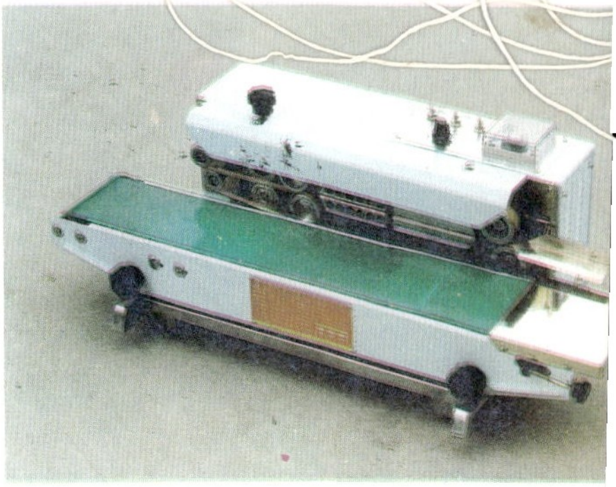

DBF－900 卧式薄膜封口机

DZ500/ZSB 真空包装机

DYJ－150
电动移印机

DZIO400/ 真空包装机

FC350LB 自动封切机

SP3954 贴体包装机

BJWZ 枕形全自动包装机

浙
常委、
同下，
厂的产

人口转变的进程、特点及其后果。分析表明，上海市的人口变化近年来有其极为明显的特点，该市在全国范围内率先出现了人口自然变动的负增长现象，人口期望寿命逐步提高，人口老龄化趋势也早于全国出现并已接近西方发达国家的水平，流动人口问题更是尤为突出。此外，随着城市化进程的加速进行，城市人口再分布的新格局也正在形成。总之，上海的人口变化已经处在全国各地的前列。为此，一方面需要充分利用在人口转变中出现的对社会经济持续发展的一切有利的因素，另一方面还需要发掘社会经济变革中的发展潜力，更好地解决人口问题对社会经济发展可能产生的各种负面影响，以使未来上海的人口与社会经济实现全面的协调发展。郑文则探讨了闽台两省人口发展的趋同现象及其存在的差异。指出50年代闽台人口的出生高峰与欧亚诸国战后的“婴儿潮”如出一辙，是当时社会经济大环境中人口发展的自然现象。50年代中期以后两省相继出现了出生率明显回落的趋向，但福建人口两度大起大落，台湾人口则稳步下降，二者出生率下降时序不一。其原因，闽乃政策因素为主，近年逐步开始出现政策因素与社会经济发展的“交互作用”；台则经济发展因素为主，家庭计划起了某种辅助与支持作用。但两省家庭规模趋小则同为社会经济发展之必然，有关人口政策对此只起辅助性作用。

黄荣清和李建新的论文分别探讨了中国生育率下降的趋势、后果和将来的政策选择。黄文着重分析了70年代中国开展计划生育以来妇女生育水平的变化趋势，表明自70年代开展计划生育开始，中国妇女的生育水平即呈迅速下降之趋势；80年代因婚育时间提前、生育间隔缩短，使妇女的生育水平长期徘徊于更替水平之上；进入90年代以后，以上两种因素的作用下降，妇女的总和生育率低于更替水平，重视其持续下降之趋势，今后一般也不会反弹。李文从不同生育政策的假定条件出发，对中国未来人口进行了百年模拟预测，分析研究了不同生育政策的选择与未来人口趋势之间的关系。鉴于中国未来人口数量庞大与人口年龄结构老化的两难境地，文章主张在控制人口数量的大前提下，选择适度调整人口年龄结构的生育政策。

大会还收到几篇关于讨论生育观念的变化的论文。张俊良在文章中揭示了目前中国人口生育观念所具有的多层次性、过渡性、地区差异性和民族差异性的特点，进而探讨了有利于生育观念转变的经济机制、养老保障机制、文化机制和政策机制。赵锦辉等人通过对哈尔滨市人口生育意愿的调查，发现中国城市人口的生育意愿已经发生了明显的变化，达到了一个非常有利于控制人口数量，提高人口素质的程度。解振明和陈松宝等分别对农村人口的生育意愿进行了调查研究。解振明的研究表明目前中国广大农村的生育模式仍处在传统模式向现代模式的转型时期，一方面实现了少生和晚生，而另一方面还没有完全实现“生男生女都一样”，于是便出现了生育率较低但不稳定以及出生性别比偏高的现象。陈松宝等人的研究表明目前农民虽然一般不愿或不会多生，但孩子的成本状况对生育决策并不构成大的影响。对农民来说，孩子的直接成本总量较小，间接成本不明显，质量成本意识十分淡薄，而且在生育决策中有强烈的性别选择，因而在托养过程中表现出男孩的直接成本和间接成本都较女孩为大。

高尔生等人的文章则专门对计划生育的费用问题进行了探讨。文章指出，近年来由于育龄人口基数庞大，人口总数不断增加，因而，计生费用呈持续上升之势。为缓解巨额的计生费用对国家和地方财政造成的压力，使有限的财力资源更好地满足计生服务对象多样化的计生需求，建立新的计生药具收费政策已成为必然。文章还就如何改进计划生育财务管理提出了一些具体的建议。

三、中国的人口迁移与人口流动

本专题与会论文重在对中国的人口迁移与人口流动现象展开分析，而且研究的范围在空间上已越出国界，在时间上已伸至近代。

胡伟略的论文就中国人口流动和：民工潮”现象，提出了若干需要分析和研究的重大问题：(1) 中国历史上的人口流动、新中国的人口流动和改革开放以来的人口流动，有什么不同，有什么联系，有什么发展；(2) 农村劳动力大流动和整个国民经济尤其是农业发展的关系如何处理；(3) 农村劳动力流动和社会安定的关系如何处理；(4) 中国农村城市化的道路问题。作者主张，对劳动力流动应强化政府管理行为，总的方针应是均衡转移和有序流动。

谢晋宇对由乡村迁往城市的人口中的劳动供给行为作了专题研究。文章认为，迁入城市的农村劳动力往往在生理条件上优于城市劳动力，而在受教育水平上与城市劳动力相差较大，因而在就业和择业竞争中往往处于不利的地位。但是进入城市劳动市场的农村劳动力，凭借其低廉的劳动力价格、接近极限的劳动时间供给和吃苦耐劳的劳动态度改变着自己的不利地位，赢得了相当数量的就业岗位，从而不但增加了自己的收入，加快了自身的城市化进程，同时也对城市工人构成了一种劳动激励，改变了某些传统产业劳动力供给不足的情形，在降低生产成本的同时推动了产业升级，大大加快了城市第二、三产业以及城市建设的步伐，给城市经济的发展注入了新的活力。可以预测，将来会有更多的行业和工种由于城市人不愿意涉足，而导致城市中一些特殊行业的劳动力 短缺状况进一步扩大，迁入城市的农村劳动力因此会在城市劳动力市场上获得更多的替补位置。

吴玉麟等人以山东省淄博、济南两市为例，对比分析了组群式与单核心城市地域农业人口，在转移成本、转移强度、转移产业结构、转移类型等方面的差异及其形成机制。研究表明：(1)城市地域的空间结构不仅影响农业人口转移的成本，而且影响其转移强度、转移产业结构和转移类型；(2) 与单核心城市相比，组群式城市地域在农业人口转移中有着独特的优势，为核心、团块状空间结构有利于降低转移成本、加快农村城镇化和城乡一体化进程；(3) 城市地域的空间结构在农业人口转移初期有着至关重要的作用，但随着非农化水平提高，转移难度会相应加大，因而需要加速发展城乡经济，促进产业结构高层次化，这是实现农村人口、经济、社会、环境协调发展的根本途径；(4) 城市地域结构的多样性影响农业人口转移因素的复杂性，要求有关部门从实际出发，因地制宜，制定切实可行的转移措施和途径。

张鹤年对上海外来流动人口的收入与支出情况作了专题研究。研究表明：(1) 目前上海外来流动人口的经济收入虽然在总体上表现出与上海一般市民接近的水平，但其内部的差异却较大；(2) 外来流动人口的支出水平较低，生活质量低下；(3) 外来流动人口的平均收入高于其来源地的平均职工工资水平；(4) 人口流动的数量与其来源地的经济发展水平相关；(5) 外来流动人口层次较低，与城市现代化建设的需求不相适应。

王桂新对在日，中国人劳动力就业状况进行了考察。分析表明，在日，中国人的就业程度不高，劳动力的完全失业率却较高，就业状况不容乐观，就业中的雇佣地位低下，大都比从事体力劳动相关的职业为主，男性劳动力尤然)，与在日发达国家劳动力的职业构成差距明显。这种就业状况除了受日本产业结构变动以及在日中国人多集中在城市地区等因素的影响外，也与日本近年城市劳动力市场的变化以及在日中国人劳动力的本身属性等因素密切相关，与日本传统的封闭性社会特征也不无关系。

朱国宏的论文从历史人口学的角度对 1840 ~ 1949 年中国国际迁移的形成原因、演变过程、移民规模和流向分布等问题进行了探讨，描述了近代中国大规模海外移民的历史场景。研究表明，整个近代移民史大致分为两个不同的时期，晚清时期是以“苦力贸易”为特征的契约移民，民国时期则表现为时断时续的自由移民。两期合计大约有 1 600 万中国人迁移海外，其分布遍及亚、美、非、欧及大洋洲等各大洲。同时又相对集中于东南亚地区。这种流向分布特征决定了今天海外华人全球分布的格局，同时也决定了其对不同国家所带给的不同的影响程度。

四、中国的人口老龄化与养老保险

人口老龄化是中国人口转变的重要后果之一，中国现行的养老保障体制因此也将受到日益严重的冲击。本专题与会论文着力分析了中国所面临的人口老龄化的严峻形势，并对如何适应这一形势的发展改革现行的养老保障体制提出了一些具体设想。

熊必俊在文章中分析了老龄化与经济发展的辩证关系。文章指出，中国是发展中国家，在经济尚不发达的情况下迎来人口老龄化将是面临的一次严峻挑战，而且其速度之快、来势之猛、规模之大为举世所罕见。为此须及早制定一个既能控制人口增长、又能避免过度老龄化的人口发展规化，建立与老龄化进程和经济发展水平相适应的养老保障体系，适时提高劳动年龄的上限，以使劳动年龄人口比重和供养系数保持在有利于经济发展的水平上；加速科技进步，提高对老龄化的承受能力，以减少劳动年龄人口老化的不利影响；实现健康老龄化、开发利用老年人力资源，变老龄化的压力为动力。

王庆石在文章中运用模糊统计中综合评判的思想和方法，以联合国的人口类型划分标准为依据，对中国四次人口普查所显示的人口类型的变化趋势进行了分析和说明，并将其与世界部分国家近 30 年来人口类型的变化趋势作了比较。文章认为，世界人口将在 2025 年进入老龄化社会，中国将在下世纪中期达到现在发达国家人口老龄化的水平，但中国老年人口比重的上限不会超过 18%。张开敏等人则对上海市人口老龄化的进程作了系统的研究。分析表明，由于生育水平下降和人口预期寿命提高，上海早在 70 年代末就成为全国第一个老年型地区。目前上海人口在老龄化进程加速发展的同时，其结构又呈高龄化趋势。受出生、死亡和迁移三个因素的影响，在今后的几十年内，上海人口老龄化的趋势将会呈陡然加剧的前景，这将对上海的社会经济发展和养老保障带来严重的冲击。

刘贵平的文章将人口老龄化与养老保障制度结合起来作了考察。刘文采用人口学中时期分析和队列分析的方法，按基金平衡方式将养老保险模式划分成四类：年内时期平衡、阶段式时期平衡、队列平衡和个人自我平衡。研究表明，队列平衡模式和个人自我平衡模式不受人口老龄化影响，而时期平衡模式（包括年内平衡和阶段式平衡）则与人口年龄结构有密切联系，并受人口年龄结构的制约。中国的城镇职工养老保险属于时期平衡性质，靠代际转移支付维持养老保险，而人口老龄化会使后续代的规模下降，从而养老保险负担会日趋加重并势必难以为继。文章认为，只有注入外部资金，建立基金制养老保险才有可能，应当扩大覆盖范围，以法律形式强制各类企事业单位进入统一的养老保险体系。此外，提高劳动生产率和适当延长退休年龄也同样有利于减轻养老保险负担。

陶立群、孙福滨、战捷几位的文章对国外有代表性的几种养老模式进行了比较研究，指出了中国建设养老保障体系时应当向国外汲取的经验和教训，陶文认为，中国老龄化的特点与日本极其相似，但因国情差异，解决人口老龄化所带来的社会问题要比日本困难的多，因此，在研究老龄化政策时，就要充分考虑到经济发展的不同程度、各地的不同需求和差别，以及高龄老人特别是老年妇女的特殊需求等。日本在解决人口老龄化问题时采取的分类指导的原则和政策是值得我们借鉴的。至于养老保险，各国的发展趋势都是从分散走向统一，建立不受产业结构和就业结构变化影响而能确保养老保险制度稳定运行的保障体系。根据日本的经验，改革中国的社会保障制度，首先应将城镇劳动者退休养老的条件、缴纳的保险费尽快统一，建立一种适合各种所有制的老年基础养老保险制度，以为将来统一社会保障制度打下基础。孙文列举和比较了社会保制度的欧美模式、日本模式、新加坡模式和智利模式，认为中国社会养老保障制度的发展应更靠近发展中国家的模式，但改革中应当注意新旧体制的衔接和各项制度的协调问题。战捷在文章里分析比较了北欧国家、德国、英国和澳大利亚等国在社会保障体系建设方面的具体做法，指出各国对社会保障模式的选择要受特定的制度、政策、经济发展水平、人口结构变化、文化取向等因素的影响。但从根本上说，社会保障的水准取决于经济发展水平。因此，目前中国推行的基本养老保险社会统筹与个人帐户相结合、外加家庭养老的模式，是符合中国国情的。

孙怀宇等人在文章里分析了我国现行养老保障制度的主要问题，认为从目前的条件看，适应我国城镇的老年社会保障制度，总体上应当是以社会保险为主体、以个人储蓄和家庭保险为补充的制度，而农村老年社会保障制度的起点，还只能是以家庭保障为主体，以集体、保障、国家扶贫和优扶、社会互助、以及在自愿原则下大力发展商业养老保险为补充的制度。但从社会保障的普遍性和公平性原则出发，我们理当以逐步建立一种全国统一的老年社会保障制度为目标。郑昭磐在文章里提出的具体设想是：由政府建立养老保险基金，同时提倡个人储蓄养老。此外，夏海勇和徐勤等人还对家庭养老问题作了专题研究。夏文以江苏省人口普查和统计资料为例，证实市场经济条件下家庭结构会出现“核心化”趋向，随之家庭对老人无论是经济供养，还是精神慰籍方面，都会相应发生一系列的变化，总的趋势是从“共居养老”向“分居养老”转化、从“家庭养老”向“社会养老”转化。但是这种转化还需要经历一个比较长的过程，特别是农村现阶段还必须以家庭养老为主。徐文指出，中国的二元经济特征使城乡的经济养老模式呈相反的趋势，城市老人以社会养老为主，农村则以家庭养老为主，家庭养老是中国目前养老制度中的主要形式。但是，一方面，人口老龄化、工业化、城市化、现代化从不同角度影响家庭养老功能，家庭供养资源日趋减少，供养力下降，显示出传统家庭养老的历史局限性和在新形势下的脆弱性。另一方面，无论城乡家庭仍然是一个基本的生活单位，农村老人离不开家庭，城市的社会养老也远没有得到解决。尽管从长远看，家庭养老的地位终将让位于社会养老，但在短期内社会养老还不可能替代家庭养老，因此，有关部门应当将解决家庭养老问题提高到战略高度，作好长期思想准备，努力在现阶段维持家庭和社会共同承担的“双轨”养老机制，把工作的重点放在家庭养老与社会养老两种制度的真空点，促使两种制度相互补充、协调发展。

五、中国的婚姻与家庭

本专题与会论文重点讨论了改革开放和人口转变给婚姻关系、婚姻观和最基本的社会单元——家庭带来的种种变化。

陈友华、徐安琪和叶文振等人的论文，讨论了改革开放条件下婚姻关系的变化和婚姻市场问题。陈文提出了婚配性别比的概念，运用中国1988年生育节育抽样调查和第四次人口普查资料，从宏观上对婚姻市场进行了较深入的分析，研究表明，中国婚姻市场的供需平衡受年龄结构、文化结构和性别结构的强烈影响，供需矛盾比较突出；具有不同特征（如年龄、文化水平、职业、户口性质等）的单身人口在婚姻市场中的处境极不相同，单身男性人口的总量过剩和结构短缺同时并存；禁止早婚、提倡与鼓励晚婚的阻力较大。当然，婚姻市场上的竞争也有利于人口素质的提高和妇女地位的提升。徐文以在上海调查的资料为依据，证实转型期上海婚姻关系的特征，主要表现为角色互助的独立平等，权威模式的阴盛阳衰，以及婚姻生活的满意度较高。但婚姻质量存在缺憾，夫妻冲突日趋增多，配偶不可替代的意识有所弱化，随着人们感情需求的递增，维系两性关系的伦理责任和经济纽带日渐脆弱，婚姻的离散趋势也不容忽视。叶文则利用现有的统计资料描述了当代中国离婚现象的总的态势和特点，确认具有高离婚风险的人口群体。进而分析了离婚率上升的原因，提出了消除婚姻中不稳定因素的基本思路。文章认为，性格志趣差异、家事冲突、感情淡薄和性生活失调是离婚的直接原因。这些微观决定因素之所以和离婚率存在明显的正相关关系，关键在于改革开放以来，中国社会的择偶观、家庭观、性事观和离异观发生了重大的变化。

杨新科、董妙玲、陈印陶等几位的文章，讨论了改革开放条件下婚姻观的变化。杨文根据对1984～1994年2400名不同地区、职业、年龄和性别的择偶者的调查和分析，证实择偶标准综合化、择偶行为自主化、择偶模式多元化和择偶方式社会化已成基本的发展趋势。董文对改革开放以来妇女婚姻观的变化给予了高度的评价，认为这种观念上的变化对婚姻家庭产生了许多积极的影响。陈文通过典型调查，对“打工妹”的婚恋观作了专题研究，发现她们的婚恋观念带有鲜明的时代特征。具体表现在：(1)择偶标准已由为终生依靠转为重视感情与个人品德的选择；(2)结婚的目的是追求幸福家庭和事业伴侣；(3)对婚前性行为和插足他人家庭的看法突破了传统观念。但是这些打工妹在婚恋问题上还存在许多困扰和期待，需要引起社会各界的广泛关注。马正亮以男到女家结婚落户风俗的形成为例，分析了甘肃农村居民婚姻观念、婚姻关系的变化，揭示了这一风气对促成生育水平下降的重要意义。

齐明珠、周海旺等人专题讨论了改革开放以来在家庭方面发生的变化。齐文将家庭划分为传统家庭、现代家庭、核心家庭、直系家庭和联合家庭几种类型，指出改革开放以来传统家庭、联合家庭和直系家庭受到冲击，家庭模式日趋现代化、核心化，而且受分家立户风气的影响，老年人空巢家庭在核心家庭中占有相当高的比例，这是代际关系发生变化的必然结果。但与西方“接力模式”的核心家庭有所不同，中国的核心家庭与其母体家庭有着密切的经济和情感关系，处于核心家庭的子女与留在父母身边处于直系家庭中的子女同样担负着赡养老人的责任。周文根据上海市老龄科学研究中心1994年所作的专题调查，考察了上海市现阶段家庭中的老、中、青成员之间的相互关系。研究表明，由于经济、居住和思想意识（如“代沟”）等方面的原因，目前上海的家庭形式中核心家庭占有很高的比重，同时出于老人与儿女的双方需要和居住、思想观念等方面的因素，主干家庭也保持了相当的比重，但由于独生子女的普遍化，家庭重心已明显由老人转向子女。老、中、青三代在家庭结构和代际关系上的变化表现在：(1)代际年龄距离拉大，代际由人口减少，代际数增多；(2)家庭观念有所削弱，代际分离普遍，老、中、青三代的独立性依次增强；；(3)家庭代际关系中妇女角色发生变化；(4)家庭中老年人数量增加，老龄赡养和高龄护理负担加重。如果从长远来看，家庭结构和代际关系的发展趋势是：(1)居住意向与住宅现实的矛盾将随着城市住宅建设的发展得到改变，三代同堂将成为历史，代际关系将趋于松散；(2)代际间的生活互助责任将随着社区服务的全面推进而减轻，代际交流向较高层次发展；(3)代际的财产流动从单向的流向子代变化为多向的平衡；(4)代际矛盾转向社会，并将随着人口老龄化的加速而激化。

六、中国的人口与可持续发展

本专题与会论文重在讨论人口增长与经济、社会、资源、环境等方面可持续发展的关系，强调人口因素在可持续发展中的核心位置

高元祥的论文将中国的计划生育划分为三个阶段，即：70年代计划生育社会制约机制建设阶段，80年代计划生育法制管理机制建设阶段，90年代全面启动计划生育利益导向机制阶段。认为中国的计划生育走出一条符合本国特点的经济与人口可持续发展道路。文章对当前在全国各地开展的“三结合”给予了高度的评价，认为它适应了市场经济的要求，是对计划生育宗旨的理论回归，是对可持续发展理论的重大突破。路遇的论文将中国的人口发展战略归纳为以下三个特点：(1)中国人口发展战略是一个可持续的战略；(2)中国人口发展战略的目标重点是控制人口数量的过快增长；(3)中国人口发展战略的措施主体是计划生育。穆光宗的论文从人口增长入手来探讨人口对可持续发展的影响，进而从“需求”这一经济学界惯常采用的分析角度，讨论了人口增长与经济发展之间交互作用的内在运作机制。文章认为，人口问题的本质是发展问题，其表现则是需求问题。需求有经济性与社会性之分，也有基本与特殊之别。人口增长对经济社会发展和资源环境状况的影响实际上是一种以需求效应和需求引致效应为内容的“乘数效应”。作者对这些效应作了深入、细致的分析，围绕需求问题构建了自己的人口增长效应理论体系，提出了不少独到的见解。文章强调指出，人口增长对中国长远发展而言，是挑战与机遇并存。人口增长的极限是存在的，对发展构成的挑战也将是长期的和巨大的。但是人口增长不但具有自我调适、自我平衡的力量，而且具有一种自觉与外部环境相调适的内在机制。因此，中国的人口增长不会对发展构成致命的威胁，通过合理控制和有序调节，人口增长的正面效应会得到充分体现，而其负面效应会在相当大程度上得到抑制。与以上几篇论文不同的是，王维国和袁建华等人提交的论文更加侧重于定量分析。文章应用现代定量分析技术，构建了可持续发展的模型和评价方法，尝试用于描述人口与资源、环境、经济、社会协调发展的过程，揭示可持续发展系统的内在联系。

叶明德的论文着重分析了中国贫困地区人口与资源、环境的状况，并就贫困地区如何实现可持续发展的问题提出了自己的看法。指出人口既可以成为发展的

主要障碍，也可以成为发展的希望所在。贫困地区应树立可持续发展的人口发展观，控制人口数量，提高人口素质，努力实现人口、资源和环境的协调发展。吴忠观等人的论文列举了人口与资源关系失衡给四川的可持续发展所带来的种种不利影响，认为在21世纪实现四川的人口与资源、环境和经济社会的协调发展，必须提高对可持续发展战略的高度认识，控制人口数量，提高人口素质，处理好科技进步与经济发展、环境保护和资源利用之间的关系，实施正确的人口城市化的战略。原新的论文提出了干旱区可持续发展的四条原则：(1) 兼顾整体与局部利益的原则：(2) 持续性原则；(3) 公平性原则；(4) 适度性原则。文章典型分析了新疆干旱区可持续发展条件的利弊，指出了干旱区可持续发展的要点，即以建设绿洲生态经济为基础，以水资源的合理配置为核心，增强系统自我发展能力，用立法规范干旱区人类的行为。

七、中国的妇女问题

从本专题与会论文来看，妇女问题已成为人口科学研究的一个重要领域，但这方面的研究目前仍集中在有关妇女的地位和就业问题等有限的几个方面。

李新建的论文指出，性别差异区分和女性人口问题的切入是人口研究的重要转折。在将研究视角转向与妇女有关的人口问题时，要特别注意研究妇女的生育行为、妇女在家庭生育行为中的地位和妇女在计划生育中的权利与责任问题。进而言之，把妇女和人口发展融合进可持续发展之中，关键在于确立妇女在人口发展中的主体地位，为此妇女应进入人口发展计划、人口发展模式和人口发展项目。在新的形势下，为使女性问题与人口学研究更好地结合起来，应提倡运用多学科先进的理论和方法，找到妇女研究与人口研究的最佳结合点，结合中国的具体实践对妇女问题进行广泛、深入的探讨。

本专题有四篇论文对当代中国妇女的家庭地位和社会地位进行了讨论。沙吉才等人的论文即是运用1991年“当代中国妇女地位”调查所得到的数据，对中国妇女的家庭地位作了简要的分析。研究表明，就妇女的经济地位而言，随着中国城乡男女收入差距的缩小和男女共同成为家庭的供养者，男女两性在家庭内部的经济权利已趋平等，但因男性收入仍普遍高于女性，家内经济权仍是男性高于女性，其差距农村大于城市；就妇女的婚姻地位而言，妇女在择偶、初婚、离婚和夫妻性生活方面而已有了相当大的自主权，总体趋向男女平等，就妇女的生育地位而言，夫妻共同商定生育大事已成为城乡生育决策结构的主体，但避孕的主体仍为妇女；在妇女接受教育的权利方面，虽然目前妇女的受教育水平提高很快，但总体上仍有明显的性别差异，这一点甚至表现在当今父母对子女应受教育的期望值方面；在妇女的自我发展和对家庭重大事务的决策程度方面，男女基本平等，但农村妇女自我发展的机会要少些。总体上看，两性在家庭中权力总水平是男性地位高于女性，两性地位差距则表现为农村大于城市。影响妇女家庭地位的主要因素包括社会的开放与发展、妇女的经济收入、妇女受教育程度和家庭结构等。张宏宇等人的论文则是根据对河南部分农村妇女所作的调查，专门探讨社会结构转型时期中原农村妇女的发展意愿和发展途径问题。研究表明，目前农村妇女的发展意愿呈现多样化的特点，其中最热衷的是增加经济收入，积累家庭财富，她们普遍意识到，实现自己的意愿一靠自身的能力，二靠学习科学技术。但目前她们在发展中不仅要受经济发展水平、投资能力和科技水平的制约，而且还受该特定地区的自然资源、社会环境、文化氛围、风俗习惯、甚至宗教信仰、宗族禁忌等多种因素的影响。朱楚珠的论文认为农村妇女参与社区发展有助于获得独立于丈夫的经济收入，有助于确立她们的自信心和能力观念，有助于她们确立对孩子价值和自我价值的意识，有助于提高妇女在家庭和社会中的决策地位。进而言之，妇女参与社区经济发展，可以通过期望家庭规模和对妇女时间价值的确认及时间配置的变化影响生育率，可以通过妇女就业影响农村女性人口的社会结构，可以通过各种技术培训影响女性人口的功能文化水平，等等。娄彬彬的文章则是对藏族、土家族妇女地位的专题研究。表明藏族和土家族农村妇女的社会地位相对较低，突出表现在该地区的妇女受教育水平、就业率和就业结构相对偏低。这一些既有深刻的社会历史根源，也有经济和自然环境方面的原因。

景跃军和吕昭河二位的论文讨论的是农村妇女的就业问题。景文根据对吉林农村的抽样调查，归纳出了该省农村妇女从业户的类型、地区差异、收入状况、面临的主要困难和今后的发展意愿，分析了自然地理、社区经济、文化程度和从众心理等因素对农村妇女区域从业模式构成的影响，并就如何促成农村妇女从传统的从业模式向现代的从业模式转变提出了若干对策性建议。吕文则以云南少数民族妇女为例，揭示了妇女就业结构与生育模式选择之间的内在关系。研究表明，云南少数民族妇女的传统生育行为是基于其赖生存的产业社会背景的必然选择。尽管通过行政手段及政策法规所形成的社会强制能有效地控制生育，使高生育率短期内迅速下降，但由于缺乏稳定的社会背景、特别是经济条件的长久支持，其真实的高生育运行机制并未消除。就根本上说，加快云南少数民族地区的经济发展，在工业化、现代化建设中促使少数民族人口就业结构的产业转移，特别是少数民族妇女就业结构的现代转型，对低生育社会机制的形成具有特殊意义。高生育状况与云南少数民族妇女就业的产业环境的诸多相关的社会条件密切联系，不转变其传统的就业模式，是不可能摆脱这些条件的限制、实现生育率长久稳定下降的。

八、中国的生殖健康问题

自80年代末、90年代初国际上提出生殖健康的概念以后，对这一问题的关注已迅速从生物医学领域扩展到社会科学特别是人口科学领域。本专题与会论文分析了生殖健康概念的内涵及其提出的背景，并将其与计划生育政策的内涵作了比较，在此基础上评价了中国开展生殖健康工作的现状和实绩。

高尔生、杨娟两位学者提交的两篇论文中，第一篇介绍了生殖健康概念的起源、发展、内涵和外延以及全球和中国生殖健康的状况和存在的问题，并对生殖健康的发展趋势进行了展望。第二篇是运用1988年的生育节育抽样调查资料，从不同出生队列妇女的月经初潮年龄、不同出生队列妇女的平均初婚年龄。各民族的总和生育率、各民族妇女的总和人工流产率、不同年龄妇女的自然流产率、不同年代的婴儿母乳喂养率、各民族不同年份的婴儿死亡率、不同民族避孕措施的现用率及构成，各民族妇女的未避孕原因、各民族不同结婚年代妇女的不孕率、不同民族的出生性别比等多个不同的角度对几个主要少数民族（壮、回、维、彝、苗、满）以及汉族的生殖健康状况作了综合性分析，指出了由于历史背景、宗教信仰、地理气候、传统习俗及文化水平的不同所造成的各民族生殖状况的差异。

陈卫的论文着重介绍了中国学者研究生殖健康的动态和成果，评析了生殖健康问题的提出对人口学研究所产生的深刻影响。(1) 将促进女性人口研究的长足开展；(2) 人口控制实践、人口政策的讨论及与计划生育有关的人口研究将出现多元化的趋势；(3) 人口学与其它学科的合作进一步加强；(4) 人口学应用研究的进一步推广。文章强调指出，生殖健康与其说是一种工作模式，不如说是一种思维方式。这需要对整个生育过程的各个方面加以关注，而不仅仅是提供避孕工具和注重数量控制。事实上，中国在这方面一直是走在世界前列的。目前摆在中国学者面前的一项重要使命是研究适合于中国的生殖健康的内涵、要素，并探讨各个要素的度量，目前还缺乏研究所需的大量数据。

王俊祥、肖自力、李伯华、张开宁等几位学者分别利用在河北、湖南和云南农村的调查资料，评价了农村妇女生殖健康的状况和在农村开展妇幼保健工作的实绩。从河北的调查结果看，一方面，计划生育与妇幼卫生服务相结合，保护和促进了农村妇女的生殖健康。主要表现在：(1) 计划生育促使生育水平下降，减少了多育对妇女健康的损害；(2) 避孕节育技术的广泛采用，减少了意外怀孕或妊娠给妇女带来的生理和心理负担；(3) 妇幼保健工作的开展，保证了母婴的安全与健康；(4) 妇女自我保健意识增强，促进了妇女健康水平的提高。另一方面，现实生活中还存在影响妇女生殖健康的不利因素，制约着农村妇女生殖健康水平的提高。主要表现为：(1) 农村妇女文化水平低，生理生殖知识缺乏，不利于维护自身生殖健康的权利；(2) 农村中妇幼保健工作相对薄弱，生殖健康服务有待加强；(3) 在生殖过程中，妇女往往处于被动和被束缚的状态下，不利于改善和促进妇女生殖健康。为切实提高农村妇女的生殖健康水平，从中国实际出发，需要建立一种以妇女为中心的教育——服务——立法一体化的妇女生殖健康保障体系。从湖南的调查结果看，在以往的工作中，我们较多地将避孕与生育率相联系。这是很自然的，也是卓有成效的。但是从生殖健康的角度出发，应当避免出现首次生育后即使用绝育法的情况，对“生育间隔”问题还有加以强调的必要，而且避孕方法主动选择能够比被动选择对妇女产生更好的心理影响，当然被动选择的效果也是应当受到肯定的。这里讲的是避孕选择与生殖健康的关系。从云南调查的结果看，虽然80年代末以来在中国农村出现的妇幼保健保偿制得到国内外学术界的一致好评，有关部门也将该项制度的推行列人了农村妇幼卫生发展的长期任务之一。但从调查点反馈的情况看，这一制度的推行并未达到其预期的效果，由于缺乏社区的参与和动员，许多育龄夫妇对产前检查及产后访视的意义尚缺乏了解和认识，为数众多的育龄妇女对保偿制还不甚了解，因而并未充分享受了保偿制所提供的服务。显然在农村社区坚持不懈地利用各种正式和非正式的信息传播途径，推进社区成员自我保健意识的提高，增加各项保健服务的利用程度，将是农村基层妇幼保健部门的一项带根本性的长期任务。

除了上述在许多地方已在推行的妇幼保健保偿制以外，江苏省也在1994年提出了在全省范围内开展避孕节育全程服务和生殖保健服务的要求，并制定了符合当地实际的较为周密的实施方案，旨在实现到2000年广大育龄妇女人人享有良好的避孕节育和生殖保健服务。杨立舫的文章介绍了江苏方案提出的背景、避孕节育全程服务和知情选择的内涵、避孕节育全程服务和生殖保健服务的任务与要求，以及已经和打算采取的对策和举措。

早在80年代末期，福特基金会的一批专家就明确提出了“以社区为基础，以妇女为中心”的生殖健康实施原则。显然，这一原则的提出有其必然性和必要性。罗淳在文章里从生殖健康的定义、内涵特性和实施要求、受益和实施的主体及其与生存社区间的密切联系等角度，揭示了社区、妇女与生殖健康三者之间的互动关系，指出只有把妇女放在生殖健康的中心位置，体现其应有的自主性和主体作用，才会有助于生殖健康的顺利实施；只有从社区这个层面来“自下而上”地开展生殖健康项目，才有可能最大限度地调动基层群众的积极参与，并制定出切合实际的生殖健康项目，只有遵从“两以”原则，才可能真正使生殖健康服务所强调的可及性、适宜性和可接受性等要求落在实处。

此外，董情、刘文萍和刘丽杰等人根据哈尔滨市道外区卫生防疫站提供的生命统计资料，对该市城区 1953～1994 年的婴儿死亡变动趋势作了专题研究。这一研究，对评价该区的卫生工作效果和生殖健康状况有现实的参考价值。

以上论文基本上反映了目前中国人口科学研究的现状和水平，但由于许多资深专家和学者的缺如，这些论文所反映的学术水平距离国内一流水平还有不小的差距。论文中调查报告数量众多，精彩的理论分析文章虽然也有，但从数量上看略显不足。不过从调查报告所披露的大量的一手资料来看，中国的人口科学研究其基础是扎实的，其前景是光明的。

（作者工作单位：中国社会科学院《中国社会科学》杂志社）

〔附〕长沙会议提交论文包括：

1. 孙兢新：《中国四次人口普查的特点》
2. 乔晓春：《中国四次人口普查的比较与评价》
3. 张庆五、王维志《中国户口登记、人口统计和计算机管理》
4. 亓昕：《中国不同地区死亡水平差异的模型分析》
5. 陈友华：《利用普查资料估算初婚率的方法及其在中国人口分析中的应用》
6. 曹景椿：《新中国人口转变及评估》
7. 詹长智：《社区层面的中国计划生育——回顾与展望》
8. 孙常敏：《试论上海人口转变进程及其社会经济后果》
9. 郑启五：《闽台人口发展共同趋向的因素异同》（第一部分）
10. 黄荣清：《中国妇女生育水平的下降》
11. 李建新：《不同生育政策选择与中国未来人口》
12. 张俊良：《中国人口生育意愿及转变机制研究》
13. 赵锦辉、马亚娜、杨占强：《中国城市人口生育意愿——对哈尔滨市的调查》
14. 解振明：《中国农民生育需求中的性别偏好》
15. 陈松宝、张友干：《孩子成本研究》
16. 高尔生、於华、李戎、杨玉永、杨娟：《计划生育药具收费政策的探讨》
17. 胡伟略：《中国流动人口及“民工潮”若干考察分析》
18. 谢晋宇：《我国乡村——城市迁移者劳动供给行为研究》
19. 吴玉麟、李玉江：《组群式与单核心城市地域农业人口转移对比研究——以淄博、济南两市为例》
20. 张鹤年：《上海外来流动人口的收入与支出分析》
21. 王桂新：《在日中国人劳动力就业状况之考察》
22. 朱国宏：《近代中国大规模的国际迁移：1840－1949》
23. 熊必俊：《中国人口老龄化与经济的可持续协调发展》
24. 王庆石：《中国人口老龄化的进程分析及国际比较》
25. 张开敏、姜雅芬、陈家华：《上海人口老龄化的发展》
26. 刘贵平：《人口老龄化对养老保险的影响》
27. 张怀宇、张曼苹：《建立与我国人口老龄化趋势相适应的老年社会保障制度》
28. 陶立群：《人口老龄化与养老保障的国际比较研究——日本人口老龄化、养老保障的经验、教训的借鉴》
29. 孙福滨、朱楚珠：《对建立我国养老保障制度的几点思考》
30. 战捷：《老年社会保障模式及因素分析》
31. 曾昭磐：《城镇职工养老保险制度改革方案的定量分析》
32. 夏海勇：《试论市场经济条件下家庭“核心化”趋向与老年保障问题》
33. 徐勤、原野：《家庭养老与人口老龄化》
34. 陈友华：《中国婚姻市场的供需情况分析》
35. 徐安琪：《转型期中国婚姻的特征及其趋势》
36. 叶文振、林擎国：《当代中国离婚态势和原因分析》
37. 杨新科：《改革开放条件下中国择偶观念的变化及发展趋势》
38. 董妙玲：《改革开放以来中国妇女婚姻观的变化对婚姻家庭的影响》
39. 陈印陶：《打工妹的婚恋观念及其困扰——来自中国广东省的调查报告》
40. 马正亮：《男到女家结婚落户的风俗促使甘肃农村生育水平迅速下降——改革开放条件下婚姻观念、婚姻关系的变化》
41. 齐明珠、王树新：《中国传统家庭的转型与代际关系变化》
42. 周海旺、寿莉莉：《九十年代

上海家庭结构和代际关系的新特征》
43. 高元祥：《论计划生育与中国经济可持续发展》
44. 路遇：《论中国人口可持续发展战略》
45. 穆光宗：《人口增长与中国的可持续发展》
46. 王维国：《人口、社会、经济、科技、环境和资源可持续发展的定量研究方法》
47. 叶明德：《中国贫困地区人口、资源与可持续发展》
48. 吴忠观、刘家强：《四川人口与资源、环境的可持续发展》
49. 原新：《干旱区可持续发展研究——以新疆为典型》
50. 袁建华、姜涛、石屹：《中国人口战略的可持续发展模拟》
51. 李新建：《女性研究与人口学——视角的转变》
52. 沙吉才、熊郁：《当代中国妇女家庭地位分析》
53. 张宏宇、赵维泰：《转型社会中农村妇女发展实践的调查研究》
54. 朱楚珠：《农村妇女参与社区发展的意义——一个基于实例的分析》
55. 娄彬彬：《藏族、土家族妇女地位研究》
56. 景跃军：《吉林省农村妇女从业模式及发展研究．
57. 吕昭河：《云南少数民族妇女就业结构与生育模式选择研究》
58. 高尔生、杨娟：《论生殖健康》
59. 陈卫：《中国的生育健康研究：回顾与展望》
60. 王俊祥：《农村妇女生殖健康状况分析——以河北调查657名妇女为例》
61. 肖自力、李伯华：《避孕选择与生育健康》
62. 罗淳：《社区、妇女与生育健康——试论“以社区为基础，以妇女为中心”的生育健康实施原则》
63. 杨立舫：《中国的生育健康——江苏的生育健康方案与实施》
64. 张开宁、Joan Ann Kaufman、王爱玲：《从妇幼保健保偿制看社区在生育健康服务中的作用》
65. 高尔生、杨娟：《中国少数民族生殖健康状况》
66. 董情、刘文萍、刘丽杰等：《哈尔滨市道外区城区婴儿死亡变动趋势（1953－1994年）的研究》

联合国召开的三届世界人口大会简介

（一）1974年布加勒斯特世界人口大会

第二次世界大战以后，由于死亡率的下降而出生率未随着死亡率的下降而及时下降，世界人口以前所未有的速度增长。全球增加每10亿人口所需的时间由1820～1930年期间的110年减至1930～1960年期间的30年和1960~1974年期间的14年。1974年世界总人口已达40亿（Harison, 1993）。世界人口，尤其是发展中国家人口的快速增长，引起了西方发达国家政府和学者的普遍关注和不安。出于对自身利益和人道主义的双重考虑，美国政府继西欧国家之后从1965年起在人口和计划生育领域向发展中国家提供援助，成为国际人口领域的最大捐款国。但由于经常遭到受援国政府和人民的强烈抵制，这些国际援助项目在当时未取得预期的效果。

为了引起国际社会对人口增长过快，尤其是发展中国家人口增长过快这一问题的关注，推动发展中国家通过制订和执行人口政策和方案节制生育，在美国的积极倡议下，联合国决定在1974年召开世界人口大会，并将该年命名为世界人口年。美国和一些西方发达国家认为，人口的快速增长，主要是发展中国家人口的快速增长，给发展带来了极大的困难，并对世界和平和安全造成了极大的威胁。在他们看来，布加勒斯特会议的主要目的是敦促各国政府和国际组织在开展人口和计划生育活动方面做出进一步的努力（Finkle和Crane, 1974）。

但是，会议的结局却非常出乎会议发起者们的意料。以阿尔及利亚和阿根廷为代表的广大发展中国家，对联合国秘书处起草的主要反映西方发达国家观点的《行动计划》草案进行了激烈的抨击，提出了上百条修正案。这些国家认为：发展中国家的所谓人口问题是欠发达的症状而不是其原因，而帝国主义、殖民主义和霸权主义对发展中国家的侵略、剥削和掠夺是这些国家不发达的主要原因；解决这一问题的最有效办法是通过建立国际经济新秩序，促进发展中国家的社会经济发展，而不是单纯的节制生育；发达国家如果对全球环境和资源的保护真心关切的话，他们首先要节制自己对不可再生资源的过度消费，而不是要求发展中国家节制生育。发展中国家的观点得到了中国和东欧社会主义国家的坚决支持。

与会代表对提交给会议的300多条修正案进行了激烈的辩论，对《行动计划》草案进行了许多修改，最后以协商一致的方式通过了《行动计划》、《行动计划》的最后文本与其草案相比更多地反映了多数发展中国家的意见，挫败了以美国为首的西方发达国家试图通过这次会议，向国际社会推销其有关人口问题的立场和观点，控制和操纵国际人口活动的企图，会议通过的《行动计划》，首次以国际文件的形式，全面和系统地确认了国际社会在解决人口与发展问题必须遵循的一系列原则和应当努力实现的目标，为开展在这一领域的国际合作建立了一个基本框架（联合国，1974）：(1) 反复重申制订和执行人口政策和方案是各国的主权，对西方发达国家提出的生育率目标和计划生育方案未给予重视；(2) 强调“世界一切事物中，人是最宝贵的。……人类的未来会变得无限光明。”批判了悲观主义的观点；(3) 进一步发展了1968年德黑兰国际人权会议所确认的生育权的概念（联合国，1968），首次提出了“所有夫妇和个人都有自由地和负责任地决定其生育孩子数和生育间隔并为此而获得信息、教育和手段的基本权利；夫妇和个人在行使这种权利时有责任考虑他们现有子女和未来子女的需要以及他们对社会的责任；”这一对生育权的比较全面的表述；(4) 强调人口与发展是彼此相关的，人口政策是社会经济政策的组成因素，但不能代替社会经济发展政策，承认社会经济发展是解决人口问题的中心因素；(5) 同时也承认在上述原则的指导下，《行动计划》的首要目的是扩大和加强各国处理人口问题的能力，并提出了一系列建议采取的行动。

值得注意的是，许多国家在会议前后在人口和计划生育领域的实际作法与其在会上所表达的观点和立场并不一致（Demeny，1985）。例如，印度代表在布加勒斯特会上称“发展是最好的避孕药”，之后不到2年，其政府就开始在国内推行强制性绝育。中国代表在会上称：“在社会主义制度下不存在人口问题。”“解决人口问题的主要办法应是反对帝国主义、殖民主义和新殖民主义，尤其是超级大国的侵略和掠夺。”“革命加生产就能解决人口的吃饭问题。”（黄树则，1974）。但是那时国内已经开始认识到“人口非控制不行”，并在全国各地开展了有组织的计划生育工作。

（二）1984年墨西哥城国际人口大会

10年之后，国际形势发生了很大的变化。许多发展中国家陷入了沉重的债务危机；世界上贫富差距，包括发展中国家之间的差距进一步拉大；通过建立国际经济新秩序解决发展中国家人口与发展问题的希望已成了泡影（Freedman and Isaacs, 1993）；包括中国在内的许多发展中国家对人口问题的重要性有了进一步的认识，制订了比较明确的人口政策和计划生育方案，并希望在这一领域能够得到发达国家更多的帮助。为了审议各国在执行《行动计划》方面所取得的进展，提出进一步执行《行动计划》的建议，敦促国际社会对人口项目给予更多的关注和支持，联合国决定在1984年召开国际人口大会。联合国人口司和联合国人口基金在促成会议的召开方面起了重要的作用，并得到了一些发展中国家的支持（Finkle and Crane,1985）。

但是，与此同时，代表共和党保守势力的里根于1980年当选为美国总统。里根政府一方面利用中国和东欧国家正在向市场经济过渡的机会，竭力向发展中国家输出其“市场经济和私有制优越论”，以期达到在全球范围推销其社会经济制度、价值观念和生活方式的目的；另一方面，极力在国内推行“小政府，大社会”的主张，大力压缩社会福利开支，对人工流产持坚决反对态度，维护富人和大财团的利益，迎合作为其社会基础的共和党右翼集团、反堕胎集团和宗教保守势力，争取在1984年大选再度联任。此外，美国政府对不能再随意操纵联合国，发展中国家在联合国的声音越来越强大感到非常不满，千方百计地试图削弱联合国的权威和作用，逃避自己对联合国应承担的责任和义务。

因此，美国政府无视在此之前的一系列研究结果和许多专家们的意见（United States Council on Environment Quality and Department of State,1980; Population Association of America, 1984），不顾美国国会中许多议员的反对和在墨西哥城会议筹备过程中包括美国在内的各方已达成的基本共识，在会上对人口与发展问题的立场来了个180度的大转弯，发表了一项正式的政策声明并对《建议》草案提出了15项修正案。美国政府在声明中称：人口增长本身是一个中性现象，发展中国家的人口问题的主要根源在于政府对经济的控制和由此造成的经济停滞不前；人口控制方案并不能代替社会经济改革使发展中国家走上通往发展和减缓人口增长的道路，根本的出路在于通过建立市场经济和减少政府对经济的干预促进经济增长；人工流产不得作为计划生育方案的一部分，必须避免通过人工流产、非自愿绝育和其它胁迫措施来推行计划生育，美国政府将不向任何提供与人流有关的服务，推行或参与非自愿的计划生育活动的国家、非政府组织和联合国机构提供资助（United States,1984）。

美国政府的立场不仅没有被广大的发展中国家接受，而且未得到其它西方发达国家的积极响应。中国政府代表团在会上采取了务实的态度，承认人口是全球面临的一个非常重要的问题，并表示愿意和其它国家一起为解决这一问题做出应有的贡献（王伟，1984）。墨西哥城会议最后通过的《宣言》和《建议》（联合国，1984A和1984B）再次重申了布加勒斯特会议通过的《行动计划》所确认的原则和目标，并提出了实现这些目标的88条具体建议。《宣言》承认人口问题是发展计划中的一个基本因素，不适当的高生育率对个人和家庭都会产生不利的影响，并严重阻碍许多国家的经济和社会进展。《建议》敦请凡认为其人口增长率不利于实现其国家目标的国家，根据社会经济发展纲领，执行有关的人口政策。

会后，鉴于美国政府对人口与发展之间关系所持的新立场并没有得到国际社会和美国各界的广泛支持，广大发展中国家对美国政府通过国际人口方案向他们竭力推销其社会经济制度普遍不满，东欧国家和中国经济改革的进一步深化已使计划经济与市场经济孰优孰劣的争论显得没有必要，里根当局及时调整了其国际人口方案的主要目标和策略，采取了以人权为旗帜，以非自愿绝育和人工流产为主要关注点，以提供和撤销援助为主要手段，以中国、联合国人口基金和一些提供人流及其它有关服务的组织为主要攻击目标的策略。1984年底，美国政府以国际计生联拒绝遵循其反堕胎的政策为由终止了对该组织的资助；1986年以联合国人口基金参与了在中国的强制性的计划生育为由停止了对联合国人口基金提供捐款，这些作法在不同程度上得到了美国国会和舆论界的支持，有时还得到了一些其它西方发达国家的响应，使中国和联合国人口基金在国际人口领域处于比较被动的地位，但同时也大大地削弱了美国政府在国际人口领域的影响。

(三) 1994年开罗人口与发展大会与《行动纲领》

1.会议背景

开罗会议是在一个充满机遇和挑战的时刻召开的。随着原苏联和东欧社会主义国家的解体和冷战的结束，意识形态的斗争进一步淡化；联合国在解决国际争端和地区性冲突方面的作用和地位明显加强；美国克林顿政府于1993年初上台后不久就废除了里根政府的墨西哥城政策，并决定有条件地恢复对国际计生联和联合国人口基金的捐款；在国际人口与发展领域，人们对人口、环境、资源与发展之间的相互依赖关系以及在人口领域进一步开展国际合作的重要性有了进一步的认识，许多发达国家表示愿意进一步增加对国际人口领域的资助。但是，与此同时，国际政治正向多元化的方向发展，不同民族、宗教和文化之间的冲突不断加剧；不同国家在对人权和发展权、婚姻家庭、妇女地位、生育权和生殖健康、性权利和性健康，计划生育和人工流产、国际移民、国际分工与合作应遵循的原则等问题的看法上有着巨大的分歧。

90年代初，很多发展中国家由于社会经济发展和推行计划生育的结果，生育率已有了大幅度的下降，但各国在社会经济发展水平和人口形势方面还极不平衡。一些发展中国家仍被贫困、生态环境恶化、政局动荡等一系列问题所困扰；发达国家也面临人口老化、家庭解体、未婚先孕、艾滋病等一系列人口与社会问题。1994年，全球人口已达56亿，并仍以每年净增8 600万人的速度增长，这种增长速度很可能将持续到2015年。据联合国预测，如果国际社会不采取积极行动的话，全球人口将在20年内达78亿，在2050年突破100亿（联合国，1994）。

本次大会是联合国有史以来规模最大的有关人口与发展问题的会议，得到各国政府和联合国有关机构的高度重视。共有185个国家和地区政府、25个联合国分支机构派代表（包括11位国家元首和政府首脑）出席了会议，还有1 000多个非政府组织派代表以观察员身份列席了会议[①]。中国政府派出了以国务委员、国家计生委主任彭珮云为团长的政府代表团。

2.斗争焦点

尽管本次大会的主题是人口、持续的经济增长和可持续的发展，会议一般性辩论和磋商并没有像许多人希望的那样紧扣主题，而是集中在和与会各国的政治经济利益和宗教文化信仰密切相关的一些具体问题。

人权和发展权：以欧洲联盟和美国为主的西方发达国家一再强调制订和执行人口政策和方案时要遵循国际上公认的人权原则，充分保护个人的权利；而广大发展中国家坚持发展权是一个普遍的、不可剥夺的权利，也是基本人权的不可分割的一部分，如何制订和执行人口政策和方案是每个国家的主权，要与本国法律和发展重点相一致，还要充分尊重各国人民的宗教道德观念和文化背景。

妇女地位：多数国家都希望《行动纲领》能进一步强调男女平等、授予妇女权力、反对任何形式的性别歧视；但一些伊斯兰国家坚持必须尊重其宗教信仰，尤其是在有关继承权方面。

婚姻家庭：西方发达国家要求承认婚姻和家庭的多样性，承认和保护一些特殊家庭（例如单亲家庭、由未婚同居的双方组成的家庭等）的基本权利；而梵蒂冈以及许多天主教和伊斯兰教国家则坚决反对任何削弱传统的婚姻家庭观念、使未婚同居和同性恋合法化的企图。

生殖健康：生殖健康和人工流产是与会各国代表和新闻媒介最关注的和争议最大的两个问题。西方发达国家强调生育健康的核心是尊重和保护个人的生育权，并向人们提供相应的信息、教育和方法，必须重视个人的性健康和性权利，并向人们（包括青少年）提供相应的信息、咨询和服务；梵蒂冈以及以天主教和伊斯兰教国家为主的许多发展中

① 1971年世界人口大会共有137个国家派政府代表出席；1984年国际人口大会有146个国家派代表出席。

国家对西方发达国家过分强调个人的权利、尤其是性权利非常反感，认为只有已婚夫妇才有生育权利和性权利，生育调节方法中不应包括人工流产，反对任何使人工流产和婚前（外）性行为合法化的提法，反对不适当地向青少年提供包括性教育和避孕措施在内的生殖健康服务；广大发展中国家强调在这一领域要充分尊重每个国家的主权和各国人民的宗教道德观念和文化前景。

人工流产：以挪威和欧洲联盟为代表的西方发达国家、东欧国家和一些人工流产合法的发展中国家呼吁各国将不安全的人工流产作为一个严重的公共卫生问题加以关注，向要求人工流产的妇女提供可靠的信息和咨询以及处理人流并发症的高质服务；而梵蒂冈以及许多天主教和伊斯兰教国家却坚持在任何情况下都不能将人工流产作为计划生育的方法，坚持反对任何可能使人工流产合法化的提法。

国际迁移：广大发展中国家强烈要求西方发达国家承认合法移民家庭团聚的权利，这遭到了西方发达国家的坚决反对，最后会议建议联合国召开专门会议讨论这一问题。

国际合作：广大发展中国家呼吁国际社会采取一系列有利于发展中国家持续的经济增长和可持续发展的宏观经济政策，要求西方发达国家通过各种方式向发展中国家提供更多的不带附加条件的援助，强调国际合作应充分尊重各国的主权、发展重点和宗教文化背景；西方国家不愿在这方面做出非常明确的承诺，强调尊重人权、民主监督和透明度等一系列先决条件；经济转型国家（东欧和原苏联）在西方发达国家的支持下要求国际社会对他们当前所面临的特殊困难给予足够的帮助。

3. 会议成果

国际人口与发展大会经过激烈的辩论和艰苦的磋商，最终以协商一致的方式，通过了《国际人口与发展大会行动纲领》①。《行动纲领》重申了国际社会在人口与发展领域应普遍遵循的一系列原则；制订了今后 20 年内在有关人口与发展领域的一系列目标；提出了实现这些目标所需的一系列行动和资金。《行动纲领》有下列新特色：(1) 在可持续发展的背景下讨论人口问题，对人口、发展与环境资源之间的关系进行了比较全面和系统的阐述，提出了大人口观，否定了以单纯控制人口数量为主要目标的方案；(2) 突出了人权，包括发展权，但也承认制订与执行人口政策与方案是各国的主权，同时还应当尊重各国法律、宗教和文化。进一步强调了提倡男女平等，授予妇女权力的重要性和迫切性；(3) 首次在正式的国际文件中确认了“生殖健康”这一概念，提出将计划生育、妇幼保健、性教育和性病防治结合起来，提供全方位的高质量服务；敦促各国政府将不安全的人工流产作为严重的健康问题加以认真对待；(4) 否定了在人口和计划生育领域的任何强迫命令作法和奖惩措施，强调必须坚持自愿原则和提供高质量的服务，淡化了人口目标；(5) 提出各国自身能力的建设和技术转让是国际合作的核心。对执行本《行动纲领》所需的资金进行了框算，并就其来源得到了有关方面比较明确的承诺②；(6) 强调在人口与发展领域应当充分发挥非政府组织和私营机构的作用，实行民主监督。

（作者工作单位：北京大学人口所涂平。原载《人口研究》1995 年第 1 期，经删节后收入本年鉴）

第四届中国人口文化奖评选活动

国家计划生育委员会、广播电影电视部、中国文学艺术界联合会、中国作家协会、中国人口文化促进会关于第四届中国人口文化奖评选结果的通报

（一九九六年十二月十六日）

为发展人口文化，创作时代精品，繁荣人口与计划生育影视宣传，进一步贯彻“三为主”工作方针，推动计划生育宣传教育工作深入开展，由国家计划生育委员会、广播电影电视部、中国文学艺术界联合会、中国作家协会和中国人口文化促进会联合主办的第四届中国人口文化奖“普

① 梵蒂冈、厄瓜多尔、阿联酋等 20 个国家对《行动纲领》持保留意见。

② 据联合国估算，执行本行动纲领每年所需的资金，在 2000 年将达 170 亿美元，在 2015 年达近 220 亿美元，其中三分之一将由发达国家提供，其余部分由发展中国家自己解决，这些资金将主要用于计划生育、生殖健康（不包括计划生育）和性病/爱滋病的防治。

仁杯”和“孺子牛标”评选活动已圆满结束。现将评选结果通报如下：

本届中国人口文化奖评选活动，由主办单位的有关领导与电影、电视、新闻界的专家、教授组成的评奖委员会，对全国各地报送的267部（集）、电影、短篇电视剧、电视连续剧、广播专题节目、电视专题片等艺术作品，分别进行了认真、严肃、公正的初评和终评。共评出电影《白粉妹》，短篇电视剧《星星点灯》，电视连续剧《长白山下的姐妹们》、《菊花湾的媳妇们》，广播专题节目《空中杂志》，电视专题片《生命头一年》等88部（集）获奖作品。并评出中国人民武装警察部队计划生育领导小组、四川省计划生育委员会等10个单位获“组织奖”；中国计划生育宣教中心广播栏目处等9个单位获“广播栏目工作先进单位”；四川省计划生育宣教中心等8个单位获“电视栏目工作先进单位”。同时，授予为第四届中国人口文化奖做出积极贡献的中国牛黄技术开发公司和北京普仁公司（筹）“特别荣誉奖”。

希望社会各界的文学家、艺术家和全国计划生育系统的同志们，认真学习党的十四届六中全会精神，贯彻落实江总书记关于“以科学的理论武装人，以正确的舆论引导人，以高尚的精神塑造人，以优秀的作品鼓舞人”的指示精神，创作出更多、更好，群众喜闻乐见的艺术佳作。为进一步促进人口文化事业的发展，加强计划生育宣传教育工作，完成《中国计划生育工作纲要（1995～2000）提出的目标和任务，为提高中华民族的人口素质做出新的贡献。

第四届中国人口文化奖“普仁杯”获奖名单

一、短篇电视剧

片名：	制作单位
一等奖	
星星点灯	北京音像公司、云南可视文化公司、云南红河卷烟厂
二等奖	
竹乡姐妹	福建电视台电视剧制作中心、中国浦城县委、浦城县人民政府
漂女	潇湘电影制片厂电视剧部、安化县计划生育委员会
小镇上的女人	桂林市计划生育委员会、桂林电视台
荒漠	绵阳电子仪器厂、四川人口影视制作中心
三等奖	
女人啊，女人	甘肃省电视台、中共天水市秦城区委、天水市秦城区人民政府、天水烟草专卖局公司
热血金盾	武警广西总队、中共广西合山市委、市政府、中共广西来宾县委、县政府、中共广西平南县委、县政府、广西桂林市广播电视局
女人好细腰	湖北省计划生育宣传教育中心
仙姑渡	湖北省计划生育宣传教育中心、鄂州市计划生育委员会、鄂州市凤凰街办菜园头村
优秀奖	
东边下雨西边晴	山东省平度市计划生育委员会、平度市大泽山镇政府、北影电视部

二、电视连续剧

片名：	制作单位
一等奖	
长白山下的姐妹们	吉林省计划生育委员会、中国人口文化促进会、中国计划生育宣教中心
菊花湾的媳妇们	大连市计划生育委员会、鞍山市计划生育委员会、辽宁省计划生育委员会、辽宁省计划生育宣教中心
二等奖	
周拉奴	山西省计划生育委员会、山西电视台
痴汉	湖北省计划生育宣教中心、河南省计划生育宣教中心、湖南省计划生育宣教中心、成都市计划生育宣教分中心
桃花沟的新闻	邯郸市电视台、作家出版社文化艺术中原发展部
三等奖	
马背观音	内蒙古哲里木盟计划生育处、内蒙古哲里木电视台
跳门坎的女人	安徽省计划生育委员会、安徽电视台
痴情	江苏省计划生育委员会、盐城市计划生育委员会、中国人口文化促进会
追逐太阳	四川人口影视制作中心、成都军区空军政治部

片名:	制作单位
优秀奖	
那山、那村、那人……	山东省电影电视剧制作中心、枣庄市峄城区委、区政府

三、电影

片名:	制作单位
一等奖	
白粉妹	珠江电影制片公司、王氏影视业剧本有限公司
二等奖	
落河镇的兄弟	中国儿童电影制片厂

四、广播专题节目

片名	制作单位
一等奖	
空中杂志	四川省计划生育宣传教育中心
黄海之滨幸福歌	山东省人民广播电台
二等奖	
青春之旅	北京市计划生育宣传教育中心、北京人民广播电台
牧民的心愿	内蒙古人民广播电台、内蒙古计划生育宣传教育中心
这里的老人换了新脑筋	黑龙江省计划生育宣传教育中心
幸福的蓝天下	大连市计划生育委员会宣传教育处、大连人民广播电台第二节目部
三等奖	
发生在庄稼院里的故事	吉林人民广播电台
农家小院致富忙	中国计划生育宣传教育中心广播栏目处
优生优育:	黑龙江人民广播电

片名:	
话产假	视儿童台
计生战线创新路	宁波人民广播电台
计生红幼班	陕西省计划生育宣传教育中心、陕西省经济广播电台
实施可持续发展战略——控制人口增长	中央人民广播电台
日历上没有的节目	山东人民广播电台
未来呼唤知识——妈妈不要再生了	辽宁省计划生育宣传教育中心、辽宁广播电台
优秀奖	
从十二亿人口日谈起——浅谈人口增长对经济发展的影响	河北人民广播电台政教部
活得更潇洒	天津市计划生育宣传教育中心
一次别开生面的旅行	北京市计划生育宣传教育中心、北京人民广播电台
“试管婴儿”在山东	山东省计划生育宣传教育中心
沂蒙妹子成了“科技功臣”	山东省计划生育宣传教育中心
心系国策——老兵	长春经济广播电台
跨越贫穷	湖北省计划生育委员会
玉乡神女	鞍山市计划生育委员会、鞍山日报、鞍山电台
长岛妇女的生育观	中国计划生育宣传教育中心广播栏目处
《广大视野》人口问题	浙江人民广播电台新闻中心
彭珮云说他抓得好	张家港人民广播电台

五、电视专题片

片名:	制作单位
一等奖	
生命头一年	北京电视台教育节目部《今日做父母》栏目
性的奥秘	辽宁电影制片厂、辽宁省计划生育委员会、沈阳市同泽高级中学、沈阳市轻工研究设计院、沈阳市环保节能研究所、辽宁电影制片厂电视部
祖国万岁 1《飘扬的五星红旗》 2.《共和国之徽》3.《国歌、民族的号角》	中国人民武装警察部队政治部电视制作部
二等奖	
我在农村认个家托	浙江教育电视台节目部
托起生命的严仁英	中国计划生育宣传教育中心电视栏目处
俺嫂子	天津市计划生育宣传教育中心
避孕药具系列——渊流与新潮	上海市计划生育宣传教育中心
前程辉煌——三结合在河北农村高原的足迹	河北省计划生育宣传教育中心、承德市计划生育委员会、西藏自治区计划生育协会、四川省计划生育宣传教育中心
三等奖	
中国迎来十二亿	中国计划生育宣传教育中心电视栏目处
夕阳颂	湖南省怀化地区计划生育委员会、湖南怀化地区计划生育协会、湖南怀化地区电视台

片名	制作单位
城市"三生"在辽宁	辽宁省计划生育宣传教育中心、沈阳市计划生育宣传教育中心
协会在我心中	山西省计划生育宣传教育中心、中国计划生育协会、山西省计划生育协会
韦兆德和计生山歌	柳州市计划生育委员会、广西电视台社教部
人口、家庭、社会	苏州市计划生育委员会、苏州有线电视台
国策宣传队	山东阳谷电视台
希望之光	江苏省计划生育宣传教育中心
知情选择	山东省计划生育宣传教育中心、山东省改进农村计划生育服务项目领导小组
优秀奖	
李秀兰	山东省计划生育宣传教育中心
无声的巨流	兖州电视台
康定情暖	四川省计划生育宣传教育中心
精神文明镇评选面临一票否决	浙江省计划生育宣传教育中心、浙江省健康教育所、浙江电视台总编室
智力工程——消除碘缺乏病	中国农业电影制片厂
待嫁的凤凰	广东省计划生育宣传教育中心、广东电视台
共振	武警广东省总队
山道弯弯——好军嫂秦素云自述	武警吉林总队政治部、中央电视台、武警记者站
话说"坐床喜"	四川省计划生育宣传教育中心、中国成都计划生育宣传教育分中心
志愿者之歌	河北省计划生育宣传教育中心、中国计划生育协会、河北省计划生育协会
威协中国人的艾滋病	上海市人口视听国际交流中心、上海市艾滋病监测中心云南省卫生厅
话说儿童性早熟	中国计划生育宣传教育中心电视栏目处、上海市计划生育宣传教育中心
国策在我们心中	新疆克拉玛依石油局供水管理处
老年与运动	黑龙江省计划生育宣传教育中心
人口纵横	青海省互助土族自治县计生局、互助电视台
为了明天	吉林省计划生育宣传教育中心
闯过三八线——枝城万名妇女走出家门	湖北省计划生育宣传教育中心、湖北电视台
为了明天不能等	济南军区后勤部录像室、济南军区第八十八医院
计划生育系列保险知识专题	云南省计划生育宣传教育中心 中国人民保险公司云南省分公司
哈尔滨市"生命之家"、独生子女家庭"三优十佳"竞赛	哈尔滨市计划生育委员会、哈尔滨电视台
特别奖	
电视连续剧《金海岸》	武警总部政治部、武警海南总队、中央电视台、解放军三九集团、公安部金盾文化影视中心
广播专题节目《365——四季谈人口》	中国计划生育宣教中心、中国人口音像出版社
电视专题片《避孕药具和技术名目》	中国计划生育宣教中心、中国人口音像出版社

第四届中国人口文化奖"孺子牛杯"获奖名单

广播栏目工作先进单位:

中国计划生育宣传教育中心广播栏目处、四川省计划生育宣传教育中心、山东省计划生育宣传教育中心、北京市计划生育宣传教育中心、天津市计划生育宣传教育中心、辽宁省计划生育宣传教育中心、河北省计划生育宣传教育中心、青海省计划生育宣传教育中心、浙江省义乌市计划生育委员会

电视栏目工作先进单位:

中国计划生育宣传教育中心电视栏目处、四川省计划生育宣传教育中心、山东省计划生育宣传教育中心、辽宁省计划生育宣传教育中心、浙江省计划生育宣传教育中心、广东省计划生育宣传教育中心、江苏省计划生育宣传教育中心、山东省荣城市计划生育委员会

荣获"组织奖"单位:

中国人民武装警察部队计划生育领导小组、四川省计划生育委员会、湖北省计划生育委员会、辽宁省计划生育委员会、江苏省计划生育委员会、吉林省计划生育委员会、青海省计划生育委员会、黑龙江省计划生育委员会、云南省计划生育委员会、中国计划生育协会

第四届中国人口文化奖评奖委员会领导小组名单

组长:
杨魁孚:国家计划生育委员会副主任
王夫棠:中国人口文化促进会常务副会长
成员:
滕进贤:全国重大革命历史题材影视创作领导小组常务副组长
江亦曼:国家计划生育委员会办公厅主任
田月华:中国人口文化促进会副会长
仲呈祥:中国电视剧艺术委员会副主任兼秘书长
赵裕丰:国家计划生育委员会宣教司副司长
林敏熙:中国人口文化促进会常务副秘书长
钟艺兵:中国人口文化促进会副秘书长、文艺学术部部长

电影、电视剧评奖委员会评委名单:
主任:
钟艺兵:中国作家协会《文艺报》编审
评委:(按姓氏笔划排列)
王夫棠:中国人口文化促进会常务副会长
仲呈祥:中国电视剧艺术委员会副主任兼秘书长
刘诗兵:北京电影学院教授
杜　高:中国戏剧家协会编审
林毓熙:原中国京剧院党委书记、国家一级戏剧评论
傅正义:中国电影、电视学会会长
滕进贤:全国重大革命历史题材影视创作领导小组常务副组长
蔡　骧:北京电视艺术家协会副主席

广播、电视栏目评奖委员会评委名单:
主任
田月华:中国计划生育宣教中心高级编辑
评委:(按姓氏笔划排列)
王　甫:中央电视台研究室副主任
刘志筠:中国人民大学新闻系教授
林　茹:中央人民广播电台农村部主任编辑
尚墨玲:中共中央宣传部新闻局新闻宣传处处长
赵裕丰:国家计划生育委员会宣教司副司长
张凤铸:北京广播学院文艺系主任、教授
张群力:中央电视台电视研究编辑部编辑

索 引

说明

一、本索引按汉语拼音字母（同音字按声调）顺序排列；

二、类目和文章标题用黑体字标明，其他用宋体字标明；表格、图片名称后另标有“表”、“图”字样；

三、索引名称后的数字表示内容所在的页码，数字后的拉丁字母（*a*、*b*、*c*）表示栏目。

A

B

C

G

H

M

N

O

P

Q

R

S

T

W

X

Y

Z

ALMANAC OF CHINA'S POPULATION

Contents

Part Ⅱ General Situation

Part Ⅳ Special Compilation

Part Ⅴ Census

Part Ⅵ Demographic Statistics

Part Ⅶ Family Planning

Part Ⅷ Survey Report

Part Ⅸ Comparison Between Population of China and Population of Other Countries

Part Ⅹ Population Research Organization

Part XI Prominent Individuals

Part XII Index of Demographic Books and Papers

Part XIII Population Newspapers and Periodicals

Part XIV Chronicle Events

Part XV Appendix